Wege der Moderne Ways to Modernism
Josef Hoffmann
Adolf Loos
und die Folgen and Their Impact

Ausstellungsansicht
Exhibition view

Wege der Moderne
Ways to Modernism

Josef Hoffmann
Adolf Loos

und die Folgen
and Their Impact

Herausgeber Editors
Christoph Thun-Hohenstein
Matthias Boeckl
Christian Witt-Dörring

Texte von Texts by
Andrea Bocco Guarneri, Matthias Boeckl, Ruth Hanisch, Otto Kapfinger,
Elisabeth Klamper, Friedrich Kurrent, Christopher Long,
Andreas Nierhaus, Marco Pogacnik, Luka Skansi, Ernst Strouhal,
Christoph Thun-Hohenstein, Andreas Vass, Bärbel Vischer,
Hubert Weitensfelder, Christian Witt-Dörring

Birkhäuser
Basel

Impressum Imprint

Dieser Katalog erschien anlässlich der Ausstellung
This catalog has been published on the occasion of the exhibition
WEGE DER MODERNE. Josef Hoffmann, Adolf Loos und die Folgen
WAYS TO MODERNISM: Josef Hoffmann, Adolf Loos, and Their Impact

MAK Wien Vienna
17.12.2014 – 19.4.2015
17 Dec 2014 – 19 Apr 2015

MAK-Kurator Curator
Christian Witt-Dörring

Gastkurator Guest Curator
Matthias Boeckl

Ausstellungsorganisation Exhibition Management
Sabrina Handler

Ausstellungsgestaltung Exhibition Design
embacher/co: Itai Margula, Christoph Wirth,
Michael Embacher

MAK
Stubenring 5, 1010 Wien Vienna, Austria
T +43 1 711 36-0, F +43 1 713 10 26
office@MAK.at, MAK.at

**MAK Center for Art and Architecture, Los Angeles
at the Schindler House**
835 North Kings Road, West Hollywood, CA 90069, USA

Mackey Apartments
MAK Artists and Architects-in-Residence Program
1137 South Cochran Avenue, Los Angeles,
CA 90019, USA

Fitzpatrick-Leland House
Laurel Canyon Boulevard/Mulholland Drive
Los Angeles, CA 90046, USA
T +1 323 651 1510, F +1 323 651 2340
office@MAKcenter.org, MAKcenter.org

Josef Hoffmann Museum, Brtnice
Eine Expositur der Mährischen Galerie in Brno
A Joint Branch of the Moravian Gallery in Brno
und des and the MAK Wien Vienna
náměstí Svobody 263, 58832 Brtnice,
Tschechische Republik Czech Republic
T +43 1 711 36-220
josefhoffmannmuseum@MAK.at, MAK.at

Herausgeber Editors
Christoph Thun-Hohenstein, Matthias Boeckl
und and Christian Witt-Dörring

Lektorat Copy Editing
Bettina R. Algieri (Leitung Head), Cornelia Malli

Korrektorat Proof Reading
Claudia Mazanek

Übersetzungen Translations
Eva Ciabattoni, Anthony DePasquale, Maria Slater
(Deutsch > Englisch); Claudia Fuchs, Eva Martina Strobl
(Englisch, Italienisch > Deutsch)

Grafische Gestaltung Graphic Design
Maria-Anna Friedl, Wien Vienna

Reproduktionen Reproductions
Pixelstorm, Wien Vienna

Schrift Type
T-Star, Egyptienne

Papier Paper
Holzfrei Premium Naturpapier naturweiß
(Einband 300 g/m², Kern 150 g/m²)

Druck und Bindung Printing and Binding
Grasl FairPrint, Bad Vöslau

Umschlagabbildungen Cover illustrations
Cover: Josef Hoffmann, Schlafzimmer im Haus bedroom
in the house of Ing. Alexander Brauner, 1905/06;
Adolf Loos, *Das Schlafzimmer meiner Frau* [My wife's
bedroom], Wien, 1903 (zeitgenössische Publikation)
© *Kunst*, Erstes Heft, Wien, 1903 (Bibliothek Hubmann •
Vass); Backcover: Josef Hoffmann, 1903 © MAK;
Adolf Loos, 1903 © ÖNB/Wien, NB 509090-B

Informationen zu MAK-Ausstellungen finden Sie unter
MAK.at, zu MAK-Ausstellungskatalogen und weiteren
MAK-Publikationen unter MAKdesignshop.at. For more
information on MAK exhibitions please visit MAK.at,
on MAK exhibition catalogs and other MAK publications
MAKdesignshop.at.

Erschienen bei Published by

Birkhäuser Verlag GmbH
P.O. Box 44, 4009 Basel, Switzerland
Part of Walter de Gruyter GmbH, Berlin/Boston
www.birkhauser.com

ISBN 978-3-0356-0377-4 (Softcover)
ISBN 978-3-0356-0921-9 (Hardcover)
9 8 7 6 5 4 3 2 1

www.birkhauser.com

Das MAK bemüht sich in seinen Publikationen
um eine gendergerechte Schreibweise.
The MAK strives for gender-appropriate spelling
in its publications.

Library of Congress Cataloging-in-Publication data
A CIP catalog record for this book has been applied
for at the Library of Congress.

Bibliografische Information der Deutschen
Nationalbibliothek
Die Deutsche Nationalbibliothek verzeichnet diese
Publikation in der Deutschen Nationalbibliografie;
detaillierte bibliografische Daten sind im Internet über
http://www.dnb.de abrufbar.

Bibliographic information published by the Deutsche
Nationalbibliothek
The Deutsche Nationalbibliothek lists this publication
in the Deutsche Nationalbibliografie; detailed
bibliographic data are available in the Internet at
http://www.dnb.de.

Inhalt Contents

1   NEUE KONSUMWELTEN
NEW CONSUMER WORLDS

2   OTTO WAGNER

3 MODERNE LEBENSWEISEN
MODERN LIFESTYLES

4 NEUE WIENER WEGE
NEW VIENNESE WAYS 1910–1938

5 RESSOURCEN. 1960 BIS HEUTE
RESOURCES. 1960 UNTIL TODAY

Christoph Thun-Hohenstein
Direktor MAK

Orientierungen für eine neue Moderne

Emil Orlik
Porträt Josef Hoffmann, um 1910
Lithografie
Portrait of Josef Hoffmann, ca. 1910
Lithograph
Friedrich Kurrent

Jede Zeit strebt nach eigenen Ausdrucksformen. Wie Jugendliche ihre Welten bauen, um die elterlichen hinter sich zu lassen, versucht sich jede Zeit von dem, was da ist, zu befreien und ein eigenständiges Profil zu gewinnen. Was im persönlichen Empfinden des Einzelnen weltbewegend erscheint, verliert sich leicht im großen kollektiven Rückblick der Geschichte. Dennoch sind die Leitbilder dieser Abnabelungsbestrebungen aufschlussreiche Indikatoren gradueller gesellschaftlicher Veränderungsprozesse. Diese Routine der Evolution birst, wenn sich technologische, wirtschaftliche, soziale, politische und künstlerische Impulse zu einer explosiven Mischung verdichten, die alle Lebensbereiche durchdringt und völlig neu strukturiert. Erst dann können wir von einer Moderne sprechen, die diese Bezeichnung verdient.

Die letzte große westliche Moderne vor über hundert Jahren war maßgeblich mit Chancen und Risiken der Industrialisierung befasst. Spätestens seit der Jahrtausendwende leben wir aber in einer neuen Moderne, denn die Digitalisierung ist in ihrer Dimension der Industrialisierung durchaus vergleichbar. Die heutige Digitale Moderne schafft erhebliche Potenziale für nachhaltige Verbesserungen der Lebensqualität – mit den NutzerInnen im Mittelpunkt – und entsprechende Chancen für innovative Lebensentwürfe und Geschäftsmodelle. Die Digitale Moderne wirft auch für die Künste weitreichende Fragestellungen auf und ist zugleich auf wesentliche künstlerische und gestalterische Inputs angewiesen. Gerade in einer Zeit fundamentalen Umbruchs erfolgt das Streben nach eigenen Ausdrucksformen im Spannungsfeld zwischen formaler und inhaltlicher Erneuerung. Was sind die neuen Inhalte der Digitalen Moderne, was sind ihre adäquaten Formen und wie verbinden sich Form und Inhalt? Muss die Schaffung neuer Formen mit inhaltlicher Erneuerung Hand in Hand gehen? Ist inhaltliche Erneuerung wiederum nicht zwingend auf eine neue Formensprache angewiesen?

Während die Gestaltung neuer Formen in den Händen (und Köpfen) der Architektur-, Design- und sonstigen Kunstschaffenden liegt, ist inhaltliche Erneuerung unser aller Angelegenheit! Mit anderen Worten: Für die Erarbeitung der wesentlichen Inhalte unserer Epoche sind wir alle zuständig, für ihre formale Gestaltung jedoch in erster Linie die architektur-, design- und kunstschaffenden SpezialistInnen – selbst wenn dieser Gestaltungsauftrag durch Phänomene wie „Crowd Sourcing" und „Maker"-Bewegung ergänzt und teilweise sogar unterlaufen wird. Wenn aber jeder Mensch durch sein Verhalten an den Inhalten einer neuen Epoche mitwirkt, hat die inhaltliche Erneuerung jener der Formensprache logischerweise voranzugehen. Umgekehrt könnte jedoch argumentiert werden, dass gerade eine von KünstlerInnen und anderen Kreativen geschaffene neue Formensprache Inspiration, Ansporn und treibende Kraft für eine breite gesellschaftliche Erarbeitung neuer Inhalte sein kann und sollte ... Damit sind wir bereits mitten in der Diskussion, die der vorliegenden Ausstellung zugrunde liegt: Die äußeren Umstände unserer Digitalen Moderne sind zwar andere als vor hundert Jahren, doch das grundsätzliche Spannungsfeld zwischen formaler und inhaltlicher Erneuerung ist unverändert relevant. Eine geschärfte Analyse einer früheren Moderne kann wertvolle Erkenntnisse für die Bewältigung heutiger Fragestellungen liefern.

Wien war an der Wende vom 19. zum 20. Jahrhundert ein Zentrum der Entwicklung der Kunst- und Geistesgrundlagen für ein neues Jahrhundert. Durch den Übergang von handwerklicher Herstellung von Gütern auf maschinelle

Christoph Thun-Hohenstein
Director, MAK

Orientation for a new Modernity

Every era strives toward its own forms of expression. Just as young people construct their own worlds in order to leave behind those of their parents, every age seeks to free itself from that which is extant and to create an independent profile. What in the personal experience of an individual appears to be earth-shaking can easily be lost from sight in the retrospective view of history. Nonetheless the role models of these emancipatory endeavors are informative indicators of the gradual processes of social change. This routine of evolution shatters when technological, economic, social, political, and artistic impulses condense into an explosive mixture that permeates and completely restructures all areas of life. Only then can we speak of a modernity that has earned the right to be designated as such.

More than a hundred years ago the last great Western modernism was to a large extent related to the opportunities and risks of industrialization. At the latest since the turn of the millennium, however, we have lived in a new modernity, for digitalization is quite comparable in scale to industrialization. Today's Digital Modernity creates substantial potential for sustainably improving quality of life—with users at the center—and concomitant chances for innovative life plans and business models. Digital Modernity also raises extensive questions for the arts, while at the same time being reliant on seminal artistic and creative inputs. It is during just such times of fundamental upheaval when the striving for distinctive forms of expression emerges in the field of tension between renewal of form and substance. What new content arises from Digital Modernity, what are adequate forms for it, and how are form and substance linked? Must the creation of new forms go hand in hand with substantive renewal? And isn't substantive renewal necessarily dependent on a new language of form?

While coming up with new forms is a matter for the hands (and minds) of those who create architecture, design, and art, substantive renewal is everyone's business! In other words: We are all responsible for the development of the essential meanings of our epoch, but producers of architecture, design, and art have the main responsibility for giving them tangible form—even if this structural task is supplemented and in part even undermined by phenomena like "crowd sourcing" and the "maker" movement. If every person's conduct contributes to the essential contents of a new epoch, however, then substantive change must logically precede formal renewal. Conversely, one could argue that it is precisely the formal renewal brought into being by artists and other creative types that can—and ought to be—the inspiration, catalyst, and driving force for the development of new contents across broad swaths of society. This brings us right to the heart of the discussion that underlies the current exhibition: While the external circumstances of our Digital Modernity may be different than a hundred years ago, the fundamental tension between formal and substantive renewal is similarly relevant. A thorough analysis of an earlier modernity can yield valuable insights for dealing with current issues.

At the juncture of the 19th and 20th centuries, Vienna was a center for the development of the artistic and intellectual underpinnings of a new century. Via the transition from manual production of goods to machine-based manufacturing processes, the Industrial Revolution enabled the advance of capitalism and—in various manifestations and quality—democracy in Europe and North America; at the same time, continuous technological progress and scien-

Oskar Kokoschka
Porträt Adolf Loos, 1916
Lichtdruck der Silberstiftzeichnung
Portrait of Adolf Loos, 1916
Print of the silverpoint drawing
Albertina, Wien Vienna

Fertigungsprozesse hatte die Industrielle Revolution in Europa und Nordamerika den Vormarsch des Kapitalismus und – in unterschiedlicher Ausprägung und Qualität – der Demokratie ermöglicht, zugleich beschleunigten der laufende technologische Fortschritt und bahnbrechende wissenschaftliche Erkenntnisse die Suche nach Orientierung, nach einem neuen Weltbild auf der Höhe der Zeit. Ähnlich wie später das Bauhaus in Deutschland nahmen die Wiener Secession und in der Folge die Wiener Werkstätte das Handwerk zum Ausgangspunkt, um der seriellen Massenproduktion die künstlerische Gestaltung von Gebrauchsgegenständen entgegenzusetzen und in der Verbindung künstlerischer Sparten das Ideal des Gesamtkunstwerks anzustreben. Dabei ging es zugleich um die Frage und Herausforderung zunehmender Individualisierung der Menschen. Während die Wiener Werkstätte ihren Höhepunkt bereits vor dem Großen Krieg erreichte, erfolgte die Gründung des Bauhauses erst 1919, auch vor dem Hintergrund der bitteren Erfahrungen des Ersten Weltkriegs. Es verwundert nicht, dass das Bauhaus – trotz oder gerade wegen verschiedenster Einflüsse aus Wien, nicht zuletzt durch Loos – zu völlig anderen Ergebnissen gelangen sollte.

Die Wiener Moderne gehört ebenso wie die Bauhaus-Moderne zur Gruppe westlicher Modernen, die in der heutigen pluralistischen Betrachtungsweise nicht als global repräsentativ angesehen werden, sondern durch andere, etwa fernöstliche oder afrikanische Modernen ergänzt werden. Das schmälert freilich nicht die Bedeutung der Wiener Moderne für die weitere Entwicklung des 20. Jahrhunderts. „Wien 1900" wird heute weltweit als ein Schlüssellabor der Moderne gewürdigt, das sich überdies durch gelebte Verknüpfung der Sparten auszeichnete. Wien hat daher eine gute Ausgangsposition, sich auch in der Digitalen Moderne als glaubwürdige Plattform des Zusammenwirkens von Kunst, Architektur und Design zum Zwecke positiven Wandels zu etablieren.

Das Projekt WEGE DER MODERNE. Josef Hoffmann, Adolf Loos und die Folgen will daher mehr sein als eine attraktive Ausstellung über ein zentrales kunst- und kulturgeschichtliches Kapitel der Wiener Moderne. Es versteht sich zugleich als Grundlagenarbeit für eine neue Rolle Wiens in der Digitalen Moderne, nämlich die Entwicklung einer interkreativen Biennale, die Architektur, Design und Kunst mit Forschung, Technologie, Wirtschaft und Gesellschaft verbindet und mit frischen Ideen Beiträge für einen positiven Wandel liefert – getreu dem inoffiziellen Motto der Wiener Moderne: Wie lässt sich die Welt verbessern?

Ein Ausstellungsprojekt dieser Größenordnung ist ohne die zusätzliche finanzielle Unterstützung von privater sowie unternehmerischer Seite heute nicht realisierbar.

Daher gilt mein besonderer Dank allen Sponsoren. Genauso unmöglich ist es, das komplexe Thema dieser mehr als 600 Objekte umfassenden Ausstellung ohne die großzügige Zusage von Leihgaben der vielen privaten SammlerInnen und befreundeten öffentlichen Sammlungen zu präsentieren. Dafür sei ebenfalls herzlich gedankt.

tific breakthroughs spurred the search for orientation, for a new worldview in tune with the times. Similar to the later Bauhaus in Germany, the Vienna Secession and, subsequently, the Wiener Werkstätte took handcraftsmanship as their starting point for countering serial mass production with the artistic design of utilitarian objects and for aspiring to the ideal of the Gesamtkunstwerk by interlinking different artistic sectors. This also concerned the issue and challenge of the populace's increasing individualization. Whereas the Wiener Werkstätte had already reached its apogee prior to the Great War, the founding of the Bauhaus did not take place until 1919, also in front of the backdrop of the bitter experiences of the First World War. It is no surprise that the Bauhaus—despite, or perhaps because of, the diversity of influences from Vienna, not least due to Loos—arrived at completely different outcomes.

Viennese Modernism, just like Bauhaus Modernity, belongs to the group of Western modernities that in the contemporary pluralistic perspective are not regarded as globally representative, but are augmented by other modernities, such as Far Eastern or African. This in no way diminishes the significance of Viennese Modernism for the further development of the 20th century. Nowadays "Vienna 1900" is acknowledged around the world as an incubator of modernity, moreover one that distinguished itself through the linking of various disciplines in practice. With this as a basis, Vienna in the age of Digital Modernity is poised to establish itself once again as a credible platform for the alliance of art, architecture, and design in service of positive change.

Thus the project *WAYS TO MODERNISM. Josef Hoffmann, Adolf Loos, and Their Impact* aspires to be more than an attractive exhibition about a central chapter in the artistic and cultural history of Viennese Modernism. Its ambitions are to lay the cornerstone for Vienna's new role in Digital Modernity, namely the development of an inter-creative biennale, which combines architecture, design, and art with research, technology, economy, and society, and furnishes fresh ideas that contribute to positive change—in keeping with the unofficial motto of Viennese Modernism: how to improve the world?

An exhibition project on this scale is not possible nowadays without additional financial support from private and corporate sources. Thus, I would like to give special thanks to all of our sponsors. It is equally impossible to present the complex theme of this exhibition of more than 600 objects without the generous loans of items by many private collectors and partnering public collections. For this also, I wish to express my sincerest gratitude.

Ausstellungsansichten
Exhibition views

Matthias Boeckl, Christian Witt-Dörring

Wege der Moderne
Vorgeschichte, Höhepunkte und Folgen zweier Denkweisen

Zu Beginn des Ausstellungsprojekts *Wege der Moderne* stand der Wunsch von MAK-Direktor Christoph Thun-Hohenstein nach einer aktuellen Diskussion der beiden Zentralfiguren der Wiener Moderne: Josef Hoffmann (1870–1956) und Adolf Loos (1870–1933). Das Museum ist auf je unterschiedliche Weise von Beginn an intensiv mit dem Werk der beiden Architekten verbunden: Adolf Loos schrieb gleich nach seiner Rückkehr aus den USA 1896 engagierte Zeitungsartikel über Design-Ausstellungen des Hauses, Josef Hoffmann lehrte ab 1899 an der Kunstgewerbeschule des Museums und beteiligte sich oft an dessen Präsentationen. Da in den vergangenen Jahren keine ausführlichen monografischen Ausstellungen über die weltbekannten Wiener Architekten der Moderne am MAK gezeigt wurden, sollte die wissenschaftliche Beschäftigung mit ihrem Œuvre aus Anlass des 150-Jahr-Jubiläums des Hauses repräsentativ aktualisiert werden. Viele aktuelle wissenschaftliche und künstlerische Fragestellungen im Zusammenhang mit Hoffmann und Loos beschränken sich indes nicht mehr auf deren Werk alleine, das ja in zahlreichen Monografien bis ins Detail dokumentiert ist. Fragen der Herkunft jener Probleme, auf die sie so konträre, aber jeweils sehr erfolgreiche Antworten fanden, stehen heute ebenso zur Debatte wie Fragen zur aktuellen Relevanz ihrer Denkweisen, die ja ein Unternehmen dieser Größenordnung erst legitimiert. Auch die „horizontale" Vernetzung und die Interaktion der beiden Helden der Moderne mit ihrem speziellen kulturellen Umfeld ist heute eine zentrale Frage der Forschung. Diese Desiderate führten zur Entwicklung eines Ausstellungskonzepts, welches das Schaffen der beiden großen Architekten und Designer in einen kultur- und ideengeschichtlichen Kontext stellt. Er beleuchtet die Entstehung der zentralen kulturellen Probleme, die Hoffmann und Loos so unterschiedlich interpretierten und lösten, ebenso wie die Folgen, die diese Lösungen in der weiteren Geschichte der Moderne bis heute hervorbrachten.

Anonym
Herrenrock, Wien, Anfang 19. Jh.
Wolle, Stickerei aus Seidengarn, Metallfäden,
Pailletten, Folien und Bouillon
Men's coat, Vienna, beginning of 19th c.
Wool, embroidery using silk yarn, metal threads,
sequins, foils, and bouillon
MAK

Der neue Konsument
Wahlmöglichkeiten

Der erste Abschnitt bereitet die zentralen Themen der Ausstellung historisch von 1750 bis in die Jahre um 1880 auf. Das heißt, die BesucherInnen werden in diesem einleitenden Kapitel mit Fragenkomplexen konfrontiert, die im Laufe der Ausstellung in unterschiedlichen Kontexten immer wieder zum Ausgangspunkt neuer Überlegungen werden. So wird zu Beginn die Akzeptanz des individuellen Geschmacks durch die Gesellschaft und damit die Möglichkeit des Einzelnen, aus verschiedenen Geschmacksrichtungen auswählen zu können, vorgestellt. Die Voraussetzung für die um 1750 entstehende neue Möglichkeit, sich aus dem damals bekannten Formenrepertoire der Kulturen und Epochen bedienen zu können, ist das Wissen um dessen gesamtes Spektrum sowie seiner Bedeutungsinhalte. Geschmack wird dementsprechend als informiertes Konsumieren interpretiert. Dafür entwickelt der Markt das neue Medium der Mode- und Einrichtungsjournale sowie Vorlagenwerke, die sich nun nicht mehr alleine an den Handwerker oder Entwerfer wenden, sondern auch an den Endkonsumenten. Gleichzeitig werden auch die ersten Produktkataloge publiziert.

Matthias Boeckl, Christian Witt-Dörring

Ways to Modernism
Antecedents, Highlights, and the Impact of Two Philosophies

In conceiving the exhibition project *Ways to Modernism*, MAK Director Christoph Thun-Hohenstein wanted a current debate about the two central figures of Viennese Modernism: Josef Hoffmann (1870–1956) and Adolf Loos (1870–1933). From the beginning, the museum has been very much bound up in the work of these two architects, although in respectively different ways: Immediately upon his return from the United States in 1896, Adolf Loos wrote spirited newspaper articles about the museum's design exhibitions; Josef Hoffmann began teaching at the museum's School of Arts and Crafts in 1899 and often participated in its exhibitions. Since the MAK has not mounted any in-depth monographic exhibitions about these Viennese architects of modernism in recent years, the aim was to representatively update scholarly efforts about their œuvre on the occasion of the MAK's 150th anniversary jubilee. Many current scholarly and artistic endeavors about Hoffmann and Loos no longer focus solely on their work, which has already been documented in detail in numerous monographs. Questions about the origins of the problems they addressed in such contrary, but in each case successful ways are up for debate nowadays, just as much as questions about the current relevance of their philosophies, which are only given legitimacy through an undertaking of this scale. Their "horizontal" networks and the interactions of these two heroes of modernism with their special cultural circles are a central focus of research today. These desiderata led to the development of an exhibition concept that places the body of work of these two estimable architects and designers into a cultural-historical and a conceptual-historical context in order to illuminate the emergence of the central cultural problems that Hoffmann and Loos interpreted and solved in such different ways, and to demonstrate the consequences that have been brought forth by these solutions as modernism progressed up to the present day.

Friedrich Weiß
Mustervorlage für Seidenstickerei aus der Manufakturzeichenschule der Akademie der bildenden Künste in Wien, 1813
Gouache auf schwarz grundiertem Papier
Design for silk embroidery from the Factory Drawing School of the Academy of Fine Arts Vienna, 1813
Gouache on paper primed in black
Akademie der bildenden Künste Wien, Kupferstichkabinett
Academy of Fine Arts Vienna, Graphic Collection

The new Consumer
Freedom of Choice

The first segment lays the historical groundwork (from 1750 through about 1880) for the central themes of the exhibition. In this introductory chapter visitors will be confronted with arrays of questions, which in various contexts over the course of the exhibition will time and again become the basis for new deliberations. Thus, the exhibition begins by presenting society's acceptance of individual taste and thereby, the possibility of individuals being able to choose from among a diverse range of tastes. This new possibility of being able to draw upon the known repertoire of forms of various cultures and epochs arose around 1750; the prerequisite for doing so was familiarity with its spectrum and meanings. Accordingly, taste was interpreted as informed consumption. The market responded with the new medium of fashion and furnishings magazines, as well as pattern books geared not only toward craftsmen and designers as had been customary, but also at consumers. The first product catalogs were published around this time too.

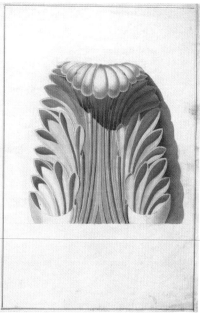

Friedrich Paulick d. J.
Übung in der Darstellung von Licht
und Schatten (Akanthusblätter)
Wien, März/April 1840
Bleistift, Feder, laviert auf Papier
Exercise in depicting light and shade
(Acanthus Leaves)
Vienna, March/April 1840
Pencil, pen, wash on paper
MAK

Im Zuge der beginnenden Aufklärung, die eine durch Verstand und Vernunft geprägte Weltsicht und damit auch eine neue, auf der Gleichheit der Menschen basierende Gesellschaftsordnung vertritt, erleben Wissenschaft und technologischer Fortschritt eine Blütezeit. Sie schafft die Voraussetzungen für die erste große Phase der Industrialisierung, die auf der Basis von Ersatztechniken und Ersatzmaterialien, einst nur für eine sehr wohlhabende Minderheit zugängliche Luxusartikel für eine breitere Mittelschicht erschwinglich macht. Gestützt auf nationalökonomische Grundsätze versucht der Staat durch neue Unterrichtsmethoden und Informationsquellen, die die Qualität der lokalen Produktion im internationalen Wettbewerb heben soll, den Wohlstand der Nation zu vergrößern. So wird 1758 in Wien die Manufakturzeichenschule gegründet und ab 1775 der verpflichtende Zeichenunterricht für die Erlangung des Meistertitels für Handwerker eingeführt. Damals noch ganz auf die Bedürfnisse der handwerklichen Produktion ausgerichtet, die Entwurf und Ausführung in einer Hand vereint, werden damit die Grundlagen für den ab den 1850er Jahren aktuellen Industriezeichner und somit die arbeitsteilige Produktionsweise bereitet. Gegen Ende des 19. Jahrhunderts wird dieser Fragenkomplex zu einem der großen Themen im Rahmen des Wiener Kunstfrühlings von Seiten der Secessionisten und Adolf Loos. 1807 wird auf Wunsch Kaiser Franz I. der Aufbau der Sammlung des k. k. Nationalfabriksprodukten-kabinetts „zur Aufmunterung der Künste und der Gewerbe" in die Wege geleitet und schließlich in dem 1815 gegründeten k. k. polytechnischen Institut (Technische Universität Wien) untergebracht. Mediale Verbreitung finden die Fortschritte der heimischen Produktion und der technologischen Entwicklung u. a. durch die 1820–1823 von Stephan Freiherr von Kees auf Basis des Fabriksprodukten-Kabinetts erstellte „Darstellung des Fabriks- und Gewerbswesens im österreichischen Kaiserstaate. Vorzüglich in technischer Beziehung" und die ab 1820 erscheinenden „Jahrbücher des kaiserlich königlichen polytechnischen Institutes". Zwischen 1835 und 1845 werden drei „allgemeine österreichische Gewerbsprodukten-Ausstellungen" vom inzwischen selbstbewussten industriell-gewerblichen Wiener Bürgertum organisiert. Sie bieten für das allgemeine Publikum den ersten umfassenden Überblick über die Produktkultur des österreichischen Kaiserreichs.

Die seit den 1830er Jahren in Wien als Vorlagenmaterial wiederentdeckten historischen Stile haben schließlich in Zusammenhang mit den neuen, die Massenproduktion erlaubenden Technologien und dem damit einhergehenden Druck, stetig neue Produkte auf den Markt zu bringen, geschmackliche Auswirkungen auf die heimische Produktkultur. Alles scheint möglich zu sein. Selbst die unverstandene Geschichte wird in Form der alten Stile zum Konsumartikel. Dabei gerät die ehemalige geschmackliche Sicherheit und das handwerkliche Können

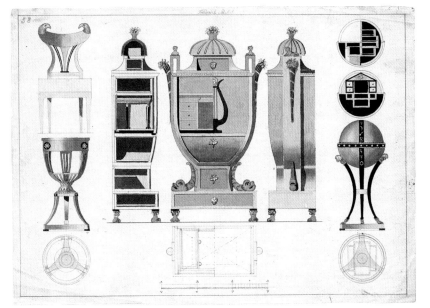

Friedrich Paulick d. Ä.
Grundrisse, Aufrisse und Querschnitte
eines Schreibsekretärs, eines Arbeitstischchens,
eines Globustischchens und eines Sessels
Wien, um 1815/20
Feder, Aquarell und laviert auf Papier
*Ground plans, front views, and cross sections
of a secretaire, a small work table, a small
globe table, and chair
Vienna, ca. 1815/20
Pen, watercolor, and wash on paper
MAK*

In the course of an incipient enlightenment, which represented a worldview rooted in sense and reason and also a new social order based on equality, science and technological advancement experienced a golden age. This set the stage for the first big phase of industrialization, which, using substitute materials and substitute processing techniques, made luxury articles once available only to a very well-to-do sliver of the population affordable for a broad segment of the middle class. By leveraging national economic policy to establish new methods of instruction and sources of information, which were supposed to improve the quality of local production in a competitive international market, the government tried to raise the nation's standard of living. For this reason, in 1758 the manufacturing drafting school was founded in Vienna and beginning in 1775, drawing instruction became mandatory for being awarded the title of master craftsman. Despite being at that time completely oriented toward the requirements of manual production, wherein design and execution were both done by the same person, this paved the way for the industrial draftsman position that came into being in the 1850s and thus for production methods based on a division of labor. Toward the end of the 19th century, this set of issues was taken up by the Secessionists and Adolf Loos as one of the main themes in the framework of the Viennese Kunstfrühling [artistic spring]. In 1807, in accordance with the wishes of Emperor Franz I, the expansion of the Imperial Royal Factory Products Collection "for the revitalization of the arts and crafts" was initiated; this was eventually housed in the Imperial Royal Polytechnic Institute (Vienna Technical University) founded in 1815. Technological developments and the advances in domestic production were broadcast in vehicles such as the yearbooks of the Imperial Royal Polytechnic Institute, which appeared starting in 1820, and the publication brought out between 1820 and 1823 by Stephan Freiherr von Kees, which was based on the Factory Products Collection and entitled "Darstellung des Fabriks- und Gewerbswesens im österreichischen Kaiserstaate. Vorzüglich in technischer Beziehung" [Portrait of manufacturing and commerce in Imperial Austria. Mainly in its technical aspects]. Between 1835 and 1845, three Austrian trade fairs were organized by newly confident middle-class industrialists and manufacturers. They presented the general public with their first comprehensive view of the product culture of the Austrian Empire.

The rediscovered historical styles that had served as models since the 1830s, together with mass-production-enabling new technologies and the concomitant pressure to constantly bring new products to market, eventually influenced tastes with regard to domestic product culture. Everything seemed possible. Even misunderstood history in the form of the old styles became an article of consumption. In the process, erstwhile certitude as to taste and hand-

Josef von Storck
Kabinettschrank, Wien, 1871
Ausführung: Franz Michel (Tischler), Johann Schindler
(Schnitzer), Ferdinand Laufberger (Maler), Josef Panigl
(Elfenbeinschnitt), F. W. Bader (Graveur) und Johann
Schwerdtner (Graveur)
Eben- u. Birnbaumholz, Elfenbein
Cabinet, Vienna, 1871
Execution: Franz Michel (cabinetmaker), Johann
Schindler (carver), Ferdinand Laufberger (painter),
Josef Panigl (ivory sculptor), F. W. Bader (engraver),
and Johann Schwerdtner (engraver)
Ebony and pear wood, ivory
MAK

zugunsten des Kommerzes ins Hintertreffen und schließlich in Vergessenheit. Ab den späten 1850er Jahren regen sich vor allem von Seiten der Architekten und Kunsttheoretiker erste Bedenken dagegen und gegen den überbordenden Naturalismus, der alle Gebrauchsgegenstände mit pflanzlichen Motiven überzieht; Reformvorschläge werden laut. Das grundsätzliche Übel wird in der beliebigen Vermischung der unterschiedlichsten Stile gesehen, ohne deren künstlerische Aussagen zu verstehen oder zu kennen. Man ist sich der Tatsache bewusst, dass es zur Zeit noch keine Alternative zu den alten Stilen als zeitgemäßes Ausdrucksmittel gibt. Man kann aber aus dem ihnen immanenten Kunstkönnen Lehren für die eigene Produktkultur ziehen. Daher wird als Ausgangspunkt für eine künstlerische Erneuerung eine gründliche Analyse dieser Stile gefordert, die gleichzeitig zur Geburtsstunde der Kunstgeschichte wird. Aufgrund des Strebens nach reinen und echten Stilen setzt eine systematische „archäologische" Ausbeute und Bewertung der alten Stile ein. Im Zuge der Wiener Kunstgewerbereform, deren Speerspitze das 1863 gegründete k. k. Österreichische Museum für Kunst und Industrie bildet, wird als die einzige für den Moment adäquate, auf die zeitgenössischen Bedürfnisse eingehende Ausdrucksform die Florentiner Frührenaissance gewählt. Sie besticht durch ihren sachlichen, die Konstruktion betonenden Charakter. Gleichzeitig kommt es zur Er-

craftsmanship skills were relegated to the background and ultimately into obsolescence in favor of commerce. Beginning in the 1850s, architects and art theoreticians were among the first to articulate misgivings against this and against the excesses of naturalism, which covered every utilitarian object with botanical motifs; calls for suggested reforms rang out. The fundamental ill was identified as the arbitrary mixing of many different styles, without understanding or knowing their artistic meanings. People were aware that no alternatives to the old styles were available as contemporary modes of expression at the time. However, lessons for current product culture could be gleaned from their immanent artistry. Thus, a thorough analysis of these styles was stipulated as the starting point for bringing about an artistic revival; this simultaneously marked the emergence of art history as a discipline. The striving for a pure and authentic style led to a systematic "archeological" appropriation and appraisal of the old styles. In the course of the Viennese applied arts reforms spearheaded by the Imperial Royal Austrian Museum of Art and Industry (founded in 1863), the Florentine Early Renaissance was selected as the only form of expression that was both adequate for the moment and suited to contemporary needs. This era charmed with its rational character and its focus on structural design. At the same time the old techniques of handcraftsmanship, which had been forgotten as industrial processing methods became more popular, were researched and resurrected.

The introductory chapter of the exhibition closes with an applied arts reform success story: architect Theophil von Hansen's work on Hernstein castle in the 1870s for Archduke Leopold. It serves as an example of the all-encompassing artistic design objectives of the reform movement, which—in contrast to Secessionist principles—did not aspire to be art. This quality attracted Otto Wagner (1841–1918). He began his career in Hansen's studio and ultimately found a way out of the predominance of historical styles by detouring through the "free Renaissance" and proclaiming the "functional style" to be a contemporary modern language of form.

The Metropolis
Otto Wagner

While the first chapter of the exhibition is complex and covers a large timespan, the theme of the second chapter of Vienna's search for a modern style is concise and linear. It is dedicated to Otto Wagner, the "father of Viennese Modernism." His entire creative energy was dedicated to the metropolis as the expression of modern life. He set the course for the next generation of reform-minded designers, ultimately giving rise to two fundamentally different approaches for the realization of modern culture in Austria. With thoughts and ideas that espoused a comprehensive design approach, Wagner embarked on virgin territory in the field of architecture. However his comprehensive design approach was not based mainly on satisfying requirements of aesthetics and form as in the past; he introduced function as the definitive category of the design process. This was a radical break with previous practice, which—in accordance with conventions of Historicism—placed the question of style at the beginning of the design process. He saw his mission in the reconciliation of beauty and function, diametrically opposed antipodes under Historicism. To lend expression to this basic conviction, he mounted two marble plaques for these equal partners of his design process on the façade of his villa in Hütteldorf in 1885. The inscription for beauty says: "Sine arte sine amore non est vita" [Without art, without love there is no life] and for function: "Artis sola domina necessitas" [Art's only mistress is necessity].

The goal of this segment of the exhibition is not to convey an overview of Otto Wagner's architectonic career. The intention is much more to give visitors the opportunity to grasp the essence of his comprehensive design approach in the framework of modern life and the quality requirements associated with it. Thus, right at the beginning, similar to a logo, are a gas heater and a telephone

Otto Wagner
Moderne Architektur, 1. Auflage, Wien, 1895
Modern Architecture, 1st edition, Vienna, 1895

Otto Wagner
Moderne Architektur, 2. Auflage, Wien, 1898
Modern Architecture, 2nd edition, Vienna, 1898

forschung und Wiederbelebung der alten Handwerkstechniken, die im Zuge der industriellen Fertigung in Vergessenheit geraten waren.

Das Einleitungskapitel der Ausstellung endet mit der Erfolgsgeschichte der Kunstgewerbereform anhand der Arbeit des Architekten Theophil von Hansen für Erzherzog Leopold in Schloss Hernstein aus den 1870er Jahren. Sie dient als Beispiel für den allumfassenden künstlerischen Gestaltungsanspruch der Reform, dem jedoch im Unterschied zu den Secessionisten kein Kunstanspruch zugrunde liegt. An diese Qualität schließt Otto Wagner (1841–1918) an. Er beginnt seine Karriere im Atelier Hansens und findet schließlich den Ausweg aus der Vorherrschaft der historischen Stile über den Umweg der „freien Renaissance" und der Proklamation des „Nutzstils" zu einer zeitgenössischen modernen Formensprache.

Die Großstadt
Otto Wagner

So vielschichtig und einen großen Zeitrahmen umfassend das einleitende Kapitel der Ausstellung ist, so konzise und geradlinig ist das Thema des zweiten Kapitels der Wiener Suche nach einem modernen Stil. Es ist dem „Vater der Wiener Moderne" Otto Wagner gewidmet: Der Großstadt als Ausdruck des modernen Lebens gilt seine ganze schöpferische Kraft. Er stellt die Weichen für die nächste Generation von gestalterischen Reformgeistern, aus denen schließlich zwei grundsätzlich unterschiedliche Ansätze für die Realisierung einer modernen Kultur in Österreich entstehen werden. Wagner betritt mit seinen den Gesamtgestaltungsanspruch vertretenden Ideen und Gedanken architektonisches Neuland in Wien. Dieser Gesamtgestaltungsanspruch basiert jedoch nicht wie bisher vordergründig auf der Befriedigung formalästhetischer Bedürfnisse, sondern er führt den Zweck als letztendlich bestimmende Kategorie im Entwurfsprozess ein. Damit bricht er radikal mit der bisher üblichen Verfahrensweise, die entsprechend der Gepflogenheit des Historismus, der die Stilfrage an den Beginn des Entwurfsprozesses setzt. Seine Mission sieht er in der Versöhnung der sich im Historismus diametral gegenüberstehenden Antipoden von Schönheit und Zweck. Dieser Grundüberzeugung gibt er 1885 an der Fassade seiner Villa in Hütteldorf Ausdruck, indem er an prominenter Stelle zwei Marmortafeln für die beiden gleichberechtigten Partner seines Entwurfsprozesses anbringt. Für die Schönheit steht „Sine arte sine amore non est vita" (Ohne Kunst, ohne Liebe gibt es kein Leben) und für den Zweck „Artis sola domina necessitas" (Der Kunst einzige Herrin ist die Notwendigkeit).

Ziel dieses Ausstellungssegments ist es nicht, einen Überblick über Otto Wagners architektonische Karriere zu vermitteln. Die BesucherInnen sollen vielmehr die Möglichkeit erhalten, die Essenz seines Gesamtgestaltungsanspruchs im Rahmen des modernen Lebens und der damit verbundenen Qualitätsansprüche zu erfassen. So stehen am Anfang, einem Logo gleich, ein Gasofen sowie ein Telefonapparat jeweils in historistischer und zeitgemäßer Gestaltung. Sie versinnbildlichen Wagners Credo: „[…], sie [die moderne Formen] müssen unser eigenes besseres, demokratisches, selbstbewusstes, ideales Wesen veranschaulichen und den kolossalen technischen und wissenschaftlichen Erfolgen, sowie dem durchgehenden praktischen Zuge der Menschheit Rechnung tragen – das ist doch selbstverständlich!"[1] Im Vordergrund steht der wegweisende Charakter seines Schaffensdrangs. Er drückt sich in einer protypischen Arbeitsweise beziehungsweise dem Zeitgeist entsprechend in Wagners evolutionärem Zugang bei der Formfindung für den modernen Alltag aus. „JEDER NEUE STIL IST ALLMÄHLICH AUS DEM FRÜHEREN DADURCH ENTSTANDEN, DASZ NEUE KONSTRUKTIONEN, NEUES MATERIALE, NEUE MENSCHLICHE AUFGABEN UND ANSCHAUUNGEN EINE ÄNDERUNG ODER NEUBILDUNG DER BESTEHENDEN FORMEN ERFORDERTEN."[2] Anhand von spezifischen Bauaufgaben (Bank, Kirche, Miethaus, Villa usw.) und Gebrauchsgegenständen werden Entwicklungsreihen (Tisch, Sitzmöbel, Behältnismöbel usw.) gezeigt. Klar ersichtlich soll dabei die Genese der Wagner'schen Moderne werden. Sie erfolgt

Gottlieb Theodor Kempf von Hartenkampf
Porträt Otto Wagners, 1896
Pastell auf Papier
Portrait of Otto Wagner, 1896
Pastels on paper
Wien Museum

in historic and contemporary designs. They symbolize Wagner's credo: "[...], they [the modern forms] must exemplify our own better, democratic, self-confident, ideal nature and take into account man's colossal technical and scientific achievements as well as his thoroughly practical tendency – that is surely self-evident!"[1] In the foreground is the visionary character of his creative drive. This expresses itself in the prototypical working methods and the zeitgeist-appropriate nature of Wagner's evolutionary approach to finding forms for modern everyday life. "EACH NEW STYLE GRADUALLY EMERGED FROM THE EARLIER ONE WHEN NEW METHODS OF CONSTRUCTION, NEW MATERIALS, NEW HUMAN TASKS OR VIEWPOINTS DEMANDED A CHANGE OR RECON-STITUTION OF EXISTING FORMS."[2] The stages of development are shown via specific architectonic tasks (bank, church, rental property, villa, etc.) and house-hold objects (table, seating furniture, storage containers, etc.). This should clearly illuminate the genesis of Wagner's modernism: it follows a logical pro-gression without taking any detours through modish transient forms, which owe their existence solely to an artist's fondness for experimentation. A solution, once arrived at, whether it is in the "free Renaissance" style or the functional style, principally stays up-to-date, changing only in its details as dictated by progress.

Wagner's self-image as an architect concurred with the established view of his profession: "In his fortunate union of idealism and realism the architect had been extolled as the crowning glory of modern man."[3] He does, however, clearly repudiate the usual practice of allowing the architect to replace the craftsman,

SEINEN SCHÜLERN EIN FÜHRER AUF
DIESEM KUNSTGEBIETE VON
OTTO WAGNER,
ARCHITEKT, (O. M.), K. K. OBERBAURAT,
PROFESSOR AN DER K. K. AKADEMIE DER
BILDENDEN KÜNSTE, EHREN- UND KOR-
RESPONDIERENDES MITGLIED DES KÖN.
INSTITUTES BRITISCHER ARCHITEKTEN
IN LONDON, DER SOCIÉTÉ CENTRALE DES
ARCHITECTES IN PARIS, DER KAISERL.
GESELLSCHAFT DER ARCHITEKTEN IN
PETERSBURG, DER SOCIÉTÉ CENTRALE
D'ARCHITECTURE IN BRÜSSEL UND DER
GESELLSCHAFT ZUR BEFÖRDERUNG DER
BAUKUNST IN AMSTERDAM ETC.

III. AUFLAGE.

WIEN 1902
VERLAG VON ANTON SCHROLL & Cⁿ.

Otto Wagner
Moderne Architektur, 3. Auflage, Wien, 1902
Modern Architecture, 3rd edition, Vienna, 1902

DIE BAUKUNST
UNSERER ZEIT

DEM BAUKUNSTJÜNGER EIN FÜHRER AUF
DIESEM KUNSTGEBIETE VON
OTTO WAGNER

ARCHITEKT (G. Ö. A.), K. K. HOFRAT, E. PROFESSOR AN DER AKADEMIE DER
BILDENDEN KÜNSTE IN WIEN, EHRENPRÄSIDENT DER GESELLSCHAFT ÖSTER-
REICHISCHER ARCHITEKTEN, EHRENPRÄSIDENT DES BUNDES ÖSTERREICHI-
SCHER KÜNSTLER, EHREN- UND KORRESPONDIERENDES MITGLIED DES KÖNIGL.
INSTITUTS BRITISCHER ARCHITEKTEN IN LONDON, DER SOCIÉTÉ CENTRALE
DES ARCHITECTES IN PARIS, DER KAISERL. GESELLSCHAFT DER ARCHITEKTEN
IN ST. PETERSBURG, DES KAISERL. ST. PETERSBURGER ARCHITEKTENVEREINS,
DER SOCIÉTÉ CENTRALE D'ARCHITECTURE DE BELGIQUE IN BRÜSSEL, DER
GESELLSCHAFT ZUR BEFÖRDERUNG DER BAUKUNST IN AMSTERDAM, EHREN-
MITGLIED DES INSTITUTS AMERIKANISCHER ARCHITEKTEN, DER SOCIETADE
DOS ARCHITECTES PORTUGUEZES, EHRENMITGLIED DES VERBANDES UNGA-
RISCHER BAUKÜNSTLER, DES ARCHITECTURAL INSTITUTE OF CANADA, VICE-
PRÄSIDENT DES CONGRÈS ARTISTIQUES INTERNATIONAUX ETC.

IV. AUFLAGE

WIEN 1914
KUNSTVERLAG VON ANTON SCHROLL & Cⁿ. GESELLSCHAFT M. B. H.

Otto Wagner
Die Baukunst unserer Zeit (4. Auflage von *Moderne
Architektur*), Wien, 1914
[The building art of our time], 4th edition of *Modern
Architecture*, Vienna, 1914

logisch gerichtet, ohne den Umweg über eine modisch kurzlebige Form zu nehmen, die ihre Existenz allein künstlerischer Experimentierfreude verdankt.
Eine einmal erarbeitete Lösung, ob im Stil der „freien Renaissance" oder im
Nutzstil, bleibt prinzipiell aktuell, verändert sich jedoch nur in vom Fortschritt
diktierten Detailaspekten.

Wagners Selbstverständnis als Architekt stimmt mit der gängigen Einschätzung seines Berufs überein: „Als die Krone des modernen Menschen in seiner
glücklichen Vereinigung von Idealismus und Realismus wurde der Architekt
gepriesen."[3] Er grenzt sich jedoch deutlich von der üblichen Praxis, die den Architekten die Rolle des Kunsthandwerkers ersetzen lässt und die er als natürliche Folge der Industrialisierung sieht, ab. „So nach zwei Seiten hin mehr denn
je in Anspruch genommen, ist der moderne Baukünstler gezwungen, alles Streben und alle Kraft seinem engeren Berufe zu widmen."[4] Wagner entwirft kein
Kunstgewerbe für den allgemeinen Markt. Seine Möbel, Beleuchtungskörper,
Textilien usw. entstehen immer nur in Zusammenhang mit spezifischen Bau-
oder Inneneinrichtungsprojekten. So wie er dem Architekten Grenzen setzt, tut
er dies auch für den Künstler. „Das praktische Element, mit welchem die
Menschheit heute durchtränkt ist, lässt sich eben nicht aus der Welt schaffen,
und jeder Künstler wird sich endlich zu dem Satze bequemen müssen: E t w a s
U n p r a k t i s c h e s k a n n n i e s c h ö n s e i n."[5] Damit ist die Diskussion
zwischen den beiden Wegen der Moderne in Wien eröffnet, die von der nächsten
ArchitektInnengeneration ab 1897, dem Gründungsjahr der Secession, ausge-
fochten wird.

Moderne Lebensweisen
Josef Hoffmann und Adolf Loos

Im zentralen Raum der MAK-Ausstellungshalle entfalten sich die beiden unterschiedlichen Wege, die die Moderne in Wien zwischen 1897 und 1910 ein-
schlägt. Manchmal laufen sie parallel zueinander, manchmal prallen sie aber
auch ohne Ausweichmöglichkeit aufeinander. Themen, die in den beiden An-
fangskapiteln (wie z. B. die Frage des individuellen Ausdrucks oder Geschmacks,
die Wiederverwendung historischer Stile, die negativen Auswirkungen der industriellen Produktion, die Hebung der nationalen Geschmackskultur durch
den künstlerischen Entwurf, der künstlerische Gesamtgestaltungsanspruch)
angeschnitten werden, finden hier ihre Fortsetzung als Ausgangspunkte für
eine neuerliche Diskussion über deren Aktualität beziehungsweise zeitgemäße
Gültigkeit. Der für diesen Ausstellungsabschnitt gewählte Zeitrahmen erklärt
sich aus dem Gründungsjahr der Wiener Secession 1897 und Adolf Loos' Vortrag
über „Ornament und Verbrechen" im Januar 1910 in Wien. In diesen formativen
Jahren der Wiener Moderne sind die Parameter zwischen den beiden Wegen der
Wiener Moderne grundsätzlich ausdefiniert und ihre unterschiedlichen Positionen etabliert. Josef Hoffmann ist als Architektenkollege in der Hauptsache
der Adressat für Loos' Kritik, doch steht dabei grundsätzlich der von den Wiener
Secessionisten eingeschlagene Weg in die Moderne auf dem Prüfstand. Aus diesem Grund kommen nicht nur Josef Hoffmann, sondern auch andere Vertreter
der Secession wie der Architekt Joseph Maria Olbrich oder der Maler Koloman
Moser zu Wort. Während die Secessionisten einen neuen Stil suchen, fordert
Loos einen neuen Menschen. Einem konsumatorischen Weg steht damit ein
emanzipatorischer gegenüber. Die Antwort auf die Frage, ob Moderne anhand
einer modernen Ästhetik, eines modernen Stils bereitgestellt wird oder ob sie
sich als gelebte Einstellung manifestiert, trennt die Secessionisten von Loos. In
beiden Fällen möchte der Mensch als Individuum wahrgenommen werden. Während Loos dafür einen kulturkritischen Zugang wählt, lassen die Secessionisten
das individuell künstlerisch gestaltete Objekt für das Individuum sprechen.

Die BesucherInnen der Ausstellung erfahren die beiden Wege der Moderne
als räumlich getrennte, chronologisch aufgebaute Parallelwelten. Auf der einen
Seite steht die bunte, individuelle, künstlerische Kreativität ausstrahlende und
sämtliche Aspekte des menschlichen Alltags erfassende Welt der Secessionisten.

which he sees as the logical consequence of industrialization. "Thus from two directions ever more demands are placed on the modern architect, since he is also forced to dedicate all of his efforts and energy to his more specialized profession."[4] Wagner did not design any decorative arts items for the general marketplace. His furniture, lighting, textiles, etc. invariably came into being in connection with specific building or interior design projects. Just as he set limits for the architect, so he did for the artist. "A certain practical element with which man is imbued today simply cannot be ignored, and ultimately every artist will have to agree with the following proposition: S o m e t h i n g   i m p r a c t i c a l   c a n   n e v e r   b e   b e a u t i f u l."[5] This threw down the gauntlet in the battle between the two ways of Modernism in Vienna, to be fought by the next generation of architects starting in 1897, the founding year of the Secession.

Modern Lifestyles
Josef Hoffmann and Adolf Loos

The two different ways taken by Modernism between 1897 and 1910 unfold in the central room of the MAK exhibition hall. At times they run parallel to one another; other times they clash without any means of avoiding a collision. Themes that are broached in the two opening chapters (such as, for example, the question of individual expression, the re-use of historical styles, the negative impact of industrial production, the elevation of the national taste through artistic design, the comprehensive artistic design approach) here are picked up again as the point of departure for a further discussion about their timeliness and contemporary relevance. The timeframe chosen for this segment of the exhibition begins with the founding year of the Vienna Secession in 1897 and Adolf Loos's presentation entitled "Ornament and Crime" in January 1910 in Vienna. The parameters between the two pathways of Viennese Modernism in its formative years had basically been delineated and their various positions staked out. Loos's critique was directed mainly at Josef Hoffmann as a fellow architect, but in actuality it was the route to modernism taken by the Vienna Secession that was being prosecuted. For this reason, it is not only Josef Hoffmann, but also other representatives of the Secession, such as the architect Joseph Maria Olbrich or the painter Koloman Moser, who have a say in the exhibition. While the Secessionists were searching for a new style, Loos was stipulating a new human. An emancipatory path stood counter to a consumerist one. The answer to the question of whether modernism based on a modern aesthetic would be in service to a modern style or whether it would manifest as an attitude subsumed in daily life divided the Secessionists from Loos. In both cases, the human being wished to be recognized as an individual. But whereas Loos chose a culture-critical approach, the Secessionists let the unique, artistically crafted object speak for the individual.

Visitors to the exhibition experience the two pathways of modernism as spatially separate, chronologically structured parallel realms. On the one side is the colorful, individual world of the Secessionists, which radiates artistic creativity and comprises all of the aspects of human everyday life. Opposite to this, visitors experience the restrained atmosphere of lone warrior Loos, which ostensibly avoids modern forms and is rendered almost exclusively in various shades of brown. While the way of the Secession in the search for a modern style was to take up again and again the challenge of new experiments with form and to reveal that constantly changing fashions had a clear expiration date, Loos's way was to focus on fundamental values, which were independent of any sort of artistic self-realization. Since it avoids individual artistic expression, his work is almost impossible to identify or date according to conventional art-historical features. Even dating his interior design concepts without a written record is difficult. Placed against the concurrent work of the Secessionists from these first fourteen years of Vienna's artistic spring, Loos's work epitomizes not a search for style, but unwavering, resolute conviction.

Josef Hoffmann
Stiegenhausfenster für das Haus Max Biach, 1902
Unterschiedliche Reliefgläser, blaues Glas,
Bleiverglasung
Stairwell window for Max Biach's House, 1902
Various pieces of embossed glass, blue glass,
lead glazing
Privatbesitz Private collection

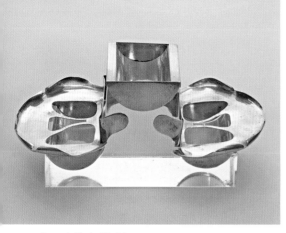

Joseph Maria Olbrich
Zündholzständer mit Aschenbecher, 1898
Glas, Messing
Match stand with ashtray, 1898
Glass, brass
Privatbesitz Private collection

Ihr gegenüber erleben die BesucherInnen hingegen die zurückhaltende, die vordergründig moderne Form vermeidende und fast ausschließlich in Brauntönen gehaltene Atmosphäre des Einzelkämpfers Loos. Während sich der Weg der Secession auf der Suche nach dem modernen Stil immer wieder neuen formalen Experimenten stellt und ein klares Ablaufdatum der stetig wechselnden Moden aufzeigt, stehen bei Loos grundsätzliche Werte im Vordergrund. Sie sind unabhängig von jeglicher künstlerischer Selbstverwirklichung. Ein Identifizieren oder Datieren seiner Arbeiten ist nach herkömmlichen kunsthistorischen Gesichtspunkten fast unmöglich, da sie einer individuellen künstlerischen Sprache aus dem Weg gehen. Ja selbst ein Datieren seiner Inneneinrichtungskonzepte ist ohne überlieferte Dokumentation schwierig. Gegenüber den gleichzeitigen Arbeiten der Secessionisten aus diesen ersten 14 Jahren des Wiener Kunstfrühlings steht man keiner Stilsuche, sondern einer konsequent durchgehaltenen Einstellung gegenüber.

Die beiden von Hoffmann und Loos so prägend für die Wiener Moderne vorgezeichneten Wege nehmen in ihren Zugängen diametral entgegengesetzte Positionen ein. Während sich ersterer aus einer individuellen künstlerisch motivierten Form erklärt, erschließt sich letzterer vor allem als Kulturkritik aus dem geschriebenen Wort. Dieses im Rahmen des objektorientierten Mediums Ausstellung erfahrbar zu machen, stellt die große Herausforderung dar. Die Frage ist, wie eine moderne Einstellung, die unabhängig von einer modernen Form ist, visualisiert werden kann. Da sie von Loos als Konfrontation angelegt ist, liegt es nahe, diese in der Ausstellung in der Form von regelmäßig positionierten Gegensatzpaaren beziehungsweise in exemplarischen Negativbeispielen zu illustrieren. Dafür werden die grundsätzlichen thematischen Unterschiede, wie zum Beispiel die Fragen der Einheit der Künste, des Gesamtkunstwerks und der Vermischung von Kunst und Funktion, gewählt. Zentraler und prägnanter Höhepunkt ist dabei die Rekonstruktion von Loos' eigenem Schlafzimmer von 1903 in direkter Gegenüberstellung mit Hoffmanns Schlafzimmer für die Familie Salzer von 1902.

Neue Wiener Wege
Entfaltung 1910–1938

Der vierte Abschnitt der Ausstellung zeigt in sechs Aspekten die Entfaltung mehrerer jüngerer Spielarten der Wiener Moderne, die sich zwischen 1910 und 1938 in logischer Weiterentwicklung der Grundpositionen von Hoffmann und Loos ergaben.[6] Daneben wird auch das weitere Schaffen von Hoffmann und Loos selbst in diesem Zeitraum anhand einiger Schlüsselprojekte und -ereignisse weiterverfolgt. Die Zäsur um das Jahr 1910 ergibt sich daraus, dass zu diesem Zeitpunkt einerseits die frühen Hauptwerke von Hoffmann und Loos – das Palais Stoclet in Brüssel und das Haus am Michaelerplatz in Wien – fertiggestellt waren und sich andererseits bereits eine jüngere ArchitektInnen- und DesignerInnengeneration unübersehbar bemerkbar machte. Die zentralen Thesen von Hoffmann und Loos – einerseits der Glaube an die revolutionäre Kraft des Schönen und andererseits das Vertrauen auf die evolutionäre Kraft einer sachlichen und „kunstfreien" Kulturentwicklung – waren mit zahlreichen Publikationen und Ausstellungen im In- und Ausland bereits europaweit bekannt gemacht worden. Hoffmann und die Secession konnten sich dabei staatsoffizieller Aufträge bedienen (etwa bei der Internationalen Kunstausstellung in Rom 1911) sowie das internationale Netzwerk der Art-Nouveau-Bewegung nutzen: Gleichgesinnte KünstlerInnen und Medien gab es auch in London, Paris, Brüssel, Darmstadt, Stuttgart und München – so ließen sich Werke und Ideen der Wiener Secession und der Wiener Werkstätte leicht verbreiten.[7]

Der Einzelkämpfer Adolf Loos hingegen war auf wenige, aber durchaus effiziente Avantgarde-Kontakte in Paris und Berlin angewiesen, die ab 1910 in den Debatten um das Haus am Michaelerplatz ihre Wirkung entfalteten. Ein Vortrag in der Berliner Galerie Paul Cassirer 1909 bildete den Kern für die spätere Niederschrift und den sukzessiven Ausbau von Loos' epochalem Text „Or-

The two predestined paths taken by Hoffmann and Loos, so influential for Viennese Modernism, established diametrically opposed positions in their approaches. While the former declared himself through individual, artistically motivated forms, the latter can be understood chiefly through his written words as a cultural critic. Conveying this in the framework of an object-oriented exhibition medium poses a great challenge. The question is how to visualize a modern rationale that is independent of any modern form. Since Loos couched it as a confrontation, it seems reasonable to portray it in the exhibition in the form of paradigmatic negative examples or exemplary contrasting pairs placed at regular intervals. In doing so, basic thematic differences were chosen, such as questions about the unity of the arts, the Gesamtkunstwerk, and the intermingling of art and function. A central and trenchant illustration may be found in the reconstruction of Loos's own 1903 bedroom directly opposite of Hoffmann's 1902 bedroom for the Salzer family.

New Viennese Ways
Burgeoning 1910–1938

The fourth segment of the exhibition consists of six aspects showing the burgeoning of several nascent variants of Viennese Modernism that arose between 1910 and 1938 as a logical consequence of Hoffmann's and Loos's philosophies.[6] In addition, Hoffmann's and Loos's further endeavors during this same time period are explored by means of several key projects and occurrences. The break in the year 1910 was chosen for several reasons: For one, the early key works of Hoffmann and Loos—the Stoclet House in Brussels and the house at Michaelerplatz in Vienna—had been completed; for another, the next generation of architects and designers had begun to garner attention. Hoffmann's and Loos's central theses—a belief in the revolutionary power of beauty and faith in the evolutionary power of a rational and "art-free" cultural development, respectively—had already proliferated throughout Europe via numerous publications and exhibitions domestically and abroad. Hoffmann and the Secession were able to leverage official government contracts (for instance, at the International Exhibition of Art in Rome in 1911) and also the international network of the Art Nouveau movement: With like-minded artists in London, Paris, Brussels, Darmstadt, Stuttgart, and Munich, the work and ideas of the Vienna Secession and the Wiener Werkstätte were easy to promulgate.[7]

By contrast, lone warrior Adolf Loos was reliant upon few—but quite efficient—avant-garde contacts in Paris and Berlin, who demonstrated their effectiveness beginning in 1910 in the debates about the house on Michaelerplatz. A presentation in Berlin's Paul Cassirer gallery in 1909 was the nucleus for the subsequent setting down in writing and successive expansion of Loos's epochal text "Ornament and Crime," which appeared in print for the first time in 1913—not in Austria, but in the French periodical *Les cahiers d'aujourd'hui* and again in 1920 in Le Corbusier's *L'esprit nouveau*. These were important building blocks for Loos's later years in exile in Paris and for his international influence.[8] In the exhibition, his Paris episode is illustrated through a juxtaposition of the activities of these two antipodes around 1925: Hoffmann designed the Austrian

Josef Frank
Wohnhaus Hugo Bunzl, Ortmann, 1914
Hugo Bunzl House, Ortmann, 1914
Österreichische Werkkultur [Austrian Crafts Culture], 1916

Josef Frank
Museum für ostasiatische Kunst, Köln, 1912/13
Museum of East Asian Art, Cologne, 1912/13
Österreichische Werkkultur [Austrian Crafts Culture], 1916

nament und Verbrechen", der erstmals 1913 in Druck erschien – aber nicht in Österreich, sondern in der französischen Zeitschrift *Les cahiers d'aujourd'hui* sowie 1920 nochmals in Le Corbusiers *L'esprit nouveau*: wichtige Bausteine für die späteren Exiljahre in Paris und die internationale Wirkung von Loos.[8] In der Ausstellung wird die Pariser Episode durch eine Gegenüberstellung der Aktivitäten der beiden Antipoden um 1925 illustriert: Hoffmann gestaltete den österreichischen Pavillon der Weltausstellung des Kunstgewerbes, während Loos ein Haus für den dadaistischen Dichter Tristan Tzara errichtete.

Die neuen und jüngeren Positionen, die sich ab 1910 in Wiener ArchitektInnen- und KünstlerInnenkreisen um die mittlerweile 40-jährigen Hauptprotagonisten entwickelten, bezogen sich auf mehrere Teilaspekte der Positionen der Secession und von Loos, die nun – überraschend früh – bereits völlig undogmatisch und ideologiebefreit miteinander kombiniert werden konnten. Die intellektuellen Architekten Oskar Strnad und Josef Frank, die an der Technischen Hochschule studiert und dort Dissertationen über architekturhistorische Themen des italienischen Quattrocento verfasst hatten, gingen vom allgemein geteilten englischen Vorbild aus, formulierten aber gleichzeitig eine „Architektur als Hintergrund" im Sinne von Loos sowie – punktuell vergleichbar der Wiener Werkstätte – auch Entwürfe für Möbel, Textilien und andere Gebrauchsgegenstände nach eigener und historischer Inspiration. Dazu kamen noch zeitgeistige Varianten der Lebensreform wie die Fernost-Inspiration durch Lao-Tse und das Tao-Te-King. Die Ausstellung zeigt frühe Wohnhausbeispiele dazu.

Eine weitere Zäsur im vierten Kapitel der Ausstellung ist das Kriegsende 1918, das mit dem Zusammenbruch von Monarchie und etablierten Wirtschaftsstrukturen sowie mit enormen Hunger-, Flüchtlings- und Wohnungsproblemen plötzlich eine völlig neue Voraussetzung für die Produktion von Architektur und Gebrauchsgegenständen schuf. Hoffmann, Loos und die junge Generation um Strnad und Frank reagierten auf unterschiedliche Weise darauf: Loos engagierte sich intensiv in der emanzipatorischen Siedlerbewegung, die innerhalb des kollektivistisch denkenden Roten Wien aber nur anfangs reüssieren konnte, Hoffmann entwarf drei Geschosswohnbauten für die „gegnerische Fraktion" der Verdichtungseffizienz, während Josef Frank eine Arbeitersiedlung für die Papierfabrik Bunzl in Niederösterreich baute. Für einen kurzen Zeitraum konnte auch der deutsche Siedlungs-Pionier Heinrich Tessenow an der Kunstgewerbeschule zur Debatte beitragen, bevor er 1920 nach Dresden gerufen wurde.

Josef Frank, der vom 15 Jahre älteren Josef Hoffmann gefördert wurde (er verschaffte ihm einen frühen Auftrag im Museum für Ostasiatische Kunst in Köln), lehrte ebenso wie Oskar Strnad und Hoffmann selbst an der Kunstgewerbeschule, die sich damit weiterhin als eine zentrale Ausbildungsstätte der Wiener Moderne behauptete. Mit seiner Mitgliedschaft bei den Congrès Internationaux d'Architecture Moderne (CIAM) ab 1928 wurde er zur Zentralfigur der Vernetzung der österreichischen Architekturdebatte mit dem internationalen Funktionalismus, der mit Bauhaus, CIAM, Le Corbusier und Richard Neutra technisch auf die Industrialisierung und ästhetisch auf radikale Reduktion setzte. Ernst Anton Plischke sowie Franz Singer und Friedl Dicker vertraten diese Positionen in Österreich und werden mit Schlüsselwerken in der Ausstellung gezeigt. Daneben regte sich erste Kritik am neuen Dogma von Funktion und Industrie, die am konsequentesten von Bernard Rudofsky mit Lebensreformideen vertreten wurde, die deutlich auf Loos basieren: Dessen Terrassenhaus transformierte er zum Atriumhaus und Loos' (Moderne-)Kulturkritik führte er ab 1944 mit seiner berühmten kulturkritischen Ausstellungsreihe fort, die er mit dem Loos-Thema der Bekleidung und der Frage begann, worin Modernität überhaupt bestehe („Ist Kleidung modern?").

In einem pointierten Resümee wird dieser Abschnitt der Ausstellung abgeschlossen: Für die Weltausstellung 1937 entwarf Josef Hoffmann ein opulentes *Boudoir d'une grande vedette*, das in einer erstmaligen Rekonstruktion der ebenfalls eins zu eins rekonstruierten *Wohnung der berufstätigen alleinstehenden Frau* der ehemaligen Loos-Mitarbeiterin Margarete Schütte-Lihotzky gegenübergestellt wird. Zusätzlich zu den stilistischen und kulturellen Gegensätzen der beiden Denkweisen wird damit auch ein gesellschaftspolitisches Gegensatzpaar in der Tradition dieser konträren Moderne-Bilder veranschaulicht.

pavilion of the 1925 International Exhibition of Modern Decorative and Industrial Arts, while Loos built a house for the Dadaist poet Tristan Tzara.

The newer and more recent positions that sprang up beginning in 1910 in Vienna's architect and designer circles around the main protagonists, who by now were 40 years old, drew upon numerous partial aspects of the positions of the Secession and of Loos, which now—surprisingly soon—could already be combined with each other in completely undogmatic and ideology-free ways. The intellectual architects Oskar Strnad and Josef Frank, who had studied at the Technical University and while there, written dissertations about architecture-historical themes of the Italian Quattrocento, started from the generally accepted English model, but at the same time formulated an "architecture as background" concept in the sense of Loos, while—in certain ways comparable to the Wiener Werkstätte—designing furniture, textiles, and other household objects according to their own innate as well as historical inspiration. Added to this were contemporary variants of lifestyle reform, like inspiration from the Far East through Laozi and the Tao Te Ching. The exhibition displays examples of this as it applied to early residential housing.

A further caesura in the fourth chapter of this exhibition is the end of the war in 1918, which—with the collapse of the monarchy and established economic structures and the massive concomitant problems of hunger, refugees, and housing—suddenly created entirely new conditions for the production of architecture and household objects. Hoffmann, Loos, and the younger generation around Strnad and Frank reacted to this in different ways. Loos became intensively involved with the emancipatory settlement movement, which could only initially be successful within the collectivist ideology of socialist "Red Vienna." Hoffmann, meanwhile, designed three multi-story residential buildings for the "opposition faction" championing the efficiency of density, while Josef Frank built a worker settlement for the Bunzl paper factory in Lower Austria. For a short time, while he was at the School of Arts and Crafts before being called to Dresden, even German settlement housing pioneer Heinrich Tessenow took part in the discourse.

Josef Frank—15 years younger than and mentored by Josef Hoffmann (he procured him one his early commissions at the Museum of East Asian Art in Cologne)—just like Oskar Strnad and Hoffmann too, taught at the School of Arts and Crafts, which thereby again proved to be a central educational facility for Viennese Modernism. With his membership in the International Congresses of Modern Architecture (CIAM) beginning in 1928, Frank became a key player in the interlinking of the Austrian architecture discourse with international functionalism, which, with the Bauhaus, CIAM, Le Corbusier, and Richard Neutra, posited industrialization as concerned, technology, and radical reduction as concerned aesthetics. Ernst Anton Plischke, and also Franz Singer and Friedl Dicker, represented these positions in Austria; some of their key works are on display in the exhibition. At this time, the first critiques of the new dogma of function and industry could be heard; these were expressed most vehemently by Bernard Rudofsky with his ideas about lifestyle reform, which were clearly based on Loos. He transformed Loos's terraced house into an atrium house and from 1994 on, continued Loos's criticism of (modernist) culture with his famous culture-critical exhibition series, beginning with Loos's topic of clothing and with the question of what actually constituted modernity ("Are Clothes Modern?").

This segment of the exhibition closes with a pointed coda. For the 1937 World's Fair, Josef Hoffmann designed an opulent *Boudoir d'une grande vedette* [Boudoir of a great star], which has been reconstructed for the first time and juxtaposed with a likewise 1:1 reconstruction of *Wohnung der berufstätigen alleinstehenden Frau* [Working single woman's apartment] designed by Loos's former assistant Margarete Schütte-Lihotzky. In keeping with the tradition of depicting these contrary versions of modernism, this coda exemplifies not only the stylistic and cultural contrasts between the two philosophies, but also the duality of socio-political opposites.

Oskar Strnad und and Viktor Lurje
Haus Hock, Wien, 1910–1912
Hock House, Vienna, 1910–1912
Österreichische Werkkultur [Austrian Crafts Culture], 1916

Josef Frank
Wohnzimmer im Wohnhaus Hugo Bunzl, Ortmann, 1914
Living room in the house of Hugo Bunzl, 1914
Österreichische Werkkultur [Austrian Crafts Culture], 1916

Adolf Loos
Heuberg-Siedlung, Wien XVII., 1921 (Planung)
bis 1923/1924 (Ausführung)
Heuberg settlement, Vienna, 17th district, 1921
(planning) to 1923/1924 (construction)
Österreichische Nationalbibliothek, Wien
Austrian National Library, Vienna, 110285c

Ressourcendebatten
Konsum und Emanzipation seit 1945

Der letzte Abschnitt der Ausstellung wirft Schlaglichter auf die Tradition konsumatorischer und emanzipatorischer Denkweisen in der Geschichte der Moderne nach 1945 sowie auf deren Relevanz im aktuellen Diskurs. In diesem Zeitraum können architektur- und designhistorisch drei Phasen unterschieden werden: Bis in die 1950er Jahre dominierten in Europa noch die kollektivistischen und funktionalistischen Ansätze, die im Zeitalter der Diktaturen seit 1933 florierten. Nach dem weitgehenden Abschluss des Wiederaufbaus regten sich danach, in den 1960er Jahren, bereits erste Phänomene einer neuen Konsumgesellschaft, der erstmals in der Geschichte überhaupt alle weltweit existierenden materiellen und geistigen Ressourcen zur Verfügung standen – deutlich lässt sich dies auch in der Architektur- und Designproduktion jener Jahre ablesen. Die alten Kernthemen der Moderne (Wege zur Entfaltung von Individualität) erfuhren so einen intensiven Entwicklungsschub. Im Zuge ihrer globalen und historischen Motive-Exploration entdeckte diese Ära unter anderem auch die klassische Moderne wieder, die in den vorherigen Jahrzehnten weitgehend aus dem Bewusstsein des Architekturbetriebs verdrängt worden war. So entstanden einerseits die ersten großen Dokumentationen der Œuvres von Hoffmann, Loos und anderen Helden der frühen Moderne, andererseits fanden viele ihrer formalen und inhaltlichen Motive Eingang in die Architekturproduktion der Postmoderne.

Die dritte Phase ist die Gegenwart. Seit den ersten Ressourcenkrisen der 1970er Jahre haben sich mit Globalisierung und Digitalisierung abermals völlig neue Produktionsbedingungen für Architektur und Design ergeben. Das globale Demokratie-, Ressourcen- und Entwicklungsproblem lenkt die Aufmerksamkeit zeitgenössischer Architektinnen und Architekten verstärkt auf Strategien der Moderne, die sich mit ähnlichen Problemen befasst hatten. Die Gesamtkunstwerk-Idee der Secessionisten und ihrer Nachfolger wird hingegen heute weniger intensiv diskutiert – nicht nur wegen der Ressourcenfrage, die für sie noch keine Rolle gespielt hatte, sondern auch wegen der fundamentalen Änderung des Kunstbegriffs in Richtung Gedankenkunstwerk und der neuen Ästhetik der Moderne seit Marcel Duchamp. Demgegenüber scheinen heute die ökonomischen und emanzipatorischen Konzepte von Loos und seinen Nachfolgern direkter und unmittelbarer auf aktuelle Bau- und Gestaltungsprobleme anwendbar zu sein.

Die Ausstellung dokumentiert zwei dieser drei Phasen der Moderne nach 1945. Der erste Abschnitt zeigt mit zahlreichen Publikationen ausgewählte Beispiele der Wiederentdeckung von Hoffmann und Loos in den 1950er Jahren, deren Fokus auf der avancierten Medien-, Industrie- und Gestaltungskultur Oberitaliens liegt. Dazu wird untersucht, wie sich diese Entdeckungsarbeit konkret in Entwürfen der 1970er und 1980er Jahre auswirkte – dazu sind Objekte, Modelle, Zeichnungen und Fotos markanter Projekte zu sehen, die sich secessionistischer und/oder Loos'scher Innovationen bedienten. Hermann Czech verwendete Hoffmann-Tapeten in einem Restaurant und Loos' Raumplan-Idee in einem Einfamilienhaus, dessen Modell gezeigt wird. Auch Hans Holleins große Modell-Rekonstruktion von Adolf Loos' Wettbewerbsprojekt für den Chicago Tribune Tower ist in diesem Ausstellungsabschnitt zu sehen.

Die aktuelle Situation unserer Gegenwart zeigt drei Kernthemen der evolutionär-emanzipatorischen Tradition der Moderne, die von Loos mitbegründet wurde. Seine Ready-made-Idee, die sich sowohl auf die Verwendung bewährter, historisch entwickelter Typen von Bauten und Gebrauchsgegenständen als auch auf semantische Innovationen durch ihre bewusste Kontextänderung bezog, lebt etwa in der Arbeitsweise des Pariser Büros Lacaton & Vassal weiter, das Bestehendes und Ungestaltetes bewusst in seine Entwürfe miteinbezieht und durch minimalistische Ergänzungen funktional komplettiert. Erstens wird dies mit dem Bau des Museums FRAC Fond Régional d'Art Contemporain in Dunkerque (FR), das in der Ausstellung dokumentiert wird, durch die Verdopplung der Silhouette einer Industriehalle und den Bau einer transluzenten gemeinsamen Hülle beider Bauteile erreicht. Zweitens wird die alte Loos-Idee der Raum-

Resource Debates
Consumption and Emancipation since 1945

The last segment of the exhibition aims a spotlight on the tradition of consumerist and emancipatory philosophies in the history of modernism after 1945, as well as on their relevance to the discourse of the day. This timeframe can be divided into three distinct phases in terms of the history of architecture and design. In Europe, the collectivist and functionalist approaches that had flourished in the age of dictatorships since 1933 continued to be dominant until the 1950s. After the reconstruction had wound down, the first phenomena of a new consumer society could be observed in the 1960s. For the first time in history, people had access to absolutely all of the material and intellectual resources the world had to offer—this may be clearly discerned from the architecture and design production of those years. The former core themes of modernism (ways of unfolding individuality) thus got an intensive boost in their development. The process of exploring global and historic motifs during this era led to a rediscovery of classical modernism, which in the preceding decades had been largely suppressed from the consciousness of the architectural sphere. Thus, on the one hand, this era witnessed the first large-scale documenting of the œuvres of Hoffmann, Loos, and other heroes of early modernism; on the other hand, many of their motifs with regard to form and meaning found their back into the architecture production of postmodernism.

The third phase is the present. Since the first resource crises of the 1970s, globalization and digitalization once again precipitated entirely new conditions for the production of architecture and design. The global problems around democracy, resources, and development steered the attention of contemporary architects back to certain strategies of modernism, which had grappled with similar problems. The Gesamtkunstwerk idea of the Secession and its successors, however, is not subject to as much discussion nowadays—not only because of the question of resources, which was not germane to its philosophy, but also because of a fundamental shift in the definition of art toward Gedankenkunstwerk [artwork of ideas] and the new aesthetic of modernism since Marcel Duchamp. In comparison, the economic and emancipatory concepts of Loos and his successors nowadays appear to be applicable to architecture and design problems in a more direct and unmediated way.

Hans Hollein
Ausstellung *Traum und Wirklichkeit*, Künstlerhaus, Wien, 1985, Installationsansicht
Exhibition *Traum und Wirklichkeit* [*Dream and Reality*], Künstlerhaus, Vienna, 1985, installation view
Archiv Archive Hans Hollein, Wien Vienna

Anna Heringer
DESI Berufsschule (Trainingscenter),
Rudrapur, Bangladesch, 2008
Montage der Dachkonstruktion
DESI Vocational School (Training Center),
Rudrapur, Bangladesh, 2008
Assembling of the roof structure

ökonomie, die sich vor allem in seiner Planungsmethode des Raumplans manifestierte, etwa im geförderten Wiener Wohnbau von Werner Neuwirth aufgegriffen. Eine innovative Anlage, die er mit internationalen Kollegen plante, zeigt im Ineinanderfügen von Wohneinheiten, die mit Loggia und Nebenräumen jeweils unterschiedliche Raumhöhen besitzen, ein planerisch anspruchsvolles, ökonomisch perfektioniertes „3-D-Puzzle". Stellvertretend für die Traditionen der Selbstbau-Befähigung von NutzerInnen und der praktisch-alternativen Bildungskonzepte der Loos'schen Moderne wird in der Ausstellung drittens eine Gewerbeschule erläutert, die Anna Heringer mit einer Dorfgemeinschaft in Bangladesch errichtete. Direkt am Bau wurde hier mittels Handskizzen täglich am Morgen entschieden, was die DorfbewohnerInnen tagsüber mit lokalen Ressourcen (vor Ort selbstgefertigte Lehm-Stroh-Ziegel) bauen sollten. In der fertiggestellten Schule werden seither Berufsausbildungen geboten, deren spätere Praxis die ökonomische Abhängigkeit des/der Einzelnen von repressiven Gesellschaftsstrukturen sowie des ganzen Landes von ungerechten globalen Wirtschaftsstrukturen reduziert. Von der Entstehung des modernen Konsumenten durch die Industrialisierung im 19. Jahrhundert über seine Emanzipation in der westlichen Moderne von Hoffmann und Loos um 1900 bis zur beschleunigten Anwendung dieser Erkenntnisse in den übrigen Weltregionen heute zieht sich eine Erzählung von der Befreiung, aber auch der Verantwortung von Individualität in der menschlichen Kultur.

1 Wagner, Otto, *Moderne Architektur*, Wien 1896, 37.
2 Wagner, *Moderne Architektur*, Wien 1902, 3. Auflage, 49.
3 Wagner, *Moderne Architektur*, Wien 1896, 11.
4 Ebd., 26.
5 Ebd., 41.
6 Neue Generation um Strnad und Frank – Werkbundidee – Soziale Frage – Internationale Moderne – Paris 1925 – Resümee (Rekonstruktionen Hoffmann und Schütte-Lihotzky).
7 Weitere Aspekte der „Wendethese" um 1910 können im endgültigen Scheitern der Bemühungen der Klimt-Gruppe um einen dauerhaften Schauraum ihrer Gesamtkunstwerk-Idee (nach dem Austritt aus der Secession 1905 und der Schließung der Kunstschau 1909) sowie in der Gründung des Österreichischen Werkbundes 1912 und in den zunehmend instabilen politischen Rahmenbedingungen ab der Bosnienkrise 1909 gesehen werden.
8 Erste deutsche Publikation 1929, vergleiche dazu den Beitrag von Christopher Long im vorliegenden Band.

This exhibition documents two of these three phases of modernism after 1945. By means of numerous publications, the first segment shows a selection of examples of the rediscovery of Hoffmann and Loos in the 1950s; this was particularly focused in Northern Italy with its advanced media, industrial, and design culture. This segment includes an examination of how these rediscovery efforts influenced designs of the 1970s and 1980s in concrete ways—objects, models, drawings, and photos of outstanding projects that borrowed from Secessionist or Loosian innovations are on display. Hermann Czech used Hoffmann wallpapers in a restaurant and Loos's Raumplan idea in a single-family home shown here as a model. Hans Hollein's large model reconstructing Adolf Loos's project for the Chicago Tribune Tower competition may also be viewed in this segment.

Our present-day situation exemplifies three key areas of modernism's evolutionary-emancipatory tradition as co-founded by Loos. His ready-made concept—which, through its conscious changing of context, drew upon the utilization of proven, historically developed types of buildings and utilitarian objects and also upon semantic innovations—is part and parcel of the working methods of Paris firm Lacaton & Vassal. This firm incorporates both what exists and what is unformed into its designs, before functionally completing them through minimalist enhancements. In the structural design (documented in the exhibition) of the museum FRAC (Fond Régional d'Art Contemporain) in Dunkirk (FR) this is achieved by doubling the silhouette of an industrial building and encasing both parts in a single translucent hull. A second example may be seen in Werner Neuwirth's subsidized residential buildings in Vienna; these draw upon Loos's venerable ideas of economy of space, which mainly manifested in his Raumplan method. An innovative project, conceived together with international colleagues, consists of interlocking residential units with loggias and ancillary rooms of different ceiling heights; it evidences the challenging design of an economically perfected "3D puzzle." Representative of the Do-It-Yourself tradition and the practical, alternative educational concepts of Loos's view of modernism, a trade school erected by Anna Heringer in a Bangladeshi village is explicated as a third example. What villagers would build each day using available resources (local handmade bricks of clay and straw) was decided every morning directly at the building site by means of rough sketches. Since its completion, the school has offered career development courses for jobs designed to reduce the dependence of the individual on repressive social structures and the reliance of the nation as a whole on global economic structures. A narrative thread runs from the spawning of the modern consumer though industrialization in the 19th century to his emancipation in Western modernism through Hoffmann and Loos around 1900 and on to the expedited application of these insights in the remainder of the world today; this narrative tells a tale of the liberation, and also of the responsibility, of individuality in human culture.

1   Wagner, Otto, *Moderne Architektur [Modern Architecture]*, Vienna 1896, 37.
2   Wagner, *Moderne Architektur*, Vienna 1902, 3rd edition, 49. Translation of quote by Harry Francis Mallgrave.
3   Wagner, *Moderne Architektur*, loc. cit., 11.
4   Ibid., 26. Translation of quote by Harry Francis Mallgrave.
5   Ibid., 41. Translation of quote by Harry Francis Mallgrave with one change: the word 'not' in the original quote was replaced here with the word "never."
6   The new generation around Strnad and Frank – The idea of the Werkbund – The social issue – International modernism – Paris 1925 – Coda (Hoffmann and Schütte-Lihotzky reconstructions).
7   Further aspects of the turning point thesis around 1910 can be seen in the ultimate failure of the efforts of the Klimt group to secure a permanent showroom for their Gesamtkunstwerk idea (after their resignation from the Secession in 1905 and the closing of the Kunstschau in 1909), as well as in the founding of the Austrian Werkbund in 1912, and in the increasingly unstable political conditions beginning with the 1909 Bosnian crisis.
8   The first publication in German came out in 1929. Cf. Christopher Long's contribution in this volume.

1

NEUE KONSUMWELTEN
NEW CONSUMER WORLDS

Franz Wolf
Präsentation der Produkte der *Dritten allgemeinen österreichischen Gewerbs-Producten-Ausstellung* 1835 in der Winterreitschule der Hofburg
Presentation of the products of the *Third General Austrian Products Exhibition* 1835 in the Winter Riding School of the Hofburg
Wien Museum

Christian Witt-Dörring

Der neue Konsument
Geschmack und Stil

Die Tatsache, dass wir aus einer Vielfalt von Gestaltungsmöglichkeiten auswählen können, erscheint uns heute genauso selbstverständlich wie die Tatsache, dass wir ein allgemeines Wahlrecht für Männer und Frauen besitzen. Beide sind Manifestationen einer individuellen Willensäußerung und somit integraler Bestandteil unseres in langsamen Schritten entwickelten modernen, demokratischen Selbstverständnisses. Der Mensch ist ein Gemeinschaftswesen, will jedoch in diesem Parameter als Individuum wahrgenommen werden. Aus diesem Spannungsverhältnis entwickelt sich eines der großen Themen der Moderne – der individuelle Ausdruck. Im Laufe der Menschheitsgeschichte werden dafür die unterschiedlichsten Verhaltensmuster ausgebildet.

Anfänglich ist nur die äußerst dünne Schicht der höfisch-aristokratischen Gesellschaft Ansprechpartner und Ziel dieser Entwicklung, die im ersten Viertel des 18. Jahrhunderts einsetzt. Sie reagiert damit auf das rigide System der Hofgesellschaft, das die Aristokratie gegenüber der Herrscherin oder dem Herrscher unter Kuratel stellt. Ihre Anwesenheit bei Hof und damit die Einhaltung strenger protokollarischer Vorgaben ist Voraussetzung für die Hoffnung auf eine erfolgreiche Karriere. Der nach Erfolg heischende Höfling findet sich in ein nach strikten Verhaltensregeln ablaufendes System eingespannt. Es ermöglicht die genaue Lesbarkeit seines sozialen Ranges und damit des erreichten gesellschaftlichen Erfolgs. Erkauft wird dieser durch die Aufgabe der Privatsphäre, die persönlichen Geschmacksvorlieben keinen Platz lässt. Das System funktioniert unter der Prämisse der Einheit von Repräsentation und Funktion, bei der sich die Frage nach Schein und Sein nicht stellt. Symmetrie und Frontalität sind die grundsätzlichen Gestaltungsmerkmale des 17. Jahrhunderts.

Mit dem Tod Ludwig XIV., dem internationalen Vorbild einer zentralistisch organisierten Hofgesellschaft, wird Schloss Versailles im Jahr 1715 als ihr gebautes Manifest aufgegeben. Der Hof zieht unter dem Regenten Philippe von Orléans in den kleineren Rahmen des Palais Royal nach Paris. Damit wird eine Entwicklung in Gang gesetzt, die neue Standards für die höfisch-aristokratische Lebenswelt setzt. Sie haben die Befriedigung individueller Bedürfnisse und somit einen größeren Wohnkomfort zum Ziel. Möglich wird dies durch die Re-Definition des Funktionsbegriffs. Die ursprüngliche Einheit von Repräsentation und Funktion ist aufgehoben. Damit kommt es zu einer Trennung öffentlicher und privater Bereiche. Individuellen Werten, wie sie Gefühle darstellen, wird Funktionscharakter zugebilligt. Damit verlässt der Mensch die Sicherheit der vorgegebenen Norm, begibt sich in die Unsicherheit des Gefühls und

der Weg in das Neue, Unbekannte ist offen. Die neue Unbekannte ist das Individuum, das seine persönlichen Bedürfnisse zu bestimmen lernen muss. Es genügt nicht mehr, nur einer etablierten Lösung zu folgen, sondern eine Vielzahl von Möglichkeiten muss evaluiert und selektiert werden. Nicht der objektive Terminus Stil, sondern der subjektive Terminus Geschmack wird zur Bezeichnung unterschiedlicher Formvarianten. Der individuelle Geschmack, das Mit-der-Mode-Gehen wird zum Gradmesser auf dem Weg zum gesellschaftlichen Erfolg. Er hängt vom Grad der Bildung und des angeeigneten Wissens ab. Geschmack wird zum informierten Konsumieren. So wendet sich Thomas Chippendale 1754 mit seinem Werk *The Gentleman and Cabinet-Maker's Director* nicht wie bisher nur an die ProduzentInnen, sondern auch an die KonsumentInnen. Darin kann aus einer Vielzahl von Geschmacksmöglichkeiten, die unter anderem Stühle im englischen, französischen, gotischen und chinesischen Geschmack zeigen, ausgewählt werden. Nicht von ungefähr wählt William Hogarth 1753 die dreidimensionale S-Linie über dem Begriff „VARIETY" [„Mannichfaltigkeit"] als Logo für sein Buch *The Analysis of Beauty* [Zergliederung der Schönheit]. Die sich der Symmetrie entziehende kurvilineare Form symbolisiert gleichsam die Vielfalt und somit das natür-

The Gentleman and Cabinet-Maker's Director
Titelblatt, dritte Ausgabe Title page, third edition, 1762
(Erste Ausgabe First edition, London, 1754)

Christian Witt-Dörring

The New Consumer
Taste and Style

The fact that we are able to choose from among a host of design possibilities seems as self-evident to us nowadays as the fact that we have universal suffrage for men and women. Both are manifestations of the assertion of individual will and thus an integral component of our modern democratic self-conception, which evolved in slow steps. The human being is a community being, but one that wants to be recognized as an individual within this parameter. Out of this tension emerges one of the great themes of modernism—individual expression. In the course of human history, this has given rise to the most diverse behavioral patterns.

At its inception, only the extremely thin stratum of court and aristocratic society was the addressee and target of this development, which came into being in the first quarter of the 18th century. In this way, it was a reaction to the rigid system of court society, which placed the aristocracy under the auspices of the sovereign. The aristocracy's presence at the court and adherence to its strict protocols was a prerequisite for those hoping to build a successful career. The ambitious courtier found himself harnessed to a system that operated according to strict rules of behavior. It allowed his social rank and the level of success he had attained to be precisely determined. He purchased his rank by sacrificing his private sphere, wherein there was no room for personal taste preferences. This system functioned under an assumption that representation equaled function, where there was no question as to appearance and reality not being one and the same. Symmetry and frontality were the basic features of design in the 17th century.

Upon the death of Louis XIV, the international role model for a centrally organized court society, the Palace of Versailles—as its manifestation in form—was abandoned in 1715. Under Regent Philippe of Orléans, the court moved to Paris into smaller quarters at the Palais Royal. This set into motion a development that defined new standards for the court and aristocratic lifestyle, which had the satisfaction of individual requirements and thus, greater comfort, as their goal. Redefining the concept of function was what made this possible. The original unity of representation and function was dissolved. This led to a separation of the public and private realms. Functional properties were ascribed to individual values, as demonstrated by feelings. Thus, people forsook the security of prescribed norms, entered the uncertain world of feelings, and the way into the new, the unknown beckoned. The new unknown was the individual, who needed to learn to define his own personal needs. It was no longer enough to subscribe to established solutions, rather, numerous possibilities had to be weighed and selections made. Not the objective term "style", but the subjective term "taste" was applied to different design variants. Personal taste and keeping up with fashion became the benchmarks on the path to social success, which was dependent upon one's level of education and acquired knowledge. Taste became informed con-

The Gentleman and Cabinet-Maker's Director
Gotische Stühle und chinesische Stühle
Gothic Chairs and Chinese Chairs
London, 1754

sumption. Thus, in 1754 Thomas Chippendale no longer aimed his pattern book *The Gentleman and Cabinet-Maker's Director* only at producers (as had been customary), but also at consumers. This book allowed readers to choose from a wide variety of styles; among other things, it depicted chairs in the English, French, Gothic, and Chinese tastes. It was no coincidence that

liche menschliche Bedürfnis nach individuellem Ausdruck. Äußeres Zeichen des Wertewandels und damit auch Stilmerkmal der Formenwelt der Régence und des Ludwig XV. sind das asymmetrische Ornament, die dreidimensionale S-Linie und damit die Aufgabe der strengen Frontalität.

Bereits in den 1730er Jahren regen sich in Paris erste Widerstände gegen die irrationale und künstliche Dekor- und Ornamentwelt der Régence. Sie drücken eine grundsätzliche Unzufriedenheit mit der etablierten sozialen Ordnung aus. Wie so oft in Zeiten eines wesentlichen Wertewandels sucht der Mensch sich der angehäuften Zivilisationsschichten zu entledigen, um den Blick auf das Wesentliche freizumachen. Diese Suche nach der Ur-Information wird von den Kritikern der beginnenden Aufklärung im Modell einer lange vergangenen Zeit, dem sogenannten „primitiven" Zeitalter, identifiziert. Im Gegensatz zum – als unnatürlich empfundenen – Zustand der Gesellschaft des Rokoko sehnt man sich nach einem natürlichen Urzustand, den man in der Ordnung der Natur zu finden glaubt. Basierend auf der Vernunft und auf den Naturgesetzen und nicht auf tradierten Werten wirbt die Aufklärung für ein neues Weltbild. Als erstrebenswerte Ziele des vernunftorientierten Menschen werden Wissen, Freiheit und Glück angesehen. Die Philosophen des alten Griechenlands gelten für die VertreterInnen der Aufklärung als die ersten, welche die Kräfte der Vernunft auszunutzen verstehen. Formalästhetisch wirkt sich dies ab den 1760er Jahren in einer Rückbesinnung und Wiederaufnahme der klassisch antiken Formensprache aus.

So vehement die formalen Veränderungen durch den Klassizismus gegenüber dem Rokoko auch sind, sie finden doch im selben Rahmen der alten feudalen Gesellschaftsordnung statt. Ebenso wenig wie die höfisch-aristokratische Gesellschaft des Rokoko steht auch jene des Klassizismus nicht mehr im übergeordneten Zusammenhang mit der Verherrlichung des Monarchen, wie dies das Barock als Periode einer ästhetisch einheitlichen Gesellschaft, in der Schein und Sein übereinstimmt, vorlebt. Mit dem Ende des Barock wird das Individuum zum Bezugspunkt und die ursprüngliche Einheit von Schein und Sein wird durch drei unterschiedliche selbständige Kriterien ersetzt: wirtschaftliche, ästhetische und modische. Die Konsumation von Luxus, das Beherrschen des modischen Diktats wird so zum persönlichen Erlebnis. Für seine KritikerInnen und die MoralistInnen ist es nichts anderes als der Ausdruck einer frivolen, asozialen Lebensweise. Gleichzeitig aber erlaubt es dem Individuum, sich in letzter Konsequenz aus dem Korsett von Hierarchie und Rang zu befreien. Dafür wird ab den 1780er Jahren das neue Medium der Fach- und Modejournale als Orientierungshilfe für die gebildeten KonsumentInnen geschaffen. Wenn Joseph Freiherr von Racknitz 1796 seine *Darstellung und Geschichte des Geschmacks der vorzüglichsten Völker in Beziehung auf die innere Auszierung der Zimmer und auf die Baukunst* veröffentlicht, so befriedigt er damit gleichzeitig ein Bildungs- sowie ein Konsumbedürfnis. Geschichte dient in diesem Zusammenhang nicht mehr ausschließlich der Dokumentation von Herrschafts- oder Standesansprüchen, sondern des Bewusstmachens des eigenen kulturgeschichtlichen Stammbaums.

William Hogarth
Zergliederung der Schönheit (erste deutsche Übersetzung)
Berlin und Potsdam, 1754
The Analysis of Beauty (first German translation)
Berlin and Potsdam, 1754
MAK

William Hogarth
Erste Kupfertafel aus *Zergliederung der Schönheit* erklärend „[...] was in der Natur für Gründe liegen, welche machen, daß wir die Gestalten mancher Körper schön und anderer ihre häßlich, einige reizend und andere abscheulich nennen."
First copper plate from *The Analysis of Beauty* explaining "[...] what the principles are in nature, by which we are directed to call the forms of some bodies beautiful, others ugly; some graceful, and others the reverse; [...]"

in 1753, William Hogarth used a three-dimensional serpentine line above the word "VARIETY" as the logo for his book *The Analysis of Beauty*. To a certain extent, this curvilinear shape dispossessed of symmetry symbolized multiplicity and thus the natural human desire for individual expression. The outward sign of this change in values—and thus also the stylistic feature of the Regency and Louis XV styles—is asymmetric ornamentation, the three-dimensional serpentine line, and with it, the relinquishing of strict frontality.

As early as the 1730s, there began to be pushback in Paris against the irrational and artificial décor and ornamentation of the Régence style. It was the expression of fundamental dissatisfaction with the established social order. As is so often the case in times of a substantive shift in values, humans sought to divest themselves of the accumulated layers of civilization in order to be able to focus on the essential. This search for proto-information would be identified by critics of the nascent Enlightenment in terms of a long-gone age, the so-called "primitive" era. In contrast to the circumstances of Rococo society, which were perceived as unnatural, there was a yearning to return to a natural, original state of being, which was thought to be found in the order of nature. Based on common sense and the laws of nature, rather than on traditional values, the Enlightenment advocated a new worldview. Knowledge, freedom, and happiness were regarded as worthwhile goals for rational human beings. Proponents of the Enlightenment considered the philosophers of ancient Greece to be the first to understand how to utilize the powers of reason. Starting in the 1760s, this brought about a revival of and a return to classical antique design aesthetics.

Despite the vehemence of the structural changes of Classicism vs. Rococo, they still took place in the framework of the old feudal social order. The court and aristocratic society of the Neoclassical and Rococo eras no longer existed in a superior realm in association with the glorification of a monarch as modeled by the Baroque period, an era of an aesthetically unified society in which appearances and reality were congruent. With the ending of the Baroque era, the individual became the point of reference and the original unity of appearance and reality was replaced by three different independent criteria: economic, aesthetic, and modish. The consumption of luxury and the mastery of fashion dictates became matters of personal experience. For critics and moralists, this represented nothing more than the expression of a frivolous, asocial lifestyle. At the same time, though, it enabled the individual finally to break free of the strictures of hierarchy and rank. In the 1780s, this resulted in the creation of professional and fashion journals, new forms of media that served as guides for educated consumers. When Joseph Baron von Racknitz published his *Darstellung und Geschichte des Geschmacks der vorzüglichsten Völker in Beziehung auf die innere Auszierung der Zimmer und auf die Baukunst* [Portrait and history of the taste of the most excellent peoples in relation to interior decoration of rooms and architecture] in 1796, he was satisfying both an educational and a consumer demand. In this context, history no longer served only to document claims to hegemony or social status, but to bring awareness to one's own cultural-historical genealogy.

1

2

3

4

Joseph Freiherr von Racknitz
*Darstellung und Geschichte des Geschmacks der vorzüglichsten Völker
in Beziehung auf die innere Auszierung der Zimmer und auf die Baukunst*
Leipzig, 1796–1799
Kupferstich, aquarelliert

Joseph Baron von Racknitz
Portrait and history of the taste of the
most excellent peoples in relation to interior decoration of
rooms and architecture
Leipzig, 1796–1799
Copperplate, watercolor
Privatbesitz Private collection

1   Ameublement im maurischen Geschmack
2   Ameublement im angenommenen antiken Geschmack neuer Zeit
3   Ameublement im altfranzösischen Geschmack
4   Ameublement im chinesischen Geschmack

1   Furnishings in the Moorish style
2   Furnishings in the accepted antique style of the new era
3   Furnishings in the Old French style
4   Furnishings in the Chinese style

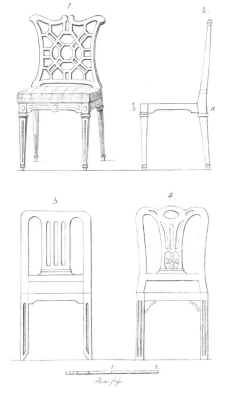

Tab. IV.

Ideen zu thönernen Ofenaufsätzen, in Gothischem, Hetrurischem und Römischem Geschmack. Sie sind zu eisernen Ofenkasten von 1½ Leipziger Elle oder drei Fuss gezeichnet, und können durch Vergrösserung oder Verkleinerung des Maasstabes leicht nach jedem eisernen Kasten eingerichtet, und glasürt oder matt, *en biscuit*, vom Töpfer gefertiget werden; der Hetrurische muss jedoch da, wo er die in der Zeichnung angegebenen Farben erhalten soll, ohne Glasur *en biscuit* gebrannt, und ihm sodann erst seine Lasur durch Wasserfarben gegeben werden.

Die in Figur 1 und 3 schwarz angegebenen Theile sind offen und ganz durchbrochen, und dienen zu besserer Heizung des Zimmers.

Uebrigens wird es vielleicht nicht ganz überflüssig sein zu erinnern, dass der Gothische und Hetrurische Aufsatz nur in solchen Zimmern angebracht werden könne, die in eben diesem Geschmacke verzieret sind.

———————

Magazin für die Freunde des guten Geschmacks,
„Ideen zu thönernen Ofenaufsätzen in Gothischem,
Hetrurischen und Römischen Geschmack"
[Magazine for friends of good style]
"Ideas for Clay Hobs in the Gothic, Etruscan, and Roman Style"
Leipzig, 1794–1796
MAK

März 1787.   105

VI.
Ameublement.

Moderne Stühle.

In dem bürgerlichen Ameublement, welches wir mit dem ersten Hefte dieses Jahres zu liefern angefangen haben, sind die Stühle einer der wichtigsten Artickel. Wir haben schon im Jänner 1786. (S. 30.) unsers Journals, die wesentlichen Eigenschaften eines guten Stuhls, und die Kennzeichen eines fehlerhaften so ausführlich entwickelt; daß wir dieß hier übergehen, und unsere Leser dorthin verweisen können. Da man in einem geschmackvoll meublirten bürgerlichen Hauße bey weitem nicht so mancherley Formen von Stühlen nöthig hat, als in einem Palais oder Schlosse, so liefern wir hier, auf Taf. 9. drey der einfachsten und schönsten Englischen, die sowohl zu Tafel- als Gesellschafts- und Wohn-Zimmer-Stühlen zu brauchen sind. No. 1. ist der zierlichste darunter, und hat eine schön geformte Lehne im Chinesischen Geschmacke, und schickt sich am besten für Gesellschafts-Zimmer. No. 3. ist der beste Tafel-Stuhl, und No. 4. paßt sehr gut in Wohn-Zimmer zum täglichen Gebrauche. Alle drey können kostbar und wohlfeil gemacht werden; so wie es der Besitzer will. Kostbar, von Mahagony, Birn- oder Nußbaum-Holz, sauber geschliffen, und mit Atlas oder Zitz gepolstert: wohlfeil, von guten Rothbüchen-Holze, sauber gearbeitet, mit einer Lackfarbe grau oder, nach Verhältniß der Tapete, mit einer andern Farbe angestrichen, und mit bunter Leinwand

H   oder

Journal des Luxus und der Moden
„Moderne Stühle"
[Journal of Luxury and Fashions]
"Modern Chairs"
Weimar, 1787
MAK

anzusehen, worauf der Geschmack so ziemlich im Ganzen hinaus läuft. In der Art wie Num. 7. macht man sie in seidnen sowohl in dunklem und hellem Grund façonirt als mit Naturfarben gestickt in verschiedenen geschmackvollen Abänderungen. In der Art wie Num. 8. sind die gedruckten englischen Casimirs Gilets, die jetzt viel Beyfall haben, ausserdem finden diejenigen mit Kupferdruck auf verschiedene Zeuge viel Liebhaber, die durch geschmackvolle Muster und gute Wahl der Farben sich sehr empfehlen; besonders schöne Sachen liefern uns hierinn die Lyoner und Schweizer; auch einige Häuser in Sachsen geben sich Mühe, jene Vollkommenheit bey niedrigen Preisen zu erreichen.

Unter den Druckwaaren auf Mousselines und Kattun sind vorzüglich die Frauenzimmer-Tücher einer der vorzüglichsten Artifel, welcher sich durch seine Gemeinnützigkeit und Muster-Verschönerungen sehr erhält. Tab. 2. fig. 1. stellen zwey der neuesten Desfiens davon dar, man verlangt sie mehrentheils 8 bis $\frac{1}{4}$ groß.

Ein diesem nahe kommender Artikel sind die Shawls, welche vorzüglich in paille und chamois Grund mit puce Kanten, sowohl gedruckt als gestickt, gesucht werden.

Die Verfertigung von Caracos und Negligés mit neuen und goustösen Mustern beschäftiget viele aus- und inländische Fabriken. In dem Geschmack, wie Zeichnung Tab. 2. fig. 2. finden sie den mehresten Beyfall. Die Lyoner versorgen uns damit auf verschiedenen seidenen Zeugen, so wie auf Linon mit einem dazu verfertigten Tuche, in abwechselnden schönen Mustern gestickt und gedruckt. Auch in Sachsen, besonders in Leipzig giebt es einige Häuser, welche uns unter andern mit Geschmack brodirten Artifeln auch diesen sehr beyfallswerth liefern. Ferner versehen uns die Schweizer und inländischen Druckereyen damit auf Mousselines, Mousselinets und andern baumwol-

Journal für Fabrik, Manufaktur und Handlung
Seidene und gedruckte englische Casimir Gilets
[Journal of factories, manufactories, and trading]
Silk and printed English Casimir gilets
Leipzig, 1792
MAK

Johann Georg Danninger
Tisch, Wien, um 1805/10
Messing, z. T. vergoldet und patiniert;
Marmor, Holz und Schmiedeeisen
Table, Vienna, ca. 1805/10
Brass, partly gilded and patinated;
marble, wood, and wrought iron
MAK

Danhauser'sche Möbelfabrik
Teetisch, Wien, um 1815
Mahagoni furniert, Pastendekor,
z. T. vergoldet und Verde antico-Anstrich
Danhauser Furniture Factory
Tea table, Vienna, ca. 1815
Mahogany veneered, paste decoration,
partly gilded and verd antique veneer
MAK

Wiener Porzellanmanufaktur (Georg Lamprecht, Maler)
Kaffeeschale mit Untertasse, Wien, 1823
Porzellan, bemalt und vergoldet
Vienna Porcelain Manufactory (Georg Lamprecht, painter)
Coffee cup with saucer, Vienna, 1823
Porcelain, painted and gilded
MAK

Georg Martini (Maler)
Kaffeeschale mit Untertasse, Wien, 1839
Porzellan mit Umdruckdekor
Georg Martini (Painter)
Coffee cup with saucer, Vienna, 1839
Porcelain with transfer decoration
Technisches Museum Wien

Jablonski
Mustertafel mit ausgerissenem
Roggenstroh, sieben Hutschirmen und
Roggenstroh; zum Flechten hergerichtet
Wien, 1829
**Sample board with torn out rye straw,
seven hat tops, and rye straw;
arranged for weaving**
Vienna, 1829
MAK

Anonym
Mustertafel mit Borten aus Seide,
Stroh, Manilahanf und Rosshaar
Wien, 1843
Anonymous
Sample board with borders made
of silk, straw, Manila hemp, and horsehair
Vienna, 1843
MAK

Ludwig Rüdelmann'sche Mode-,
Seidenzeug- und Bandfabrik
Mustertafel mit Mode-Felpel
(langfloriger Seidenplüsch)
Wien, 1827
**Ludwig Rüdelmann Clothing Silk Goods,
and Ribbon Factory**
Sample board with plush imitation fur
(long-pile silk plush)
Vienna, 1827
MAK

Josef Blaschke (Zinngießer)
Mustertafel mit gegossenen
Zinnverzierungen
Wien, 1842
Josef Blaschke (Pewterer)
Sample board with cast pewter
decorations
Vienna, 1842
Technisches Museum Wien

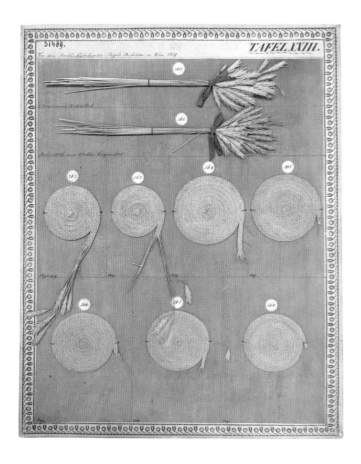

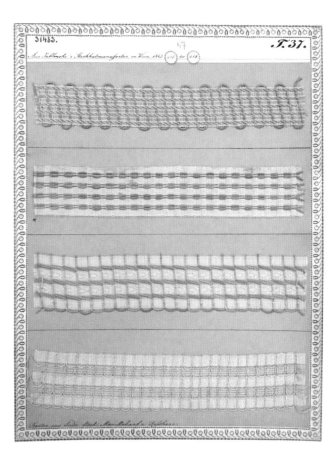

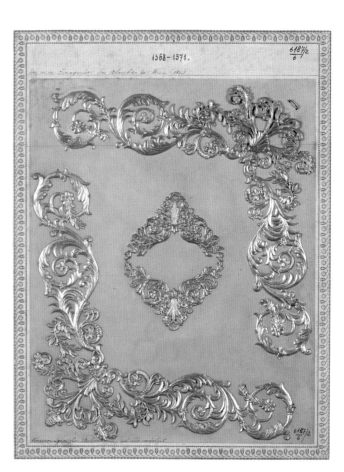

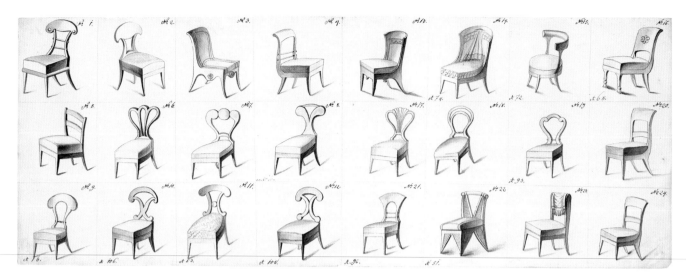

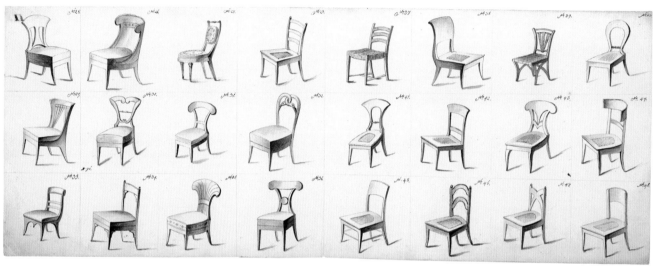

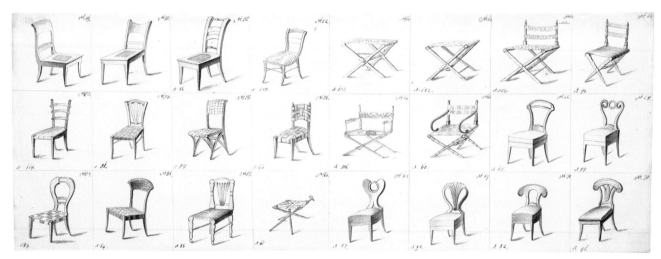

Danhauser'sche Möbelfabrik
Nach Modellnummern geordneter Sesselkatalog
Wien, um 1830
Feder in Grau, laviert, über Bleistiftvorzeichnung
Danhauser Furniture Factory
Chair catalog organized by model number
Vienna, ca. 1830
Pen in grey, washed, over pencil preparatory drawing
MAK

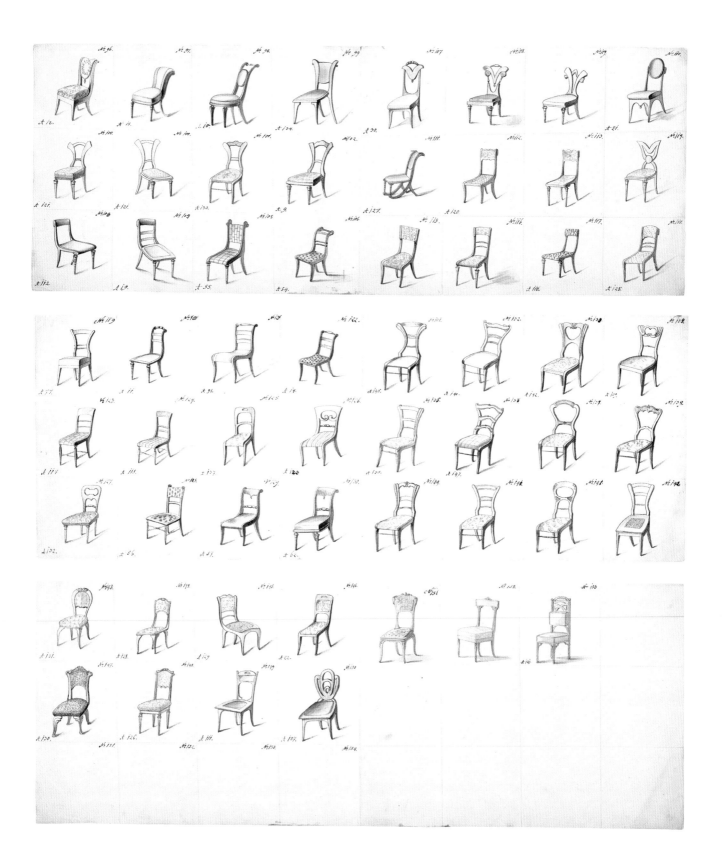

Ersatzstoffe und Ersatztechniken im Fabriksprodukten-Kabinett

Hubert Weitensfelder

Das Fabriksprodukten-Kabinett wurde 1807 auf Anordnung Kaiser Franz I. begründet. Ziel war es, einen Überblick über die Rohstoffe und Produkte zu gewinnen, die in der Habsburgermonarchie erzeugt bzw. verwendet wurden. Im Verlauf von Jahrzehnten gelangten viele tausend Muster aus gewerblichen und industriellen Betrieben nach Wien. Sie wurden im Polytechnischen Institut am Karlsplatz aufbewahrt und hergezeigt. Zum Vergleich wurden auch Gegenstände aus anderen Ländern wie England, Frankreich und Russland gesammelt. Gut hundert Jahre nach seiner Gründung gelangten große Teile des Fabriksprodukten-Kabinetts an das neu gegründete Technische Museum für Industrie und Gewerbe (heute Technisches Museum Wien). Vor allem die hochwertigen Bestände bis zu den 1850er Jahren bilden heute eine der umfangreichsten Kollektionen zur Kulturgeschichte dieser Zeit.[1]

Unter den Objekten finden sich auch einige Belegstücke für Ersatzstoffe. Ein grundlegendes Motiv für die Verwendung von Surrogaten ist ökonomischer Natur: Waren „originale" Substanzen in zu knappen Mengen vorhanden und damit zu teuer, griffen Hersteller auf Stoffe zurück, die den ursprünglichen Materialien in ihren Eigenschaften und gegebenenfalls in der äußeren Erscheinung ähnelten, aber den Preis der Waren eben verbilligten und eine ausgedehntere Produktion ermöglichten. Bereits in vorindustrieller Zeit wurde beispielsweise schön gemasertes Holz mit Hilfe von Eidotter, Bleiweiß, Kreide, Firnis, Kalk, Harn und Hammeltalg nachgeahmt. Auch tierische Produkte wie Elfenbein, Perlmutter und Schildpatt sowie Gesteinsarten wie Serpentin, Porphyr und Marmor wurden mitunter durch Surrogate aus recht unterschiedlichen Ingredienzen ersetzt.[2] Wie beliebt Marmor-Oberflächen waren, zeigt der Umstand, dass sie nicht nur auf Säulen und Gefäßen, sondern auch auf anderen Werkstoffen wie Papier und Textilien imitiert wurden.

Eine weitere künstliche Masse stellte das Papiermaché dar. In Frankreich wurden damit seit dem 16. Jahrhundert Architektur-Ornamente geformt. Um 1820 wurde Papiermaché auf folgende Art hergestellt: Man kochte zerstampftes Papier in Wasser, zerstieß es im Mörser zu einem Brei, versetzte diesen mit Leimwasser, gab die Masse in eine eingeölte Form aus Gips oder Holz und ließ sie aushärten. Die Oberfläche wurde dann auf einer Drehbank bearbeitet oder mit Bimsstein abgeschliffen. Anschließend wurde der Gegenstand mit Firnis überzogen und dann bemalt oder vergoldet, wodurch er einen edlen Anschein erhielt. Bisweilen wurden der Masse Tonerde oder Sand zugesetzt, um sie formbarer und gleichzeitig härter zu machen.[3] Im Vergleich etwa zu Holz war Papiermaché ein hervorragender Lackträger, da die Substanz keine Spannungen entwickelte und von Temperaturschwankungen unbeeinflusst blieb. Allerdings reagierte sie empfindlich auf Feuchtigkeit. Erzeugt wurden u. a. Dosen, Teller, Vasen, Pfeifen- und Puppenköpfe sowie nachgeahmte Früchte, die zur Tischdekoration dienten.

Auch die wertvollen Perlen fanden findige Nachahmer. Im Jahr 1841 unterschied der Wiener Technologe Georg Altmütter echte und unechte Perlen sowie Perlen aus Glas, Metall und aus Massen, die durch Trocknung aushärteten. Die unechten Produkte waren eine französische Erfindung und wurden auch in Wien in beträchtlichen Mengen erzeugt. Dabei kamen hohle Glaskügelchen zum Einsatz, die an den Innenwänden eine Schicht aus einer „Perlenessenz" erhielten. Diese bestand aus den Schuppen von Weißfischen, die vom Neusiedlersee nach Wien gelangten. Für ein Wiener Pfund (0,56 kg) feuchter Perlenessenz waren sieben Pfund Schuppen von 20 000 Fischen erforderlich. Diese aufwendig hergestellten Surrogate gaben den Farbeffekt echter Perlen recht gut wieder, zerbrachen aber leicht.[4]

Eine Reihe von Surrogaten wurde aus Abfällen jener Materialien gewonnen, die sie ersetzten. Die Überreste wurden zerkleinert und durch Hitze, einen Pressvorgang oder mit einem Bindemittel zu neuen Gegenständen geformt. Das geschah etwa mit Bernstein, Schildpatt, Horn, Holz oder auch mit Meerschaum (Sepiolith). Dieses leichte und poröse Mineral lässt sich leicht schneiden und fand ab Anfang des 19. Jahrhunderts in Wien zur Fertigung von Pfeifenköpfen Verwendung. Die Wiederverwertung von Meerschaumabfällen hatte in Ruhla in Thüringen ihren Ausgang genommen. Ab 1814 befasste sich in Wien der Pfeifenkopfschneider Adam Bauer damit. Die Masse wurde fein gerieben, mit Wasser und einem Bindemittel zu einem Teig vermischt und zu Klötzen geformt, die anschließend wie die echten Pfeifenköpfe gedreht oder geschnitten wurden.[5] Eine sol-

Johann Eichholzer
Klotz aus Meerschaummasse
Wien, 1838
Block made of meerschaum
Vienna, 1838
Technisches Museum Wien

Hubert Weitensfelder

Substitute Materials and Associated Technologies from the Factory Products Collection

The Factory Products Collection was founded in 1807 on the orders of Emperor Franz I with the goal of surveying the raw materials and products that were being manufactured and used in the realm of the Habsburg Monarchy. Over the course of decades, thousands upon thousands of samples arrived in Vienna from commercial and industrial enterprises. These were stored and shown in the Polytechnic Institute at Karlsplatz. Objects from other countries such as England, France, and Russia were collected as a comparison. A good hundred years after the founding of the Factory Products Collection, a large part of its inventory arrived at the newly established Technical Museum for Industry and Commerce (today's Vienna Technical Museum). Of particular note is that its stocks of high-quality items up to the 1850s nowadays constitute one of the most extensive collections about the cultural history of that time.[1]

The objects include several pieces that evidence the use of substitute materials. A basic motif for the use of surrogate materials had to do with economics: If the "original" substances were only available in limited supply, and thus, too expensive, manufacturers would use substances whose properties and, as the case may be, appearance were similar to the original material; this lowered the price of the final products and allowed for their production in greater quantities. For example, in preindustrial times, it was already common to use egg yolk, white lead, chalk, varnish, limestone, urine, and mutton tallow to imitate beautiful wood grains. Surrogate materials consisting of a diversity of ingredients were also used to replace animal products such as ivory, mother-of-pearl, and tortoiseshell and also stones like serpentine, porphyry, and marble.[2] The popularity of marble surfaces is demonstrated by the fact that they were imitated not only on columns and vessels, but on other materials like paper and textiles.

Papier mâché constituted another type of synthetic material. In France, it had been employed since the 16th century to form architectural ornaments. Around 1820, papier mâché was made this way: Shredded paper was cooked in water, ground to a mush with a mortar and pestle, mixed with watered-down glue, then placed into an oiled form made of wood or plaster of Paris, and left to harden. The surface was subsequently polished on a lathe or sanded with a pumice stone. As a final step, the object would be coated with varnish and painted or gilded, which made it appear to be valuable. Occasionally clay or sand would be added to the papier mâché mash in order to make it easier to shape and to improve hardness.[3] Compared with wood, papier mâché was an excellent substrate for varnish, since it

was not subject to tensile stress and did not react to changes in temperature. It did, however, react to moisture. It was used to produce canisters, plates, vases, pipe bowls, and doll heads, among other things, as well as imitation fruits used as table decorations.

Even precious pearls were mimicked by resourceful imitators. In 1841, the Viennese technologist Georg Altmütter differentiated real and fake pearls, as well as pearls made of glass, metal, and from mixtures that hardened through drying. The imitation products were a French invention and were also produced in Vienna in sizable quantities. This included the employment of hollow glass spheres, whose interior surface was coated with a layer of "pearl essence" consisting of the scales of whitefish brought from Lake Neusiedl to Vienna. Seven pounds of scales from 20,000 whitefish were needed to make one Viennese pound (0.56 kg) of damp pearl essence. These elaborately produced surrogate materials replicated the nacreous effect of real pearls very well, but broke easily.[4]

Some surrogate materials stemmed from the waste scraps of the very materials they were to replace. The scraps were shredded and formed into new objects through the application of heat, pressure, or a binding agent. This was done with amber, tortoiseshell, horn, wood, and also with meerschaum (sepiolite). The reuse of meerschaum scraps first began in Ruhla in Thuringia (Germany). This light and porous mineral was easy to cut and made its first appearance in pipes in Vienna when pipe bowl cutter Adam Bauer began using it around 1814. The scrap material was finely grated, mixed with water and a binder until it took on a doughy consistency, then formed into chunks, which were subsequently cut or lathed like real pipe bowls.[5] Such recycling methods allowed the manufacturers to argue that they were only reusing the original materials. In this way, they could distance themselves from accusations of fakery.

Some materials first served as substitutes before coming into use in their own right. One such case is caoutchouc or nat-

Paradeiser aus Papiermaché
Tomatoes made of papier mâché
Paris, 1848
Technisches Museum Wien

che Wiederverwertung diente den Herstellern als Argument, dass sie ohnehin die originale Substanz verwendeten. Damit konnten sie sich vom Vorwurf der Fälschung distanzieren.

Manche Werkstoffe dienten anfänglich als Ersatzmaterial, ehe sie schließlich eine eigenständige Entwicklung nahmen. Dies ist etwa beim Kautschuk der Fall. Zu den Pionieren seiner technischen Verwendung zählte Johann Nepomuk Reithoffer, der Sohn eines mährischen Schneiders. Er löste Kautschuk – von den Zeitgenossen „Federharz" genannt – in ätherischen Ölen und bestrich damit Stoffe, um sie wasser- und luftdicht zu machen. Damit substituierte er traditionelle Mittel zur Imprägnierung. Die elastischen Eigenschaften des Materials nutzend, produzierte Reithoffer ferner Hosenträger, Mieder, Gürtel, Knie- und Bruchbänder. Auf einer großen Gewerbeausstellung in Wien 1835 präsentierte er Bänder aus seiner Produktion.[6] Allerdings erwiesen sich Waren aus Naturkautschuk als wenig hitze- und kältebeständig. Bei höheren Temperaturen verklebten sie und entwickelten einen starken Geruch, im Winter wurden sie spröde und brüchig. Um 1839 jedoch gelang Charles Goodyear in den USA die „Vulkanisierung" von Kautschuk und Schwefel. Der solcherart erfundene Gummi trat in der Folge einen imposanten weltweiten Siegeszug an.

Ab der Mitte des 19. Jahrhunderts vervielfachten sich die Masse der erzeugten Substanzen und die Zahl der produzierten Gegenstände. Damit gingen große Fortschritte in der chemischen Technologie einher, wodurch die Bedeutung der Surrogate weiter anwuchs.[7] Als zwei Jahrzehnte später mit dem Ausbruch des Weltkriegs viele Rohstoffe zur Mangelware wurden oder zur Gänze ausfielen, erlebten die Ersatzstoffe eine kurzfristige Hochkonjunktur.

Postamentschale aus künstlichem Marmor
Pedestal dish made of fake marble
Paris, 1848
Technisches Museum Wien

1 Vgl. zuletzt: Technisches Museum Wien (Hg.), *Massenware Luxusgut. Technik und Design zwischen Biedermeier und Wiener Weltausstellung 1804 bis 1873*, Wien 2004.
2 Zum Gebrauch von Surrogaten und Imitaten vgl. Weitensfelder, Hubert, *Technikgeschichte. Eine Annäherung*, Wien 2013, 72–77.
3 Keeß, Stephan Ritter von, *Darstellung des Fabriks- und Gewerbswesens im österreichischen Kaiserstaate. Vorzüglich in technischer Beziehung*, 3 Bände, Wien 1819–1823, Bd. 2/1 (1820), 622 f.
4 Altmütter, Georg, „Perlen", in: Prechtl, Johann Josef (Hg.), *Technologische Encyklopädie oder alphabetisches Handbuch der Technologie, der technischen Chemie und des Maschinenwesens. Zum Gebrauche für Kameralisten, Ökonomen, Künstler, Fabrikanten und Gewerbtreibende jeder Art*, 25 Bände, Stuttgart/Wien 1830–1869, Bd. 11 (1841), 66–118: 66, 80–82.
5 Keeß, *Darstellung des Fabriks- und Gewerbswesens*, a.a.O., Bd. 2 (1823), 919; Altmütter, Georg, „Meerschaum", in: Prechtl, *Technologische Encyklopädie*, Bd. 9 (1838), 527–542.
6 *Bericht über die erste allgemeine österreichische Gewerbesprodukten-Ausstellung im Jahre 1835*, Wien 1835, 336 f.
7 Vgl. Koller, Theodor, *Die Surrogate. Ihre Darstellungen im Kleinen und deren fabrikmässige Erzeugung. Ein Handbuch der Herstellung der künstlichen Ersatzstoffe für den praktischen Gebrauch von Industriellen und Technikern*, Frankfurt/Main 1893.

Fischsuppen zur Perlenfabrikation
Chowder to manufacture pearls
Technisches Museum Wien

ural rubber. One of the pioneers in its technical development was Johann Nepomuk Reithoffer, the son of a Moravian tailor. He dissolved caoutchouc—called "elastic gum" by his contemporaries—in essential oils and painted fabrics with the resultant mixture in order to make them water- and airtight, thus replacing traditional impregnation compounds. Reithoffer also leveraged the elastic properties of the material to produce suspenders, girdles, belts, sock garters, and hernia trusses. He presented garters and trusses from his company at a large trade fair in Vienna in 1835.[6] Products made from natural caoutchouc did not prove to hold up well in heat or cold, however. At higher temperatures they became sticky and developed a strong odor and in the winter they became brittle and prone to breaking. In 1839 in the USA, Charles Goodyear succeeded in "vulcanizing" caoutchouc with sulfur. The rubber invented through this procedure took the world by storm.

From the middle of the 19th century onward, the amount of synthesized substances and the number of manufactured products multiplied. This was accompanied by great strides in chemical technology, which caused the surrogate materials to gain even more importance.[7] Two decades later, during the world war when many raw materials were in short supply or not available at all, substitute materials enjoyed a brief surge.

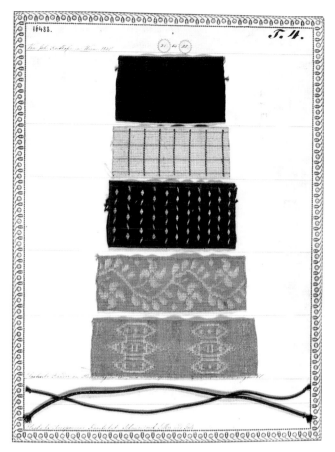

J. Reithoffer's Söhne Gummi- u. Kabelwerk
Elastische Gewebe
Wien, 1835
J. Reithoffer's Söhne Rubber and
Elastics Manufacturing Company
Elastic woven fabric
Vienna, 1835
Technisches Museum Wien

1 Cf. most recently: Vienna Technical Museum (Pub.), *Massenware Luxusgut. Technik und Design zwischen Biedermeier und Wiener Weltausstellung 1804 bis 1873* [Mass-produced luxury goods. Technique and design between Biedermeier and the Vienna World's Fair International Exhibition 1804 to 1873], Vienna 2004.

2 On the use of surrogate and imitation materials, cf. Weitensfelder, Hubert, *Technikgeschichte. Eine Annäherung* [The history of technology. A survey], Vienna 2013, 72–77.

3 Keeß, Stephan Ritter von, *Darstellung des Fabriks- und Gewerbswesens im österreichischen Kaiserstaate. Vorzüglich in technischer Beziehung* [Description of manufacturing and commerce in Imperial Austria. Primarily with regard to technology], 3 volumes, Vienna 1819–1823, Vol. 2/1 (1820), 622–623.

4 Altmütter, Georg, "Perlen [Pearls]", in: *Technologische Encyklopädie oder alphabetisches Handbuch der Technologie, der technischen Chemie und des Maschinenwesens. Zum Gebrauche für Kameralisten, Ökonomen, Künstler, Fabrikanten und Gewerbtreibende jeder Art* [Technological encyclopedia], ed. Johann Josef Prechtl, 25 volumes, Stuttgart/Vienna 1830–1869, Vol. 11 (1841), 66–118: 66, 80–82.

5 Keeß, *Darstellung des Fabriks- und Gewerbswesens*, loc. cit., Vol. 2 (1823), 919; Altmütter, Georg, "Meerschaum", in: *Technologische Encyklopädie …*, loc. cit., Vol. 9 (1838), 527–542.

6 *Bericht über die Erste allgemeine österreichische Gewerbs-Producten-Ausstellung im Jahre 1835* [Report on the First General Austrian Products Exhibition in the year 1835], Vienna 1835, 336–337.

7 Cf. Koller, Theodor, *Die Surrogate. Ihre Darstellungen im Kleinen und deren fabrikmässige Erzeugung. Ein Handbuch der Herstellung der künstlichen Ersatzstoffe für den praktischen Gebrauch von Industriellen und Technikern* [Surrogate materials. A handbook], Frankfurt/Main 1893.

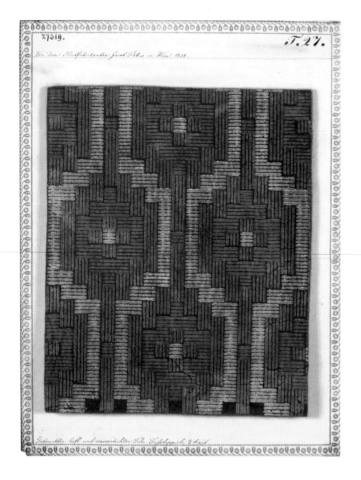

Jacob Flebus (Filz- u. Seidenhutfabrikant)
Mustertafel mit „Gedrucktem Luft- und Wasserdichten Filz-Fußteppich"
Wien, 1838
Jacob Flebus (Felt and Silk Hat Manufacturer)
Sample board with "Printed Air- and Watertight Felt Floor Carpet"
Vienna, 1838
Technisches Museum Wien

Baumwoll-, Schafwoll- u. Leinenwarenfabrik Anton Münzberg
Mustertafel mit gedrucktem Samt, Georgenthal im Leitmeritzer
Kreise (Böhmen), 1845/46
Anton Münzberg's Factory for Cotton, Sheep's Wool, and Linen Wares
Sample board with printed velvet, Jiretín in Litoměřický kraj
(Bohemia), 1845/46
MAK

Lorenz Bernhardt
Papier-Fuß-Parkett nach englischer Art
Baden bei Wien, 1819
Floor parquet made of paper in the English Style
Baden near Vienna, 1819
Technisches Museum Wien

Anonym
Korb
Wien, 1846
Silberblech, gepresst
Anonymous
Basket
Vienna, 1846
Sheet silver, pressed
MAK

Christian Witt-Dörring

Unter anderem ...
Geschichte konsumieren
Die Stilvielfalt

Innenansicht des k. k. Österreichischen Museums für Kunst
und Industrie im Ballhaus, 1864
Fotografie von Ludwig Angerer
Interior view of the Imperial Royal Austrian Museum of Art
and Industry in the ballroom building, 1864
Photograph by Ludwig Angerer
MAK

Jedes historische Thema, isoliert betrachtet und aus dem Kontext seiner historischen Entwicklung gerissen, dient in erster Linie der Bestätigung eigener Interessen und Prioritäten. Verändert sich deren Ausrichtung, so wechselt auch die Betrachtungsweise bzw. Einstellung gegenüber den einzelnen Bausteinen der Entwicklung. Damit erhält auch notgedrungen die Bedeutung der einzelnen Bausteine eines Gedankengebäudes eine Neubewertung. Ist einmal das Fundament für eine programmatische Neuorientierung gelegt, dient dieses sehr bald als selbstverständlicher Ausgangspunkt für unterschiedlichste

Interpretations- und Anwendungsmöglichkeiten. So durchläuft auch die Wiederaufnahme der historischen Stile seit der Mitte des 18. Jahrhunderts eine stete Neuinterpretation, die bis heute anhält.

Für die Entwicklung der Moderne im Wien des ausgehenden 19. Jahrhunderts ist die Überwindung der Formenwelt des Historismus eine unabdingbare Voraussetzung. Dabei steht die Formenwelt in diametralem inhaltlichen Gegensatz zu den Werten einer modernen bürgerlichen Gesellschaft an der Wende zum 20. Jahrhundert, welche die Erfüllung individueller Bedürfnisse in den Vordergrund stellt. Die Einheit von Form und Inhalt ist ihr oberstes Gebot. Dadurch verliert die tradierte Form die Vorherrschaft über den zeitgenössischen Inhalt. Der Einsatz historischer Stile steht jedoch nicht a priori im Gegensatz zu zeitgenössischen Inhalten. Ein Thema oder einen Gegenstand im Licht seiner historischen Entwicklung und nicht bloß in Bezug auf dessen momentane Bestimmung zu sehen, wird ab der Mitte des 18. Jahrhunderts zum Ausdruck eines persönlichen und damit individuellen Bewusstseinsprozesses. Im Zuge der Aufklärung findet das Individuum seinen Platz im Rahmen der Menschheitsgeschichte und identifiziert sich nicht mehr allein aus der Schöpfungsgeschichte und als Untertan. Durch das neue Weltbild, das sich rationalen Gesichtspunkten und somit der Vernunft verpflichtet, steht der gesamte Zivilisationsprozess zur Diskussion. Dafür müssen erst die einzelnen Zivilisationsschichten, die zu der als unnatürlich wahrgenommenen Gesellschaftsordnung des Rokoko führen, definiert und in der Folge als Geschichte erarbeitet werden. Die gesamte vom Menschen sowie von der Natur geschaffene Welt wird dafür aufklärerischen Bewertungskriterien unterzogen und es entstehen für die unterschiedlichsten Themenbereiche neue Ordnungssysteme, wie z. B. die Enzyklopädie als Orientierungshilfe. So erscheint unter anderem 1796 mit dem Buch *Darstellung und Geschichte des Geschmacks der vorzüglichsten Völker in Beziehung auf die innere Auszierung der Zimmer und auf die Baukunst* von Joseph Freiherr von Racknitz die erste historische Darstellung der Einrichtungskunst als Inspirationsquelle für den interessierten wohlhabenden Amateur. Er kann dabei individuell aus einer Vielzahl historischer sowie außereuropäischer Vorbilder auswählen. Damit verfügt er über die Ergebnisse eines langen menschlichen Schöpfungsprozesses, die ihn selbst an das vorläufige Ende einer langen Entwicklungsreihe stellen.

Gleichzeitig treffen in England ab den 1760er Jahren Faktoren zusammen, die für die weitere Entwicklung der westlichen Produktkultur von entscheidender Bedeutung sind und schließlich die Industrielle Revolution auslösen. Neben einem Klima wissenschaftlicher Neugier und technischer Innovationen sowie einem entwickelten Patentrecht ist es das Vorhandensein einer im Vergleich zum übrigen Europa viel breiteren vermögenden Käuferschicht, die zu der Entstehung eines neuen Marktsegments führen. Es bedient in erster Linie die vermögende

Christian Witt-Dörring

Among Other Things …
Consuming History
An Abundance of Styles

Every historical topic, when regarded in isolation and ripped out of its historical context, primarily serves to confirm one's own interests and priorities. When one's orientation changes, so does one's perspective and attitude toward the individual building blocks of historical developments. Thus, the meaning of the individual components of a mental construct must necessarily be re-evaluated. Once the foundation for a programmatic realignment is laid, within a short time, it becomes an axiomatic starting point for a wide range of possibilities for interpretation and application. Thus, the revival of historical styles that began in the middle of the 18th century has been subject to a constant process of reinterpretation, which continues to this day.

Overcoming the design customs of Historicism was an absolute necessity for the development of Modernism in Vienna at the end of the 19th century. These designs were diametrically and substantially opposed to the values of a modern middle-class society as found at the turn of the century, where the fulfillment of individual requirements was the focus. Unity of form and substance was of primary importance. In this way traditional forms lost their supremacy over contemporary content. The use of historical styles does not represent a priori opposition to contemporary content. Starting around the middle of the 18th century, the ability to view a topic or an object in light of its historical evolution and not just relative to its momentary purpose became an expression of a personal and thus individual awareness process. In the course of the Enlightenment, the individual found his place in the context of the story of humanity and no longer identified himself solely through the story of Genesis or defined himself as a subservient being. Through this new worldview, which was committed to rational perspectives and thus reason, the entire progression of civilization was up for discussion. But first, the respective layers of civilization leading to the social order of the Rococo era, which was now perceived as unnatural, needed to be defined and subsequently worked up as a narrative. The entire world created by man and nature was reassessed in light of the criteria of the Enlightenment, and new systems for bringing order to a whole range of different thematic areas came into being, such as, for example, the encyclopedia as a guide. Thus the 1796 book *Darstellung und Geschichte des Geschmacks der vorzüglichsten Völker in Beziehung auf die innere Auszierung der Zimmer und auf die Baukunst* [Portrait and history of the taste of the most excellent peoples in relation to interior decoration of rooms and architecture] by Joseph Baron von Racknitz became the first historical depiction of interior design as a source of inspiration for the interested, wealthy amateur, who was able to choose from among a profusion of historical as well as non-European models. In this way, he had access to the results of a long human creative process, which placed him temporarily at the end of a long developmental sequence.

At the same time, beginning in the 1760s in England, a number of factors came together that were of decided significance for the further development of Western product culture and in the end triggered the Industrial Revolution. In addition to a climate of scientific curiosity and technical innovation, along with mature patent laws, it was the presence of a stratum of wealthy consumers—much broader than in the rest of Europe—that led to the emergence of a new market segment, which first and foremost served the upper middle class in contrast to the luxury market served by France. New industrial and thus cheaper modes of production, as well as a plethora of new alternative techniques and alternative materials, even made it possible for the bourgeois middle class to take part in the assortment of goods traditionally geared toward the representation requirements of the aristocracy. At the beginning of the 19th century, this trend, which owed its due to the greater availability of what once were luxury products, also reached the Austrian Empire.

The abdication of Napoleon in 1814 along with the return of the Ancien Régime and the ultraconservative Restoration as of 1820 brought about a departure in France from the strict classical forms of the First French Empire and a return to the pre-Enlightenment forms of Louis XV. Simultaneously, the 1830s witnessed a revival of an array of older styles due to the confluence of conservative social tendencies and historical interest. However, uncoupled from their—up to then unknown—original cultural-historical context, they became part of an interchangeable repertoire of forms for a rapidly growing middle class. In combination with the rapid advancement of industrialization, which required the revenue-enhancing stimulus of constantly changing fashions, not only stylistic elements, but also material-specific shapes became readily available and combinable. Around 1850, this development, which turned cultural heritage into freely consumable goods, reached its zenith and the first clarion calls demanding clarification in terms of style and modes of fabrication could be heard. After over 20 years of arbitrary obedience to the fashions, which placed the new above the enduring, it became time to set up aesthetic rules for a market dominated by commercial interests. Jacob von Falke trenchantly characterized the situation: "Taste became pure fashion, which changed with the seasons. This overweening desire for the new in a context of such rapid change had to exhaust any reasonable inventive spirit."[1]

Vienna responded to the impetus implicit in the founding in 1852 of the Museum of Manufactures (Victoria and Albert Museum) in London by inaugurating the Imperial Royal Austrian Museum for Art and Industry in 1864 and its affiliated School of Arts and Crafts in 1867, thus ushering in the reform of applied arts in Vienna. These two institutions were to revive and convey the artistic principles that had gotten lost through mindless style imitations. These efforts were supported by research into art history and non-industrial production methods.

Mittelschicht im Gegensatz zu dem von Frankreich bedienten Luxusmarkt. Neue industrielle und somit billigere Produktionsmethoden sowie eine Fülle neuer Ersatztechniken und Ersatzmaterialen ermöglichen auch einer bürgerlichen Mittelschicht an dem traditionell auf das Repräsentationsbedürfnis der Aristokratie ausgerichteten Warensortiment teilzuhaben. Zu Beginn des 19. Jahrhunderts erreicht diese der größeren Verfügbarkeit ehemaliger Luxusartikel verpflichtete Entwicklung auch das österreichische Kaiserreich.

Der Fall Napoleons 1814 mit der Rückkehr des Ancien Régime und der ultrakonservativen Restauration ab 1820 bewirkt in Frankreich eine Abkehr von den strengen klassizistischen Formen des Ersten Kaiserreichs und eine Rückwendung zu den voraufklärerischen Formen Ludwig XV. Zeitgleich kommen im Zusammenspiel konservativer gesellschaftlicher Tendenzen und geschichtlichem Interesse ab den 1830er Jahren sämtliche alten Stile zum neuerlichen Einsatz. Jedoch losgelöst von ihrem bis dahin noch unbekannten ursprünglichen kulturgeschichtlichen Kontext werden sie zum austauschbaren Formenrepertoire für eine rasch wachsende Mittelschicht. In Kombination mit der rasant fortschreitenden Industrialisierung, die der umsatzsteigernden Stimulanz von stetig wechselnden Moden bedarf, werden nicht nur stilistische Elemente, sondern auch materialspezifische Formen wahllos verfügbar und kombinierbar. Um 1850 erreicht diese Entwicklung, die das kulturelle Erbe zur frei konsumierbaren Ware macht, ihren Höhepunkt und erste Forderungen, die nach einer Klärung in stilistischer sowie in verarbeitungstechnischer Hinsicht rufen, werden laut. Nach über zwanzig Jahren willkürlicher modischer Hörigkeit, die dem Neuen vor dem Bleibenden den Vorzug gab, gilt es wieder ästhetische Regeln für den von kommerziellen Gesichtspunkten dominierten Markt aufzustellen. Jacob von Falke charakterisiert die Situation treffend: „Der Geschmack wurde zur reinen Mode, die mit der Saison wechselte. Dieses treffende Bedürfniß nach Neuem mußte bei so raschem Wechsel allen vernünftigen Erfindungsgeist erschöpfen."[1]

In Wien nimmt man mit dem in London 1852 gegründeten Museum of Manufactures (Victoria and Albert Museum) implizierte Anregungen auf und eröffnet 1864 das k. k. Österreichische Museum für Kunst und Industrie, dem 1867 eine Kunstgewerbeschule angeschlossen wird. Damit wird in Wien die Kunstgewerbereform eingeleitet. Die beiden Institutionen sollen die im Zuge der unreflektierten Stilimitation verloren gegangenen Kunstprinzipien wiederbeleben und vermitteln. Die Basis dafür bildet die Erforschung der Kunstgeschichte und der handwerklichen Produktionsmethoden. Wiederum sind es Ordnungssysteme, die am Beginn einer Neuorientierung stehen. So erfolgt 1852 die Gründung des ersten Lehrstuhls für Kunstgeschichte und Kunstarchäologie an der Universität Wien durch den Initiator und ersten Direktor des Österreichischen Museums für Kunst und Industrie, Rudolf von Eitelberger. Gottfried Sempers 1860 und 1863 in zwei Bänden veröffentlichte Schrift *Der Stil in den technischen und tektonischen Künsten oder praktische Ästhetik* bildet hingegen die Grundlage für das Verständnis um die wechselseitige Beziehung zwischen Materialeigenschaften, handwerklichen Techniken und künstlerischer Ausformung. Jacob von Falke sieht bereits 1866 die Grenzen dieses Reformwegs in Bezug auf die Entwicklung eines zeitgenössischen Stils:

> „Das mußte für den Anfang allerdings nur ein Kunstschaffen auf dem Wege der Reflexion, eines bewußten und beabsichtigten Verfahrens herbeiführen, aber man konnte hoffen, daß auf diese Weise der Künstler zum Meister werde, sich über das Gelernte erhebe und wenigstens die nachfolgende Generation zu einer unvermittelten Kunstschöpfung, die nicht durch den Weg der Reflexion hindurchgegangen, gelange."[2]

1 Jacob von Falke, *Geschichte des modernen Geschmacks*, Leipzig 1866, 379.
2 Ebd., 382.

Once again it was systems of classification that underpinned this reorientation. In 1852 a professorship for art history and archeology at the University of Vienna was founded through the efforts of Rudolf von Eitelberger, the initiator and director of the Austrian Museum for Art and Industry. By contrast, Gottfried Semper's book *Der Stil in den technischen und tektonischen Künsten oder praktische Ästhetik* [*Style in the Technical and Tectonic Arts, or Practical Aesthetics*] published in two volumes in 1860 and 1863 provided the basis for understanding the reciprocal relationship between material characteristics, fabrication techniques, and artistic forms. As early as 1866, Jacob von Falke was aware of the limits of these reforms as they pertained to the development of a contemporary style:

> "At the start, this could bring about only artistic endeavor through reflection, that is, through a conscious and deliberate process, but one hopes that in this way the artist becomes a master who rises above what he has learned, and that at least the next generation will find its way to an unmediated production of art, which does not pass through the route of reflection."[2]

Andreas Bökeny
Gothischer Armstuhl mit neuer Art von Sitz
Gezeigt auf der *Dritten allgemeinen österreichischen Gewerbs-Producten-Ausstellung* 1845 in Wien
Gothic Armchair with a New Seat Type
Shown at the *Third General Austrian Products Exhibition* 1845 in Vienna

1 Jacob von Falke, *Geschichte des modernen Geschmacks* [History of modern taste], Leipzig 1866, 379.
2 Ibid., 382.

Wiener Porzellanmanufaktur
Kaffeekanne mit gotischem Henkel, Wien, 1826
Porzellan, weiß glasiert und z. T. vergoldet
Vienna Porcelain Manufactory
Coffee pot with gothic handle, Vienna, 1826
Porcelain, glazed white and partly gilded
Privatbesitz Private collection

Steingutfabrik Johann Maresch
Tintenzeug, Aussig (Böhmen), um 1850
Siderolith (plastischer Ton mit Farb- oder Firnisüberzug)
Johann Maresch Stoneware Factory
Writing set, Ústí nad Labem (Bohemia), ca. 1850
Siderolite (malleable clay with paint or varnish coating)
Privatbesitz Private collection

Porzellanfabrik Porges von Portheim
Henkelvase, Unter-Chodau (Böhmen), 1846
Porzellan mit Reliefdekor, polychrome painted, z. T. vergoldet
Porcelain Manufactory Porges von Portheim
Handled vase, Lower Chodov (Bohemia), 1846
Porcelain with relief decoration, colorfully painted, partly gilded
Technisches Museum Wien

Sigmund Wand (Bronzewaren-Fabrik)
Pokal, Wien, 1845
Rosafarbenes Glas, bemalt und z. T. vergoldet;
gepresste und vergoldete Bronze
Sigmund Wand (Factory for Bronze Wares)
Covered goblet, Vienna, 1845
Pink glass, painted and partly gilded; pressed and gilded bronze
Technisches Museum Wien

Anonym
Tisch, Wien, um 1840
Palisander, z. T. geschnitzt; Kupferstiche
auf Ahornholzfurnier übertragen
Anonymous
Table, Vienna, ca. 1840
Rosewood, partly carved; copperplates
printed on maple wood veneer
MAK

Anonym
Sessel, Wien, um 1845
Holz geschnitzt, vergoldet;
erneuerte Damastbespannung
Anonymous
Chair, Vienna, ca. 1845
Wood, carved, gilded;
restored damask covering
MAK, Schenkung Donation from Elisabeth Sturm

Anonym
Tisch, Wien, um 1835
Papel- und Erlenholz; Ahornholz geschnitzt
Anonymous
Table, Vienna, ca. 1835
Poplar and alder; maple, carved
MAK

Carl Leistler
Armlehnsessel für die Londoner
Weltausstellung 1851
Eschenholz geschnitzt;
erneuerte Stoffbespannung
Armchair for the London World Exhibition 1851
Ash, carved; restored fabric covering
MAK

Theophil von Hansen
Schreibgarnitur aus dem Arbeitszimmer von Erzherzog Leopold
in Schloss Hernstein, Wien, 1875
Ausführung: Bronzewarenfabrik & Erzgiesserei D. Hollenbach's Neffen
Bronze vergoldet, Glas geschliffen, Porto Venere-Marmor
Writing set from Archduke Leopold's study at Schloss Hernstein,
Vienna, 1875
Execution: D. Hollenbach's Neffen Bronze Goods Factory & Foundry
Bronze, gilded; glass, cut; Porto Venere marble
Seminarhotel Schloss Hernstein der Wirtschaftskammer Wien
Seminar Hotel Schloss Hernstein, Vienna Chamber of Commerce

Theophil von Hansen
Tischlampe aus dem Arbeitszimmer von Erzherzog Leopold
in Schloss Hernstein, Wien, 1884
Ausführung: Bronzewarenfabrik & Erzgiesserei D. Hollenbach's Neffen
Bronze, vergoldet; Email; Messingblech, bemalt
Table lamp from Archduke Leopold's study at Schloss Hernstein,
Vienna, 1884
Execution: D. Hollenbach's Neffen Bronze Goods Factory & Foundry
Bronze, gilded; enamel; sheet brass, painted
Seminarhotel Schloss Hernstein der Wirtschaftskammer Wien
Seminar Hotel Schloss Hernstein, Vienna Chamber of Commerce

Theophil von Hansen
Sessel aus dem Arbeitszimmer von Erzherzog Leopold
in Schloss Hernstein, Wien, um 1870
Ausführung: Heinrich Dübell
Verschiedene Nussbaumholzsorten, originale Stoffbespannung
Chair from Archduke Leopold's study at Schloss Hernstein, Vienna, ca. 1870
Execution: Heinrich Dübell
Various types of walnut, original fabric covering
Seminarhotel Schloss Hernstein der Wirtschaftskammer Wien
Seminar Hotel Schloss Hernstein, Vienna Chamber of Commerce

Franz Alt
Ansicht des Arbeitszimmers Erzherzog
Leopolds in Schloss Hernstein, 1877
Aquarell auf Papier
View of Archduke Leopold's study at Schloss
Hernstein, 1877
Watercolor on paper
Seminarhotel Schloss Hernstein der Wirtschaftskammer Wien
Seminar Hotel Schloss Hernstein, Vienna Chamber of Commerce

Theophil von Hansen
Entwurf für die Gestaltung des Arbeitszimmers
in Schloss Hernstein, um 1865
Feder in schwarz, rot und gelb; Aquarell;
Bleistift auf Papier
Design for the interior decoration of the study
at Schloss Hernstein, ca. 1865
Pen in black, red, and yellow; watercolor;
pencil on paper
Akademie der bildenden Künste Wien, Kupferstichkabinett
Academy of Fine Arts Vienna, Graphic Collection

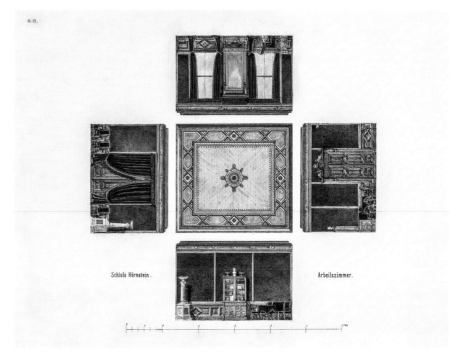

< Theophil von Hansen (Form) und August Eisenmenger (Schliff- und Schnittdekor)
Aufsatz mit allegorischer Darstellung der zwölf Monate, Wien, 1874
Ausführung: Böhmische Glashütte für J. & L. Lobmeyr
Farbloses Glas mit Schliff und Schnitt, vergoldete Silbermontierung
Theophil von Hansen (Form) and August Eisenmenger (Polishing and carvon decorations)
Center piece with allegorical depiction of the twelve months, Vienna, 1874
Execution: Bohemian Glassworks for J. & L. Lobmeyr
Clear glass, cut; gilded silver mounting
MAK

2 OTTO WAGNER

Die Überwindung des Historismus I

Der Nutzstil Otto Wagners

Christian Witt-Dörring

Otto Wagner gilt unbestritten als der Vater der Wiener Moderne. Außer Zweifel steht seine richtungsweisende Leistung, der gesellschaftlichen und technologischen Realität seiner Zeit zu einer adäquaten künstlerischen Formensprache verholfen zu haben. Damit überwindet er die seit über sechzig Jahren herrschende Dominanz der historischen Stile. Das Bewusstsein für die Notwendigkeit dieses Schritts ist bereits Teil der Wiener Kunstgewerbebewegung der 1860er Jahre.[1] Sie ist im Unterschied zu Wagner jedoch hauptsächlich von ästhetisch-wirtschaftlichen Überlegungen geprägt. Ihr gesellschaftspolitischer Kontext bildet noch nicht das wirtschaftlich und politisch selbstbewusste Bürgertum des späten 19. Jahrhunderts, das sich nur langsam vom aristokratischen Vorbild zu emanzipieren beginnt.

Auf der Suche nach ihren eigenen Wurzeln erklärt die Moderne seit den 1950er Jahren die Überwindung des Historismus zu ihrem Leitmotiv. Sie entspricht damit dem Bedürfnis der Moderne nach einem klar definierten Feindbild, von dem sie sich abgrenzen kann. Dieser Projektionsfläche wird dabei der künstlerische Qualitätsanspruch versagt und eine eindimensional lineare Sichtweise verstellt den objektiven Blick auf die Ahnen der Moderne. Wagner, der in den 1860er Jahren seine Ausbildung und ersten Erfahrungen als freier Architekt und als Bauführer in den Ateliers von Ludwig von Förster und Theophil von Hansen sammelt, vergisst diese Wurzeln nicht. Am Höhepunkt seiner Karriere, die ihn als Inhaber des Lehrstuhls für Architektur an der Akademie der bildenden Künste und als Verantwortlichen für die architektonische Ausstattung des Stadtbahnprojekts sieht, steht er zu ihnen. Indem er das Studienblatt, das anlässlich der Bekanntgabe der fertiggestellten Wientallinie 1898 entworfen wurde, mit den Namen der wichtigsten Architekten der vorigen Generation einrahmt,[2] grenzt er sich nicht von ihnen ab, sondern stellt sich in eine Reihe mit ihnen. Obwohl zu diesem Zeitpunkt bereits dem Diktat der historischen Stile entwachsen, stellt Wagner die historische Qualität ihrer Arbeit nicht in Frage. Ihre künstlerische Sprache ist lediglich unzeitgemäß geworden.

Im Jahre 1889 publiziert Wagner den ersten Band von *Einige Skizzen, Projekte und ausgeführte Bauwerke* und fordert nun seinerseits eine Abkehr von der wahllosen Wiederverwertung der alten Stile. Er schlägt stattdessen vor, „daß eine gewisse freie Renaissance, welche unseren genius loci in sich aufgenommen hat, mit größtmöglicher Berücksichtigung aller unserer Verhältnisse […] sowie der modernen Errungenschaften in Materialverwendung und Konstruktion für die Architektur der Gegenwart und Zukunft das allein Richtige sei". Er bezeichnet den so charakterisierten Zukunftstil als „Nutz-Stil". Seine Forderung nach einer „freien Renaissance" muss im Lichte des ab den 1880er Jahren in Österreich-Ungarn grassierenden Deutschnationalismus, der eine engere Anbindung der deutschsprachigen österreichischen Bevölkerung im multinationalen Österreich-

Ungarn an das Deutsche Reich verlangte, verstanden werden. Durch das Ende des deutsch-französischen Kriegs und die Ausrufung des Deutschen Kaiserreichs 1871 in Versailles[3] war zum ersten Mal in Europa eine dem deutschsprachigen Kulturbereich geschlossen zuzuordnende Macht entstanden, die sowohl wirtschaftlich als auch politisch eine ernstzunehmende Konkurrenz für den bis dahin kulturell sowie wirtschaftlich dominierenden englischen und französischen Kulturraum darstellte und diese auch formal-ästhetisch mit Hilfe eines eigenen, auf der deutschen Renaissance basierenden Nationalstils zum Ausdruck bringt. Der Vielvölkerstaat Österreich mit seiner deutschsprachigen Führungselite konnte von dieser deutschen Potenz einerseits nur profitieren, andererseits war man jedoch seit der verlorenen Schlacht von Königgrätz (1866) und der damit durch Preußen von Österreich übernommenen Hegemonie im ehemaligen Raum des Heiligen Römischen Reichs Deutscher Nation bezüglich einer deutschen Identität wachsam geworden. Hin- und hergerissen zwischen diesen beiden Positionen identifizieren sich daher die deutschnationalen Kreise der Monarchie mit der Wiederaufnahme der deutschen Neorenaissance, während die supranationale Kunstgewerbebewegung der italienischen Frührenaissance den Vorzug gibt. Letztere begründet ihre Präferenz für das italienische Vorbild mit deren, im Gegensatz zur schweren deutschen und oft vollplastisch dekorierten Renaissance, klareren und leichteren, die Tektonik betonenden Formen. Diese Qualität ist der bestimmende Faktor bei der Suche nach einem Ausweg aus dem langjährigen, als unbefriedigend empfundenen Zustand der wahllosen Anwendung historischer Stile. Damit scheint die zeitgemäße Umsetzung eines historischen Stils in Wien gewährleistet. So entscheidet man sich 1868, das „Flaggschiff der Bewegung", den Neubau des Österreichischen Museums für Kunst und Industrie im Stile der italienischen Frührenaissance auszuführen.

Der entscheidende Schritt Wagners in Richtung eines modernen Stils und damit die Abkehr von der Wiederverwendung historischer Stile im modernen Alltag ist dessen Definition aus der Funktion und nicht, wie bisher, aus der Form. Dieser „Nutz-Stil" basiert prinzipiell auf Gottfried Sempers ab 1860 entwickelter technisch-materieller Evolutionstheorie,[4] die den Alltagsgegenstand und die Architektur in erster Linie als ein Produkt aus Zweck, Material und Verarbeitungstechnik sieht. In Wien wird diese von Jacob von Falke (ab 1864 Kustos und von 1885 bis 1895 Direktor des k. k. Österreichischen Museum für Kunst und Industrie) übernommen, der die logische Einheit von Form, Funktion, Material, Technik und individuellem künstlerischen Ausdruck formuliert, dabei jedoch der Funktion oder dem Zweck des Gegenstands eine übergeordnete, klärende Rolle zuweist.[5] Wagner aber macht den entscheidenden Schritt, indem er diese Grundsätze formal in Einklang mit der Realität seines Alltags bringt. Einem Vermächtnis gleich schließt er 1913 die 4. Auflage (1914) seiner programmatischen Schrift unter dem

Christian Witt-Dörring

Overcoming Historicism I
Otto Wagner's Functional Style

Otto Wagner is indisputably regarded as the father of Viennese Modernism. Beyond doubt is his trend-setting achievement of translating the social and technological realities of his time into an adequate artistic style. With this, he overcame the historical styles that had been dominant for over 60 years. Consciousness about the necessity of such a step already was part of the Viennese Kunstgewerbebewegung [applied arts movement] of the 1860s.[1] This differed from Wagner's ideas, however, in that it was imbued primarily with aesthetic and economic considerations. The socio-political context at that time was not yet composed of the economically and politically confident middle class of the late 19th century, which only slowly began its emancipation from the aristocratic model.

In the search for its own roots, modernism had declared overcoming Historicism to be its leitmotif since the 1950s, which aligned with its need for a clearly delineated enemy from which it could distance itself. This projection was prohibited from having an artistic quality standard, however, and a one-dimensional linear perspective distorted the objective view of the ancestors of modernism. Wagner, who was educated and collected his first experiences as a freelance architect and construction supervisor in the studios of Ludwig von Förster and Theophil von Hansen, did not forget these roots. At the height of his career, when he was Chair of the architecture department at the Academy of Fine Arts and in charge of the architectonic furnishings of the Vienna Stadtbahn [metropolitan railway] project, he stood by them. By framing a watercolor study, which was designed in 1898 on the occasion of the launch of the completed Wiental railway line, with the names of the most important architects of the prior generation,[2] he placed himself on a continuum with them, rather than setting himself apart. Even though he had by this time outgrown the dictates of the historical styles, Wagner did not call into question the historical quality of their work. The artistic language of that time had simply become anachronistic.

In 1889 Wagner published the first volume of *Einige Skizzen, Projekte und ausgeführte Bauwerke* [Some sketches, projects, and executed buildings], wherein he called for a departure from the indiscriminate recycling of the old styles. What he recommended instead was "that a certain free Renaissance, which our genius loci has assimilated, with the greatest possible consideration for all our circumstances [...] and also the modern

achievements in material usage and construction be the only correct thing for the architecture of the present and the future." He named the future style he had characterized in this way "Nutz-Stil" [functional style]. His call for a "free Renaissance" must be understood in light of the German nationalism that had become rampant in Austria-Hungary since the 1880s, which demanded a closer linkage between the German Reich and German-speaking Austrians in multi-national Austria-Hungary. The end of the Franco-Prussian war and the 1871 Proclamation of the German Empire in Versailles brought about for the first time in Europe a power attributable solely to the German-speaking

Oskar Beyer
Kabinettschrank, Wien, 1877–1878
Ausführung: Georg Sturm (Malerei), Franz Michel (Tischlerarbeit)
Ebenholz, schwarz gebeiztes Birnbaumholz, Ölmalerei
Cabinet, Vienna, 1877–1878
Execution: Georg Sturm (painting), Franz Michel (cabinet work)
Ebony; pear wood, black stained; oil painting
MAK

Titel *Die Baukunst unserer Zeit* mit seinem Rezept zur Erlangung eines modernen Stils:

> „I. Peinlich genaues Erfassen und vollkommenes Erfüllen des Zweckes (bis zum kleinsten Detail). II. Glückliche Wahl des Ausführungsmateriales (also leicht erhältlich, gut bearbeitungsfähig, dauerhaft, ökonomisch). III. Einfache und ökonomische Konstruktion und erst nach Erwägung dieser drei Hauptpunkte IV. Die aus diesen Prämissen entstehende Form (sie fließt von selbst in die Feder und wird immer leicht verständlich)."[6]

1 Falke, Jacob von, *Geschichte des modernen Geschmacks*, Leipzig 1866, 379.
2 Van der Nüll, Siccardsburg, Förster, Schwendenwein, Schmidt, Hansen, von Ferstel und Hasenauer.
3 Eitelberger v. Edelberg, Rudolf, „Der deutsch-französische Krieg und sein Einfluß auf die Kunst-Industrie Österreichs" (Vortrag vom 27.10.1870), in: *Gesammelte Kunsthistorische Schriften*, II. Bd., Wien 1879, 316–343.
4 Semper, Gottfried, *Der Stil in den technischen und tektonischen Künsten oder Praktische Ästhetik,* 2 Bände, Frankfurt/Main und München 1860/1863.
5 Falke, Jacob von, *Ästhetik des Kunstgewerbes*, Stuttgart 1883, 61–62: „Der Zweck also ist es, der zuerst die Form schafft, die allgemeine Form der Gattung. Aber es giebt, auch außer dem Willen des Künstlers, Momente, die zur Gestaltung, oder, sagen wir lieber, zur Ausgestaltung der Form mitwirken, d. h. zu ihrer Spezialisierung, um noch nicht zu sagen, zu ihrer Individualisierung. Das ist das Material, aus welchem der Gegenstand geschaffen wird, und die Technik, durch welche er entsteht. Aber das Material steht dem Zwecke gegenüber erst in zweiter Linie und die Technik in dritter, denn die Wahl des Materials hängt wiederum von der Zweckmäßigkeit ab, und die Wahl der Technik vom Material. Der Künstler ist unfrei gegenüber dem Zwecke; er ist an die allgemeine Form gebunden, welche der Gebrauch vorschreibt [...]. Am letzten Ende ist somit der Gegenstand des Kunstgewerbes das Resultat aller drei Factoren, des Zweckes, des Materials und der Technik, wozu denn als vierter Factor, jenen dreien zusammen entgegengesetzt, die Idee, die Absicht des Künstlers hinzutritt."
6 Wagner, Otto, *Die Baukunst unserer Zeit,* 4. Auflage, Wien 1914. Nachdruck Wien 1979, 135 f.

cultural region; this represented a serious economic and political competitor for the English and French cultural realms, which had dominated culturally and economically until that time. In terms of the aesthetics of form, it expressed this power by means of a national style of its own, based on the German Renaissance.[3] On the one hand, Austria, as a multi-ethnic country with a German-speaking leadership elite, could only profit from this German potency. On the other hand, since having lost the Battle of Königgrätz in 1866, which ceded to Prussia Austria's hegemony of the former realm of the Holy Roman Empire of the German Nation, Austria had become wary of a German identity. Torn between these two positions, the German nationalistic circles of the monarchy thus identified themselves with the revival of the German Neo-Renaissance, while the supranational applied arts movement gave preference to the Italian Early Renaissance. The latter justified its preference for the Italian models by citing their—in contrast to the heavy German Renaissance, with often featured copious decoration—clearer and lighter forms, which accentuated the structural. This quality was the deciding factor in the search for a way out of the indiscriminate application of historical styles, a circumstance that had gone on for many years and was perceived to be unsatisfactory. Thus the contemporary implementation of a historical style in Vienna seemed to be guaranteed. In 1868 a decision was made to construct the new building of the Austrian Museum for Art and Industry, the "flagship of the movement", in the style of the Early Italian Renaissance.

Wagner's decisive step in the direction of a modern style—and thus, the departure from the reuse of historical styles in modern everyday life—was defining modern style through function, and not through form, as had been done up to that time. This "functional style" was based principally on the technical-material theory of evolution developed by Gottfried Semper beginning in 1860,[4] which viewed everyday objects and architecture first and foremost as products of purpose, material, and processing techniques. In Vienna this theory was adopted by Jacob von Falke (curator of the Imperial Royal Austrian Museum of Art and Industry since 1864 and its director from 1885 to 1895), who formulated the concept of unity of form, function, material, technique, and individual artistic expression, but who assigned a higher, clarifying role to the function or purpose of an object.[5] Wagner, however, took the decisive step with regard to form of bringing these principles into alignment with the reality of his everyday life. He closed the 4th edition (1914) of his programmatic book *Die Baukunst unserer Zeit* [meaning literally "the building art of our time"] with a recipe for the attainment of a modern style, which resembles a bequest:

"I. Meticulously exact conception and total fulfillment of purpose (down to the smallest detail); II. Felicitous choice of materials used for implementation (meaning easily obtainable, easy to work with, durable, economical); III. Simple and economical construction; and only after consideration of these three main points, IV. The form arising from these premises (which flows by itself into the pen and is always easily comprehensible)."[6]

1 Falke, Jacob von, *Geschichte des modernen Geschmacks* [The history of modern taste], Leipzig 1866, 379.
2 Van der Nüll, Siccardsburg, Förster, Schwendenwein, Schmidt, Hansen, von Ferstel und Hasenauer.
3 Eitelberger v. Edelberg, Rudolf, „Der deutsch-französische Krieg und sein Einfluß auf die Kunst-Industrie Österreichs" [The Franco-Prussian war and its influence on the art industry of Austria] (Presentation on 27 October 1870), in: *Gesammelte Kunsthistorische Schriften* [Collected art history writings], Vol. II., Vienna 1879, 316–343.
4 Semper, Gottfried, *Der Stil in den technischen und tektonischen Künsten oder Praktische Ästhetik* [Style in the Technical and Tectonic Arts; or, Practical Aesthetics], 2 volumes, Frankfurt/Main and Munich 1860/1863.
5 Falke, Jacob von, *Ästhetik des Kunstgewerbes* [The aesthetics of the applied arts], Stuttgart 1883, 61–62: "Thus it is the purpose that creates the form, the general form of the category. But there are moments, even outside of the will of the artist, that contribute to the shaping or, shall we say, to the embodiment of the form, meaning to its specialization, even individualization. This is the material out of which the object is made and the technique through which it comes into being. But the material is secondary to the purpose and the technique is in third place, because the choice of material is dependent on the functionality, and the choice of technique on the material. The artist is bound by the purpose; he is tied to the overall form mandated by the usage [...]. In the end the applied arts object is thus the result of all three factors—the purpose, the material and the technique—joined by a fourth factor antithetical to the other three together, which is the idea, the intention of the artist."
6 Wagner, Otto, *Die Baukunst unserer Zeit* [The building art of our time], Vol. 4, Vienna 1914. Reprint Vienna 1979, 135 f.

Anonym
Schreibtisch für den Obersthofmeister
Fürst Konstantin Hohenlohe,
Wien, um 1870/75
Nussbaumholz, z. T. geschnitzt
Anonymous
Desk for the Lord Chamberlain Prince
Konstantin Hohenlohe, Vienna, ca. 1870/75
Walnut, partly carved
MAK

Josef von Storck
Kassette, Wien, 1889
Ziegenleder, Handstempelvergoldung,
Silbermontierungen
Box, Vienna, 1889
Kid leather, hand stamp gilding, silver
mountings
MAK

Otto Wagner
Wiener Stadtbahn, Brücke über die Wienzeile,
Perspektive (Vorentwurf zur Huldigungs-
adresse der Akademie der bildenden Künste),
um 1898
Bleistift, Feder, laviert, aquarelliert
Vienna Stadbahn [metropolitan railway],
Bridge over the Wienzeile, perspective view
(preliminary design for the honorary address for
the Imperial Royal Academy of Fine Arts Vienna
in tribute to the emperor), ca. 1898
Pencil, pen, washed, watercolor on paper
Wien Museum

ES WIRD VON TAG ZU TAG HEIS
ER UND UNGEMÜDLICHER WA
SWOHL DIESEM LÖWEN ANZU
SEHEN IST · NAPAJEDL · XXXV

HOCHBAHN · A · D · GUMPENDORFER · Z

VAN · DER · NÜLL

SICCARDSBURG

· FORSTER ·

SCHWENDENWEIN

SCHMIDT

· HANSEN ·

· FERSTEL ·

HASENAUER

Anonym
Tischtelefon, 1887
Ausführung: Ericsson
Anonymous
Desk telephone, 1887
Execution: Ericsson
Technisches Museum Wien

Anonym
OB-Tischapparat, 1905
Anonymous
OB-Desk telephone, 1905
Technisches Museum Wien

Otto Wagner
Schrank für die Schubert Autographen Sammlung Nikolaus Dumbas, um 1890
Nussbaumholz, Perlmutter, Emailtafeln (China, 2. Hälfte 19. Jhdt.)
Cabinet for Nikolaus Dumba's collection of Schubert Autographs, ca. 1890
Walnut, mother of pearl, sheet enamel (China, 2nd half of the 19th c.)
Wien Museum

Otto Wagner
Tisch für den Wartesaal der Stadtbahnstation Hütteldorf-Hacking, 1898
Rüster, braun gebeizt
Table for the waiting room at the Hütteldorf-Hacking metropolitan railway station, 1898
Elm, stained brown
Private collection. Courtesy Yves Macaux

Otto Wagner
Tisch für die k. k. Österreichische Postsparkasse, 1912/13
Ausführung: Bothe & Ehrmann
Nusswurzelmaserholz, Messing vernickelt
Table for the Imperial Royal Austrian Postal Savings Bank, 1912/13
Execution: Bothe & Ehrmann
Walnut burl; brass, nickel-plated
Möbelsammlung Postsparkasse Postal Savings Bank Furniture Collection

Otto Wagner
Silberschrank für das Speisezimmer Otto Wagners
in der Köstlergasse 3, Wien VI., 1899
Nussbaumholz, Perlmutter, geschliffene Gläser
Silver cabinet for Otto Wagner's dining room in Vienna,
6th district, Köstlergasse 3, 1899
Walnut wood, mother of pearl, bevelled glass
MAK, Schenkung Donation from Inge Asenbaum

Otto Wagner
Büroschrank für das Depeschenbüro „Die Zeit", 1902
Buchenholz, schwarz gebeizt, Aluminium
Office cabinet for the "Die Zeit" dispatch office, 1902
Beech, stained black, aluminum
Paris, musée d'Orsay

Otto Wagner
Büroschrank für die k. k. Österreichische Postsparkasse, 1912
Nusswurzelmaserholz furniert, vernickelte Messingbeschläge
Office cabinet for the Imperial Royal Austrian Postal
Savings Bank, 1912
Walnut burl, veneered; nickel-plated brass fixtures
Möbelsammlung Postsparkasse Postal Savings Bank Furniture Collection

Andreas Nierhaus

„Die Krone der modernen Menschheit"

Zum Berufsbild des Architekten bei Otto Wagner

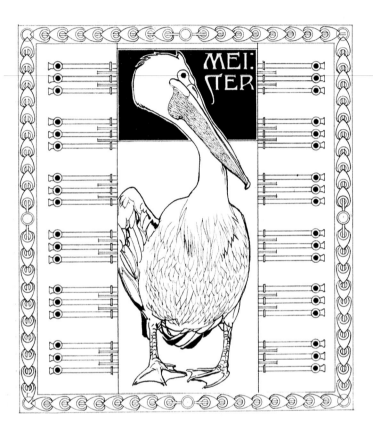

Das wohl bekannteste Porträt Otto Wagners entstand 1896 und zeigt den damals 55-jährigen Architekten auf dem Höhepunkt seines gesellschaftlichen Ansehens (siehe Abb. S. 23). Zwei Jahre zuvor war er als Professor an die Wiener Akademie der bildenden Künste berufen worden und hatte die künstlerische Gestaltung der Stadtbahn übernommen. Nach dem Tod der großen Ringstraßenarchitekten Theophil von Hansen, Carl Freiherr von Hasenauer, Heinrich von Ferstel und Friedrich von Schmidt galt Wagner als der vielversprechendste Architekt der Reichshaupt- und Residenzstadt und machte sich begründete Hoffnungen, bald für den Kaiser selbst zu bauen.[1] Durch seine Ablehnung des Historismus und sein kompromissloses Eintreten für eine aus Bedürfnis, Material und Konstruktion entwickelte moderne Architektur handelte er sich in der Folge jedoch die Gegnerschaft der tonangebenden konservativen Kreise ein. Sein Beitritt zur Wiener Secession 1899 dokumentierte die endgültige Abwendung von der Konvention. Als bedeutendster Architekt seiner Zeit konnte er in den folgenden Jahren zwar seine beiden Hauptwerke, die Kirche am Steinhof (1902–1904) und die Postsparkasse (1904–1912) realisieren, erhielt aber insgesamt nur mehr wenige öffentliche Aufträge.

Wagner hatte dieses Pastellbildnis gemeinsam mit seinem Gegenstück, einem Porträt seiner Frau Louise, bei dem jungen Wiener Maler Gottlieb Theodor Kempf von Hartenkampf (1871–1964) in Auftrag gegeben.[2] Es ist anzunehmen, dass der damals noch an der Wiener Akademie studierende Kempf dabei genauen Anweisungen des Auftraggebers zu folgen hatte. In jedem Fall zeigt der Maler den Architekten so, wie er von der Öffentlichkeit gesehen werden wollte: als erfolgreichen und selbstbewussten bürgerlichen Grandseigneur. Hell leuchtet die mit Ordenssternen besetzte weiße Hemdbrust aus dem voluminösen schwarzen Kleiderberg, der um den Körper des Architekten drapiert ist wie um einen barocken Herrscher. Über die Schultern hat Wagner einen Mantel mit Persianer-Besatz gelegt, mit der linken Hand rafft er ihn vor dem Bauch zusammen, während die rechte Zylinder und Handschuhe bereithält. Mit ihrem entschlossenen Griff stehen die kräftigen und stark geäderten Hände – die Werkzeuge des künstlerischen Ingeniums – in merkwürdigem Kontrast zum ruhigen und versonnenen Blick des Dargestellten. Zwei Jahre zuvor, in seiner Antrittsrede an der Wiener Akademie, hatte Wagner den Architekten als „die Krone der modernen Menschheit" bezeichnet, da sich in ihm Idealismus und Realismus vereinigen würden, „seine schaffende, gebärende Natur" müsse ihn „weit über das Niveau der Alltäglichkeit erheben":[3] Als einen solchen baukünstlerischen „Übermenschen" hat sich Wagner von dem jungen Akademiestudenten Kempf meisterhaft in Szene setzen lassen.

Im Jahr 1896, als Wagners Heldenbildnis entstand, erschien auch zum ersten Mal seine wichtigste Schrift, *Moderne Architektur*. Das schmale Bändchen war als Leitfaden für seine Schülerschaft getarnt, wandte sich aber an die gesamte architektonische Welt – enthielt es doch nichts weniger als einen Frontalangriff auf die künstlerischen Prinzipien des Historismus und besaß damit enormen revolutionären Sprengstoff. Entsprechend groß war die Resonanz auf Wagners Text, der bereits 1898 eine noch zaghaft illustrierte zweite und 1902 eine mit Abbildungen und sprechenden Vignetten reich ausgestattete dritte Auflage erlebte. Im Jahr 1914 entschloss sich Wagner zu einer weiteren Auflage, aus der dann aber „ein im Grundton des Gedanklichen und durch viele Abänderungen und Hinzufügungen ganz anderes Buch"[4] wurde, das den Titel *Die Baukunst unserer Zeit* erhielt: Der Architekt war endgültig zum Baukünstler geworden.

Mit der *Modernen Architektur* wollte Wagner seinen Schülern und Berufsgenossen den Weg „aus dem Jammertal der überholten Stilarchitektur" hin zu einer neuen Baukunst weisen, die einzig und allein das „moderne Leben" zum Ausgangspunkt nehmen sollte.[5] Der Historismus sei mit dem „Durchpeitschen aller Stilrichtungen"[6] an seinem Ende angekommen und habe den Architekten ratlos zurückgelassen. Ihre veraltete Formensprache bleibe der Menge „in den meisten Fällen völlig unverständlich".[7] Anstelle die Zeit mit fruchtlosem, gelehrt-antiqua-

Andreas Nierhaus

"The Crown of Modern Humanity"

Otto Wagner's View of the Architect's Profession

What is arguably the best-known portrait of Otto Wagner was created in 1896; it depicts the architect, who was 55 years old at that time, at the apex of his renown (see fig. p. 23). Two years earlier, he had been appointed professor at the Academy of Fine Arts Vienna and taken on the artistic design of the Vienna Stadtbahn [metropolitan railway]. Once the great architects of the Ringstraße—Theophil von Hansen, Carl von Hasenauer, Heinrich von Ferstel, and Friedrich von Schmidt—had died, Wagner was considered to be the most promising architect of a city that was both the capital of the Empire and a residential city, and he had good reason to hope that he would soon be able to build for the Emperor himself.[1] But his rejection of Historicism and his uncompromising advocacy of a modern architecture arising from needs, materials, and construction earned him the censure of the kingmakers in influential conservative circles. By joining the Vienna Secession in 1899, he conclusively signaled his repudiation of convention. As the most significant architect of his time, he was able to realize his two main projects—the church at Steinhof (1902–1904) and the Postsparkasse, the Austrian Postal Savings Bank (1904–1912)—in the ensuing years, but from then on, he received only few public contracts.

Wagner had commissioned the pastel drawing, along with a portrait of his wife Louise as a companion piece, from the young Viennese painter Gottlieb Theodor Kempf von Hartenkampf (1871–1964).[2] It is reasonable to assume that Kempf, who at that time was still a student at the local Academy of Fine Arts, was given exact instructions by his client. In any case, the painter portrayed the architect in the way he wished to be regarded in the public eye: as a successful and confident bourgeois grand seigneur. The white shirtfront decorated with badges of honor shines brightly from mounds of voluminous black clothing draped around the body of the architect as if he were a baroque ruler. Wagner's shoulders are covered with a coat edged in astrakhan, which he gathers together in front of his stomach with his left hand, while in his right, he holds a top hat and gloves in readiness. His strong and thickly veined hands with their resolute grip—the tools of artistic ingenuity—present a marked contrast to his calm, pensive gaze in the portrait. Two years earlier, in his inaugural address at the Academy of Fine Arts, Wagner had described architects as "the crown of modern humanity", since idealism and realism had to be unified in them, their "creative, fecund nature" had to "elevate [them] far above the level of daily life".[3] Wagner had the young art student Kempf masterfully render him as just such an Übermensch of architecture.

In 1896, at the same time as Wagner's heroic portrait was taking shape, the first edition of his most important piece of writing, *Moderne Architektur* [*Modern Architecture*], was published. Ostensibly a guide for his students, the book nonetheless addressed itself to the entire architectural community—it contained nothing less than a full frontal attack on the artistic

principles of Historicism and thus was loaded with enormous revolutionary firepower. Wagner's text resonated profoundly with his readership; a scant two years later, in 1898, a sparsely illustrated second edition was published, followed in 1902 by a third edition richly embellished with illustrations and descriptive vignettes. In 1914, Wagner decided to issue a further edition, which, "in its fundamental concepts and due to many changes and additions, [became] a completely different book"[4] entitled *Die Baukunst unserer Zeit* [meaning literally "the building art of our time"]: The architect had ultimately become an artist.

With his book *Modern Architecture*, Wager wanted to show his students and professional contemporaries the way out of the "abyss of obsolete style architecture" toward a new form of architecture that took "modern life" as the starting point.[5] Historicism—by "beating [the dead horse] of all stylistic direc-

Otto Wagner, *Meister – Schüler,* Vignetten für die 3. Auflage von *Moderne Architektur,* 1902
Otto Wagner, *Master – Disciple,* Vignettes for the 3rd edition of Modern Architecture, 1902
Akademie der bildenden Künste Wien, Kupferstichkabinett
Academy of Fine Arts Vienna, Graphic Collection

rischem Kopieren historischer Formen zu vergeuden, solle sich der Architekt besser mit den Aufgaben des Ingenieurs vertraut machen und die „Führerrolle"[8] übernehmen: Denn da die neuen Konstruktionsweisen zwangsläufig zu neuen Kunstformen führten, müsse die Trennung von Architekt und Ingenieur aufgegeben werden. Ein praktisches Handwerk brauche der Architekt nicht zu erlernen, da dies kostbare Zeit verschwende und durch den physischen Kraftaufwand „die Ruhe und das Feingefühl der Hand" geschädigt werde.[9] Durch die zeichnende Hand drückt sich der Architekt als Künstler aus – die Erscheinung des Bauwerks, wenn es denn überhaupt realisiert wird, kann er nur mehr mittelbar beeinflussen. Deshalb nimmt die Zeichnung in Wagners Schrift, wie auch in seinem eigenen Schaffen, einen zentralen, für seine Vorstellung vom Künstler-Architekten repräsentativen Stellenwert ein. Der Baukünstler müsse „seine Gedanken möglichst klar, scharf, rein, zielbewusst und überzeugungsvoll zu Papier [...] bringen",[10] zugleich aber die Wirkung des Blattes durch ornamentalen Schmuck überhöhen und sich nur solcher Darstellungsweisen bedienen, „von welche[n] bei geringem Zeitaufwande die grösste Wirkung erhofft werden kann, und welche eine leichte und schöne Reproduction nicht ausschliessen".[11] Es geht also nicht zuletzt auch darum, dem Architekten, den es zwar zum Bauen drängt, der aber durch äußere Umstände nur allzu oft davon abgehalten wird, durch die Veröffentlichung und Vervielfältigung seiner Zeichnungen größtmögliche Publizität als Baukünstler zu verschaffen. Um Erfolg zu haben, muss der moderne Baukünstler vor allem die mediale Darstellung der von ihm entworfenen Architektur beherrschen.

Wie Kempfs Porträt mehr über Wagners Selbstbild als Architekt verrät als die meisten seiner schriftlichen Äußerungen, so geben auch die mit unterschiedlichen Realitätsebenen, Trompe-l'œil-Effekten und zahllosen beredten Details ausgestatteten Architekturzeichnungen – sie gehören zu den eindrucksvollsten ihrer Art – mehr Aufschluss über Wagners Vorstellung

Gottlieb Theodor Kempf von Hartenkampf, *Otto Wagner am Zeichentisch* [Otto Wagner at the drafting table], 1900
Wien Museum

von moderner Architektur als alle theoretischen Lehrsätze zusammen. Es sind suggestive Blätter, die nicht flüchtig betrachtet, sondern intensiv studiert, gelesen, entschlüsselt werden wollen. Einmal mehr zeigt sich hier die nach wie vor viel zu wenig untersuchte mediale Verfassung der – ihre eigene Medialität zugleich in höchstem Maße reflektierenden – modernen Architektur, deren „Siegeszug" weniger mit den mittlerweile bis zum Übermaß zitierten streitbaren Texten, sondern vor allem durch effektvolle Bildsetzungen und ikonische Bauten vorbereitet und begleitet wurde. An diesem Prozess, der in weiterer Folge auch die Architektur als Kunst und den Architekten als Künstler neu definieren sollte, hatte Otto Wagners Pionierarbeit maßgeblichen Anteil.

1 Vgl. Kassal-Mikula, Renata, „Otto Wagner's Unsuccessful *Parallel-Aktion*", in: Mallgrave, Harry Francis (Hg.), *Otto Wagner. Reflections on the Raiment of Modernity*, Santa Monica 1993, 21–51.
2 Die beiden Bilder wurden vermutlich für das Billardzimmer in Wagners Villa in Hütteldorf geschaffen. Ab 1912 hingen sie im Salon in der Döblergasse 4, Wien. Vgl. Asenbaum, Paul / Zettl, Reiner, Katalogteil, in: *Otto Wagner. Möbel und Innenräume*, Salzburg/Wien 1984, 301, Anm. 35.
3 Wagner, Otto, „Antrittsrede an der Akademie der bildenden Künste", gehalten am 15. Oktober 1894, zit. nach Graf, Otto Antonia, *Otto Wagner 1. Das Werk des Architekten*, Wien/Köln/Graz 1985, 249. Vgl. auch Wagner, Otto, *Moderne Architektur* (1. Auflage), Wien 1896, zit. nach Graf, *Otto Wagner*, ebd., 266.
4 Graf, *Otto Wagner*, ebd., 263.
5 Wagner, *Moderne Architektur*, zit. nach Graf, ebd., 263.
6 Wagner, „Antrittsrede", zit. nach Graf, ebd., 249.
7 Wagner, *Moderne Architektur*, zit. nach Graf, ebd., 267.
8 Wagner, „Der Architekt und sein Werdegang", Vortrag 1906, zit. nach Graf, ebd., 529.
9 Ebd.
10 Wagner, *Moderne Architektur*, zit. nach Graf, ebd., 278 f.
11 Ebd.

tions"[6]—had reached its terminus and left architects adrift. Its obsolete design language was "in most cases totally incomprehensible" to the general public.[7] Instead of wasting time in the fruitless, learnedly antiquated copying of historical forms, architects ought to familiarize themselves with the tasks of an engineer and take on a "leadership role"[8]: For, since new modes of construction must necessarily lead to new art forms, the separation between architects and engineers had to be eliminated. An architect did not have to become a practicing craftsman, because this wasted precious time and the physical effort would impair "the stillness and sensitivity of the hand".[9] It was through the hand, by drawing, that an architect expressed himself as an artist (Fig. 3)—he could only indirectly influence the manifestation of a building, if it was ever even realized. Thus, drawings—in Wagner's book, just as in his own creative works—

took on a central, vitally important role in keeping with his vision of the architect as artist. The architect must "bring his thoughts to the page […] in a way that is as clear, precise, pure, purposeful, and convincing as possible"[10], while at the same time increasing the effectiveness of the page through ornamental decoration and by employing only those modes of representation "where it is reasonable to hope that the greatest effect can be achieved with the least expenditure of time and which do not preclude simple and beautiful reproduction."[11] In the end, it was important for the architect—who, while eager to see his works built, all too frequently was prevented from doing so by external circumstances—to achieve as much publicity as possible as an artist-architect through the publication and replication of his drawings. In order to be successful, a modern architect must have mastery over the public representation of his architectural designs.

Just as the portrait by Kempf reveals more about Wagner's self-image as an architect than many of his written declarations, so his architectural drawings with their diverse layers of reality, their trompe l'œil effects, and their countless eloquent details—they belong to the most remarkable of their kind—shed more light on Wagner's ideas about modern architecture than all his theoretical tenets combined (Figs. 4 and 5). These are suggestive pages, which demand to be studied intensively, read, and deciphered, not hastily skimmed. Once again, with its power as a medium reflected to the highest degree in these drawings, modern architecture reveals itself to be a medium (something that now as then has been paid far too little attention), one whose triumphal march was prepared and accompanied less by bellicose texts, which by now have been quoted *ad infinitum*, but rather by effective graphical illustrations and iconic buildings. Otto Wagner's pioneering efforts played a decisive role in this process, which led to a redefinition of architecture as art and architects as artists.

1 Cf. Kassal-Mikula, Renata, "Otto Wagner's Unsuccessful *Parallel-Aktion*", in: *Otto Wagner. Reflections on the Raiment of Modernity*, ed. Harry Francis Mallgrave, Santa Monica 1993, 21–51.

2 The two portraits were probably commissioned for the billiard room in Wagner's villa in Hütteldorf. After 1912, they hung in the parlor of Döblergasse 4, Vienna. Cf. Asenbaum, Paul / Zettl, Reiner, Part of the catalog, in: *Otto Wagner. Möbel und Innenräume* [Otto Wagner. Furniture and interiors], Salzburg/Vienna 1984, 301, annotation 35.

3 Wagner, Otto, "Inaugural address at the Academy of Fine Arts", held on 15 October 1894, cit. from Graf, Otto Antonia, *Otto Wagner 1. Das Werk des Architekten* [Otto Wagner 1. The work of the architect], Vienna/Cologne/Graz 1985, 249. Cf. also Wagner, *Moderne Architektur* [*Modern Architecture*, Santa Monica 1988] (1st edition), Vienna 1896, ibid. Graf, 266.

4 Ibid. Graf, 263.

5 Wagner, *Moderne Architektur*, ibid. Graf, 263.

6 Wagner, "Inaugural address", ibid. Graf, 249.

7 Wagner, *Moderne Architektur*, ibid. Graf, 267.

8 Wagner, "Der Architekt und sein Werdegang" [The architect and his professional development], Presentation 1906, ibid. Graf, 529.

9 Ibid.

10 Wagner, *Moderne Architektur*, ibid. Graf, 278–279.

11 Ibid.

Otto Wagner
Titelblatt des ersten Bandes von *Einige Skizzen,
Projekte und ausgeführte Bauwerke*, 1889
Federzeichnung
Title page of the first volume of *Einige Skizzen,
Projekte und ausgeführte Bauwerke* [Sketches,
projects, and executed buildings], 1889
Pen drawing
Wien Museum

Otto Wagner
Regulierung des Stubenviertels, Vogelschau
der Kaianlagen, mit der Aspern- und
Ferdinandsbrücke (Präsentationsblatt), 1897
Bleistift, Feder, aquarelliert; Goldhöhung
Regulation of the Stubenviertel, Bird's eye
view of the wharf facilities, Aspern and
Ferdinand bridges (Presentation sheet), 1897
Pencil, pen, washed, watercolor; gold
heightening on paper
Wien Museum

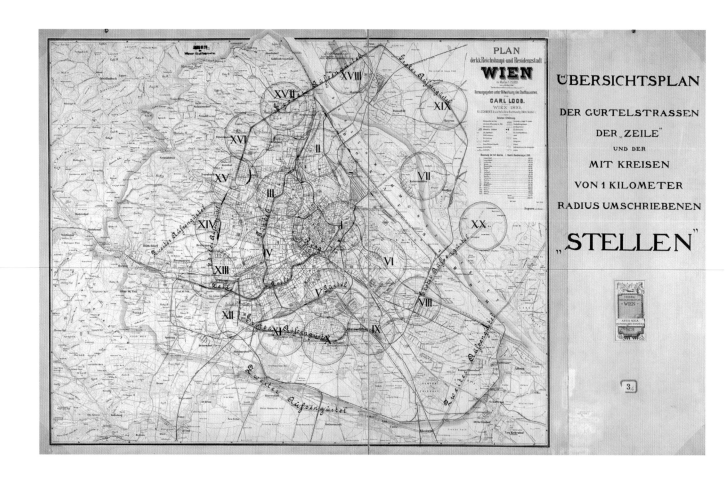

Otto Wagner
Generalregulierungsplan,
Übersichtsplan Wien, 1892–1893
Tusche, Aquarell auf Kartenblatt
auf Karton
General regulation plan,
layout plan for Vienna, 1892–1893
Indian ink, watercolor on map
printed on cardboard
Wiener Stadt- und Landesarchiv

Otto Wagner
Idealentwurf des XXII. Bezirks für die Studie
Die Großstadt, Vogelschau, 1910–1911
Feder, laviert auf Papier
Ideal design of Vienna's 22nd district for the study
The Metropolis, Bird's-eye view, 1910–1911
Pen, wash on paper
Wien Museum

Otto Wagner
Vogelschau eines Neubauprojekts
für die k. k. Akademie der bildenden
Künste, Wien, 1898
Bird's-eye view of a new construction
project for the Imperial Royal
Academy of Fine Arts, Vienna, 1898
Karton, Bleistift, Feder, aquarelliert
Pencil, pen, watercolor on cardboard
Wien Museum

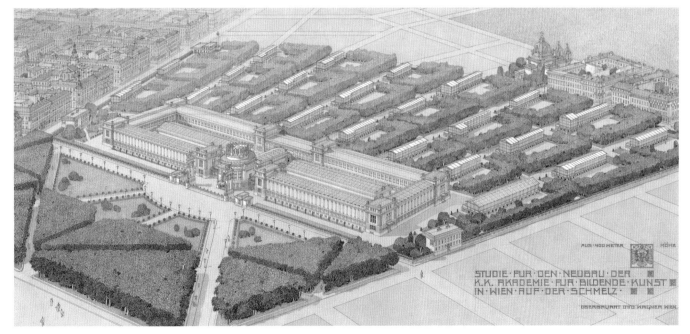

Otto Wagner
Vogelschau eines Neubauprojekts für die
k. k. Akademie der bildenden Künste, Wien, 1910
Feder, laviert auf Papier
Bird's-eye view of a new construction project for the
Imperial Royal Academy of Fine Arts, Vienna, 1910
Pen, wash on paper
Wien Museum

Otto Wagner
Kaiserin Elisabeth-Platz, Pavillon der Haltestelle; perspektivische
Ansicht zum Generalregulierungsplan für Wien, 1892–1893
Feder, laviert; Weißhöhungen
Empress Elisabeth Square, Station pavilion; perspective view of the
general regulation plan for Vienna, 1892–1893
Pen, washed; white heightening
Wien Museum

Otto Wagner
Kaiser Franz Joseph-
Stadtmuseum auf der
Schmelz, Opus IV, Perspektive,
1912
Bleistift, Feder, laviert;
weiß gehöht
Emperor Franz Joseph
Municipal Museum
at the Schmelz, Opus IV,
perspective view, 1912
Pencil, pen, washed; white
heightening on paper
Wien Museum

Otto Wagner
Der Karlsplatz, Vogelschau, 1909
Karlsplatz, Bird's-eye view
Karton, Bleistift, Kreide, Feder
Pencil, chalk, pen on cardboard
Wien Museum

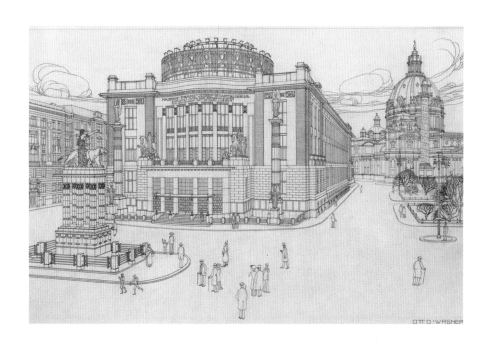

Otto Wagner
Kaiser Franz Joseph-Stadtmuseum,
2. Variante, Perspektive, 1909
Federzeichnung
Emperor Franz Joseph Municipal Museum,
2nd version, perspective view, 1909
Pen on paper
Wien Museum

KIRCHE·FVR·DIE·N·Ö·IANDESIRRENANSTALT:

Otto Wagner
Kirche St. Leopold am Steinhof, Wettbewerbsprojekt,
Perspektive, 1902–1903
Karton, Aquarell über Bleistift
St. Leopold Church at the Steinhof, competition project,
perspective view, 1902–1903
Watercolor over pencil on cardboard
Wien Museum

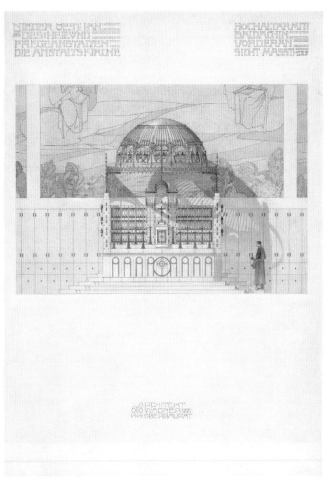

Otto Wagner
Kirche St. Leopold am Steinhof,
Längsschnitt, 1903–1904
Feder auf Karton
St. Leopold Church at the Steinhof,
longitudinal section, 1903–1904
Pen on cardboard
Wien Museum

Otto Wagner
Kirche St. Leopold am Steinhof, Ansicht des
Hochaltars mit Baldachin, 1903–1904
Aquarell über Bleistift auf Karton
St. Leopold Church at the Steinhof, view of the
high altar with baldachin, 1903–1904
Watercolor over pencil on cardboard
Wien Museum

Matthias Boeckl

Prototypen der Metropole

Otto Wagners Entwurf der modernen Großstadt

Die maschinengetriebene Großstadt ist Mittelpunkt, Sinnbild und Inkarnation der Moderne. Sie schuf im 19. Jahrhundert eine bis dahin unbekannte neue Lebensrealität, die von der modernen Kunst und Architektur sowohl auf affirmative wie auch auf kritische Weise interpretiert wurde. Die Industrialisierung hatte eine intensive Urbanisierung und Binnenmigration in Gang gesetzt. So waren nun erstmals nach dem Rom der Kaiserzeit Großstädte mit mehr als einer Million Einwohnern entstanden. In England, dem Mutterland der Industrie, durchbrach London als erste Großstadt schon um 1800 diese Marke. Im Jahre 1910 war die Hauptstadt des Vereinigten Königreiches mit über sieben Millionen Einwohnern die größte Stadt der Welt, auf den Plätzen folgten New York mit fast fünf Millionen, Paris mit nahezu drei sowie Chicago, Wien und Berlin mit je rund zwei Millionen Einwohnern.

Wien war als zweitgrößte und rasant wachsende Großstadt des europäischen Kontinents ein beispielhaftes Experimentallabor der modernen Metropole. In Österreich-Ungarn begann der – im Vergleich zu England langsamere – Industrialisierungs- und Demokratisierungsprozess der Gründerzeit nach der gescheiterten Revolution von 1848 und nach der darauffolgenden kurzen Repressionsphase. Vom konservativen Kaiser Franz Joseph wurde diese Entwicklung eher geduldet als gefördert. Die Gründung von Industriebetrieben, die Gewährung freier Ansiedlung im gesamten Reichsgebiet und der Bau transnationaler Eisenbahnlinien waren wesentliche Antriebsfaktoren des explosiven Wachstums von Wien: Von 1857 bis 1890 verdoppelte sich die Einwohnerzahl von 683 000 auf 1,4 Millionen. Sichtbarster Ausdruck dieser radikalen Transformation war der Abbruch der mittelalterlichen Stadtmauern und die Errichtung zahlreicher staatlicher und privater Repräsentationsbauten entlang der Ringstraße ab 1857. Gemeinsam mit der großflächigen Entwicklung von Industrie- und Wohnquartieren in den Vorstädten brachte dieser Prozess einen enormen Bauboom mit sich, dem nichts Vergleichbares voranging oder nachfolgte.

Otto Wagners Laufbahn als Architekt fällt zeitlich mit der rasantesten Wachstumsphase Wiens zusammen. Sein Œuvre steht vollständig im Zeichen der Auseinandersetzung mit der entstehenden modernen Metropole, deren Grundtypen er wesentlich mitformulierte. Wagners Entwicklung architektonischer und urbanistischer Grundprinzipien der Moderne, von denen einige noch heute Gültigkeit besitzen, durchlief dabei mehrere Etappen. Sie führen schrittweise aus der Lehre und Mitarbeit bei den bedeutendsten Ringstraßenarchitekten (Eduard van der Nüll, August Sicard von Sicardsburg, Ludwig von Förster, Theophil von Hansen) über die eigene Praxis als Gründerzeitarchitekt und spekulativer „Developer" in Personalunion bis zur späten kritischen Reflexion der ästhetischen und typologischen Prinzipien des Historismus mittels eines radikalpositivistischen Determinismus. In seinen großen städtebaulichen Entwürfen wie dem General-Regulierungs-Plan (1893), der Studie *Die Groß-* *stadt* (1911) und den Bauten rund um den Karlsplatz (1903–1909) definierte Wagner am Beispiel Wiens eine urbanistische Doktrin der Moderne, die technisch und ästhetisch weit voraus wies, in ihrem Materialismus jedoch dem Denken des 19. Jahrhunderts verbunden blieb. Objektivierbare kollektive Interessen rangieren dabei nach wie vor über dem subjektiven Recht auf Individualität, das erst die Generation von Josef Hoffmann und Adolf Loos einfordern konnte.

In der Studie *Die Großstadt*, die nach Wunsch des Autors „nicht einer bestimmten Stadt, sondern den Großstädten überhaupt" gelten sollte, beschreibt Wagner die ideale Regulierung einer rasch wachsenden Radialstadt mit einem einzigen Mittelpunkt: „Naturgemäß werden sich die Bezirke um das Stadtzentrum kreisförmig in Zonen lagern." Auf polyzentrische Städte wie London oder New York wäre das kaum anwendbar. Wagner erhebt also die spezifisch kontinentaleuropäische Situation der Modernisierung einer alten Hauptstadt zur Allgemeingültigkeit. Tony Garniers gleichzeitig mit Wagners Städtebautheorie entstandene Studie *Cité industrielle* verzichtete hingegen auf die Regulierung der alten Stadt zugunsten von Neugründungen zukünftiger Metropolen, die funktional komplett entflochten sein sollten. Die reale Entwicklung des 20. Jahrhunderts bestätigte jedoch Wagners Annahme: Die drei größten kontinentaleuropäischen Städte von 1910 – Paris, Berlin und Wien – dominieren noch heute ihre Regionen.

Grundlage moderner Stadtentwicklung ist nach Wagner die neue demokratische Eigenverantwortung der Kommune: „Die Menge war durch Jahrtausende gewohnt, die Kunst im Städtebau den Machthabern zu überlassen und übersieht jetzt, daß die autonome Gemeinde an deren Stelle getreten ist, daß also diese jetzt das erforderliche Kunstempfinden beizubringen hat." Für die Praxis propagiert Wagner einen radikalen Funktionalismus, dessen Realisierung letztlich (zeitgemäße) Kunst produziere: Die Methode sieht vor, „daß das wichtigste Moment [...] die peinliche Erfüllung des Zwecks sei, und daß bei der Durchführung dieses Zwecks die Kunst allem Entstehenden die Weihe verleihen muß". Jede Romantik in Bezug auf den historischen Bestand ist dabei untersagt, neben der Funktionalität ist die „Ökonomie der Lebensweise" der zentrale Parameter. So würde eine Dichte entstehen, die weit über die gebaute Praxis von Wagners eigener Gründerzeitgeneration hinausgeht: „Da überdies der Spruch ‚Zeit ist Geld' heute mehr denn je in Betracht kommt, ist die Mehrung der Stockwerke bei Wohn- und Geschäftshäusern bis zu 7 oder 8 Geschoßen, ja bis zum Wolkenkratzer (wenn es die Gemeinde gestattet) im Stadtzentrum naturgemäß." Die Eintönigkeit damit entstehender monofunktionaler Quartiere wird positiv umgedeutet: „Die Kunst unserer Zeit hat durch breite Straßen diese Uniformität zur Monumentalität erhoben und weiß dieses Motiv durch glückliche Unterbrechungen voll zu verwerten." Der erste Eindruck der Großstadt werde ohnehin nicht von Architektur bestimmt, sondern

Prototypes of a Metropolis

Matthias Boeckl

Prototypes of a Metropolis
Otto Wagner's Design for a Modern City

The machine-driven, large city is the center, symbol, and incarnation of modernism. In the 19th century, the city gave rise to a new, heretofore unknown lifestyle, which was interpreted by modern art and architecture in both affirmative and critical ways. Industrialization set into motion intensive urbanization and domestic migration. Thus cities with more than a million inhabitants came into being for the first time since the Roman Empire. In England, the heartland of industry, London was the first city to break through this barrier, doing so in 1800. By 1910, the capital city of the United Kingdom had 7 million inhabitants, making it largest city in the world, followed by New York with nearly 5 million, Paris with close to 3 million, and Chicago, Vienna, and Berlin with around two million inhabitants each.

As the second-largest city of the European continent, rapidly growing Vienna was an exemplary experimental laboratory for a modern metropolis. In Austria-Hungary, the process of industrialization and democratization of the Gründerzeit [Founders' period] was slower compared to England; it began after the failed Revolution of 1848 and the short repression phase that followed. The conservative emperor Franz Joseph tolerated, rather than promoted, this development. The founding of industrial enterprises, the permission to settle freely across the whole of the Empire, and the building of transnational railroads were significant factors driving Vienna's explosive growth: Between 1857 and 1890 the number of inhabitants doubled from 683,000 to 1.4 million. The most visible sign of this radical transformation was the demolition of the city walls dating back to the Middle Ages and the construction of numerous public and private representational buildings along the Ringstraße beginning in 1857. Together with the widespread development of industrial and residential quarters in the suburbs, this process unleashed an enormous building boom, unlike anything seen before or since.

Otto Wagner's career as an architect happened to coincide with the most rapid phase of Vienna's growth. His œuvre was influenced by the emergence of the modern metropolis, whose basic styles he was instrumental in helping to shape. Wagner's development of the architectonic and urbanistic principles of Modernism, of which some are still relevant today, occurred in several phases: beginning with his practical education and work alongside some of the most important Ringstraße architects (Eduard van der Nüll, August Sicard von Sicardsburg, Ludwig von Förster, Theophil von Hansen), continuing through his own practice as an independent Gründerzeit architect while at the same time being a speculative "developer", and resulting in his later critical reflections on the aesthetic and typological principles of Historicism by means of a radical positivistic determinism. In his large urban planning designs such as his *General-Regulierungs-Plan* [General regulation plan] (1893), his study *Die Großstadt* [The metropolis] (1911), and the buildings

Otto Wagner
Miethaus, Wien VII., Neustiftgasse 40, 1909–1911
Lithografie mit Tondruck auf Karton
Rental apartment building, Vienna, 7th district,
Neustiftgasse 40, 1909–1911
Lithography with clay printed on cardboard
Wien Museum

von einer „einnehmenden Physiognomie", die aus dem „pulsierenden Leben" in Läden, Restaurants und im Straßenbild entstehe. Weitere Kriterien einer positiven Wirkung seien gelungene Kunstwerke sowie strikte Hygiene („peinliche Reinlichkeit").

Das derart definierte städtebauliche Leitbild einer Metropole soll in „wohlerwogenen Bestimmungen" festgeschrieben werden, die durch „systemmäßige Regulierung" auf den historischen Bestand und die in Wagners Augen „zufällige" ländliche Struktur der Stadtentwicklungsgebiete anzuwenden sind. Da kontinuierliches Stadtwachstum um 1900 als naturgegeben erschien, wollte Wagner auf die „Einschließung" der Metropole durch einen Grüngürtel verzichten und stattdessen „Luftzentren" in jedem Bezirk schaffen: „Die Ausdehnung einer Großstadt muß unserem heutigen Empfinden nach eine unbegrenzte sein". Weitere Kernmaßnahmen sind der Aufbau effizienter öffentlicher Verkehrsmittel, die Eindämmung der „Macht des Vampyrs Spekulation", Kommunalisierung öffentlicher Dienste, Baugrundbewirtschaftung durch die Stadt und Erschließung weiterer kommunaler Einnahmequellen für die Errichtung öffentlicher Bauten. Die einzelnen Blöcke der Wohnquartiere, „von denen jeder mit einer Front an einem Garten, Platz oder Park liegt", werden traditionell in Randbebauung ausgeführt, die Straßen sind 23 Meter breit.

Wagner hatte viele Gelegenheiten, einzelne Bausteine dieser Großstadtvision selbst zu realisieren. Dazu zählen das mehrgeschossige Wohn- und Geschäftshaus, das Bürohaus, das Kaufhaus, das Krankenhaus, Verkehrsbauwerke und Bauten für die technische Infrastruktur. Jede dieser Bauaufgaben löste Wagner als Prototypen, der in der „unbegrenzten Großstadt" mit geringfügigen Änderungen beliebig reproduziert werden konnte. Eine Wurzel dieses Denkens in generischen Typen liegt bei Theophil von Hansen, für den Wagner als Bauleiter gearbeitet hatte.

Wagner übertrug Hansens Erfindung eines neutralen „Raumgittersystems", das in sich alle Spezialfunktionen innerstädtischer Gebäudetypen wie Parlament, Kunstakademie oder Wohn- und Geschäftshaus aufnehmen konnte, aber dennoch urbanistische Kombinierbarkeit bot und ein homogenes Stadtbild erzeugte, auf die größere städtebauliche Dimension. Der entscheidende Schritt in Richtung einer modernen Metropole bestand darin, nun die ganze Stadt als jenes Gebilde zu interpretieren, das aus funktionalen und ästhetischen Gründen in einem ordnenden Rastersystem organisiert werden musste. So wie Hansens generisches Raumgitter die Elemente verschiedenartiger Spezialräume eines Hauses streng funktional geordnet in sich aufnehmen konnte, bot Wagners Städtebausystem einen einheitlichen Raster, der die Spezialelemente in Gestalt verschiedener Bautypen wiederum streng funktional geordnet in sich aufnahm – ein für die Moderne typischer Prozess der Standardisierung und Ausdifferenzierung.

Mit dieser Erkenntnis der Eigendynamik der immer schneller wachsenden Großstadt und mit der Entwicklung technologiebasierter Instrumente zur Lösung ihrer Funktionsprobleme, die sogar künstlerischen Ansprüchen zu genügen hatten und so zur modernen Kultur reifen sollten, legte Wagner ein tragfähiges Fundament für die Entfaltung individueller Selbstverwirklichung im Rahmen der Großstadtzivilisation. Zwar blieben ihm die repräsentativsten öffentlichen Bauaufgaben seiner Zeit versagt (Museum, Universität, Ministerium), als letzter Ringstraßenarchitekt konnte er mit der Postsparkasse aber dennoch den ersten modernen Bau am repräsentativsten Ort der Monarchie errichten. Der nächsten Generation blieb der innere Ausbau der modernen Metropole überlassen, deren Regelwerk Wagner mitformuliert hatte.

around Karlsplatz (1903–1909), Wagner used Vienna as example for defining an urbanistic doctrine that was far ahead of its time, yet in its materialist philosophy remained connected to the ideas of the 19th century. In this, then as now, objectifiable, collective interests ranked above the subjective right to individuality, which the generation of Josef Hoffmann and Adolf Loos would be the first to demand.

In his study *Die Großstadt*, which, according to the author's wishes, was to be applicable not to a specific city, but to any metropolis, Wagner described the ideal urban plan for a city rapidly growing in a radial fashion from a single center: "The districts naturally will arrange themselves in concentric circles around the city center." This could hardly be applied to polycentric cities like London or New York. Thus Wagner elevated the specific situation found in continental Europe to universal applicability. Tony Garnier's study *Cité industrielle*, which came into being at the same time as Wagner's urban design theory, refrained from redesigning old cities in favor of founding entirely new future metropolises, which were to be functionally completely disentangled. The actual advancement of the 20th century, however, confirmed Wagner's assumption: The three largest continental European cities of 1910—Paris, Berlin, and Vienna—dominate their respective regions to this very day.

According to Wagner, the basis for modern urban development was the new democratic responsibility vested in the community: "For thousands of years, the masses were accustomed to leaving the art in city construction to those in power; they now apprehend that the autonomous community has taken their place, so that this now has to contribute the necessary artistic sensibility." In practice, Wagner advocated a radical functionalism, whose realization ultimately would produce (contemporary) art: This method intends "that the most important moment […] is the scrupulous fulfillment of purpose, and that in the implementation of this purpose, art must consecrate every creation." Any romantic notions regarding historical holdings were thereby prohibited; next to functionality, the "economy of lifestyle" was the central parameter. This would lead to a density that would go far beyond the practical realities of construction in Wagner's own Gründerzeit era: "Since the saying 'time is money' is increasingly gaining traction, an increase in the number of levels of apartment and commercial buildings to 7 or 8 stories, and even to skyscrapers (if permitted by the municipality) must be seen as self-evident." Even the monotony of the monofunctional quarters arising from such a concept could be reinterpreted in a positive way: "Through wide avenues, the art of our times has elevated this uniformity to monumentality and knows how to exploit this motif to the fullest through opportune discontinuities." The first impression of a metropolis is anyway not determined by its architecture, but by its "appealing physiognomy" emerging from the "pulsating life" of its shops, restaurants, and street views. Further criteria for a positive impact were accomplished artworks and also strict hygiene ("meticulous cleanliness").

The provisions for building the model metropolis defined in this way were to be set down in "carefully considered policies" and applied through "systematic planning" to the historical inventory, as well as to the—in Wagner's view—"incidentally" rural structure of a city's development areas. Since the continual growth of a city was taken as a given around 1900, Wagner did not want to surround the metropolis with an "enclosure" of green belt area, but rather create "air spaces" in every district: "According to our current understanding, the expansion of a metropolis must be unlimited." Other core measures included the construction of efficient modes of public transportation, the curbing of the "power of the vampire known as speculation", the municipalization of public services, the management of building sites, and the cultivation of further communal revenue sources for the construction of public buildings. The individual blocks of residential apartments, "of which each one faces a garden, square, or park", would traditionally be built on the permeter; the streets would be 23 meters wide.

Wagner had many opportunities to realize some parts of his vision for metropolises. These include the multi-story residential and commercial building, the office building, the shop, the hospital, as well as transportation system and technical infrastructure buildings. Wagner solved each of these construction challenges in prototypical form, so that it could be reproduced at will in the "unlimited metropolis" with only minor modifications. This idea about generic types can be traced back to Theophil von Hansen, for whom Wagner worked as a project manager. Wagner applied Hansen's invention of a neutral "interior grid system"—which could incorporate all of the specialized functions of inner city building types such as parliament, art academy, or residential and commercial buildings, while still allowing for urbanistic compatibility and the creation of a homogeneous cityscape—to the greater dimension of the entire city. The decisive step leading to the modern metropolis consisted of interpreting the whole city as an entity that, for functional and aesthetic reasons had to be organized on a tidy raster system. Just as Hansen's generic interior grid could incorporate the elements of various specialized rooms of a house in a strictly ordered way according to function, so Wagner's urban planning system was based on a uniform raster, which incorporated the specialized design elements of various building types—again, in a strictly ordered way according to function. This process of standardization and differentiation was typical of modernism.

With his insight into the independent dynamic of an increasingly rapidly growing metropolis and with the development of technology-based instruments for solving its concomitant functional challenges, which ought to suffice even for artistic aspirations and thus mature to modern culture, Wagner laid a sustainable foundation for the burgeoning of individual self-fulfillment within the framework of metropolitan civilization. Even though the most representative public building projects of his time (museum, university, ministry) were denied him, as the last of the Ringstraße architects, he was nonetheless able to erect the first modern building, the Austrian Postal Savings Bank, at the most representative site of the monarchy. The internal construction of the modern metropolis, whose rules Wagner helped formulate, would be left to the next generation.

Otto Wagner
K. k. Österreichische Postsparkasse,
Wettbewerbsprojekt,
Situation und Perspektive, 1903
Feder, laviert; Goldfarbe, Weißhöhungen
auf Karton
Imperial Royal Austrian Postal Savings Bank,
competition project, setting and perspective
view, 1903
Pen, washed; gilt, white heightening
on cardboard
Wien Museum

Otto Wagner
K. k. Österreichische Postsparkasse,
Kassensaal, 1906
Imperial Royal Austrian Postal Savings Bank,
banking hall, 1906
Wien Museum

Otto Wagner
K. k. Österreichische Postsparkasse,
Büro des Gouverneurs, 1904
Imperial Royal Austrian Postal
Savings Bank, governor's office, 1904
Joseph August Lux, *Otto Wagner*, München Munich 1914

Otto Wagner >

Deckenleuchte für die k. k. Öster-
reichische Postsparkasse, 1912/13
Aluminium, Glas
Ceiling light for the Imperial Royal
Austrian Postal Savings Bank, 1912/13
Aluminum, glass
Möbelsammlung Postsparkasse
Postal Savings Bank Furniture Collection

Otto Wagner >

Sessel für ein Großraumbüro der
k. k. Österreichischen Postsparkasse, 1906
Ausführung: J. & J. Kohn
Buchenholz, z. T. gebogen, schwarz gebeizt
(ehemals grau); Sperrholz
Chair for an open-plan office in the Imperial
Royal Austrian Postal Savings Bank, 1906
Execution: J. & J. Kohn
Beech, partly bent, stained black
(previously gray); plywood
Möbelsammlung Postsparkasse
Postal Savings Bank Furniture Collection

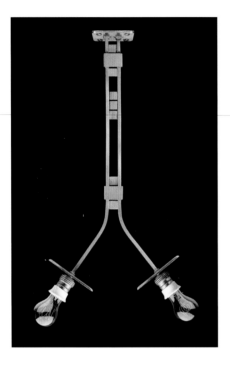

Otto Wagner >>

Armlehnsessel für den Sitzungssaal der
k. k. Österreichischen Postsparkasse, 1906
Ausführung: J. & J. Kohn
Buchenholz, z. T. gebogen, schwarz gebeizt
(ehemals grau); Velourspolsterung; Aluminium
Armchair for the meeting hall in the Imperial
Royal Austrian Postal Savings Bank, 1906
Execution: J. & J. Kohn
Beech, partly bent, stained black
(previously gray); velour upholstery; aluminum
Möbelsammlung Postsparkasse
Postal Savings Bank Furniture Collection

Otto Wagner

Deckenleuchte für den Ausstellungssaal
des Depeschenbüros „Die Zeit", 1902
Weißmetall vernickelt
Ceiling light for the exhibition hall
of the "Die Zeit" dispatch office, 1902
White metal, nickel-plated
Private collection. Courtesy Yves Macaux

Otto Wagner >

Etagere für die Kleinraumbüros der
k. k. Österreichischen Postsparkasse, 1906
Ausführung: J. & J. Kon
Buchenholz, z. T. gebogen, schwarz gebeizt
(ehemals grau); Aluminium
Étagère for the small, closed offices in the
Imperial Royal Austrian Postal Savings Bank,
1906
Execution: J. & J. Kohn
Beech, partly bent, stained black
(previously gray); aluminum
Möbelsammlung Postsparkasse
Postal Savings Bank Furniture Collection

Otto Wagner

Wand-Arm für die k. k. Österreichische
Postsparkasse, 1904/06
Aluminium
Wall bracket for the Imperial Royal
Austrian Postal Savings Bank, 1904/06
Aluminum
Möbelsammlung Postsparkasse
Postal Savings Bank Furniture Collection

Otto Wagner

Deckenleuchte für die k. k. Österreichische
Postsparkasse, 1904/06
Aluminium
Ceiling light for the Imperial Royal
Austrian Postal Savings Bank, 1912/13
Aluminum
Möbelsammlung Postsparkasse
Postal Savings Bank Furniture Collection

Otto Wagner >>

Hocker für den Kassensaal der
k. k. Österreichischen Postsparkasse, 1906
Ausführung: J. & J. Kohn
Buchenholz, z.T. gebogen, schwarz gebeizt
(ehemals grau); Sperrholz; Aluminium
Stool for the banking hall in the Imperial Royal
Austrian Postal Savings Bank, 1906
Execution: J. & J. Kohn
Beech, partly bent, stained black
(previously gray); plywood; aluminum
Möbelsammlung Postsparkasse
Postal Savings Bank Furniture Collection

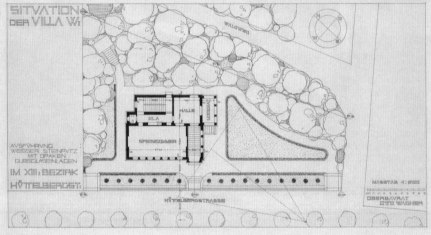

Otto Wagner
Villa Wagner II, Wien XIV.,
Hüttelbergstraße 28, Perspektive, 1912
Bleistift, Buntstift, Feder, aquarelliert auf Papier
Villa Wagner II, Vienna, 14th district,
Hüttelbergstraße 28, perspective view, 1912
Pencil, colored pencil, pen, watercolor on paper
Wien Museum

Otto Wagner
Villa Wagner I, Wien XIV.,
Hüttelbergstraße 26, 1886
Villa Wagner I, Vienna, 14th district,
Hüttelbergstraße 26, 1886
Österreichische Nationalbibliothek
Austrian National Library, 135144D

Otto Wagner
Ankerhaus, Wien I., Spiegelgasse 2, 1894
Bleistift, Feder, laviert auf Papier
Ankerhaus, Vienna, 1st district, Spiegelgasse 2, 1894
Pencil, pen, wash on paper
Wien Museum

Otto Wagner
Pfarrkirche in Währing, Schaubild *Die Moderne im Kirchenbau*, 1898
Bleistift, Buntstift, Feder, aquarelliert, Goldhöhungen auf Karton
Parish church in Währing, Vienna, Rendering *Modernism in Church Architecture*, 1989
Pencil, colored pencil, pen, watercolor, gold heightening on cardboard
Wien Museum

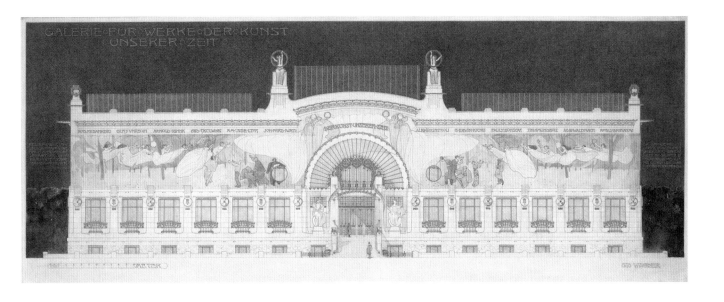

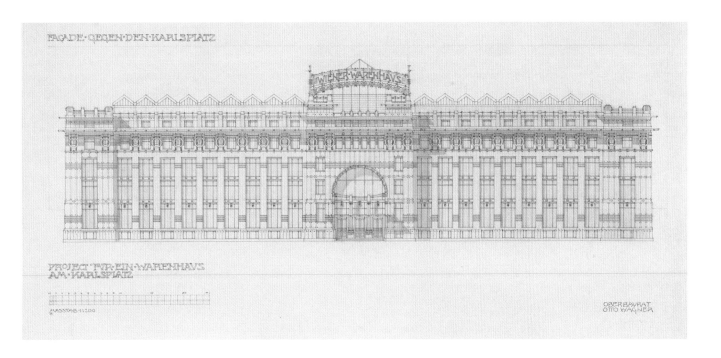

Otto Wagner
Moderne Galerie Wien, Hauptfassade, 1900
Bleistift, Buntstift, Feder, aquarelliert, weiß gehöht
Moderne Galerie Vienna, main façade, 1900
Pencil, colored pencil, pen, watercolor on paper,
white heightening
Wien Museum

Otto Wagner
Projekt für ein Warenhaus am Karlsplatz,
Fassade gegen den Karlsplatz, 1904
Bleistift, Sepia
Project for a department store on Karlsplatz,
façade onto the Karlsplatz, 1904
Pencil, sepia on paper
Wien Museum

Otto Wagner
Tisch für den Ausstellungsraum des Depeschenbüros „Die Zeit", 1902
Buche, dunkelbraun gebeizt; Messingrohre, vernickelt
Table for the exhibition hall of the "Die Zeit" dispatch office, 1902
Beech, stained dark brown; brass tubing, nickel-plated
MAK

Otto Wagner   >
Fassadenrekonstruktion des
Depeschenbüros "Die Zeit", 1902
Nach Plänen von Adolf Krischanitz
und Otto Kapfinger, 1985
Façade reconstruction of the "Die Zeit"
dispatch office, 1902
Following plans by Adolf Krischanitz
and Otto Kapfinger, 1985
Wien Museum

Otto Wagner
Einblicke in den Ausstellungssaal des
Depeschenbüros „Die Zeit", 1902
Views into the exhibition hall of the
"Die Zeit" dispatch office, 1902
Deutsche Kunst und Dekoration
(German Art and Decoration) XI, 1902/1903

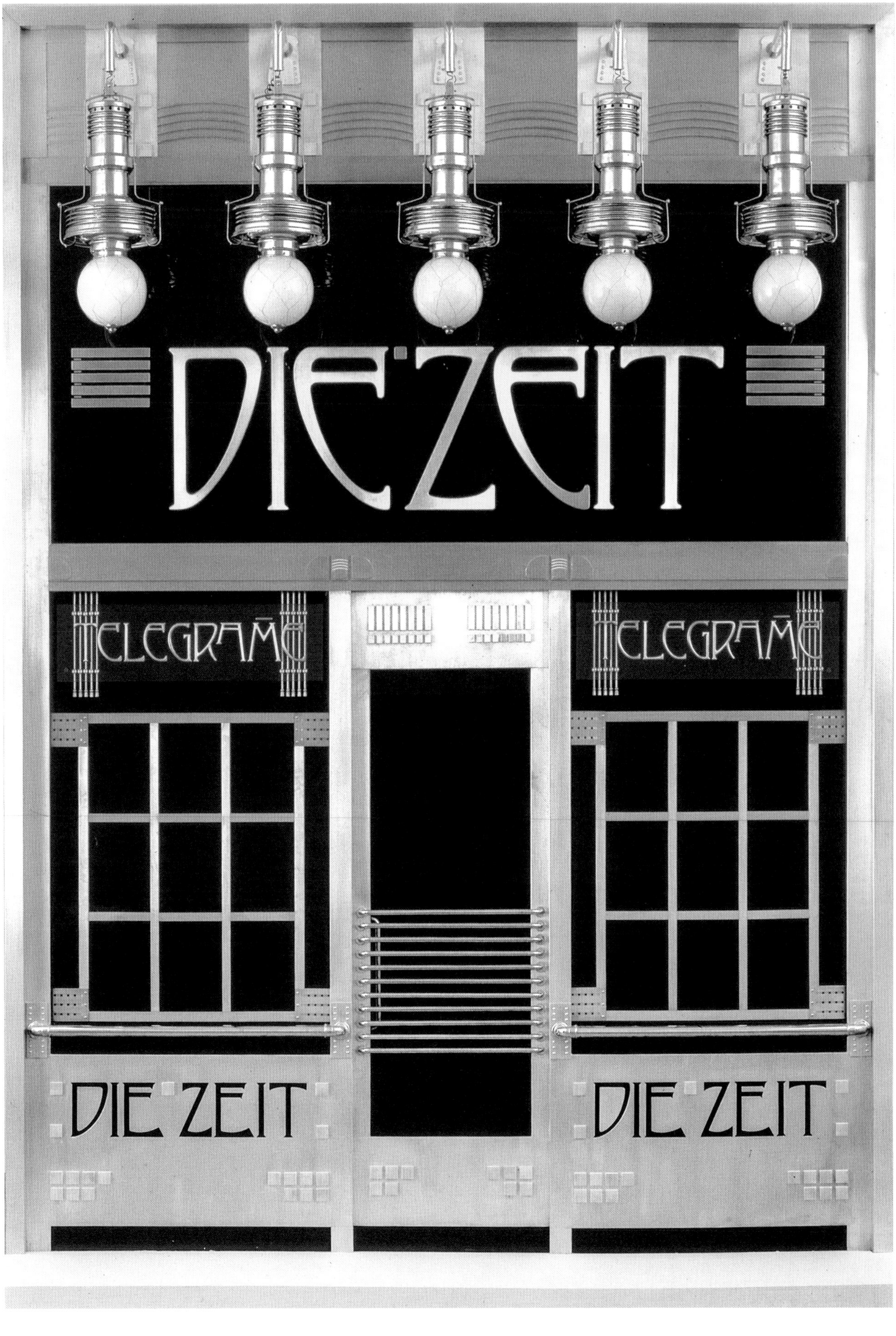
DIE ZEIT
TELEGRAMME
TELEGRAMME
DIE ZEIT
DIE ZEIT

3

Josef Hoffmann
Palais Stoclet, Brüssel, 281 Avenue de Tervueren, 1905–1911
Stoclet House, Brussels, 281 Avenue de Tervueren, 1905–1911
Der Architekt (Der Architekt journal), 1914, Tafel Plate 78

Christian Witt-Dörring

Die Überwindung des Historismus II
Ein moderner Stil oder ein moderner Mensch?

Adolf Loos
Billardzimmer im Café Museum, 1899
Billiard room in the Café Museum, 1899
Kunst und Handwerk [Art and Craft], 1899/1900

Im Jahre 1894 wird Otto Wagner auf den bis dahin von Carl von Hasenauer eingenommenen Lehrstuhl für Architektur an der Wiener Akademie der bildenden Künste berufen. Seine vordem nur über sein privates Atelier realisierten und verbreiteten Überlegungen zu einem zeitgenössischen modernen Stil erhalten dadurch eine viel größere Breitenwirkung, die bis um 1910 für die weitere Entwicklung der Moderne in ganz Zentraleuropa ausschlaggebend sein wird. Überzeugt von Wagners Lehre betritt diese nächste Generation von ArchitektInnen und EntwerferInnen die Bühne des Geschehens zu einem Zeitpunkt, der die Widersprüchlichkeit zwischen etablierter Norm und neuem Inhalt im Alltag nicht mehr zu versöhnen vermag. Um diesen unbefriedigenden Zustand zu ändern, schließt sich 1895 eine Gruppe junger gleichgesinnter Künstler und Architekten, darunter unter anderen einige von Wagners Schülern und Mitarbeitern, wie Joseph Maria Olbrich und Josef Hoffmann sowie Koloman Moser und Gustav Klimt, zum Siebener-Club zusammen. In diesem Kreis wird schließlich 1897 die Vereinigung bildender Künstler Österreichs Wiener Secession gegründet.

Deklariertes Ziel der Wiener Secession war die historistische Formenwelt durch einen modernen bürgerlichen und österreichischen Stil zu ersetzen. Alle drei genannten Attribute bedienen die Hauptanliegen der gängigen europäischen Kunst- und Kulturdiskussion um 1900. Sie sind Teil des Sendungsbewusstseins der Moderne, das dem Individuum eine Stimme in der Gesellschaft geben will, um in der Folge auf dessen individuelle Bedürfnisse eingehen zu können. Dafür muss sich das Individuum jedoch zuerst seiner Identität bewusst sein. Die Secession spricht mit ihren Attributen eine nationale, bürgerliche Identität an, die am Ende des 19. Jahrhunderts in den deutschsprachigen österreichischen Erblanden nur rudimentär vorhanden ist. Entsprechend ihrer Profession suchen die Künstler der Secession diese Aufgabe mittels künstlerisch-ästhetischen Mitteln zu lösen. Sie reagiert damit in erster Linie auf die Welt der Vätergeneration. Diese wird seit über sechzig Jahren von historistischen Formen dominiert. Die junge Generation empfindet sie als zutiefst unehrlich. Moderne Bedürfnisse und Technologie verstecken sich in historischem Kleid. Dieses wiederum ist international austauschbar und entspricht nicht dem lokalen nationalen Charakter. Das gesamte historische Formenvokabular, dessen sich das Bürgertum seit jeher bedient, entstammt der höfisch-aristokratischen Gesellschaftskultur. Auf Basis der Ideologie der englischen Arts and Crafts-Bewegung, die keinen Unterschied zwischen bildender und angewandter Kunst kennt, sollen der moderne Gebrauchsgegenstand und damit dessen BenützerInnen über die Weihen der Kunst den grauen Alltag vergessen machen. KünstlerInnen sind dazu berufen, der gesamten menschlichen Umwelt ein modernes Gewand überzuziehen. Zu guter Letzt spricht der individuell künstlerisch gestaltete Gegenstand für seine Besitzerin oder seinen Besitzer.

Nach einem dreijährigen Aufenthalt in den USA kehrt Adolf Loos 1896 über London nach Wien zurück. Er findet eine Welt im beginnenden Umbruch vor, die nach neuen Lösungen für das 20. Jahrhundert sucht. Ausgestattet mit seinen Erfahrungen in der nach so unterschiedlichen Spielregeln funktionierenden Kultur der angelsächsischen Welt, nimmt er sehr bald eine kritische Stellung zur Wiener Situation und den sich abzeichnenden lokalen Lösungsversuchen ein. Ohne enge Verbindung zu den Secessionisten, aber integriert in den literarischen Kreis um Karl Kraus und Peter Altenberg ist sein Medium anfänglich vor allem das geschriebene Wort. Sein Kampf gilt dem sogenannten „Parvenüwesen" der Wiener, das den Schein über das Sein stellt. Diesem Thema ist 1897 eine seiner ersten Kritiken zu einer Konkurrenzausschreibung für einen Ausstellungspavillon der Stadt Wien gewidmet.[1] Die einzigen Projekte, die sein Wohlgefallen finden, sind jene von Hoffmann und Olbrich. Trotz ihrer „Wienerischen Note", damit meint er deren bunte Jugendstildekoration, sind sie für ihn ehrliche Scheinarchitektur, die ihre ephemere Materialität aus Holz und Gips nicht versteckt. In diesem Bezug stimmt Loos anfänglich noch mit den jungen Secessionisten überein und publiziert zu diesem Thema 1898 im ersten Jahrgang von *Ver Sacrum*, der Zeitschrift der Secession, seine Artikel „Die Potemkin'sche Stadt" und „Unsere jungen Ar-

Overcoming Historicism II
A Modern Style or a Modern Human?

Christian Witt-Dörring

Josef Hoffmann
Wettbewerbsprojekt für einen Ausstellungspavillon der Stadt Wien
auf der Jubiläumsausstellung, 1898
Competition project for the city of Vienna's exhibition pavilion
at the Jubilee Exhibition, 1898
Dekorative Kunst [Decorative Art], Jg. Issue II., 1898

In 1894 Otto Wagner succeeded Carl von Hasenauer as Chair of the architecture department at the Academy of Fine Arts in Vienna. His deliberations regarding a contemporary modern style, which, until that time, he had been able to realize and disseminate only via his private studio, thus gained a much broader reach and their impact would be crucial for the continuing development of Modernism in Central Europe until about 1910. Convinced by Wagner's teachings, the next generation of architects and designers came onto the scene at a time when the discrepancy between established norms and the new substance of daily life could no longer be reconciled. In order to transform this unsatisfactory situation, in 1895 a group of young, like-minded artists and architects, among them several of Wagner's students and co-workers, such as Joseph M. Olbrich and Josef Hoffmann as well as Koloman Moser and Gustav Klimt, banded together to form the Siebener-Club [Club of Seven]. The Union of Austrian Artists Vienna Secession was founded within this circle in 1897.

The stated goal of the Vienna Secession was to supplant the entrenched historical styles with a modern, middle-class and Austrian style. All three of these attributes underpinned the main aspects of the discussions around European art and culture taking place around 1900. They were part of the self-consciousness of Modernism, which wanted to give every individual a voice in the community so as to be able to respond to individual needs. First, though, the individual had to be aware of his or her identity. With its attributes, the Vienna Secession addressed itself to a national, middle-class identity, which toward the end of the 19th century was to be found only in rudimentary form in German-speaking, Austrian dynastic ancestral countries. In keeping with their profession, the artists of the Secession attempted to meet this challenge using artistic and aesthetic means. In the main, this was a reaction to the domain of the previous generation, which had been dominated for over 60 years by historical styles and was perceived by the younger generation to be profoundly dishonest. Modern requirements and technology were hidden under a historical costume. This in turn was internationally exchangeable and did not correspond to the local national character. The entire historic style vocabulary, upon which the bourgeoisie had been drawing from time immemorial, derived from the court and aristocratic social structure. On the basis of the ideology of the English Arts and Crafts movement, which did not differentiate between fine and applied arts, grey everyday life was to be transformed by the devotions of art as applied to modern utilitarian objects and, by extension, to their users. Artists were called upon to clothe the entire human context in modern dress. In the final analysis, the individually created object vouched for its owner.

After having spent three years in the USA, Adolf Loos returned to Vienna by way of London in 1896. He found a world in the midst of upheaval as it searched for 20th-century solutions. Armed with his experiences in the Anglo-Saxon world, where the culture functioned under a completely different set of rules, he soon adopted a critical stance with regard to the situation in Vienna and the incipient local attempts at solutions. Lacking close ties to the Secessionists, integrated instead into the literary circle around Karl Kraus and Peter Altenberg, in the beginning he relied on writing as his primary medium. He took aim at the so-called "parvenu spirit" of the Viennese, which valued seeming more than being. This topic was the focus in 1897 of one of his first critiques in response to a competitive call for proposals that went out for an exhibition pavilion for the City of Vienna.[1] The only projects that found favor with him were those submitted by Hoffmann and Olbrich. Despite their "Viennese flair," whereby he meant their colorful Jugendstil decoration, they nonetheless represented honest quasi-architecture, which did not hide the ephemeral materiality of its wood and plaster. In this regard, Loos initially still concurred with the young Secessionists; in 1898, he wrote articles entitled "Die Potemkin'sche Stadt" [The Potemkin city] and "Unsere jungen Architekten" [Our young architects] for *Ver Sacrum*, the magazine of the Secession, then in its first year of publication. For Loos, overcoming Historicism was not just a question of finding a new style, however, but rather one of finding new content. For him, it wasn't the style that was anachronistic, but the attitude, which did not allow an individual to be himself and thus to come of age. In this way, he fundamentally diverged from the path of the Secessionists, who were seeking a modern style.

This was expressed clearly for the first time in his report about the 1897 winter exhibition at the Imperial Royal Austrian Museum for Art and Industry (today's MAK). This first exhibition under the auspices of its new director Arthur von Scala set new benchmarks that reminded Loos of "the best times of Austrian applied arts" during the term of founding director Rudolf von Eitelberger "back when Vienna was at the head of the pack as far as the applied arts were concerned."[2] Among other things, Scala displayed copies of English furniture from the 18th and 19th centuries, as well as simple contemporary English household effects. It was their bourgeois provenance that captured Loos's attention; he wanted to be part of this tradition, which did not exist in Vienna. In its way, this was a reaction to the pretensions of the bourgeois world of Historicism, which satisfied its need for representation by drawing on court and aristocratic designs in terms of both style and function. By contrast, the world of the Anglo-Saxon gentleman was built upon an ideal

chitekten". Für Loos ist die Überwindung des Historismus jedoch nicht eine Frage der neuen Formfindung, sondern der neuen Inhaltssuche. Unzeitgemäß ist nicht der Stil, sondern die Einstellung, die dem Individuum nicht erlaubt, es selbst zu sein und damit mündig zu werden. Auf diese Weise unterscheidet er sich grundsätzlich vom Weg der Secessionisten, die einen modernen Stil suchen.

Deutlich kommt dies zum ersten Mal in seinem Bericht über die Winterausstellung 1897 im k. k. Österreichischen Museum für Kunst und Industrie (dem heutigen MAK) zum Ausdruck. Diese erste Ausstellung des neuen Direktors Arthur von Scala setzt neue Maßstäbe und erinnert Loos an „die besten zeiten des österreichischen kunstgewerbes" unter seinem Gründungsdirektor Rudolf von Eitelberger, „damals als noch Wien in der gewerblichen kunst in der ersten reihe stand".[2] Scala zeigt unter anderem Kopien englischer Möbel des 18. und frühen 19. Jahrhunderts sowie einfachen zeitgenössischen englischen Hausrat. Es ist deren bürgerliche Provenienz, die Loos anspricht und an deren in Wien nicht vorhandene Tradition er anschließen will. Damit reagiert er auf die Prätentionen der bürgerlichen Welt des Historismus, die sich auf höfisch-aristokratische Stil- und Funktionsformen in der Befriedigung ihres Repräsentationsbedürfnisses stützt. Die Welt des angelsächsischen Gentlemans baut hingegen auf ein Ideal, dass Prätention verabscheut. Ihre Werte haben für Loos das Potenzial der kulturellen Erneuerung in Österreich. So gibt er seiner kulturkritischen Zeitschrift *Das Andere* den erklärenden Untertitel *Ein Blatt zur Einführung abendländischer Kultur in Österreich*,[3] womit selbstredend die angelsächsische Kultur gemeint ist. Loos schätzt die Anonymität der Stilkopie. Für ihn, der nach einer grundsätzlichen, von kurzlebigen modischen Entwicklungen unabhängigen Lösung sucht, ist das Neu-Erfinden von im Laufe der Geschichte bereits optimal erzielten Lösungen (z. B. Chippendale-Stuhl) eine reine Verschwendung wirtschaftlicher und kreativer Ressourcen.

„Mir fällt es schwer, über JOSEF HOFFMANN zu schreiben. Stehe ich doch im stärksten Gegensatz zu jener Richtung, die von den jungen Künstlern nicht nur in Wien vertreten wird. Für mich ist die Tradition alles, das freie Walten der Phantasie kommt bei mir erst in zweiter Linie. Hier aber haben wir es mit einem Künstler zu thun, der mit Hilfe seiner überquellenden Phantasie alten Traditionen, und auch ich muß gestehen, daß es sehr viel Ölgötzen darunter giebt, erfolgreich an den Leib rückt."[4]

Joseph Maria Olbrich
Ausstellungsgebäude der Wiener Secession, Rückansicht, 1897–1898
Exhibition building of the Vienna Secession, rear view, 1897–1898
Wiener Bauindustrie-Zeitung [Wiener Bauindustrie newspaper], Jg. Issue 1899/1900, Tafel Plate 39

Auch die Secessionisten sprechen die Tradition für die Verteidigung ihrer Anliegen an. Sie wird aber im Gegensatz zu Loos hinsichtlich einer künstlerisch individuellen Note und nicht grundsätzlich kulturell im Sinne bleibender Werte ausgelegt. So schreibt Hermann Bahr im ersten Heft von *Ver Sacrum*:

> „Bei uns wird nicht für und gegen die Tradition gestritten, wir haben ja gar keine. Es wird nicht zwischen der alten Kunst, die es ja bei uns gar nicht gibt, und einer neuen gestritten. Es wird nicht um irgendeine Entwickelung oder Veränderung in der Kunst, sondern um die Kunst selbst gestritten, um das Recht künstlerisch zu schaffen."[5]

Diese beiden zu Beginn der unterschiedlichen Wege von Hoffmann und Loos stehenden Zitate eröffnen einen Disput, der sie ein Leben lang begleiten wird: die Frage nach der Vereinbarkeit von Kunst und Funktion.

1 Loos, Adolf, „Eine Concurrenz der Stadt Wien" (1897), in: Opel, Adolf (Hg.), *Adolf Loos – Gesammelte Schriften*, Wien 2010, 6–10.
2 Loos, „Weihnachtsausstellung im Österreichischen Museum" (1897), in: Glück, Franz (Hg.), *Adolf Loos. Sämtliche Schriften*, Wien/München 1962, 144–152: 144.
3 Loos, *Das Andere – Ein Blatt zur Einführung abendländischer Kultur in Österreich*, zwei Hefte, Wien 1903.
4 Loos, „Ein Wiener Architekt", in: *Dekorative Kunst – Zeitschrift für angewandte Kunst* (1) 2 1898, 227.
5 Bahr, Hermann, „Vereinigung Bildender Künstler Österreichs Secession", in: *Ver Sacrum* (1) 8 1898, 9–10.

that abhorred pretension. For Loos, these values represented the potential for cultural renewal in Austria.

Thus he gave his short-lived culture-critical journal *Das Andere* [The other] the explanatory subtitle *Ein Blatt zur Einführung abendländischer Kultur in Österreich* [A journal for the introduction of Western culture into Austria],[3] whereby naturally Anglo-Saxon culture was meant. Loos valued the anonymity of the style replica. For him, as someone who was searching for an axiomatic solution independent of fleeting modish developments, the reinvention of solutions that had already come into being and proven themselves to be optimally realized (e.g., Chippendale chairs) was an utter waste of economic and creative resources.

> "It is difficult for me to write about JOSEF HOFFMANN. Seeing as I stand in stark contrast to the very direction advocated by young artists even beyond Vienna. For me, tradition is everything; giving free rein to fantasy comes second. But here we are confronted with an artist, who, aided by his overflowing imagination bedevils older traditions—and even I must confess that there is much deadwood among them."[4]

For their part, the Secessionists also turned to tradition for the defense of their concerns. In contrast to Loos, however, they interpreted tradition in terms of its unique artistic aspect and not culturally, in the sense of enduring values. In the first edition of *Ver Sacrum*, Hermann Bahr wrote:

> "We are not fighting for or against tradition, for we don't have any. We are not fighting about old art, which we don't have, or new art. Nor are we fighting about some development or change in art; we are fighting for art itself, for the right to create art."[5]

These two quotes from the beginning of the divergent paths taken by Hoffmann and Loos opened up a dispute that was to accompany them their entire lives: the question of whether art and function could be reconciled.

Joseph Maria Olbrich
Ausstellungsgebäude der Wiener Secession, Frontansicht, 1897–1898
Exhibition building of the Vienna Secession, front view, 1897–1898
Wiener Bauindustrie-Zeitung [Wiener Bauindustrie newspaper], Jg. Issue 1899/1900, Tafel Plate 37

Koloman Moser >
Tisch für das Wohnzimmer der Wohnung
Gertrud und Hans Eisler von Terramare, 1902
Ausführung: Casper Hrazdil (?)
Schwedische Birke, Ebenholz, Korallenholz, Packfong
Table for the living room of the Gertrud and Hans Eisler
von Terramare residence, 1902
Execution: Caspar Hrazdil (?)
Swedish birch, ebony, coral wood, packfong [German silver]
Ernst Ploil, Wien Vienna

1   Loos, Adolf, "Eine Concurrenz der Stadt Wien" [A competition for the city of Vienna] (1897), in: *Adolf Loos – Gesammelte Schriften* [Adolf Loos – Collected works], ed. Adolf Opel, Vienna 2010, 6–10.
2   *Adolf Loos. Sämtliche Schriften 1* [Adolf Loos. Complete writings 1], ed. Franz Glück, Vienna/Munich 1962, 144–152: 144.
3   Loos, *Das Andere – Ein Blatt zur Einführung abendländischer Kultur in Österreich* [The other – A journal for the introduction of Western culture into Austria], two journals, Vienna 1903.
4   Loos, "Ein Wiener Architekt" [A Viennese architect], in: *Dekorative Kunst – Zeitschrift für angewandte Kunst* [Decorative arts – Journal of applied arts] (1) 2 1898, 227.
5   Bahr, Hermann, "Vereinigung Bildender Künstler Österreichs Secession" [The Union of Austrian Artists Vienna Secession], in: *Ver Sacrum* (1) 8 1898, 9–10

Nr. 2　　WIEN, 15. OKTOBER 1903　　Preis 20 h

DAS ANDERE

EIN BLATT ZUR EINFUEHRUNG ABENDLAENDISCHER KULTUR IN OESTERREICH: GESCHRIEBEN VON ADOLF LOOS　I. JAHR

MITTEILUNGEN DER VEREINIGUNG BILDENDER KÜNSTLER ÖSTERREICHS

VER SACRUM

VI.
JAHR

Koloman Moser

Wandbehang *Die Reifezeit*
Flächenschmuck; Die Quelle, Bd. 3, Wien, 1901
Wall hanging *Die Reifezeit*
[The Ripening Season]
[Surface Decoration; The Source], Vol. 3,
Vienna, 1901
MAK

Koloman Moser

Tapete *Goldene Schmetterlinge*
Flächenschmuck; Die Quelle, Bd. 3, Wien, 1901
Wallpaper *Goldene Schmetterlinge*
[Golden Butterflies]
[Surface Decoration; The Source], Vol. 3,
Vienna, 1901
MAK

Koloman Moser

Bodenbelag *Acricola*
Flächenschmuck; Die Quelle, Bd. 3, Wien, 1901
Flooring *Acricola*
[Surface Decoration; The Source], Vol. 3,
Vienna, 1901
MAK

Adolf Loos
DAS ANDERE, 1903
Ein blatt zur einfuehrung
abendlaendischer kultur in Oesterreich
[THE OTHER], 1903
[A publication to introduce Occidental
culture to Austria]
Privatbesitz Private collection

VER SACRUM, 1903
Mittheilungen der Vereinigung
bildender Künstler Österreichs
[Notices from the Austrian
Association of Visual Artists]
Ernst Ploil, Wien Vienna

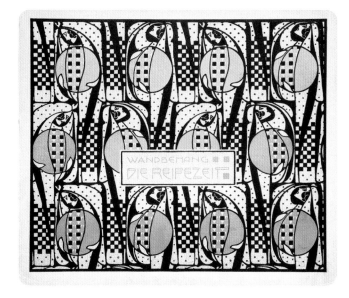

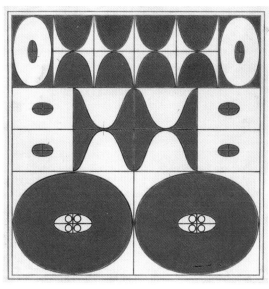

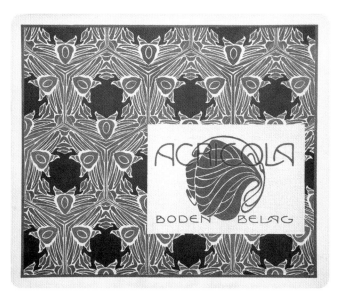

Josef Hoffmann
Entwürfe für Polster in der Villa Dr. Pickler,
Budapest, 1909
Andruck (Gouache auf Papier)
Designs for cushions in the villa Dr. Pickler,
Budapest, 1909
Proof (gouache on paper)
MAK

Adolf Loos
Buffet für das Speisezimmer der Wohnung Eugen Stössler,
Wien I., Landesgerichtsstraße 18, 1899
Ausführung: J. Bohn
Nussbaumholz, Messing, Glas
Credenza for the dining room of the Eugen Stössler residence,
Vienna, 1st district, Landesgerichtsstraße 18, 1899
Execution: J. Bohn
Walnut, brass, glass
Hofmobiliendepot • Möbel Museum Wien
Garde de meuble of the Vienna Court • Furniture Museum Vienna

Anonym nach englischem Vorbild
Stuhlmodell *Morris,* von Adolf Loos für die
Wohnung Rudolf Kraus (1907) verwendet
Ausführung: Friedrich Otto Schmidt
Mahagoni, rötlich gebeizt; originale Polsterauflagen
Anonymous after an English example
Morris chair model used by Adolf Loos for the
Rudolf Kraus residence (1907)
Execution: Friedrich Otto Schmidt
Mahogany, stained reddish; original upholstery
Sammlung Hummel, Wien Hummel collection, Vienna

Anonym
Kaminsessel, ausgestellt in der Winterausstellung 1898 im
k. k. Österreichischen Museum für Kunst und Industrie. Vom
österreichischen Kunstgewerbeverein als minderwertig und nicht
museumswürdig bezeichnet und von Adolf Loos als vorbildlich
verteidigt
Ausführung für Liberty & Co., London
Kiefernholz, Strohgeflecht
Anonymous
Wing chair, exhibited in the winter exhibition 1898 in the Imperial
Royal Austrian Museum of Art and Industry. Considered inferior and
unworthy of a museum but defended by Adolf Loos as exemplary
Execution for Liberty & Co., London
Pinewood, straw wickerwork
Privatbesitz Private collection

Josef Hoffmann (Form) und Carl Otto Czeschka (Stickerei)
Sessel für Karl Wittgensteins Jagdhaus Hochreith, 1905
Ausführung für die Wiener Werkstätte
Eichenholz, schwarz gebeizt, die Poren weiß eingerieben
Josef Hoffmann (form) and Carl Otto Czeschka (embroidery)
Chair for Karl Wittgenstein's hunting lodge Hochreith, 1905
Execution for the Wiener Werkstätte
Limed oak, stained black, with pores colored white
Private collection. Courtesy Yves Macaux

Josef Hoffmann
Sessel für den Speisesaal des Sanatoriums
Westend, Purkersdorf, Wiener Straße 74, 1904
Ausführung: J. & J. Kohn
Buchenholz, z. T. gebogen, hellbraun gebeizt,
politiert; perforiertes Sperrholz; rote
Wachstuchpolsterung
Chair for the dining room of the Sanatorium
Westend, Purkersdorf, Wiener Straße 74, 1904
Execution: J. & J. Kohn
Beech, partly bent, stained light brown,
polished; perforated plywood; red oilcloth
upholstery
MAK

Josef Hoffmann
Schrank für das Ver Sacrum-Zimmer
in der Secession, 1898
Erlenholz, massiv, schwarz gebeizt
(ehemals grün); Kupfer
Cupboard for the Ver Sacrum room
in the Secession, 1898
Solid alder wood, stained black
(previously green); copper
MAK

Josef Hoffmann
Vase in Holzmontierung, 1899
Ausführung: Johann Lötz Witwe
über E. Bakalowits Söhne
Grünes Glas, irisiert; Holz
Vase in wooden mount, 1899
Execution: Johann Lötz Witwe via
E. Bakalowits Söhne
Green glass, made iridescent; wood
Ernst Ploil, Wien Vienna

Kunstgewerbeschule Wien
Vase, 1902
Steingut, blau-grau-weiße
Rinnglasur
Vienna School of Arts and Crafts
Vase, 1902
Stoneware, blue-gray-white
drip glaze
Asenbaum & Ploil Collection

Josef Hoffmann
Teekanne, um 1902
Steingut, unter der Glasur bemalt
Teapot, ca. 1902
Stoneware, painted under the
glaze
Privatbesitz Private collection

Gotfred Rode
Vase, 1899
Ausführung: Porzellan- und
Steingutmanufaktur Rörstrand,
Schweden
Porzellan, glasiert, reliefiert,
bemalt
Vase, 1899
Execution: Rörstrand porcelain
and stoneware manufactory,
Sweden
Porcelain, glazed, textured,
painted
MAK

Josef Hoffmann
Bodenstanduhr für das Speisezimmer
der Wohnung Dr. Rappaport, 1909
Ausführung für die Wiener Werkstätte
Eichenholz, schwarz gebeizt, die Poren
weiß eingerieben; Bleiverglasung
Grandfather clock for the dining room
of the Dr. Rappaport residence, 1909
Execution for the Wiener Werkstätte
Limed oak, stained black, with pores
colored white; lead glazing
MAK

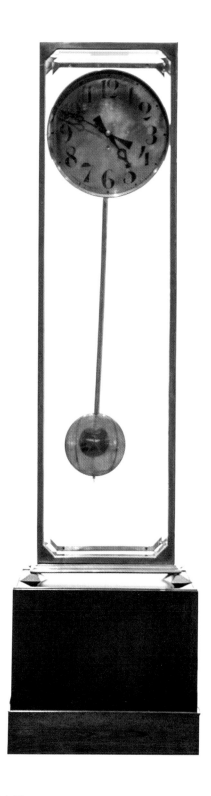

Adolf Loos
Bodenstanduhr, um 1904
Mahagoni, furniert; Messing, Glas
Grandfather clock, ca. 1904
Mahogany, veneered; brass, glass
Neue Galerie New York

Elisabeth Klamper

Auftrag: Identität
Zu den Bauherren von Hoffmann und Loos

Am Vormittag des 14. November 1903 betraten Hermine Gallia und ihr Ehemann, der k. k. Regierungsrat und Großindustrielle Moriz Gallia, die Wiener Secession. Eine handverlesene Gästeschar – meist Kunstmäzene und Sponsoren wie die Gallias – war zu einer exklusiven Ausstellungseröffnung geladen. An prominenter Stelle wurde das ganzfigurige Porträt Hermine Gallias von Gustav Klimt präsentiert.[1] Durch ihre enge Verbindung mit der Secession waren Hermine und Moriz Gallia nicht nur mit Gustav Klimt und Carl Moll (letzterer hatte sich dafür eingesetzt, dass Moriz Gallia den Titel eines k. k. Regierungsrats erhalten hatte), sondern auch mit Josef Hoffmann persönlich bekannt. Dieser hatte eben mit Koloman Moser und Fritz Waerndorfer die Wiener Werkstätte gegründet, zu deren besten Kunden bald auch die Gallias zählen sollten. Sie erwarben vor allem von Hoffmann entworfene Interieurobjekte und betrauten ihn 1911/1912 mit der Gestaltung ihrer neuen, mehr als 700 Quadratmeter großen Wohnung in der Wohllebengasse 4. Hoffmann entwarf hier fünf repräsentative Räume sowie fast sämtliche darin befindlichen Gegenstände – eine idealtypische Realisierung der Wiener Werkstätte.

Im gleichen Jahr gestaltete Adolf Loos das Portal und die Räume der Geschäftsführung der Manz'schen k. und k. Verlags- und Universitätsbuchhandlung.[2] Den Auftrag dafür hatte er bereits 1909 von dem damals 64-jährigen Markus Stein, dem Seniorchef des Unternehmens, erhalten. Dessen ebenfalls im Unternehmen tätiger Sohn Richard hatte anfänglich offenbar Bedenken, den umstrittenen Architekten zu wählen.[3] Diese wurden aber – vermutlich von Loos selbst – zerstreut, denn am 8. Juli 1909 schrieb Richard Stein an seinen Vater: „Übrigens wird Herr Architekt Loos in den nächsten Tagen bereits eine Skizze liefern; ich habe das Gefühl, dass Deine Idee, ihn zu nehmen, eine sehr gute war und dass er absolut nichts Verrücktes machen wird."[4] Richard Stein war mit der Arbeit Adolf Loos' offenbar zufrieden, denn 1913 beauftragte er ihn mit der Einrichtung seine Wohnung in der Pfarrhofgasse 16.

Sowohl die Gallias als auch die Steins gehörten jener großbürgerlichen jüdischen Gruppe von Kunstmäzenen an, die um die Jahrhundertwende die Trägerschicht der Wiener Moderne bildete. Obwohl gegen Ende des 19. Jahrhunderts weder die ökonomische noch die kulturelle Elite Wiens zur Gänze jüdischer Herkunft war, gab es doch kulturelle Bereiche wie beispielsweise die Klientel von Hoffmann und Loos,[5] in denen Angehörige des Wiener Judentums dominierten. Viele von diesen konvertierten zum katholischen bzw. evangelischen Glauben. Da aber für die Identität eines Menschen nicht nur seine tatsächliche Religionszugehörigkeit eine Rolle spielt, sondern beispielsweise auch der familiäre Background, die Lebensführung, Gruppenloyalität, Selbst- und Fremdverständnis sowie das Heiratsverhalten, werden in diesem Zusammenhang auch konfessionslose und konvertierte Personen als zum Wiener Judentum gehörig betrachtet.[6]

Diese kulturelle Elite gehörte jenem liberalen Bürgertum an, das in der zweiten Hälfte des 19. Jahrhunderts mit Industriellen, HändlerInnen, Bankiers, WissenschaftlerInnen und Forschenden große Erfolge verbuchen konnten. Einen wesentlichen Teil davon bildeten jüdische Zugewanderte aus Böhmen, Mähren und Ungarn, die von den vielfältigen wirtschaftlichen Möglichkeiten der Haupt- und Residenzstadt Wien angezogen worden waren. Hatte der jüdische Bevölkerungsanteil Wiens 1857 lediglich 40 230 Personen betragen, so wuchs dieser bis 1910 auf 175 318 an.[7] Die überwiegende Mehrheit dieser Zugewanderten war relativ gebildet, stammte aus Provinzstädten, in denen sie bereits einen gewissen Wohlstand erworben hatte, sprach Deutsch und identifizierte sich mit der deutschen Kultur.

Markus Stein beispielsweise, der in Südböhmen geboren worden war, hatte in Prag die Deutsche Pädagogische Akademie besucht und wirkte in der Nähe von Olmütz/Olomouc als Volksschullehrer. Aufgrund seiner besonderen sprachpädagogischen Ambitionen hatte ihn der deutsche Verleger Klinkhardt nicht nur mit der Erarbeitung eines Sprachbuches, sondern auch mit der Führung seiner Verlagsdependance in Wien betraut.[8] Aus dieser war schließlich die Manz'sche k. und k. Verlags- und Universitätsbuchhandlung mit Markus und Richard Stein als alleinige Eigentümer[9] hervorgegangen.

Moriz Gallia stammte aus Bisenz/Bzenec, einer kleinen Stadt in Südmähren, wo sein Vater als Gastwirt und Händler für Agrarprodukte tätig war, ebenso Hermine Gallias Vater, der ein wohlhabender Gastwirt sowie Brauerei- und Molkereibesitzer in Freudenthal/Bruntál in Südschlesien war.[10]

Da Juden aufgrund jahrhundertelanger Restriktionsmaßnahmen seit jeher gezwungen waren, neue Erwerbszweige und ökonomische Nischen zu finden, um wirtschaftlich überleben zu können, war die zugewanderte Bevölkerung flexibel und risikofreudig. Sie konnte sich relativ rasch sowohl an die neuen kapitalistischen Produktionsmethoden als auch an das großstädtische Leben anpassen. Vor allem aber identifizierte sie Wien „mit jenen liberalen, fortschrittlichen Strömungen […], die [ihr] im Jahr 1867 die Emanzipation gebracht hatten"[11]. Sie hoffte daher, sich hier in eine fortschrittliche Gesellschaft integrieren und verwurzeln zu können – „Unfremdheit" zu finden, wie Stefan Zweig in *Die Welt von Gestern* schrieb.[12] Fleiß, ökonomischer Erfolg, karitative Aktivitäten, der Erwerb von Bildung sowie die rege Teilnahme am kulturellen Leben Wiens – die Wertschätzung alles Geistigen hatte im Judentum seit jeher einen hohen Stellenwert[13] – sollten die gesellschaftliche Integration und Anerkennung durch die Mehrheitsgesellschaft beschleunigen.

Den sozialen und kulturellen Bestrebungen der „Neuwiener" kam entgegen, dass am Ende des 19. Jahrhunderts das Kaiserhaus und der Adel zwar nach wie vor über großen politischen Einfluss und hohes Sozialprestige verfügten, ihre wirtschaftliche Macht und damit auch ihre traditionelle Rolle als Kunst-

Elisabeth Klamper

Commission: Identity

About Hoffmann's and Loos's Patrons

On the morning of 14 November 1903, Hermine Gallia and her husband, Imperial Royal Government Councilor and major industrialist Moriz Gallia, entered the Vienna Secession. A hand-picked gathering of guests—mostly art patrons and sponsors—had been invited to an exclusive exhibition opening. A full-length portrait of Hermine Gallia by Gustav Klimt was displayed in a prominent position.[1] Through their close affiliation with the Secession, Hermine and Moriz Gallia were personally acquainted not only with Gustav Klimt and Carl Moll (the latter's efforts had led to the bestowal of the Imperial Royal Government Councilor title on Moriz Gallia), but also with Josef Hoffmann. Together with Koloman Moser and Fritz Waerndorfer, Hoffmann had just founded the Wiener Werkstätte, and the Gallias soon counted among their best clients. Mainly they acquired interior objects designed by Hoffmann and in 1911/1912 entrusted him with the design of their new apartment of more than 700 m[2] at Wohllebengasse 4. Here, Hoffmann designed five representative rooms, as well as almost all of the items in them—a textbook case of a Wiener Werkstätte implementation.

In the same year, Adolf Loos designed the portal and executive suite of the Manz'sche k. und k. Verlags- und Universitätsbuchhandlung [Manz imperial and royal publisher and university bookstore].[2] He had already received the commission for the project in 1909 from then 64-year-old Markus Stein, the head of the company. It appears that Stein's son Richard, who also worked for the company, initially had reservations about selecting the controversial architect.[3] However, these were dispelled (presumably by Loos himself), for on 8 July 1909, Richard Stein wrote his father: "By the way, the architect Mr. Loos will deliver a sketch in the next few days; I have a feeling that your idea of taking him will prove to be a very good one and that he absolutely will not do anything crazy."[4] Richard Stein evidently was satisfied with Loos's work, for in 1913, he hired him to furnish his apartment at Pfarrhofgasse 16.

Both the Gallias and the Steins belonged to the upper-class Jewish group of art patrons who constituted the pillars of support for Viennese Modernism. Even though toward the end of the 19th century neither the economic nor the cultural elites of Vienna consisted wholly of Jewish descent, there were nonetheless cultural sectors such as the clientele of Hoffmann and Loos[5] that were dominated by members of Vienna's Jewry. Many of these converted to the Catholic or Protestant faith. But since not only actual religious affiliation contributes to a person's identity, but also family background, lifestyle, group loyalty, conception of self and other, and also marriage patterns, in this respect even people who had converted or who were not affiliated with any religion were regarded as belonging to Vienna's Jewish population.[6]

This culturally elite group was part of the liberal bourgeoisie that included industrialists, merchants, bankers, scientists, and

Gustav Klimt
Porträt Hermine Gallia, 1903/04
Öl auf Leinwand
Portrait of Hermine Gallia, 1903/04
Oil on canvas
The National Gallery, London

researchers, and chalked up great successes in the second half of the 19th century. A significant portion were immigrants from Bohemia, Moravia, and Hungary, who were drawn by the manifold economic opportunities available in the capital and metropolis Vienna. In 1857 there were only 40,230 Jews in Vienna; by 1910 this number had grown to 175,318.[7] The vast majority of these immigrants were relatively well educated, hailed from provincial cities where they had already achieved a measure of prosperity, spoke German, and identified themselves with German culture.

Oskar Kokoschka
Fred Goldman (Kind mit den Händen der Eltern), 1909
Öl auf Leinwand
Fred Goldman (Child hand in hand with parents), 1909
Oil on canvas
Belvedere, Wien Vienna

Eine wichtige Unterscheidung zwischen den Klientelen von Hoffmann und Loos lässt sich anhand ihres Kunstgeschmacks treffen. In den lebensreformerischen Intentionen der beiden Architekten spielte auch die Kunst auf konträre Weise eine entscheidende Rolle. Im Gesamtkunstwerk-Ideal der Secessionisten war die Malerei eine Sparte unter mehreren, die sich einem gemeinsamen ästhetischen Ideal verpflichteten. In Loos' Kulturbild hingegen nahm die freie Kunst eine geistig-aufklärerische Stellung ein und war klar vom Gebrauchsgegenstand abgegrenzt, der keinen Kunstrang beanspruchen durfte. In diesen fundamental unterschiedlichen Funktionen von Kunst in zwei konträren Kulturentwürfen der Moderne zeigt sich auch eine revisionistische bzw. evolutionistische Haltung: Hoffmann wollte die Kunst in ursprüngliche kulturelle Zusammenhänge zurückführen, während Loos den Spezialisierungsprozess der Moderne akzeptierte, der auch die Kunst zur Autonomie trieb.

Idealtypisch ließen sich diese Präferenzen durch einen etablierten Maler und einen jungen Kunstrebellen ausdrücken. Gustav Klimt war noch in der Kunst der Ringstraßen-Ära sozialisiert worden und akzeptierte – unter anderem auch durch Wandbilder und Projekte wie jene für die Beethovenausstellung der Secession, für das Palais Stoclet und die Universität Wien – einen grundsätzlichen funktionalen und ästhetischen Zusammenhang der Malerei mit anderen Sparten im modernen Kunstbild. Der 26 Jahre jüngere Oskar Kokoschka hingegen wurde im ästhetizistischen Aufbruchsmilieu der Wiener Kunstgewerbeschule um 1900 sozialisiert und früh von Hoffmann gefördert. Seine Beteiligungen an den Kunstschauen 1908 und 1909 sowie an einer Hagenbund-Ausstellung 1911 mit den Frühexpressionisten der Neukunstgruppe machten ihn zum „Skandalkünstler", der als Außenseiter Loos' Interesse erregte. Dies führte zu einer engen Freundschaft der beiden Einzelgänger. Loos war nach Hoffmann der zweite große Förderer Kokoschkas und verschaffte ihm zahlreiche Porträtaufträge seiner frühen Bauherren, unter anderem von Ernest Ebenstein, den Familien Hirsch, Goldman und Stein. Auch Loos' eigenes Porträt wurde von Kokoschka gemalt. Die Porträts wurden von der zeitgenössischen Kritik als „Nervenmalerei" beschrieben und sollen Einblicke in die Seele moderner Großstädterinnen und Großstädter zeigen – also wie Loos' Architektur Teil einer kritisch-urbanen Kultur sein.

Hoffmann hingegen konnte seinen Bauherren nur Gustav Klimt als zeitgemäßen, modernen Porträtisten oder Landschaftsmaler empfehlen, soweit er diesen nicht selbst bereits von Klimt als Architekt empfohlen worden war. Auch für diese Synergie zweier ästhetizistischer Konzepte gibt es zahlreiche bekannte Beispiele: Klimt-Porträts von Mitgliedern der Familien Henneberg, Knips, Gallia, Primavesi und vielen anderen wurden perfekt in Hoffmann-Interieurs integriert. So wurde die Wahl des „richtigen" zeitgenössischen Malers für Bauherren von Hoffmann und Loos zu einer ähnlichen Fahnenfrage wie die Entscheidung für den secessionistischen oder den emanzipatorischen Weg beim Entwurf ihrer Häuser und Wohnungen.

Sowohl Josef Hoffmann als auch Adolf Loos galten als Modernisten, die mit ihren Entwürfen den neuerworbenen Wohlstand ihrer Klientel unterstreichen sollten. Die Frage, warum Bauherrenfamilien sich nun innerhalb der Gruppe moderner Architekten[16] konkret für Hoffmann oder Loos entschieden, lässt sich allerdings nur schwer beantworten.

Zweifellos spielten dabei die gesellschaftlichen und kulturellen Netzwerke, in denen sich sowohl die Kunst- und Kulturschaffenden als auch die potenziellen Auftraggeber- und Mäzenatenfamilien bewegten, aber auch verwandtschaftliche

mäzene aber bereits weitgehend verloren hatten. Die Kunst- und Kulturschaffenden waren daher auf das Mäzenatentum des Bürgertums angewiesen, denn es waren abfällig als „neureich" Bezeichnete, die Theater und Konzertsäle füllten, Bilder kauften, Wohnungen und Geschäfte einrichten ließen sowie Ausstellungen besuchten.[14] Auch die Secession forderte in ihrem Programm dezidiert die Entwicklung eines bürgerlichen Stils.

Um die Jahrhundertwende war allerdings der Glaube der liberalen Kultur an den Universalismus der Rationalität in Wien bereits brüchig geworden.[15] Klassen- und Nationalitätengegensätze, Armut, konkurrierende Ideologien sowie ein latenter Antisemitismus, der maßgeblich von Bürgermeister Karl Lueger und seiner Christlichsozialen Partei geschürt wurde, prägten die Atmosphäre der Stadt. Wenngleich der Antisemitismus vor allem bei dem durch die Industrialisierung verunsicherten Kleinbürgertum großen Anklang fand, so war auch die gesellschaftliche Oberschicht keineswegs frei davon. Die soziale Integration der Juden in die nichtjüdische Mehrheitsgesellschaft gelang so nur unvollständig und blieb selbst nach einer Konversion vor allem auf spezielle kulturelle und gesellschaftliche Netzwerke beschränkt.

For example, Markus Stein, who was born in southern Bohemia, had attended the German Pedagogical Academy in Prague, and been an elementary school teacher near Olomouc. Because of his ambitions in the area of language education, the German publishing house Klinkhardt entrusted him not only with the development of a language textbook, but also with responsibility for their publishing subsidiary in Vienna.[8] This eventually became the Manz'sche k. und k. Verlags- und Universitätsbuchhandlung with Markus and Richard Stein as sole proprietors.[9]

Moriz Gallia stemmed from Bzenec, a small town in southern Moravia, where his father ran a restaurant and sold agricultural products, similar to Hermine Gallia's father, who was a wealthy restaurateur and owned a brewery and dairy in the Bruntál region of southern Silesia.[10]

Since Jews had been subjected to restrictive measures for hundreds of years and forced to find new lines of business and economic niches in order to survive financially, the immigrant population was flexible and enterprising and able to adapt rapidly to life in the big city and to new capitalist methods of production. Most of all, though, for them Vienna stood for "those liberal, progressive trends […] that had brought them emancipation in the year 1967."[11] Thus they hoped to be able to integrate and anchor themselves here into a progressive society—to find "unforeignness", as Stefan Zweig wrote in *The World of Yesterday*.[12] Industriousness, economic success, charitable activities, getting an education, as well as lively participation in Vienna's cultural life—the Jewish populace had always placed a high value on all intellectual endeavors[13]—were to hasten social integration and acceptance by the majority population.

The social and cultural strivings of these "new Viennese" came at an opportune time, because the imperial family and the nobility, while still enjoying high social prestige and wielding great political influence at the end of the 19th century, had lost most of their economic might and therefore, their traditional role as art patrons. The creators of art and culture were thus dependent on the patronage of the bourgeoisie, for it was the disparagingly termed "nouveau riche" who filled theater seats and concert halls, bought paintings, furnished apartments and shops, and attended exhibitions.[14] In their program as well, the Secession called for the development of a middle-class style.

Around the turn of the century, the belief in rationalism's universality in Vienna held by adherents of liberal culture had begun to fracture, however.[15] Distinctions in social class and nationality, poverty, competing ideologies, and a latent anti-Semitism stoked to a significant degree by Mayor Karl Lueger and his Christian Socialist Party left their mark on the city's atmosphere. Even if anti-Semitism resonated most of all in the lower classes unsettled by industrialization, the upper classes of society were in no way free from it either. Thus, the social integration of Jews into the non-Jewish majority community was only partially achieved and even after conversion, remained limited to certain cultural and social networks.

A key difference between the clientele of Hoffmann and Loos may be discerned by means of their artistic tastes. In contradictory fashion, art played a decisive role in both architects' intentions to reform lifestyles. In the Secessionists' Gesamtkunstwerk ideology, painting was only one category among several that were pledged to a shared aesthetic ideal. By contrast, in Loos's cultural view, fine art contributed to intellectual and spiritual enlightenment and was relegated to its own realm entirely separate from that of utilitarian objects, which ought not

Richard Stein
Österreichische Nationalbibliothek
Austrian National Library, Pf 28.707BC

Markus Stein
Österreichische Nationalbibliothek
Austrian National Library, Pf28.706BC

to aspire to be art. These two fundamentally different functions of art in two contrary cultural designs illustrate a revisionist and an evolutionary stance, respectively: Hoffmann wanted to return art to its former cultural context, while Loos accepted Modernism's specialization process, which also drove art toward autonomy.

True to type, these preferences could be expressed through an established painter and a young art rebel. Gustav Klimt was still socialized in the art of the Ringstraße era and accepted—*inter alia* through wall paintings and projects, such as the one for the Beethoven exhibition in the Secession, for the Stoclet House, and the University of Vienna—a fundamentally functional and aesthetic linkage between painting and other branches of the modern art scene. Oskar Kokoschka, on the other hand, 26 years younger, was socialized around 1900 in the aesthetic break-up milieu of the Vienna School of Arts and Crafts and mentored by Josef Hoffmann. His participation in the art exhibitions of 1908 and 1909, as well as in the Hagenbund exhibition of 1911 with the early expressionists of the Neukunstgruppe, made him a "scandal artist," who, as an outsider, garnered Loos's interest. This led to a close friendship between the two mavericks. After Hoffmann, Loos was the second great champion of Kokoschka's; he procured numerous portrait commissions for him from his erstwhile clients, among them Ernest Ebenstein and the Hirsch, Goldman, and Stein families. Even Loos's own portrait was painted by Kokoschka. Described by contemporary critics as "neural painting," the portraits were supposed to give insight into the soul of modern metropolitan denizens—and thus, like Loos's architecture, to be part of a critically inclined urban culture.

Hoffmann, meanwhile, could present to his clients only Gustav Klimt as a contemporary, modern portrait and landscape artist, inasmuch as Klimt had not already recommended him as an architect to these same clients. This synergy between two aesthetic concepts can be amply demonstrated through numerous examples: Klimt's portraits of members of the Henneberg, Knips, Gallia, Primavesi, and many other families were perfectly integrated into Hoffmann interiors. In this way, for both Hoffmann's and Loos's clients, the choice of the "right" contemporary painter came down to choosing a side, similar to deciding on a "secessionist" or an emancipatory approach for the design of their houses and apartments.

Beziehungen eine wichtige Rolle – Loos' Pilsener Auftraggeber Willy Hirsch und Otto Beck waren beispielsweise Cousins und der Letztere ab 1929 auch sein Schwiegervater. Diese Beziehungsgeflechte boten den Kunstschaffenden aus verschiedensten Sparten nicht nur die Möglichkeit, ihre künstlerischen Positionen zu präsentieren und zu diskutieren, sondern trugen auch zu ihrem materiellen Überleben bei. Zu derartigen Netzwerken zählten beispielsweise die Tisch- und Diskussionsrunden in diversen Kaffeehäusern, private Salons wie jene von Berta Zuckerkandl und Eugenie Schwarzwald, aber auch der Sponsorenkreis der Secession und der Wiener Werkstätte. Auf Initiative von Berta Zuckerkandl beauftragte beispielsweise ihr Schwager Victor Zuckerkandl, Generaldirektor der Schlesischen Eisenwerke Gleiwitz, Josef Hoffmann mit dem Bau des Sanatoriums Westend in Purkersdorf (1904/1905). Der Großindustrielle Karl Wittgenstein war nicht nur großzügiger Mäzen der Secession, sondern betraute auch Hoffmann mit Aufträgen wie dem Um- und Ausbau seines Land- und Jagdhauses Hochreith in Niederösterreich sowie dem Ausbau und der Inneneinrichtung mehrerer Gebäude seines Stahlunternehmens bei Prag. Ebenso zählte der Industrielle Fritz Waerndorfer, Gründungsmitglied der Wiener Werkstätte, zu Hoffmanns Bauherren.

Auch die Klientel Adolf Loos' rekrutierte sich aus bestimmten gesellschaftlichen und kulturellen Netzwerken und Zirkeln. Zu diesen zählte beispielsweise der Salon Eugenie Schwarzwalds, die eine höhere Privatschule für Mädchen führte, in der Loos neben Oskar Kokoschka und Arnold Schönberg unterrichtete und einige Räume sowie die Wohnung des Ehepaares Schwarzwald gestaltete.

Für Loos war vor allem der Kreis um Karl Kraus, den er vermutlich aufgrund seiner publizistischen Tätigkeit für die *Neue Freie Presse* und *Die Fackel* kennenlernte, von großer Bedeutung. Die beiden verband nicht nur eine lebenslange enge Beziehung, sondern Loos verdankte diesem Netzwerk auch mehrere wichtige Kontakte und Aufträge. So lernte er zum Beispiel den Rechtsanwalt Gustav Scheu kennen, der Loos 1912/1913 mit dem Entwurf seines Wohnhauses beauftragte, ihn mehrmals rechtlich vertrat und ihn – Scheu war 1919 Mitglied des Provisorischen Wiener Stadtrates – als Berater des Wiener Siedlungsamtes gewann. Darüber hinaus ließen drei Geschwister von Kraus ihre Wohnungen von Loos einrichten und machten ihn auch mit späteren Pilsener Auftraggebern wie beispielweise Willy Hirsch[17], Otto Beck sowie Hans und Leo Brummel, Hugo Semler und anderen bekannt. Umgekehrt nützte Loos seine Netzwerke, um beispielsweise Oskar Kokoschka zu Aufträgen zu verhelfen – er malte 1909 die beiden Kinder Richard Steins.

Sowohl die gesellschaftlichen Netzwerke, in denen Hoffmann und seine Klientel verkehrten, als auch jene, in denen Loos und seine AuftraggeberInnen verkehrten, waren großbürgerlich geprägt. Jene von Loos waren aber kritischer: Sie standen den gesellschaftlichen und kulturellen Verhältnissen sowie der traditionellen bürgerlichen Bildungs- und Kulturbeflissenheit – wenn auch keineswegs parteipolitisch konnotiert – zumindest distanziert gegenüber.

1 Bonyhady, Tim, *Wohllebengasse. Die Geschichte meiner Wiener Familie*, Wien 2013, 35 f.
2 Dietz, Christopher, *Alexander Lernet-Holenia und Maria Sweceny. Briefe 1938–1945*, Wien/Köln 2013, 359 f.
3 Ebd.
4 Ebd., 360.
5 Vgl. dazu: Altmann-Loos, Elsie, *Mein Leben mit Adolf Loos*, Wien 1984, 166 ff.
6 Vgl. dazu: Sandgruber, Roman, *Traumzeit für Millionäre*, Wien/Graz/Klagenfurt 2013, 152.
7 Vgl. dazu: Rozenblit, Marsha L., *Die Juden Wiens 1867–1914. Assimilation und Identität*, Wien/Köln/Graz 1988, 20–43.
8 Vgl. dazu: Dietz, *Alexander Lernet-Holenia und Maria Sweceny*, a.a.O., 343 ff.
9 Vgl. dazu: ebd., 351 ff.
10 Bonyhady, *Wohllebengasse*, a.a.O., 50 f.
11 Rozenblit, *Die Juden Wiens*, a.a.O., 43.
12 Zweig, Stefan, *Die Welt von Gestern. Erinnerungen eines Europäers*, Berlin 2013, 39.
13 Ebd., 29.
14 Vgl. dazu ebd., 41.
15 Vgl. dazu Schorske, Carl E., *Fin-de-Siècle Vienna, Politics and Culture*, Cambridge UP 1981, S. XVIII; zit. nach: Nautz, Jürgen/Vahrenkamp, Richard (Hg.), *Die Wiener Jahrhundertwende. Einflüsse – Umwelt – Wirkungen*, Wien/Graz/Köln 1993, 21.
16 An dieser Stelle sei vermerkt, dass Frauen erst ab 1918 zum Architekturstudium zugelassen waren.
17 Vgl. dazu: Rukschcio, Burkhardt, *Adolf Loos – Apartment of Richard Hirsch*, Prag 2012, 38 und 44 ff.

Both Josef Hoffmann and Adolf Loos counted as Modernists, who, with their designs, were to underscore the newly acquired wealth of their clients. The question of why client families selected Hoffmann or Loos from among the pool of modern architects[16] is difficult to answer.

Without a doubt, the social and cultural networks inhabited by both the creators of art and culture and the potential client and patron families played a role, as did familial relationships —as an example, Willy Hirsch and Otto Beck, Loos's clients in Plzeň (Pilsen), were cousins and the latter also his father-in-law beginning in 1929. These interrelationships offered artists from diverse branches not only the possibility of presenting and debating their artistic views, but also contributed to their material survival. These networks included round tables and discussion groups in various coffee houses; private salons, such as Berta Zuckerkandl's und Eugenie Schwarzwald's; and also the sponsorship circles of the Secession and the Wiener Werkstätte. For example, on the initiative of Berta Zuckerkandl, her brother-in-law Victor Zuckerkandl, general manager of the Silesian Ironworks Gleiwitz, commissioned Josef Hoffmann to build the Sanatorium Westend in Purkersdorf (1904/1905). Major industrialist Karl Wittgenstein not only was a generous patron of the Secession, he also entrusted to Hoffmann the contracts for the renovation and expansion of his country house and hunting lodge Hochreith in Lower Austria, as well as for the expansion and interior furnishings of several buildings of his steel manufacturing enterprise near Prague. Fritz Waerndorfer, founding member of the Wiener Werkstätte, also counted among Hoffmann's patrons.

Adolf Loos's clientele also was recruited from certain social and cultural networks and circles. Among these was the salon of Eugenie Schwarzwald, who headed a secondary private school for girls, in which Loos taught alongside Oskar Kokoschka and Arnold Schönberg, and where he designed some of the rooms. He also furnished Mr. and Mrs. Schwarzwald's apartment.

For Loos, the circle around Karl Kraus, whom he presumably knew due to his journalistic endeavors for the *Neue Freie Presse* newspaper und the periodical *Die Fackel* [The torch], meant a great deal. Not only did they cultivate a lifelong close relationship, but Loos received several important contracts and commissions through this network. This was how he became acquainted with attorney Gustav Scheu, who hired him to design his house, represented him in legal matters on numerous occasions, and—since Scheu was a member of the provisional Vienna City Council in 1919—got him appointed as adviser to the Vienna settlement office. Beyond this, three of Kraus's siblings also let Loos furnish their apartments and introduced him to his later clients in Plzeň, such as Willy Hirsch[17], Otto Beck, and also Hans and Leo Brummel, Hugo Semler, and more. By the same token, Loos used his networks to help others get contracts: Oskar Kokoschka, to name one example, who in 1909 painted both of Richard Stein's children.

The social networks in which both Hoffmann and his clientele and Loos and his patrons circulated represented the upper classes. But Loos's were more critically inclined: They at least kept their distance from the social and cultural situation and from the traditional bourgeois zealousness as regarded education and culture—even if this was completely independent of political party connotations.

1 Bonyhady, Tim, *Wohllebengasse. Die Geschichte meiner Wiener Familie* [*Good Living Street: The Fortunes of My Viennese Family, Sydney 2011*], Vienna 2013, 35 f.
2 Dietz, Christopher, *Alexander Lernet-Holenia und Maria Sweceny. Briefe 1938–1945* [Alexander Lernet-Holenia and Maria Sweceny. Letters 1938 to 1945], Vienna/Cologne 2013, 359 f.
3 Ibid.
4 Ibid., 360.
5 Cf. Altmann-Loos, Elsie, *Mein Leben mit Adolf Loos* [My life with Adolf Loos], Vienna 1984, 166 ff.
6 Cf. Sandgruber, Roman, *Traumzeit für Millionäre* [Dreamtime for millionaires], Vienna/Graz/Klagenfurt 2013, 152.
7 Cf. Rozenblit, Marsha L., *Die Juden Wiens 1867–1914. Assimilation und Identität* [*The Jews of Vienna, 1867–1914: Assimilation and Identity, New York 1984*], Vienna/Cologne/Graz 1988, 20–43.
8 Cf. Dietz, *Alexander Lernet-Holenia und Maria Sweceny*, loc. cit., 343 ff.
9 Cf. ibid., 351 ff.
10 Bonyhady, *Wohllebengasse*, loc. cit., 50 f.
11 Rozenblit, *Die Juden Wiens 1867*–1914, loc. cit., 43.
12 Zweig, Stefan, *Die Welt von Gestern. Erinnerungen eines Europäers* [*The World of Yesterday*. The remembrances of a European, Lincoln 1964], Berlin 2013, 39.
13 Ibid., 29.
14 Cf. Zweig, *Die Welt von Gestern*, loc. cit., 41.
15 Cf. Schorske, Carl E., *Fin-de-Siècle Vienna, Politics and Culture*, Cambridge UP 1981, XVIII; cit.: *Die Wiener Jahrhundertwende. Einflüsse – Umwelt – Wirkungen* [Turn-of-the-century Vienna – influences – environment – effects], eds. Nautz, Jürgen/Vahrenkamp, Richard, Vienna/Graz/Cologne 1993, 21.
16 Let it be noted here that women were first admitted to architectural studies beginning in 1918.
17 Cf. Rukschcio, Burkhardt, *Adolf Loos – Apartment for Richard Hirsch*, Prague 2012, 38 and 44 ff.

Oskar Kokoschka
Porträt Ernest Ebenstein, 1908
Öl auf Leinwand
Portrait of Ernest Ebenstein, 1908
Oil on canvas
Joseph Winterbothom Collection 1956.364
The Art Institute Chicago

Adolf Loos
Vorraum im Schneidersalon Ebenstein,
Wien I., Kohlmarkt 5 (Aufnahme 1981)
Lobby in the Ebenstein tailor shop, Vienna,
1st district, Kohlmarkt 5 (photograph 1981)

Koloman Moser
Wohnungseinrichtung für Gertrud
und Hans Eisler von Terramare,
Wien I., Schottengasse 10, 1902
Sitzgruppe im Wohnzimmer,
Toilettezimmer, Speisezimmer
Furniture for Gertrud and Hans Eisler
von Terramare, Vienna, 1st district,
Schottengasse 10, 1902
Living room suite, dressing room,
dining room
Dekorative Kunst [Decorative Art], Jg. Issue VII., Bd. Vol. 10, 1904

Gustav Klimt
Bildnis Gertrud Loew (verh. Eisler von
Terramare, verh. Felsöványí), 1902
Öl auf Leinwand
Portrait of Gertrud Loew (mar. Eisler
von Terramare, mar. Felsöványi), 1902
Oil on canvas

Im September 2014 legte ein von der
Klimt-Foundation und der Erbin nach
Gertrud Loew beauftragtes Rechts-
expertenteam die rechtliche Beurteilung
der Ergebnisse der Provenienzforschung
zum *Bildnis Gertrud Loew* vor.
Dem zufolge lassen sich die näheren
Umstände der Entziehung nicht mehr
rekonstruieren, aber es ist davon aus-
zugehen, dass das Bild noch während
der NS-Herrschaft in Österreich von
Gustav Ucicky erworben wurde und es
zu keiner Rückstellung kam.
Die Klimt-Foundation hat sich – ihren
Statuten entsprechend – mit der Erbin
nach Gertrud Loew auf eine gerechte und
faire Lösung im Sinne der Washington
Principles geeinigt. Über den Inhalt der
Einigung wurde Stillschweigen vereinbart.
Ausdrücklicher Wunsch beider Parteien
ist es, das Bild der Öffentlichkeit im
Rahmen der Ausstellung *Wege der
Moderne* zugänglich zu machen.
In September 2014, a team of legal
experts commissioned by the Klimt
Foundation and the heiress of Gertrud
Loew submitted a legal assessment of
the results of the provinence research
on the *Portrait of Gertrud Loew*.
According to this assessment, the details
of the seizure of the work can no longer
be reconstructed, but it is assumed that
the picture was purchased by Gustav
Ucicky in Austria during the Nazi regime,
and no restitution was made.
In accordance with its statutes, the Klimt
Foundation and the heiress of Gertrud
Loew have agreed on a just and fair
solution according to the Washington
Principles. Both parties agreed to keep
the details of the agreement confidential.
It is the express desire of both parties
to make the painting accessible to the
public as part of the exhibition *Ways to
Modernism*.
Klimt-Foundation, Wien Vienna

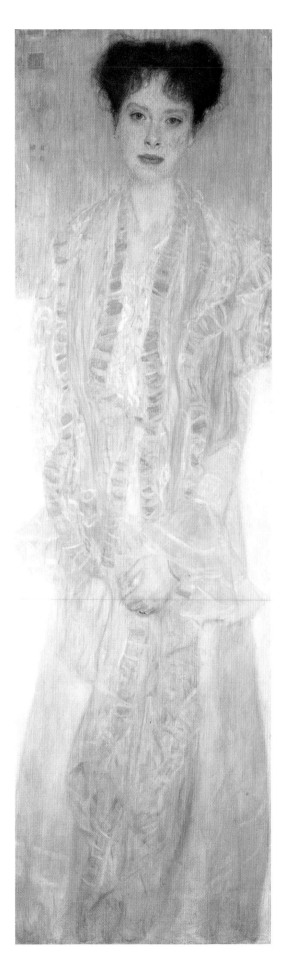

Oskar Kokoschka
Alter Mann (Vater Hirsch), 1909
Öl auf Leinwand
[Old Man (Father Hirsch)], 1909
Oil on canvas
LENTOS Kunstmuseum Linz

Adolf Loos
Wohnung Wilhelm und Martha Hirsch;
Blick vom Annex des Speisezimmers in das
Herren-Musik-Zimmer, Pilsen, Pacheho 6,
1907/08 (Aufnahme 1930)
Residence of Wilhelm und Martha Hirsch,
view from the annex of the dining room into
the men's music room, Plzeň, Pacheho 6,
1907/08 (Photograph 1930)
Albertina, Wien Vienna

Carl Moll
Anna Moll am Schreibtisch
sitzend, im Haus Moll, 1903
Öl auf Leinwand
[Anna Moll sitting at the desk,
in the Moll House], 1903
Oil on canvas
Wien Museum

Josef Hoffmann
Doppelhaus Moser/Moll, Wien XIX.,
Steinfeldgasse 6–8, 1900–1901
Moser/Moll duplex, Vienna, 19th district,
Steinfeldgasse 6–8, 1900–1901
Der Architekt, 1903, S. p. 85

Matthias Boeckl

Form follows … ?
Rolle und Berufsbild des modernen Architekten: Spezialisierung auf zweierlei Art

Im Mittelpunkt der Debatten zwischen Secession und Adolf Loos stand die Rolle des Architekten in der modernen Kultur. Seine Aufgaben wurden von den beiden Parteien fundamental gegensätzlich definiert.[1] Zwar bestand über die Inhalte, Bedingungen und Grundprobleme des Lebens in der neuen Industriegesellschaft weitgehender Konsens, höchst umstritten waren jedoch Verantwortung und Zuständigkeit für die Form, die zum Hauptschauplatz der Debatte über die Rolle des Architekten avancierte.

Secession und Wiener Werkstätte setzten dabei die kontinentalen Traditionen des 19. Jahrhunderts fort, indem sie die Zuständigkeit des Architekten für die Form breit anlegten und weit über die Bauplanung hinausführten. Da ihnen die Qualität der Industrieproduktion völlig unzureichend erschien, sollten auch sämtliche Einrichtungs- und Gebrauchsgegenstände eines Haushalts bis hin zur Mode dem ästhetischen Diktat eines Baukünstlers folgen. Form ist in diesem Verständnis eine subjektive Findung, eine revolutionäre Setzung oder Behauptung, die als ästhetische Handlung auch weitgehende Autonomie beansprucht.

In einem denkbar radikalen Gegensatz dazu verstand Adolf Loos die Form als logisches Ergebnis eines evolutionären Prozesses, der wenig mit ästhetischen Fragen zu tun hat. In seinem Verständnis ist Formgebung in der modernen Kultur keine Aufgabe von Künstlern. Auch der Architekt darf nicht Künstler sein, Architektur und Produktgestaltung sind (bis auf die bekannten Ausnahmen von Grab und Denkmal) nicht Kunst.

Diese konträren, aber gleichermaßen radikalen Interpretationen der Entstehung von Form sowie der Aufgabe von Künstlern zeigen im Kontext der Geschichte der Moderne eine fundamentale Krise künstlerischer Berufsbilder unter den Bedingungen der Industriegesellschaft an. Die ersten krisenhaften Reaktionen der Künste und Gewerbe auf die Industrialisierung waren um 1850 in England aufgetreten. Sie folgten noch keiner einheitlichen Strategie und fielen daher höchst unterschiedlich aus, wie es die Vielfalt diesbezüglicher Phänomene zwischen Ingenieurbaukunst, Gothic Revival, Präraffaeliten sowie der Art and Crafts-Bewegung beweist. Am Kontinent ging man bald planmäßig vor und suchte die Lösung in der Trennung von Entwurf und Herstellung. Dazu gehörte die künstlerische Akademisierung der Bauplanung, die seit der Antike dem Militär- und Ingenieurwesen angehört hatte, und des Kunstgewerbes, das vorher vom Handwerk gestaltet und produziert worden war. Begabte Künstler sollten nun nicht mehr nur Kirchen und Paläste planen, sondern auch die – vorher von Ingenieuren oder Handwerkern betreuten – alltäglichen Bauaufgaben vom Wohnbau bis zur Infrastruktur entwerfen sowie Gebrauchsgegenstände gestalten. So sollten sie zum Wohle der Gesellschaft jenes Gestaltungsvakuum erobern, das die Industrialisierung hervorgebracht hatte: Die ehemals formgebenden Handwerker waren mit der Kontrolle des industriellen Herstellungsprozesses überfor-

Josef Hoffmann
Vitrine, 1902
Ausführung: Portois & Fix
Mahagoni, Messing, geschliffene Gläser, irisierende Gläser
Vitrine, 1902
Execution: Portois & Fix
Mahogany, brass, bevelled glass, iridescent glass
Wien Museum

dert, der völlig ungesteuert bloß technischen und kommerziellen Erwägungen folgte. Daher sollten nun kunstakademisch gebildete Bau-Künstler und Kunst-Gewerbetreibende das Kommando über die Produktion übernehmen.

Eine beispielhafte Verkörperung dieses Gedankens lebte der akademisch ausgebildete Maler Peter Behrens, der sich im Banne der Münchner Sezession als Gebrauchsgrafiker dem Kunstgewerbe zuwandte, bald auch Industrieprodukte entwarf und schließlich Gebäude plante. Im Jahr 1907 war er Mitbegründer des Deutschen Werkbundes, der genau dieses Berufsbild propagierte, was Adolf Loos sogleich kritisch reflektierte.[2] Auch Josef Hoffmann hatte eine betont künstlerische Ausbildung an der Architekturschule einer Kunstakademie absolviert. Deren Besuch war als abschließende Kunstbildung für angehende Architekten gedacht, die bereits über eine Grundausbildung an einer Gewerbeschule oder einer technischen Hochschule verfügten. Auch auf diesem Wege sollten Baubetrieb und gewerbliche Produktion zu höheren Standards geführt werden.

Diese künstlerische Akademisierungsstrategie beruhte jedoch auf einem fundamentalen Denkfehler, nämlich der Missachtung der Eigengesetzlichkeit der technischen Evolution, die nicht von der Kunst, sondern nur von gesellschaftlichen Vereinbarungen gesteuert werden kann. Es waren wohl nicht zufällig

Matthias Boeckl

Form follows…?
The Role and Job Description
of the Modern Architect:
Dual Specialization

Central to the debate between the Secessionists and Adolf Loos was the role of the architect in modern culture; both parties defined an architect's tasks in fundamentally opposite ways.[1] While there was general consensus around the content, conditions, and basic problems of living in the new industrial society, a contentious topic was who would have responsibility for and authority over determining form, the issue of form having advanced to center stage in the debate about the architect's function.

The Secession and the Wiener Werkstätte continued the Continental tradition of the 19th century by endowing the architect with the responsibility for form, even far beyond building planning. Since they regarded the quality of industrial production as completely inadequate, in their view, all of the furnishings and utilitarian objects of a household and even fashion ought to follow the dictates of an architect functioning also as an artist. From this perspective, form was a subjective finding, a revolutionary assertion or declaration, which as an aesthetic undertaking necessitated a great deal of autonomy.

In radical opposition to these ideas was Adolf Loos's apprehension of form as a logical result of an evolutionary process having little to do with aesthetic questions. In his view, design in modern culture was not the task of artists. And architects ought not to be artists, as architecture and product design (with the well-known exceptions of graves and memorials) were not art.

These contrary but similarly radical interpretations as to the emergence of form and the purpose of artists indicate a fundamental crisis regarding artistic job descriptions under the conditions of industrial society within the context of the history of Modernism. The first reactions of the arts and the trades to industrialization that could be taken as evidence of a crisis could be seen in England around 1850. These did not yet follow any unified strategy and yielded wildly differing results, as evidenced by the multitude of related phenomena in the areas of civil engineering, Gothic Revival, the Pre-Raphaelites and the Arts and Crafts movement. On the Continent, a systematic approach was taken and the solution sought in the separation of design from production. Building planning, which had been the domain of the military and engineering branches since antiquity, now became part of the arts academy, as did the applied arts, whose design and production had up to that point been the domain of craftsmen. Going forward, talented artists were not only to plan churches and palaces, but also to undertake mundane building projects from the design of residential buildings to infrastructure and utilitarian objects—areas that heretofore had been in the purview of engineers or craftsmen. In this way, they were to prevail in the design vacuum that had arisen through industrialization: The craftsmen who had traditionally been designers were overtaxed with controlling the industrial manufacturing process, which blindly followed only technical and commercial considerations. Therefore, arts-academy-educated architects and applied artists should take the reins of production.

An exemplary embodiment of this idea was the academically educated painter Peter Behrens, who as a commercial artist focused on the applied arts under the spell of the Munich Secession, soon began designing industrial products, and eventually also planned buildings. In 1907 he was a cofounder of the Deutsche Werkbund [German Werkbund]; it propagated precisely this professional image, which Adolf Loos immediately began to ponder critically.[2] Josef Hoffmann too had completed a markedly artistic education at the architecture school of an arts academy. Education at an arts academy was intended as a type of artistic finishing school for budding architects after they had completed their basic training at an applied arts school or technical university. In this way, construction and commercial production were to be steered toward higher standards.

This arts educational strategy was built upon a fundamental fallacy, namely a disregard for the fact that technical evolution followed its own set of rules, which could only be determined by social covenants and not by art. It cannot be considered a coincidence that two outsiders—Adolf Loos and Marcel Duchamp—recognized this and presented their insights in a most provocative manner (Loos through his polemical newspaper articles and Duchamp with his ready-made, *Fountain*). Loos and Duchamp developed completely new, specialized—and thus potentially efficient—job definitions for artists and architects of the technology- and media-driven modern era. Duchamp held that both manually and industrially produced objects could advance to the level of art, while Loos determined that artistically designed buildings and objects could not bring forth a lasting culture, but always remained anchored in the fashions of a particular time. Both men pursued a purification and authentication strategy that was to remove "alien species" from the realm of artists and architects: Art was to be freed from the yoke of the trades and (urban everyday) culture from the yoke of art. Thus Loos and Duchamp exemplified and embodied the evolutionary principle of constant optimization of processes and products through specialization, differentiation, and adaptation. Art and everyday culture needed to adapt to industrialization, instead of waging a futile war against this irreversible evolutionary development. The only chance for the survival of art and culture seemed to be the acceptance, even the usurping, of mechanization for their own purposes.

Loos's and Duchamp's insights had far-reaching consequences for the career profiles of artists and architects, whose scope of action was shifted from the material sphere to the realm of ideas. Both pioneers deemed the usual intermingling of both realms to be inadmissible. Loos wanted to leave the proper planning *and* construction of residential buildings and utilitarian objects to craftsmen, to "masons with Latin" (in his

zwei Außenseiter, Adolf Loos und Marcel Duchamp, die das erkannten und die ihre Einsicht auf höchst provokante Weise präsentierten (Loos in seinen polemischen Zeitungsartikeln und Duchamp mit seinem Ready-made *Fountain*). Loos und Duchamp entwarfen völlig neue, spezialisierte und damit potenziell effiziente Berufsbilder für Künstler und Architekten des technisierten und mediatisierten modernen Zeitalters. Duchamp stellte fest, dass nicht nur handwerklich, sondern auch industriell hergestellte Objekte zur Kunst avancieren können, während Loos sah, dass künstlerisch entworfene Bauten und Gebrauchsgegenstände keine nachhaltige Kultur hervorbringen können, sondern stets zeitgebundener Mode verhaftet bleiben. Beide verfolgten eine Purifikations- und Authentisierungsstrategie, die „Artfremdes" aus dem Handlungsfeld der Künstler und Architekten entfernen sollte: Die Kunst sollte vom Joch des Handwerklichen befreit werden und die (urbane Alltags-)Kultur vom Joch der Kunst. So verkörpern Loos und Duchamp auch beispielhaft jenes evolutionäre Prinzip, das mittels Spezialisierung, Ausdifferenzierung und Anpassung eine stete Optimierung der Prozesse und Produkte verfolgt. Kunst und Alltagskultur sollten sich an die Industrialisierung anpassen statt einen aussichtslosen Krieg gegen diese irreversible evolutionäre Entwicklung zu führen. Als einzige Überlebenschance von Kunst und Kultur erschien die Akzeptanz, ja sogar die Instrumentalisierung der Mechanisierung für eigene Zwecke.

Die Erkenntnisse von Loos und Duchamp hatten weitreichende Folgen für die Berufsbilder von Künstlern und Architekten, deren Aktionsfelder damit vom materiellen in einen ideellen Bereich verschoben wurden. Die übliche Vermischung beider Bereiche erschien den beiden Pionieren unzulässig. Loos wollte die sachgerechte Planung *und* Herstellung von Wohnhäusern sowie Gebrauchsgegenständen den Handwerkern, den „Maurern mit Latein" (die seiner Auffassung nach angemessene Berufsbezeichnung für Architekten) und der Industrie überlassen. Duchamp, den Loos während seiner Aufenthalte in Frankreich 1923–1928 über die Vermittlung seines dadaistischen Freundeskreises um Tristan Tzara und Man Ray hätte kennenlernen können,[3] erkannte im Ready-made von Industrieprodukten den besten Formlieferanten, der den Künstler der Verantwortung für die Form enthob. Loos erarbeitete seine Theorie schon unmittelbar nach seiner Rückkehr aus den USA ab 1897 in Zeitungsartikeln, Duchamp wollte sie unter dem Pseudonym R. Mutt erstmals 1917 bei der Society of Independent Artists in New York mit seinem zum *Fountain* erklärten Urinal präsentieren.

Beide erkannten den konzeptuellen Bereich als das eigentliche Arbeitsfeld von Architekten und Künstlern und verteilten damit die Kompetenzen im modernen Kulturbetrieb radikal neu: Der Kunstarbeiter soll vor allem für das Denken bezahlt werden, das der Weiterentwicklung der Kultur zugutekommt. Das Rohmaterial dafür liefern das Handwerk mit Qualitätsethos und die Industrie mit Produkten, die sich am Markt bewähren. Künstler und Architekt wählen aus diesem Material die Elemente ihrer Konstruktion von Kunst und zivilisierter Lebens-weise aus. Der Gestaltungsakt liegt in Auswahl, Kombination und Definition des Kontextes der so entstehenden Werke. Damit war die Emanzipation des künstlerischen Gedankens von der fragwürdig gewordenen Materialisierung vollzogen.

Der inverse Prozess in der Erarbeitung eines Berufsbildes des modernen Architekten unter dem Eindruck der Industrialisierung ist bei Josef Hoffmann zu beobachten. Auch er reagierte radikal mit einer Verschiebung und Spezialisierung des Arbeitsgebiets des Architekten – allerdings nicht vom Materiellen zum Immateriellen, sondern von der Struktur zur Form. Anders als sein Lehrer Otto Wagner, der die Form aus der Konstruktion entwickelte, und anders als Loos, der Struktur und Form gleichermaßen den Technikern und Handwerkern überließ und sich auf das konzeptuelle Denken beschränken wollte, behauptete Hoffmann die universale Formzuständigkeit des Architekten. Das alte, umfassende Berufsbild des Architekten, der für Konzeption, Konstruktion *und* Form des Baus verantwortlich war, zerfällt im Modernisierungsprozess, der eben auch ein Spezialisierungsprozess ist, in seine Teile: Loos reklamiert die kulturelle Grundidee und Hoffmann die Form – doch wer kümmert sich um die Konstruktion?

Es fällt auf, dass in den konträren Berufsbildern vom Architekten, die Loos und Hoffmann entwarfen, genau dieser Arbeitsbereich der Ingenieure ausgeklammert bleibt. Konstruktion war kein Kernbereich ihrer Argumentation, sondern nur für bestimmte formale Effekte (bei Hoffmann) oder baukulturelle Innovationen (etwa in Loos' *Haus mit einer Mauer*) wichtig. Warum? Zunächst schien Otto Wagner unmittelbar vor der Entstehung der Loos-Theorie und der ersten Hoffmann-Werke bereits alles gesagt zu haben, was dieses Thema für den aktuellen Architekturdiskurs um 1900 hergab. Auch die nötige Abgrenzung der jungen von der Vorgängergeneration und die Originalitätsforderung im Wien um 1900 könnten zur Vernachlässigung des Ingenieurthemas beigetragen haben. Loos ist zudem durch seinen Aufenthalt in den USA von 1893 bis 1896 intensiv geprägt von der amerikanischen Kultur, die eine völlig andere Auffassung von der Rolle der Konstruktion hat als die europäische. Die Ingenieurfrage wird erst wieder mit der nächsten Architektengeneration virulent: Le Corbusiers Theorie will den Architekten zum Ingenieur machen, weil die Ingenieurbaukunst und Industrieproduktion von Flugzeugen, Autos und Schiffen der traditionellen handwerklichen Herstellung von Bauwerken haushoch überlegen sei.

Es zeigen sich drei moderne Berufsbilder des Architekten: Nach Hoffmann, der eine radikale Spezialisierung auf die Form betrieb, und nach Loos, der die Spezialisierung auf kulturelle Grundideen des Bauens forderte, schlug Le Corbusier ab 1918 die ingenieurmäßige Behandlung der Form vor. Wagners universelles Berufsbild, das alle drei Bereiche noch in sich vereinigen konnte und „die Krone der modernen Menschheit" im Architekten erkannte, der sich „weit über das Niveau der Alltäglichkeit erheben" sollte,[4] war kaum dreißig Jahre nach seiner Entstehung zerbrochen.

---

1 Vgl. den Beitrag „Das Gesamtkunstwerk" von Christian Witt-Dörring in vorliegendem Band.

2 Loos, Adolf, „Die Überflüssigen" und „Kulturentartung", (beide 1908), in: Glück, Franz (Hg.), *Adolf Loos. Sämtliche Schriften 1*, Wien/München 1962, 267–270 und 271–275.

3 Der Kontakt kam nach derzeitigem Forschungsstand nicht zustande, vgl. Poulot, Cécile, *Recherche autour d'Adolf Loos en France 1923–1932*, Mémoire d'étude, École du Louvre, Paris 2014.

4 Zitiert nach dem Beitrag „‚Die Krone der modernen Menschheit' – Zum Berufsbild des Architekten bei Otto Wagner" von Andreas Nierhaus in vorliegendem Band.

estimation, this was the proper career designation for architects), and to industry. Duchamp, whose acquaintance Loos might have made during his sojourns in France (1923–1928) through his Dadaist circle of friends around Tristan Tzara and Man Ray[3], recognized in the ready-made of industrial products the ideal deliverer of form, which would discharge the artist from the responsibility for design. Loos refined his theory in newspaper articles directly upon his return from the USA in 1897, while Duchamp wanted to present his for the first time in 1917 under the pseudonym R. Mutt at the Society of Independent Artists in New York along with his urinal become *Fountain*.

Both recognized the conceptual realm as the true workspace for architects and artists and thus they allocated the competences in the modern cultural arena in a radically new way: Someone working in the artistic realm should be paid for the ideas that served the continuing evolvement of culture. The raw material would be delivered by the trades with their quality ethos and by industry with market-proven products. Out of this material, artists and architects could select the elements of their construction from art and a civilized lifestyle. The act of design lay in the selection, combination, and definition of the context of the works arising from this process. In this way the emancipation of artistic thought from a materialism that had become questionable would be assured.

The inverse process of the creation of a professional profile for the modern architect under the imprint of industrialization can be observed with Josef Hoffmann. He too reacted radically with a shift and a specialization of the architect's sphere—not, however, from the material to the immaterial, but from structure to form. Different from his mentor Otto Wagner, who developed form out of structure, and different from Loos, who wanted to leave both structure and form to the technicians and craftsmen and concentrate on conceptual thinking, Hoffmann declared architects to bear universal responsibility for form. The erstwhile comprehensive job description holding the architect to be responsible for the concept, structural design, *and* form of a building disintegrated into its component parts in the process of modernization, which could also be construed to be a process of specialization: Loos claimed the basic cultural idea, Hoffmann the form—but who was concerned with structural design?

It is worth noting that the contrary job descriptions of architects developed by Loos and Hoffmann left out the engineering realm. Structural design was not central to their arguments, but only important for certain style effects (Hoffmann) or cultural innovations (for example, in Loos's *Haus mit einer Mauer* [House with one wall]). Why? To begin with, because directly prior to Loos's theory and Hoffmann's first projects, it seemed that Otto Wagner had already said everything there was to say about this topic in terms of the architectural discourse around 1900. In addition, the necessary sequestering of the current from the previous generation (of architects) and the demand for originality around 1900 might have contributed to neglecting the topic of engineering. Add to this that Loos, through the time he spent in the USA from 1893 to 1896, was intensively influenced by American culture, which had a completely different opinion of the role of structure than European culture. It took until the next generation of architects for the engineering question to become urgent: Le Corbusier's theory wanted to turn architects into engineers, because architectural engineering and the industrial production of airplanes, automobiles, and ships were more advanced than the traditional methods of craftsmanship used to construct buildings.

Adolf Loos
Vitrine aus dem Speisezimmer der Wohnung Arthur und Leonie Friedmann, Wien I., Bellariastraße 4, 1906/07
Ausführung: Friedrich Otto Schmidt (?)
Mahagoni, Messing, geschliffene Gläser
Vitrine from the dining room of the Arthur and Leonie Friedmann residence, Vienna, 1st district, Bellariastraße 4, 1906/07
Execution: Friedrich Otto Schmidt (?)
Mahogany, brass, bevelled glass
Leopold Museum, Wien Vienna

Three modern job descriptions of the architectural field are revealed: After Hoffmann, who pursued a radical specialization with regard to form, and after Loos, who demanded specialization according to the basic cultural ideas of building, came Le Corbusier, who, starting in 1918, recommended an engineering-based approach to form. Wagner's universal job profile, which could unify all three realms and recognized the architect as "the crown of modern humanity", who ought to elevate himself "far above the level of daily life",[4] had fractured scarcely thirty years after its genesis.

1 Cf. Christian Witt-Dörring's contribution "The Gesamtkunstwerk" in this volume.
2 Loos, Adolf, "Die Überflüssigen" [The redundant ones] und "Kulturentartung" [Cultural degeneration] (both 1908), in: *Adolf Loos. Sämtliche Schriften 1* [Adolf Loos. Complete writings 1], ed. Franz Glück, Vienna/Munich 1962, 267–270 and 271–275.
3 According to the latest research, no such acquaintance was made. Cf. Poulot, Cécile, *Recherche autour d'Adolf Loos en France 1923–1932*, Mémoire d'étude, École du Louvre, Paris 2014.
4 Quoted from "'The crown of modern humanity'—Otto Wagner's view on the architect's profession" by Andreas Nierhaus in this volume.

Adolf Loos
Unbekannte Zimmereinrichtung, 1898/99
Unknown room interior, 1898/99
Das Interieur [The Interior], Jg. Issue II., 1901, S. p. 150

Anonym nach englischem Vorbild
Sesselmodell, von Adolf Loos u. a. in der Wohnung Dr. Hugo
Haberfeld (1899) und dem Wohnatelier Grethe Hentschel
(1914) verwendet
Mahagoni, rötlich gebeizt; erneuerte Bespannung
Anonymous after an English example
Chair model used by Adolf Loos e. g. in the Dr. Hugo
Haberfeld apartment (1899) and the Grethe Hentschel
residential studio (1914)
Mahogany, stained reddish; replaced covering
Sammlung Hummel, Wien Hummel collection, Vienna

Adolf Loos
Schreibmöbel aus einem unbekannten Interieur, um 1898/99
Eichenholz, schwarz gebeizt, z. T. geschnitzt; Messing
Writing cabinet from an unidentified interior, ca. 1898/99
Oak, stained black, partly carved; brass
Sammlung Hummel, Wien Hummel collection, Vienna

Anonym nach englischem Vorbild
Sesselmodell von Adolf Loos u.a. in der Wohnung Dr. Hugo Haberfeld
(1899) und dem Wohnatelier Grethe Hentschel (1914) verwendet
Mahagoni, rötlich gebeizt, erneuerte Bespannung
Anonymous after an English example
Chair Model Used by Adolf Loos e.g. in the Dr. Hugo Haberfeld apartment
(1899) and Grethe Hentschel's residential studio (1914)
Mahogany, stained reddish, replaced covering
Sammlung Hummel, Wien Hummel collection, Vienna

Adolf Loos
Tisch, von Adolf Loos u. a. in der Wohnung Dr. Hugo Haberfeld (1899) und
in Varianten in den Wohnungen Alfred Sobotka (1904) und Valentin
Rosenfeld (1912) verwendet
Ausführung: Friedrich Otto Schmidt
Mahagoni, Kupfer
Table used by Adolf Loos e. g. in the Dr. Hugo Haberfeld apartment (1899)
and variants in the Alfred Sobotka (1904) and Valentin Rosenfeld (1912)
apartment
Execution: Friedrich Otto Schmidt
Mahogany, copper
Sammlung Hummel, Wien Hummel collection, Vienna

Adolf Loos (1870–1933)
Essecke in der Wohnung Dr. Hugo Haberfeld,
Wien IX., Alserstraße 53, 1899
Dining nook in the Dr. Hugo Haberfeld apartment,
Vienna, 9th district, Alserstraße 53, 1899
Das Interieur [The Interior], Jg. Issue. IV., 1903, S. p. 16

Adolf Loos
Sitzecke in der Wohnung Dr. Hugo Haberfeld,
Wien IX., Alserstraße 53, 1899
Seating nook in the Dr. Hugo Haberfeld apartment,
Vienna, 9th district, Alserstraße 53, 1899
Das Interieur [The Interior], Jg. Issue IV., 1903, S. p. 16

Josef Hoffmann
Sanatorium Westend, Purkersdorf, 1904
Westfassade, Zugangsseite
Western façade, front side

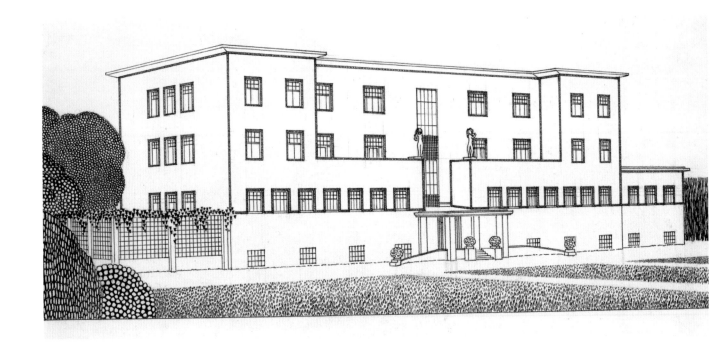

Josef Hoffmann
Sanatorium Westend, Purkersdorf,
Perspektive, 1904
Feder auf Karton
Sanatorium Westend, Purkersdorf,
perspective view, 1904
Pen on cardboard
Privatsammlung Private collection

Adolf Loos
Wohn- und Geschäftshaus der k. k. priv.
Allgemeinen Verkehrsbank, Wien VII.,
Mariahilfer Straße 122, Projekt, 1904
Fotomontage
Office and residential building of the Imperial
Royal private Allgemeine Verkehrsbank,
Vienna, 7th district, Mariahilfer
Straße 122, Project, 1904
Photomontage
Albertina, Wien Vienna

Adolf Loos
Wohn- und Geschäftshaus der k. k. priv.
Allgemeinen Verkehrsbank, Wien VII.,
Mariahilfer Straße 122, Fassadenentwurf, 1904
Tusche auf kariertem Papier
Office and residential building of the Imperial
Royal private Allgemeine Verkehrsbank, Vienna,
7th district, Mariahilfer Straße 122, façade
design, 1904
Indian ink on squared paper
Albertina, Wien Vienna

Adolf Loos
Wohn- und Geschäftshaus Goldman & Salatsch,
Wien I., Michaelerplatz 3, 1909–1911
Foto von Martin Gerlach jun.
Goldman & Salatsch office and residential
building, Vienna, 1st district, Michaelerplatz 3,
1909–1911
Photo by Martin Gerlach jun.
Albertina, Wien Vienna

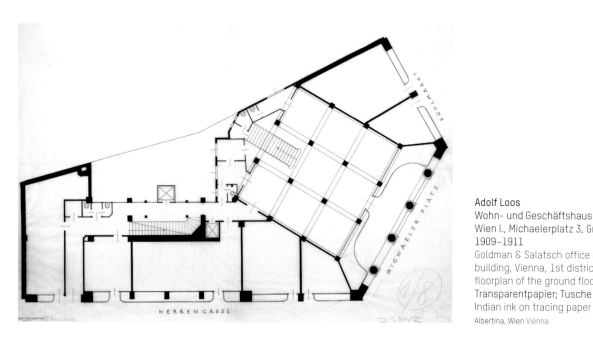

Adolf Loos
Wohn- und Geschäftshaus Goldman & Salatsch,
Wien I., Michaelerplatz 3, Grundriss Erdgeschoss,
1909–1911
Goldman & Salatsch office and residential
building, Vienna, 1st district, Michaelerplatz 3,
floorplan of the ground floor, 1909–1911
Transparentpapier; Tusche
Indian ink on tracing paper
Albertina, Wien Vienna

Josef Hoffmann
Palais Stoclet, Brüssel,
281 Avenue de Tervueren, 1905–1911
Straßenansicht
Stoclet House, Brussels,
281 Avenue de Tervueren, 1905–1911
Street view
Der Architekt (Der Architekt journal), 1914, Tafel Plate 78

Josef Hoffmann
Palais Stoclet, Brüssel, 281 Avenue de Tervueren,
Vorentwurf für die Straßenfassade, um 1905
Feder, koloriert, auf kariertem Papier
Stoclet House, Brussels, 281 Avenue de Tervueren,
preliminary design for the street-facing façade, ca. 1905
Pen, colored, on squared paper
National Gallery in Prague

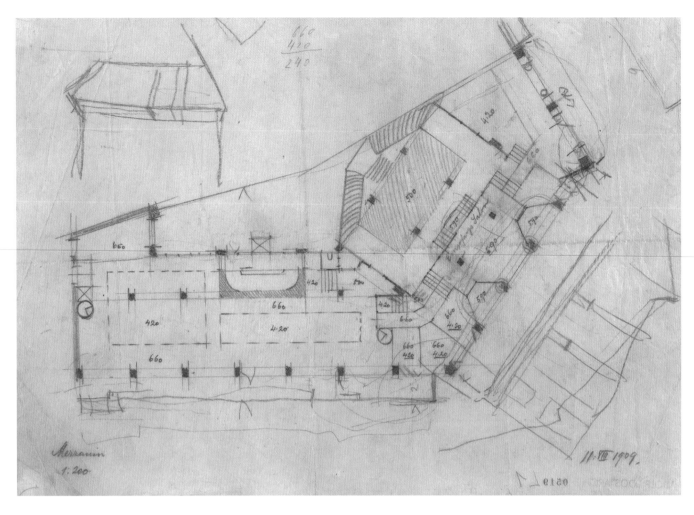

Adolf Loos
Wohn- und Geschäftshaus Goldman &
Salatsch, Wien I., Michaelerplatz 3,
Grundrissentwurf Mezzanin, Fassadendetails,
1909–1911
Transparentpapier, Bleistift
Goldman & Salatsch office and residential
building, Vienna, 1st district, Michaelerplatz 3,
floorplan of the mezzanine, façade details,
1909–1911
Pencil on tracing paper
Albertina, Wien Vienna

Adolf Loos
Wohn- und Geschäftshaus Goldman &
Salatsch, Wien I., Michaelerplatz 3, Büroräume,
1909–1911
Goldman & Salatsch office and residential
building, Vienna, 1st district, Michaelerplatz 3,
office cubicles, 1909–1911
Albertina, Wien Vienna

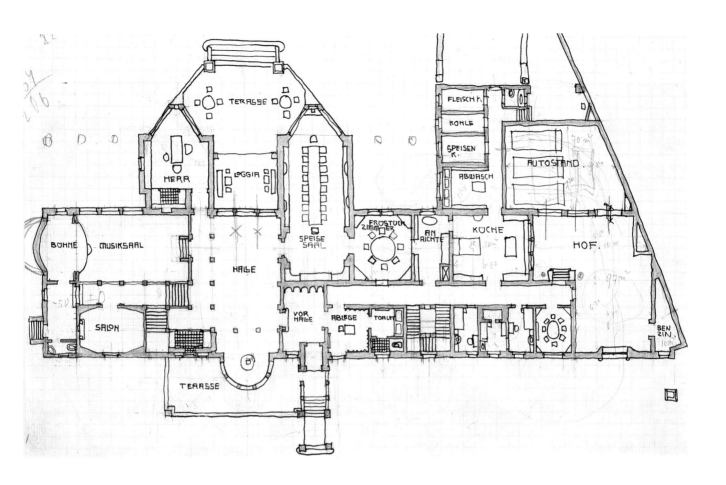

Josef Hoffmann
Palais Stoclet, Brüssel, 281 Avenue de
Tervueren, Grundrissentwurf, um 1905
Feder, koloriert auf kariertem Papier
Stoclet House, Brussels, 281 Avenue de
Tervueren, Floorplan design, ca. 1905
Pen, colored onto squared paper
National Gallery in Prague

Josef Hoffmann
Palais Stoclet, Brüssel,
281 Avenue de Tervueren, 1905–1911
Halle, Treppenaufgang
Stoclet House, Brussels,
281 Avenue de Tervueren, 1905–1911
Hall, staircase
Österreichische Nationalbibliothek
Austrian National Library, 51524B

Adolf Loos
Wohn- und Geschäftshaus Goldman & Salatsch, Wien I., Michaelerplatz 3, Verkaufsräume
mit Treppenaufgang (Fotos von Martin Gerlach jun.), Proberäume im Mezzanin, 1909–1911
Goldman & Salatsch office and residential building, Vienna, 1st district, Michaelerplatz 3, sales floor
with staircase (Photos by Martin Gerlach jun.), fitting rooms on the mezzanine, 1909–1911
Albertina, Wien Vienna

Josef Hoffmann
Palais Stoclet, Brüssel, 281 Avenue de Tervueren,
Entwurf für den Musik- und Theatersaal, um 1905–1906
Bleistift, Tusche, Farbstift, Wasserfarbe auf Papier
Stoclet House, Brussels, 281 Avenue de Tervueren,
design for the music room and theater, ca. 1905–1906
Pencil, Indian ink, colored pencil, watercolor on paper
museum moderner kunst stiftung ludwig wien

Josef Hoffmann
Palais Stoclet, Brüssel,
281 Avenue de Tervueren, 1905–1911
Speisezimmer mit Wandmosaiken
von Gustav Klimt
Stoclet House, Brussels,
281 Avenue de Tervueren, 1905–1911
Dining room with wall mosaic
by Gustav Klimt
Österreichische Nationalbibliothek
Austrian National Library, 51525BRes

Adolf Loos
Wohn- und Geschäftshaus
Goldman & Salatsch, Wien I.,
Michaelerplatz 3, 1909–1911
Treppenaufgang ins Mezzanin und
Verkaufsraum im Erdgeschoß
Goldman & Salatsch office and
residential building, Vienna, 1st district,
Michaelerplatz 3, 1909–1911
Stairway to the mezzanine and
sales room on the first floor
Albertina, Wien Vienna

Josef Hoffmann
Palais Stoclet, Brüssel, 281 Avenue de Tervueren,
Entwurf für die Halle, um 1905–1906
Bleistift, Tusche, Buntstift auf Papier
Stoclet House, Brussels, 281 Avenue de Tervueren,
ca. 1905–1906
Pencil, Indian ink, colored pencil on paper
museum moderner kunst stiftung ludwig wien

Christian Witt-Dörring

Das Gesamtkunstwerk

Ein zentrales Thema der Moderne-Diskussion in Wien um 1900 ist die Beziehung zwischen Kunst und Alltag. An der Enge dieser Beziehung scheiden sich die Geister der unterschiedlichen Positionen. Während die eine von den jungen Secessionisten eingenommen wird, behauptet sich Adolf Loos als Einzelkämpfer auf der anderen Seite. Die Frage nach ihrer Gültigkeit entscheidet sich an der prinzipiellen Überzeugung, ob die moderne bürgerliche Welt neue Formen oder neue Inhalte benötigt. Erstere Ansicht wird von den Secessionisten vertreten. Angelehnt an die englische Arts and Crafts-Bewegung übernehmen sie deren Credo von der Einheit der Künste, welche die etablierte hierarchische Trennung von bildender und angewandter Kunst verneint.[1] Auf dieser ideologischen Grundlage baut das Konzept des Gesamtkunstwerks auf. Es schöpft aus dem Glauben an die Erlösung des Menschen durch die Kunst und der damit in direktem Zusammenhang stehenden Konsequenz, die Realität der Trennung von Kunst und Leben aufzuheben. Als moderne Alterative zu den unzeitgemäßen und als international austauschbar empfundenen Formen des Historismus sehen die Secessionisten den individuellen künstlerischen Ausdruck. Er ermöglicht, dass sich der moderne Mensch als Individuum manifestieren kann. So wünscht sich Josef Hoffmann 1897: „Hoffentlich wird auch bei uns einmal die Stunde schlagen, wo man die Tapete, die Deckenmalerei, wie die Möbel und Nutzgegenstände nicht beim Händler, sondern beim Künstler bestellen wird."[2] Loos hingegen verlangt nach neuen Formen für das Leben selbst. Sie entstehen nicht auf dem Zeichenpapier eines Künstlers, sondern aus der Realität des Alltags. Sein Ausspruch „Die Kunst ist etwas, was überwunden werden muß!"[3] hat in Zusammenhang mit der Ausbildung an der Kunstgewerbeschule, die ab 1899 von Josef Hoffmann und Koloman Moser künstlerisch geprägt wird, programmatische Bedeutung. Für ihn kann die Reform des Kunstgewerbes nicht von oben aus den Ateliers erfolgen, sondern wie jede Revolution von unten, von der Werkstatt her. Eine grundsätzliche Materialkenntnis, wie sie Handwerker besitzen, ist Voraussetzung für das Entstehen eines funktionstüchtigen zeitgemäßen Gebrauchsgegenstands. In diesem Sinne sollten Künstler das Atelier verlassen und zu Handwerkern werden, wie dies in England bereits seit Jahren erfolgreich praktiziert wird. Er ist strikt gegen die Bevormundung des Handwerks durch die Künstler.

Zwischen den Positionen der Secessionisten und der von Loos operiert der 1897 neu bestellte Direktor des k. k. Österreichischen Museums für Kunst und Industrie, Arthur von Scala. Mit der inhaltlichen Neuorientierung seines Ausstellungsprogramms stellt er auch die *Mittheilungen des k. k. Österreichischen Museum für Kunst und Industrie* (1865–1897) ein und gibt eine neue illustrierte Zeitschrift heraus. Er gibt ihr den bezeichnenden Titel *Kunst und Kunsthandwerk*. Damit bekommt das im Namen des Museums weiterhin gegenwärtige, ursprüngliche Beziehungspaar von Kunst und Industrie das Handwerk „als einen zusätzlichen Partner" an die Seite gestellt. Ihm geht es im Vorwort der neuen Publikation um die „Herstellung tun-lichst enger Beziehungen zwischen der hohen Kunst und dem Handwerk". Ob diese Beziehung über die Vermittlung eines Künstlers oder auf unmittelbare Weise entsteht, wird während seiner Zeit als Direktor nicht thematisiert.

Bereits in den frühen 1860er Jahren wird die Einheit der Künste in Wien zum Ausgangspunkt für die Hebung des allgemeinen Geschmacks. Sie bezieht sich jedoch nicht vordergründig auf die Einheit der sogenannten hohen und niederen Künste, wie sie die Secessionisten fordern, sondern auf ein grundsätzliches qualitativ gleichwertiges Zusammenspiel von Architektur, Malerei und Plastik, deren Vertreter zum damaligen Zeitpunkt für die Erstellung der Entwurfsvorlagen für das Kunstgewerbe verantwortlich waren. Dies bedeutet a priori jedoch nicht, dass eine Gleichwertigkeit von bildender und angewandter Kunst auszuschließen ist, bezieht man sich doch gleichzeitig auf die Renaissance als jene Epoche, in der sich ein und derselbe Künstler mit sämtlichen künstlerischen Disziplinen und Medien auseinandersetzt und dadurch zu qualitativ hochwertigen Resultaten gelangt. Mit der qualitativen Wiedergeburt der Künste und der damit in Zusammenhang stehenden Identifikation des Kunsthandwerks als „angewandte Schönheit" kommt es zu einer enormen Aufwertung des Kunstgewerbes.[4] So argumentiert Rudolf von Eitelberger, der große Befürworter des Vorbildcharakters der italienischen Renaissance anlässlich der Eröffnung des Neubaus des k. k. Österreichischen Museums für Kunst und Industrie:

> „Eine Renaissance ist ohne bedeutende Skulptur und Malerei, ohne eine künstlerisch und technisch vollendete Ornamentik ganz haltlos. Bei Renaissance-Bauten kommt es nicht darauf an, daß in den Formen der Renaissance überhaupt gebaut wird, sondern es müssen auch der Bildhauer und der Maler von den Principien und dem Geiste der Renaissance lebendig durchdrungen sein. Sie müssen, das zeigt uns der Museums-Bau, sich ihres Künstlerthumes bewußt sein und geistig schaffend an dem Werke mitarbeiten."[5]

Rudolf von Eitelberger geht es bei der ideellen sowie materiellen Realisierung des k. k. Österreichischen Museums für Kunst und Industrie um das Entstehen eines neuen, qualitativen Bewusstseins, das nicht nur eine künstlerische Wiederbelebung der zu diesem Zeitpunkt bereits hoch entwickelten eigenständigen Wiener Architektur darstellt, sondern vor allem um die Hebung der im internationalen Vergleich noch rückständigen Disziplin von Malerei und Plastik. Für ihn müssen die dekorativen Künste wie die einzelnen Instrumente eines gut geschulten Orchesters die Wirkung des Ganzen unterstützen und nicht einzeln hervortreten.[6] Der Schriftsteller und Kunstkritiker Hermann Bahr greift 27 Jahre später, 1898, in Zusammenhang mit dem Konzept des Gesamtkunstwerks der Wiener Secessionisten wiederum das Sinnbild vom Orchester auf, indem er die Rolle des gestaltenden Architekten in der Innenraumgestaltung mit jener des Dirigenten eines Orchesters vergleicht.[7] Es besteht jedoch ein großer Unterschied in der prinzipiellen Zielsetzung

Christian Witt-Dörring

The Gesamtkunstwerk

Josef Löwy
Säulenhalle im 1871 eröffneten k. k. Österreichischen Museum
für Kunst und Industrie, 1894
Columned Main Hall in the Imperial Royal Austrian Museum of Art
and Industry (opened in 1871), 1894
MAK

The relationship between art and daily life was a central topic of the discussions around Modernism in 1900. Opinions differed sharply as to how closely these were linked. While the young Secessionists staked a claim to one position, Adolf Loos was the lone warrior on the other side. The question as to its validity depended on one's fundamental conviction: whether the modern middle classes required new forms or new meaning. The Secessionists held the first view. Inspired by the English Arts and Crafts movement, they adopted its credo of unity among the arts, which repudiated the established, hierarchical separation of the fine arts and the applied arts.[1] The concept of the "Gesamtkunstwerk", or "total work of art," grew out of these ideological precepts. It derived its creative power from a belief in the redemption of mankind through art and consequently, as a direct corollary, from abolishing the extant separation of art and life. The Secessionists regarded individual artistic expression as the modern alternative to the anachronistic designs of Historicism, which were perceived to be internationally fungible. Unique artistic expression made it possible for human beings to manifest as individuals. Thus, in 1897, Josef Hoffmann hoped that "… the day would come when wallpaper, ceiling decoration, also furniture and household items would be ordered from an artist, not from a dealer".[2] Loos, on the other hand, demanded new designs for life itself. These would not be given form on the drawing paper of an artist, but arise from the reality of everyday life. His declaration that "Art is something that must be overcome!"[3] had programmatic meaning in connection with the School of Arts and Crafts, which, starting in 1899, bore the artistic imprint of Josef Hoffmann and Koloman Moser. For him, reforming arts and crafts did not begin in the studio loft, but, like every revolution, in the basement workshop. Basic knowledge of materials, such as a craftsperson possesses, was the prerequisite for creating a functional, contemporary utilitarian object. To this end, artists were to leave the studio and become craftsmen, a practice common in England for years. He was strictly opposed to artists patronizing handicrafts.

Newly appointed in 1897, Arthur von Scala, the director of the Imperial Royal Austrian Museum for Art and Industry (today's MAK), took a position somewhere in the middle of the Secessionists and Loos. Given the new orientation of his exhibition program, he shelved the *Mittheilungen des k. k. Österreichischen Museums für Kunst und Industrie* [News from the Imperial Royal Austrian Museum for Art and Industry] (1865–1897) and published a new illustrated magazine, which he aptly entitled *Kunst und Kunsthandwerk* [Art and Applied Art]. Thus, the original—and still contemporary—pairing of art and industry contained in the name of the museum gained handicrafts as an additional partner at its side. In the foreword to the new publication, he stressed the importance of "an expediently close relationship between fine art and craftsmanship". He did not, however, describe whether this relationship would come about due to the intervention of artists or of its own accord.

As early as the 1860s, unity of the arts had become the starting point for the elevation of the general public's tastes. The focus was not primarily on uniting the so-called "high" and "low" arts, as demanded by the Secessionists, but on a fundamentally qualitatively equivalent interplay between architecture, painting, and sculpture, whose advocates at that time were responsible for drafting design templates for arts and crafts. This did not signify *a priori* that attaining equivalence between the fine and applied arts was precluded, since the point of reference was the Renaissance, the epoch in which an individual artist grappled with the entire spectrum of artistic disciplines and media and thus achieved qualitatively outstanding results. This qualitative rebirth of the arts and the related development of viewing handicrafts as "applied beauty" led to an enormous appreciation in the value of the applied arts.[4] Thus, on the occasion of the opening of the new building of the Imperial Royal Austrian Museum for Art and Industry, Rudolf von Eitelberger, the great proponent of the exemplary nature of the Italian Renaissance, reasoned:

> "A Renaissance without significant sculpture or painting, without artistically and technically consummate ornamentation is untenable. As regards Renaissance buildings, it is not so important that these be built in the Renaissance style, but that the principles and spirit of the Renaissance live within and infuse the sculptor and the painter. They must—as can be seen from the building of the museum—be aware of their role as artists and be mindful co-creators of the work."[5]

In terms of the ideological and practical realization of the Imperial Royal Austrian Museum for Art and Industry, Rudolf von Eitelberger was concerned with bringing about a new qualitative consciousness, which would represent not only an artistic revival of Viennese architecture (by this time already highly developed and sovereign), but most of all the elevation of painting and sculpture, disciplines that continued to lag behind architecture on the international stage. To his way of thinking, the decorative arts functioned like individual instruments in a well-rehearsed orchestra, in that their role was to support

dieser künstlerischen Harmonie. Während von Eitelberger nicht die Schaffung eines autarken Kunstwerks vorschwebt, sondern die rein künstlerische Umsetzung der gestellten Aufgabe,[8] sieht sich das Gesamtkunstwerk der Wiener Jahrhundertwende als eigenständige künstlerische Schöpfung. Bereits 1871 thematisiert Jacob von Falke in seiner Einrichtungsfibel *Die Kunst im Hause* die Einschränkungen, die sich konsequenterweise aus dem stilistisch einheitlichen Konzept ergeben müssen und dient dabei als Vorlage für Loos' Geschichte vom armen reichen Mann.[9] Während sich von Falke mit einem rein stilistisch-formalen Korsett auseinanderzusetzen hat,[10] erweitert sich dieses bei Loos um die psychologische Dimension.[11]

Wagner verhilft zwar der Individualität der Kunstform zum Durchbruch und weist damit der Kunst und ihren Repräsentanten, den Künstlern, eine neue reformatorische Rolle in der österreichischen Gesellschaft zu, gleichzeitig warnt er jedoch vor dem einseitigen Primat der Kunstform: „Stets muß sich der Künstler vor Augen halten, daß die Kunst für die Menschen zu wirken berufen ist und nicht die Menschheit der Kunst halber da ist."[12] Dadurch steht Loos' Kritik des „angewandten Künstlers", die er anlässlich der Gründung des deutschen Werkbundes ausspricht („Vor allem aber empfindet der moderne mensch die verquickung der kunst mit dem gebrauchsgegenstande als die stärkste erniedrigung, die man ihr antun kann."[13]), nicht a priori im Gegensatz zu Wagners These („Sie [die Kunstgewerbetreibenden] haben es nie zugegeben und wollen dies auch heute nicht, daß alles wirklich Gute auf dem Gebiete des Gewerbes nur von Künstlern geschaffen wurde und wird."[14]), die er in seiner Funktion als Kuratoriumsmitglied des k. k. Österreichischen Museums für Kunst und Industrie für eine grundlegende Reform diese, aus einem historistischen Formwillen entstandenen Institution und ihrer Schule selbstbewusst aufstellt. Loos billigt nämlich einzig Otto Wagner die Fähigkeit zu,

> „aus seiner architektenhaut heraus – und in eine beliebige handwerkerhaut hineinschlüpfen zu können. Er macht ein wasserglas – da denkt er wie ein glasbläser, wie ein glasschleifer. Er macht ein messingbett – er denkt, er fühlt wie ein messingarbeiter. Alles übrige, sein ganzes großes architektonisches wissen und können hat er in der alten haut gelassen. Nur eines nimmt er überallhin mit: seine künstlerschaft."[15]

Der Architekt, als Vertreter einer Kunstdisziplin, die zwischen Funktion und künstlerischem Ausdruck vermittelt, sieht sich um 1900 als Bürge der visuellen Reform des menschlichen Alltags. Loos sieht diese Reform jedoch durch einen rein oberfläch-

lich formalen Zugang gefährdet und kämpft für seine prinzipielle Auffassung einer kulturellen Remissionierung, die Österreich wieder zu einem Bestandteil der abendländischen Kultur machen soll. Diese Rolle ordnet er dem Beruf des Architekten zu: „Er muß nicht nur die Culturbedürfnisse seiner Zeit genau kennen, sondern muß selbst auf der Spitze dieser Cultur stehen."[16] So ist auch seine Ablehnung der Hoffmann'schen Kreativität zu verstehen:

> „Um den stil unserer zeit finden zu können, muß man ein moderner mensch sein. Aber menschen, die jene dinge, die bereits im stile unsere zeit sind, zu ändern suchen oder andere formen an ihre stelle setzen möchten – ich verweise nur auf eßbestecke – zeigen damit, daß sie den stil unserer zeit nicht erkennen. Sie werden vergeblich danach suchen."[17]

Für die nächste Generation von Architekten (zum Beispiel Oskar Strnad, Josef Frank und Dagobert Peche), die um 1910 ihre Ausbildung an der Technischen Hochschule in Wien abschließen, ist die Frage des Gesamtkunstwerks kein Thema mehr. Sie kann auf den Reformen der Elterngeneration aufbauen, die dem modernen bürgerlichen Individuum eine Stimme gegeben hat. Die Trennung von Kunst und Funktion wird für sie zur Selbstverständlichkeit am Weg zu einer selbstbewussten, demokratischen Gesellschaft.

Heinrich Lefler
Plakat zur Ankündigung der neuen Monatsschrift *Kunst und Kunsthandwerk* des k. k. Österreichischen Museums für Kunst und Industrie, 1898
Poster to announce the new monthly publication *Kunst und Kunsthandwerk* [Art and Arts and Crafts] by the Imperial Royal Austrian Museum of Art and Industry, 1898

1 Einem Mission Statement gleich, publizieren die Herausgeber von *Ver Sacrum* im ersten Heft ihrer Zeitschrift 1898 die Ziele ihres Unterfangens: „Und da wenden wir uns an euch alle, ohne Unterscheidung des Standes und des Vermögens. Wir kennen keine Unterscheidung zwischen ‚hoher Kunst' und ‚Kleinkunst', zwischen Kunst für die Reichen und Kunst für die Armen. Kunst ist Allgemeingut."

2 Hoffmann, Josef, „Architektonisches von der Insel Capri", in: *Der Architekt. Wiener Monatshefte für Bauwesen und decorative Kunst* (3) 1897, 13.

3 Loos, Adolf, „Schulausstellung der kunstgewerbeschule" (1897), in: Glück, Franz (Hg.), *Sämtliche Schriften 1*, Wien/München 1962, 139–143: 139.

4 Fliedl, Gottfried, *Kunst und Lehre am Beginn der Moderne. Die Wiener Kunstgewerbeschule 1867–1918*, Salzburg 1986, 118.

5 Eitelberger von Edelberg, Rudolf, „Der deutsch-französische Krieg und sein Einfluß auf die Kunst-Industrie Österreichs" (Vortrag vom 27.10.1870), in: *Gesammelte kunsthistorische Schriften*, II. Bd., Wien 1879, 188.

6 Wagner, Otto, *Moderne Architektur*, Wien 1896, 98.

7 Bahr, Hermann, *Secession*, Wien 1900, 36.

8 Falke, Jacob von, *Die Kunst im Hause*, Wien 1871, 173: „In den wenigen und verschwindend seltenen Fällen, wo die Möglichkeit vollendeter künstlerischer Durchführung gegeben ist, mag immerhin der Künstler sein Werk einheitlich in dem gleichen Geiste beginnen und vollenden. Aber wir gestehen, daß auch hierin des Guten zu viel gesche-

hen kann, daß man diese Einheit in richtigem und verständigem Sinne, nicht als künstlerischer oder archäologischer Pedant auffassen muß. Haus und Wohnung sollen künstlerisch geschmückt, aber schwerlich ein Kunstwerk im höchsten, im monumentalen Sinne sein."

9 Ottillinger, Eva, „Wiener Möbel des Historismus – Formgebungstheorie und Stiltendenzen", Dissertation der Universität Wien, 1985, 49.

10 Siehe Fußnote 8.

11 Loos, „Von einem armen reichen manne" (1900), in: Glück, *Adolf Loos*, a.a.O., 201–207: 202: „Aber es waren nicht die landläufigen architektenkünste, nein, in jedem ornamente, in jeder form, in jedem nagel war die individualität des besitzers ausgedrückt. (Eine psychologische arbeit, deren schwierigkeit jedermann einleuchten wird.)"

12 Wagner, *Moderne Architektur*, a.a.O., 98.

13 Loos, „Kulturentartung" (1908), in: Glück, *Adolf Loos*, a.a.O., 271–275: 274.

14 Gedrucktes Protokoll der Sitzung vom 30.1.1899 im Archiv des heutigen MAK – Österreichisches Museum für angewandte Kunst / Gegenwartskunst, Zl. 259/1899, 4.

15 Loos, „Die interieurs in der rotunde" (1898), in: Glück, *Adolf Loos*, a.a.O., 40–47: 47.

16 Loos, „Die alte und die neue Richtung in der Baukunst", in: *Der Architekt. Wiener Monatshefte für Bauwesen und decorative Kunst* (4) 1898, 3.

17 Loos, „Kulturentartung", a.a.O., 274.

Josef Hoffmann
Gestaltung des Beethovenfries-Raumes in der XIV. Ausstellung der
Wiener Secession Creation of the Beethoven-frieze room in the
XIV. Exhibition of the Vienna Secession, 1902
Österreichische Nationalbibliothek Austrian National Library, 283862 B

the entirety and not call attention to themselves separately.[6] 27 years later, in 1898, in connection with the concept of the Gesamtkunstwerk of the Vienna Secessionists, the writer and art critic Hermann Bahr once again took up the emblematic idea of an orchestra when he compared the role played by the lead architect for interior design with that of the conductor of an orchestra.[7] However, there was a critical difference in the fundamental objectives of this artistic harmony. Whereas Rudolf von Eitelberger had in mind the purely artistic implementation of a defined task and not the creation of an autarchic work of art,[8] the Gesamtkunstwerk of turn-of-the-century Vienna viewed itself as an independent artistic creation. In 1871, in *Art in the House,* his primer on interior decoration, Jacob von Falke addressed the limitations that resulted as a consequence of adhering to a concept of stylistic unity, and thus served as the model for Loos's story of the poor rich man.[9] Whereas von Falke only had to contend with a corset consisting solely of style and form,[10] with Loos it took on an added psychological dimension.[11]

While Wagner was instrumental in promoting the idea of the uniqueness of the art form and thus in assigning a new reformative role to art and its representatives, the artists, he nonetheless issued a warning about the one-sided primacy of art: "The artist must constantly keep in mind that art is called upon to serve humans; humanity is not here to serve art."[12] Thus Loos's criticism of the "applied artist", which he uttered on the occasion of the founding of the German Werkbund—"Most of all, however, modern man experiences the fusion of art with

utilitarian objects as the greatest indignity one can inflict upon art."[13]—does not conflict *a priori* with Wagner's thesis—"They [the craftsmen] have never admitted to this day that everything good in the area of craftsmanship has been and will continue to be created by artists."[14]—which he, in his capacity as member of the Board of Trustees of the Imperial Royal Austrian Museum for Art and Industry, confidently asserted as a fundamental reform of this institution and its school rooted in Historicist design principles. For Loos ascribes exclusively to Otto Wagner the capability of:

"(being able to) shed his architect's skin—and slip at will into a craftsman's skin. When he makes a water glass—he thinks like a glassblower, like a glass cutter. When he makes a brass bed—he thinks, he perceives like a brass worker. Everything else, his entire store of architectonic knowledge and ability, he has left in his old skin. There is only one thing he carries with him everywhere: his artistry."[15]

Around the turn of the century, architects, as representatives of an artistic discipline that mediated between function and artistic expression, saw themselves as the guarantors of the visual reform of human daily life. Loos, however, saw this reform endangered through a purely superficial design approach and fought for his basic principle of a cultural redefinition, which would again make Austria a player in occidental culture. He delegated this role to architects: "He must not only be intimately familiar with the cultural requirements of his time, but must himself stand at the apex of culture."[16] His rejection of Hoffmannian creativity can also be understood in this way:

"In order to be able to discover the style of our time, one must be a modern human. But people who seek to change the things that already are in the style of our times or who wish to replace them through other designs—I'm referring only to eating utensils—in this way show that they do not recognize the style of our time. They will search for it in vain."[17]

For the next generation of architects (e.g., Oskar Strnad, Josef Frank, and Dagobert Peche) who graduated from the University of Technology in Vienna around 1910, the issue of a Gesamtkunstwerk was no longer a concern. They were able to leverage the reforms of the previous generation, which gave a voice to the modern, middle class individual. For them, the separation of art and function was a matter of course on the way to an assertive, democratic society.

1   In the first issue of the magazine *Ver Sacrum* in 1898, the editors published the goals of their undertaking in a manner resembling a mission statement: "And here we appeal to all of you regardless of social standing or wealth. We do not recognize any difference between 'high art' and 'minor art', between art for the rich and art for the poor. Art is a common good."

2   Hoffmann, Josef, "Architektonisches von der Insel Capri" [Architectonics of the isle of Capri], in: *Der Architekt. Wiener Monatshefte für Bauwesen und decorative Kunst* [The Architect. Vienna monthly for architecture and decorative arts] (3) 1897, 13.

3   Loos, Adolf, "Schulausstellung der Kunstgewerbeschule" [School exhibition of the School of Arts and Crafts] (1897), in: *Adolf Loos. Sämtliche Schriften 1* [Adolf Loos. Complete writings 1, ed. Franz Glück, Vienna/Munich 1962, 139.

4   Fliedl, Gottfried, *Kunst und Lehre am Beginn der Moderne. Die Wiener Kunstgewerbeschule* [Art and apprenticeship at the beginning of modernism. The Viennese School of Arts and Crafts] 1867–1918, Salzburg 1986, 118.

5   Eitelberger von Edelberg, Rudolf, "Der deutsch-französische Krieg und sein Einfluß auf die Kunst-Industrie Österreichs" [The Franco-Prussian War and its influence on Austria's art industry] (Presentation on 27 October 1870), in: *Gesammelte Kunsthistorische Schriften* II. Band [Collected art history writings, Volume II], Vienna 1879, 188.

6   Wagner, Otto, *Moderne Architektur* [*Modern Architecture*, Santa Monica 1988], Vienna 1896, 98.

7   Bahr, Hermann, *Secession*, Vienna 1900, 36.

8   Falke, Jacob von, *Die Kunst im Hause* [*Art in the House*, Boston 1879], Vienna 1871, 173: "In the few and exceedingly rare cases in which there is the possibility of artistic completeness, the artist may indeed conceive and finish his work in unison with a

given principle. But we submit that even here one may have too much of a good thing; and that one must take a reasonable and moderate view of this unity,—not that of an artistic or archeological pedant. The house ought to be artistically decorated, but it can rarely be a work of art in the highest, that is in a monumental, sense." (Translation from the third German edition by Charles C. Perkins, M.A.)

9   Ottillinger, Eva, *Wiener Möbel des Historismus – Formgebungstheorie und Stiltendenzen* [Viennese furniture of historicism – design theory and style tendencies], Dissertation, University of Vienna, 1985, 49.

10 See footnote 8.

11 Loos, "Von einem armen reichen manne" [On a poor rich man] (1900), in: *Adolf Loos,* ed. Glück, loc. cit., 201–207: 202: "But they were not the conventional architectural abilities, no, every ornament, every shape, every nail expressed the individuality of the owner. (A psychological feat, whose difficulty will be apparent to everyone.)"

12 Wagner, *Moderne Architektur,* loc. cit., 98.

13 Loos, "Kulturentartung" [Cultural degeneracy] (1908), in: *Adolf Loos,* ed. Glück, loc. cit., 271–275: 274.

14 Printed protocol of the session of 30 January 1899 from the archives of today's MAK – Austrian Museum of Applied Arts / Contemporary Art, Zl. 259/1899, p. 4.

15 Loos, "Die interieurs in der rotunde" [The interiors of the Rotunde] (1898), in: *Adolf Loos,* ed. Glück, loc. cit., 40–47: 47.

16 Loos, "Die alte und die neue Richtung in der Baukunst" [Old and new directions in architecture], in: *Der Architekt. Wiener Monatshefte für Bauwesen und decorative*

17 Loos, "Kulturentartung", loc. cit., 274.

Adolf Loos
Kaiserjubiläums-Gedächtniskirche
St. Elisabeth (Kirche bei der Reichsbrücke),
Wien II., Handelskai (Mexikoplatz), Turm,
Ansicht, Turmhelm, Projekt, 1898
Transparentpapier, Bleistift
Imperial Jubilee Memorial Church St. Elisabeth
(church at the Reichsbrücke), Vienna, 2nd
district, Handelskai (Mexicoplatz), tower,
view, top of tower, project, 1898
Pencil on tracing paper
Albertina, Wien Vienna

Josef Hoffmann
Entwurf für ein mährisches Landhaus, 1899
Bleistift und Buntstift auf kariertem Papier
Design for a Moravian country house, 1899
Pencil and colored pencil on squared paper
MAK

Josef Hoffmann
Entwurf für die Halle eines mährischen Landhauses, 1899
Bleistift und Buntstift auf kariertem Papier
Design for the hall of a Moravian country house, 1899
Pencil and colored pencil on squared paper
MAK

Josef Hoffmann
Entwurf für einen Wandschrank, 1899
Bleistift, Tusche und Buntstift auf kariertem Papier
Design for a wall cabinet, 1899
Pencil, Indian ink, and colored pencil on squared paper
MAK

Josef Hoffmann
Perspektive des Wohnzimmers
der Wohnung Dr. Hermann Wittgenstein,
Wien III., Salesianergasse 7, 1905
Perspective view of the living room of the
Dr. Hermann Wittgenstein residence,
Vienna, 3rd district, Salesianergasse 7, 1905
Bleistift, Feder, Buntstift auf Karton
Pencil, pen, colored pencil on cardboard
Privatbesitz Private collection

Adolf Loos
Entwurf für ein Esszimmer der
Wohnung Alfred Sobotka (?), 1904
Zeichenpapier, Bleistift, Tusche
Design for the dining room of the
Alfred Sobotka (?) residence, 1904
Pencil and Indian ink on drawing paper
Albertina, Wien Vienna

Josef Hoffmann
Tisch für das Wohnzimmer des Hauses Max
Biach, Wien IV., Mayerhofgasse 20, 1902
Eichenholz, schwarz gebeizt; Ahorn,
gedrechselt; Weißmetall
Table for the living room of the Max Biach
residence, Vienna, 4th district,
Mayerhofgasse 20, 1902
Oak, stained black; maple, turned;
white alloy
Privatbesitz Private collection

Adolf Loos
Tisch für das Wohn-Esszimmer der
Wohnung Lina und Adolf Loos, Wien I.,
Bösendorferstraße 3, 1903
Eiche, dunkel gebeizt
Table for the living/dining room of the
Lina and Adolf Loos apartment, Vienna,
1st district, Bösendorferstraße 3, 1903
Oak, stained dark
Wien Museum

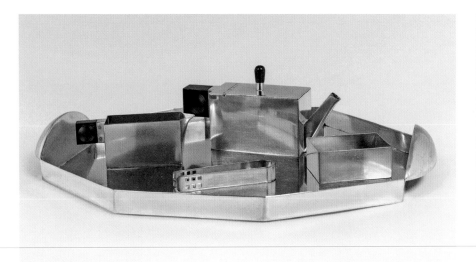

Josef Hoffmann
Mokkaservice, 1904
Ausführung: Wiener Werkstätte
Alpaka, versilbert; Ebenholz
Espresso service, 1904
Execution: Wiener Werkstätte
German silver, silver-plated; ebony
Asenbaum & Ploil Collection

Josef Hoffmann 〉
Aufsatz, 1905
Ausführung: Wiener Werkstätte
Silber, Achate
Center piece, 1905
Execution: Wiener Werkstätte
Silver, agates
MAK

Josef Hoffmann 〉
Tischlampe, 1904
Ausführung: Wiener Werkstätte
Messing, versilbert; Seide
Table lamp, 1904
Execution: Wiener Werkstätte
Brass, silver-plated; silk
MAK

Josef Hoffmann 〉
Tisch für eine Sitznische
in der Wohnung Salzer, 1902
Ahornholz, dunkelbraun gebeizt; Marmorplatte
Table for a seating booth in the Salzer
apartment, 1902
Maple wood, stained dark brown; marble slab
MAK

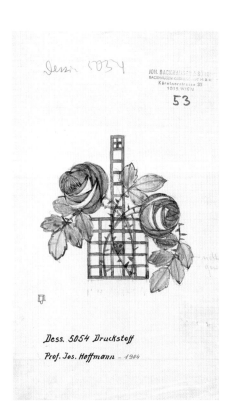

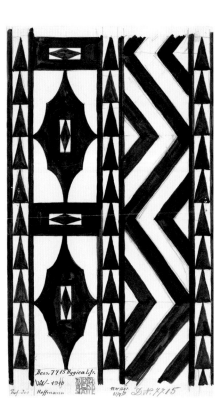

Adolf Loos 〉
Tischlampe aus der Wohnung Turnowsky,
um 1900
Messing, Seidenfransen
Table lamp from the Turnowsky residence,
ca. 1900
Brass, silk fringe
Sammlung Hummel, Wien Hummel collection, Vienna

Max Schmidt und Werkmeister Berka 〉
(Detaillierung)
Tisch, von Adolf Loos ab 1900 in verschiedenen
Varianten immer wieder für die unterschied-
lichsten Wohnungseinrichtungen verwendet
Ausführung: Friedrich Otto Schmidt
Eichenholz, Messing, Kacheln von Bigot Paris
Max Schmidt and Werkmeister Berka (Detail)
Table repeatedly used by Adolf Loos from 1900
in different variants to furnish a wide variety
of residences
Execution: Friedrich Otto Schmidt
Oak, brass, glazed tiles by Bigot Paris
Hofmobiliendepot • Möbel Museum Wien
Garde de meuble of the Vienna Court • Furniture Museum Vienna

Josef Hoffmann
Entwurf eines Druckstoffs für die Wiener
Werkstätte, Dessin Nr. 5054, 1904
Bleistift und Aquarell auf kariertem Papier
Design for printed fabric for the Wiener
Werkstätte; pattern no. 5054, 1904
Pencil and watercolor on squared paper
Backhausen GmbH

Josef Hoffmann
Entwurf eines Läufers *Hygica* für die
Wiener Werkstätte, Dessin Nr. 7715, 1910
Bleistift und Aquarell auf kariertem Papier
Design for a runner *Hygica* for the Wiener
Werkstätte, pattern no. 7715, 1910
Pencil and watercolor on squared paper
Backhausen GmbH

Carl Moll
Gartenterrasse im Haus Moll, 1903
Öl auf Leinwand
Garden terrace at the Moll House, 1903
Oil on canvas
Wien Museum

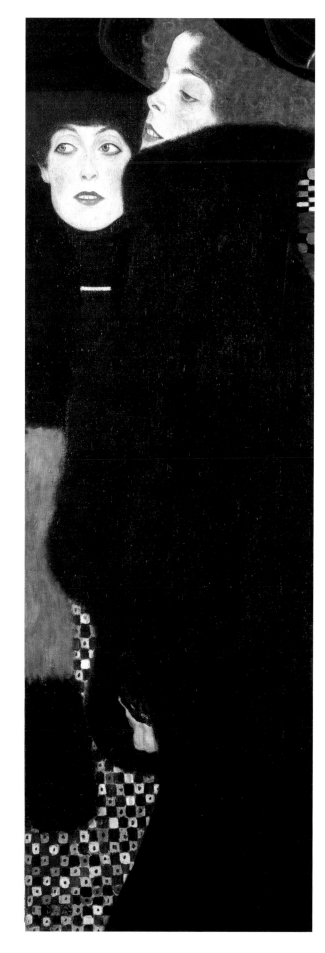

Gustav Klimt
Freundinnen I (Die Schwestern), 1907
Öl auf Leinwand
[Friends I (The Sisters)], 1907
Oil on canvas
Klimt-Foundation, Wien Vienna

Josef Hoffmann   >
Entwürfe für die Wiener Werkstätte
Designs for the Wiener Werkstätte

Entwürfe für Austerngabel, Fisch- und
Krebsbesteck (Silber), 1904
Bleistift und Tusche auf kariertem Papier
Designs for an oyster fork, fish and crab
flatware (silver), 1904
Pencil and Indian ink on squared paper
MAK

Entwurf für eine Blumenvase, 1903
Bleistift, Tusche und Gouache auf kariertem
Papier
Design for a flower vase, 1903
Pencil, Indian ink, and gouache
on squared paper

Lorgnon (Gold, Silber, Diamanten), 1905
Bleistift auf kariertem Papier
Lorgnette (gold, silver, diamonds), 1905
Pencil on squared paper
MAK

Josef Hoffmann und Koloman Moser
Ausstellungsraum der Wiener Werkstätte,
Wien VII., Neustiftgasse 32–34, 1904
Exhibition room of the Wiener Werkstätte,
Vienna, 7th district, Neustiftgasse 32–34, 1904
Wiener Werkstätte-Archiv

Silberwerkstätte der Wiener Werkstätte,
Wien VII., Neustiftgasse 32–34, 1904
Silver workshop of the Wiener Werkstätte,
Vienna, 7th district, Neustiftgasse 32–34, 1904
Wiener Werkstätte-Archiv

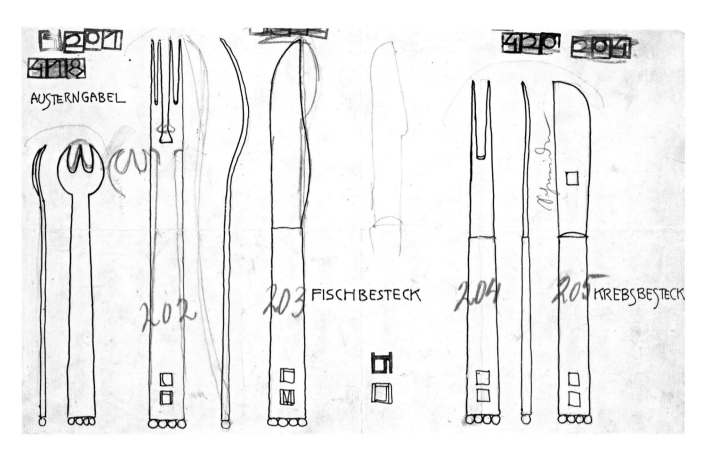

AUSTERNGABEL

202 203 FISCHBESTECK 204 205 KREBSBESTECK

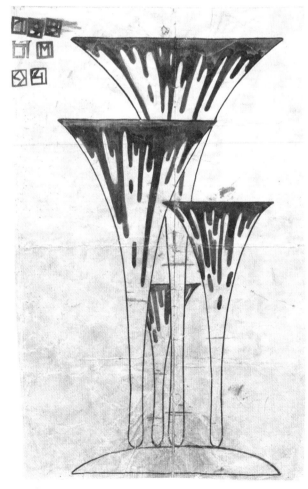

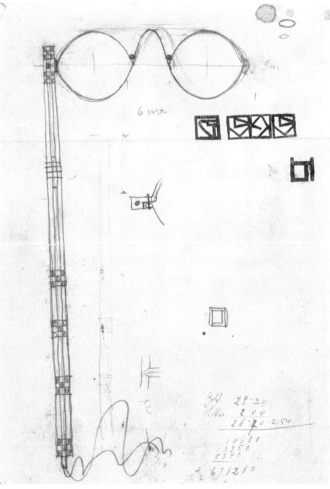

Ernst Strouhal

Alle Kunst ist Ornament
Aporien der Sachlichkeit
von Loos zu Adorno

Das Foto von Christian Skrein zählt zu den bekanntesten aus Österreichs Kunst der späten 1960er Jahre. Es zeigt einen jungen, dandyhaften Mann in Anzug und Krawatte, er steht triumphierend auf einem Schutthaufen. Der Mann hält einen Hammer in der linken Hand. Oswald Wiener hat offenbar im Alleingang eine ganze Gebäudezeile abgerissen.

Die Künstlerfigur auf dem Cover von Oswald Wieners Roman *Die Verbesserung von Mitteleuropa* ist nicht Kulturschaffender, sondern zunächst einmal und vor allem Kultur*ab*schaffender. Der Blick soll frei werden auf das Neue, was immer dann kommt: „auch ich bin schöpferisch: ich schöpfe verdacht", lautet einer der bekannten Aphorismen in Wieners Roman.[1] Niemand wäre überrascht, wenn er sich wörtlich auch in den Schriften von Adolf Loos fände.

Ohne die radikale Kulturkritik, ohne die Debatte um Handwerk und Kunst, Modernität und Tradition, um Ornament und Reinheit der Zweckform, die Loos ab 1898 durch seine Artikelserie zur Wiener Jubiläumsausstellung in der *Neuen Freien Presse* losbrach und die Josef Hoffmann über Jahrzehnte hinweg mit seinen Entwürfen für die Wiener Werkstätte beantwortete, wäre die Demontage der Vergangenheit, so, wie Wiener sie vornahm, nicht möglich gewesen. Weder in der künstlerischen Praxis der Avantgarden noch in der Theoriebildung.

In Theodor W. Adornos 1971 posthum erschienenem Werk *Ästhetische Theorie*, das wohl einflussreichste in der zweiten Hälfte des 20. Jahrhunderts, spielen Architektur und Design bekanntlich eine untergeordnete Rolle. Eine Ausnahme bilden die Schriften von Adolf Loos und die Auseinandersetzung um Ornament und Funktionalismus in der Kunst.[2] In vielem bildet seine Kontroverse mit Josef Hoffmann den perspektivischen Fluchtpunkt der Ästhetik Adornos und die Grundlage seiner kritischen Analysen zur Kulturindustrie.

Adorno war seit seinem Kompositionsstudium bei Alban Berg in Wien 1925/26 mit der Position von Adolf Loos vertraut, wohl vermittelt über Karl Kraus und vor allem über das Werk von Arnold Schönberg. In Schönbergs *Harmonielehre* (1911) werden die Thesen seines Freundes Loos zum „ornamentalen Mißbrauch" und zur Trennung von Handwerk und Kunst fast wörtlich übernommen und in das Medium Musik übertragen.

In der Kompositionslehre erblickte Schönberg eine „reine Handwerkslehre", die es den Schülern ermöglichen soll, darüber hinauszugehen. Der Handwerker ist Vorbild des Kompositionslehrers und Bezugspunkt aller pädagogischen Anstrengungen Schönbergs: „Wenn es mir gelingen sollte", heißt es in der Einleitung zur *Harmonielehre* ganz im Sinne von Loos, „einem Schüler das Handwerkliche unserer Kunst so restlos beizubringen, wie das ein Tischler immer kann, dann bin ich zufrieden. Und ich wäre stolz, wenn ich, ein bekanntes Wort variierend, sagen dürfte: ‚Ich habe den Kompositionsschülern eine schlechte Ästhetik genommen, ihnen dafür aber eine gute Handwerkslehre gegeben.'"[3]

Wie bei Loos müssen Handwerk und Kunst nach Schönberg säuberlich voneinander geschieden werden, denn in der Kunst sind Zweckfreiheit („Zwecklosigkeit" heißt es bei Schönberg) und Ausdruck das Höchste, in der Handwerkslehre dominiert die Zweckmäßigkeit. Wie bei Loos werden die Sphären von Handwerk und Kunst allerdings auch verteidigt, gerade *indem* sie voneinander getrennt werden; ein Verschmelzen beider Sphären im Alltag, wie es programmatisch die Wiener Werkstätte inaugurierte, war Schönberg fremd.

Der Protest galt dem Gefühl und dem (bürgerlichen) Geschmack als „unhinterfragbare" Instanzen des ästhetischen Urteils und zugleich einer aus mangelnder technischer Expertise erstehenden Innerlichkeit. Grundlage jeder Innovation in der Kunst und der Überwindung des Alten ist die genaue Kenntnis der zur Verfügung stehenden Materialien und die vorbehaltlose Anwendung der Verfahrensweisen: „Wer nicht lernt, was verfügbar ist", heißt es in einer Betrachtung über den Funktionalismus bei Adorno, „und es weitertreibt, fördert aus dem vermeintlichen Abgrund seiner Innerlichkeit bloß den Rückstand überholter Formeln zutage."[4] Bei allen Divergenzen verbindet doch diese antiromantische Haltung die meisten Avantgardeströmungen von Bauhaus bis Neo-Geo.

Allerdings wird noch eine andere Tendenz deutlich: Sie steht scheinbar in Gegensatz zum Appell an Sachlichkeit, an Ökonomie und Logik in der Kunst. Betrachtet man ab 1909 allein die Kommentare zur Kontroverse von Karl Kraus, Robert Scheu, Otto Stoessl oder Paul Engelmann in der satirischen Zeitschrift *Die Fackel*, so sticht die nachgerade religiöse Beschwörung von Sauberkeit und Reinigung ins Auge. Das Unbehagen in der Kultur wird auf eine heute unbehaglich erscheinende, purifizierende Art und Weise artikuliert: Gegen die „Verschweinung des praktischen Lebens durch das Ornament", gegen die „vollständige Verjauchung" und den „Pöbelinstinkt" erscheint Loos als der „Gesandte einer neuen klirrenden Zeit", der seine „Erleuchtung" in Amerika erfahren hat. Ein „fieberhafter Drang kommt über ihn, die Fläche zu säubern, auf daß in ihrer urtümlichen Reinheit erstrahle die Majestät des Materials", der „Enthaltsame", der „Architekt der tabula rasa" wird gefeiert als „reines Gegenbild" zur Welt, „als Befreier des Lebens", „sein Leben ist Veritas" usw.[5]

Die Läuterung gelingt bei Loos dem männlichen, modernen und zugleich aristokratischen Subjekt – der Gentleman ist seine Leitgestalt. Dagegen verbleibt das Weibliche im Vormodernen, im Kindlichen befangen, es ist „modedienstbar", im Grunde „unzivilisiert". Der wahre (männliche) Künstler ist einer, „den das Nest beschmutzt" (Karl Kraus), seine Anstrengungen sind alle darauf gerichtet, den Verlockungen des Kunstgewerblichen zu widerstehen und sich von den Kontaminationen des Kulturellen in der Kunst, durch die Kunst, zu säubern.

In der Wiener Moderne, im Kreis um Kraus, Loos und Schönberg, wird das abstrakte Ideal noch vom mächtigen Ich des

Ernst Strouhal

All Art is Ornament

Aporia of Objectivity from
Loos to Adorno

Oswald Wiener, *Die Verbesserung von Mitteleuropa*
Buchcover book cover, Reinbek bei Hamburg, 1969

Christian Skrein's photo counts as one of the best known among Austrian art of the late 1960s. It depicts a dandyish young man in suit and tie standing triumphantly on a pile of rubble. The man is holding a hammer in his left hand. To all appearances Oswald Wiener has single-handedly demolished an entire housing block.

The artist on the cover of Oswald Wiener's novel *Die Verbesserung von Mitteleuropa* [The improvement of Central Europe] has not wrought culture, he has wrecked it. New vistas ought to be opened up, whatever those may be: "auch ich bin schöpferisch: ich schöpfe verdacht" [I too am imaginative: I imagine duplicity] is one of the familiar aphorisms in Wiener's novel.[1] Nobody would be surprised to find it verbatim also in the writings of Adolf Loos.

Without the radical cultural criticism, without the debate about handcraftsmanship and art, modernity and tradition, ornament and purity of form that Loos ignited in 1898 through the series of articles he wrote for the *Neue Freie Presse* newspaper on the occasion of the Vienna Jubilee exhibition, and to which Josef Hoffmann for decades retorted with his designs for the Wiener Werkstätte; the dismantling of the past, as Wiener was determined to do, would not have been possible. Neither in the artistic practices of the avant-gardists nor in any theoretical sense.

In Theodor W. Adorno's posthumously published *Aesthetic Theory*, arguably the most influential work on aesthetics in the second half of the 20th century, architecture and design are known to play a subordinate role. The writings of Adolf Loos and the debate about ornament and functionalism in art are one exception.[2] In many ways, his controversy with Josef Hoffmann formed the perspectival vanishing point of Adorno's aesthetic, as well as the basis for his critical analyses of the culture industry.

From the time he studied composition with Alban Berg in Vienna in 1925 and 1926, Adorno was acquainted with Adolf Loos's position, probably transmitted via Karl Kraus and, most of all, through the work of Arnold Schönberg. Taking up nearly word for word his friend Loos's theses about "ornamental abuse" and the separation of handcraftsmanship and art, Schönberg's *Harmonielehre* (1911) rendered them in musical form.

In composition instruction, Schönberg glimpsed a "pure workmanship didactic," whose purpose was to enable students to surpass it. For Schönberg, the craftsman was the composition teacher's role model and thus, the focal point of all his pedagogical exertions: "If I should succeed," he wrote in near pitch perfect imitation of Loos in the introduction to *Harmonielehre*, "to teach a student the manual skills of our art as thoroughly as a carpenter always can teach his, then I shall be satisfied. And I would be proud if, to modify a familiar expression, I could say: 'I relieved the composition student of a bad aesthetic but gave him good workmanship training in place of itit'."[3]

Just like Loos, Schönberg insisted on a clean separation between craft and art, art being an end in itself with expression and freedom from purpose (Schönberg's word for this was "Zwecklosigkeit," or purposelessness) its highest aims, and utility being the main function of manual work. Just like with Loos, however, manual work and art were also defended, precisely *in that* they were relegated to separate spheres; a commingling of both spheres in everyday life, as had been programmatically inaugurated by the Wiener Werkstätte, was alien to Schönberg.

The protest took aim against the notion of feeling and (bourgeois) taste as indisputable arbiters of aesthetic judgment and simultaneously against an interiority stemming from a lack of technical expertise. Innovating in the field of art and overcoming the past were to be based upon an exact recognition of the available materials and the unreserved application of procedures: "Whosoever does not learn what is available," wrote Adorno, reflecting on functionalism, "and simply presses on, will only call forth from the depths of his interiority the dross of outdated formulas."[4] Despite all the divergences, in the end,

Künstlers, das über alle Regeln und politischen Programme erhaben ist, begrenzt. Das Streben nach Sachlichkeit und Rationalität, nach Wahrhaftigkeit und Strenge verselbständigt sich jedoch in den verschiedenen künstlerischen und intellektuellen Strömungen der Zeit: im kosmischen Zwölftonspiel bei Josef Matthias Hauer, das den Komponisten durch den göttlichen Algorithmus ersetzt, im Konstruktivismus und in der Ästhetik Mondrians, in der Formutopie des Bauhauses, aber auch in den reformpädagogischen Anstrengungen vor dem Zweiten Weltkrieg. Der Weg zur Wahrheit (der Form, des Klanges, des Lernens) führt über die Askese des Subjekts, das dazu verhalten werden muss, auf die Vielgestaltigkeit der Welt zu verzichten. Dieser Wille zur Askese ist auch in der Moderne religiös grundiert: Der funktionale Reduktionismus der Gestaltung soll nach Gropius „ein kristallines Sinnbild eines neuen kommenden Glaubens" geben.[6] Die „vollkommene Disziplin" im Umgang mit dem Sinnesmaterial, die dem Kind in der Schule von Maria Montessori abverlangt wird, soll es mit dem „Geist unaussprechlicher Verzückung" erfüllen.[7] Am Höhepunkt kippt das Ideal der Rationalität und Reinheit regelmäßig in Mystik und Innerlichkeit. Auch darin ist die Kontroverse um Loos ein negatives Nachbild seiner Zeit und zugleich Vorschein auf das 20. Jahrhundert.

Und heute? Oswald Wieners Bild des Künstlers mit dem Hammer auf den Ruinen ist nur noch als ironische Geste (die es vielleicht immer war) lesbar, Adornos Diktum von der „adäquaten Haltung der Kunst" als eine „mit geschlossenen Augen und zusammengebissenen Zähnen" scheint Lichtjahre weit entfernt. Beides ist vom ironischen, gleichermaßen ab- wie aufgeklärten Spiel des Künstlers mit den Regeln des Betriebssystems abgelöst. „Wir spielen immer, wer es weiß, ist klug", lässt Arthur Schnitzler 1898 in seinem Versspiel *Paracelsus* sagen, im selben Jahr, als Loos die Debatte um die Schönheit der Zweckform losbrach.[8] Es scheint, als ob Schnitzlers *Paracelsus* derzeit das Rennen macht: Das Wissen um die Permanenz des Spiels dominiert die ästhetische Praxis der Gegenwart. Der Künstler als „Homo ludens" ist freilich kein fröhlicher Knopf, sondern Melancholiker. Kunst als Spiel betrachtet meint nicht Freiheit, sondern ist im Wiederholungszwang des Spielens nur Echo entfremdeter Arbeit.

Die grundlegenden Widersprüche, die sich mit der Kritik an der Dysfunktionalität des Ornaments öffneten und denen alle Institutionen angewandter Kunst ausgesetzt sind, bestehen allerdings weiter. Die Kritik von Loos, das erkannte Adorno klarsichtig, betrifft nicht allein das Ornamentale in der Kunst, sondern *alle* Kunst. Die Schönheit realer technischer Zweckformen, die Loos predigte, erhält, wenn sie in die Kunst importiert wird, den Charakter des ästhetischen Scheins; die Zweckformen bleiben daher in der Kunst, die ja Protest gegen die Herrschaft der Zwecke über den Menschen ist, als zweckfrei gefangen, ihre Funktionalität ist innerhalb der Kunst scheinhaft. Ohne Zweck (innerhalb des Kunstwerkes) wird die Zweckmäßigkeit der Form ironisch, „sachliche Kunst ist ein Oxymoron".[9] Die Loos'sche Kritik am Ornament müsste sich, wäre sie folgerecht, auf die gesamte Kunst übertragen: Denn „ist diese einmal zur Autonomie gediehen, so kann sie ornamentaler Einschläge darum nicht vollends sich entäußern, weil ihr eigenes Dasein, nach den Kriterien der praktischen Welt, Ornament wäre."[10] Und damit, in Konsequenz, Verbrechen im Sinne von Loos'.

Der Widerspruch kann nicht gelöst, aber er könnte in der Kunst produktiv gemacht werden.

1   Wiener, Oswald, *Die Verbesserung von Mitteleuropa*, Reinbek b. Hamburg 1969, LI.
2   Adorno, Theodor W., *Ästhetische Theorie*, Frankfurt/Main 1977 (= 1971), 91ff.
3   Schönberg, Arnold, *Harmonielehre*, Wien 1922 (3. Auflage), (= 1911, Reprint 1997), 6 (235–240).
4   Adorno, „Funktionalismus heute" (1965), in: *Kulturkritik und Gesellschaft I. Prismen, Ohne Leitbild* (= Tiedemann, Rolf (Hg.), *Adorno. Gesammelte Schriften in 20 Bänden*, Band 10.1), Frankfurt/Main 1997, 375–395: 385.
5   *Die Fackel*, Zitate: „... Verschweinung" (Karl Kraus: Stil, Nr. 279, Mai 1909, 8); „... Verjauchung" (Karl Kraus: Untergang der Welt durch schwarze Magie, Nr. 363–365, Dez. 1912, 4); „... Pöbelinstinkt" (Otto Stoessl: Das Haus auf dem Michaelerplatz, Nr. 317/318, Feb. 1911, 14); „... Gesandte, ... Erleuchtung, ... fieberhafter Drang" (Robert Scheu: Adolf Loos, Nr. 283, Juni 1909, 26, 31, 33); „... Enthaltsame, ... Architekt, ... Gegenbild, ... Befreier, ... Veritas" (Karl Kraus, Nr. 313/314, Dez. 1910, 6; Nr. 300, März 1910, 24; Nr. 852–856, Mai 1931, 52; 888, Okt 1933, 2; Nr. Nr. 374/375, Mai 1913, 25).
6   Gropius, Walter, „Erstes Manifest des Staatlichen Bauhauses Weimar 1919", in: Bayer, Herbert / Gropius, Walter / Gropius, Ise, *Bauhaus, 1919–1928*, Teufen 1955, 16.
7   Oswald, Paul / Schulz-Benesch, Günter (Hg.), Maria Montessori. *Die Entdeckung des Kindes*, Freiburg/Basel/Wien 1969, 6.
8   Schnitzler, Arthur, *Paracelsus. Versspiel in einem Akt*. Wien 1899 (Achter Auftritt).
9   Adorno, *Ästhetische Theorie*, a.a.O., 92.
10 Adorno, *Funktionalismus heute*, a.a.O., 379.

this anti-romantic stance managed to link most of the avant-garde trends from Bauhaus to Neo-Geo.

For all that, another tendency came to the fore: one that appeared to contradict the appeal for rationality, economy, and logic in art. If one reads only Karl Kraus's, Robert Scheu's, Otto Stoessl's, or Paul Engelmann's commentaries on the controversy in the satirical magazine *Die Fackel* [The torch] from 1909 onward, one cannot help but notice the well-nigh religious fervor in their entreaties for cleanliness and purification. This discontent within the civilization was articulated in a purifying manner that nowadays seems disconcerting: against "mucking up practical life through ornamentation," against a "complete manuring" and the "rabble instinct," Loos appears as the "envoy of a new, sparkling era," who experienced his "epiphany" in America. A "feverish urge overcomes him, to cleanse the surface, so that the majesty of the material can gleam in all its original purity;" the "ascetic," the "architect of the tabula rasa" was celebrated as the "pure antithesis" to the world, as the "liberator of life," "his life is veritas," etc.[5]

With Loos this purification succeeded with male, modern, and also aristocratic subjects—the gentleman is its role model. In contrast, the feminine whiles away in premodern times, trapped in childishness, it is "subservient to fashions," fundamentally "uncivilized." The true (male) artist is one "who is soiled by the nest" (Karl Kraus); all of his efforts are geared toward resisting the temptations of the applied arts and, through art, to rid himself of the contamination of art via cultural influences.

In Viennese Modernism, in the circle around Kraus, Loos, and Schönberg, the abstract ideal was still circumscribed by the mighty "I" of the artist, which stands above all rules and political programs. However, the striving for objectivity and rationality, for authenticity and rigor manifested itself and became autonomous in various artistic and intellectual currents of the time: in Josef Matthias Hauer's cosmic twelve-tone pieces [Zwölftonspiel], in which the composer is replaced by the divine algorithm, in constructivism and in Mondrian's aesthetic, in the Bauhaus's utopia of form, but also in the reformative pedagogical endeavors prior to the Second World War. The path to truth (of form, tone, learning) leads across the asceticism of the subject, which must be persuaded to renounce the multiformity of the world. In Modernism, too, this volitional asceticism was grounded in religion: According to Gropius, the functional re-

ductionism of design was to result in "a crystalline symbol of a new, coming faith."[6] The "absolute discipline" in the handling of sensory material required of children in Maria Montessori's school was to suffuse them with the "spirit of ineffable rapture."[7] At its climax, the ideal of rationality and purity routinely tipped into mysticism and interiority. In this too, the controversy around Loos is a negative after-image of his time, while at the same time being a harbinger of the 20th century.

And today? Oswald Wiener's image of the artist with the hammer on the ruins now can only be viewed as an ironic gesture (which perhaps it always was); Adorno's dictum of the "adequate posture of art" as one "with closed eyes and clenched teeth" seems light years away. Both have been superseded by the ironic, illuminated and enlightened game-playing of artists with the rules of the operating system. "We are always playing; whoever knows this is clever," is a line from Arthur Schnitzler's one-act play *Paracelsus*, which came out in 1898, the same year that Loos ignited the debate about the beauty of utilitarian form.[8] For now it appears that Schnitzler's *Paracelsus* ran the better race: Knowledge about the permanence of playing dominates the aesthetic practices of the present. The artist as "Homo ludens" is by no means a merry fellow, but a melancholic one. Regarding art as play does not represent freedom, but rather, in the repetition compulsion of playing, the echo of alienated labor.

The fundamental contradictions that were opened up by the critique of the dysfunctionality of the ornament still persist, however, and all institutions of applied arts are exposed to them. Adorno clearly recognized that Loos's criticism not only applied to the ornamental in art, but to all of art. The beauty of tangible, technical utilitarian forms, as preached by Loos, when imported into art takes on the character of illusion; thus utilitarian forms remain trapped aimlessly in art (which is, after all, a protest against the sovereignty of purpose over human beings); their functionality within art is illusory. Without purpose (within a work of art), utility of form becomes ironic, "objective art is an oxymoron."[9] To be congruous, Loos's critique of the ornament would have to apply to all of art: For, "once [art] has reached a point of autonomy, it cannot completely withdraw from ornamental assaults, because its raison d'être, according to the criteria of the practical world, would be ornament."[10] And thus, as a consequence, crime in Loos's view.

This contradiction cannot be reconciled, but in art, it can be made productive.

1   Wiener, Oswald, *Die Verbesserung von Mitteleuropa* [The improvement of Central Europe], Reinbek b. Hamburg 1969, LI.
2   Adorno, Theodor W., *Ästhetische Theorie* [Aesthetic Theory], Frankfurt/Main 1977 (= 1971), 91 et seq.
3   Schönberg, Arnold, *Harmonielehre* [Theory of Harmony], Vienna 1922 (3rd edition), (= 1911, Reprint 1997), 6 (235–240).
4   Adorno, "Funktionalismus heute" [Functionalism today] (1965), in: *Adorno. Kulturkritik und Gesellschaft I. Prismen, Ohne Leitbild* [Adorno. Cultural criticism and society I. Prism, Without a model], vol. 10.1, Gesammelte Schriften in 20 Bänden [Collected works in 20 volumes], ed. Rolf Tiedemann, Frankfurt/Main 1997, 375–395: 385.
5   *Die Fackel* [The torch], Quotes: "…Verschweinung" [mucking up] (Karl Kraus: Stil [style], Nr. 279, May 1909, 8); "… Verjauchung" [manuring] (Karl Kraus: Untergang der Welt durch schwarze Magie [The end of the world through black magic], Nr. 363–365, Dec. 1912, 4); "… Pöbelinstinkt" [rabble instinct] (Otto Stoessl: Das Haus auf dem Michaelerplatz [The house on Michaelerplatz], Nr. 317/318, Feb. 1911, 14); "… Gesandte, … Erleuchtung, … fieberhafter Drang" [… envoy … epiphany … feverish urge] (Robert Scheu: Adolf Loos, Nr. 283, June 1909, 26, 31, 33); "… Enthaltsame, … Architekt, … Gegenbild, … Befreier, … Veritas" [ascetic…architect…antithesis…liberator…veritas] (Karl Kraus, Nr. 313/314, Dec. 1910, 6; Nr. 300, March 1910, 24; Nr. 852–856, May 1931, 52; Nr. 888, Oct 1933, 2; . Nr. 374/375, May 1913, 25).
6   Gropius, Walter, "Erstes Manifest des Staatlichen Bauhauses Weimar 1919" [First manifesto of the Staatliches Bauhauses Weimar 1919], in: Bayer, Herbert/Gropius, Walter/Gropius, Ise, *Bauhaus, 1919–1928*. Teufen 1955, 16.
7   Montessori, Maria, *Die Entdeckung des Kindes* [The Discovery of the Child], eds. Paul Oswald and Günter Schulz-Benesch. Freiburg/Basel/Vienna 1969, 6.
8   Schnitzler, Arthur, *Paracelsus. Versspiel in einem Akt* [Paracelsus. Verse play in one act], Vienna 1899 (8th scene).
9   Adorno, *Ästhetische Theorie*, loc. cit., 92.
10 Adorno, "Funktionalismus heute", loc. cit., 379.

Josef Hoffmann
Wohnhaus Eduard Ast auf der Hohen Warte,
Wien XIX., Steinfeldgasse 2/Wollergasse 12, 1909–1911
Gartenansicht und Halle
Eduard Ast House at the Hohe Warte, Vienna, 19th district,
Steinfeldgasse 2/Wollergasse 12, 1909–1911
View of the garden and hall
Moderne Bauformen [Modern building designs], Jg. Issue XII, 1913, S. pp. 3 und and 13

Adolf Loos
Haus Hugo und Lilly Steiner,
Wien XIII., St. Veitgasse 10, 1910
House of Hugo and Lilly Steiner,
Vienna, 13th district,
St. Veitgasse 10, 1910
Albertina, Wien Vienna

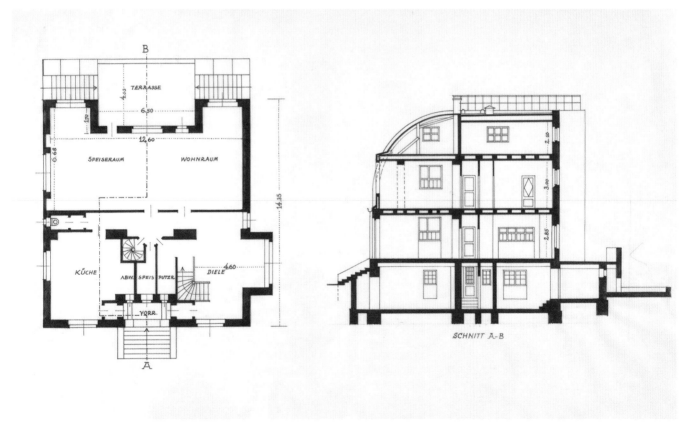

Adolf Loos
Haus Hugo und Lilly Steiner, Wien XIII.,
St. Veitgasse 10, Grundriss und Schnitt, 1910
Transparentpapier, Tusche
House of Hugo and Lilly Steiner, Vienna, 13th district,
St. Veitgasse 10, floor plan and section, 1910
Indian ink on tracing paper
Albertina, Wien Vienna

Josef Hoffmann
Wohnhaus Eduard Ast auf der Hohen Warte, Wien XIX.,
Steinfeldgasse 2/Wollergasse 12, 1909–1911
Speisezimmer, Salon mit Gustav Klimts Gemälde *Danaë*
Eduard Ast House at the Hohe Warte, Vienna, 19th district,
Steinfeldgasse 2/Wollergasse 12, 1909–1911
Dining room, Salon with Gustav Klimt's painting *Danaë*
Moderne Bauformen [Modern building designs], Jg. Issue XII, 1913,
S. pp. 15 und and 17

Adolf Loos
Haus Hugo und Lilly Steiner,
Wien XIII., St. Veitgasse 10, 1910
Essplatz, Kamin und Sitzecke
House of Hugo and Lilly Steiner, Vienna,
13th district, St. Veitgasse 10, 1910
Dining area, fireplace, and seating nook
Albertina, Wien Vienna

Josef Hoffmann
Etagere für die Wohnhalle im Wohnhaus Eduard Ast,
Wien XIX., Steinfeldgasse 2, um 1910
Ausführung für die Wiener Werkstätte
Marketerie aus Makassar-Ebenholz und Buchsbaumholz
Étagère for the hall in the Eduard Ast residence, Vienna,
19th district, Steinfeldgasse 2, 1910
Execution for the Wiener Werkstätte
Marquetry out of Makassar ebony and boxwood
Privatbesitz Private collection

Josef Hoffmann
Spieltisch für Karl Wittgenstein
Ausführung für die Wiener Werkstätte
Makassar-Ebenholz; Holz, geschnitzt, vergoldet; Marketerie
aus verschiedenen Hölzern; Elfenbein und Perlmutt
Games table for Karl Wittgenstein
Execution for the Wiener Werkstätte
Makassar ebony; wood, carved, gilded; marquetry out
of various types of wood; ivory and mother of pearl
Private collection. Courtesy Yves Macaux

Anonym nach englischem Vorbild
Sesselmodell, von Adolf Loos u. a. für die
Wohnung Rudolf Kraus (1907) verwendet
Ausführung: Friedrich Otto Schmidt
Eichenholz, schwarz gebeizt, die Poren weiß
eingerieben; erneuerte Bespannung
Anonymous after an English example
Chair model used by Adolf Loos e. g. in the
Rudolf Kraus residence (1907)
Execution: Friedrich Otto Schmidt
Limed oak, stained black, with pores colored
white; replaced covering
Sammlung Hummel, Wien Hummel collection, Vienna

John Sollie, London
Sesselmodell nach Chippendale, von Adolf
Loos in den Wohnungen Paul Khuner (1907),
Wilhelm Hirsch (1907/08), Paul Mayer (1913)
und den Häusern Hugo und Lilly Steiner (1910)
und Anna und Erich Mandl (1916) verwendet
Ausführung: J. S. Henry, London
Nussbaumholz, originale Damastbespannung
Chair model after Chippendale, used by Adolf
Loos in the Paul Khuner (1907), Wilhelm Hirsch
(1907/08), and Paul Mayer (1913) residences,
and in the houses of Hugo and Lilly Steiner
(1910) and Anna and Erich Mandl (1916)
Execution: J. S. Henry, London
Walnut, original damask covering
MAK

Anonym nach englischem Vorbild
Sessel, u. a. für die Wohnungen Leopold
Langer (1903) und Friedrich Boskowits
(um 1910) verwendet
Ausführung: Friedrich Otto Schmidt
Mahagoni, originale Samtpolsterung
Anonymous after an English example
Chair used e. g. in the Leopold Langer (1903)
and Friedrich Boskowits (ca. 1910) residences
Execution: Friedrich Otto Schmidt
Mahogany, original velvet upholstery
Wienbibliothek im Rathaus, Musiksammlung, „Loos-Räume"
Vienna City Library, music department, "Loos rooms"

Anonym nach englischem Vorbild
Sesselmodell, von Adolf Loos u. a. für die Wohnung Otto und Olga Beck
(1908) und das Wohnatelier Grethe Hentschel (1914) verwendet
Ahorn- und Buchenholz, braun gebeizt, z. T. gedrechselt
Anonymous after an English example
Chair model used by Adolf Loos e. g. in the Otto and Olga Beck residence
(1908) and the Grethe Hentschel residential studio (1914)
Maple and beech, stained brown, partly turned
Sammlung Hummel, Wien Hummel collection, Vienna

Andreas Vass

Architekturtheoretische Ansätze bei Loos:
Handwerk – Architektur – Kunst

Am Beginn von Loos' kritischen Reflexionen zur Architektur stehen Gebrauchsgegenstände, konkret die Kritik an deren künstlerischer Überformung. Gebrauchsgegenstände werden dabei sowohl von Werken der Kunst als auch von Architektur strikt unterschieden. Der Handwerker (wie der Ingenieur) hat an der „unbewussten gesamtarbeit der menschen eines ganzen kulturkreises" Teil, die erst „eine form schaffen" kann.[1] Für Architekten (und Künstler) heißt es hingegen: „Hands off!"[2] Die kontinuierlichen Veränderungen, die mit diesem Prozess einhergehen, sind dem Handwerker genauso wenig bewusst wie seinen Kunden. „Alles andere ist Kunst." Als „Eigenwille des Genius" ist Kunst niemandem verpflichtet. Sie steht außerhalb der Gesellschaft.

Für Architektur wird es da eng, außer es gelänge ihr, von einer Warte aus, die Gestaltung und Herstellung überblickt, Kunst und Produktion zu „versöhnen". Genau diesen Anspruch der modernen Reformbewegungen seit der Arts and Crafts-Bewegung lehnt Loos kategorisch ab. Die im Zuge der Akademisierung der Architektur und der Industrialisierung der Produktion erfolgte Trennung von Formgebung und Ausführung kann nicht dadurch überwunden werden, dass Form als Mittel zur Verbesserung der Artefakte (und der diese benützenden Menschen) in Stellung gebracht wird. Wir können zwar den „grund der form" aufsuchen, was aber deren Bestehen vorauszusetzen scheint. Die bessere Form kann nur im Zuge oder in der Folge einer Erfindung (technischen oder gesellschaftlichen Fortschritts) gefunden werden. Loos' Kritik, seine radikale Desillusionierung trifft damit den Kern aller modernen Bewegungen seit dem 19. Jahrhundert: den Anspruch, durch neue Formgebung gesellschaftlich fortschrittlich zu wirken.

Nun kann man, wie Hermann Czech es formuliert, in der Erkenntnis eines unbewussten Prozesses der Formfindung, zu dem auch gehört, „dass nicht auf ihn reflektiert wird", ein „künstlerisches Fachproblem"[3] sehen, das sich allerdings keineswegs erst seit Loos stellt. Dass die künstlerische Produktion die in der Natur vorgefundene, „unbewusst" hervorgebrachte Schönheit zurückzugewinnen habe, ist ja das klassische Dilemma der europäischen Ästhetik.

Da Loos die Ambition, konsistente Theoriegebäude aufzustellen, allerdings lieber den Bünden überließ, die er bekämpfte, standen ihm andere Lösungsansätze offen. So heißt es zum Beispiel in Loos' Vortrag „Heimatkunst" 1912: „Wir arbeiten so gut wie wir können, ohne auch nur eine sekunde über die form nachzudenken. Die beste form ist immer schon bereit, und niemand fürchte sich, sie anzuwenden, wenn sie auch in ihrem grunde von einem andern herrührt."[4] Diese an Rabulistik oder ostasiatische Philosophie[5] erinnernde Argumentation kappt die Verbindung, die das Dilemma erst zu einem solchen macht, und spaltet es nach einem Zeitschnitt auf, in dem Architektur, knapp aber doch, ihren Platz findet. Was war (vorhanden ist), ist Kulturproduktion (Handwerk, Industrie), was bei Loos immer auch die Konsumption mit einschließt. Was kommt (sich ereignet), ist Kulturvernichtung (Kunst, Erfindungen), aus der via Zeit, Kultur und Handwerk der „Knopf" hervorgeht: Das wäre, sehr vereinfacht, das Modell zivilisatorischer Entwicklung, das Loos verwendet.

Der Architekt kann nicht „unbewusst" arbeiten wie der Handwerker, auch nicht intuitiv wie der Künstler. Er „arbeitet nach einem festen plan".[6] In dem Zeitschnitt zwischen einem vorhandenen kulturellen Umfeld und dessen Verwerfung, die schon aufgrund der Lebensdauer von Architektur nicht außer Betracht gelassen werden kann, ist geplantes Handeln (Denken, Entscheiden) gefragt, was sowohl traditionsgebundenes Werken als auch die rein intuitive Setzung ausschließt. Das Nachstellen von Zufälligkeit liegt genauso wenig im Verantwortungsbereich der Architektur wie die Behauptung einer Notwendigkeit. Gefragt ist vielmehr Rücksichtnahme auf die Bestände und Vorwegnahme möglicher Veränderungen. Anstatt Handwerk und Kunst zu versöhnen, positioniert Loos Architektur durch das Herstellen oder Auffinden von Unterscheidungen und Bezugnahmen in einem Möglichkeitsraum neu.

Neu ist diese Positionierung insofern, als sie kein eigenes, „autonomes" Terrain beansprucht, sondern eher ein Prinzip darstellt, das es erlaubt, in Anerkennung der Inkonsistenz moderner Gesellschaften Werke zu produzieren, die mehr sind als Waren, und das es zulässt, sich gegenüber unterschiedlichen Feldern gesellschaftlicher Betätigung unterschiedlich zu verhalten. Eine Erweiterung dieses Prinzips etwa auf die Felder des Kitsches, des Städtebaus oder der Moderne selbst, wie sie von Hermann Czech unter den Begriffen des Manierismus oder der Sachlichkeit thematisiert und praktiziert wird, soll als Hinweis auf die Aktualität dieses Ansatzes genügen.

Loos' Bezugnahme zum Handwerk könnte man – in Anlehnung an Smithson's Verfahren – als „As-found"-Prinzip bezeichnen. Vorhandenes wird übernommen, tatsächlich eher gefunden als gesucht, wenn auch die Grenzen zur Eklektik des „connaisseurs" fließend sind. Die Möglichkeiten reichen dabei von der Aufforderung an die Bauherren, die eigenen Erinnerungsstücke und Möbel mitzubringen, bis zur Interpretation und Anwendung von Lösungen in gänzlich anderen Kontexten.

Die Grenzen zwischen Vorgefundenem und Veränderung sind dabei sehr flexibel und es liegt durchaus im Rahmen dieser offenen Methode, dass Loos sich, in scheinbar eklatantem Widerspruch zur deklarierten „Hands off"-Haltung gegenüber dem Handwerk, mehrfach zur „Rettung" eines Handwerkszweiges (der Tischler, der Glasschleifer usw.) mittels diesen Berufen anempfohlener Lösungen oder Produkte berufen fühlte. Besonders schwer sind die Fälle der partiellen Überarbeitungen von Gegenständen zu entscheiden, wie zum Beispiel beim berühmten sogenannten *Elefantenrüssel-Tisch*, der als „Loos-Tisch" gilt,

Andreas Vass

Loos's Architecture-
Theoretical Approaches:
Craft – Architecture – Art

Loos's critical reflections on architecture began with utilitarian objects, specifically criticism aimed at their artistic transformation. Utilitarian objects are thereby strictly differentiated from works of art and from architecture. The craftsman (like the engineer) shares in the "unconscious totality of work of people belonging to an entire cultural sphere," which is the prerequisite "for creating a form."[1] By contrast, the word for architects (and artists) is: "Hands off!"[2] The craftsman is as unaware of the continuous changes that accompany this process as his client. "Everything else is art!" As the "free will of genius," art is not indebted to anyone. It stands apart from society.

This presents a problem for architecture, unless it can succeed in bringing about a "reconciliation" between art and production from a viewpoint that oversees both design and manufacture. It is precisely this demand of the modern reform movement since Arts and Crafts that Loos categorically renounces. The separation between design and execution that results as a consequence of the academization of architecture and the industrialization of production cannot be overcome by positioning form as a means of improving artefacts (and also the people using these). We can look for the "basis of form,"

which albeit seems to presuppose its existence. Better form can be found only in the course of or as a result of an invention (technological or social progress). Loos's critique, his radical disillusionment, thus get right at the heart of all modernism movements since the 19th century: the desire to influence the advancement of society through new designs.

As formulated by Hermann Czech: In the recognition of an unconscious process of design, which includes "not reflecting upon it," one can identify an "artistic problem,"[3] admittedly one that existed prior to Loos. That artistic production needs to win back the beauty found in nature, which emerges "unconsciously," poses the classical dilemma of the European aesthetic.

Since Loos preferred to leave the ambition of formulating consistent theoretical structures to the various associations (Secession, Werkbund, Bauhaus, CIAM, etc.) he was battling, he

Adolf Loos
Schlafzimmer in der Wohnung Lina und Adolf Loos,
Wien I., Bösendorferstraße 3, 1903
Bedroom in the Lina and Adolf Loos apartment,
Vienna, 1st district, Bösendorferstraße 3, 1903
Das Schlafzimmer meiner Frau [My wife's bedrooom], Kunst, Erstes Heft, Wien, 1903

obwohl er von Loos bekanntlich der Firma F. O. Schmidt „nach Angaben des Herrn Max Schmidt (Ausführung und Detaillierung Werkmeister Berka)"[7] zugeschrieben wird, was auch von den Erben der Firma ausdrücklich und unter Verweis auf das von Max Schmidt aus England importierte Vorbild unterstrichen wird. Ein auch nur oberflächlicher Vergleich dieses Modells mit den „Loos'schen" Exemplaren zeigt aber doch so auffällige und signifikante Unterschiede, insbesondere das Weglassen sämtlicher aufwendig geschnitzter Ornamentierungen an den Beinen und Zargen, aber auch einen radikalen Umbau des Oberteils, insgesamt eine Geometrisierung der Form, dass es kaum vorstellbar scheint, dass Loos hier unbeteiligt gewesen sein soll. Ähnliches lässt sich auch vom nicht minder berühmten „Loos-Service", dem *Trinkservice No. 248* der Firma J.& L. Lobmeyr, sagen, bei dem ebenfalls sowohl von Loos selbst unter Hinweis auf verschiedene Vorbilder (Napoleon-Becher, französische Bauerngläser, Steindlschliff usw.) als auch in der Familienüberlieferung mit der Erzählung von der äußert rudimentären Zeichnung, die Loos abgeliefert haben soll, die Rolle des Architekten heruntergespielt wurde und wird, während die erhaltenen Dokumente eine klare Evidenz für die Entwurfsarbeit und deren durchaus auch formale Intentionen ergeben.[8]

Wenn zuvor von Geometrisierung als Hinweis von Loos' Beteiligung an einem Adaptierungsprozess die Rede war, bedarf das einer Erklärung – und die hat mit der anderen Seite des Zeitschnitts zu tun und einer Dimension in Loos' Werk, die bis-

her eher Anlass für irreführende oder unreflektierte Proportionsstudien war. Es ginge hier um die Frage einer Loos'schen Ästhetik, eine Frage, die angesichts der kulturkritischen Position von Loos absurd erscheinen mag und hier natürlich auch nur im Ansatz thematisiert werden kann. Wie bereits angedeutet, bezieht sich diese Frage auf die Seite des Dilemmas einer praktischen Ästhetik, die in klassischer Zeit durch den Begriff der Mimesis abgedeckt war. Genau diese mimetische Beziehung zum Natürlichen wird von Loos in allen Erscheinungsformen, bis hin zur Verbannung des Zeichnens natürlicher Gegenstände nach der Natur aus dem Zeichenunterricht (hier sollten ausschließlich Artefakte als Vorlagen in Frage kommen), bestritten. Der metaphysische Kern der Mimesis ist für Loos mit einem aufgeklärten Bewusstsein unvereinbar. Natur ist durch Sport, Genuss, Erholung, Gartenarbeit usw. ein Regulativ für die Psyche des Großstadtmenschen. Als Projektionsfläche für Zahlenmystik oder als Lehrmeisterin geheimer Regeln der Komposition hat sie ausgedient.

Wenn zu Loos' Zeit der Anspruch eines Widerscheins des Absoluten in der Kunst nicht mehr ernst genommen werden kann, so bleibt davon doch zumindest die bürgerliche Vorstellung zurück, sie könne uns für die Dauer einer Beethovensymphonie aus dem Alltag reißen, was Loos in der Opposition Kultur/Kunst radikalisiert, von der wir ausgegangen sind. Kunst zerstört oder erschüttert zumindest eingeübte Weltbilder und wird daher (in der Loos'schen Metaphernwelt) mit dem Aristo-

Hubmann • Vass Architekten
Wohnung Adolf Loos, Wien 1., Bösendorferstraße 3, Rekonstruktion, modulierte Enfilade, 2014
Adolf Loos apartment, Vienna, 1st district, Bösendorferstraße 3, reconstruction and modulated enfilade, 2014

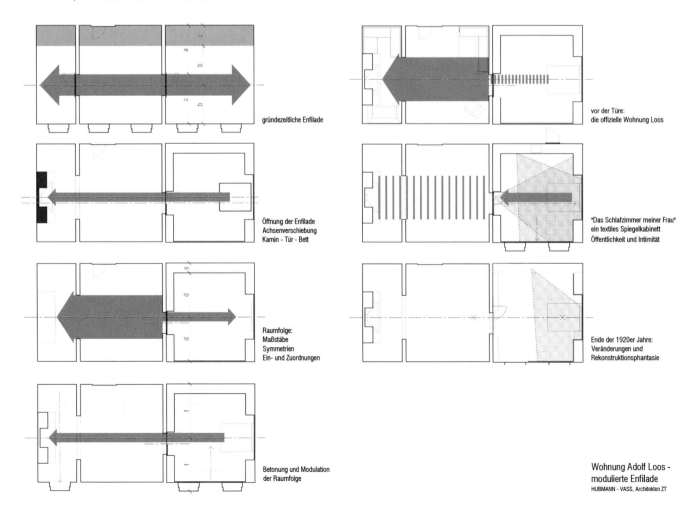

gründezeitliche Enfilade

Öffnung der Enfilade
Achsenverschiebung
Kamin - Tür - Bett

Raumfolge:
Maßstäbe
Symmetrien
Ein- und Zuordnungen

Betonung und Modulation
der Raumfolge

vor der Türe:
die offizielle Wohnung Loos

"Das Schlafzimmer meiner Frau"
ein textiles Spiegelkabinett
Öffentlichkeit und Intimität

Ende der 1920er Jahre:
Veränderungen und
Rekonstruktionsphantasie

Wohnung Adolf Loos -
modulierte Enfilade
HUBMANN - VASS, Architekten ZT

had other approaches for solutions available to him. Thus, for example, in Loos's 1912 talk "Heimatkunst," he said: "We work as well as we can without for one second thinking about form. The best form is always readily available and no one need be afraid to employ it, even if it originated with someone else."[4] Reminiscent of sophistry or East Asian philosophy,[5] this argumentation sunders the connection that initially caused the dilemma and splits it into time segments, in which architecture finds its place, but only narrowly. What was (is available) is the production of culture (craftsmanship, industry), which for Loos always encompasses consumption. What is to come (to become a reality) is the destruction of culture (art, invention), out of which, via time, culture, and craftsmanship, the "button" emerges. This would be, greatly simplified, Loos's model for the development of civilization.

An architect cannot work "unconsciously" like a craftsman, also not intuitively like an artist. He "works according to a fixed plan."[6] In the time gap between an extant cultural context and its demise, which due to the lifespan of architecture cannot be ignored, planned action (thinking, deciding) is necessary, thus precluding tradition-bound craftsmanship and also purely intuitive avowal. Neither the reenactment of randomness nor the assertion of necessity falls within the architect's purview. What is wanted is much more the consideration of existing inventories and the anticipation of eventual alterations. Instead of reconciling craftsmanship and art, Loos, through the creation

Hubmann • Vass Architekten
Wohnung Adolf Loos, Wien I., Bösendorferstraße 3,
Rekonstruktion, Grundriss und Schnitt, 2014
Adolf Loos apartment, Vienna, 1st district, Bösendorferstraße 3,
floor plan and section, 2014

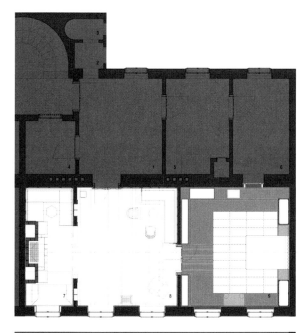

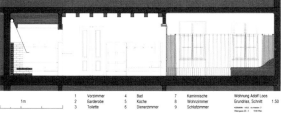

or discovery of differences and references, repositions architecture within the realm of possibilities.

This positioning is new inasmuch as it does not appropriate "autonomous" terrain, but represents a principle that—in acknowledgement of the inconsistency of modern societies—allows works to be produced that are more than goods and permits different behavior in different spheres of social activity. An expansion of this principle, say, to the realms of kitsch, urban planning, or modernity itself, as thematized and practiced by Hermann Czech under the rubrics of Mannerism or "Sachlichkeit," ought to suffice as an indicator of the topicality of this approach.

Loos's reference to craftsmanship could be described as—to borrow from Smithson's process—an "as found" principle. The existing is incorporated, indeed likelier found than sought, even if the "connaisseur's" borders to the eclectic are fluid. The possibilities of this approach range from prompting clients to bring their own memorabilia and furniture to interpreting and applying solutions in wholly different contexts.

As the margins between found things and alteration are very flexible, it is thus definitely within the framework of this open method that Loos—seemingly in blatant contradiction to his declared "Hands off!" stance toward crafts—on numerous occasions felt called upon to come to the "rescue" of some branch of craftsmanship (the carpenter, the glass cutter) with recommendations for solutions or products specific to these professions. Most difficult to decide are cases of partial refurbishments of objects, such as, for example, the famed so-called *Elephant Trunk Table*, which counts as the "Loos Table," despite it being common knowledge that Loos attributed it to the firm of F. O. Schmidt "according to the specifications of Mr. Max Schmidt (execution and detailing by master craftsman Berka)."[7] This is also explicitly underscored by the heirs of the company, who point out the model imported by Max Schmidt from England. But even the most cursory comparison between this model and the "Loosian" exemplars reveals such conspicuous and significant differences, most especially in the omission of all elaborately carved ornamentation on the legs and apron, but also in the radical refashioning of the upper part—altogether a geometrization of form—that it hardly seems conceivable for Loos not to have been involved. The same can be said of the no less famous "Loos Service," the *Drinking set no. 248* bar set of the J.& L. Lobmeyr firm, where Loos's own account, by referring to various models (Napoleon cup, French peasant glasses, Steindlschliff, etc.), and also family lore, by telling the story of the extremely rudimentary sketches supposedly furnished by Loos, downplayed the architect's role, despite available documents providing clear evidence of design efforts and their thoroughly formal intent.[8]

The aforementioned geometrization as an indication of Loos's involvement in a process of adaptation requires an explanation—and this has to do with the other side of the time gap and with a dimension of Loos's oeuvre that up to now has been more likely to give rise to fallacious or unconsidered studies of proportion. What is at issue would be the question of a Loosian aesthetic, a question that, in light of the Loos's culture-critical position may seem absurd and here naturally can be thematized only in an introductory way. As previously indicated, this question pertains to the side of the dilemma having to do with a practical aesthetic, which in classical times was covered by the concept of mimesis. Loos disputed precisely this mimetic relationship to the natural world in all

kraten assoziiert, der zwar vor dem Kruzifix den Hut lüftet, die Frömmigkeit aber umso nachhaltiger untergräbt. Nur weil sein entblößtes Haupt der Polizei die Gedanken genauso wenig preisgibt wie Schönbergs „notenköpfe", ist er vor Verhaftung sicher. Das Bürgertum folgt der Kunst, wenn sie zu Kultur sedimentiert ist. Auf klassischer Bildung insistiert Loos daher nicht mit dem Ziel einer zu konstruierenden Territorialität oder Identität. Die „überragende Größe des klassischen Altertums" ist nicht wiederholbar, weil es keinen Anlass gibt, sie zu wiederholen. Es genügt, dass sie im Gedächtnis vorhanden ist, um als Korrektiv zu wirken, wenn Kultur sich in Überproduktion aufbläht.

Konkret taucht der Kunstbegriff in Bezug zu Architektur in Loos' Texten immer da auf, wo von diesem Korrektiv die Rede ist, also bei den „großen meistern", die „einen innigeren kontakt mit dem weltgeist [hatten] als die andern",[9] Fischer, Schlüter, Schinkel, aber auch Perrault, der Arzt, und er strahlt zumindest indirekt herein, wo, meist in unmittelbarer Nähe der Erwähnung dieser Meister, die Wirkungen, die Architektur in uns auslösen kann, die „stimmungen", die sie erwecken soll, thematisiert werden. Dem Bereich der Kunst gehört nur „ein ganz kleiner Teil der architektur" an, „das grabmal und das denkmal".[10] Und was ist dieses Grabmal? Eine Wirkung, die uns ernst werden lässt, ausgelöst durch den nackten Waldboden, in eine bestimmte Geometrie gebracht. Es ist der „Stoff selbst in zweckmäßiger Zurichtung", wie es an anderer Stelle in Bezug auf eine Zigaret-

tendose heißt, die eine „dem Tastgefühl so angenehme Glätte der Silberfläche" vermittelt[11]. Was den Erdhaufen, die Dose und die Baukunst der großen Meister verbindet, ist der Widerschein einer gegenstandslos gewordenen Mimesis, direktes Produkt des Schnitts, mit dem Loos das Dilemma der praktischen Ästhetik auftrennt. Kunst ist das Wiedererkennen des Gegenstands in der Wiederholung am falschen Ort, zum falschen Zeitpunkt. Das Mittel zu diesem Zweck heißt Geometrie. Sie ist kein Spiegel des Absoluten, ihre Wirkung ist psychologisch, geradezu physisch spürbar: „Ein Millimeter mehr oder weniger im Profil – das schmerzt mich."[12]

Die Geometrisierung der Form ist materialgebunden. Sie beschränkt sich nicht auf Proportionsregeln, schon gar nicht auf reine Harmonien. Vielmehr scheinen gerade Abweichungen, minimale meist, die Regel. Ihre Welt ist, wie die Schriften von Adolf Loos, nicht konsistent, sondern spezifisch. Und sie ist von Anfang an – vom Grabhügel an – räumlich. Ihre Wirkung ist ökonomisch. Sparsamkeit der Mittel ist eine Grundforderung. Und die Stimmungen, in die sie uns versetzt, sind semantisch, also kulturell und kontextuell gebunden – auch wenn sie uns aus dem Kontext reißen. Entlang dieser Achse ließe sich das Werk von Loos auf Typologien räumlicher Konfigurationen analysieren, und man käme damit etwa, was die Innenräume betrifft, von der Modulierung der Enfilade fast nahtlos bis zum entwickelten Raumplan.

1   Loos, Adolf, „Ornament und Erziehung" (1924), in: Loos, Adolf, *Trotzdem*, Wien 1931, 200.
2   Loos, „Hands off!" (1917), in: ebd., 147–153.
3   Czech, Hermann, „Manierismus und Partizipation" (1977), in: Czech, Hermann, *Zur Abwechslung – Ausgewählte Schriften zur Architektur*, Wien 1996, 89.
4   Loos, „Heimatkunst" (1912), in: Loos, *Trotzdem*, a.a.O., 145 f.
5   Laut Bibliotheksverzeichnis des Wien Museum hatte Loos jedenfalls Kung-Futses *Gespräche* in seiner Bibliothek (Dank an Frau Dr. Eva-Maria Orosz). Vermuten möchte man aber auch das Vorhandensein von Laotses *Tao Te King*.
6   Loos, „Heimatkunst" (1912), a.a.O., 140.
7   Loos, Adolf, „Wohnungswanderungen" (1907), Exemplar Schaukal, Wien Bibliothek.
8   Eine Publikation von Erich Hubmann und Andreas Vass zur Genese dieses Trinkservices ist in Vorbereitung.
9   Loos, „Architektur" (1910), in: Loos, *Trotzdem*, a.a.O., 111.
10 Ebd., 109.
11 Loos, „Von der Sparsamkeit" (1924), in: Opel, Adolf (Hg.), *Adolf Loos – Gesammelte Schriften*, Wien 2010, 607.
12 Ebd., 614.

its manifestations, even to banning the drawing of natural objects in art classes (wherein exclusively artefacts were suitable as models). For Loos, the metaphysical core of mimesis made it irreconcilable with an enlightened consciousness. Nature—through sport, enjoyment, recreation, gardening, etc.—has a regulatory effect on the psyche of the urban dweller. As a surface for numerological projections or as a teacher of secret rules of composition, it was no longer serviceable.

Even if in Loos's time the call for a reflection of the absolute in art could not be taken seriously anymore, there yet remained the bourgeois notion that art could tear us away from everyday life for the duration of a Beethoven symphony, something that Loos radicalized in the culture/art opposition, which we took as our starting point. Art destroys or at least jolts ingrained worldviews and thus (in the Loosian metaphorical sphere) is associated with the aristocrat, who despite doffing his hat in front of a crucifix, nonetheless undermines piousness even more abidingly. Only because his bared head divulges as little to the police about his thoughts as do Schönberg's "noteheads" is he safe from arrest. The bourgeoisie follows art, once it has been sedimented as culture. Thus, when Loos insists on classical education, he does not do so with an aim to construct a territoriality or identity. The "towering greatness of classical antiquity" cannot be repeated because there is no cause for repeating it. It is sufficient that it remains in memory, in order to act as a corrective when culture gets bloated by overproduction.

In concrete terms, the concept of art relative to architecture comes up in Loos's texts whenever the topic is this corrective, i.e., when he writes about the "great masters," who "[were in] more intimate contact with the 'weltgeist' than the others,"[9] Fischer, Schlüter, Schinkel, and also Perrault, the doctor, and it shines through, at least indirectly, where—usually in immediate proximity to the mention of these masters—he thematizes the impact that architecture can have on us, the "moods" that it can arouse. "Of architecture only a very small part"—"the sepulchral and the memorial monument"—belongs to the sphere of art.[10] And what is this sepulchral monument? An effect that inspires us to become serious, triggered through the bare forest floor brought into a certain geometry. It is the "material itself in purposeful arrangement," such as would apply in another situation with regard to a cigarette case, which conveys "to the sense of touch such an agreeable smoothness of the silver surface."[11] What links the mound of earth, the case, and the architecture of the great masters is the reflection of a mimesis that has become non-respresentational, the direct product of the snip with which Loos unravels the dilemma of practical aesthetics. Art is the recognition of an object repeated in the wrong place, at the wrong time. The means to this end is geometry, which is not a mirror of the absolute; its impact is psychological, downright physically palpable: "One millimeter more or less in the profile—this hurts me."[12]

The geometrization of form is bound to material. It is not limited to rules of proportion, and certainly not to pure harmonies. Instead, deviations—generally minimal—appear to be the rule. Its realm, like the writings of Adolf Loos, is not consistent, but specific. And from its inception—starting with the burial mound—it is spatial. Its impact is economical. A basic requirement is economy of means. And the moods it can induce in us are semantic, thus culturally and contextually anchored—even as they rip us out of our context. Loos's oeuvre could be analyzed along this axis in terms of the typologies of spatial configurations. If we did so, as regards interior space, we would arrive from the modulation of the enfilade almost seamlessly at the fully developed Raumplan.

1 Loos, Adolf, "Ornament und Erziehung" [Ornament and education] (1924), in: Loos, Adolf, *Trotzdem* [In spite of], Vienna 1930, 200.
2 Loos, Adolf, "Hands off!" (1917), in: ibid., 147–153.
3 Czech, Hermann, "Manierismus und Partizipation" [Mannerism and participation] (1977), in: Czech, Hermann, *Zur Abwechslung – Ausgewählte Schriften zur Architektur* [For a change – Selected works on architecture], Vienna 1996, 89.
4 Loos, Adolf, "Heimatkunst" (1912), in: ibid., 145 f.
5 According to the library index of the Wien Museum, Loos at any rate had a copy of Confucius's *Gespräche* [*Analects*] in his library (with thanks to Ms. Eva-Maria Orosz, PhD). One would also like to assume the presence of Laozi's *Tao Te Ching*.
6 Loos, Adolf, "Heimatkunst" (1912), in: Loos, *Trotzdem*, loc., cit., 140.
7 Loos, Adolf, "Wohnungswanderungen" (1907), Exemplar Schaukal, Vienna City Library.
8 A paper by Erich Hubmann and Andreas Vass on the genesis of this bar set is in the works.
9 Loos, "Architektur" (1910), in: Loos, Adolf, *Trotzdem*, loc. cit., 111.
10 Ibid. 109.
11 Loos, "Von der Sparsamkeit" ["On thrift"] (1924), in: *Adolf Loos – Gesammelte Schriften* [Adolf Loos – Collected works], ed. Adolf Opel, Vienna 2010, 607.
12 Ibid. 614.

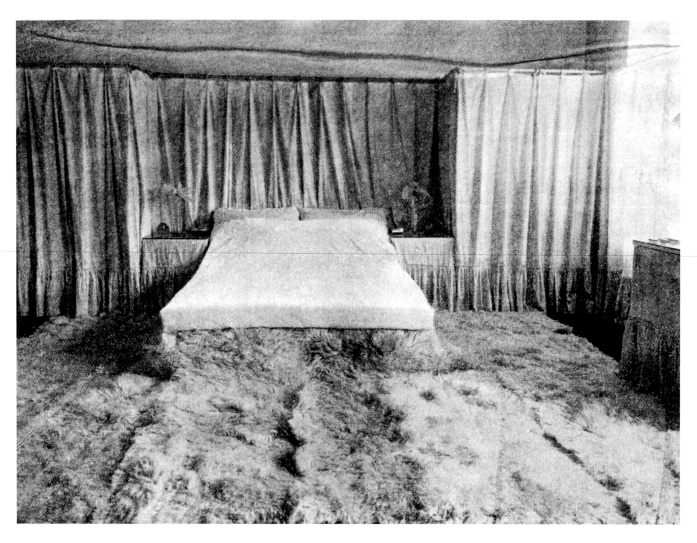

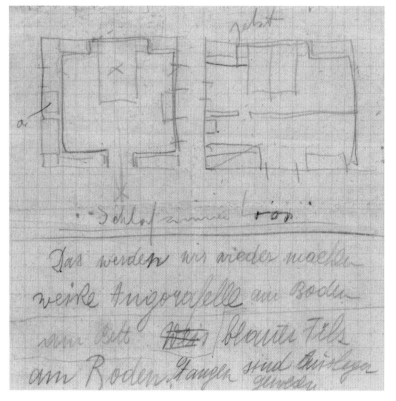

Adolf Loos
Schlafzimmer in der Wohnung Lina und Adolf
Loos, Wien I., Bösendorferstraße 3, 1903
Bedroom in the Lina and Adolf Loos apartment,
Vienna, 1st district, Bösendorferstraße 3, 1903
Das Schlafzimmer meiner Frau [My wife's bedrooom],
Kunst, Erstes Heft, Wien, 1903

Adolf Loos
Schlafzimmer in der Wohnung Lina und Adolf
Loos, Wien I., Bösendorferstraße 3,
Übertragungsskizze, 1903
Bedroom in the Lina and Adolf Loos apartment,
Vienna, 1st district, Bösendorferstraße 3,
sketch of transfer, 1903
Bleistift auf kariertem Papier
Pencil on squared paper
Albertina, Wien Vienna

Josef Hoffmann
Schlafzimmer in der Wohnung Johanna
und Dr. Johannes Salzer, 1902
Bedroom in the Johanna and Dr. Johannes
Salzer apartment, 1902
Das Interieur IV., 1903, S. p. 6–7

Adolf Loos
Entwurf für das Speisezimmer der
Wohnung Hugo Haberfeld, Wien IX.,
Alserstraße 53, um 1899
Buntstift auf Papier
Sketch for the dining room of the
Hugo Haberfeld apartment, Vienna,
9th district, Alserstraße 53, ca. 1899
Colored pencil on paper
Albertina, Wien Vienna

Adolf Loos
Entwurf für eine Halle mit
Kaminnische, um 1899
Buntstift und Tusche auf Papier
Design for a hall with a fireplace
alcove, ca. 1899
Colored pencil and Indian ink
on paper
Albertina, Wien Vienna

Josef Hoffmann
Doppelhaus Moser/Moll, Wien XIX., Steinfeldgasse 6–8, 1900–1901
Halle mit Aufgang zum Atelier und Stiegenkopf im Atelier des Hauses Koloman Moser
Moser/Moll duplex, Vienna, 19th district, Steinfeldgasse 6–8, 1900–1901
Hall with stairway to studio and framing at top of stairs in the studio of Koloman Moser's House
Innendekoration Jg. Issue XIII., 1902, S. pp. 30–31

Adolf Loos
Blick vom Eingang in den Hauptraum des
Café Museum, Wien I., Ecke Operngasse und
Friedrichstraße, 1899
View from the entry into the main room
of the Café Museum, Vienna, 1st district,
corner of Operngasse and Friedrichstraße, 1899
Albertina, Wien Vienna

Adolf Loos
Blick gegen die Rückwand der Kärntner Bar,
Wien I., Kärntner Durchgang, 1908
View toward the back wall of the Kärntner Bar,
Vienna, 1st district, Kärntner Durchgang, 1908

Adolf Loos
Sessel für das Café Museum, 1899
Ausführung: J. & J. Kohn
Buchenholz, z. T. gebogen, rot gebeizt; Rohrgeflecht
Chair for the Café Museum, 1899
Execution: J. & J. Kohn
Beech, partly bent, stained red; wickerwork
MAK

Josef Hoffmann
Sessel für das Cabaret Fledermaus, Wien I., Kärntner
Straße 33/Ecke Johannesgasse 1, 1907
Ausführung: J. & J. Kohn
Buchenholz, schwarz und weiß gestrichen, z. T. gebogen
Chair for the Cabaret Fledermaus, Vienna, 1st district,
Kärntner Straße 33/corner of Johannesgasse 1, 1907
Execution: J. & J. Kohn
Beech, painted black and white, partly bent
Hofmobiliendepot • Möbel Museum Wien
Garde de meuble of the Vienna Court • Furniture Museum Vienna

Josef Hoffmann
Zuschauerraum und Vorraum im Cabaret Fledermaus,
Wien I., Kärntner Straße 33/Ecke Johannesgasse 1, 1907
Audience area and foyer of the Cabaret Fledermaus,
Vienna, 1st district, Kärntner Straße 33/corner Johannesgasse 1, 1907
Deutsche Kunst und Dekoration [German art and decoration] 1908, S. pp. 158–159

Josef Hoffmann
Vorraum im Cabaret Fledermaus, Wien I.,
Kärntner Straße 33/Ecke Johannesgasse 1, 1907
Lobby in the Cabaret Fledermaus, Vienna, 1st district,
Kärntner Straße 33/corner of Johannesgasse 1, 1907

Marco Pogacnik

Hoffmann und Loos –
zwei urbanistische Thesen

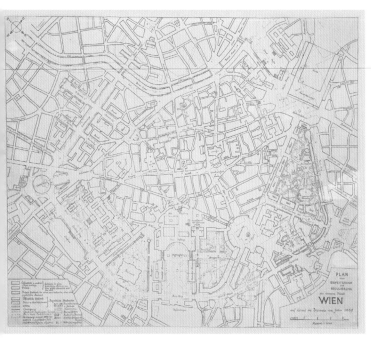

Adolf Loos
Stadtregulierungsplan, Wien I., Plan von Wien
mit projektierter Regulierung, um 1912–1913
Druck
City development plan, Vienna, 1st district, map of Vienna
with projected regulation, ca. 1912–1913
Print
Albertina, Wien Vienna

Im Verlauf des 19. Jahrhunderts spielte Wien eine zentrale Rolle bei der Definition der modernen Disziplin des Städtebaus – sowohl auf praktischer Ebene, mit dem Bau der Ringstraße, als auch auf theoretischer Ebene, mit dem Werk von Camillo Sitte.[1] Auf den Plan von 1860, der sich auf das historische Zentrum bezog, folgte der Regulierungsplan von 1894, der das gesamte Stadtgebiet einschließlich großer Infrastrukturprojekte wie der Stadtbahn und des Schleusensystems umfasste. Im Werk von Otto Wagner, unangefochtener Protagonist dieses Plans[2], vereinten sich Architektur und Ingenieurwesen, Baukunst und Stadtplanung zu jener Synthese, die der Stadt Wien ihren einzigartigen Charakter und ein einheitliches Gesamtbild verlieh. Wagner selbst bekräftigte in einem für seine Studenten an der Akademie verfassten Leitfaden die herausragende Rolle des Städtebaus im Schaffen moderner Architekten: „Das Modernste des Modernen in der Baukunst sind wohl unsere heutigen Großstädte."[3]

Als Otto Wagner im Zuge einer Amerikareise 1911 seinen Plan für ein unbegrenztes Wachstum der Stadt Wien entwarf,[4]

hatte die Habsburgermetropole die heroische Phase ihrer Entwicklung bereits vollendet. Die Monumentalgebäude entlang der Ringstraße waren fertiggestellt und der Zyklus der großen Stadtpläne galt als abgeschlossen. An der Schwelle zum Ersten Weltkrieg und dem Zerfall des Habsburgerreichs markierte der Wettbewerb *Groß-Berlin 1910* die Staffelübergabe zwischen den beiden großen europäischen Hauptstädten.

Nachdem der treibende Impuls der großen Veränderungen des 19. Jahrhunderts erschöpft war, wurde am Beginn des neuen Jahrhunderts Bilanz gezogen: über die neue Stadt, die sich im 19. Jahrhundert gebildet hatte, über die großen Architekturprojekte, die ihr Gesicht prägten, und über deren theoretische Grundlagen (Gottfried Semper und Camillo Sitte). Die neue Generation, der Plečnik, Kotčra, Fabiani, Loos und Hoffmann angehörten, sah sich mit plötzlichem Stillstand konfrontiert, der auf ein halbes Jahrhundert radikaler städtischer Transformation folgte. Dieses Missverhältnis drückt sich deutlich in den Worten aus, die Olbrich 1898 anlässlich der Eröffnung der ersten Ausstellung der Secession fand: „Eine Stadt müssen wir erbauen, eine ganze Stadt! Alles Andere ist nichts! Die Regierung soll uns […] ein Feld geben, und da wollen wir dann zeigen, was wir können; in der ganzen Anlage und bis in's letzte Detail, alles von demselben Geist beherrscht."[5] Als Resultat dieser ambitionierten Verkündung wurden die Hohe Warte in Wien und die Darmstädter Künstlerkolonie errichtet,[6] zwei kleine Villenviertel, in denen ein ästhetisierender Lebensstil kultiviert wurde. Sie sind Ausdruck einer Vorstellung von gesellschaftlicher Erneuerung, die über die Neugestaltung von Teetassen und Tapeten hinausging.[7]

Vor diesem Hintergrund gilt es die unterschiedlichen Positionen zweier bedeutender Protagonisten der großen Wiener Kulturkrise des beginnenden 20. Jahrhunderts zu bewerten.[8] Sie wurden von der Kritik immer wieder als Antagonisten par excellence und als Vertreter zweier entgegengesetzter Sichtweisen auf die Architektur und deren Rolle in einer modernen Gesellschaft dargestellt.

Ihren Anfang nahm die Rivalität zwischen Loos und Hoffmann mit der bekannten Weigerung Hoffmanns, Loos an der Planung des Sitzungszimmers der Secession zu beteiligen.[9] Dabei handelte es sich keineswegs um nur einen anekdotischen Zwischenfall. Die von Künstlern der Secession gestalteten Innenausstattungen ließen keinerlei fremden Einfluss zu, denn es sollte – wie von Olbrich formuliert – „bis in's letzte Detail, alles von demselben Geist beherrsch [sein]". Wie Loos in seiner bekannten Satire „Vom armen reichen Mann"[10] anprangerte, ging von diesem Grundsatz die elitäre, sektengleiche Logik der Secession aus, die ein Jahrzehnt lang Wien dominierte und Loos in eine absolute Randposition abdrängte.[11] Es war jedoch Georg Simmel, der als Erster darlegte, dass die Unterscheidung zwischen Kunstwerk und Gebrauchsgegenstand, zwischen künstlerischer Kreativität und gewerblicher Arbeit als anthro-

Marco Pogacnik

Hoffmann and Loos – Two Urbanist Theses

In the course of the 19th century, Vienna played a central role in defining the modern discipline of city planning—on a practical level, with the building of the Ringstraße, and on a theoretical level, with the work of Camillo Sitte.[1] The 1860 plan, which concerned the historical center, was followed by the 1894 regulatory plan, which encompassed the entire city, including larger infrastructure projects, such as the city railway and a systems of locks to regulate the waterways. In the work of Otto Wagner, the undisputed architect of this plan,[2] architecture and engineering, building and urban planning came together in a synthesis that endowed Vienna with its unique character and unified appearance. In his book drawn up for the benefit of his students, Wagner affirmed the pre-eminent role of city planning in the work of the contemporary architect: "The most modern of the 'modern' in architecture today are our metropolises."[3]

While in 1911, in the course of a journey to America, Otto Wagner designed his plan for the unlimited growth of the city of Vienna,[4] the Habsburger metropolis had concluded the heroic phase of its development. The monumental buildings along the Ringstraße had been completed and the cycle of grand urban development was considered to have come to a close. At the threshold of the First World War and the collapse of the Habsburg Empire, the competition *Groß-Berlin 1910* represented the passing of the baton between the two great European capitals.

After the propulsive force of the changes of the 19th century were exhausted, the dawn of the new century ushered in a phase of stock-taking: about the new city that had formed in the 19th century, about the large architecture projects that had given the city its imprint, and about their theoretical foundation (Gottfried Semper and Camillo Sitte). The new generation, which included Plečnik, Kotčra, Fabiani, Loos, and Hoffmann, was suddenly confronted with stasis following half a century of tumultuous urban transformation. This discrepancy is clearly expressed by Olbrich in 1898, in his words on the occasion of the first exhibition of the Secession: "We must build a city, an entire city! Everything else is nothing! The government should give us a field [...], and there we want to show what we are capable of; in the entire settlement and to the last detail, everything dominated by the same spirit."[5] As a result of this ambitious proclamation, the Hohe Warte in Vienna and the Artists' Colony in Darmstadt were built,[6] two small upscale residential districts, in which an aestheticized lifestyle was cultivated. They are the expression of social renewal that goes beyond the redesign of teacups and wallpapers.[7]

In front of this background, the diverse positions of these two emblematic protagonists of the great Viennese cultural crisis may be assessed.[8] In critiques they were frequently portrayed as antagonists par excellence and as representatives of two contradictory viewpoints about architecture and its role in modern society.

The rivalry between Loos and Hoffmann began with Hoffmann's noted refusal to involve Loos in the planning of the Secession's conference room.[9] This was by no means merely an anecdotal incident. Designed by artists of the Secession, the interior furnishings did not allow for any extraneous influences, since—as formulated by Olbrich: "[down] to the last detail, everything [should be] dominated by the same spirit." Loos delivered a rebuke in his well-known essay "Vom armen reichen Mann" [Of the poor rich man],[10] claiming that this principle led to the elitist, sectarian logic of the Secession, which dominated Vienna for a decade and relegated Loos to the position of an absolute outsider.[11] It was Georg Simmel, however, who was the first to demonstrate that the difference between a work of art and a utilitarian object, between artistic creativity and industrial work must be viewed as an anthropological difference between two worldviews: on the one hand, the wish to subordinate every aspect of the visible horizon under a single formal principle; and on the other, the perception of work as an impersonal, collective activity, as a contribution to that which the previous generation had left behind in domestic interiors and also in more complex organisms like cities.[12]

In an article that appeared one year before his rupture with Hoffmann, Loos, without waxing polemical, had explicated the motives that distinguished him from his great rival: "For me tradition is everything, giving free reign to imagination takes second place. Here we have to do with an artist who, with the help of his overflowing imagination, [...] exerts pressure on all traditions."[13] Linking to tradition for Loos meant confrontation with the historical city, how it was formed in the course of the 19th century. In the first year of his Bauschule [architecture school], Loos assigned his students the task of completely surveying a Viennese building: "In the coming year, the main work of Hohenberg von Hetzendorf [sic], the Palais Pallavicini at Josefsplatz, shall be the first in the series."[14] Loos knew how to venerate the great architects of the 18th and incipient 19th centuries (Domenico Martinelli, Fischer von Erlach, Josef Kornhäusel, Alois Pichl), as well as pay tribute to the work of the Ringstraße architects, among them Heinrich von Ferstel, Friedrich Schmidt, Theophil von Hansen, and most of all, Otto Wagner.

"I accuse our contemporary architects of not consciously taking into account building character. The construction of the Ringstraße still adapted to the city. But if the Ringstraße were to be built today, we wouldn't have a Ringstraße, but an architectural catastrophe. [...] Viennese means a straight cornice as a finish, without roofs, cupola, oriel, or other structures."[15]

No other architect of the beginning 20th century dedicated himself as intensively as Adolf Loos to the study of the city of Vienna and its history, as well as to the general question of the

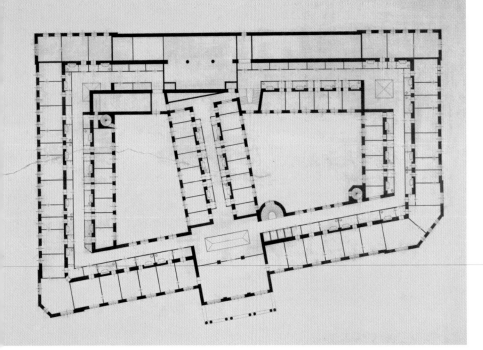

pologische Unterscheidung zwischen zwei Weltanschauungen betrachtet werden musste: auf der einen Seite der Wunsch, jeden Aspekt des sichtbaren Horizonts einem einzigen formalen Prinzip unterzuordnen, auf der anderen Seite die Vorstellung von Arbeit als unpersönlicher, kollektiver Handlung, als Beitrag zu dem, was vorherige Generationen in häuslichen Innenräumen wie auch in komplexeren Organismen wie den Städten hinterlassen haben[12].

In einem Artikel, der ein Jahr vor dem Bruch mit Hoffmann erschien, hatte Loos ohne Polemik die Motive erläutert, die ihn von seinem großen Rivalen unterschieden: „Für mich ist die Tradition alles, das freie Walten der Phantasie kommt bei mir erst in zweiter Linie. Hier aber haben wir es mit einem Künstler zu thun, der mit Hilfe seiner überquellenden Phantasie alten Traditionen […] an den Leib rückt."[13] An die Tradition anzuknüpfen, bedeutete für Loos Konfrontation mit der historischen Stadt, wie sie sich im Laufe des 19. Jahrhunderts gebildet hatte. Im ersten Jahr seiner Bauschule übertrug Loos seinen Studenten die Aufgabe, ein Wiener Gebäude vollständig aufzunehmen: „Im nächsten jahre soll das hauptwerk Hohenbergs von Hetzendorf, das palais Pallavicini am Josefsplatz, die reihe beginnen."[14] Loos wusste sowohl die großen Architekten des 18. und beginnenden 19. Jahrhunderts (Domenico Martinelli, Fischer von Erlach, Josef Kornhäusel, Alois Pichl) als auch die Arbeit der Architekten der Ringstraße zu würdigen – unter ihnen Heinrich von Ferstel, Friedrich Schmidt, Theophil von Hansen und vor allem Otto Wagner.

„Ich klage unsere heutigen architekten an, daß sie bewußt dem baucharakter nicht rechnung tragen. Noch der bau der ringstraße hat sich der stadt angepaßt. Wenn aber die ringstraße heute gebaut werden würde, hätten wir keine ringstraße, sondern eine architektonische katastrophe. […] Wienerisch ist der gerade gesimsabschluß, ohne dächer, kuppel, erker und andere aufbauten."[15]

Kein anderer Wiener Architekt des beginnenden 20. Jahrhunderts widmete sich so intensiv dem Studium der Stadt Wien und ihrer Geschichte sowie der allgemeinen Frage der urbanen Dimension des architektonischen Entwurfs wie Adolf Loos. Im Verzeichnis seiner Werke scheinen als städtebauliche Projekte die Studien zur Karlsplatzverbauung, die Vorschläge zur Verbauung des Modenaparks und der Gartenbaugründe, das Hotel am Stadtpark und die Siedlungsprojekte zu Beginn der 1920er Jahre auf. Als bestes Beispiel veranschaulicht sein großes Meisterwerk, der ehemalige Sitz des Bekleidungsunternehmens Goldman & Salatsch am Michaelerplatz, die Fähigkeit von Loos, einen Ort im Dialog mit dem historischen Vorbestand zu interpretieren, ohne in eine stilistische Nachahmung zu verfallen.[16]

Im Werk Josef Hoffmanns wird die reale, historische Stadt nicht thematisiert. Sein Entwurf für zwei Mietshäuser an der Kärntner Straße bricht mit den tektonischen Prinzipien der Fassadengliederung: Es gibt kein robustes Sockelgesims, die Fassade des obersten Stockwerks ist mit dichtem Lorbeerblattwerk bedeckt und es fehlt das abschließende Dachgesims, das durch eine geschwungene Linie ohne Traufe ersetzt wird.[17] Abgesehen vom Entwurf zur Erweiterung der Wiener Staatsgewerbeschule[18] von 1906 widmet sich Hoffmann erst gegen Mitte der 1920er Jahre städtebaulichen Projekten wie dem Klose-Hof und dem Winarsky-Hof (1924–1925), der Wohnbebauung in der Laxenburger Straße (1928–1932) und dem Entwurf für ein Ausstellungsgebäude am Karlsplatz (1928–1929).[19] Während Loos aus dem reichen Formenschatz schöpft, den ihm die historische Stadt bietet (das große Format des Palais Liechtenstein von Martinelli, die Säulenordnungen von Fischer von Erlach, die formale Schlichtheit von Hetzendorf von Hohenberg, die Fassaden von Pichl, die originelle Interpretation des Wiener Zinshauses durch Wagner), nährt sich die Architektur Hoffmanns in erster Linie aus dem introvertierten Spiel der Geometrie, aus einem sorgfältig ausgewählten Materialeinsatz und dem fantasievollen Umgang mit dekorativen Elementen, die auf die britische Arts and Crafts-Bewegung verweisen.

In den ersten Jahrzehnten des 20. Jahrhunderts drehte sich im Städtebau alles um das Ausfüllen der Risse, die die Bauprojekte des 19. Jahrhunderts hinterlassen hatten, und dafür lieferte der Plan für das historische Zentrum, den Loos 1912 gemeinsam mit Paul Engelmann entwickelte, eine radikale Interpretation.[20]

urban dimension of architectural design. The index of his works includes urban building projects like his studies for the systematization of Karlsplatz, proposals for developing Modena Park and the Gartenbaugründe, the hotel at Stadtpark, and the settlement projects at the beginning of the 1920s. His great masterpiece, the former seat of the apparel firm Goldman & Salatsch on Michaelerplatz, best exemplifies Loos's ability to interpret a location in dialogue with pre-existing historical inventory without resorting to stylistic imitation.[16]

In Josef Hoffmann's work, the real, historical city is not thematized. His design for two rental properties on Kärntner Straße break with the tectonic principle of façade articulation: there is no cornice finishing off the base, the upper story is covered with densely worked laurel leaves, and missing is the finishing roof cornice, which is replaced with a curving line without a gutter.[17] With the exception of his design for the expansion of the Vienna Staatsgewerbeschule[18] in 1906, it was only around the mid-1920s that Hoffmann turned his attention to urban building projects like the Klosehof and the Winarsky-hof (1924–1925), the residential housing development in the Laxenburger Straße (1928–1932), and the design of an exhibition hall at Karlsplatz (1928–1929).[19] While Loos drew on the wealth of forms offered by the historical city (the large scale of Martinelli's Palais Liechtenstein, the harmonious order of Fischer von Erlach's columns, Hetzendorf von Hohenberg's simplicity of form, Pichl's façades, Wagner's original interpretation of

Vienna rental properties), Hoffmann's architecture nourished itself first and foremost through the introverted play of geometry, through the use of carefully chosen materials, and the imaginative handling of decorative elements that referred to the British Arts and Crafts movement.

In the first decades of the 20th century, everything in urban development revolved around filling the gaps left by the building projects of the 19th century; the plan for a historical center drawn up in 1912 by Loos together with Paul Engelmann delivered a radical interpretation of this.[20]

In the 1920s on the other hand, the debate was determined by the juxtaposition of two urban models: settlement [Siedlungsbau] and perimeter multi-story building [Wohnhöfe]. While Loos came down on the side of the former, Hoffmann turned his interest to the topic of the latter, without, however, offering particularly original planimetric solutions. His most convincing urban project may possibly have been the one in 1932 for Salzburg, a project he developed jointly with Oswald Haerdtl.[21] The houses designed by Loos for the settlement in Lainz attest to his pronounced capacity for creating complex planimetric situations by playing with alignments and offsets, continuous changes in street segments, and sudden inversions of the relationship between green spaces and buildings.[22]

The modern city is a complex organism consisting of historical center, city administration, worker's districts, and elite neighborhoods, as well as settlement areas, where less well-off

Adolf Loos
Stadtregulierungsplan, Wien I. (Plan von Wien), Karlsplatz,
Skizzen, Perspektiven, Details, 1912
Bleistift auf Transparentpapier
City development plan, Vienna, 1st district (map of Vienna),
Karlsplatz, sketches, perspectives, details, 1912
Pencil on tracing paper
Albertina, Wien Vienna

In den 1920er Jahren wurde die Debatte hingegen von der Gegenüberstellung zweier urbanistischer Modelle bestimmt: Siedlung und Wohnhof. Während Loos sich für ersteres aussprach, wandte Hoffmanns sein Interesse dem Thema Höfe zu, ohne jedoch besonders originelle planimetrische Lösungen anzubieten. Sein überzeugendster städtebaulicher Entwurf war vielleicht jener von 1932 für Salzburg, ein gemeinsam mit Oswald Haerdtl entwickeltes Projekt.[21] Die von Loos für die Lainzer Siedlung entworfenen Häuser zeugen hingegen von dessen ausgeprägter Fähigkeit, komplexe räumliche Situationen zu erschaffen, indem er mit Fluchtlinien und Achsen, variierenden Straßenabschnitten und plötzlichen Umkehrungen des Verhältnisses zwischen Grünflächen und Bebauung spielt.[22]

Die moderne Stadt ist ein komplexer Organismus, bestehend aus Altstadt und Verwaltungszentrum, Arbeitervierteln und elitären Villengegenden sowie den Siedlungen, in denen auch weniger wohlhabende Klassen die Vorzüge eines Gartens genießen können. Loos gelang es, mit seiner Architektur auf diese Komplexität zu reagieren und beispielhafte Lösungen anzubieten: das Stadthaus, die Vorstadtvilla, das Terrassenhaus und die Siedlung. Auch fehlen geniale architektonische Erfindungen wie das undatierte Haus mit hängenden Gärten[23] nicht im Œuvre Hoffmanns, aber seine Stärke und Schwäche lag darin, als grandioser Interpret einer einzigen sozialen Schicht aufzutreten, statt sein Können in den Dienst seiner Zeit zu stellen. Die Stadt als großes Gemeinschaftswerk lag außerhalb seines Horizonts, und es ist kein Zufall, dass nach dem Zweiten Weltkrieg die Wiederentdeckung von Loos – und der gleichzeitige Abstieg Hoffmanns in der Kritik – genau in dem Moment erfolgten, als das Thema Stadt die Debatte über die Architektur der Postmoderne zu beherrschen begann.

Noch 1950 beschwor Hoffmann das Werk „eines Volkes, das durchwegs aus mitschaffenden Künstlern bestand".[24] Im Zentrum Wiens „sollten nur Künstler, Gelehrte, Kunstfreunde und besonders originelle Menschen wohnen".[25] Prater und Augarten sollten der Freizeit, der Unterhaltung und der Kunst gewidmet sein. Hoffmann wünschte sich dort die Errichtung eines Museums zu Ehren des Bildhauers Anton Hanak, während der Theseustempel in eine Art Kapuzinergruft umgewandelt werden und als Grabstätte der Komponisten dienen sollte, die für die ruhmreiche Musikgeschichte Wiens standen. In Hoffmanns Texten taucht immer wieder der Begriff „Nische" auf. Ein Raum ist nur ein solcher, wenn er geschlossen ist. Im geschlossenen Raum versteht Hoffmann es, seine ganze Kunst im Umgang mit Materialien und Formen zu entfalten. Seinem Freund Carl Moll folgend, schlug Hoffmann vor, das gesamte Untergeschoss des Theseustempels mit Blattgoldmosaiken auszukleiden, während in den Seitennischen große Bronzesarkophage Platz finden sollten, abgetrennt durch sorgfältig gearbeitete Gitter. Zieht man Vergleiche mit dem zeitgleichen Schaffen eines Meisters wie Lois Welzenbacher[26] oder des jungen Roland Rainer,[27] muss man fassungslos feststellen, dass weder zwei Weltkriege noch der Niedergang eines Reiches Hoffmann von seiner festen Überzeugung abbringen konnten, das Problem der Stadt Wien bestünde darin, den Kunstsinn seiner Bevölkerung zu verfeinern, wie zu Beginn des 20. Jahrhunderts, als er dem Wiener Publikum in den Räumen der Secession die erlesene Kunst von Mackintosh, Gustav Klimt und Max Klinger präsentierte.

1 Siehe Wagner-Rieger, Renate, *Die Wiener Ringstraße. Bild einer Epoche*, Wiesbaden 1980; Semsroth, Klaus/Mönninger, Michael/Collins, Christian C. (Hg.), *Camillo Sitte Gesamtausgabe – Schriften und Projekte*, Wien, seit 2007; Kassal-Mikula, Renata/Purtscher, Vera/Haiko, Peter/Tabor, Jan (Hg.), *Das ungebaute Wien – Projekte für die Metropole 1800–2000*, Historisches Museum der Stadt Wien 1999.

2 Graf, Otto Antonia, *Otto Wagner 1. Das Werk des Architekten 1903–1902*, Wien 1985/1994, 87 ff.

3 Wagner, Otto, *Moderne Baukunst*, Wien 1898, 4. Auflage 1914, 75.

4 Wagner, Otto, „Die Großstadt", in: Graf, Otto Antonia, *Otto Wagner 2. Das Werk des Architekten 1903–1918*, Wien 1985/1994, 640 ff.

5 Zit. in Sekler, Eduard F., *Josef Hoffmann: Das Architektonische Werk*, Salzburg/Wien 1982, 41.

6 Zu erwähnen ist hier auch die 1912 bis 1913 errichtete Künstlerkolonie im Kaasgraben. Siehe Sekler, *Josef Hoffmann*, ebd., 167.

7 Der Name des von Hoffmann errichteten Villenviertels „Hohe Warte" wurde im Titel einer 1904 von J. A. Lux, dem ersten Biografen Otto Wagners, gegründeten Zeitschrift übernommen – als Referenz auf die Verkörperung des urbanen, sozialen und architektonischen Ideals.

8 Schorske, Carl Emil, *Wien. Geist und Gesellschaft im Fin de Siècle*, Frankfurt/Main 1982.

9 Loos selbst schreibt darüber im Beitrag „Meine Bauschule", in: *Der Architekt* (19) 10 1913, 70–71; siehe auch in: Loos, Adolf, *Trotzdem. 1900–1930*, Innsbruck 1931 und in: Sekler, *Josef Hoffmann*, a.a.O., 30. Im Jahre 1899 wurde Hoffmann im Alter von 29 Jahren Professor an der Wiener Kunstgewerbeschule, eine Position, die ihm wichtige Aufträge einbrachte und es ihm erlaubte, enormen Einfluss auf die Kritikerszene auszuüben.

10 In: *Neues Wiener Tagblatt*, 26.4.1900 sowie in: Loos, Adolf, *Ins Leere gesprochen 1897–1900*, Paris/Zürich 1921.

11 Siehe die Rekonstruktion der Ereignisse zur berühmten Schrift *Ornament und Verbrechen*, in: Long, Christopher, *The Looshaus*, Yale University Press 20122, sowie in seinem Beitrag in dieser Publikation.

12 Simmel, Georg, „Das Problem des Stiles", in: *Dekorative Kunst* (11) 7 1907/1908, 307–316.

13 Loos, Adolf, „Ein Wiener Architekt", in: *Dekorative Kunst* (1) 11 1898; siehe auch in: Opel, Adolf (Hg.), *Adolf Loos. Die Potemkin'sche Stadt: verschollene Schriften 1897–1933*, Wien 1983, 53–54.

14 Loos, „Meine Bauschule", a.a.O., 70–71. Zur Loos-Bauschule siehe Rukschcio, Burkhardt / Schachel, Roland, *Adolf Loos. Leben und Werk*, Wien 1982, 169 ff.

15 Loos, Adolf, „Wiener Architekturfragen", in: *Reichspost*, 1.10.1910; auch in Loos, *Trotz dem*, a.a.O.

16 Zur Beziehung von Loos zur Architektur Wiens siehe Pogacnik, Marco, *Adolf Loos und Wien*, Wien 2011. Die italienische Ausgabe des Buches wurde um neue Dokumente erweitert und teilweise überarbeitet: *Adolf Loos e Vienna. La casa sulla Michaelerplatz*, Macerata 2011.

17 In Sekler, *Josef Hoffmann*, a.a.O., WV 13. Es handelt sich um dasselbe Gebäude, das auch in dem in Fußnote 13 zitierten Artikel von Loos behandelt wird.

18 In ebd., WV 110b.

19 Die Ausstellungen der Secession, die Kunstschau von 1908 und die Teilnahme an der Kölner Werkbundausstellung 1914 in Köln zählen neben dem Sanatorium Westend in Purkersdorf (1903), dem Palais Stoclet (1905–1911), dem Haus Ast (1909–1911) und der Villa Skywa-Primavesi (1913–1915) zu den herausragenden Leistungen Hoffmanns zu Beginn seiner Laufbahn.

20 Für eine Beschreibung des Entwurfs siehe Pogacnik, *Adolf Loos e Vienna*, a.a.O., 24–26.

21 Sekler, *Josef Hoffmann*, a.a.O., WV 342; Stiller, Adolph, *Oswald Haerdtl: Architekt und Designer, 1899–1959*, Salzburg 2000, WV 93.

22 Siehe Rukschcio/Schachel, *Adolf Loos*, a.a.O., WV 126.

23 Siehe Sekler, *Josef Hoffmann*, a.a.O., WV 447.

24 Hoffmann, Josef, „Utopische Vorschläge zur Gestaltung des Stephansplatzes", 20.4.1950, in: ebd. 503.

25 Hoffmann, Josef, „Gedanken zum Wiederaufbau Wiens", in *Wiener Zeitung*, 23.12.1945; auch in: ebd., 500.

26 L. Welzenbacher, ein Schüler von Theodor Fischer, wurde 1889 geboren und gründete nach dem Zweiten Weltkrieg mit *Der Plan* eine der interessantesten Zeitschriften Wiens.

27 Roland Rainer wurde 1910 geboren und veröffentlichte 1946 das bemerkenswerte Buch *Städtebauliche Prosa. Praktische Grundlagen für den Aufbau der Städte*.

social classes can enjoy the advantages of a garden. With his architecture, Loos succeeded in reacting to this complexity and in offering exemplary solutions: the city house, the suburban villa, the terraced house, and the settlement estate. Hoffmann's oeuvre does not lack ingenious architectural innovations, such as the undated house with hanging gardens[23], but his strength and weakness alike lay in his taking the stage as the sublime interpreter of a single social class, instead of using his talent in service of the times. The city as a collective project was beyond his field of vision, and it is no accident that the rediscovery of Loos after the Second World War—and Hoffmann simultaneously falling out of favor with critics—occurred precisely when the topic "city" began to dominate postmodern architectural discourse.

As late as 1950, Hoffmann yet evoked the work "of a commons that consisted wholly of collaborative creative artists."[24] "Only artists, scholars, art patrons, and particularly original people ought to live" in the center of Vienna.[25] The Prater and the Augarten should be dedicated to leisure time, entertainment, and art. Hoffmann wanted to see a museum in honor of sculptor Anton Hanak erected there, while the Theseus Temple was to be transformed into a type of Imperial Crypt (Kapuzinergruft) for the interment of musicians who had brought glory to Vienna's musical history. The term "niche" crops up frequently in Hoffmann's texts. For him a space could be considered as such only if it was defined by walls. In a closed room, Hoffmann knew how to make use of all of his art in the sophisticated manipulation of materials and forms. Following his friend Carl Moll, Hoffmann suggested covering the entire subterranean room of the Theseus Temple in gold leaf mosaic, while the lateral niches were to contain large bronze sarcophagi, secured behind elaborately worked gratings. If one draws comparisons with the oeuvre of other masters working at that time, such as Lois Welzenbacher[26] or Roland Rainer[27] in his early years, one is stunned to find that neither two world wars nor the downfall of an empire could sway Hoffmann from his firm conviction that the solution to Vienna's problem lay in refining the artistic taste of its inhabitants, such as when, at the beginning of the 20th century, he presented the exquisite art of Mackintosh, Gustav Klimt, and Max Klinger in the rooms of the Secession.

1 Cf. Wagner-Rieger, Renate, *Die Wiener Ringstraße. Bild einer Epoche* [Vienna's Ringstraße. Portrait of an epoch], Wiesbaden 1980; Semsroth, Klaus/Mönninger, Michael/Collins, Christian C. (eds.), *Camillo Sitte Gesamtausgabe – Schriften und Projekte* [Camillo Sitte complete works – writings and projects], Vienna, since 2007; Kassal-Mikula, Renata/Purtscher, Vera/Haiko, Peter/Tabor, Jan (eds.), *Das ungebaute Wien – Projekte für die Metropole 1800–2000* [Unconstructed Vienna – projects for the metropolis 1800–2000], Historisches Museum der Stadt Wien [Historical Museum of the City of Vienna] 1999.

2 Graf, Otto Antonia, *Otto Wagner 1. Das Werk des Architekten 1903–1902* [Otto Wagner. The work of the architect, volume 1], Vienna 1985/1994, 87 ff.

3 Wagner, Otto, *Moderne Baukunst* [*Modern Architecture*], Vienna 1898, 4th edition 1914, 75. Translation of quote by Harry Francis Mallgrave.

4 Wagner, Otto, „Die Großstadt", in: Graf, Otto Antonia, *Otto Wagner 2. Das Werk des Architekten 1903–1918* [Otto Wagner. The work of the architect, volume 2], Vienna 1985/1994, 640 ff.

5 Sekler, Eduard F., *Josef Hoffmann: Das architektonische Werk* [*Josef Hoffmann: The Architectural Work*], Salzburg/Vienna 1982, 41. Translation of quote by Eduard F. Sekler.

6 The artist colony built 1912–1913 in Kaasgraben should be mentioned here too. Cf. Sekler, *Josef Hoffmann*, ibid. 167.

7 The name "Hohe Warte" of the villa district erected by Hoffmann was used in the title of a magazine founded in 1904 by J. A. Lux, Otto Wagner's first biographer—in reference to the embodiment of the urban, social, and architectural ideal.

8 Schorske, Carl Emil, *Fin-de-siècle Vienna: Politics and Culture*, New York 1981.

9 Loos himself wrote about this in his contribution "Meine Bauschule" [My architectural school] in *Der Architekt* (19) 10 1913, 70–71; see also Loos, Adolf, *Trotzdem* [In spite of]. *1900–1930*, Innsbruck 1931, and Sekler, *Josef Hoffmann*, loc. cit., 30. In 1899, at the age of 29, Hoffmann became a professor at the School of Arts and Crafts, a position that brought him important commissions and allowed him to exert enormous influence in the area of architectural criticism.

10 *Neues Wiener Tagblatt*, 26 Apr 1900, and also Loos, Adolf, *Ins Leere gesprochen* [*Spoken into the Void*] *1897–1900*, Paris/Zurich 1921.

11 For a reconstruction of the occurrences leading to the famous text *Ornament and Crime*, see Long, Christopher, *The Looshaus*, Yale University Press 2012, and his contribution in this publication.

12 Simmel, Georg, „Das Problem des Stiles" [The problem of style], in: *Dekorative Kunst* [Decorative art] (11) 7 1907/1908, 307–316.

13 Loos, Adolf, "Ein Wiener Architekt" [A Viennese architect], in: *Dekorative Kunst* [Decorative art] (1) 11 1898; cf. also: Opel, Adolf (ed.), *Adolf Loos. Die Potemkin'sche Stadt: verschollene Schriften 1897–1933* [Adolf Loos. The Potemkin City: missing writings 1897–1933], Vienna 1983, 53–54.

14 Loos, "Meine Bauschule", loc. cit., 70–71. For more on Loos's architectural school, see Rukschcio, Burkhardt/Schachel, Roland, *Adolf Loos. Leben und Werk* [Adolf Loos. Life and work], Vienna 1982, 169 ff.

15 Loos, Adolf, "Wiener Architekturfragen" [Questions of Viennese architecture], in *Reichspost*, 1 Oct 1910; also in Loos, *Trotzdem*, loc. cit.

16 For more on Loos's relationship to Viennese architecture, see Pogacnik, Marco, *Adolf Loos und Wien* [Adolf Loos and Vienna], Vienna 2011. The Italian edition of the book was expanded and partially revised: *Adolf Loos e Vienna. La casa sulla Michaelerplatz* [Adolf Loos and Vienna. The House on Michaelerplatz], Macerata 2011.

17 In Sekler, *Josef Hoffmann*, loc. cit., WV 13. This has to do with the same building addressed by Loos in the article cited in footnote 13.

18 Ibid., WV 110b.

19 In addition to the Sanatorium Westend in Purkersdorf (1903), the Stoclet House (1905–1911), the Ast House (1909–1911), and the Villa Skywa-Primavesi (1913–1915); the exhibitions of the Secession, the Kunstschau of 1908, and participation in the 1914 Werkbund Exhibition in Cologne count among Hoffmann's outstanding achievements at the beginning of his career.

20 For a description of this design, see Pogacnik, *Adolf Loos e Vienna*, loc. cit., 24–26.

21 Sekler, *Josef Hoffmann*, loc. cit., WV 342; Stiller, Adolph, *Oswald Haerdtl: Architekt und Designer, 1899–1959*, Salzburg 2000, WV 93.

22 See Rukschcio/Schachel, *Adolf Loos*, loc. cit., WV 126.

23 See Sekler, *Josef Hoffmann: Das Architektonische Werk* [*Josef Hoffmann: The Architectural Work*], loc. cit., WV 447

24 Hoffmann, Josef, "Utopische Vorschläge zur Gestaltung des Stephansplatzes", 20.4.1950, ibid., 503.

25 Hoffmann, Josef, "Gedanken zum Wiederaufbau Wiens" [Thoughts about the reconstruction of Vienna], in *Wiener Zeitung*, 23 Dec 1945; also in Sekler, *Josef Hoffmann*, loc. cit., 500.

26 L. Welzenbacher, a student of Theodor Fischer's, was born in 1889 and after the Second World War, founded *Der Plan*, one of the most interesting magazines in Vienna.

27 Roland Rainer was born in 1910 and in 1946 published the notable book *Städtebauliche Prosa. Praktische Grundlagen für den Aufbau der Städte* [Urban prose. Principles for the construction of cities].

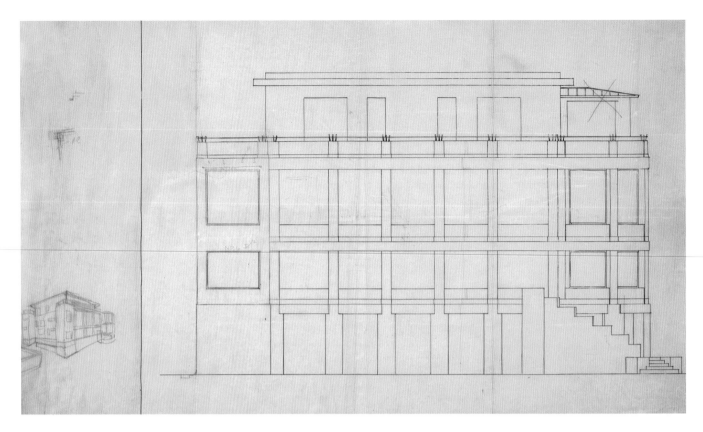

Adolf Loos
Villa Karma, Clarens bei Montreux, 1903–1906
Fassadenentwurf und Perspektivskizze
Feder- und Bleistiftzeichnung
Villa Karma, Clarens near Montreux, 1903–1906
Design of façade and perspective drawing
Pen and pencil on paper
Privatbesitz Private Collection

Adolf Loos
Villa Karma, Clarens bei Montreux, 1903–1906
Gartenansicht, Aufnahme um 1963
Villa Karma, Clarens near Montreux, 1903–1906
Garden view, photograph ca. 1963
Albertina, Wien Vienna

Adolf Loos
Villa Karma, Clarens bei
Montreux, 1903–1906
Sepisezimmer,
Aufnahme 1930
Villa Karma, Clarens near
Montreux, 1903–1906
Dining room, photograph
1930
Albertina, Wien Vienna

Adolf Loos
Villa Karma, Clarens
bei Montreux, 1903–1906
Musiksalon,
Aufnahme ca. 1963
Villa Karma, Clarens near
Montreux, 1903–1906
Music room, photograph
ca. 1963
Albertina, Wien Vienna

4

Oskar Strnad
Haus Wassermann, Wien XIX., Paul-Ehrlich-Gasse 4, Straßenansicht, 1912–1914
Wassermann House, Vienna, 19th district, Paul-Ehrlich-Gasse 4, street view, 1912–1914
MAK

Christopher Long

Vermächtnis einer Kampfdekade

„Ornament und Verbrechen" ab 1909

„Adolf Loos erhob sich gegen den neuen Stil und das neue Or-nament; er verlangte Einfachheit, Rückkehr zum guten Hand-werk, Anlehnung an die englische Überlieferung. Aus Reden und Widerreden entstand Leben, Bewegung, Kraft. Es stürmte, aber man konnte wieder atmen."[1]

So schrieb der junge Musikwissenschaftler Paul Stefan 1913 in seinem Buch *Das Grab in Wien*.[2] Das Werk gibt einen Über-blick über die Bestrebungen der Wiener Avantgarde, die Anliegen der Moderne in den ersten Jahren des neuen Jahrhunderts über das gesamte kulturelle Spektrum hinweg voranzubringen, sowie die Bemühungen der „Konservativen" der Stadt, dem entgegen-zuwirken. Aus Stefans Sicht waren die reaktionären Kräfte über-all in Wien präsent und versuchten unentwegt, alles zu verhin-dern, was nach Fortschritt aussah. Bemerkenswert an dem Buch ist jedoch, dass Stefan, obwohl er kein Experte für Architektur und Design war, die Loos'schen Ideen und ihre Tragweite präzise auf den Punkt bringt. So schreibt er weiter:

„Es ist nötig, über die Vorträge und Ergebnisse von Adolf Loos Rechenschaft zu geben. Schon früher hatte er Wohnun-gen besichtigen lassen, die in seiner Art eingerichtet waren; und da zeigte es sich, daß diesem Künstler, der so viel Klar-heit hatte, der so fanatisch Recht behielt und der immer, bis zur Selbstvernichtung, auf andere hinwies, die er früh er-kannte (Schönberg, Kokoschka), daß ihm eine breite Wirkung vergönnt war. Vor allem: in jeder dieser Wohnungen ließ es sich wohnen. Mit dem modernen Kunstgewerbe hatten sie freilich nichts zu tun. Dieses Kunstgewerbe haßte Loos, er erklärte jedes Mal, der Tischler habe Möbel zu ‚entwerfen', nicht der Architekt, und wo er die Muster verloren habe, müsse man ihn gute englische Arbeiten aus früherer Zeit nachahmen lassen; man dürfe nichts Neues erfinden wollen, wo das Alte gut bewährt sei. Am meisten aber haßte Loos das Ornament. Er nannte es ein Überbleibsel früherer Epo-chen, die noch in diese Gegenwart ragten; die Stickereien der Bauern, die exotischen Arbeiten mußten ihm das bewei-sen. Wenn er Ausnahmen gelten ließ (bedruckte Stoffe fanden sich in seinen Wohnungen häufig), so war er unerbittlich ge-gen die Erfinder neuer Ornamente, die Kunstgewerbe-Schulen und ihre Lehrer. Das neue Ornament war ihm, da es eben abgestorben war und nichts mehr zu sagen hatte, eine äs-thetische und soziale Funktion des Verbrechens [...]. Auch haben seine Ansichten viel Einfluß selbst auf das feindliche Kunstgewerbe geübt. Manche Grenzen haben sich verwischt, und die Rückkehr von der Linie (Olbrich) zur Sache ist sicher mit unter seinem Einfluß geschehen."[3]

Hier vermittelt Stefan ein bemerkenswert klares Bild der Loos'schen Ideen, seines Einflusses und davon, was er im vo-rangegangenen Jahrzehnt erreicht hatte. Dies sollte sich jedoch als Ausnahme erweisen. Weitaus gängiger – besonders in Be-trachtungen aus späteren Jahren – war es, wesentliche Facetten

von Loos' Botschaft zu übergehen und immer wieder dasselbe verzerrte Bild seiner Ideen und ihrer Bedeutung wiederzugeben. Stefans Schriften lassen auch erkennen, dass er mit hoher Wahr-scheinlichkeit mindestens einen von Loos' öffentlichen Vorträ-gen gehört hatte. Vieles deutet darauf hin, dass es sich konkret um „Ornament und Verbrechen" gehandelt haben muss.

Loos verfasste sein berühmtestes Essay Ende 1909 oder An-fang 1910 (nicht 1908, wie oft irrtümlicherweise behauptet wird).[4] Eine Frühfassung präsentierte er am 11. November 1909 in Berlin. Der Vortrag mit dem Titel „Kritik der angewandten Kunst" fand in der Galerie des Kunsthändlers Paul Cassirer in Tiergarten, nahe des Potsdamer Platzes, statt. Organisiert hatte die Präsentation nicht Cassirer selbst, sondern ein Freund von Loos, der Komponist, Galerist und Verleger Herwarth Walden, heute als Gründer der expressionistischen Zeitschrift *Der Sturm* bekannt. Der Text blieb nicht erhalten, doch Zeitungsberichte lassen vermuten, dass der Großteil des Gesagten eine Zusam-menfassung seiner Ideen aus den letzten zehn Jahren war.[5] In einem Artikel des *Berliner Lokal-Anzeigers* war zu lesen:

„Adolf Loos ist schon vor Jahren in seiner Heimat als Anre-ger von Gedanken fruchtbar gewesen, die heute erst modern zu werden beginnen. Er will die Emanzipation des Hand-werks, er will dieses ‚seinen natürlichen Instinkten über-lassen, die sich in Jahrhunderten bewährt haben'. Mit Luft und großer Energie wendet er sich gegen die Einmischung der Künstler in rein praktische und private Angelegenheiten und bekämpft mit besonderer Schärfe Reformer wie Rie-merschmidt [sic] und van de Velde. Das Verschwinden des Ornaments aus den täglichen Gebrauchsgegenständen, namentlich den Möbeln, gilt ihm als ein Ziel und Zeichen äußerer Kultur."[6]

Abgesehen von zwei kurzen Zeitungsberichten fand der Vortrag jedoch kaum Resonanz. Loos' Enttäuschung darüber scheint einer der Gründe zu sein, warum er schließlich „Ornament und Verbrechen" in der heute bekannten Fassung niederschrieb. Diese präsentierte er am 21. Januar 1910 in Wien, etwas mehr als zwei Monate nach dem Vortrag in Berlin.[7] Es kann davon ausgegangen werden, dass diese Fassung erst nach seiner Rück-kehr aus Deutschland entstand (hätte Loos sie schon verfasst gehabt, so hätte er sie zweifellos in Berlin präsentiert). Ob er den Text Ende Dezember oder – was wahrscheinlicher ist – An-fang Januar (kurz bevor er den Vortrag hielt) schrieb, lässt sich heute nicht mehr feststellen.

Offizieller Veranstalter des Vortrags war der Akademische Verband für Literatur und Musik, eine Studentenvereinigung, die regelmäßig Kunst, Literatur und Musik der Avantgarde för-derte. Wo der Vortrag stattfand, ist nicht bekannt. Der Akade-mische Verband mietete oft die Sofiensäle in der Marxergasse im 3. Bezirk, die für größere Veranstaltungen rund 2.700 Sitz-plätze boten. Es ist jedoch sehr wahrscheinlich, dass Loos seinen

Christopher Long

The Legacy of a Decade-long Struggle
"Ornament and Crime" after 1909

"Adolf Loos rose up against the new style and the new ornament; he demanded simplicity, a return to quality handicraft, and borrowing from English tradition. From his speeches and rebuttals came life, movement, force. A storm raged, but one could breathe again."[1]

So wrote the young musicologist Paul Stefan in his book *Das Grab in Wien* [The grave in Vienna] in 1913.[2] The work was a summary of the efforts of the Viennese avant-garde across the entire cultural spectrum to promote the cause of modernism in the early years of the new century and of the efforts of the city's conservatives to repress it. In Stefan's view, the forces of reaction were everywhere in Vienna, constantly attempting to thwart anything that might smack of progress. What is remarkable in his book, though, is that although Stefan was anything but an expert on architecture and design, his recounting of Loos's ideas and their importance is spot-on. Further on in the text, he writes:

"It is necessary to offer an account of the lectures and works of Adolf Loos. Already early on, he arranged to have showings of the interiors he had designed in his distinctive fashion; and what happened was that this artist, who was possessed of such clarity, who maintained his rightness so fanatically, and who promoted the careers of others he was the first to discover (Schönberg, Kokoschka) to the point of his own self-destruction, was not granted a broad impact. Above all: in every one of these interiors it was possible to live. Of course, these spaces had nothing to do with the modern applied arts movement. Loos hated this movement; he always said that it was the cabinetmaker's task to 'design' furniture, not the architect's, and where the cabinetmaker no longer had the proper pattern, he should emulate the good English pieces of earlier times; one should not invent something new where the old has been well preserved. But above all Loos hated ornament. He called it a vestige of earlier times that still loomed over the present; the needlework of peasants, the works of exotic cultures were proof of that. If he permitted exceptions (printed textiles were often found in his interiors), he remained adamantly opposed to the makers of new ornament, to the schools of arts and crafts, and to the teachers in those schools. For him new ornament, because it was now dead and had nothing more to say, was a form of aesthetic and social crime […]. And yet his views still exercised an influence on the opposing camp. Some boundaries melted away, and the rejection of the ornamental faction (Olbrich) undoubtedly happened because of his influence."[3]

Stefan's text here reveals a remarkably lucid picture of Loos's ideas, his influence, and what he had achieved over the previous decade. But this would prove to be the exception rather than the rule. It would turn out to be far more common—especially

Adolf Loos mit Karl Kraus (Mitte) und
Herwarth Walden (rechts), Ende Oktober 1909 (?)
Adolf Loos with Karl Kraus (center) and
Herwarth Walden (right), late October 1909 (?)
Karl Kraus Collection, Special Collections and Archives,
University of Massachusetts at Amherst University Library

in later years—for observers to miss significant facets of Loos's message, and they would repeat a badly distorted view of his ideas and their meanings. What is also evident from Stefan's writings is that he had almost certainly heard some of Loos's public talks. Indeed, in all likelihood given what he writes, he must have actually heard Loos present "Ornament and Crime."

Loos wrote what would become his most famous essay in late 1909 or early 1910 (not 1908, as is so often erroneously claimed).[4] He first presented an early version of it as a talk in Berlin on November 11, 1909. The lecture, which he titled "Kritik der angewandten Kunst" [Critique of applied art], took place in the gallery of the art dealer Paul Cassirer in Tiergarten, close to Potsdamer Platz. The organizer for the event was not Cassirer but a friend of Loos's, the composer, art dealer, and publisher Herwarth Walden, now best known as the founder of the Expressionist magazine *Der Sturm*. No text has survived, but according to the newspaper reports it seems that most of what he said was a summary of his ideas over the previous decade.[5] A review in the *Berliner Lokal-Anzeiger* wrote:

„Schon vor dreizehn Jahren erhob ich meine warnende Stimme und gab der Meinung Ausdruck, daß es uns nicht mehr gegeben ist, ein neues Ornament zu erfinden. (Meine Feinde wollen aus diesem Satz immer ableiten, daß ich ein Gegner des Ornamentes bin, während ich doch nur ein Gegner des sogenannten modernen Ornamentes und ein Gegner jeglicher Imitation bei den Materialien bin.) Wer ornamentieren will, hat daher die alten Ornamente zu verwenden. Die Erfindung neuer Ornamente halte ich nicht für eine Krafterscheinung, sondern – bei kultivierten Menschen – für ein Degenerationszeichen."[12]

Mitte der 1920er Jahre veröffentlichte Loos eine weitere explizite Richtigstellung. In dem Beitrag „Ornament und Erziehung", der ursprünglich in der tschechischen Architekturzeitschrift *Náš směr* [Unsere Richtung] veröffentlicht und anschließend in *Trotzdem* (einer Sammlung seiner späteren Schriften) nachgedruckt wurde, wies er (als Antwort auf eine Reihe von Fragen, die ihm ein bekannter tschechischer Pädagoge übermittelt hatte) die Auffassung zurück, dass er zur Ausrottung aller Ornamente aufgerufen habe. Es gäbe Anwendungsbereiche, so erklärte er, in denen das Ornament angemessen und relevant sei. Einerseits würde es die Monotonie der Arbeit für den Arbeiter lindern. Außerdem würden ornamentierte Gebrauchsgegenstände über die gesamte Lebensdauer des Materials, aus dem sie gemacht sind, ihren Wert behalten.[13] Schließlich veröffentlichte er eine vollständige Richtigstellung:

„Vor sechsundzwanzig jahren habe ich behauptet, daß mit der entwicklung der menschheit das ornament am gebrauchsgegenstande verschwinde, eine entwicklung, die unaufhörlich und konsequent fortschreitet und so natürlich ist wie der vokalschwund in den endsilben der umgangssprache. Ich habe aber damit niemals gemeint, was die puristen ad absurdum getrieben haben, daß das ornament systematisch und konsequent abzuschaffen sei. Nur da, wo es einmal zeitnotwendig verschwunden ist, kann man es nicht wieder anbringen. Wie der mensch niemals zur tätowierung seines gesichtes zurückkehren wird."[14]

Die Tatsache, dass die erste deutschsprachige Veröffentlichung schließlich 1929 zustande kam, als Loos' Assistent Heinrich Kulka und offenbar auch der junge Kritiker Franz Glück diese für die *Frankfurter Zeitung* vorbereiteten, hing stark mit den fortdauernden Fehlinterpretationen zusammen.[15] Das Essay wurde zwei Wochen später auch im *Prager Tagblatt* abgedruckt, doch es war die Veröffentlichung in *Trotzdem*, etwas mehr als ein Jahr später, die sich als Standardquelle für den Text etablierte, bis Anfang der 1960er Jahre die erste vollständige Sammlung der Essays von Loos erschien.[16]

Zunächst gab es kaum Reaktionen. Da „Ornament und Verbrechen" erst 1929 auf Deutsch erschien, nahezu zwei Jahrzehnte nach dem ersten öffentlichen Vortrag, kam es in Mitteleuropa zu keiner wirklichen Auseinandersetzung mit dem Text. Loos' ablehnende Haltung gegenüber dem Ornament war weithin anerkannt, doch die konkreten Argumente, die er in seinen öffentlichen Vorträgen ausgeführt hatte, fehlten in den meisten Texten, die über ihn verfasst wurden.[17] Viele Menschen in Österreich und Deutschland hatten natürlich einen der Vorträge gehört, in denen Loos das Essay zwischen 1910 und 1913 präsentierte (die späteren Vorträge waren nach dem Ausbruch der Kontroverse über das Haus am Michaelerplatz gut besucht), manche wahrscheinlich sogar mehr als einen. Was die meisten davon mitnahmen, waren pauschale Gesamteindrücke seiner

Vortrag im sogenannten Kleinen Saal hielt, der für kleinere Vorträge und Konzerte genutzt wurde.

Was das Publikum an jenem Tag zu hören bekam, war eine Zusammenfassung der Loos'schen Ideen aus etwas mehr als zehn Jahren, beginnend mit seinen ersten Schriften von 1897 und 1898. Nahezu alles, was er sagte, hatte er bereits in seinen Essays und spontanen Kaffeehausreden vorweggenommen. In komprimierter Form und einer reißerischen – heute durchaus gängigen – Bildsprache fiel er über das moderne Ornament her, mit dem Argument, die Qualität von Materialien und Handwerk sei über jedes neue Ornamentsystem erhaben. Weder damals noch später rief Loos jedoch zu einer generellen Ablehnung aller Ornamente auf. Dies wird von Stefan in seiner Zusammenfassung der Loos'schen Ansichten völlig korrekt dargestellt: Er schreibt von Loos' Angriff auf das „neue Ornament" und die „Erfinder neuer Ornamente". Ebenso korrekt stellt er Loos' Angriff auf das „Kunstgewerbe" und seine Überzeugung, das neue Ornament sei „eine ästhetische und soziale Funktion des Verbrechens" dar. Doch sein Text sollte für viele Jahre einer der wenigen bleiben, die Loos' Ideen präzise wiedergaben.

Nach dem ersten Vortrag in Wien präsentierte Loos sein Essay noch mindestens ein halbes Dutzend Mal in der Öffentlichkeit. Zunächst wiederholte er den Vortrag am 3. März 1910 in Berlin. Darauf folgten Vorträge in München (17. Dezember 1910), Prag (17. März 1911) und mindestens zwei weitere in Wien (1912 und 1913).[8] Die letzte dokumentierte Präsentation fand am 5. April 1913 in Kopenhagen statt.[9]

Zu Verwirrung über das Werk führte der Umstand, dass es erst 1913 veröffentlicht wurde – und zwar nicht auf Deutsch, sondern auf Französisch, in der Juni-Ausgabe von *Les cahiers d'aujourd'hui*.[10] Der Text übte einen starken Einfluss auf die französische Avantgarde aus, darunter auch Le Corbusier, der ihn 1920 in *L'esprit nouveau* neu veröffentlichte.[11] Auszüge des Essays erschienen zudem 1926 in *L'architecture vivante*. Wer den Text jedoch auf Französisch las, ohne den größeren Kontext – Wiener Design zur Jahrhundertwende – zu kennen, missverstand ihn und las darin eine weitaus umfassendere Verurteilung des Ornaments als von Loos beabsichtigt. Und dieses Verständnis setzte sich schließlich als Standardinterpretation durch.

Loos versuchte, einige der Missverständnisse über seine Offensive gegen das Ornament aufzuklären. Der erste dieser Versuche erfolgte bereits im Juli 1911, als Loos in einem Essay über Otto Wagner zu dessen siebzigstem Geburtstag schrieb:

"Already years ago in his hometown Adolf Loos became a fertile originator of ideas that only today are becoming synonymous with what is modern. He seeks an emancipation of handicraft, he wants craftspeople to be allowed to operate 'on their own instincts,' using ideas and practices that have been 'preserved over the centuries.' With a great deal of hot air and energy he assailed the meddling of artists in purely practical and private matters, and he attacked with special vehemence reformers like Riemerschmidt [sic] and Van de Velde. The disappearance of ornament from objects of daily use, namely furnishings, is for him the goal and a sign of a true and fitting culture."[6]

There was, however, little response to the talk other than two brief notices in the newspapers. Loos's disappointment over the Berlin lecture appears to have been one of the reasons he then sat down and wrote out "Ornament and Crime" in the form we now know it. He presented it as a lecture in Vienna on January 21, 1910, a little more than two months after his Berlin talk.[7] It is almost certain that he did not begin writing it until after he returned from Germany. (If he had already written the piece, he undoubtedly would have presented it in Berlin.) Whether he wrote it out in late December, or, more likely, in early January, just before he gave it, is impossible now to determine.

The official sponsor for the lecture was the Akademischer Verband für Literatur und Musik [Academic union for literature and music], a student group that regularly held readings of new literary works, concerts, and talks about art. The location of the lecture is unknown. The Akademischer Verband often rented one of the Sophiensäle on the Marxergasse in the third district, which seated some 2,700 for larger events; but Loos's talk was most likely held in the adjacent Kleiner Saal, which was used for smaller lectures and concerts.

What the audience heard that day was a summary of Loos's ideas from the previous decade or so—extending back to his first writings in 1897 and 1898. Almost everything he said had been anticipated in his essays and impromptu coffeehouse lectures. In capsule form—and with lurid, and by now well-practiced imagery—he launched his assault on the making of modern ornament, arguing that quality of materials and handicraft trumped any new ornamental system or idea. What Loos did not pointedly do then—or indeed ever—was to call for a wholesale rejection of all ornament. Stefan, in his summary of Loos's beliefs, is quite correct about this: he writes of Loos's attack on "new ornament" and the "makers of new ornaments." He is also absolutely right about Loos's assault on the "applied art movement" and his belief that new ornament was "a form of aesthetic and social crime." But his would be one of the few texts for many years that would convey Loos's ideas accurately.

Loos would go on to present his essay publicly at least a half dozen times after the first talk in Vienna. He gave it again in Berlin on March 3, 1910. He followed this lecture with repeat talks in Munich, on December 17, 1910; in Prague, on March 17, 1911; and at least twice more in Vienna, in 1912 and again in 1913.[8] The last documented presentation took place in Copenhagen on April 5, 1913.[9]

Confusion about the piece arose, however, because it was not published until 1913, and then in French not in German, in the June issue of *Les cahiers d'aujourd'hui*.[10] The text would come to have a pronounced impact on the avant-garde in France, including Le Corbusier, who republished it in *L'esprit nouveau* in 1920.[11] Excerpts of the essay were reprinted again in 1926, in *L'architecture vivante*. But those who read it in French, lacking much of the context of Viennese design at the turn of the century, misread it, taking away a much more complete denunciation of ornament than Loos had intended. This eventually would become the standard reading everywhere.

Loos made efforts to correct some of the misunderstandings about his offensive against ornament. The first of these came very early. In July 1911, in an essay on Otto Wagner on the occasion of Wagner's seventieth birthday, he wrote:

"Already thirteen years ago, I raised my voice in warning and expressed the opinion that it is no longer a part of our world to invent new ornament. (My enemies want to read out of this sentence that I am an opponent of ornament, whereas I am merely an opponent of so-called modern ornament and an opponent of any sort of imitation materials.) He who wants to use ornament should thus have recourse to the old ornaments. I hold that the invention of new forms of ornament is not a sign of strength, but on the contrary for cultured people it is a sign of degeneration."[12]

Loos published another, more explicit corrective in the mid 1920s. In "Ornament und Erziehung" [Ornament and education], which originally appeared in the Czech-language architectural journal *Náš směr* [Our direction] and was subsequently reprinted in *Trotzdem* [In spite of], a collection of his later writings, he rebutted (in a response to a series of questions supplied to him by a noted Czech educator) the notion that he had called for the eradication of all ornament. There were, he explained, design applications for which ornament might be proper and relevant. On the one hand, it could relieve the monotony of work for the worker. Ornamented objects of daily use also retained their value as long as the material they are made from would survive.[13] Then he issued a full corrective:

"Twenty-six years ago, I argued that the evolution of mankind would lead to the disappearance of ornament, a development that is unceasing and, as a result, progressive and as natural as the vocal shrinkage of the final syllable in words in everyday speech. I never meant, however, what the purists have insisted *ad absurdum*, namely that ornament should be systematically and completely abolished—only that in instances where the times have done away with it, it should not be reintroduced—just as people will not go back to tattooing their faces."[14]

The fact that the first German-language publication did not come until 1929—when Loos's assistant Heinrich Kulka—and apparently also the young critic Franz Glück—prepared it for publication in the *Frankfurter Zeitung*—had much to do with the continuing misreadings.[15] The essay was reprinted two weeks later, in the *Prager Tagblatt*, but it was its appearance in *Trotzdem* a little more than a year later that would become the standard source for the text until the first publication of Loos's complete essays in the early 1960s.[16]

At first, though, there was mostly silence. The fact that "Ornament and Crime" was not published in German until 1929, almost two decades after he had first presented it publicly, precluded any specific discussion of it in Central Europe. Loos's anti-ornament position was widely acknowledged, but the narrower arguments he had offered in his public talks were mostly absent in writings about him.[17] Many people in Austria and Germany, of course, had heard one of Loos's presentations of it between 1910 and 1913 (the later talks, after the eruption of the controversy over the Goldman & Salatsch building on Michaelerplatz, were well attended), some probably more than once.

Argumentation: die totale Ablehnung des Ornaments, die heftigen Angriffe gegen jene, die es nach wie vor verwendeten, und die Verbindung, die er zwischen Ornament und Kriminalität herstellte. Woran sich die meisten erinnerten, waren die schonungslosen Behauptungen, nicht die Nuancen. Und da es zwei Jahrzehnte lang keinen gedruckten Text gab, in dem man das Gehörte nachlesen und das eigene Gedächtnis korrigieren konnte, blieb nur die Schärfe seiner Argumente in Erinnerung. Der einprägsame Titel lieferte die Antwort: Ornament *und* Verbrechen. Er verwandelte sich schon bald in eine Gleichsetzung: Ornament = Verbrechen.

Dazu war nicht viel nötig. Schon der überhitzte Ton des Essays selbst war ein perfekter Nährboden für Missverständnisse. Loos hielt Hoffmann und die Anderen natürlich nicht wörtlich für Verbrecher, weil sie Ornamente nutzten. Er war jedoch der Meinung, dass die Fehlverwendung des Ornaments in gesellschaftlicher und kultureller Hinsicht falsch sei – und letztendlich schädlich. Seinen Wiener Kollegen mit Verbrechern zu vergleichen, die sich tätowieren (eine Anspielung, die auf den italienischen Kriminologen Cesare Lombroso zurückgeht), war für ihn ein Mittel, um seine Kritik einprägsam und originell zu verpacken.[18]

Aber auch Loos selbst trug dazu bei, den Mythos um seine Person zu nähren. In den 1920ern bis Anfang der 1930er Jahre schien es, als könne er sich nicht entscheiden: Einerseits versuchte er vehement, die Missverständnisse über seine Ansichten aufzuklären, andererseits stellte er radikale Behauptungen auf, die nur bestätigten, was die meisten ohnehin dachten – dass er der „Drachentöter" des Ornaments sei. Seine kriegerischste Aussage erschien im Vorwort zu *Trotzdem*: „Aus dreißigjährigem kampfe bin ich als sieger hervorgegangen: ich habe die menschheit vom überflüssigen ornament befreit. ‚Ornament' war einmal das epitheton für ‚schön'. Heute ist es dank meiner lebensarbeit ein epitheton für ‚minderwertig'."[19] Er beklagte auch mit Verbitterung, dass seine Rolle in Vergessenheit geraten war: „Freilich, das echo, das zurücktönt, glaubt die stimme selbst zu sein. Das perfide buch *die form ohne ornament*, 1924 in Stuttgart erschienen, verschweigt meinen kampf und verfälscht ihn zugleich."[20]

Die Verfälschung seiner Ansichten bekümmerte Loos – sie schien ihn sogar tief zu verletzen. Dennoch scheint es manchmal, als habe er bewusst die korrekte Darstellung seiner Ideen geopfert, um seine Rolle in der Ornamentdebatte wirksamer hervorzuheben. Letztendlich konnte er jedoch niemals vollständig akzeptieren, dass das, was er über das Ornament zu sagen hatte, so oft missverstanden oder verzerrt wurde. Die Botschaft, die bei den meisten ankam, war, dass Loos auf der vollständigen Ausrottung des Ornaments bestand, weil das Ornament ein *Verbrechen* sei. Der deutsche Kritiker Paul Westheim formulierte 1930 das, was zur Standardaussage werden sollte: „Ornament nennt er schlechtweg Verbrechen."[21]

Die Veröffentlichung von „Ornament und Verbrechen" in *Trotzdem* trug nichts dazu bei, diese Sichtweise zu verändern – sie schien sie sogar zu bekräftigen. Wer das Essay sorgfältig liest, begreift schnell, dass Loos über kulturelle Evolution schreibt, mit der Kernaussage, dass das Ornament verschwand, weil es unmodern wurde. Das einzige Verbrechen gehe von jenen aus, die es besser wissen sollten – den modernen Designern, die weiterhin auf dem Ornament beharrten, obwohl dessen Zeit vorüber sei. Das Ornament, so insistierte Loos, habe nach wie vor seine Berechtigung für jene, die an seiner Herstellung Freude fänden und deren kulturelle Entwicklung weniger fortgeschritten sei. Auch ältere Ornamente behielten ihre Berechtigung. An

keiner Stelle des Texts setzt Loos das Ornament direkt einem Verbrechen gleich. Dennoch – die Vermischung von Ornament und Kriminalität war so mächtig und so praktisch, dass sowohl Verfechter als auch Gegner der Moderne darauf verzichteten, weiterzulesen.

Es gab gelegentliche Richtigstellungen des Mythos. Ein kurzer Beitrag, den Loos' Cousin Victor Loos 1942 verfasste, bot eine weitestgehend korrekte Zusammenfassung der Hauptargumente von „Ornament und Verbrechen".[22] Solche Momente blieben jedoch rar. Erst nach dem Zweiten Weltkrieg kam eine erneute Debatte über Loos und sein berühmtes Essay auf. Auslöser dafür war ein Artikel zum Thema, den der englische Kritiker Reyner Banham 1957 in *Architectural Review* veröffentlichte. Er hatte „Ornament und Verbrechen" gelesen – wenn auch offenbar isoliert, ohne den breiteren Kontext der Loos'schen Ideen sowie der Ornamentdebatte vor dem Ersten Weltkrieg vollständig zu erfassen. Er schreibt zu Beginn seines Artikels:

> „Das Konzept der schmucklosen Architektur hat für uns heute nahezu den Stellenwert eines mosaischen Gebots – in der Praxis missachtet und in der Theorie niemals in Frage gestellt. So fällt es schwer, sich vorzustellen, dass dies die Idee eines einzigen Mannes war. Viel eher möchte man sie einem kollektiven Unbewussten der Pioniere der Moderne zuschreiben. Doch was uns an literarischen Nachweisen aus den ersten zwanzig Jahren dieses Jahrhunderts geblieben ist, zeugt in keiner Weise von einer weit verbreiteten Ablehnung des Ornaments."[23]

Dann lässt Banham einen „Gnadenstoß" folgen: [Loos'] Haltung war klar: Jede Form von kulturellem Rückschritt ist ein Verbrechen und eine Verschwendung. Das Ornament ist ein kultureller Rückschritt und muss folglich eine Verschwendung und ein Verbrechen sein – noch schlimmer, ein Sittlichkeitsverbrechen."[24] Er weist alle von Loos sorgfältig ausgeführten Voraussetzungen für seine Argumentation als bloße Ausflüchte zurück: „was zusätzlich schockiert", schreibt er, „sind seine Versuche, das Thema zu verharmlosen".[25] Banhams Interpretation sollte alles, was in den nächsten drei Jahrzehnten über Loos und sein Essay geschrieben wurde, beeinflussen. Seine Darstellung von Loos als einen etwas verstörten, jedoch vorausschauenden Fanatiker wurde zum Standard, besonders in der englischsprachigen Welt. Sie wurde Teil des unverrückbaren Hintergrunds Botschaft der Moderne.

Doch es waren nicht nur Theoretiker und Kritiker, die sich durch „Ornament und Verbrechen" bestärkt fühlten. Auch junge Architekten, die es als Glaubenssache akzeptierten, dass das Ornament seine Berechtigung eingebüßt hatte, fanden darin ein Mittel zur Verteidigung ihrer eigenen Position. In den Jahrzehnte nach dem Zweiten Weltkrieg boten Loos' ornamentfeindliche Ansichten, meist oberflächlich zitiert, einen Weg, um auf das Thema Ornament zu verzichten. Wer dieses grundlegende Gebot in Frage stellte, wurde zu einem Abtrünnigen.

Indes kündigten sich bereits die Veränderungen der frühen 1960er an. Eine Gruppe junger Österreicher, darunter Friedrich Achleitner, Johann Georg Gsteu, Friedrich Kurrent und Johannes Spalt, die an der Akademie der bildenden Künste oder der Technischen Universität in Wien studiert hatten, leiteten eine Neubewertung von Loos und dessen Arbeiten und Ideen ein. Später schlossen sich einige etwas jüngere Protagonisten wie Hermann Czech, Wolfgang Mistelbauer, Burkhardt Rukschcio und Roland Schachel den Bestrebungen an. Das Ergebnis war eine weitaus differenziertere, historisch basierte Interpretation. Als Erben

What most came away with were general impressions of his argument: his all-out assault on ornament, his eager flogging of those who still made it, the association he made between ornament and criminality. What most remembered were the blunt assertions, not the nuances. And because for two decades there was no readily available text to check, no text against which to correct their memories, what they remembered was the stridency of his arguments. The title, easily recalled, gave the answer: ornament *and* crime. It soon morphed into an equation: ornament = crime.

It was an effortless step to take. The overheated tone of the essay itself contributed to the misunderstandings. Loos, of course, did not literally think Hoffmann and the others were criminals for making ornament; he did, however, believe that misapplying ornament was socially and culturally wrong—and ultimately injurious. Comparing his fellow Viennese with criminals tattooing themselves (an allusion he evidently took from the Italian criminalist Cesare Lombroso) was a means for him to render his critique both memorable and droll.[18]

Loos, it must be said, also did much to further his own myth. Throughout the 1920s and early 1930s, he seems to have been of two minds, on the one hand loudly correcting the misunderstandings about his views, on the other, making sweeping statements that only served to confirm what most already thought—that he was the great "slayer" of ornament. His most bellicose statement came in the foreword to *Trotzdem*: "After a thirty-year-long war, I emerged as victor: I freed humanity from superfluous ornament. 'Ornament was once an epithet for beauty. Today, thanks to my life's work, it is an epithet for mediocre.'"[19] He also complained bitterly that his role had been forgotten: "Of course, the echo that resounds back is mistaken for the original voice. The perfidious book, *Die Form ohne Ornament* [Form without ornament], which appeared in Stuttgart in 1924, ignores my fight and distorts it at the same time."[20]

The falsification of his views did trouble Loos—indeed, it appears to have troubled him deeply—though at times, it seems, he was willing to trade the accuracy of what he believed for publicity about his role in the ornament debate. But in the end he could not ever fully accept the fact that what he had to say about ornament was so often misinterpreted or distorted. The message that most took away, though, was that Loos had insisted on the full eradication of ornament, and that was because ornament was a *crime*. The German critic Paul Westheim, writing in 1930, put bluntly what was to become the standard formulation: "[Loos] simply calls ornament a crime."[21]

The publication of "Ornament and Crime" in *Trotzdem* did nothing to alter that view; indeed, it seemed only to reinforce it. Anyone reading the essay carefully will quickly grasp that Loos is writing about cultural evolution and that his essential point is that ornament was disappearing because it was becoming outmoded. The only crime involved those who should have known better—modern designers—who insisted on continuing to create ornament after its time had passed. Ornament, so Loos insisted, was still appropriate for those who found pleasure in making it and those whose cultural level was less advanced. And older ornament still retained its validity. Nowhere in the piece does he directly equate ornament with crime. But no matter: the admixture of ornament and criminality was so powerful and so useful that both the advocates and enemies of modernism were content to look—or read—no further.

There were occasional corrections to the myth. A short tribute that Loos's cousin, Victor Loos, wrote in 1942 offered a concise and very largely correct exposition of "Ornament and

ORNEMENT ET CRIME

On sait que l'embryon humain passe dans le sein de la mère par toutes les phases de l'évolution du règne animal. L'homme, à sa naissance, reçoit du monde extérieur les mêmes impressions qu'un petit chien. Son enfance résume les étapes de l'histoire humaine : à deux ans, il a les sens et l'intelligence d'un Papou ; à quatre ans, d'un ancien Germain. A six ans, il voit le monde par les yeux de Socrate, à huit ans par ceux de Voltaire. C'est à huit ans qu'il prend conscience du violet, la couleur que le XVIIIᵉ siècle a découverte. Car avant cette date les violettes étaient bleues et la pourpre rouge. Et nos physiciens montrent aujourd'hui dans le spectre solaire des couleurs qui déjà ont un nom, mais dont la connaissance est réservée aux générations à venir.

Le petit enfant et le Papou vivent en deça de toute morale. Le Papou tue ses ennemis et les mange : il n'est pas un criminel. Mais un homme moderne qui tue son voisin et le mange ne peut-être qu'un criminel ou un dégénéré. Le Papou tatoue sa peau, sa pirogue, sa pagaie, tout ce qui lui tombe sous la main. Il n'est pas un criminel. Un homme moderne qui se tatoue est un criminel ou un dégénéré. Dans beaucoup de prisons, la proportion des tatoués s'élève à 80 %. Les tatoués qui vivent en liberté sont des criminels latents ou des aristocrates dégénérés. Il arrive que leur vie semble irréprochable jusqu'au bout. C'est qu'ils sont morts avant leur crime.

247

Adolf Loos, *Ornement et crime*
Les cahiers d'aujourd'hui 5, Juni June 1913, S. p. 247

Crime's" main arguments.[22] Such moments, however, remained rare and isolated. It was only after World War II that there was a renewed discussion of Loos and his famed essay.

The signal moment came in 1957, with the publication of English-born critic Reyner Banham's article on the subject in the *Architectural Review*. He read "Ornament and Crime," though he did so evidently in isolation, without taking in fully either the larger frame of Loos's ideas or the pre–World War I discourse on the ornament problem. Thus, at the outset of his piece, he writes:

"To us, now, the idea of an undecorated architecture has so nearly the status of a Mosaic commandment, to be flouted in practice and to be never queried in theory, that it is difficult to conceive of it as the thought of one man, and much easier to refer it back to the collective unconscious of the pioneers of Modern design. But the surviving literary evidence from the first twenty years of this century does not reveal any widely diffused hostility to decoration."[23]

Banham then follows with a "coup de grâce": "[Loos's] position was clear: all forms of cultural regression are crime and waste; ornament is cultural regression and must therefore be a waste and crime; worse than that, sex-crime."[24] He dismisses all of Loos's meticulously wrought qualifications of his argument as mere prevarication: "it comes as a further shock," he writes, "to find him hedging the issue with soft options."[25] Banham's reading would influence those writing about Loos and his essay for the next three decades. His portrayal of Loos as a slightly unhinged but far-seeing zealot would become standard fare, especially in the English-speaking world. It would become part of the steady background of the modernist message.

der Wiener Moderne waren sie in der Lage, die Bedeutung des kulturellen Ansatzes von Loos zu erfassen.

Ein konkretes Ergebnis dieser Neubewertung war 1962 die Veröffentlichung des ersten von zwei geplanten Bänden mit Loos' *Sämtlichen Schriften* (herausgegeben von Franz Glück), wodurch seine Texte, darunter auch „Ornament und Verbrechen", leichter zugänglich gemacht wurden.[26] Die Publikation „Der Architekt Adolf Loos" von Ludwig Münz und Gustav Künstler aus dem Jahr 1964 trug ebenfalls dazu bei, einige Missverständnisse aufzuklären.[27] Als das Buch zwei Jahre später auf Englisch erschien (mit einer überaus brauchbaren Übersetzung von „Ornament und Verbrechen"), gelang es so manchem Leser schließlich, Loos' feine Unterscheidungen wahrzunehmen. Der amerikanische Historiker William Jordy schrieb beispielsweise in seiner Besprechung des Buchs im *Journal of the Society of Architectural Historians* [Zeitschrift der Gesellschaft der Architekturhistoriker], dass Loos in seinen Aussagen das Ornament nicht „gänzlich verdammt. Der vollständige Text seines Essays erläutert diesen Punkt genau. Wie Loos auch an anderer Stelle darlegt, bedeutet es vielmehr, dass eine moralische Architektur durch Form und Material spricht, nicht durch aufgebrachte Ornamente."[28]

Auch Joseph Rykwert bestätigte einige Jahre später in London Loos' „evolutionistischen" Ansatz: „Loos stellt den Grundsatz auf, dass die Evolution der Kultur gleichbedeutend mit dem *Entfernen* des Ornaments von Gebrauchsgegenständen sei." Doch er kritisierte Loos für seine „Widersprüchlichkeit" (ihm entging, dass Loos tatsächlich nicht widersprüchlich war): „Er lässt zu, dass seine Schuhe mit Ornamenten bedeckt sind. Es müssen wohl englische Herrenhalbschuhe gewesen sein." Gleichzeitig gibt Rykwert die Argumentation von Loos wieder, dass die Anfertigung solcher Ornamente dem Schuster Freude bereiten und er ihn dafür bezahlen würde.[29]

In den folgenden Jahrzehnten gab es unterschiedliche Interpretationen von „Ornament und Verbrechen" – von einsichtsvoll und weitgehend präzise bis hin zu völlig abwegig. 1970, im selben Jahr, in dem Rykwert seinen Artikel verfasste (Loos wäre in diesem Jahr 100 Jahre alt geworden), veröffentlichte Willy Haas ein Beispiel für Ersteres, eine lebhafte Erinnerung an einen Vortrag von Loos, den er vor dem Ersten Weltkrieg gehört hatte.[30]

Zahllose weitere Interpretationen griffen massiv daneben. Für die Postmodernisten der 1970er und 1980er Jahre gab das Essay Rätsel auf. Sie zelebrierten Loos' Tendenz, in seinen Arbeiten, auf historische Formen und Ideen zurückzugreifen. Sein Eintreten für kulturelle Kontinuität passte perfekt zu ihren eigenen Ansprüchen, und Loos' Wolkenkratzer für den Chicago Tribune-Wettbewerb, den er als gigantische dorische Säule entwarf, wurde zu einer Art Symbol für ihre Bewegung. Doch „Ornament und Verbrechen" stellte sie vor ein Problem: Es schien im absoluten Widerspruch zu vielen anderen von Loos' Essays (in denen er wiederholt die Bedeutung der westlichen Tradition für die Entwicklung einer Ästhetik der Gegenwart betonte) zu stehen. Wenn Loos aus der klassischen Vergangenheit schöpfen wollte, wieso lehnte er dann das Ornament ab? Was sie übersehen hatten, war natürlich, dass Loos nur das *moderne* Ornament ablehnte. Doch nur wenige machten sich die Mühe, das Essay sorgfältig genug zu lesen, um diesen Unterschied zu erkennen. So wurde „Ornament und Verbrechen" nur allzu oft als verwirrend beiseitegeschoben – während man Loos' übrige Schriften verherrlichte.

Viele spätere Interpretationen waren kaum besser. In seinem 1996 erschienenen Buch *The Evolution of Allure [Verführung nach Maß. Ideal und Tyrannei des perfekten Körpers]* schreibt

George L. Hersey beispielsweise: „Im Jahr 1908 verfasste Loos ein Essay mit dem Titel ‚Ornament und Verbrechen'. [...] Es verurteilte jedes architektonische Ornament als atavistisch."[31] Noch schlimmer waren Autoren, die Loos des Verbrechens beschuldigten, das Ornament für unsere Zeit ausgerottet zu haben (als wäre das möglich!), oder ihm andere „Verbrechen" zuschrieben. Bernie Miller und Melody Ward attackieren Loos in der Einleitung zu ihrem Buch *Crime and Ornament: The Arts and Popular Culture in the Shadow of Adolf Loos* [Verbrechen und Ornament: Kunst und Volkskultur im Schatten von Adolf Loos] aufgrund der „rassistischen und frauenfeindlichen Darstellungen, die so plakativ auf der Oberfläche [des Essays] sitzen".[32]

Dennoch gab es in dieser Zeit auch einige scharfsinnige und umsichtige Interpretationen. Eine der besten stammt von Ernst Gombrich. Der in Wien geborene Kunsthistoriker schrieb 1979 in *The Sense of Order: A Study in the Psychology of Decorative Art* [Der Ordnungssinn: Eine Studie im Bereich der Psychologie der angewandten Kunst] beispielsweise:

> „Die von Loos vorgelegte Ästhetik ging zurück auf die neoklassizistische Tradition, die in jeder übermäßigen Ornamentierung ein Anzeichen für Vulgarität sah. Bestärkt wurden seine Überzeugungen jedoch auch dadurch, dass sowohl Ruskin als auch die englischen Designreformer mit so großem Nachdruck die Überlegenheit von barbarischen und exotischen Handwerkstraditionen hervorgehoben hatten [...]. Von dieser Auffassung ist es nur noch ein kleiner Schritt zu der Behauptung, dass die Unterlegenheit des Industriezeitalters im Bereich des Ornaments ein Anzeichen für seine höhere Zivilisierung sei."[33]

Eine weitere brillante Zusammenfassung bot Karsten Harries an einem eher ungewöhnlichen Schauplatz: in seiner hervorragenden Studie von 1983 über bayerische Rokokokirchen. Er stellt die Loos'sche Argumentation über das Ornament dem Problem der überreichen Dekoration im Bayern des späten 18. Jahrhunderts gegenüber und fragt:

> „Warum jedoch Ornament mit Verbrechen assoziieren? Man kann vielleicht den wackeligen Kompromiss zwischen Form und Funktion, den die Architektur des 19. Jahrhunderts einging, aus ästhetischer Sicht kritisieren [...]. Doch rechtfertigt dies die Ablehnung jeglichen Ornaments? Etwas als Verbrechen zu bezeichnen bedeutet, es als schweren Angriff auf das Gemeinwohl zu verstehen. Stellt das Ornament einen solchen Angriff dar? Loos besteht darauf [...]. Ist das Ornament nicht eine schreckliche Verschwendung von Zeit und Geld, die besser in Nahrung, Medizin und Bildung investiert wären? Wie lässt sich das Ornament angesichts der weiten Verbreitung von Unterernährung und Analphabetismus im Bayern des 18. Jahrhunderts rechtfertigen? [...] Kulturelle Evolution, wie Loos sie versteht, ist untrennbar mit wirtschaftlichem Erfolg verbunden."[34]

In den letzten Jahren kamen weitere gute, korrekte Darstellungen hinzu, obwohl diese nach wie vor in der Minderheit gegenüber jenen sind, die auf einem oberflächlichen Verständnis basieren und Ornament einfach mit Verbrechen gleichsetzen. Die Frage ist natürlich: Warum?

Auf der einen Seite ist dies sicherlich ein Ergebnis intellektueller Trägheit: Loos wird immer wieder von Verfassern zitiert, die sich nicht die Mühe gemacht haben, seine Argumentation vollständig zu erfassen (manchmal scheint es, als hätten sie das Essay nicht einmal gelesen) oder den Kontext zu verstehen, in dem er arbeitete.

But it was not only theorists and critics who found strength and succor in "Ornament and Crime." Young architects, too, who accepted as a matter of faith that ornament had ceased to have validity, found in it a means to defend their position. In the decades after World War II, Loos's anti-ornament views, usually cursorily cited, offered a means to dispense with the issue of ornament; those who questioned this fundamental precept became apostates.

By the early 1960s, however, changes were already afoot. A group of younger Austrians—including Friedrich Achleitner, Johann Georg Gsteu, Friedrich Kurrent, and Johannes Spalt—who had studied at the Vienna Academy of Fine Arts or the Technical University, began the reassessment of Loos, his works, and his ideas. Later, several slightly younger figures, among them Hermann Czech, Wolfgang Mistelbauer, Burkhardt Rukschcio, and Roland Schachel, joined the effort. The result was a far more historically based and nuanced account; as heirs of the Viennese modernist tradition they grasped the meanings of Loos's cultural approach.

One of the results of this reassessment was the publication, in 1962, of the first of two projected volumes of Loos's *Sämtliche Schriften* [Complete writings], edited by Franz Glück, which made his writings, including "Ornament and Crime," readily accessible.[26] The publication of Ludwig Münz and Gustav Künstler's *Der Architekt Adolf Loos* [The architect Adolf Loos] in 1964 also helped to dispel some of the misunderstandings.[27] When the English-language version of the book appeared two years later (which included a more than serviceable translation of "Ornament and Crime"), some even snatched out of it Loos's fine distinctions. The American historian William Jordy, for example, in his review of the book in the *Journal of the Society of Architectural Historians*, wrote that Loos's statements did not "wholly exorcise ornament—and the full text of his essay is even more specific on this point. Rather, as Loos puts it elsewhere, it means that ethical architecture speaks through form and material, not through applied decoration."[28]

Joseph Rykwert, in London, writing a few years later, also acknowledged Loos's "evolutionary" approach: "Loos proposes the axiom that the evolution of culture is equivalent to the *entfernen* [removal] of ornament from everyday things." But Rykwert called out Loos for his "inconsistency" (missing that Loos was in fact not being inconsistent at all): "His shoes, he admits, are covered with ornaments. English-style brogues, one must suppose"—even though he recounts Loos's arguments that crafting such ornaments would give the shoemaker pleasure and that he would compensate the man for doing so."[29]

Over the following decades, the offerings about "Ornament and Crime" varied, from the insightful and mostly accurate to the wildly erroneous and the slightly loopy. In 1970, the same year Rykwert was writing (it was the one-hundredth anniversary of Loos's birth), Willy Haas published an example of the former, a lively remembrance of having heard Loos speak before the First World War.[30]

There were many, many more, though, that got it all dead wrong. For the postmodernists of the 1970s and 1980s, the essay presented a conundrum. They loudly celebrated Loos's tendency to make recourse to historical forms and ideas in his works—his embrace of the notion of the continuity of culture matched their aspirations perfectly—and Loos's skyscraper for the Chicago Tribune competition, in the form of a giant Doric column, became an emblem of sorts for their movement. But "Ornament and Crime" presented a problem: unlike many of Loos's other essays (which repeated his assertions about the impor-

tance of the Western tradition for the making of an aesthetic for the present) it seemed an arrant contradiction. If Loos wanted to reclaim the classical past, why reject ornament? What they missed, of course, was that Loos had only repudiated *modern* ornament. But few bothered to read the essay closely enough to make the distinction. And so "Ornament and Crime" was all too frequently shunted away as a troublesome embarrassment—even while they trumpeted Loos's other writings.

Many later accounts were scarcely any better. In his 1996 book *The Evolution of Allure*, George L. Hersey, for instance, writes: "In 1908 Loos wrote an essay called 'Ornament and Crime'. [...] It condemned all architectural ornament as atavistic."[31] Worse yet were the writers who accused Loos of the crime of eradicating ornament for our time (as if that were possible!) or of other supposed "crimes." Bernie Miller and Melody Ward, in their introduction to their book *Crime and Ornament: The Arts and Popular Culture in the Shadow of Adolf Loos*, assailed Loos for the "racist and misogynist description that sit so boldly on [the essay's] surface."[32]

Yet during this period there were also some astute and farseeing accounts. One of the best came from Viennese-born Ernst Gombrich, in *The Sense of Order: A Study in the Psychology of Decorative Art*. He writes, for example:
"The aesthetic propounded by Loos harked back to the Neoclassical tradition, which saw in any surfeit of ornament a symptom of vulgarity. But his convictions were also reinforced by the very emphasis which both Ruskin and the reformers of design in England had placed on the superiority of barbaric and exotic craft traditions [...]. It is but a step from this conviction to the assertion that the inferiority of the industrial age in matters of ornament is in fact a symptom of its higher civilization."[33]

Another brilliant summing up came from Karsten Harries, in a rather unlikely venue: his very fine 1983 study of Bavarian Rococo churches. Setting the issue of Loos's ornament argument against the problem of overabundant decoration in late eighteenth-century Bavaria, he asks:
"But why associate ornament with crime? It may be possible to criticize nineteenth-century architecture's uneasy compromises between form and function on aesthetic grounds [...] But does this justify the condemnation of all ornament? To call something a crime is to suggest that it constitutes a serious offense against the public welfare. Does ornament constitute such an offense? Loos insists that it does [...] Is ornament not frightfully wasteful of time and money that would be better spent on food, medicine, and education? With malnutrition and illiteracy as widespread as they were in eighteenth-century Bavaria, how can ornament be defended? [...] Cultural evolution, as Loos understands it, is inseparable from economic success."[34]

In recent years, there have been other good and true accounts, though they are still outnumbered by the ones that rely on a superficial reading, that make the simple equation between ornament and criminality. The question, needless to say, is: why?

On the one hand, it is surely the result of intellectual indolence: Loos is cited all the time by those who have not expended the effort to take in his argument fully (in some instances, it seems, not even bothering to read the essay) or to understand the context in which he was working.

But there is another reason, one that undoubtedly goes to the heart of why "Ornament and Crime" has had such a long and

Doch es gibt noch einen Grund, der ohne Zweifel auf den Punkt bringt, warum „Ornament und Verbrechen" ein so langes und kurioses Nachleben beschert war. Es war unglaublich praktisch, zu behaupten, dass Loos das Ornament kurzerhand ablehnte. Die frühen Modernen taten es, um ihre Sache zu untermauern. Die späteren Kritiker der Moderne taten es, um die modernistische Orthodoxie anzugreifen. Und Historiker und Kritiker taten es, weil dies eine glattere Geschichtsschreibung oder Kritik ermöglichte. Es war viel einfacher, eine Folgerichtigkeit in seinen Ansichten und seiner Arbeit zu sehen, als die scheinbaren Widersprüche zu erklären. Es war bequem und zweckmäßig, diese Inkongruenzen zu ignorieren – bequem, weil es viel weniger geistige Arbeit erforderte, jene Aspekte von Loos auszublenden, die sich nicht mit dem neuen Glauben an den Modernismus (oder Postmodernismus) deckten, und zweckmäßig, weil es so praktisch war, Ornament und Verbrechen einfach gleichzusetzen. Die wirkungsvolle Vermischung von Ornament und Kriminalität war so mächtig und so praktisch, dass sowohl Verfechter als auch Gegner der Moderne darauf verzichteten, weiterzulesen.

1 Stefan, Paul, *Das Grab in Wien. Eine Chronik seit 1903*, Berlin 1913, 19.

2 Paul Stefan (1879–1943) wurde als Paul Stefan Grünfeld in Brünn, CZ, geboren. Er übersiedelte 1898 nach Wien und studierte an der Universität Wien Philosophie und Kunstgeschichte. Anschließend studierte er bei Hermann Grädener Musiktheorie. Später war er Schriftleiter der *Musikblätter des Anbruch*.

3 Stefan, *Das Grab in Wien*, a.a.O, 123–124.

4 Für eine ausführliche Behandlung des Essays, seine Entstehung, Datierung, Bedeutung und Aufnahme siehe Christopher Long, „The Origins and Context of Adolf Loos's Ornament and Crime" [„Ursprünge und Kontext von Loos' Ornament und Verbrechen"], *Journal of the Society of Architectural Historians* 68, Juni 2009, 200–223; und Long, „Ornament ist nicht wirklich ein Verbrechen: Über die lange und kuriose Nachwirkung von Adolf Loos' legendärem Vortrag", in: Safran, Yehuda E. (Hg.), *Adolf Loos: Our Contemporary/Unser Zeitgenosse/Nosso Contemporâno*, Ausstellungskatalog, New York 2012, 109–126.

5 „Über ‚Kritik der angewandten Kunst' sprach gestern abend Adolf Loos, ein in Wien bekannter Architekt und kunstgewerblicher Schriftsteller im Verein für Kunst. Ein literarischer Schüler Peter Altenbergs, mit dem zusammen er vor Jahren auch eine kurzlebige Zeitschrift herausgab, sprach er Wienerisch fesselnd, nicht systhematische Theorien entwickelnd; er erzählte Geschichtchen mit zugespitzter Tendenz und gab dazwischen einige Aperçus. Loos wendet sich mit großer Schärfe gegen den modernen Ruf nach künstlerischer Ausgestaltung der Gebrauchsgegenstände. Kunst und Handwerk sollen voneinander geschieden werden; jene leite diese von ihrem eigentlichen Wesen ab, diese aber stehe unter keinem Schönheitsgesetz, sie solle nur dem Zweckgesetz gehorchen. So kommt Loos zu dem Satz, der den Grundgehalt seiner Ideen ausmacht: Evolutionen der Kultur sind gleichbedeutend mit der Entfernung der Ornamente aus den Gebrauchsgegenständen. Gewiß ist das ein guter Grundsatz als Gegengewicht gegen die Überästhetisierung der gewerblichen Erzeugnisse, als Rückkehr zu ihrer Zweckbestimmung. Aus dieser erwächst für Loos von selbst der jeweilige Stil, nach ihm die notwendige Einheit von Kultur und Kulturformen. Ja, aber besteht diese Einheit nicht auch heute, entsprechen nicht alle kunstgewerblichen Erzeugnisse unserer heutigen kulturellen Richtung? Also liegt in dieser der Fehler? In offenbaren Widerspruch stellt sich Loos, wenn er neben seinen Stilgedanken den Ruf nach Individualität stellt. Jeder richtet sich seine Wohnung nach dem individuellen Geschmack ein, heißt der eine Satz, den Loos aufstellt. Wie der Schneider heute einen Frack nach einer bestimmten Norm anfertigt, so solle man auch Möbel nur nach einem einheitlichen Muster anfertigen, sagt der andere Satz. Wo aber bleibt dabei die Individualität? Positives über eine Einrichtung nach seinen Ideen, deren er in Wien einige ausgeführt hat, gab Loos leider nicht. Ihrer allgemeinen Tendenz wegen verdienen diese Ausführungen Beachtung. Doch ist zu bemerken: wahre Kunst ist stets auch höchste Einfachheit und höchste Zweckmäßigkeit gewesen. Und das hat man doch in neuerer Zeit auch schon im Kunstgewerbe erkannt.", in: *Berliner Börsen-Courier*, 12.11.1909 (1. Beilage).

6 *Berliner Lokal-Anzeiger*, 12.11.1909 (Morgenausgabe).

7 Rukschcio, Burkhardt, „Ornament und Mythos," in: Pfabigan, Alfred (Hg.), *Ornament und Askese im Zeitgeist des Wien der Jahrhundertwende*, Wien 1985, 57–92.

8 „Vom Neuen Verein", *Münchner neueste Nachrichten*, 12.12.1910, und M.K.R., „Ornament und Verbrechen", *Münchner neueste Nachrichten*, 17.12.1910; (Steiner, Ludwig?), „Adolf Loos. Zu seinem heutigen Vortrag im Deutsch-Polytechnischen Verein", *Prager Tagblatt*, 17.3.1911, 7, und (Steiner, Ludwig?), „Vortrag Adolf Loos, Prager Tagblatt", 18.3.1911, 9. Siehe auch Šlapeta, Vladimír, „Adolf Loos' Vorträge in Prag und Brunn", in: Rukschcio, Burkhardt (Hg.), *Adolf Loos*, Ausstellungskatalog, Wien 1989, 41–42; Šlapeta, Vladimír, „Adolf Loos a česka architektura", *Památky a příroda* 10 (1983), 596–602; und Rukschcio, Burkhardt, „Ornament und Mythos", a.a.O., 58.

9 Beenfeldt, Thor, „Adolf Loos", *Architekten: Meddelelser fra akademisk architektforening* 15 (5.4.1913), 266–267.

10 Loos, Adolf, „Ornement et crime", [„Ornament und Verbrechen"], *Les cahiers d'aujourd'hui* 5 (Juni 1913), 247–256.

11 Le Corbusier las die französische Fassung von „Ornament und Verbrechen" im Frühherbst 1913 in *Les Cahiers d'aujourd'hui*. Auguste Perret lieh die zwei Ausgaben dem jungen Corbusier, der sie Ende November in einem Brief an Perret erwähnte. Siehe Passanti, Francesco, „Architecture: Proportion, Classicism and Other Issues" [„Architektur: Proportion, Klassizismus und andere Aspekte"], in: Moos, Stanislaus von/Rüegg, Arthur, *Le Corbusier before Le Corbusier: Applied Arts, Architecture, Painting, Photography*, [*Le Corbusier vor Le Corbusier: Angewandte Kunst, Architektur, Malerei, Photographie*] *1907–1922*, Ausstellungskatalog, New Haven/London 2002, 89 und 292, Anm. 97. Le Corbusier druckte das Essay unter dem Titel „Ornement et crime" in *L'esprit nouveau 2* nach (Nov. 1920), 159–168.

12 Loos, Adolf, „Otto Wagner", *Reichspost*, 13.7.1911.

13 Loos, Adolf, „Ornament und Erziehung", in: Loos, Adolf, *Trotzdem 1900–1930*, Innsbruck 1931, 200–205.

14 Ebd., 202–204.

15 Loos, Adolf, „Ornement et Crime", in: *L'architecture vivante* 4 1926, 28–30; „Ornament und Verbrechen", *Frankfurter Zeitung*, 24.10.1929.

16 Loos, Adolf, „Ornament und Verbrechen", *Prager Tagblatt*, 10.11.1929.

17 Es gab Ausnahmen. Der tschechische Autor und Kritiker Bohumil Markalous thematisierte „Ornament und Verbrechen" beispielsweise eingehend in seinem Porträt von Loos, „Männer unserer Zeit: Adolf Loos", erschienen in *Wohnungskultur* 1924/1925; nachgedruckt in: Opel, Adolf (Hg.), *Konfrontationen: Schriften von und über Adolf Loos*, Wien 1988, 97–103.

18 Lombroso, Cesare, *L'uomo delinquente* [Der Verbrecher], Mailand 1876. Siehe auch Lombrosos Erörterungen dazu in *Palinsesti dal carcere: Raccolta unicamente destinata agli uomini di scienza* [Kerker-Palimpseste: Sammelband für Wissenschaftler], Turin 1888. Unter den zahlreichen Wissenschaftlern, die vermuten, dass die Loos'schen Ideen über Kriminalität und Ornament auf Lombroso zurückgehen, siehe beispielsweise Anderson, Mark, *Kafka's Clothes: Ornament and Aestheticism in the Habsburg Fin de Siècle* [Kafkas Kleidung: Ornament und Ästhetizismus im Habsburgerreich der Jahrhundertwende], New York/Oxford 1995, 180–182; Canales, Jimena/Herscher, Andrew, „Criminal Skins: Tattoos and Modern Architecture in the Work of Adolf Loos" [„Die Haut der Kriminellen: Tattoos und moderne Architektur in der Arbeit von Adolf Loos"], in: *Architectural History* [Architekturgeschichte] 48 2005, 235–256; Hersey, George L., *The Evolution of Allure* [*Die Evolution der Verführungskunst*], Cambridge Mass. 1996, 131; Simmons, Sherwin, „Ornament, Gender, and Interiority in Viennese Expressionism" [„Ornament, Geschlecht und Innerlichkeit im Wiener Expressionismus"], in: *Modernism/Modernity* 8, Nr. 2 (April 2001), 245–276; Lombroso, Cesare, *Der Verbrecher in anthropologischer, ärztlicher und juristischer Beziehung*, übers. v. M. O. Fraenkel, 2 Bände, Hamburg 1887, 254.

19 Loos, Adolf, „Vorwort", in: Loos, Adolf, *Trotzdem 1900–1930*, Innsbruck 1931, 5.

20 Ebd.

21 Westheim, Paul, „Loos: Unpraktisches kann nicht schön sein", in: *Die Form*, 1930; Nachdruck in Opel (Hg.), *Konfrontationen*, a.a.O., 127.

22 Loos, Victor, „Das Haus auf dem Michaelerplatz: Ein Gedächtnismal für den Erbauer Adolf Loos", Nachdruck in: Opel, Adolf/Valdez, Marino (Hg.), *Alle Architekten sind Verbrecher – Adolf Loos und die Folgen: Eine Spurensicherung*, Wien 1990, 175–222.

23 Banham, Reyner, „Ornament and Crime: The Decisive Contribution of Adolf Loos" [„Ornament und Verbrechen: Der entscheidende Beitrag von Adolf Loos"], in: *The Architectural Review* 121, Februar 1957, 85–86.

24 Ebd., 87.

25 Ebd.

26 Glück, Franz (Hg.), *Adolf Loos. Sämtliche Schriften in 2 Bänden*, Wien/München 1962. Der zweite Band wurde allerdings nie veröffentlicht.

27 Münz, Ludwig/Künstler, Gustav, *Der Architekt Adolf Loos: Darstellung seines Schaffens nach Werkgruppen/Chronologisches Werkverzeichnis*, Wien/München 1964.

28 Jordy, William M., Rezension zu: Münz, Ludwig/Künstler, Gustav, „Adolf Loos: Pioneer of Modern Architecture" [„Adolf Loos: Pionier der Modernen Architektur"], in: *Journal of the Society of Architectural Historians* [Zeitschrift der Gesellschaft der Architekturhistoriker] 26.12.1967, 322. Der amerikanische Historiker Henry-Russell Hitchcock gab sich hingegen damit zufrieden, die alten Mythen zu wiederholen. In seinem Werk *Architecture: Nineteenth and Twentieth Centuries* [*Die Architektur des 19. und 20. Jahrhunderts*], Harmondsworth, Middlesex 1958, 352, schrieb er: „Im Gegensatz zu anderen Österreichern seiner Zeit stand für Loos die Architektur im Vordergrund, nicht das Ornament. In einem Artikel, den er 1908 verfasste, behauptete er sogar, das ‚Ornament ist ein Verbrechen'. Diese Haltung wurde von keinem anderen Architekten seiner Generation geteilt, am allerwenigsten von seinen Wiener Kollegen."

29 Rykwert, Joseph, „The New Vision" [„Die neue Vision"], *Studio International* 186, Nr. 957, Juli/August 1973. 18.

30 Es sollte ihm jedoch nicht ganz gelingen. Er schrieb: „Seine Philosophie umfaßte alle Funktionen des Lebens […] aber sie kreiste um einen einzigen Gedanken: das Ornament in allen seinen Erscheinungsformen als Stigma des Verbrechens, des Primitiven und Barbarischen anzuprangern." Willy Haas: „Ich sage Ihnen, alle Architekten sind Verbrecher", in: „ Adolf Loos, der Schrittmacher des modernen Bauens – Erinnerungen zu seinem 100. Geburtstag", in: *Die Welt* (Hamburg), 5.12.1970, Nachdruck in: Opel/Valdez (Hg.), *Alle Architekten sind Verbrecher*, a.a.O., 33–34.

31 Hersey, George L., *The Evolution of Allure: Sexual Selection from the Medici Venus to the Incredible Hulk* [Die Evolution der Verführungskunst: Sexuelle Selektion von der Mediceischen Venus zum Unglaublichen Hulk], Cambridge, Mass./London 1996, 131.

32 Miller, Bernie/Ward, Melony, „Introduction" [„Einführung"], in: Dies. (Hg.), *Crime and Ornament: The Arts and Popular Culture in the Shadow of Adolf Loos* [Verbrechen und Ornament: Kunst und Volkskultur im Schatten von Adolf Loos], Toronto 2002, 19. Jan Zwicky, der in derselben Essay-Sammlung zu Wort kommt, attackierte Loos ebenfalls für seine vermeintlich „rassistischen" und „soziobiologischen" Erläuterungen und bezeichnete dessen Argumentation als „durchtränkt von Fortschrittsmythologie" und „Befürwortung von Klassenhierarchien". in: ebd., 205.

33 Gombrich, E. H., *The Sense of Order: A Study in the Psychology of Decorative* Art [*Ornament und Kunst. Schmucktrieb und Ordnungssinn in der Psychologie des dekorativen Schaffens*], Ithaca, New York 1979, 59 f.

34 Harries, Karsten, *The Bavarian Rococo Church: Between Faith and Aestheticism* [Die Bayerische Rokokokirche: Zwischen Glauben und Ästhetik], New Haven/London 1983, 247 f.

peculiar afterlife. It has been terribly convenient to claim that Loos rejected ornament out of hand. The early modernists did so to bolster their cause; the later critics of modernism did so as a way to attack modernist orthodoxy; and historians and critics did so because it made a cleaner narrative or critique. It was simpler to find the consistency of his views and work, much more difficult to explain their seeming contradictions. It was convenient and expedient to ignore these incongruities—convenient because it involved much less intellectual labor to do away with those parts of Loos that did not quite correspond to the new faith in modernism (or postmodernism), expedient because it was so useful and practical to make the simple equation of ornament and crime. The potent admixture of ornament and criminality was so powerful and so handy that both the advocates and enemies of modernism were content to look—or read—no further.

1   Stefan, Paul, *Das Grab in Wien. Eine Chronik seit 1903* [The grave in Vienna. A chronicle 1903–1911], Berlin 1913, 19. All translations of German texts, unless otherwise noted, are the author's own.
2   Paul Stefan (1879–1943) was born Paul Stefan Grünfeld in Brno, CZ. He moved to Vienna in 1898 and studied law, philosophy, and art history at the University of Vienna. He subsequently studied music theory with Hermann Grädener. In later years, he edited the journal *Musikblätter des Anbruch*.
3   Stefan, *Das Grab in Wien*, loc. cit., 123–124.
4   For an in-depth treatment of the essay, its origins, dating, meaning, and recption, see Christopher Long, "The Origins and Context of Adolf Loos's Ornament and Crime," *Journal of the Society of Architectural Historians* 68 (June 2009), 200–223; and Long, "Ornament is not really a crime: On the long and peculiar afterlife of Adolf Loos's legendary lecture", in: *Adolf Loos: Our Contemporary/Unser Zeitgenosse/Nosso Contemporâneo*, ed. Yehuda E. Safran, exhibition catalog, New York 2012, 109–126.
5   "Yesterday evening Adolf Loos, a well-known Viennese architect and author in the field of applied arts, gave a lecture entitled 'Critique of applied art' at the Art Union. A literary student of Peter Altenberg's, with whom he also published a short-lived magazine years ago, he spoke Viennese compellingly, without developing systematic theories; he recounted stories with a tendency to be pointed, and in between he delivered several aperçus. Loos sharply repudiates the modern call for artistic design of utilitarian objects. Art and craftsmanship should be divorced from one another; the former derives this from its actual essence, the latter is not, however, governed by any law of beauty, its only fealty is to the law of function. This is how Loos arrives at the principle that forms the basis of his ideas: Cultural evolution is equivalent to the removal of ornament from everyday objects. This is surely a good principle as a counterweight against the over-aestheticizing of commercial products, as a return to their designated purpose. Loos claims that the pertinent style emerges by itself from this, followed by the necessary unity of culture and its forms. Yes, but does this unity not exist already today, don't all handcrafted products correspond to our contemporary cultural orientation? Is this where the fault lies? Loos clearly contradicts himself when, next to his ideas about style, he calls for individuality. One of Loos's precepts is that everyone furnishes his apartment according to personal taste. His other precept is that just as a tailor nowadays makes a tuxedo according to a certain norm, so no one should make furniture according to a uniform pattern. But where does that leave individuality? Unfortunately, Loos did not say anything positive about any design consonant with his ideas, of which he implemented several in Vienna. These implementations deserve recognition on the basis of their general tendency. But it should be noted that true art has always been about the highest simplicity and the highest functionality. And recently this has been also been noticed in the sphere of arts and crafts." in: *Berliner Börsen-Courier*, 12 Nov 1909 (First supplement).
6   *Berliner Lokal-Anzeiger*, 12 Nov 1909 (Morning edition).
7   Rukschcio, Burkhardt, "Ornament und Mythos" [Ornament and myth], in: *Ornament und Askese im Zeitgeist des Wien der Jahrhundertwende* [Ornament and asceticism in Vienna's zeitgeist at the turn of the century], ed. Alfred Pfabigan, Vienna 1985, 57–92.
8   "Vom Neuen Verein," *Münchner neueste Nachrichten*, 12 Dec 1910, and M.K.R., "Ornament und Verbrechen," *Münchner neueste Nachrichten*, 17 Dec 1910; (Steiner, Ludwig?), "Adolf Loos. Zu seinem heutigen Vortrag in Deutsch-Polytechnischen Verein," *Prager Tagblatt*, 17 Mar 1911, 7, and (Steiner, Ludwig?), "Vortrag Adolf Loos, Prager Tagblatt," 18 Mar 1911, 9. See also Šlapeta, Vladimír, "Adolf Loos' Vorträge in Prag und Brunn" [Lectures in Prague and Brno], in: *Adolf Loos*, ed. Burkhardt Rukschcio, exhibition catalog, Vienna 1989, 41–42; Šlapeta, Vladimír, "Adolf Loos a česka architektura" [Adolf Loos and Czech architecture," *Památky a příroda* 10 (1983), 596–602; and Rukschcio, "Ornament und Mythos," loc. cit., 58.
9   Beenfeldt, Thor, "Adolf Loos," *Architekten: Meddelelser fra akademisk architektforening* 15 (5 Apr 1913), 266–267.
10 Loos, Adolf, "Ornement et crime," *Les cahiers d'aujourd'hui* 5 (June 1913), 247–256.
11 Le Corbusier read the French-language version of "Ornament and Crime" in *Les cahiers d'aujourd'hui* in the early fall of 1913. Auguste Perret lent the two issues to the young Corbusier, who mentions them in a letter to Perret in late November 1913. See Passanti, Francesco, "Architecture: Proportion, Classicism and Other Issues," in: *Le Corbusier before Le Corbusier: Applied Arts, Architecture, Painting, Photography, 1907–1922*, eds. Stanislaus von Moos and Arthur Rüegg, exhibition catalog, New Haven und London 2002, 89 and 292, note 97. Le Corbusier reprinted the essay as "Ornement et crime," in: *L'esprit nouveau* 2 (Nov 1920), 159–168.
12 Loos, Adolf , "Otto Wagner," *Reichspost*, 13 Jul 1911.
13 Loos, Adolf, "Ornament und Erziehung," in: Loos, Adolf, *Trotzdem 1900–1930* [In spite of, 1900–1930], Innsbruck 1931, 200–205.
14 Ibid., 202–204.
15 Loos, Adolf, "Ornement et Crime," *L'architecture vivante* 4 (1926), 28–30; "Ornament und Verbrechen," *Frankfurter Zeitung*, 24 Oct 1929.
16 Loos, Adolf, "Ornament und Verbrechen," *Prager Tagblatt*, 10 Nov 1929.
17 There were exceptions. The Czech writer and critic Bohumil Markalous, for example, specially referenced "Ornament and Crime" in his portrait of Loos, "Männer unserer Zeit: Adolf Loos," ["The men of our era: Adolf Loos"] published in *Wohnungskultur* in 1924/1925; reprinted in *Konfrontationen: Schriften von und über Adolf Loos* [Confrontations: writings by and about Adolf Loos], ed. Adolf Opel, Vienna 1988, 97–103.
18 Lombroso, Cesare, *L'uomo delinquente* [The criminal man], Milan 1876. See also Lombroso's related discussion in *Palimsesti dal carcere: Raccola unicamente destinata agli uomini di scienza* [Prison palimsest: a collection of writings for scientists], Torino 1888. Among the many scholars who have suggested Lombroso as the source of Loos's ideas of criminality and ornament, see, e.g., Anderson, Mark, *Kafka's Clothes: Ornament and Aestheticism in the Habsburg Fin de Siècle*, New York/Oxford 1995, 180–82; Canales, Jimena/Herscher, Andrew, "Criminal Skins: Tattoos and Modern Architecture in the Work of Adolf Loos," *Architectural History* 48 (2005), 235–56; Hersey, George L., *The Evolution of Allure*, Cambridge, Mass. 1996, 131; and Simmons, Sherwin, "Ornament, Gender, and Interiority in Viennese Expressionism," *Modernism/Modernity* 8, no. 2 (April 2001), 245–276. Cesare Lombroso, "Der Verbrecher, in anthropologischer, ärtzlicher und juristischer Beziehung" [The crimminal in arthropological, medical, and juridical terms], trans. O. M. Fraenkel, 2 vols., Hamburg 1887, 254.
19 Loos, "Vorwort," in: Loos, *Trotzdem*, loc.cit., 5.
20 Ibid.
21 Westheim, Paul, "Loos: Unpraktisches kann nicht schön sein" [Loos: The impractical can never be beautiful], in: *Die Form* [The form], 1930; reprinted in Opel, *Konfrontationen*, loc. cit., 127.
22 Loos, Victor, "Das Haus auf dem Michaelerplatz: Ein Gedächtnismal für den Erbauer Adolf Loos" [The building on Michaelerplatz: A memorial for its builder Adolf Loos], reprinted in *Alle Architekten sind Verbrecher—Adolf Loos und die Folgen: Eine Spurensicherung* [All architects are criminals—Adolf Loos and the aftermath: a forensic analysis], ed. Adolf Opel and Marino Valdez, Vienna 1990, 175–222.
23 Banham, Reyner, "Ornament and Crime: The Decisive Contribution of Adolf Loos," *The Architectural Review* 121 (February 1957), 85–86.
24 Ibid., 87.
25 Ibid.
26 *Adolf Loos: Sämtliche Schriften in zwei Bänden* [Complete writings in 2 volumes], ed. Franz Glück, Vienna/Munich 1962. The second volume, it is worth noting, never appeared.
27 Münz, Ludwig/Künstler, Gustav, *Der Architekt Adolf Loos: Darstellung seines Schaffens nach Werkgruppen/Chronologisches Werkverzeichnis* [The architect Adolf Loos: Portrait of his oeuvre by work group/chronological index of works], Vienna/Munich 1964.
28 Jordy, William M., review of Ludwig Münz and Gustav Künstler, in: *Adolf Loos: Pioneer of Modern Architecture*, in *Journal of the Society of Architectural Historians* 26 (December 1967), 322. The American historian Henry-Russell Hitchcock, on the other hand, was content to repeat the old myths. In his *Architecture: Nineteenth and Twenieth Centuries*, he wrote: "Loos, unlike other Austrians of the period, was primarily interested in architecture, not in decoration—indeed, he wrote in 1908 an article claiming that 'ornament is crime,' an attitude shared by no other architect of his generation, and least of all by his fellow Viennese." Henry-Russell Hitchcock, *Architecture: Nineteenth and Twentieth Centuries* (Harmondsworth, Middlesex, 1958), 352.
29 Rykwert, Joseph, "The New Vision," *Studio International* 186, no. 957, July/August 1973, 18.
30 Haas missed on some things, however. He wrote: "His philosophy encompassed all functions of life […], but it circled around one single idea: to pillory ornament in all of its manifestations as a stigma of the criminal, of the primitive and barbaric." Willy Haas, "'Ich sage Ihnen, alle Architekten sind Verbrecher" (I tell you, all architects are criminals" in "Adolf Loos, der Schrittmacher des modernen Bauens – Erinnerungen zu seinem 100. Geburtstag" (Adolf Loos, the trendsetter of modern architecture—remembrances on the occasion of his 100th birthday), *Die Welt* (Hamburg), 5 Dec 1970, reprinted in: *Alle Architekten sind Verbrecher*, ed. Opel and Valdez, loc.cit., 33 f.
31 Hersey, George L., *The Evolution of Allure: Sexual Selection from the Medici Venus to the Incredible Hulk*, Cambridge, Mass./London 1996, 131.
32 Miller, Bernie/Ward, Melony, "Introduction," in: *Crime and Ornament: The Arts and Popular Culture in the Shadow of Adolf Loos*, ed. Bernie Miller and Melony Ward, Toronto 2002, 19. Jan Zwicky, writing in the same compendium of essays, also attacked Loos for his alleged "racist" and "sociobiological" comments, contending that his argument is "imbued with progress mythology" and "sentiment about class hierarchies.", in: Zwicky, Jan, "Integrity and Ornament," in: *Crime and Ornament*, ed. Miller and Ward, loc. cit., 205.
33 Gombrich, E. H., *The Sense of Order: A Study in the Psychology of Decorative Art*, Ithaca, New York 1979, 59 f.
34 Harries, Karsten, *The Bavarian Rococo Church: Between Faith and Aestheticism*, New Haven/London 1983, 247 f.

Adolf Loos
Hängeleuchte für den Verkaufsraum
des Schneidersalons Kniže, Wien, 1913
Messing, geschliffene Gläser
Hanging lamp for the salesroom of the
Kniže tailor shop, Vienna, 1913
Brass, bevelled glass
Sammlung Hummel, Wien Hummel collection, Vienna

Adolf Loos
Hängelampe, von Loos u. a. in den Häusern Hugo und Lilly Steiner (1910)
und Dr. Gustav und Helene Scheu (1912/13) sowie der Wohnung Leo
und Trude Brummel (1929) verwendet
Bambusgeflecht, Seide
Hanging lamp used by Loos e. g. in the Hugo and Lilly Steiner (1910)
and Dr. Gustav and Helene Scheu (1912/13) Houses, as well as in
the Leo and Trude Brummel residence (1929)
Bamboo wickerwork, silk
Sammlung Hummel, Wien Hummel collection, Vienna

Plakat zum Vortrag „Ornament und Verbrechen"
von Adolf Loos im Österreichischen Ingenieur-
und Architektenverein, 1913
Poster for Adolf Loos's lecture of "Ornament
und Verbrechen" for the Austrian Association
of Engineers and Architects

Ruth Hanisch

„Bauen wie die Biene"
Oskar Strnad, Josef Frank
und ihr Kreis

Oskar Strnad
Haus Wassermann, Wien XIX.,
Paul-Ehrlich-Gasse 4, Terrasse, 1912–1914
Wassermann House, Vienna, 19th district,
Paul-Ehrlich-Gasse 4, terrace, 1912–1914
MAK

„Den meisten Menschen der Gegenwart ist eben leider das Bauen nicht mehr so natürlich wie irgend eine der vielen anderen natürlichen Tätigkeiten, die sich in ihrer ursprünglichen Einfachheit erhalten haben. Sie haben den Instinkt für das Bauen verloren oder ihn wenigstens doch so sehr verdorben, daß er als verloren bezeichnet werden kann, während es ihnen natürlich sein sollte, so selbstverständlich zu bauen, wie die Biene es tut, die durchaus nichts über das geometrische Verhältnis des Winkels lernte und dennoch mit unbeirrbarer Sicherheit in unabänderlichen Raumverhältnissen ihre zweckmäßige Zelle baut. Besässen die Menschen noch diesen wertvollen Instinkt, würden sie auch das Verständnis für Strnads Hausbauten haben."[1]

So beschrieb der Wiener Kunsthistoriker Arthur Roessler 1918 das Haus des deutschen Schriftstellers Jakob Wassermann, das Oskar Strnad gemeinsam mit Oskar Wlach und Josef Frank 1914 am Kaasgraben in Döbling errichtet hatte. Max Eisler – ebenfalls Professor am Wiener Institut für Kunstgeschichte – schrieb in seinem posthum 1936 erschienenen Strnad-Buch über dasselbe Wohnhaus:
„Unter den vielen köstlichen Stücken von Strnads Vermächtnis erscheint uns keines so köstlich und wichtig wie dieses kleine, gewichtslose und gelenkige Haus im Kaasgraben, das erste und letzte, in dem der Architekt als ein Mann von 35 Jahren sich rein, nach dem Wesen seiner Begabung, hat

aussprechen können. Die Zeit wird kommen, die erkennen wird, daß die organisch sprießende Raumform dieses scheinbar beiläufigen Hauses – über Adolf Loos hinaus – einen wichtigen, wesentlichen und wirksamen, einen historischen Fortschritt in der Entwicklung der allgemeinen Architektur bedeutet."[2]

„Beiläufigkeit" und „Selbstverständlichkeit" sind Charakteristika einer weiteren Position der Wiener Moderne, die sich in den Jahren nach dem Ersten Weltkrieg neben dem wortgewaltigen Standpunkt eines Adolf Loos und dem impliziten Standpunkt eines Josef Hoffmanns etablieren konnte. Sie sollte sachlich sein, ohne nüchtern zu werden. Ihre verbindlichen Merkmale sind mit Terrassen und Balkonen gegliederte Baukörper, differenzierte Fensterformate in unschematischer Anordnung und eine gedämpft farbige Putzpalette am Äußeren. Im Inneren findet sich eine große Raumökonomie durch multifunktionale Einheiten, leichtes Holzmobiliar, weiße Wände und farbige Stoffe. Es spricht für die Vielfalt und Offenheit dieser Richtung, dass es eigentlich keine verbindliche Terminologie für sie gab oder gibt: Sie wurde zeitgenössisch als „Wiener Wohnen", „Wiener Wohnkultur" oder „Wiener Schule" bezeichnet. Ebensowenig gibt es eine verbindliche Mitgliederliste: Neben den Hauptprotagonisten Oskar Strnad[3] und Josef Frank[4], gehörten Felix Augenfeld und Karl Hofmann, Hans Adolf Vetter, Oskar Wlach, Walter Sobotka u. a. m. zu diesem Kreis.[5]
Strnad – geboren 1879, also neun Jahre jünger als Loos und Hoffmann – studierte an der Technischen Hochschule in Wien bei Carl König, Karl Mayreder, Max von Ferstel und Ferdinand Fellner, der zweiten wichtigen Schule neben jener von Otto Wagner an der Akademie. In ihr sammelten sich die Studierenden aus dem liberalen, oft jüdischen Bürgertum.[6] Sowohl Strnad als auch der jüngere Josef Frank verfassten dort Dissertationen über historische Themen. Im Gegensatz zu Adolf Loos, der sein Konzept des Raumplans nie verschriftlichte, legte Strnad 1913 eine eigenständige Theorie des architektonischen Raumes vor.[7] Josef Frank wurde durch seinen Kontakt zum Wiener Kreis – vermittelt durch seinen Bruder, den Physiker Philip Frank – zur intellektuell führenden Figur der „Schule". Franks Denken entzog sich der binären Struktur des Feind-Freund-Schemas, das die zeitgenössischen Architekturdebatten unter dem Zeichen der politischen Radikalisierung zunehmend bestimmte. Er richtete seine scharfsinnige Kritik nicht nur gegen die Dogmen des Bauhauses und des Deutschen Werkbunds, sondern wehrte sich gleichzeitig auch gegen die Wiener Ignoranz gegenüber genau diesen neuesten Entwicklungen der deutschen Architektur. Parallel zu seiner Kritik an der existierenden Vision moderner Architektur formulierte er eine selbständige Vision, die sich von den selbstauferlegten Zwängen ihrer Entstehung befreit hatte.
Die Architekten der „Wiener Schule" nahmen sich der Frage des bürgerlichen Wohnens nach dem Ersten Weltkrieg mit theo-

Ruth Hanisch

"Building like a Bee."
Oskar Strnad, Josef Frank,
and their Associates

"For most people alive today, building is no longer as natural as any of the many other natural activities that have endured in their original simplicity. They have lost their instinct for building or at least ruined it to such a degree that it may be deemed to have been lost, whereas it should be second nature for them to build as naturally as the bee does, who, without having learned anything about the geometric proportion of an angle, yet builds its functional cell in immutable spatial structures with unerring sureness. If people still had this valuable instinct, they would also be able to understand Strnad's buildings."[1]

This is how, in 1918, Viennese art historian Arthur Roessler described German writer Jakob Wassermann's house, which Oskar Strnad erected together with Oskar Wlach and Josef Frank in 1914 in the Kaasgraben area of Vienna's Döbling district. In his book about Strnad, published posthumously in 1936, Max Eisler, also a professor at the Vienna Institute of Art History, wrote about the same residence:

"Among the many precious pieces of Strnad's legacy, none seems as precious and important as this small, weightless, and articulated house in the Kaasgraben, the first and last in which the architect, as a man 35 years of age, could express himself purely, according to the essence of his talent. The time will come when it is recognized that the organic splayed structure of this seemingly random house—going beyond Adolf Loos—signifies an important, substantial, and potent, a historic advance in the development of general architecture."[2]

"Randomness" and "naturalness" were characteristic of yet another position of Viennese Modernism, one which was able to establish itself alongside the verbose stance of an Adolf Loos and the implicit stance of a Josef Hoffmann in the years after the First World War. It was supposed to be functional without becoming prosaic. Its mandatory features were building corpuses segmented with terraces and balconies, diverse window formats arranged unschematically, and a subdued, yet colorful, palette for the exterior stucco. The interiors were marked by a great economy of space through the use of multifunctional entities, lightweight wooden furniture, white walls, and colorful fabrics. There was and is no standard terminology for this trend, which says something about its range and openness: Back then, it was variously referred to as "Wiener Wohnen [Vienna Living]", "Wiener Wohnkultur [Vienna Lifestyle]", or "Wiener Schule [Vienna School]". Similarly, there was no binding membership roster: In addition to main protagonists Oskar Strnad[3] and Josef Frank[4], Felix Augenfeld and Karl Hofmann, Hans Adolf Vetter, Oskar Wlach, and Walter Sobotka, among others, belonged to this circle.[5]

Oskar Strnad
Brunnenhof im Österreich-Haus auf der Werkbund-Ausstellung, Köln, 1914
Fountain courtyard in the Austria House at the Cologne Werkbund Exhibition, 1914
MAK

Strnad—born in 1879, thus nine years younger than Loos and Hoffmann—studied under Carl König, Karl Mayreder, Max von Ferstel, and Ferdinand Fellner at the Vienna University of Technology, the second important school next to Otto Wagner's classes at the Academy. Students from the liberal, often Jewish bourgeoisie congregated at the University.[6] Both Strnad and his fellow student Josef Frank, who was six years his junior, wrote dissertations about historical themes. In contrast to Adolf Loos, who never set down in writing his concept of the Raumplan, Strnad in 1913 presented an independent theory of architectonic space.[7] Through his contact to the Vienna Circle (facilitated by his brother, the physicist Philip Frank), Josef Frank became the leading intellectual personage of the group. Frank's philosophy repudiated the binary structure of the friend-enemy model, which increasingly defined the architectural discourse of that time under the banner of political radicalization. He leveled his sagacious critique not only against the dogmas of the Bauhaus and the German Werkbund, but also against Viennese ignorance as concerned these latest developments of German architecture. In parallel with his criticism of modern architecture as conceived by his contemporaries, he formulated his own independent vision, freed from the self-imposed mandates of its genesis.

Karl Hofmann und and Felix Augenfeld
Haus Else Dos Santos, Wien XVIII., Sternwartestraße 57,
Gartenansicht, 1929/30
Else Dos Santos House, Vienna, 18th district,
Sternwartestraße 57, garden view, 1929/30
Archiv Archive Matthias Boeckl/Columbia University

retischem Engagement an und entwickelten ein Konzept, das sich verschiedensten finanziellen Hintergründen – von der Spekulantenvilla (Villa Krantz von Strnad) bis zu diversen Gemeindebauten – anpassen konnte. Der Architekt als „Künstler kraft seines totaleren Geistes"[8] (Walter Gropius) hatte sich aus diesem Szenario verabschiedet, er wirkt nur mehr als vermittelndes Medium für die seelischen Bedürfnisse der AuftraggeberInnen, die er durch intensive Gespräche freilegen muss. „Was müßte das höchste Ziel des wohnungschaffenden Architekten sein?", fragte der Loos-Schüler und Strnad-Mitarbeiter Felix Augenfeld und antwortete sich selbst: „Wenn der Wohnungs-Inhaber erklärt: ‚Meine Wohnung ist für mich, wie auch für meine Freunde und Gäste, der Inbegriff modernen Wohnkomforts: eine Stätte der Lebensfreude, unbegreiflichen Behagens. Der Name des Schöpfers? Man hat ihn weder erkannt, noch hat man danach gefragt.'"[9] Es scheint kein Zufall, dass Felix Augenfeld mit seinem Büropartner Karl Hofmann um 1930 von der ältesten Tochter Sigmund Freuds, Mathilde, beauftragt wurde, einen maßgeschneiderten Schreibtischsessel für das berühmte Arbeitszimmer in der Berggasse 19 zu entwerfen. Den persönlichen

Kontakt zum Freud-Zirkel hatte Augenfeld schon früh durch seine Freundschaft mit Sohn Ernst gefunden, den er in der ersten Loos-Schule kennengelernt hatte.[10] Indem er dem individuellen Gestaltungswillen des Architekten den Zufall als Prinzip entgegensetzte, vollendete Josef Frank diesen Ansatz. In dem Text „Das Haus als Weg und Platz", den er zur Fertigstellung des Hauses Beer in der Wenzgasse 1931 geschrieben hatte, heißt es:

„Der rechteckige Wohnraum ist der zum Wohnen am ungeeignetste; er ist als Möbelmagazin sehr praktisch, sonst aber zu nichts. Ich glaube, daß, wenn man ein Polygon wahllos aufzeichnet, sei es mit rechten oder stumpfen Winkeln, dieses, als Grundriß eines Zimmers betrachtet, viel geeigneter ist als der regelmäßig-rechteckige. In den Dachateliers half der Zufall mit, der fast immer angenehm und unpersönlich wirkt."[11]

In der konsequenten Selbstentmachtung des Architekten ging die „Wiener Schule" über Josef Hoffmann, Adolf Loos und das Bauhaus hinaus.

1 Roessler, Arthur, „Professor Dr. Oskar Strnad – Wien", in: *Innen-Dekoration*, XXIX. Jg., Januar/Februar 1918, 6.

2 Eisler, Max, *Oskar Strnad. Mit den ausgewählten Schriften des Künstlers*, Wien 1936, 22–23.

3 Weich, Ulla, *Die theoretischen Ansichten des Architekten und Lehrers Oskar Strnad*, Diplomarbeit Universität Wien, 1995; Meder, Iris/Fuks, Evi (Hg.), *Oskar Strand 1879–1935*, Ausstellungskatalog, Jüdisches Museum Wien, Salzburg/München 2007.

4 Welzig, Maria, *Josef Frank 1885–1967. Das architektonische Werk*, Wien u.a. 2001; Long, Christopher, *Josef Frank. Life and Work*, Chicago 2002; Meder, Iris (Hg.), *Josef Frank 1885–1967. Eine Moderne der Unordnung*, Salzburg/München 2008.

5 Eine erste übergreifende Darstellung der gesamten Richtung in der Architektur der Zwischenkriegszeit: Meder, Iris, *Offene Welten. Die Wiener Schule im Einfamilienhausbau 1910–1938*, Dissertation Universität Stuttgart, 2004; Die Einleitung von Matthias Boeckl und Otto Kapfinger in: Boeckl, Matthias (Hg.), *Visionäre & Vertriebene. Österreichische Spuren in der modernen amerikanischen Architektur*, Berlin 1995, 19–42.

6 Kristan, Markus, „Die Schule Carl Königs als Keimzelle der Modernen", in: Meder/Fuks (Hg.), *Oskar Strand*, a.a.O., 45–38.

7 Strnad, Oskar, „Einiges Theoretisches zur Raumgestaltung", Vortrag vom 17. Januar 1913 im Wiener Ingenieur- und Architektenverein, in: *Deutsche Kunst und Dekoration*, Oktober 1917; wiederabgedruckt in: Meder/Fuks (Hg.), *Oskar Strand*, a.a.O., 103–106.

8 Gropius, Walter, „Wo berühren sich die Schaffensgebiete des Technikers und Künstlers?", in: *Die Form* 1, März 1926, 117–122, wiederabgedruckt in: Probst, Hartmut/Schädlich, Christian (Hg.), *Walter Gropius. Band 3: Ausgewählte Schriften*, Berlin 1987, 101.

9 Augenfeld, Felix, „Wahre Modernität", in: *Innen-Dekoration*, Mai 1929, 216. 10 Zu Ernst Freud siehe: Welter, Volker M., *Ernst L. Freud, Architect. The Case of the Modern Bourgeois Home*, New York/Oxford, 2012. Zu Augenfelds Tätigkeit für den Freud Kreis, siehe u.a.: Hanisch, Ruth, „Psychoanalytische Verbindungen und kunstgewerbliche Verwicklungen: Das ‚Wiener Wohnen' im New Yorker Exil", in: Dogramaci, Burcu/Wimmer, Karin (Hg.), *Netzwerke des Exils: Künstlerische Verflechtungen, Austausch und Patronage nach 1933*, Berlin 2011, 203–222.

11 Frank, Josef, „Das Haus als Weg und Platz" (1931), zit. nach: Bojankin, Tano/Long, Christopher/Meder, Iris (Hg.), *Josef Frank. Schriften. Band 2: Veröffentliche Schriften 1931–1965/Writings, Volume 2: Published Writings 1931–1965*, Wien 2012, 198–209: 200.

Josef Frank, mit with Oskar Wlach
Haus Hugo und Olga Bunzl, Wien XIX., Chimanistraße 18, Gartenansicht, 1935
House of Hugo and Olga Bunzl, Vienna, 19th district, Chimanistraße 18, garden view, 1935
Archiv Archive Hermann Czech

The architects of the "Vienna School" tackled the question of middle-class housing after the First World War with theoretical engagement and developed a blueprint that could be adapted to the most diverse financial backgrounds: from speculative villas (Villa Krantz by Strnad) all the way to various municipal housing projects. The architect as "artist by virtue of his greater spirit"[8] (Walter Gropius) had departed from this scenario; he now functioned only as mediating facilitator for his employer's spiritual requirements, which he had to uncover through intensive conversations. "What ought to be the highest goal of the residential architect?" wrote Loos's student and Strnad colleague Felix Augenfeld, who provided the answer to his own question: "When the owner of the residence declares: 'For me and also my friends and guests, my home is the epitome of comfortable living: a locus of joy, of ineffable contentment. The name of the creator? One neither recognized him, nor asked to.'"[9] It does not appear to be a coincidence that around 1930, Sigmund Freud's eldest daughter Mathilde hired Felix Augenfeld along with his business partner Karl Hofmann to design a custom-made desk chair for Freud's famous study at Berg-

gasse 19. Through his friendship with Freud's son Ernst, whom he had met in the first Loos school, Augenfeld had long since established personal contact with the circle of people around Freud.[10] Josef Frank consummated this approach by countering the notion of the architect's individual creative will with coincidence as a principle. In his text "Das Haus als Weg und Platz" [The House as Path and Place], which he wrote in 1931 on the occasion of the completion of the Villa Beer in the Wenzgasse, he put it like this:

"The rectangular living room is the least suited for living in; it is very useful for furniture storage but for nothing else. I believe that if one were to draw a polygon at random, be it with right angles or with obtuse ones, as a plan for a room, it would be much more functional that a regular rectangular one. In the roof ateliers the contingent factors had helped, almost always having an agreeable and impersonal effect."[11]

In its consequential, self-imposed disempowerment of the architect, the Vienna School surpassed even Josef Hoffmann, Adolf Loos, and the Bauhaus.

1 Roessler, Arthur, "Professor Dr. Oskar Strnad – Wien", in: *Innen-Dekoration* [Interior decoration], XXIX. January/February 1918, 6.

2 Eisler, Max, *Oskar Strnad. Mit den ausgewählten Schriften des Kunstlers* [Oskar Strnad. With the selected written works of the artist], Vienna 1936, 22–23.

3 Weich, Ulla, *Die theoretischen Ansichten des Architekten und Lehrers Oskar Strnad* [The theoretical perspectives of architect and educator Oskar Strnad], Dissertation University of Vienna, 1995; *Oskar Strand 1879–1935*, eds. Iris Meder/Evi Fuks, exhibition catalog, Jewish Museum Vienna, Salzburg/Munich 2007.

4 Welzig, Maria, *Josef Frank 1885–1967. Das architektonische Werk* [Josef Frank 1885–1967. His architectonic work], Vienna 2001; Long, Christopher, *Josef Frank. Life and Work*, Chicago 2002; Meder, Iris (Ed.), *Josef Frank 1885–1967. Eine Moderne der Unordnung* [Josef Frank 1885–1967. A Modernism of disorder], Salzburg/Munich 2008.

5 A first comprehensive description of the overall direction of architecture in the interwar period: Meder, Iris, *Offene Welten. Die Wiener Schule im Einfamilienhausbau 1910–1938* [Open Worlds. The Vienna School in single-family housing construction], Dissertation at the University of Stuttgart, 2004; Introduction by Matthias Boeckl and Otto Kapfinger in: *Visionäre & Vertriebene. Österreichische Spuren in der modernen amerikanischen Architektur* [Visionaries and displaced persons. Austria's tracks across modern American architecture], ed. Boeckl, Matthias, Berlin 1995, 19–42.

6 Kristan, Markus, „Die Schule Carl Königs als Keimzelle der Modernen" [Carl König's school as the germ cell of the modernists], in: *Oskar Strand*, eds. Meder/Fuks, loc. cit., 45–38.

7 Strnad, Oskar, "Einiges Theoretisches zur Raumgestaltung" [Theoretical aspects of interior design], Presentation of 17 Jan 1913 at the Vienna Association of Engineers and Architects, in: *Deutsche Kunst und Dekoration* [German art and decoration], October 1917; reprinted in: *Oskar Strand*, eds. Meder/Fuks, loc. cit., 103–106.

8 Gropius, Walter, "Wo berühren sich die Schaffensgebiete des Technikers und Künstlers?" [Where do the creative fields of the craftsman and the artist overlap?], in: *Die Form* 1, March 1926, 117–122, reprinted in: *Walter Gropius. Band 3: Ausgewählte Schriften* [Walter Gropius, Volume 3: Selected written works], eds. Hartmut Probst /Christian Schädlich, Berlin 1987, 101.

9 Augenfeld, Felix, "Wahre Modernität", in: *Innen-Dekoration* [Interior decoration], May 1929, 216.

10 For more on Ernst Freud, see: Welter, Volker M., *Ernst L. Freud, Architect. The Case of the Modern Bourgeois Home*, New York/Oxford, 2012. For more on Augenfeld's activities for Freud's circle, see, *inter alia*: Hanisch, Ruth, "Psychoanalytische Verbindungen und kunstgewerbliche Verwicklungen: Das 'Wiener Wohnen' im New Yorker Exil" [Psychoanalytic linkages and applied arts entanglements: 'Vienna Living' while exiled in New York], in: *Netzwerke des Exils: Künstlerische Verflechtungen, Austausch und Patronage nach 1933* [Networks of exile: Artistic linkages, exchange, and patronage after 1933], eds. Burcu Dogramaci/Karin Wimmer, Berlin 2011, 203–222.

11 Frank, Josef, "Das Haus als Weg und Platz" [The House as Path and Place] (1931), cit. from *Josef Frank. Schriften. Band 2: Veröffentlichte Schriften 1931–1965/Writings, Volume 2: Published Writings 1931–1965*, eds. Tano Bojankin/Christopher Long/Iris Meder, Wien/Vienna 2012, 198–209: 201. Translation of quote by Wilfried Wang.

< Oskar Strnad
Brunnenhalle
Ausstellung *Österreichisches Kunstgewerbe*
im k. k. Österreichischen Museum für Kunst
und Industrie, 1910–1911
Fountain Hall
Exhibition *Austrian Applied Arts* at the
Imperial Royal Austrian Museum of Art
and Industry, 1910–1911
MAK

Oskar Strnad
Christophorus-Skulptur, 1912
Holz, geschnitzt und bunt gefasst
Christophorus sculpture, 1912
Wood, carved and polychrome
MAK

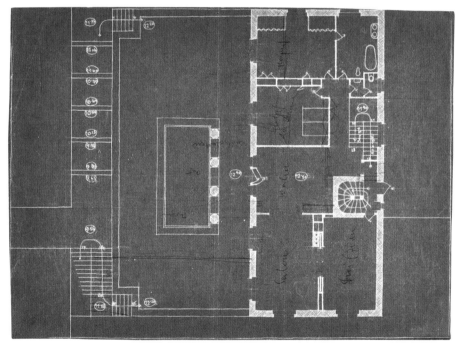

< Josef Hoffmann
Speisezimmer, gezeigt in der
Frühjahrsausstellung des k. k.
Österreichischen Museums für Kunst
und Industrie, 1912
Dining room, shown at the
spring exhibition at the Imperial
Royal Austrian Museum of Art and
Industry, 1912
MAK

Josef Frank
Diele eines Landhauses, gezeigt in
der Frühjahrsausstellung des k. k.
Österreichischen Museums für Kunst
und Industrie, 1912
Foyer in a country home, shown at
the spring exhibition at the Imperial
Royal Austrian Museum of Art
and Industry, 1912
MAK

Oskar Strnad und and Victor Lurje
Haus Oskar Hock, Wien XIX., Cobenzlgasse 71,
Gartenloggia, Straßenansicht und Grundriss
des Wohngeschosses, 1910–1912
Blaupause
Oskar Hock House, Vienna, 19th district,
Cobenzlgasse 71, porch, street view and floor plan
of the living areas, 1910–1912
Blueprint
MAK

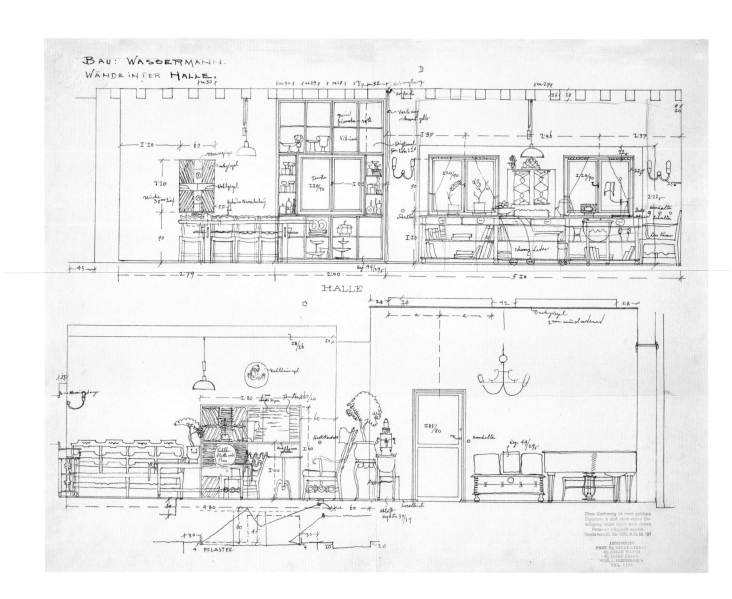

Oskar Strnad
Haus Wassermann, Wien XIX., Paul-Ehrlich-Gasse 4, Straßenansicht,
Wohnhalle und Wandansicht der Wohnhalle, 1912–1914
Wassermann House, Vienna, 19th district, Paul-Ehrlich-Gasse 4,
street view, hall, and elevation of the hall, 1912–1914
MAK

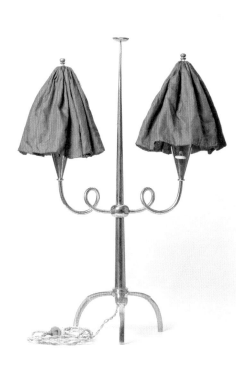

Josef Frank
Tischlampe, 1919
Ausführung: Wiener Werkstätte
Messing, Seide
Table lamp, 1919
Execution: Wiener Werkstätte
Brass, silk
MAK

Josef Frank
Stoffentwurf für die Wiener Werkstätte, um 1918
Bleistift, Tusche, Gouache auf Papier
Fabric design for the Wiener Werkstätte, ca. 1918
Pencil, Indian ink, gouache on paper
MAK

Josef Frank
Halbhoher Schrank für die Wohnhalle eines
Landhauses, gezeigt auf der Frühjahrsaus-
stellung des Österreichischen Museums für
Kunst und Industrie, Wien, 1912
Ausführung: J. Müller
Kirschbaumholz, Messingbeschläge
Waist-height cupboard for the hall of a country
house; shown in the spring exhibition at the
Imperial Royal Austrian Museum of Art and
Industry, Vienna, 1912
Execution: J. Müller
Cherry; brass fixtures
Privatbesitz Private collection

Josef Frank
Wohnräume der Wohnung Josef Frank,
Wien IV., Wiedner Hauptstraße 64, 1913
Living quarters of Josef Frank's apartment,
Vienna, 4th district, Wiedner
Hauptstraße 64, 1913
MAK

Oskar Strnad
Wohnraum in der Wohnung Oskar Strnad,
Wien, um 1909–1912
Living room of Oskar Strnad's apartment,
Vienna, ca. 1909–1912
MAK

Adolf Loos
Kaminnische in der Wohnung Adolf Loos, 1903
Foto von Martin Gerlach jun., 1930
Fireplace alcove in Adolf Loos's apartment
Photo by Martin Gerlach Jr., 1930
Albertina, Wien Vienna

Dagobert Peche
Der erste Sessel, 1912/13
Buchenholz, weiß gestrichen,
z. T. geschnitzt und vergoldet
The first chair, 1912/13
Beech, painted white,
partly carved and gilded
MAK

Oskar Strnad
Kanadier, um 1920
Mahagoni, Polster
Morris chair (Bentwood chair
with adjustable backrest), ca. 1920
Mahogany, cushions
MAK

Otto Kapfinger

Hoffmann, Loos und der Werkbund: Streiflichter

Good guy – bad guy: Diese Geschichte wurde inzwischen aufgearbeitet. Dabei zeigten sich Relativierungen historischer Konflikte, Stellungswechsel im Spielverlauf. Josef Hoffmann – mit seinem Wirkungsfeld der Kunstgewerbeschule und der Wiener Werkstätte, mit seinem Netzwerk an Bauherren und Firmenkontakten war nicht nur *die* Leitfigur in der ersten Phase des Österreichischen Werkbundes. Mit all seinen internationalen Ausstellungserfolgen und Ausstrahlungen war er auch „Hemmschuh" in entscheidenden Momenten der lokalen Entwicklung dieser zentraleuropäischen Reformbewegung.

Hoffmann und die Wiener Werkstätte waren 1907 Gründungsmitglieder des Deutschen Werkbundes (DWB). Dessen Ziele: „Veredlung der gewerblichen Arbeit im Zusammenwirken von Kunst, Industrie und Handwerk" – eine künstlerische Reform der industrialisierten Welt „vom Sofakissen bis zum Städtebau". Adolf Loos, der in Begleitung des jungen Josef Frank an der ersten Jahresversammlung des DWB in München teilnahm, wollte sich in der Diskussion zu Wort melden, wurde aber abgelehnt. Sein Kommentar folgte schriftlich mit dem Titel „Die Überflüssigen". Unter der Devise „Kulturentartung" legte er noch eine Attacke auf Hermann Muthesius, den führenden Kopf des DWB, nach.

Position und Gegenposition in der Sache waren schon zehn Jahre davor in Wien bezogen worden. Im Gründungsjahr der Secession publizierte Loos primär in der *Neuen Freien Presse* zu allen Fragen um den zeitgemäßen Stil in Bekleidung, Einrichtung, Hausgerät, Typografie und Bauwesen, beginnend mit der Kritik einer Schau der Kunstgewerbeschule, zentriert um die Kaiser-Jubiläums-Gewerbeausstellung im benachbarten Museum – und mit dem Nachsatz „Vom armen reichen Manne" im April 1900, eine auf Hoffmann und die secessionistischen Interieurs gemünzte, gnadenlose Satire.

Die Maler, Bildhauer, Architekten der Secession (Gustav Klimt, Carl Moll, Josef Engelhart, Koloman Moser, Alfred Roller, Joseph Maria Olbrich, Josef Hoffmann usw.) erstrebten die Erneuerung der Künste, die Überwindung jeder historischen Konvention, die direkte Einbindung des Kunstwollens in alle Lebensbereiche: „Wir kennen keinen Unterschied zwischen ‚hoher Kunst' und ‚Kleinkunst', zwischen Kunst für die Reichen und Kunst für die Armen." Inspiration bezogen sie aus Richard Wagners Visionen vom „Gesamtkunstwerk", aus Vorbildern der britischen Arts and Crafts-Bewegung, der Strömungen in Frankreich und Belgien. In Wien hatte Otto Wagner mit Schrift und Werk seit 1894 die neue Perspektive offensiv vorgegeben.

Loos kam nach drei Jahren „Lehrzeit" in Amerika mit einem konträren Weltbild und Kulturbegriff nach Wien zurück. Waren die ersten Kontakte mit der Secession noch sachlich, so kippte das Verhältnis zum ehemaligen Schulkollegen Hoffmann – am Siedepunkt des in aller Öffentlichkeit virulenten Richtungsstreits – in tief greifende Gegnerschaft. Hoffmann, in der Secession gut verankert, hatte Loos' Angebot der Beteiligung an

der Sekretariatseinrichtung negiert, wurde 1899 (mit Moser) Professor an der Kunstgewerbeschule und rückte durch Olbrichs Abgang nach Darmstadt an die Spitze der „Jungen". Schule und Museum am Stubenring wurden parallel zur Secession Angelpunkte der Debatte um „die Moderne". Loos' Artikelserie hatte da Öl ins Feuer gegossen, und hätte *ihn* wie keinen anderen zur leitenden Rolle in der Wiener Kunstgewerbeschule prädestiniert.

Im Jahr 1903 gründete Hoffmann mit Koloman Moser und dem Mäzen Fritz Waerndorfer die Wiener Werkstätte. Sie nahm das Programm des Werkbundes vorweg – mit dem entscheidenden Unterschied, dass die Wiener Werkstätte mit der Industrie und der breiten Gesellschaft nichts zu tun hatte, im Luxussektor agierte und Hoffmanns Klientel mit brillanten, im Edelhandwerk durchgestalteten, so exklusiven wie hermetischen Lebenswelten ausstattete. Aus dieser Quelle formierte sich 1912 ein eigener Österreichischer Werkbund (ÖWB) und wurde das Wiener Kunstgewerbe bis 1914 international führend – als faszinierende Sublimierungskunst, die über die Grundprobleme und -fragen von Produkt- und Lebensgestaltung prächtigst hinwegtäuschte.

Ebenfalls 1903 startete Loos in den Spuren von Karl Kraus die publizistische Gegenoffensive. Seine Zeitschrift *Das Andere. Ein Blatt zur Einführung abendländischer Kultur in Österreich* widmete sich solchen Grundfragen. Die Basis seiner Weltsicht: „Dem modernen Menschen ist die kunst eine hohe göttin, und er empfindet es als ein attentat auf die kunst, wenn man sie für gebrauchsgegenstände prostituiert." Sein Vorwurf an alle kunstgewerblichen Reformen: „Sie versuchen, an die stelle unserer kultur eine andere zu setzen [...]. Aber ich weiß, daß es ihnen nicht gelingen wird. In die speichen des rollenden rades der zeit hat noch niemand mit plumper hand einzugreifen versucht, ohne daß ihm die hand weggerissen wurde." Loos' Blatt erreichte nur zwei Ausgaben. 1914 kulminierte ein ähnlicher Grundsatzstreit im DWB zwischen Muthesius und Henry van de Velde – und mit dem Ersten Weltkrieg kam die drastische Zäsur.

In den Jahren 1919/20 war Hoffmann Auslöser der ersten Spaltung des ÖWB, als er die sehr gefährdete Wiener Werkstätte auf Kosten der Werkbund-Verkaufsstelle protegierte. Damit war der ÖWB für längere Zeit lahmgelegt. Eine zeitgemäße Reformarbeit begann in der Wiener Siedlerbewegung, wo nun Loos eine führende Rolle spielte, mit Josef Frank, Max Ermers, Otto Neurath, Margarete Lihotzky u. a. Der DWB verjüngte sich ab 1924 unter dem Loos'schen Motto „Form ohne Ornament" und entfaltete eine publizistisch-organisatorische Verve, die 1927 in die Mustersiedlung am Weißenhof in Stuttgart mündete. Loos sollte dort mitwirken und war dann doch nicht im illustren Planerkreis für die Musterhäuser, die allerdings wieder nicht für die Masse, sondern die obere Mittelschicht ausgelegt waren. Loos bedauerte die verlorene Gelegenheit sehr, zog aber nach wie vor Grenzen zwischen seinem Ansatz und den Rezepten von Bauhaus, Breuer, Gropius oder Le Corbusier. Frank „vertrat"

Otto Kapfinger

Hoffmann, Loos
and the Werkbund:
Impressions

Good guy – bad guy: The ending to this story has since been written. In the process, historical conflicts were relativized, and switches of position in the course of the game came to light. Josef Hoffmann—with his sphere of influence in the School of Arts and Crafts and the Wiener Werkstätte, with his network of clients and business contacts—was not only *the* leading light in the first phase of the Austrian Werkbund. With all of his international exhibition success and his international presence, he was also the "foot dragger" at crucial moments in the local development of this Central European reform movement.

In 1907 Hoffmann and the Wiener Werkstätte were founding members of the German Werkbund, whose goals were "refinement of commercial work through the synergy of art, industry, and handcraftsmanship"—an artistic reform of the industrialized world "from the sofa cushion to city planning." Adolf Loos, who, accompanied by the young Josef Frank, participated in the first annual meeting of the German Werkbund in Munich, wanted to take the floor in a discussion, but was refused. He subsequently provided written commentary entitled "Die Über-flüssigen" [The superfluous ones]. Under the banner "Kultur-entartung" [Cultural degeneracy], he launched a further attack on Hermann Muthesius, the mastermind of the German Werkbund.

Positions and counterpositions in this matter had been staked out ten years earlier in Vienna. In the year the Secession was founded, Loos published primarily in the *Neuen Freien Presse* newspaper on various questions regarding contemporary style in clothing, furnishings, household appliances, typography, and building: beginning with a critique of a show at the School of Arts and Crafts, centered around the emperor's jubilee trade exhibition in the neighboring museum, and concluding with the postscript "Vom armen reichen Manne" [Of the poor rich man] in April 1900—a merciless satire aimed at Hoffmann and secessionist interiors.

The painters, sculptors, and architects of the Secession (Gustav Klimt, Carl Moll, Josef Engelhart, Koloman Moser, Alfred Roller, Joseph Maria Olbrich, Josef Hoffmann, etc.) strived toward a renewal of the arts, the overcoming of every historical convention, and artistic aspirations in all areas of life: "We do not recognize any difference between 'high art' and 'minor art', between art for the rich and art for the poor." They drew their inspiration from Richard Wagner's visions of the "Gesamtkunst-werk," from the examples of the British Arts and Craft movement, from the trends in France and Belgium. In Vienna, Otto Wagner had been on the offensive specifying this new perspective through word and deed since 1894.

After three years of "apprenticeship" in America, Loos returned to Vienna with a contrary worldview and cultural philosophy. Even though the first contacts with the Secession were still matter-of-fact, at the boiling point of their very public,

virulent ideological dispute, the relationship to his former schoolmate Hoffmann tipped into profound animosity. Securely anchored in the Secession, Hoffmann had rebuffed Loos's offer of involvement in the furnishing of the secretariat; in 1899 (together with Moser), he was appointed professor at the School of Arts and Crafts, and after Olbrich's departure for Darmstadt, he moved to the head of the pack of young talent. The school and the museum on the Stubenring, along with the Secession, became key points in the debate about "modernism." Loos's series of articles had added fuel to the fire, and would have pre-destined *him*—like no other—to the leading role in the Vienna School of Arts and Crafts.

In 1903, Hoffmann, together with Koloman Moser and art patron Fritz Waerndorfer, founded the Wiener Werkstätte. It foreshadowed the program of the Werkbund—with the decisive difference that the Wiener Werkstätte had nothing to do with industry or society at large, was active in the luxury sector, and outfitted Hoffmann's clientele with magnificent lifestyles that were crafted using the most precious handiwork and were as exclusive as they were hermetic. From this wellspring, an independent Austrian Werkbund was formed in 1912, and Viennese arts and crafts—as a fascinating art of sublimation, which superbly obscured the basic problems and issues around the design of products and lifestyles—took on an international leadership role until 1914.

1903 was also the year in which Loos, following in the footsteps of Karl Kraus, started his journalistic counteroffensive. His magazine *Das Andere. Ein Blatt zur Einführung abend-ländischer Kultur in Österreich* [The other– a journal for the introduction of Western culture into Austria] was dedicated to such fundamental issues. The basis of his worldview: "For modern man art is a high goddess and he experiences it as an assassination attempt against art when it is prostituted for utilitarian objects." His reproach against all reforms of arts and crafts: "They are attempting to put another culture in place of ours [...]. But I know that they will not succeed. No one has yet attempted to reach his lumpish hand into the spokes of the rolling wheel of time without getting his hand torn off." Only two issues of Loos's journal were ever published. 1914 saw the culmination of a similar ideological battle in the German Werk-bund between Muthesius and Henry van de Velde—with the onset of the First World War came a drastic schism.

In 1919 and 1920, Hoffmann was the cause of the first rift in the Austrian Werkbund, because he sponsored the endangered Wiener Werkstätte at the cost of the Werkbund sales outlet, thus ham-stringing the Werkbund. Contemporary reforms began with the Vienna settlement movement, where Loos was now in a leadership position, along with Josef Frank, Max Ermers, Otto Neurath, Margarete Lihotzky, and others. Rejuvenated under Loos's motto "form without ornament", the German Werkbund unfurled a PR-organizational verve, which, in 1927,

ihn dort würdig, in ebenfalls unorthodoxer Weise. Und Frank war es, der mit seinem Umkreis Wirkungskreis 1928 den Neustart des ÖWB bewirkte, was im Museum am Stubenring erfolgreiche, alltagsbezogene Ausstellungen brachte und 1932 in Lainz die Werkbundsiedlung, die nun erstmals Hoffmann *und* Loos (und etliche SchülerInnen bzw. ParteigängerInnen) in eine große Initiative des ÖWB integrierte. Die Musterhäuser von Hoffmann und Loos/Kulka zählten dort zu den besten. Über die turbulente Entstehung des Ganzen brachte 2013 das Wien Museum neue Entdeckungen und Klärungen. Doch wieder fiel Hoffmann der Sache in den Rücken. Die Wiener Werkstätte stand vor dem endgültigen Aus, lokale Handwerksinnungen demonstrierten gegen die „glatten" Möbel, und noch im Sommer 1932 eröffnete Hoffmann brieflich die interne Kritik an Frank und der Siedlung. Frank resignierte, zog sich aus dem Werkbund-Vorstand zurück. Wenige Monate später gab es die zweite Spaltung des ÖWB, Hoffmann und Clemens Holzmeister schwenkten zum „befreiten Handwerk" – eine Inversion der Loos'schen Maximen. Frank ging nach Schweden und inspirierte die undogmatische Haltung der skandinavischen Wohnkultur.

Nach 1945 kam der ÖWB nicht mehr auf die Beine, wohl aber der Deutsche Werkbund (DWB), der nach Gleichschaltung und Auflösung unter Hitler die „gute Form" im Wiederaufbau, in der Entnazifizierung der Wohnkultur zur Geltung brachte. Doch ab 1960 ging der DWB zu den leer gewordenen Formeln des Wirtschaftwunders auf Distanz. Unter Lucius Burckhardt stellte man wieder kritische Grundsatzfragen im Loos'schen Sinn. Mit Ausstellungen und Publikationen wie *Profitopolis*, z.B. *Sitzen*, *Weiter wohnen wie gewohnt* gerieten alle Designrezepte unter theoretisch und empirisch fundierten Beschuss. Es war ein zeitversetztes Echo auf Ausstellungen und Aktivitäten, die Bernard Rudofsky, die Linie von Loos über Frank fortsetzend, in den USA als globale Resümees entwickelt hatte. „Are Clothes Modern?" [Ist Kleidung modern?], „Streets for People" [Straßen für Leute], „Architecture without Architects" [Architektur ohne Architekten] belegten seine zentrale Botschaft: „Keine neue Bauweise, eine neue Lebensweise tut not".

Auch in Italien, das nach 1950 eine elegant die Pole von Loos und Hoffmann überbrückende Designkultur hervorbrachte, kam der Schichtwechsel. War das „Radical Design" um 1970 –

„Global Tools" und andere Foren – noch kritisch gegen die Konsumgesellschaft gerichtet, so legten sich Ettore Sottsass, Alessandro Mendini & Co. bald auf die emotionalen Ströme der Populärkultur und fusionierten dies mit den ikonografischen Erfahrungen der Pop-Art. So entstand eine schillernde subversive Ästhetik, ein eklektischer, libertinärer Hedonismus, der Fragen aufwarf, ohne Antworten im Sinn zu haben. Und siehe da, der unendliche Spieltrieb Hoffmanns, chamäleongleich Trends vorausahnend, im Handumdrehen neue Kleider für unreflektierte Inhalte schaffend, grundierte auch diese Welle ornamenthafter Postmodernität. Die Vision von „Memphis" war, analog zum saisonalen Stilwechsel der textilen Haute Couture, jährlich modische Kollektionen im Design- und Möbelbereich zu propagieren und so die konventionellen Systeme der Branche zu dekonstruieren. Die Welle landete auch in Deutschland, spezifisch auch in Österreich. Die Vereinnahmungskraft des kapitalistischen Systems – „jede Kritik landet früher oder später in der Boutique" – zeigte sich auch gegen diese Strategien resistent. Seither tut sich wenig Vergleichbares in den Szenen, Werkbünde und andere Kultur-Foren „von oben" sind Geschichte. Nachhaltige Initiativen leben in kleinen regionalen Nischen, etwa dem „Werkraum Bregenzerwald" oder im italienischen „Agroturismo". Die Globalisierung wirkt in ihren selbstreferenziellen Regelkreisen durch fundamentale Antipoden wie Loos oder genial und affirmativ sprudelnde Gestalter wie Hoffmann nicht mehr irritierbar.

Es gab allerdings Momente der Geschichte, von 1900 bis 1905, wo Loos und Hoffmann einander ganz nahekamen, zum Beispiel in Hoffmanns Architektur des Sanatoriums Westend in Purkersdorf. Dazu gibt es interessante Analysen, aber auch grundlegende Missverständnisse der Rezeption, für die ein eigener Textbeitrag lohnend wäre. Der Architektur des Sanatoriums konnte Loos nichts vorwerfen, im Gegenteil, sie brachte Aspekte, die über das in der Wagner-Schule oder auch bei Loos Gezeigte hinausreichte, doch keine „Vorwegnahme" der De-Stijl- oder Bauhaus-Ästhetik bedeutete, wie eindeutig zu zeigen wäre. Gerade am Deckungspunkt erweist sich die Gegensätzlichkeit der beiden Temperamente. Was dem einen nachhaltig verfolgte Grundsatzentwicklung war, galt dem anderen als im Moment für sich gelöste, doch nur vorübergehende Episode.

resulted in a model settlement estate at the Weißenhof in Stuttgart. Loos was to have been involved, but in the end he was not included in the illustrious circle planning the model houses, which again were not laid out for the masses, but for the upper middle class. Loos very much regretted the lost opportunity, but remained true to the boundary between his approach and the recipes of the Bauhaus, Breuer, Gropius, and Le Corbusier. Frank served as a worthy proxy, in a similarly unorthodox manner. And it was Frank, who with his influential circles, in 1928 was able to bring about a restart of the Austrian Werkbund, which led to successful exhibitions relating to everyday life at the museum on the Stubenring, and in 1932 to the Werkbund settlement in Lainz, which for the first time integrated Hoffmann *and* Loos (and several of their students and proponents) in a major initiative of the Austrian Werkbund. The model houses by Hoffman and Loos/Kulka counted among the best. In 2013, the Vienna Museum offered new discoveries and insights into the turbulent way in which the whole project came into being. But once again Hoffmann undermined these efforts. The Wiener Werkstätte was in its death throes, local craftsmanship guilds demonstrated against the "sleek" furniture, and in the summer of 1932, Hoffmann launched an epistolary internal criticism against Frank and the settlement. Frank resigned and withdrew from the Werkbund board. Several months later, there was a second split of the Austrian Werkbund, with Hoffman and Clemens Holzmeister pivoting toward "liberated craftsmanship"—an inversion of Loos's maxims. Frank left for Sweden, where he inspired the undogmatic stance of Scandinavian home design.

After 1945, the Austrian Werkbund could not be resurrected, while the German Werkbund got a new start by making "good form" relevant again in the rebuilding and denazification of home design after the forcible coordination and dissolution under Hitler. From 1960 onward, however, the German Werkbund distanced itself from formulas for the "Wirtschaftswunder" [literally, economic miracle], which now rang hollow. Under the leadership of Lucius Burckhardt, foundational issues were once again examined critically in the manner of Loos. With exhibitions and publications such as *Profitopolis*, *z.B. Sitzen*, *Weiter wohnen wie gewohnt* [Profitopolis, e.g., sitting, customary living according to custom] all design recipes came under theoretically and empirically based bombardment. It was a delayed echo of such exhibitions and activities that Bernard Rudofsky, continuing the tradition of Loos and Frank, developed in the USA as a global resumé. "Are Clothes Modern?", "Streets for People", "Architecture without Architects" attested to his core message: "What we need is not a new way of building, but a new way of living."

In Italy too, which after 1950 brought out an elegant design culture that bridged the poles of Hoffmann and Loos, this change of shifts took place. Even though "radical design" around 1970—"global tools" and other fora—still took critical aim against consumer society, it was not long before Ettore Sottsass, Alessandro Mendini & Co. waded into the emotional currents of popular culture and fused this with the iconographic experiences of Pop art. Thus arose a shimmering, subversive aesthetic, an eclectic libertine hedonism, which threw out questions without purporting to have the answers. And lo and behold, the endless playfulness of Hoffmann—intuiting trends like a chameleon, creating new apparel for unconsidered meanings—was the basis for this wave of ornamented postmodernism. Analog to the seasonal change of styles in haute couture, the Memphis Group's vision was to propagate fashionable collections every year in the design and furniture realms and in this way, to deconstruct the conventional systems of this sector. This wave washed over Germany too, and specifically over Austria as well. The preemptive power of the capitalist system, where "every critique sooner or later ends up in a boutique," proved to be resistant to these strategies. Since then, nothing comparable has appeared on the scene; Werkbund alliances and other cultural fora "from above" are history. Sustainable initiatives can be found in small regional niches, such as the "Werkraum Bregenzerwald" or Italian "agroturismo." Globalization operates in its self-referential control loops; it can no longer be piqued by fundamental antipodes like Loos or genial and affirmatively effervescent designers like Hoffmann.

Indeed, there were moments in the story, from 1900 until 1905, when Loos's and Hoffmann's orbits brought them near to each other, for example, in Hoffmann's architecture of the Sanatorium Westend in Purkersdorf. Interesting analyses of this are available, but also essential misconceptions about its reception, for which a separate contribution would be worthwhile. Loos could not disparage the architecture of the Sanatorium: just the opposite, it delivered aspects that went beyond those of the Wagner school or those shown by Loos, without, however, "anticipating" the De Stijl or Bauhaus aesthetic, as could be conclusively proven. It is exactly at this point of crossing that the opposite nature of these two temperaments is revealed. What for one was an enduring seminal development was for the other a momentary solution within a transient episode.

Josef Hoffmann
Becher, um 1910
Ausführung: böhmische Glashütte für J. & L. Lobmeyr
Mattiertes Glas, Bronzitdekor
Beaker, ca. 1910
Execution: Bohemian Glassworks for J. & L. Lobmeyr
Matt glass, bronzite decoration
MAK

Josef Hoffmann
Entwurf für ein Damenkleid, um 1910
Bleistift, Aquarell auf kariertem Papier
Design for a gown, ca. 1910
Pencil, watercolor on squared paper
National Gallery in Prague

Josef Hoffmann
Teeservice, 1928
Ausführung: Wiener Werkstätte
Silber, Ebenholz
Tea service, 1928
Execution: Wiener Werkstätte
Silver, ebony
MAK

Josef Frank
Schreibtisch, um 1925
Ausführung: für Haus & Garten
Mahagoni, Messing, Leder
Desk, ca. 1925
Execution: for Haus & Garten
Mahogany, brass, leather
MAK

‹ **Anonym**
Korbsessel von Adolf Loos, u. a. in der
Pilsner Wohnung Wilhelm und Martha Hirsch
(1929/30) verwendet
Ausführung: Prag-Rudniker Korbwarenfabrik
Peddigrohr
Anonymous
Wicker chair used by Adolf Loos, e.g. in the
Wilhelm and Martha Hirsch residence in Pilsen
(1929/30)
Execution: Wicker Factory in Rudná near Prague
Cane

Sammlung Hummel, Wien Hummel collection, Vienna

Josef Hoffmann ›
Sessel, gezeigt auf der Ausstellung
Das befreite Handwerk im Österreichischen
Museum für Kunst und Industrie, 1934
Ausführung: Johann Soulek
Nussbaumholz, geschnitzt; originale
Lederbespannung
Chair, shown in the exhibition *Liberated
Craftmanship* in the Austrian Museum of Art
and Industry, 1934
Execution: Johann Soulek
Walnut, carved; original leather covering
MAK

Hugo Gorge
Sessel, gezeigt auf der Ausstellung
Einfacher Hausrat im Österreichischen
Museum für Kunst und Industrie, 1920
Ausführung: R. Lorenz
Kirschbaumholz
Chair, shown in the exhibition *Simple
Household Furnishings* in the Austrian
Museum of Art and Industry, 1920
Execution: R. Lorenz
Cherry wood
Privatbesitz Private collection

Josef Frank ›
Armlehnsessel, um 1925
Ausführung: für Haus & Garten
Mahagoni, spanisches Rohr, originale
Lederbespannung
Armchair, ca. 1925
Execution: for Haus & Garten
Mahogany, rattan, original leather covering
MAK

**Nach einem Modell von Thomas Chippendale
um 1750**
Sesselmodell von Adolf Loos, u. a. in der
Wohnung Emil Löwenbach (1913) verwendet
Ausführung: Gillow & Co, London
Mahagoni, z.T. geschnitzt; originale
Lederbespannung
**Chair model used by Adolf Loos, e.g.
in the Emil Löwenbach residence (1913)**
Execution: Gillow & Co., London
Mahogany, partly carved; original leather
covering
MAK

Oskar Strnad
Blumenglas, 1916
Ausführung: Meyr's Neffe für J. & L. Lobmeyr
Farbloses Glas
Flower vase, 1916
Execution: Meyr's Neffe for J. & L. Lobmeyr
Clear glass
MAK

Adolf Loos
Wasserglas aus dem *Trinkservice No. 248*, 1931
Ausführung: Zahn & Göpfert, Blumenbach (CS)
für J. & L. Lobmeyr, Wien
Farbloses Glas, z. T. geschliffen
Water glass from the *Drinking set no. 248*, 1931
Execution: Zahn & Göpfert, Blumenbach (CS) for
J. & L. Lobmeyr, Vienna
Clear class, partly polished
J. & L. LOBMEYR

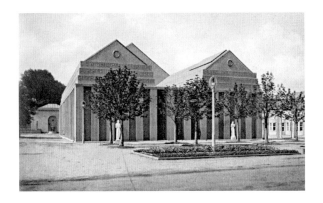

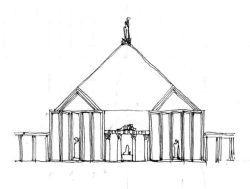

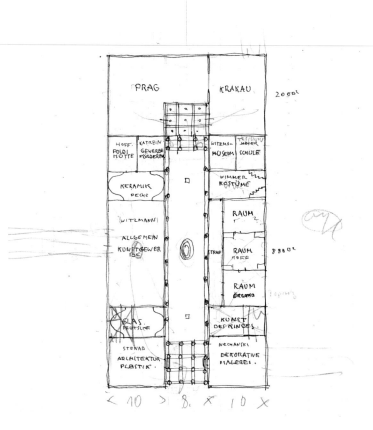

Josef Hoffmann
Österreich-Haus auf der Werkbundausstellung,
Ansicht und Innenhof von Oskar Strnad, Köln, 1914
Austria House at the Werkbund Exhibition, exterior view
and courtyard by Oskar Strnad, Cologne, 1914
Deutsche Kunst und Dekoration [German art and decoration], 1914, S. p. 349

Josef Hoffmann
Österreich-Haus auf der Werkbundausstellung,
Vorentwurf, Ansicht und Grundriss, Köln, 1914
Bleistift auf kariertem Papier
Austria House at the Werkbund Exhibition, preliminary design,
exterior view and floor plan, Cologne, 1914
Pencil on squared paper
National Gallery in Prague

Josef Frank
Haus Dr. Emil und Agnes Scholl, Wien XIX.,
Garten- und Straßenansicht, Wilbrandgasse 3,
1913–1914
House of Dr. Emil und Agnes Scholl, Vienna,
19th district, garden and street view,
Wilbrandgasse 3, 1913–1914
Österreichische Werkkultur [Austrian Crafts Culture], 1916

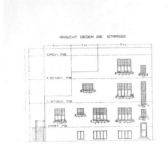

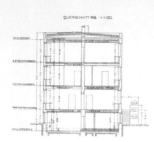
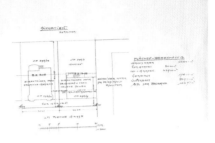

Adolf Loos
Haus Dr. Gustav und Helene Scheu, Wien XIII., Larochegasse 3,
Grundrisse, Ansichten, Schnitt, Situation, 1912–1913
Druck
House of Dr. Gustav und Helene Scheu, Vienna, 13th district,
Larochegasse 3, floor plans, views, section, situation, 1912–1913
Print
Albertina, Wien Vienna

Adolf Loos
Haus Dr. Gustav und Helene Scheu,
Gartenansicht und Wohnhalle, 1912–1913
Fotos von Martin Gerlach jun.
House of Dr. Gustav und Helene Scheu,
garden view and living area, 1912–1913
Photos by Martin Gerlach Jr.
Albertina, Wien Vienna

Josef Hoffmann
Haus Josefine Skywa und Robert Primavesi, Wien XIII.,
Gloriettegasse 18, Entwurf für die Halle, 1913
Bleistift und Feder auf kariertem Papier
House of Josefine Skywa and Robert Primavesi, Vienna,
13th district, Gloriettegasse 18, design of the hall, 1913
Pencil and pen on squared paper
National Gallery in Prague

Josef Hoffmann
Haus Josefine Skywa und Robert Primavesi, Wien XIII.,
Gloriettegasse 18, Gartenansicht und Halle, 1913-1915
House of Josefine Skywa and Robert Primavesi, Vienna,
13th district, Gloriettegasse 18, garden view and hall, 1913-1915
Deutsche Kunst und Dekoration [German art and decoration] 1915/16, S. pp. 232, 237

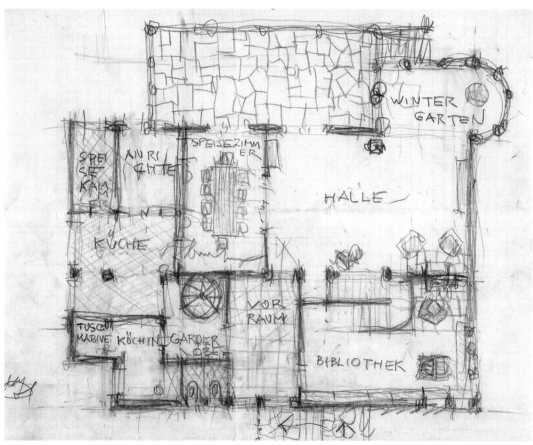

Josef Hoffmann
Landhaus Eduard Ast, Aue bei Velden am Wörthersee,
Entwürfe für Fassade und Grundriss, 1923–1924
Bleistift und Buntstift auf Quadratpapier
Eduard Ast country house, Aue near Velden at the Wörthersee,
façade designs and floor plan, 1923–1924
Pencil and colored pencil on squared paper
MAK

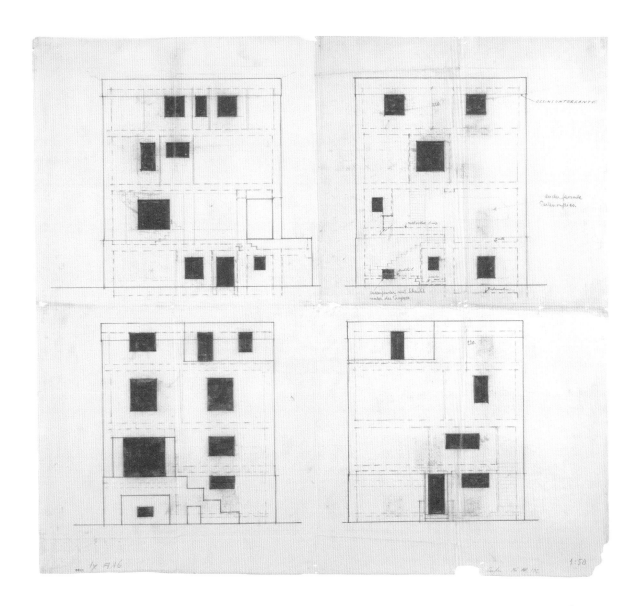

Adolf Loos
Villa Josef und Marie Rufer, Wien XIII.,
Schließmanngasse 11, Fassaden mit
Fensteraufteilung, 1922
Transparentpapier, Bleistift
Villa of Josef and Marie Rufer, Vienna,
13th district, Schließmanngasse 11,
façades with window arrangement, 1922
Pencil on tracing paper
Albertina, Wien Vienna

Adolf Loos
Villa Josef und Marie Rufer, Wohnhalle, 1922
Foto von Bruno Reiffenstein
Villa of Josef and Marie Rufer, living area, 1922
Photo by Bruno Reiffenstein
Albertina, Wien Vienna

Josef Hoffmann
Landhaus Primavesi, Winkelsdorf
(Kouty nad Desnou), Erster Entwurf, 1913
Federzeichnung
Primavesi country house, Winkelsdorf
(Kouty nad Desnou), Initial design, 1913
Pen drawing
National Gallery in Prague

Josef Hoffmann
Landhaus Primavesi, Winkelsdorf
(Kouty nad Desnou), Tagraum, 1913–1914
Primavesi country house, Winkelsdorf
(Kouty nad Desnou), day room, 1913–1914
Dekorative Kunst [Decorative art], Bd. Vol. XXIII, 1915, S. pp. 238, 239

Michael Powolny
Relief *Flora*, um 1913
Ausführung: Vereinigte Wiener
und Gmundner Keramik
Steinzeug, bunt glasiert
Relief *Flora*, ca. 1913
Execution: Vereinigte Wiener
und Gmundner Keramik
Stoneware, polychrome glazed
MAK

Matthias Boeckl

Die Behausungsfrage
Sozialer Wohnungsbau
als Hauptthema der Moderne
ab 1913

Adolf Loos und Josef Hoffmann entwickelten vor dem Ersten Weltkrieg ihre konträren Strategien, vor allem anhand der Bedürfnisse bürgerlicher und großbürgerlicher Gesellschaftsschichten. Obwohl Adolf Loos in New York 1894 soziales Elend am eigenen Leib erfahren hatte und dieses auch in Wien tagtäglich erleben konnte, plante er vor 1918 kein einziges Projekt zu den Elementarbedürfnissen der untersten Gesellschaftsschichten. Anders war die Situation in Deutschland, wo die Lösung der „Behausungsfrage" schon früh von Architekten als zentrales gesellschaftliches Problem erkannt wurde. Zur Zeit, als Josef Hoffmann für den Industriellen und Bankier Adolphe Stoclet dessen berühmtes Brüsseler Wohnpalais errichtete und Adolf Loos für Wiener Intellektuelle wie den sozialdemokratischen Politiker und Rechtsanwalt Gustav Scheu Villen plante, hatte sich in Breslau, Berlin und Dresden um die Architekten Paul Schultze-Naumburg, Heinrich Tessenow und Paul Schmitthenner bereits ein sozialer Zweig der Lebensreformbewegung etabliert.

Die Gartenstadt- und Siedlerbewegung setzte – nach englischen Vorbildern – mit einfachen und praktikablen Rezepten am Kernproblem der sozialen Frage an: am Einfluss des Einzelnen auf seine individuellen Lebensgrundlagen. In diesem Grundrecht sah man die Voraussetzung für Emanzipation und sozialen Aufstieg. Das wichtigste Element dabei ist der Besitz oder mittelfristige Erwerb des eigenen Wohnhauses samt Nutzgarten, der Unabhängigkeit garantiert und in Krisenzeiten die Selbstversorgung unterstützen kann. Sozialreformer wie der philanthropische deutsche Industrielle und Werkbund-Mitbegründer Karl Schmidt, der in seiner Dresdner Möbelfabrik mit englischen und deutschen Architekten der frühen Moderne wie Charles Rennie Mackintosh, Hugh Baillie Scott und Richard Riemerschmidt zusammenarbeitete und ab 1909 u. a. mit Heinrich Tessenow die berühmte Siedlung Hellerau für MitarbeiterInnen des Unternehmens errichtete, sahen in diesem sozialen Konzept den Schlüssel zur Emanzipation der ArbeiterInnen.

In Österreich hatte der soziale Wohnungsbau vor 1918 keine derartigen gesellschaftspolitischen Ambitionen. Er folgte eher traditionellen, paternalistisch-fürsorglichen Konzepten: Trotz der oft schon als Privileg empfundenen bloßen Sicherung der Existenzgrundlagen durch Arbeitgeber bzw. Sozialinstitutionen bestand hier wegen der unveränderten Eigentumsverhältnisse weiterhin eine Abhängigkeit des Einzelnen von WerksbesitzerInnen, der Kirche oder Stiftungen – denn diese besaßen die Wohnimmobilien nach wie vor. Der soziale Wohnungsbau begann im Österreich des 19. Jahrhunderts beim Werkswohnungsbau (vor allem an großen Industriestandorten wie Steyr, Kapfenberg oder Mürzzuschlag) sowie beim urbanen Geschosswohnbau durch soziale Stiftungen (Kaiserjubiläums-Stiftungshäuser in Wien-Ottakring). Die explosiv wachsende Hauptstadt konnte jedoch mit diesen punktuellen Maßnahmen das Wohnungselend nicht einmal annähernd lösen. Trotz großer Bauleistung war Wohn-

raum vor 1918 mangels Marktregulierung ein knappes, spekulativ bewirtschaftetes Gut, das zu den bekannten Missständen von massiv überbelegten Kleinstwohnungen, Bettgehertum und gefährlichen hygienischen Verhältnissen geführt hatte. Das Kriegsende steigerte mit dem Zustrom von Flüchtlingen und ehemaligen Soldaten bei gleichzeitigem Zusammenbruch der Versorgung mit Nahrungs- und Heizmitteln die soziale Notlage noch einmal dramatisch. Rund um die Stadt entstanden in „Bretterdörfern" und wilden Siedlungen regelrechte Slums.

Mit der Berufung des norddeutschen Siedlungsbau-Pioniers Heinrich Tessenow an die Kunstgewerbeschule hatte die systematische Auseinandersetzung mit der Lösung der Behausungsfrage in Wien erst 1913 Eingang in die Architektenausbildung gefunden. Ab Kriegsende avancierte sie zum Kernthema der modernen Architektur und verdrängte die vorher heiß umkämpften Fragen von Stil und Kultur aus dem Mittelpunkt der Debatten. Zwar verließ Tessenow Wien schon 1919 wieder, um eine Professur an der Dresdner Kunstakademie anzutreten, hatte aber mit seinen SchülerInnen Franz Schuster und Margarete Lihotzky bereits eine neue soziale, stilistisch asketische Tradition der modernen Architektur in Österreich begründet. Neben Secessionismus und Wagner-Schule, Loos-Kreis und den intellektuellen AbsolventInnen der Technischen Hochschule um Oskar Strnad und Josef Frank war damit der vierte und jüngste Zweig der Wiener Architektur-Moderne entstanden.

Die allgemeine Notlage und der Antritt der ersten sozialdemokratischen Stadtverwaltung änderten 1918 in Wien die Arbeitsbedingungen moderner ArchitektInnen fundamental. Der nun im großen Stil in Angriff genommene soziale Wohnbau der Stadt stellte auch Hoffmann und Loos vor neue Herausforderungen. Ihre Reaktionen darauf fielen – wie zuvor schon ihre Interpretationen der modernen urbanen Lebensweise – höchst unterschiedlich aus. Zudem gab es die Konkurrenz der jüngeren Generation, die bereits auf den Errungenschaften der mittlerweile 50-jährigen Pioniere aufbauen und diese weiterentwickeln konnte.

Die politische Debatte über die Ausrichtung des öffentlichen sozialen Wohnungsbaus verlief entlang ähnlicher Positionen wie der Grunddisput zwischen Hoffmann und Loos. Eine emanzipatorische Strömung sah im suburbanen Siedlungsbau mit Reihenhäusern und Selbstversorger-Gärten die sinnvollste Möglichkeit, ein existenziell abgesichertes und daher politisch weniger manipulierbares Kleinbürgertum zu schaffen. Eine kollektivistische Strömung erkannte hingegen im dichten innerstädtischen Geschosswohnbau die effizienteste Methode, rasch die benötigten enormen Mengen an Wohnraum zu schaffen. Zentrale Fragen dabei waren die Wirtschaftlichkeit und das Eigentum. Gemessen an den eingesetzten Ressourcen waren Bau und Betrieb der Siedlungen weniger wirtschaftlich als der verdichtete Geschosswohnbau, der zentral organisiert werden konnte und geringere Kosten pro Wohneinheit verursachte. Die

Matthias Boeckl

The Housing Issue
Social Housing Projects
as a Key Topic of Modernism
Beginning in 1913

Adolf Loos and Josef Hoffmann developed their contradictory strategies prior to the First World War, mainly based upon the requirements of the middle and upper social classes. Even though Adolf Loos personally experienced squalid living conditions in New York in 1894 and was also able to observe them firsthand in Vienna, prior to 1918 he did not plan a single project to meet the elementary needs of the poorest social classes. This differed from the situation in Germany, where the "housing issue" was recognized early on by architects as a central social problem to be solved. While Josef Hoffmann was occupied with building a palatial home in Brussels for the industrialist and banker Adolphe Stoclet and Adolf Loos was planning villas for the Viennese intelligentsia (such as social democratic politician and lawyer Gustav Scheu), in Břeclav, Berlin, and Dresden, a social offshoot of the reformist movement had formed around the architects Paul Schultze-Naumburg, Heinrich Tessenow, and Paul Schmitthenner.

Following English models, the garden city and settlement movement used simple and practicable recipes to address the core problem of the social issue: the empowering of individuals with regard to their basic existence. This fundamental right was deemed to be the precondition for emancipation and upward mobility. The most important element was ownership or acquisition in the medium term of one's own residence, including a kitchen garden to ensure independence and self-sufficiency in times of crisis. Social reformers like the philanthropic German industrialist and Werkbund co-founder Karl Schmidt—who in his Dresden furniture production facility worked with English and German architects of Early Modernism such as Charles Rennie Mackintosh, Hugh Baillie Scott, and Richard Riemerschmidt, and who, together with Heinrich Tessenow beginning in 1909, built the famous Hellerau settlement for his employees—regarded this social concept as the key to the emancipation of workers.

Housing projects in Austria were not connected to any such socio-political ambitions before 1918. Rather, they followed traditional, paternalistic-charitable concepts: Despite the basic assurance of minimum living standards through employers or social institutions—something often viewed as a privilege—the dependence of individual people on factory owners, churches, and foundations remained unchanged, since these institutions continued to be the owners of residential real estate. In 19th century Austria, housing projects began with factory residences (chiefly in the major industrial centers like Steyr, Kapfenberg, and Mürzzuschlag) and also with urban multi-story housing blocks erected by community foundations (e.g., houses through the Kaiserjubiläums foundation in Vienna's Ottakring district). However, Vienna's explosive growth made it impossible to even come close to solving the severe housing shortage with such limited measures. Despite great achievements in building more living quarters, in the absence of market regulations, housing

before 1918 was a scarce, speculatively managed good, which led to notable abuses including massively over-occupied tiny apartments, leased beds, and dangerously unhygienic conditions. The end of the war brought a flood of refugees and former soldiers and simultaneously saw the breakdown of the supply of food and heating materials, thus dramatically aggravating the already dire circumstances. All around the city, ramshackle "plank villages" and unpermitted housing formed veritable slums.

In terms of systematically applying itself to the search for solutions, the architectural education community only took up the Viennese housing issue in 1913 with the appointment of northern German housing pioneer Heinrich Tessenow to the School of Arts and Crafts. Beginning with the end of the war, it became the central topic of modern architecture, crowding out previously contentious topics of style and culture. Even though Tessenow left Vienna in 1919 to take up a position as professor at the Dresden Academy of Fine Arts, together with his students Franz Schuster and Margarete Lihotzky, he had already paved the way for a new, socially conscious, stylistically ascetic tradition in modern architecture in Austria. Next to Secessionism and the Wagner school, the circles around Loos, and the intellectual graduates of the Technical University around Oskar Strnad and Josef Frank, this formed the fourth and youngest branch of Viennese architectural Modernism.

The housing shortage and the accession of the first social democratic municipal administration fundamentally changed working conditions for architects in Vienna in 1918. Public housing projects were now being addressed in grand style; this posed new challenges even for Hoffmann and Loos. Their reactions to this—just as their earlier interpretations of the modern urban lifestyle—differed greatly. Additionally, there was competition from the next generation of architects, who could build upon and continue to develop the accomplishments of the now 50-year-old pioneers.

The political debate about the direction of public housing projects featured positions similar to those taken by Hoffmann and Loos in their original dispute. The emancipatory position considered suburban settlements with row houses and kitchen gardens to be the most sensible possibility for creating an economically secure working class, which would then be less susceptible to political manipulation. By contrast, the collectivist position held that high-density, multi-story housing in the inner districts was the most efficient way to rapidly create the enormous amount of residential space necessitated by demand. Questions of economics and ownership were central to the debate. As measured by the resources required, it was less economical to build and operate suburban settlements than high-density, multi-story housing, which could be centrally organized with less cost per residential unit. The settlement homes were usually owned by their residents, while multi-story

Siedlungshäuser gingen meist in den Besitz der BewohnerInnen über, während die Geschosswohnungen in jenem der Stadt verblieben – so entstand auch eine potenzielle politische Bruchlinie zwischen HausbesitzerInnen und MieterInnen.

Die sozialdemokratische Wiener Stadtregierung betrieb zunächst eine ausgleichende Politik und förderte bzw. baute in den frühen 1920er Jahren sowohl Siedlungen als auch Geschosswohnungen. Mit der Planung wurden alle Fraktionen der Wiener Architekturschaffenden beauftragt: Neben vielen Otto Wagner-Schülern wurden auch Hoffmann und Loos sowie die neue, undogmatische Moderne-Strömung um Strnad und Frank beschäftigt. Strnad hatte nach dem Abgang von Tessenow einige SchülerInnen und auch inhaltliche Positionen des deutschen Siedlungsbau-Pioniers in seine Fachklasse für Architektur an der Kunstgewerbeschule übernommen. Beispielhaft arbeiteten bei dem 1924 bis 1925 errichteten Winarskyhof VertreterInnen aller Wiener Architekturschulen an einem Großprojekt für 534 Wohnungen zusammen: Josef Hoffmann, Oskar Strnad, Josef Frank, Oskar Wlach, Franz Schuster, Margarete Lihotzky, Karl Dirnhuber und Peter Behrens.

Loos setzte sich vor allem für die Siedlungsbewegung ein und beriet 1920 als Chefarchitekt das Siedlungsamt der Stadt Wien, das als eine Art Serviceeinrichtung den Genossenschaften Grundstücke für ihre Bauprojekte vermittelte und sie planerisch unterstützte. Das Amt war von Loos' Freund und Bauherrn Gustav Scheu gegründet worden, der 1919 bis 1920 dem Stadtrat (Wiener Stadtregierung als Kollegialorgan) angehörte. Die Amtsleitung übernahm der Kunsthistoriker und Städtebauer Max Ermers, eine Mitarbeiterin wurde die junge Architektin Margarete Lihotzky. Loos' Engagement für die Siedlungsbewegung ging aber weit über die Beratung des Siedlungsamtes hinaus. Er entwarf Bebauungspläne und plante einige Anlagen, von denen zwei – die Lainzer Siedlung und die Heubergsiedlung – realisiert wurden. Den Höhepunkt seiner Recherchen zur maximalen Ökonomie des Siedlungsbaus bildet das Patent „Haus mit einer Mauer", in dem Reihenhäuser zwischen zwei Massivmauern im günstigen Leichtbau ausgeführt werden. Mit der Verfassung von 1920 wurde Wien ein eigenes Bundesland, das von einem Stadtsenat regiert wurde, in dem amtsführende Stadträte bestimmte Portefeuilles übernahmen. Für den Wohnbau war 1922 bis 1934 Anton Weber zuständig, der die Wende der Stadtpolitik vom Siedlungs- zum Geschosswohnungsbau vollzog. Loos' Mitarbeit war nun nicht mehr gefragt, ein innovativer Beitrag dazu – das Terrassenhausprojekt für Kleinstwohnungen – wurde verworfen.

Wie Adolf Loos hatte sich auch Josef Hoffmann vor 1918 nicht mit der Frage des sozialen Wohnungsbaus befasst. Die breite Verteilung der Planung von Wiener Gemeindebauten, wobei ein guter Teil an Wagner-Schüler wie Hubert Gessner, Karl Ehn, Franz Kaym, Rudolf Perco und Ernst Lichtblau ging, sorgte auch für Hoffmanns Engagement. Den Grunddispositionen folgend, plante aber Hoffmann keine Siedlungen, sondern zwei 1924 errichtete repräsentative Geschosswohnbauten – einen Bauteil des Winarskyhofes und den eleganten Klosehof mit seinem filigranen Hochhaus im Innenhof. Eine wichtige Parallele zwischen den Idealen des Handwerker-Kollektivs der Wiener Werkstätte und den politischen Zielen des „Roten Wien" bestand in dessen bewusst arbeitsintensiven Bauweisen und Ausstattungen: Die Ablehnung industrieller Vorfertigung und die großzügige Verwendung kunstgewerblicher Produkte schuf viel handwerkliche Arbeit. Auch die Bauformen im Einzelnen lehnten sich beim Geschosswohnbau an bekannte Traditionen an, womit Identifikation geschaffen wurde. Anders als im Siedlungsbau war hier auch Platz für Eleganz und Repräsentation, die Josef Hoffmann liefern konnte wie kaum ein anderer Architekt. Nach 1945 plante er noch drei weitere soziale Wohnbauten für die Stadt.

Der wichtigste Vertreter des jungen intellektuellen Architektenlagers im Spektrum der Gemeindebau-PlanerInnen war Josef Frank. Er war einziges österreichisches Gründungsmitglied der CIAM (Congrès Internationaux d'Architecture Moderne, dt. Internationale Kongresse Moderner Architektur), hatte Erfahrung im privaten sozialen Wohnbau (Arbeiterkolonie Ortmann für die Industriellenfamilie Bunzl) und bevorzugte als dafür geeigneten Bautyp die Siedlung gegenüber dem Geschosswohnbau. Mit Erich Faber errichtete er 1921 bis 1925 die Siedlung Hoffingergasse, 1929 bis 1932 initiierte er die Wiener Werkbundsiedlung, die nach dem Vorbild der Stuttgarter Weißenhofsiedlung, an der er mitgewirkt hatte, führende nationale und internationale ArchitektInnen zur Mitarbeit lud. Trotz dieser Präferenz für den Siedlungsgedanken baute Frank auch fünf Geschosswohnungsanlagen für die Stadt Wien.

Das Ende des „Roten Wien" und die Errichtung des Ständestaates 1933 führten nicht nur zur Emigration Franks nach Schweden, sondern auch zur Einstellung des sozialen Wohnbauprogramms der Stadt Wien, das bis dahin 60 000 Wohnungen geschaffen hatte und damit auch internationale Spitzenwerte erzielt hatte.

housing blocs were owned by the municipality—thus giving rise to a potential political fault line between home owners and renters.

For a while in the early 1920s, the social democratic Viennese city government followed a politically balanced strategy by building both settlement and multi-story houses. All factions of the Viennese architectural community were commissioned with the planning: Students of Otto Wagner's, both Hoffmann and Loos, and also the new, undogmatic Modernists around Strnad and Frank were all under contract. Following Tessenow's departure, Strnad had taken on some of this German settlement pioneer's students, as well as incorporated some of his substantive positions in his architecture class at the School of Arts and Crafts. In erecting the Winarskyhof in 1924 and 1925, all representatives of all schools of Viennese architecture worked together in exemplary fashion to realize this large project of 534 residential units: Josef Hoffmann, Oskar Strnad, Josef Frank, Oskar Wlach, Franz Schuster, Margarete Lihotzky, Karl Dirnhuber, and Peter Behrens.

Loos dedicated himself to the settlement housing movement; as chief architect in 1920, he advised the settlement office of the city of Vienna, which functioned as sort of service department to procure parcels of land for cooperatives to implement their projects and to support them in their planning. The settlement office was founded by Loos's friend and client Gustav Scheu, who held an advisory position on the city council as from 1919 until 1920. Art historian and city planner Max Ermers took on the position of head of the settlement office and up-and-coming architect Margarete Lihotzky became one of the staff members. Loos's commitment to the settlement movement went far beyond counseling the settlement office. He conceived housing development plans and drafted several projects, of which two—the Lainz and the Heuberg project—were realized. The highlight of his research regarding the maximum economy for settlement design was his patented "House with a wall", wherein row houses were built between two concrete walls using inexpensive lightweight construction methods. With the ratification of the 1920 constitution, Vienna became its own state, governed by a city senate, wherein city council members as department heads took over certain portfolios. Anton Weber was in charge of residential housing from 1922 to 1934; he managed to turn political opinion away from settlement housing in favor of multi-story housing. Loos's services were thus no longer required and one of his innovative contributions to residential housing—a terraced homes project with ultra-small apartments—was scrapped.

Before 1918, neither Adolf Loos nor Josef Hoffmann was concerned about the issue of public housing. Hoffmann's involvement came about through the broad distribution of Vienna housing projects, wherein a number of Wagner's students, including Hubert Gessner, Karl Ehn, Franz Kaym, Rudolf Perco, and Ernst Lichtblau, took part. In accordance with his basic disposition, however, Hoffmann did not design settlements, but two representative multi-story buildings, which were erected in 1924—a part of the Winarskyhof and the elegant Klosehof with its airy high-rise set in a courtyard. An important parallel between the ideals of the Wiener Werkstätte and the political goals of socialist "Red Vienna" consisted in the value both placed on work-intensive building methods and furnishings: The repudiation of industrial pre-fabrication and the generous use of craftsmanship products created jobs for many tradesmen. The individual building designs used in multi-story construction borrowed from well-known traditions, so people could identify with them. Different from settlement construction, multi-story building allowed room for elegance and representation, which Josef Hoffmann could deliver in inimitable fashion. After 1945 he designed three more housing projects for the city of Vienna.

In the realm of social housing designers, the most important representative in the pool of young, intellectual architects was Josef Frank. He was the sole Austrian founding member of CIAM (International Congresses of Modern Architecture), had experience with designing employer-provided housing (the worker colony Ortmann for the Bunzl family of industrialists), for which he preferred settlement housing over multi-story residences as the ideal building type. Together with Erich Faber, he built the Hoffingergasse settlement from 1921 to 1925. From 1929 to 1932 he initiated the Vienna Werkbund settlement, which was patterned after the Weissenhof settlement in Stuttgart, on which he had worked, and which drew the participation of leading national and international architects. Despite this preference for settlement-type housing, Frank also built five multi-story apartment blocks for the city of Vienna.

The end of socialist Vienna and the formation of the Austrian Corporate State in 1933 not only led to Frank's emigration to Sweden, but to the suspension of Vienna's public housing program, which by that time had created 60,000 residential units and garnered international acclaim.

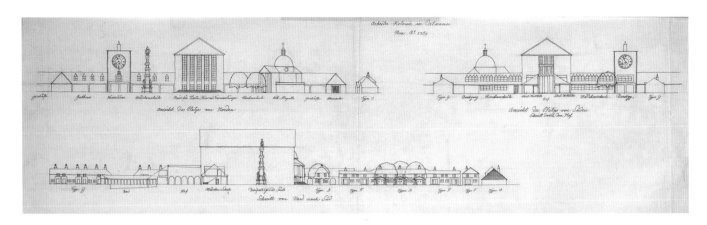

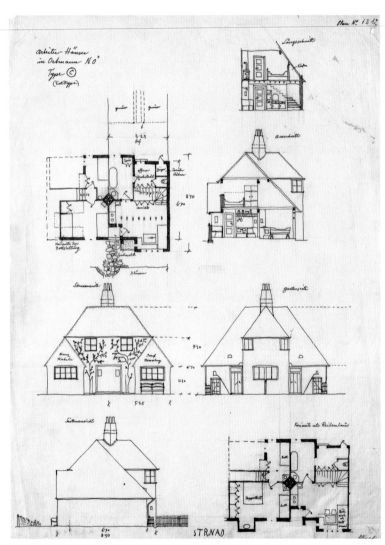

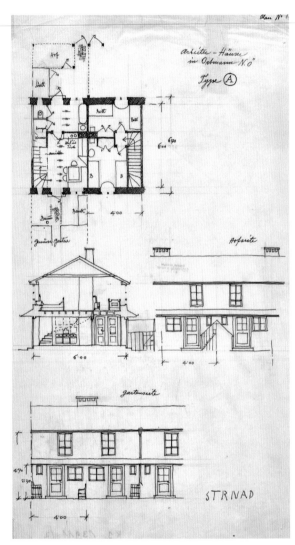

Oskar Strnad
Arbeiterkolonie Ortmann, Niederösterreich, Ansicht des Platzes
und Schnitt, Haustypen A und C (Ecktype), um 1917
Tusche auf Transparentpapier
Ortmann worker colony, Lower Austria, view of the square
and section, building types A and C (corner type), ca. 1917
Indian ink on transparent paper
MAK

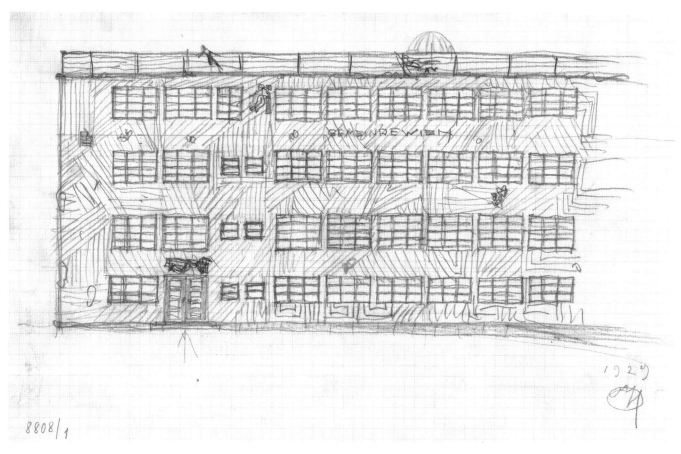

8808/1

Josef Hoffmann
Fassadenstudie zu einem Gemeindebau
der Stadt Wien, 1929
Bleistift, roter und blauer Buntstift
auf Quadratpapier
Study of façades for a community housing
project for the city of Vienna, 1929
Pencil, red and blue colored pencil
on squared paper
MAK

Josef Hoffmann
Österreichische Central Boden Credit Bank,
Wien I., Kohlmarkt 8-10/Wallnerstraße,
Entwürfe für die Fassadenumgestaltung, 1924
Bleistift und Feder auf Quadratpapier
Austrian Central Boden Real Estate Credit
Institute, Vienna, 1st district, Kohlmarkt 8-10/
Wallnerstraße, Designs for the façade
remodel, 1924
Pencil and pen on squared paper
National Gallery in Prague

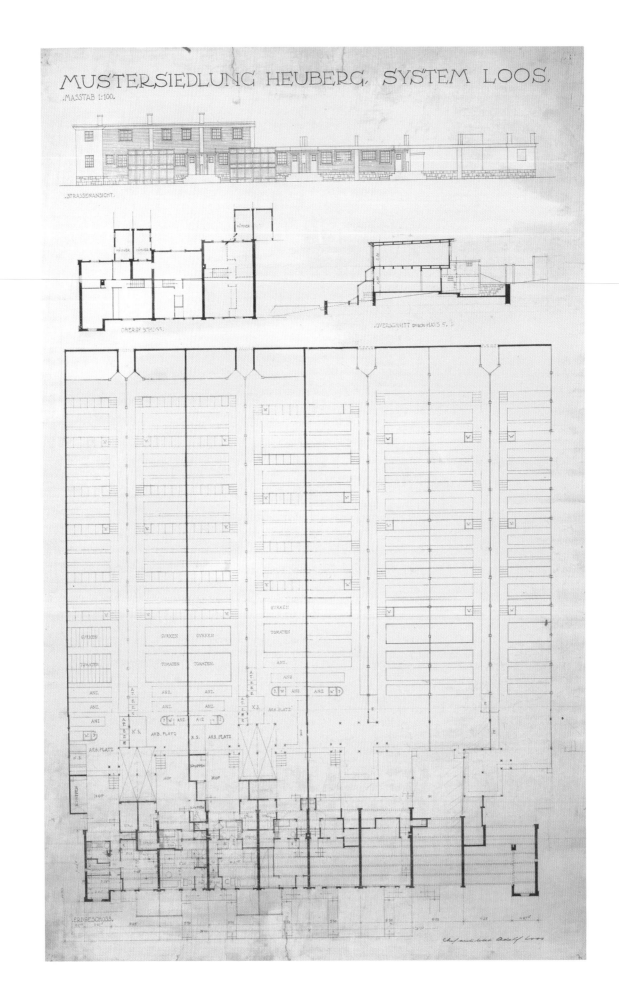

MUSTERSIEDLUNG HEUBERG. SYSTEM LOOS.

MASSTAB 1:100.

STRASSENANSICHT.

OBERGESCHOSS.

QUERSCHNITT DURCH HAUS 5.

ERDGESCHOSS.

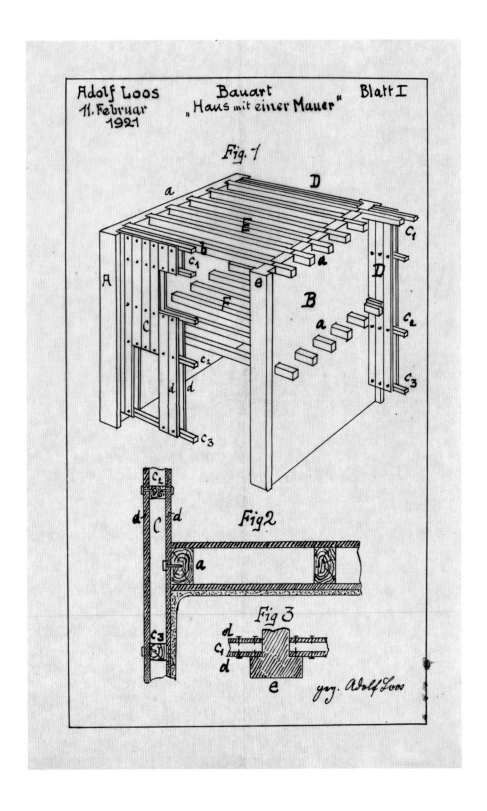

Adolf Loos
Heuberg-Siedlung, Wien XVII.,
Röntgengasse 138, Plachygasse 1, 3, 5, 7,
9, 11 und 13, Ansicht, Schnitte und
Grundrisse, 1921 (Planung) –
1923/1924 (Ausführung)
Druck
Heuberg settlement, Vienna, 17th district,
Röntgengasse 138, Plachygasse 1, 3, 5, 7,
9, 11, and 13, elevation, sections, and
floor plans, 1921 (planning) –
1923/1924 (construction)
Print
Albertina, Wien Vienna

Adolf Loos
Patent „Haus mit einer Mauer",
Konstruktionsschema, 1921
Transparentpapier, Tusche
Patented "House with one wall,"
structural design, 1921
Indian ink on tracing paper
Albertina, Wien Vienna

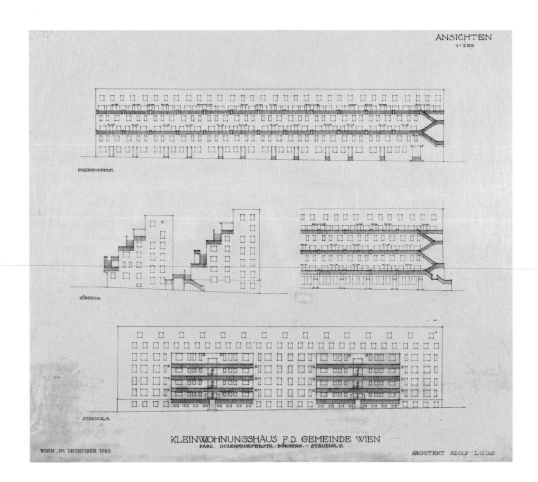

Adolf Loos
Kleinwohnungshaus für die Gemeinde Wien, Wien X., Inzersdorfer Straße
(heute: Kennergasse/Bürgergasse/Staudiglgasse/Favoritenstraße),
Ansichten, 1923
Transparentpapier, Sepia
Building with small apartments for the municipality of Vienna, Vienna,
10th district, Inzersdorfer Straße (Today: Kennergasse/Bürgergasse/
Staudiglgasse/Favoritenstraße), Views, 1923
Sepia on tracing paper
Albertina, Wien Vienna

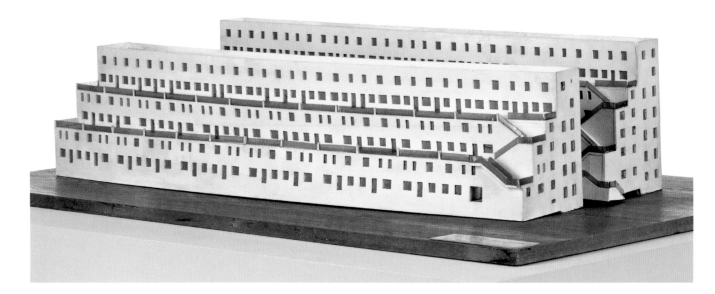

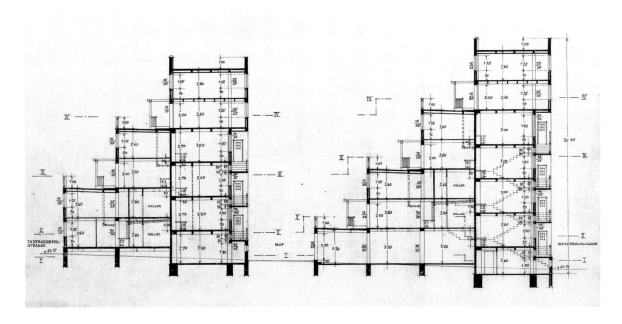

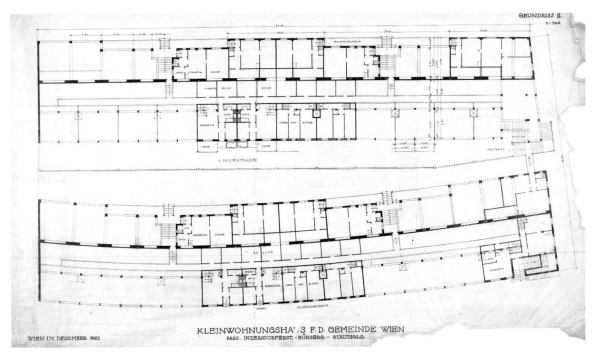

‹ Adolf Loos
Kleinwohnungshaus für die Gemeinde Wien, Wien X.,
Inzersdorfer Straße (heute: Kennergasse/Bürgergasse/
Staudiglgasse/Favoritenstraße), 1923
Modell, Maßstab 1:100, erworben 1964
Rekonstruktion/Modellbau: Reinald Nohàl, Wolfgang Mistelbauer
Building with small apartments for the municipality of Vienna,
Vienna, 10th district, Inzersdorfer Straße (Today: Kennergasse/
Bürgergasse/Staudiglgasse/Favoritenstraße), 1923
Scale model, 1:100, acquired 1964
Reconstruction/scale model by Reinald Nohàl, Wolfgang Mistelbauer
museum moderner kunst stiftung ludwig wien

Adolf Loos
Kleinwohnungshaus für die Gemeinde Wien, Wien X., Inzersdorfer Straße
(heute: Kennergasse/Bürgergasse/Staudiglgasse/Favoritenstraße),
kotierte Schnitte und Grundriss 2. Stock, 1923
Transparentpapier, Tusche
Building with small apartments for the municipality of Vienna, Vienna,
10th district, Inzersdorfer Straße (Today: Kennergasse/Bürgergasse/
Staudiglgasse/Favoritenstraße), sections with measurements and floor
plan, 2nd floor, 1923
Indian ink on tracing paper
Albertina, Wien Vienna

Andrea Bocco Guarneri

Loos'sche Denkweisen
bei Bernard Rudofsky

BERNARD RUDOFSKY

architect   designer   author of the book 'are clothes modern'

to speak on

THE DILEMMA OF **modern** **CLOTHING**

mon march 17 8:30 pm institute of design 632 n dearborn chicago

Ankündigung eines Vortrages von Bernard Rudofsky
im Chicago Institute of Design
Announcement of a presentation by Bernard Rudofsky
at the Chicago Institute of Design
The Bernard Rudofsky Estate Vienna

Loos und Rudofsky stammten beide aus Mähren und wanderten später nach Wien aus. Mir ist kein Dokument bekannt, das eine persönliche Beziehung zwischen ihnen belegen würde, und falls eine solche bestand, muss sie eher einseitig verlaufen sein: Zwischen beiden lag ein Altersunterschied von einer Generation. Berta Rudofsky erzählte mir, dass sie sich manchmal im Café Museum sahen. Ich halte es für wahrscheinlich, dass Rudofsky mindestens einen der Wiener Vorträge von Loos um 1927 besuchte und dass er in dieser Zeit Loos' Werk *Ins Leere gesprochen* und die eine oder andere darauffolgende Schrift las. Auch wenn dies nicht der Fall war, kam er doch sicher in Kontakt mit den Loos'schen Denkweisen. Zwar erwähnte er Loos in keiner seiner Schriften, doch Rudofsky zitierte nur selten andere Architekten und stellte seine Theorien oft so dar, als seien sie aus dem Nichts entstanden.

Wie ich bereits an anderer Stelle betonte,[1] waren die Grundlagen der Ideenwelt Rudofskys, die sich im kulturellen Umfeld Wiens und Berlins gebildet hatten, in den 1930er Jahren bereits gefestigt. Ich glaube, ihr Entstehen wäre ohne die Beiträge der Modernisten und Erneuerer der vorangegangenen Generation, die den Kern der kulturellen Debatte auf die Lebensweisen verlegt hatten, nicht möglich gewesen. Rudofskys Beitrag bestand vor allem darin, ihre Argumentationen zu einem außerordentlich kohärenten Ganzen zusammenzufügen. Loos und Rudofsky vertraten beide einen anthropologischen Kulturansatz und die

Übereinstimmungen zwischen ihren Theorien sind so zahlreich und signifikant, dass man meiner Meinung nach die eine ohne die andere nicht vollständig verstehen kann. (In der Geschichte des Denkens zählen Aszendenzen ebenso wie Deszendenzen).

Beide verbrachten eine bestimmte Zeit ihrer Ausbildung in den USA. Beide praktizierten und predigten die Vorteile des Kontakts mit unterschiedlichen Kulturen und sahen sich selbst schließlich als „Weltbürger". Beide brachen alle Brücken hinter sich ab und entwickelten eine Abneigung gegen Wien. Beide resignierten angesichts des Mangels an Aufträgen und sie empfanden Missgunst gegenüber erfolgreicheren Architekten, die sie als ihnen unterlegen erachteten. Beide äußerten sich, wenn auch auf provokante Weise, über andere Architekten.[2] Beide erlangten eine gewisse Bekanntheit als Autoren kultureller Artikel (Rudofsky in *Pencil Points*, als Editorial Director in *Interiors* und in *Horizon*; in der Zeitschrift *Domus*, wo er seine ersten bedeutenden Artikel veröffentlichte, erinnert sogar die Prosa an Loos). Beide waren klar denkende, radikale Kritiker. Beide suchten den direkten Kontakt zu einem breiten und nicht zu einem Fachpublikum: Rudofsky durch Ausstellungen und Bücher, Loos vor allem durch seine berühmten Vorträge. Bei ihren öffentlichen Auftritten zeigten beide einen deutlichen Hang zum Plädoyer.

Neben den biografischen Aspekten scheint es mir noch wichtiger, auf die Gemeinsamkeiten und Differenzen in den Themen und Ideen, die sie verfolgten, einzugehen. Als Erstes ist hier das Thema Kleidung zu nennen. Loos und Rudofsky waren nicht die einzigen Architekten, die sich damit beschäftigten – vor ihnen taten dies beispielsweise Semper und Morris[3]. Doch die Bedeutung, die sie dem Thema beimaßen, war einzigartig. Die Kleidung war ein integraler Bestandteil ihrer Überlegungen. Loos war gegen Materialverschwendung und unnötige Ornamente – ein Prinzip, das auch Rudofsky 1944 in seiner Ausstellung *Are Clothes Modern?* im MoMA vermittelte. Er zeigte auf, wie irrational Knöpfe und Taschen an Männerbekleidung waren, und durch den Grundsatz, den Stoff möglichst wenig zuzuschneiden, gelangte Rudofsky zu sehr einfachen, schlichten Schnitten.

Loos und Rudofsky verabscheuten die Mode, nicht nur auf dem Gebiet der Damenbekleidung.[4] Sie taten dies, weil sie das Konsumdenken und die geplante Obsoleszenz aus ethischen Gründen ablehnten und weil sie überzeugt waren, dass Objekte, die ihren Zweck erfüllten, nicht aus einer Laune heraus oder aufgrund von wirtschaftlichen Interessen der Hersteller ersetzt werden sollten. Loos' Haltung war hauptsächlich durch seine funktionalistische Ästhetik motiviert, doch es gab auch laute Rufe nach einer angestrebten Demokratisierung der Kleidung und des Wohnens. Diese Motivation teilte er mit Rudofsky, für den die damalige Kleidung „anachronistisch, vernunftwidrig und schädlich sowie teuer und antidemokratisch"[5] war und für den eine unauffällige Architektur eine politische Bedeutung

On Rudofsky's Loos-ishness

Andrea Bocco Guarneri

Loos and Rudofsky both hailed from Moravia and later emigrated to Vienna. I don't know of any document that would confirm a personal relationship between the two, and in the event that such a relationship did exist, it must have been rather one-sided—there was an age difference of a generation between them. Berta Rudofsky told me that they occasionally encountered one another in the Café Museum. I think it probable that Rudofsky attended at least one of Loos's talks in Vienna in 1927 and that in this period he read Loos's *Spoken into the Void* and one or more of Loos's subsequent essays. Even were this not to be the case, he surely would have come into contact with Loos's ideas. Admittedly, he did not mention Loos in any of his writings, but Rudofsky only seldom cited other architects and often presented his theories as though they had materialized out of thin air.

As I previously emphasized elsewhere,[1] the underpinnings of Rudofsky's ideology, which took shape in the cultural contexts of Vienna and Berlin, had already crystallized by the 1930s. I believe that it would not have been possible for it to come into being without the contributions of the modernists and reformers of the previous generation, who shifted the heart of the cultural debate to the topic of lifestyles. Rudofsky's main contribution was to merge their arguments into an extraordinarily coherent whole. Loos and Rudofsky both took an anthropological approach to culture and the congruence between their theories is so extensive and significant that I would posit that it is difficult to understand one without the other. (In the history of thought, predecessors count as much as successors.)

Both spent part of their formative years in the USA. Both practiced and preached the advantages of coming into contact with different cultures and both came to view themselves as cosmopolites. Both burned their bridges behind them and developed an aversion to Vienna. Both resigned themselves to a paucity of commissions and were resentful of more successful architects, whom they regarded as inferior. Both spoke out against other architects, at times in provocative ways.[2] Both achieved a certain renown as authors of cultural articles (Rudofsky in *Pencil Points*, as editorial director of *Interiors*, and in *Horizon*; in the magazine *Domus*, where he published his first major article, his prose evokes Loos). Both were clear-thinking, radical critics. Both sought to reach the general public and not an audience of professionals: Rudofsky through exhibitions and books and Loos chiefly through his famed presentations. In their public appearances, both demonstrated a decided propensity toward the polemical.

I felt it to be more important to delve into the commonalities and differences in the themes and ideas they pursued than into the biographical aspects. The topic of clothing must be mentioned here first. Loos and Rudofsky were not the only architects to concern themselves with this issue; as an example, Morris and Semper did so before them.[3] But the meaning they

Bernard Rudofsky
Bernardo Sandal, mit Goldknoten (Produktion: Aldo Bruzichelli Co., New York, Larry Gordon), um 1946
Bernardo sandal with gold knot (Production: Aldo Bruzichelli Co., New York, Larry Gordon), ca. 1946
The Bernard Rudofsky Estate Vienna

accorded this topic was unparalleled. Clothing was an integral component of their deliberations. Loos was opposed to wasting materials and against unnecessary ornamentation—principles that Rudofsky, too, conveyed in his 1944 MoMA exhibition, *Are Clothes Modern?* He demonstrated how irrational buttons and pockets on men's clothing were, and through his principle of cutting fabric as little as possible, Rudofsky achieved very simple, modest styles.

Loos and Rudofsky detested fashion and not only in the area of women's apparel.[4] They did so, because they repudiated consumerism and planned obsolescence on ethical grounds and because they were convinced that objects that fulfilled their purpose ought not to be replaced on a whim or due to the economic interests of their producers. Loos's position was motivated mainly by his own functional aesthetic; but at the same time he loudly demanded democratization in clothing and housing. He shared this motivation with Rudofsky, for whom the clothing of the times was "anachronistic, irrational, and harmful, as well as expensive and undemocratic"[5] and for whom unobtrusive architecture had political meaning: "Japanese domestic architecture is the *only* democratic architecture in the world."[6] He proposed women's clothing that was very simple in form and unadorned with decorative elements (with the exception of the fabric's design); women would distinguish them-

hatte: „Japanische Wohnarchitektur ist die *einzige* demokratische Architektur der Welt".[6] Er trat für Damenbekleidung in einfachsten Schnitten und ohne dekorative Elemente (es sei denn durch das Stoffdesign) ein: Frauen würden sich allein durch die Anmut unterscheiden, mit der sie die Kleider trugen. Rudofsky schwebte eine Kleidung vor, die sich über die Mode hinwegsetzte, dem Körper angepasst war und dessen Bewegungen folgen konnte, die gesund und „natürlich" war.[7] Loos sagte: „Und verhüte Gott, daß die Architekten Schuhe entwerfen sollten."[8] Rudofsky hingegen wurde dank der von ihm entworfenen Damensandalen (*Bernardo-Sandalen*), die in den 1940er und 1950er Jahren in allen namhaften Modezeitschriften zu sehen waren, berühmt. Sie entsprangen dem Wunsch, Schuhe verfügbar zu machen, die gut aussahen, praktisch zu tragen waren und keine Deformation des Fußes verursachten, wie dies bei geschlossenen Schuhen oder Schuhen mit Absatz der Fall war.

Die Parallelen zwischen Architektur und Bekleidung waren bei Rudofsky so präsent, dass er nach dem Erfolg von *Are Clothes Modern?* [Ist Kleidung modern?] seinem Buch *Behind the Picture Window* [Hinter dem Panoramafenster], in dem er systematisch die häuslichen Räume und ihre Funktion analysierte, zunächst den Titel *Are Houses Modern?* [Sind Häuser modern?] geben wollte.[9] Noch expliziter war sein nicht realisiertes Ausstellungsprojekt *An Analogy between Architecture and Clothes* [Eine Analogie zwischen Architektur und Kleidung] (ca. 1941?), dessen Ziel lauten sollte: „dem Besucher bewusst zu machen, dass Modedesign ein gültiges Maß für die Entwicklung einer Zivilisation ist".[10]

In den Texten von Loos drückt sich seine Begeisterung für die Gegenwart und für den Fortschritt aus.[11] Rudofsky, der zwei Weltkriege miterlebte, verneinte hingegen dessen Existenz. Dennoch glaube ich, dass Rudofsky sich wie Loos als Reformer verstand (in den letzten Jahrzehnten leugnete er dies zwar, doch meiner Meinung nach entsprach das nicht der Wahrheit). Für beide bestand eine Reform der Lebensweise darin, „positive Elemente aus der bestehenden Kultur zu ziehen".[12] Der Unterschied lag jedoch in ihrem Horizont: Bei Loos war er auf die verherrlichte angloamerikanische Welt begrenzt. Er sprach vom „Gipfel" und vom „Zentrum" der Zivilisation, von der „besseren"

Gesellschaft, und glaubte an die Unterscheidung zwischen Wilden und fortschrittlicher Zivilisation. Obwohl er sich oft auf die „klassische Kultur" der Antike berief, verachtete er die mediterrane Kultur seiner Zeit, von der er jedoch nur wenig wusste: Er bediente sich ihrer nur zu rhetorischen Zwecken. Rudofsky zeigte hingegen eine relativistische Haltung: Er war der Meinung, dass man grundsätzlich von jeder anderen Kultur etwas lernen konnte, auch wenn er selbst vor allem der japanischen und den mediterranen Kulturen zugeneigt war. Die bäuerliche Kultur, obschon idealisiert, stellte für ihn einen Bezugspunkt dar, der maximalen Respekt verdiente und den er aus eigener Erfahrung kannte. Mit den Händen zu essen, wie Rudofsky es in der Türkei erlebte, war für ihn eine sinnliche Erfahrung, für Loos hingegen ein primitives Zeichen kultureller Unterlegenheit.

Loos forderte Uniformität, als wäre sie eine durch die „Zivilisierung" auferlegte Notwendigkeit.[13] Und man kann nicht sagen, dass er falsch lag, als er die weltweite Vorherrschaft einer einzigen Zivilisation voraussah[14] – auch wenn wir die verheerenden Folgen erst jetzt erkennen. Im Gegensatz dazu präsentierte Rudofsky – wohlgemerkt fünfzig Jahre später – Kataloge der Vielfalt.[15] In *Architecture without Architects* und *The Prodigious Builders*[16] präsentierte er reiche Sammlungen architektonischer Möglichkeiten, die sich vom gleichmachenden Prinzip der institutionalisierten Moderne unterschieden, und zeigte damit auf, wie viel mehr als diese die Tradition zu bieten hatte – sei es in formaler oder technologischer Hinsicht, bei der Anpassung an die Umgebung oder der Berücksichtigung menschlicher Bedürfnisse. Auch *Are Clothes Modern?*, *Now I Lay Me Down to Eat*[17] und *Sparta/Sybaris* waren Versuche, den Horizont der BesucherInnen und LeserInnen zu öffnen und ihren Handlungsspielraum bei der Verrichtung alltäglicher Abläufe zu erweitern. Er war der Meinung, die abendländische Vorstellungswelt sei so konditioniert, dass die Menschen es nicht mehr verstanden, die Freuden des Lebens zu genießen („We don't know how to live"). Folglich musste ihr kritischer Sinn geweckt werden. Dies ist einer der wichtigsten Punkte, in denen Loos und Rudofsky übereinstimmten: Beide vertraten die Ansicht, dass eine Zivilisation sich über ihre Gebrauchsgegen-

selves solely through the grace with which they wore a garment. Rudofsky imagined clothing that would defy fashion, adapt to the body and adjust to its movements, and be healthy and natural.[7] Loos said, "God forbid that architects should design shoes."[8] By contrast, Rudofsky became famous for the women's sandals he designed; in the 1940s and 1950s, his Bernardo Sandals could be seen in all major fashion magazines. Their raison d'être was his wish to supply attractive shoes that were practical to wear and did not cause any deformation of the foot, such as was the case with close-toed or high-heeled shoes.

The parallels between architecture and apparel were so present that, after the success of *Are Clothes Modern?*, he initially wanted to give his book *Behind the Picture Window*, in which he systematically analyzed residential spaces and their function, the title *Are Houses Modern?*[9] Even more explicit was his unrealized exhibition project *An Analogy between Architecture and Clothes* (ca. 1941?), whose goal was to have been "to make the visitor aware that apparel design is valid as a measure of a civilization."[10]

Loos's texts express his enthusiasm for the present and for progress.[11] Rudofsky, who bore witness to the Second World War, negated the latter's existence. Nonetheless, I believe that Rudofsky, just like Loos, saw himself as a reformer (he denied this in the last decades, but this was not the truth). For both, lifestyle reform consisted of "drawing positive elements out of existing culture."[12] The difference, however, was in their field of vision. With Loos this was limited to the exalted Anglo-American realm. He spoke of the "pinnacle" and of the "center" of civilization, of a "better" society, and he believed in the distinction between savages and advanced civilization. Despite frequently invoking the "classical culture" of antiquity, he scorned the Mediterranean culture of his time, of which he knew little, however; he used it only for rhetorical purposes. Rudofsky on the other hand displayed a relativistic attitude. Even though he himself was drawn to the Japanese and Mediterranean cultures, he believed that every culture had something to offer. Rural culture, albeit idealized, for him represented a point of reference that deserved maximal respect and one that he knew from his own experience. For Rudofsky, eating with one's hands, as he had experienced in Turkey, was a sensual undertaking, while for Loos it was a primitive sign of cultural inferiority.

Loos demanded uniformity as though it was a necessity imposed by "civilization."[13] And one cannot say that he was wrong in anticipating the global dominance of a single civilization[14]— even if we only now recognize the disastrous consequences. By contrast, Rudofsky presented—fifty years later, mind you—catalogs of diversity.[15] In *Architecture without Architects* and *The Prodigious Builders*,[16] he presented rich collections of architectural possibilities different from those enshrined in the equalizing principle of institutionalized modernism, and thus illustrated

Bernard Rudofsky
„Das gesellige Bad", Ausstellung *Sparta/Sybaris,* MAK, Wien 1987
"The convivial bath," *Sparta/Sybaris* exhibition, MAK, Vienna 1987
MAK

how much more tradition had to offer—be it with regard to form or technology or adapting to its environment or taking into account human needs. *Are Clothes Modern?*, *Now I Lay Me Down to Eat*,[17] and *Sparta/Sybaris* were all attempts to widen the horizon of visitors and readers and to expand the range of possible options in the performance of daily activities. He was of the opinion that occidental thinking had been so conditioned that people no longer understood how to enjoy life's pleasures ("We don't know how to live"). As a result, their critical sense must be stimulated. This is one of the most important points on which Loos and Rudofsky concurred. Both believed that a civilization expressed itself through its utilitarian objects and daily practices.[18] For both, the techniques of daily life (in the words of Marcel Mauss)[19] were the central (if not the sole) topic of their own intellectual quests and (going far beyond the hitherto accepted scope of action) the sphere of the architect's work.[20]

Both Loos and Rudofsky were "obsessed with frugality" and explored it in their work. Both preached and practiced self-control and discipline.[21] For Loos the absence of ornamentation was a sign of intellectual fortitude, and even though he challenged architecture to deliver a concrete, "primarily tactile sensual experience,"[22] in his texts he seems anti-erotic and averse to "primitive" urges. By contrast, Rudofsky viewed Epicureanism and morality to be indivisibly bound together, as the title of his last exhibition *Sparta/Sybaris*, which opened in 1987 at the MAK (Austrian Museum of Applied Arts), masterfully expressed (see Fig. 5). According to Rudofsky, in traditional Japanese houses "one finds austerity perfectly compatible with voluptuousness."[23] His writings and exhibitions constantly re-

Bernard Rudofsky
Reisefoto aus Japan
Japan travel photo
Privatbesitz Private collection

stände und ihre Alltagspraktiken ausdrückte[18]. Für beide waren die Techniken des Alltagslebens (um es mit Marcel Mauss zu formulieren)[19] das zentrale (wenn nicht einzige) Thema der eigenen intellektuellen Suche und das (weit über den bislang akzeptierten Tätigkeitsbereich hinausgehende) Arbeitsfeld des Architekten.[20]

Sowohl Loos als auch Rudofsky waren „besessen von der Genügsamkeit" und thematisierten sie in ihren Theorien. Beide predigten und praktizierten Selbstbeherrschung und Disziplin.[21] Für Loos war die Abwesenheit des Ornaments ein Zeichen geistiger Kraft, und obwohl er forderte, die Architektur solle ein konkretes, primär taktiles Sinneserlebnis bieten,[22] erscheint er in seinen Texten als anti-erotisch und den „primitiven" Trieben abgeneigt. Bei Rudofsky hingegen waren Epikureismus und moralische Norm untrennbar miteinander verbunden, wie es der Titel *Sparta/Sybaris* seiner letzten Ausstellung, die 1987 im MAK – Österreichisches Museum für angewandte Kunst eröffnet

wurde, meisterhaft zum Ausdruck brachte. Im traditionellen japanischen Haus „stellt man fest, dass Nüchternheit mit Üppigkeit sehr gut vereinbar ist", so Rudofsky.[23] Seine Schriften und Ausstellungen enthielten immer wieder die Einladung, dem Leben Sinnlichkeit zu verleihen, besonders in der häuslichen Vertrautheit. Das Haus sollte ein Refugium sein, das die Entwicklung des Individuums in seiner psychophysischen Gesamtheit unterstützte. Der äußeren Erscheinung oder der Bauweise sollte bei der Planung keine zu große Bedeutung beigemessen werden.[24] Was für Rudofsky zählte, war die Lebensweise, wie sein theoretisches Schaffen seit 1938 belegte.[25]

Folgerichtig baute er sich ein Haus (Frigiliana, Málaga, 1969–1971), das in der gängigen lokalen Bauweise errichtet wurde und auf den ersten Blick einem traditionellen andalusischen Haus gleicht, jedoch gleichzeitig eine absolut originelle Raumgliederung und die Ausrichtung auf einen sehr privaten Wohnstil erkennen lässt.

1 Bocco Guarneri, Andrea, *Bernard Rudofsky. A Humane Designer*, Wien 2003.

2 Siehe zum Beispiel: Loos, Adolf, „Arnold Schönberg zum 50. Geburtstage, 13. September 1924", Sonderheft des *Musikblätter des Anbruch*, VI., August/September 1924, 271 (später in: Loos, Adolf, *Trotzdem 1900–1931*, Innsbruck 1931, 180); Rudofsky, Bernard, *Straßen für Menschen*, Salzburg und Wien 1995, 331–336.

3 In seinem zentralen Artikel „Keine neue Bauweise, eine neue Lebensweise tut not" (*Domus* 123, März 1938, 6 15) verwendet Rudofsky als Motto ein Zitat von Morris: „Wie können die Leute annehmen, dass sie gute Architektur haben, wenn sie solche Kleidung tragen?"

4 Loos, Adolf, „Damenmode", in: Loos, Adolf, *Ins Leere gesprochen 1897–1900*. Paris/Zürich 1921, 97 ff. (Ursprünglich in *Dokumente der Frauen*, Band 6, 23 1902, 660–664).

5 Rudofsky, Bernard, *Are Clothes Modern? An essay on contemporary apparel* [Ist Kleidung modern? Ein Essay über zeitgenössische Kleidung], Chicago 1947, 115.

6 Rudofsky, Bernard, „Japanese domestic architecture is the *only* democratic architecture in the world" [„Japanische Wohnarchitektur ist die *einzige* demokratische Architektur der Welt"], unveröffentlicher Vortrag in Japan, ca. 1958–1959, 3. Die Aussage spiegelt die Betrachtungen von Bruno Taut wider (*Das japanische Haus und sein Leben*, Tokyo 1937).

7 Siehe auch Rudofsky, Bernard, „God Has Given You One Face, and You Make Yourselves Another" [„Gott hat euch ein Gesicht gegeben und ihr macht euch ein neues"], in: *Horizon*, (XIII) 3 1971, 72–79.

8 Loos, Adolf, „Von der Sparsamkeit", in: Opel, Adolf (Hg.), *Adolf Loos. Die Potemkin'sche Stadt: Verschollene Schriften 1897–1933*, Wien 1983, 204 ff.

9 Rudofsky, *Are Clothes Modern?* ibid.; *Behind the Picture Window* [Hinter dem Panoramafenster], New York 1955.

10 Unveröffentliche Schrift, die von The Bernard Rudofsky Estate Vienna aufbewahrt wird.

11 Loos schrieb: „Jawohl, unsere Zeit ist schön" („Der Silberhof und seine Nachbarschaft", *Neue Freie Presse*, 15.5.1898, später neu veröffentlicht in: Loos, *Ins Leere gesprochen*, a.a.O., 37). Siehe auch *Lob der Gegenwart* Band 3, März 1908, 310–312.

12 Hermann Czech, „Introduzione" [„Einführung"], in: Czech, Hermann (Hg.), *Josef Frank. Architettura come simbolo. Elementi del nuovo edificio tedesco* [Josef Frank, Architektur als Symbol. Elemente neuen deutschen Bauens], Bologna 1986, xiii.

13 Siehe zum Beispiel Loos, Adolf, „Von der Sparsamkeit", a.a.O., 206.

14 Siehe zum Beispiel Loos, Adolf, „Glas und Thon", *Neue Freie Presse*, 12155, 26.6.1898, 16 (später neu veröffentlicht in Loos, *Ins Leere gesprochen*, a.a.O., 65) und „Kultur", in: ebd., 68.

15 Bocco Guarneri, Andrea, „Un catálogo de posibilidades" [„Ein Katalog der Möglichkeiten"], in: Loren, Mar/Romero, Yolanda (Hg.), *Bernard Rudofsky. Desobediencia crítica a la modernidad* [Kritischer Ungehorsam und die Moderne], Granada: Centro José Guerrero/Diputación de Granada 2014, 78–105.

16 Rudofsky, Bernard, *Architektur ohne Architekten – Eine Einführung in die anonyme Architektur*, (1964), Salzburg 1989; *The Prodigious Builders: Notes toward a natural history of architecture with special regard to those species that are traditionally neglected or downright ignored* [Die erstaunlichen Baumeister: Notizen über eine Naturgeschichte der Architektur mit besonderer Berücksichtigung von Architekturarten, die traditionell vernachlässigt oder ignoriert werden], New York 1977.

17 Rudofsky, Bernard, *Now I Lay Me down to Eat: Notes and footnotes on the lost art of living* [Jetzt lege ich mich zum Essen: Notizen und Fußnoten über die verlorene Lebenskunst], Garden City, NY 1980; *Sparta/Sybaris: Keine neue Bauweise, eine neue Lebensweise tut not*, Salzburg 1987.

18 Für Loos siehe zum Beispiel „Kulturentartung" (1908), in: Loos, *Trotzdem*, a.a.O., 74 ff. Für Rudofsky siehe unter anderem Huxtable, Ada Louise, „Shows with a Personal Vision", *The New York Times*, 11.1.1981.

19 Mauss, Marcel, „Les techniques du corps", *Journal de Psychologie* XXXII, ne, 3–4, 15.3. – 15.4.1936. Aber auch Loos sprach bereits von der „technik des sitzens, technik des ausruhens" („Das Sitzmöbel", *Neue Freie Presse*, 19.6.1898, neu veröffentlicht in: Loos, *Ins Leere gesprochen*, a.a.O., 60).

20 Opel, Adolf, „Introduction" [„Einführung"], in: Loos, Adolf, *Ornament and Crime. Selected Essays*, Riverside, CA 1998. Loos' Vortrag „Vom Gehen, Stehen, Sitzen, Liegen, Schlafen, Essen, Trinken" scheint bereits ein Überblick über Rudofskys Themen. Rudofsky hat diesen Ansatz in zahlreichen Büchern und Ausstellungen zum Ausdruck gebracht, außerdem in vielen Vorträgen, von denen zumindest „First Things First" (1961) und „The Indigenous Environment" (1980), die er beide in Aspen gehalten hatte, erwähnt werden sollten (die Texte beider Vorträge wurden in Bocco, *Bernard Rudofsky*, a.a.O., veröffentlicht).

21 Was Loos betrifft, siehe z. B. „Antworten auf fragen aus dem publikum", in: Loos, *Trotzdem*, a.a.O., 159; „Ornament und Erziehung", ebd., 178.

22 Siehe zum Beispiel Loos, „Von der Sparsamkeit", a.a.O. (siehe Fußnote 8), 211.

23 Rudofsky, Bernard, *The Kimono Mind: An informal guide to Japan and to the Japanese*, Garden City 1965, 119.

24 Rudofsky verwendet im Untertitel für *Sparta/Sybaris* (siehe Fußnote 17) den Ausdruck „Bauweise", den auch Loos verwendet hat: „Veränderungen der alten Bauweise sind nur dann erlaubt, wenn sie eine Verbesserung bedeuten, sonst aber bleibe beim Alten" (Loos, Adolf, „Regeln für den, der in den Bergen baut", in: Loos, *Trotzdem* a.a.O., 125).

25 Siehe Fußnote 3.

Bernard Rudofsky
Haus Rudofsky „La Casa", Frigiliana, Andalusien, 1970/71
Rudofsky House "La Casa", Frigiliana, Andalusia, 1970/71
The Bernard Rudofsky Estate Vienna

iterated the invitation to endow life with sensuousness, especially in the familiarity of one's home, which ought to be a refuge that supported the development of an individual in his psycho-physical wholeness. Thus, designers ought not to give all too much importance to external appearance or building methods.[24] As proven since 1938 by his theoretical work, what counted for Rudofsky was lifestyle.[25]

Congruous with his philosophy, he built himself a house (Frigiliana, Málaga, 1969–1971), which was erected in line with customary local building methods. While at first glance resembling a traditional Andalusian house, its room arrangement is absolutely original and its design intended for a very unique lifestyle).

1 Bocco Guarneri, Andrea, *Bernard Rudofsky. A Humane Designer*, Vienna 2003.

2 Cf. for example: Loos, Adolf, "Arnold Schönberg zum 50. Geburtstage, 13. September 1924" [Arnold Schönberg on the occasion of his 50th birthday], Special edition of *Musik-blätter des Anbruch*, VI., August/September 1924, 271 (later in: Loos, Adolf, *Trotzdem* [In spite of] *1900–1931*, Innsbruck 1931, 180); Rudofsky, Bernard, *Streets for People: A Primer for Americans*, Garden City, New York 1969, 337 ff.

3 In his major article, "non ci vuole un nuovo modo d costruiere ci vuole un nuovo modo di vivere" [What we need is not a new way of building, but a new way of living], (*Domus*, 123, March 1938, 6–15). Rudofsky quotes Morris: "How can people expect to have good architecture when they wear such clothes?"

4 Loos, Adolf, "Damenmode" [*Ladies' Fashion*], in: Loos, Adolf, *Ins Leere gesprochen 1897–1900* [*Spoken into the Void 1897–1900*]. Paris/Zurich 1921, 97 ff. (Originally in *Dokumente der Frauen* [Documents of women], Volume 6, 23 1902, 660–664).

5 Rudofsky, Bernard, *Are Clothes Modern? An essay on contemporary apparel*, Chicago 1947, 115.

6 Rudofsky, Bernard, unpublished lecture in Japan, ca. 1958–1959, 3. This statement mirrors the views of Bruno Taut (*Das japanische Haus und sein Leben* [The Japanese house and its life], Tokyo 1937).

7 Cf. also Rudofsky, Bernard, "God Has Given You One Face, and You Make Yourselves Another," in: *Horizon*, (XIII) 3 1971, 72–79.

8 Loos, Adolf, "Von der Sparsamkeit" [On thrift], in: Opel, Adolf (Ed.), *Adolf Loos. Die Potemkin'sche Stadt: Verschollene Schriften 1897–1933* [The Potemkin City: missing writings 1897–1933], Vienna 1983, 204 ff.

9 Rudofsky, *Are Clothes Modern?*, loc. cit.; Chicago 1947; *Behind the Picture Window*, New York 1955.

10 Unpublished text preserved by The Bernard Rudofsky Estate Vienna.

11 Loos wrote: "Jawohl, unsere zeit ist schön" [Yessiree, our times are fine] ("Der Silberhof und seine Nachbarschaft" [The Silberhof and its neighborhood], *Neue Freie Presse*, 15 May1898, later republished in: Loos, *Ins Leere gesprochen*, loc. cit., 37). See also "Lob der Gegenwart" [In Praise of the Present], *März*, 3, 1908, 310–312.

12 Hermann Czech, "Introduzione" [Introduction], in: *Josef Frank. Architettura come simbolo. Elementi del nuovo edificio tedesco* [Josef Frank, Architecture as symbol: Elements of German modern architecture], ed. Hermann Czech, Bologna 1986, xiii.

13 See for example Loos, "Von der Sparsamkeit", loc. cit., 206.

14 See for example Loos, Adolf, "Glas und Thon" [Glass and clay], *Neue Freie Presse*, 12155, 26 Jun 1898, 16 (later republished in Loos, *Ins Leere gesprochen* [*Spoken into the Void*], loc. cit., 65) und "Kultur" [Culture], in: Loos, *Trotzdem* [In spite of], loc. cit., 68.

15 Bocco Guarneri, Andrea, "Un catálogo de posibilidades" [A catalog of possibilities], in: Loren, Mar/Romero, Yolanda (eds.), *Bernard Rudofsky. Desobediencia crítica a la modernidad* [Critical disobedience to modernity], Granada: Centro José Guerrero/ Diputación de Granada 2014, 78–105.

16 Rudofsky, Bernard, *Architecture without Architects: A short introduction to non-pedigreed architecture*, New York: The Museum of Modern Art, 1964; *The Prodigious Builders: Notes toward a natural history of architecture with special regard to those species that are traditionally neglected or downright ignored*, New York 1977.

17 Rudofsky, Bernard, *Now I Lay Me down to Eat: Notes and footnotes on the lost art of living*, Garden City, NY 1980; *Sparta/Sybaris: Keine neue Bauweise, eine neue Lebensweise tut not* [Sparta/Sybaris: What we need is not a new way of building, but a new way of living], Salzburg 1987.

18 For Loos, see for example "Kulturentartung" [Cultural degeneracy] (1908), in: Loos, *Trotzdem*, loc. cit.,74 ff. For Rudofsky, see, inter alia, Huxtable, Ada Louise, "Shows with a Personal Vision", *The New York Times*, 11 Jan 1981.

19 Mauss, Marcel, "Les techniques du corps" [Techniques of the Body], *Journal de Psychologie* XXXII, ne, 3–4, 15 Mar–15 Apr 1936. But Loos too, had spoken of the "technique of sitting, technique of resting" ("Das Sitzmöbel" [Seating furniture], *Neue Freie Presse*, 19 Jun 1898, republished in *Ins Leere gesprochen*, loc. cit., 60).

20 Opel, Adolf, "Introduction", in: Loos, Adolf, *Ornament and Crime. Selected Essays*, Riverside, CA 1998. Loos's lecture "Vom Gehen, Stehen, Sitzen, Liegen, Schlafen, Essen, Trinken" [On walking, standing, sitting, lying down, sleeping, eating, drinking] already seemed to be an overview of Rudofsky's themes. Rudofsky had expressed this notion in numerous books and exhibitions, and also in many talks, of which at least "First Things First" (1961) and "The Indigenous Environment" (1980), both held in Aspen, should be mentioned. (The texts of both lectures were published in Bocco, *Bernard Rudofsky*, loc. cit.)

21 For Loos, see for example "Antworten auf fragen aus dem publikum" [Answers to audience questions], in: Loos, *Trotzdem*, loc. cit., 159; "Ornament und Erziehung" [Ornament and education], ibid. 178.

22 See for example Loos, "Von der Sparsamkeit", loc. cit., 211.

23 Rudofsky, Bernard, *The Kimono Mind: An informal guide to Japan and to the Japanese*, Garden City 1965, 119.

24 In the subtitle of *Sparta/Sybaris* (see footnote 17), Rudofsky used the expression "Bauweise", which Loos had also used: "Veränderungen der alten Bauweise sind nur dann erlaubt, wenn sie eine Verbesserung bedeuten, sonst aber bleibe beim Alten" [Changes in existing building methods are only then allowed when they are an improvement, otherwise one should stick with the extant.] (Loos, Adolf, "Regeln für den, der in den Bergen baut" [Rules for those who build in the mountains], in: Loos, *Trotzdem*, loc. cit., 125).

25 See footnote 3.

Ernst A. Plischke
Kanadier für die Wohnung Lucie Rie-Gomperz,
1928/29
Nussbaumholz, erneuerte Stoffbespannung
Morris chair (Bentwood chair with adjustable
backrest) for the Lucie Rie-Gomperz
residence, 1928/29
Walnut, replaced fabric covering
Hofmobiliendepot • Möbel Museum Wien
Garde de meuble of the Vienna Court • Furniture Museum Vienna

Ernst A. Plischke
Sessel für das Speisezimmer der Wohnung
Böhm, 1930
Nussbaumholz, Gurtenbespannung
Chair for the dining room of the Böhm
residence, 1930
Walnut, webbing
Hofmobiliendepot • Möbel Museum Wien
Garde de meuble of the Vienna Court • Furniture Museum Vienna

Atelier Studio Singer-Dicker
Franz Singer und and Friedl Dicker
Modell eines begehbaren Garderobenschranks mit herausdrehbaren Betten, Maßstab 1:5, um 1928
Erlensperrholz natur, z. T. gefärbt; farbiges Papier; Messinggestelle; Drahtgeflecht
Model of a walk-in wardrobe with swivel beds, Scale 1:5, ca. 1928
Alder plywood, natural, partly painted; colored paper; brass racks; wire netting
Sammlung G. Schrom collection

Ernst A. Plischke
Klapptisch, gezeigt auf der Werkbundausstellung im Österreichischen Museum für Kunst
und Industrie, 1930
Ausführung: J. A. Wendl (Schlosser) und Anton Kolbek (Tischler)
Eisenrohr vernickelt; Okumé
Drop-leaf table; shown at the Werkbund Exhibition in the Austrian Museum of Art and Industry, 1930
Execution: J. A. Wendl (locksmith) and Anton Kolbek (cabinetmaker)
Iron tubing, nickel-plated; okoumé
Ernst A. Plischke Nachlass estate

Ernst A. Plischke
Wohnung von Viktor und Käthe Böhm, Wien,
Einrichtung, Perspektive, 1930
Bleistift, Aquarell auf Transparentpapier
Residence of Viktor and Käthe Böhm,
Vienna, interior, perspective, 1930
Pencil, watercolor on tracing paper
Akademie der bildenden Künste Wien, Kupferstichkabinett
Academy of Fine Arts Vienna, Graphic Collection

Ernst Schwadron
Wandabwicklungen und Grundrisse des
Herren- und Damenschlafraums der Wohnung
Dosza, Wien, 1933
Pause, Bleistift, Buntstift
Wall decorations and floor plans for the master
bedroom of the Dosza residence, Vienna, 1933
Print, pencil, and colored pencil
MAK

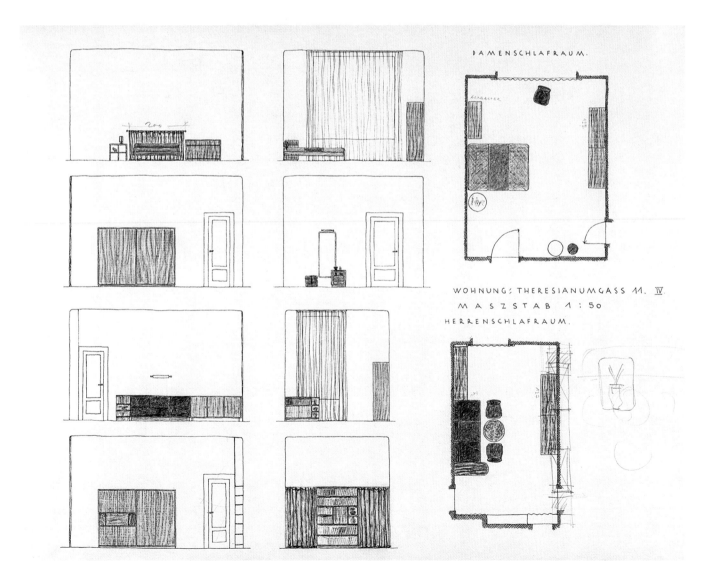

Bernard Rudofsky

Haus Dr. Frontini, San Paulo, Perspektive des
Hofes, 1940
Bleistift, Deckweiß und Aquarell auf Papier
Dr. Frontini House, São Paulo, Perspective view
of the courtyard, 1940
Pencil, opaque white, and watercolor on paper
MAK

Bernard Rudofsky

Haus Arnstein, San Paulo, Grundriss, 1940
Lichtdruck
Arnstein House, São Paulo, floor plan, 1940
Halftone print
MAK

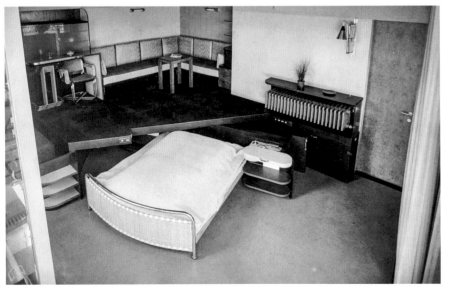

Franz Singer und and Friedl Dicker
Gästehaus Heriot, Wien II.,
Rustenschacherallee, 1932-1934
Luftbild, ausdrehbare Betten der Gästezimmer
Heriot guest house, Vienna, 2nd district,
Rustenschacherallee, 1932-1934
Aerial view, swivel-out beds of the guest rooms
Sammlung G. Schrom collection

HOUSE FOR JOÃO ARNSTEIN, SÃO PAULO, BRAZIL. BERNARDO RUDOFSKY, ARCHITECT

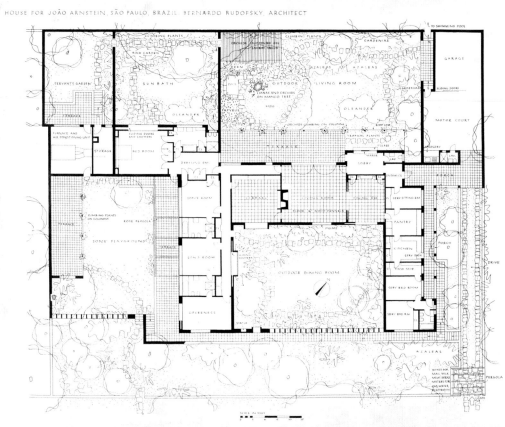

Bernard Rudofsky
Capri, 1931
Aquarell
Watercolor
MAK

Bernard Rudofsky und and Luigi Cosenza
Haus Dr. Oro, Posillipo bei Neapel, 1936–1937
Dr. Oro House, Posillipo near Naples, 1936–1937
MAK

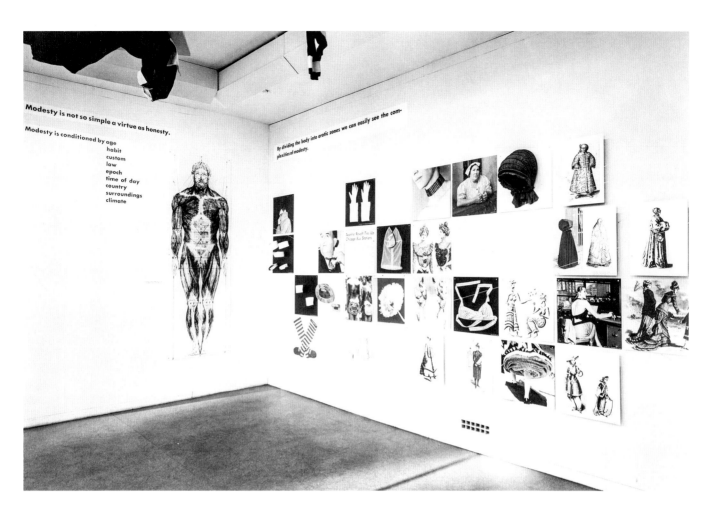

Bernard Rudofsky
Ausstellung *Are Clothes Modern?*,
Installationsansichten
Installation views of the exhibition *Are Clothes
Modern?*. MoMA, NY, November 28, 1944 –
March 4, 1945. New York, Museum of Modern Art
(MoMA). Photographic Archive. The Museum
of Modern Art Archive. Photographer: Soichi
Sunami (copyright unknown). Catalogue number
IN0269-8, IN0269-9 © 2014. Digital image,
The Museum of Modern Art, New York/Scala,
Florence

Matthias Boeckl

Paris 1925

Wege der Moderne auf der Exposition Internationale des Arts Décoratifs et Industriels Modernes

„Als ich die künstlerische Durchführung der Pariser Ausstellung infolge meiner Stellung im modernen Kunsthandwerk Österreichs trotz meines recht leidenden Zustandes übernehmen mußte, war mein erster Weg zu Adolf Loos, den ich herzlich bat, in irgendeiner Form mitzutun. (…) Loos sagte mir, daß er von Wien nichts wissen wolle, daß er selbst tschechoslowakischer Staatsbürger sei und höchstens mit Prag ausstellen würde. Er habe Österreich für immer verlassen. Er zeigte sich in jeder Beziehung verstimmt."[1]

Diese Erinnerungen Josef Hoffmanns resümieren eine komplexe, zu diesem Zeitpunkt bereits dreißig Jahre alte Beziehungsgeschichte zwischen Loos und Hoffmann, die zwei eng verwandte, aber dennoch völlig konträre Denkweisen der frühen Moderne repräsentieren. Welche Relevanz besaßen sie im Diskurs der Moderne nach dem Ersten Weltkrieg überhaupt noch? Die anschaulichsten Antworten auf diese Frage lieferte die *Exposition Internationale des Arts Décoratifs et Industriels Modernes*, 1925 in Paris von der französischen Regierung veranstaltet. Sie ist die wichtigste Momentaufnahme der Entwicklung der Moderne nach Ende des Ersten Weltkriegs, dessen politische Verwerfungen auch die Künste massiv beeinflussten. Am Ende einer seit 1910 latent wirkenden Wendestimmung in der modernen Bewegung hatte das Jahr 1918 die endgültige Bestätigung für den nötigen Richtungswechsel gebracht. Die Industrialisierung und die damit einhergehende Emanzipation breiter Bevölkerungsschichten, die sich in den Revolutionen ab 1917 entlud, hatten eine viel profundere gesellschaftliche Transformation in Gang gesetzt, als die eher auf die oberen Gesellschaftsschichten bezogenen künstlerischen Lebensreformbewegungen seit den 1890er Jahren erwarten und bewältigen konnten. Die immer schneller voranschreitende Industrialisierung der Produktion von Gebrauchsgegenständen, neuerdings auch von Gebäuden sowie Land-, Wasser- und Luftfahrzeugen, der Massenbedarf an diesen Produkten sowie die politische Macht, die aus der Kontrolle ihrer Produktion und Distribution erwuchs, konnte von der künstlerischen Gewerbereform der Werkbünde oder der Wiener Werkstätte kaum mehr beeinflusst werden.

Diese Einsicht hatte sich 1925 in der Avantgarde endgültig durchgesetzt, die nun radikal auf die industrielle Karte setzte und auch eine industrielle, oft visionäre Ästhetik entwickelte. Die ältere Generation moderner Künstler um Henry van de Velde, Josef Hoffmann und teilweise auch noch Peter Behrens vertrat hingegen nach wie vor das Ideal einer „Beeinflussung" der Industrieproduktion durch eine traditionelle Ästhetik, die deutlich der handwerklichen Produktion entstammte. Mit dieser medienfremden „Übersetzung" hatte sie jene wesensmäßige Inkompatibilität geschaffen, die Adolf Loos als erster erkannte und scharf kritisierte.

Mit dem Auftritt der neuen und radikalen avantgardistischen Designs eines Konstantin Melnikov, Le Corbusier, Theo van Doesburg oder Friedrich Kiesler, die rund um die Pariser Ausstellung präsentiert wurden, war Loos' Theorie unversehens zu einem klassischen, aber nicht mehr ganz aktuellen Status avanciert. Seine fundamentale Kulturkritik stieß plötzlich ins Leere, da sie in Wien auf einen völlig anderen kulturellen Kontext als jenen der Nachkriegszeit mit international ähnlichen sozialen und wirtschaftlichen Problemen bezogen war. Ein erstes Anzeichen dafür war sein Scheitern im sozialen Wohnbau der Stadt Wien, dessen Konsequenz im Sommer 1924 der Umzug nach Paris war, wo er bis 1928 vorwiegend lebte. Hier spielte Loos die ambivalente Rolle, gleichzeitig Außenseiter und Klassiker zu sein: Außenseiter im französischen Baubetrieb, in dem er wegen Mentalitäts- und Sprachproblemen nicht Fuß fassen konnte, aber respektierter Klassiker in den kosmopolitischen Pariser Avantgardekreisen, denen er als Pionier der Moderne durch seine rezente und erfolgreiche Beteiligung am *Salon d'Automne* 1921 bestens bekannt war. Dazu hatte auch die frühe französische Publikation von *Ornament und Verbrechen* vor dem Krieg beigetragen[2]. Außerdem fühlte man sich von Loos' Solidarität – seine positive Besprechung von Marcel L'Herbiers Film *L'inhumaine* in der *Neuen Freien Presse* wurde später auf Plakaten abgedruckt – durchaus geschmeichelt. Die Unterstützung durch die Avantgarde reichte aber letztlich nicht aus, Loos dauerhaft in Paris zu etablieren. Die Planung des Wohnhauses des dadaistischen Dichters und Performance-Künstlers Tristan Tzara blieb der einzige Auftrag aus diesen Kreisen, die Einrichtung der Kniže-Filiale der einzige Auftrag der alten Wiener Kunden für Paris. Sonst plante Loos in dieser Zeit vor allem für seine Klientel aus der jüdischen Bourgeoisie von Prag, Pilsen und Brünn, repräsentierte die Vereinigten UP Werke AG Brünn und hielt 1926 vier Vorträge an der Sorbonne in deutscher Sprache. Josef Hoffmanns Bemerkung über Loos' Lebensverhältnisse in Paris wirkt vor diesem faktischen Hintergrund ungewollt süffisant: „Loos lebt angeblich in Paris in einer Dachkammer. Ich wäre froh, wenn ich mir dies jemals leisten könnte; ich beneide ihn aufrichtig um dies günstige Geschick."[3]

Die Pariser Ausstellung ist ein Panorama der vielfältigen Reaktionen auf die künstlerische, politische und industrielle Situation der Nachkriegszeit. Hier präsentierten nicht nur KünstlerInnen aller Sparten ihre Lösungsvorschläge zur Frage handwerklicher oder industrieller Herstellung von Gebrauchsgegenständen und Architektur, sondern auch HerstellerInnen, HändlerInnen und staatliche Institutionen. Die angespannten politischen Verhältnisse waren allgegenwärtig. Das drückte sich schon in der Grundkonzeption der Ausstellung aus, die für das Jahr 1916 als französische Antwort auf die sensationelle Ausstellung des Deutschen Werkbundes in Köln 1914 geplant war, aber wegen des Krieges zunächst noch nicht stattfinden konnte.

Matthias Boeckl

Paris 1925

Ways of Modernism at the International Exhibition of Modern Decorative and Industrial Arts

"Having had to take on the artistic implementation of the Paris Exhibition due my position in Austria's applied arts movement despite my ailing condition, I first reached out to Adolf Loos to invite him to participate in some fashion. […] Loos told me that he wanted nothing to do with Vienna, that he was Czechoslovakian citizen and would participate with Prague, if at all. He had left Austria forever. He was disgruntled in every respect."[1]

Josef Hoffmann's remembrances summarize a complex relationship with Loos of thirty years standing by that time; they represented views of early Modernism that were closely related, yet nonetheless completely contradictory. What relevance did they still have in the discourse around modernism after the First World War? The *Exposition Internationale des Arts Décoratifs et Industriels Modernes* [International Exhibition of Modern Decorative and Industrial Arts] sponsored by the French government in Paris in 1925 provided the most vivid answers to this question. This was the most significant snapshot of the development of modernism since the end of World War I, whose political shifts exerted massive influence even over the arts. The ultimate confirmation for a change in direction of the modernism movement came about in 1918, bringing to a close the latent revolutionary spirit that had been in effect since 1910. Industrialization and the concomitant emancipation of broad swaths of the population, which erupted in revolutions beginning in 1917, set into motion a much more profound social transformation than the artistic lifestyle reform movements (which began in the 1890s and were primarily focused on the upper classes) could have foreseen or handled. The increasingly rapid advancement of industrialization as it pertained to the manufacturing of utilitarian objects and by then also to buildings, as well as to vehicles for land, water, and air; the massive consumer demand for these products; and the political power that grew out of the control of their production and distribution could hardly be influenced any longer by the artistic reforms of the Werkbünde or the Wiener Werkstätte.

In 1925 this insight was taken up by the avant-gardists, who, resolutely deciding to go all in with regard to industrialization, developed an industrial, often visionary aesthetic. The older generation of modern artists around Henry van de Velde, Josef Hoffmann, and to some extent Peter Behrens, however, continued to advocate the ideal of "influencing" industrial production through a traditional aesthetic that clearly arose from manual production. With this tin-eared "translation," they had created the intrinsic incompatibility that Adolf Loos was the first to recognize and sharply criticize.

When the innovative and radically avant-garde designs of Konstantin Melnikov, Le Corbusier, Theo van Doesburg, and Friedrich Kiesler burst onto the scene at the Paris Exhibition, Loos's theory was unexpectedly promoted to a status of classical, but no longer completely current. His fundamental cultural criticism suddenly was no longer relevant, since it was based on a cultural context specific to Vienna that was totally different from that of the postwar era with internationally similar social and economic problems. This was first augured by his failure in the area of public housing projects in the city of Vienna, which led to his move to Paris in the summer of 1924, his primary place of residence until 1928. Here Loos found himself playing the ambivalent role of both outsider and classic: outsider in the French construction business, where he could not find a foothold due to issues of language and mentality, but respected eminence in cosmopolitan Paris avant-garde circles, where he was well known as a pioneer of modernism and also through his recent, successful involvement in the *Salon d'Automne* in 1921. The early French publication of *Ornament*

Anonym Anonymous
Fauteuil von Adolf Loos u. a. im Pariser Herrenmodesalon Kniže (1927/28), in der Prager Villa František und Milada Müller (1928–1930) und in der Pilsner Wohnung Dr. Josef und Stephanie Vogl (1929) verwendet
Buchenholz, gedrechselt, braun gebeizt; erneuerte Seidensamtbespannung
Fauteuil used by Adolf Loos e.g. in the Kniže men's clothier in Paris (1927/28), in František and Milada Müller's Villa in Prague (1928–1930), and in the Dr. Josef and Stephanie Vogl Residence in Pilsen (1929)
Beech, turned, stained brown; replaced silk velvet covering
Sammlung Hummel, Wien Hummel collection, Vienna

Der Ausgang des Krieges führte nun zur engstirnigen Entscheidung der französischen Regierung, alle Industrienationen außer Deutschland zur Teilnahme zu motivieren. Eine der Folgen dieser emotionalen Entscheidung war der Umstand, dass Österreich gleichsam als Stellvertreter des deutschen Kunstgewerbes wahrgenommen wurde und der von Josef Hoffmann entworfene österreichische Pavillon damit unerwartete Aufmerksamkeit erfuhr.[4] Die Teilnahme Österreichs kam aufgrund der schwierigen finanziellen und politischen Lage nur mühsam und auf Intervention von Bundespräsident Michael Hainisch zustande, der ein Werkbundmitglied der ersten Stunde war. Theodor Heuss, Geschäftsführer des Deutschen Werkbundes und späterer deutscher Bundespräsident, lobte Hoffmanns „starkes und elegantes österreichisches Haus als Glanzpunkt"[5] der Pariser Ausstellung.

Eine weitere Folge des Krieges war das erstmalige selbständige Auftreten der Nachfolgestaaten der untergegangenen österreichisch-ungarischen Monarchie. Die Tschechoslowakei präsentierte sich in einem Pavillon von Josef Gočar, dem Pionier des expressiven Rhondokubismus und Schüler von Jan Kotěra, der wiederum ein Schüler Otto Wagners war. Ein weiterer Wagner-Schüler, Pavel Janák, gestaltete einen Teil der Ausstellung im tschechoslowakischen Pavillon. Dort wurden auch Lobmeyr-Gläser von Jaroslav Horejc und im Grand Palais Thonet-Möbel aus den tschechischen Werken präsentiert.

Die Vereinigten Staaten hingegen lehnten die Einladung der französischen Regierung ab, da es nach Meinung des zuständigen Handelsministers und späteren Präsidenten Herbert Hoover kein modernes Design in den USA gab, das man ausstellen hätte können. Für Adolf Loos war diese Entscheidung zweifellos unverständlich, da er gerade die amerikanische Produktkultur für die Quintessenz an Modernität hielt – denn hier ging es vor allem um Wirtschaftlichkeit und Funktionalität statt um Stilfragen. Hoovers Entscheidung ist also auch ein Beleg für das machtvolle Fortwirken europäischer Bildungskonzepte, welche die wertschätzende Selbsterkenntnis einer eigenen kulturellen Dimension der – von wohlmeinenden Gewerbereformen noch völlig unberührten – US-Industrie und ihrer ausschließlich von praktischen KonsumentInnenanforderungen gesteuerten Produktion um einige Jahrzehnte verzögerte. Bis dahin wollte Hoover die Industrie nach europäischem Vorbild künstlerisch „beeinflussen" und regte über amerikanische Emissäre eine private Importkampagne an Personal und Know-how zum modernen Design an. Modernität wurde in US-Bildungskreisen als bloße Stil- und Formfrage missverstanden, statt ihre gesellschaftliche Dimension zu akzeptieren. Die Moderne wurde als Kunst, nicht als Kultur gesehen. Hoovers Importpolitik hatte aber auch unvorhergesehene Effekte. So gelangten zahlreiche avantgardistische europäische Architekten und Designer in die USA, die eigentlich nur als innovative Formlieferanten für die nach der Ausstellung benannte Art Déco-Produktion geholt worden waren. Bald entfalteten sie aber eine intensive Bildungs- und Aufklärungsarbeit über die „wahre" Natur der Moderne. Dafür gründeten sie unter anderem die American Union of Decorative Artists and Craftsmen (AUDAC), in der sich auch einige ÖsterreicherInnen um Friedrich Kiesler, Josef Hoffmanns Sohn Wolfgang Hoffmann und Paul Theodore Frankl engagierten.

Dem österreichischen Kunstgewerbe in Josef Hoffmanns Pavillon, dem auch ein Orgelturm von Oskar Strnad und ein Glashaus von Peter Behrens angeschlossen waren, stand in Paris nicht nur die mächtige französische Stilindustrie um die aktuellen Designer Lalique, Ruhlmann, Brandt und Mallet-Stevens gegenüber, sondern auch die oben beschriebenen industriebegeisterten Avantgardisten. Zu deren spektakulärsten Beiträgen gehörte die *Raumstadt* – ein Modell einer im Raum schwebenden Zukunftsstadt von Friedrich Kiesler, der von Hoffmann mit dieser Installation im Grand Palais beauftragt worden war. Funktional diente sie der Präsentation innovativer Theaterkonzepte und Bühnenmodelle aus Österreich. Adolf Loos quittierte den österreichischen Kunstgewerbe-Beitrag der Wiener Werkstätte im Vortrag „Das Wiener Weh" mit einer vernichtenden Abrechnung.[6]

Le Corbusier präsentierte in seinem *Pavillon de l'esprit nouveau* eine industriell produzierte Wohneinheit der Zukunft, in der auch Thonet-Möbel zu sehen waren. Le Corbusier bewunderte Loos, der ihn jedoch nach mehreren Berichten eher herablassend behandelte. Die russische Avantgarde war mit einem aufsehenerregenden konstruktivistischen Pavillon von Konstantin Melnikow vertreten. Das Bauhaus fehlte ebenso wie die holländische De Stijl-Bewegung. Die Avantgarde konnte also wegen der politischen Situation und der Dominanz des Establishments nur Teilerfolge feiern. Aber auch sie konnte dem folgenden Aufstieg totalitärer gesellschaftlicher Strömungen nichts entgegensetzen. Alle Wege der Moderne – jener von Hoffmann, jener von Loos, jener der Franzosen und jener der jungen internationalen Avantgarde – mündeten letztlich in eine zynische Funktionalisierung im Zeitalter der Diktaturen: Die industrielle Kompetenz der Avantgarde wurde dabei ab 1933 mit den klassizierenden Formen früherer Entwicklungsstufen der Moderne kombiniert.

1 N. N., „Wer ist an der österreichischen Kunstpleite in Paris schuld? Professor Hoffmann schreibt der ‚Stunde' über seine Tätigkeit in Paris – Josef Hoffmann, Meine Gegner und ich", in: *Die Stunde*, Wien, 10. Jänner 1926, 6.
2 Vgl. dazu den Beitrag von Christopher Long im vorliegenden Band.
3 Siehe Fußnote 1
4 Posch, Wilfried, „Köln–Paris–Wien. Der österreichische Werkbund und seine Ausstellungen", in: *Werkbundsiedlung Wien 1932 – Ein Manifest des Neuen Wohnens*, Ausstellungskatalog, Wien Museum, Wien 2012, 21–22.
5 Ebd.
6 Loos' Vortrag „Das Wiener Weh. (Die Wiener Werkstätte). Eine Erledigung" fand am 20. April 1927 statt. Vgl. Loos, Adolf, „Das Wiener Weh", in: Opel, Adolf (Hg.), *Adolf Loos. Gesammelte Schriften*, Wien 2010, 665.

and Crime before the war was another contributing factor.[2] Loos's solidarity—his positive review of Marcel L'Herbier's film *L'inhumaine* in the *Neuen Freien Presse* newspaper was later printed on placards—also made people feel thoroughly flattered. In the end though, the avant-garde's support did not suffice to establish Loos in Paris permanently. The planning of the residence of the Dadaist poet and performance artist Tristan Tzara was to be the only commission to arise from these circles and the furnishing of the Kniže store the only commission for Paris from his former Viennese clientele. During this time, Loos mostly worked for clients from the Jewish bourgeoisie in Prague, Plzeň, and Brno; he represented the Brno-based firm Spojené UP závody; and in 1926, he held four lectures in German at the Sorbonne. Against this factual background, Josef Hoffmann's comments about Loos's lifestyle in Paris seem unintentionally gratuitous: "Apparently, Loos lives in a garret in Paris. I would be glad if I were ever able to afford this; I honestly envy him this fortuitous skill."[3]

The Paris Exhibition was a panorama of diverse reactions to the artistic, political, and industrial situation of the postwar era. Not only artists of all stripes, but also producers, dealers, and government institutions used the exhibition as an opportunity to present their recommendations for solutions to the question of manual or industrial production of utilitarian objects and architecture. The tense political climate was ever-present. This found expression in the basic concept for the exhibition, which had been planned for 1916 in answer to the sensational exhibition mounted by the German Werkbund in Cologne in 1914, but which could not take place as intended due to the war. The outcome of the war led to the blinkered decision by the French government to motivate all industrial nations except Germany to participate. One of the consequences of this emotional decision was that Austria was perceived as a proxy for the German applied arts, thus the Austrian pavilion designed by Josef Hoffmann received more attention than expected.[4] Due to the difficult financial and political circumstances, Austria's participation was not guaranteed; in the end, it was brought about by the intervention of Federal President Michael Hainisch, who had been an original member of the Werkbund. Theodor Heuss, head of the German Werkbund and later, president of Germany, praised Hoffmann's "strong and elegant Austrian house as a highlight"[5] of the Paris Exhibition.

A further consequence of the war was the independent presence for the first time of the successor states of the Austrian-Hungarian monarchy. The Czechoslovakian Republic made its debut in a pavilion by Josef Gočar, the pioneer of expressive rondo-cubism and a student of Jan Kotěra, who in turn had been one of Otto Wagner's students. Pavel Janák, another of Wagner's students, designed a part of the exhibition in the Czech pavilion. Lobmeyr glasses by Jaroslav Horejc were on display there; Thonet furniture from the Czech workshops was shown in the Grand Palais.

For its part the United States declined the invitation of the French government, since, in the opinion of commerce secretary and future president Herbert Hoover, there was no such thing as modern design in the USA and thus, nothing to exhibit. Adolf Loos must have considered this decision to be incomprehensible; he regarded American product culture to be the quintessence of modernity—for it revolved around economics and functionality rather than questions of style. Hoover's decision also served as proof of the powerful and lasting impact of European educational concepts, which delayed for several decades any admiring recognition of the independent cultural dimension of

US industry (heretofore untouched by well-meaning commercial reforms) and its exclusively pragmatic, consumer-driven modes of production. Until then, Hoover wanted to "influence" industry artistically according to the European model; using American emissaries, he gave impetus to a private campaign to import personnel and know-how for modern design. In US educational spheres, modernity was misunderstood to mean solely questions of style and form, without acceptance of its social dimension. Modernism was seen as art, not culture. Hoover's import strategy had unforeseen effects however. Despite having been fetched only as messengers of form for the production of so-called Art Deco objects—named after the exhibition—this is how numerous avant-garde European architects and designers arrived in the USA. It did not take them long to begin grappling with issues of education and enlightenment about the "true" nature of modernism. This led to the founding of, among others, the American Union of Decorative Artists and Craftsmen (AUDAC), in which several Austrians in the circles around Friedrich Kiesler, Josef Hoffmann's son Wolfgang Hoffmann, and Paul Theodore Frankl were active.

Austrian applied arts in Josef Hoffmann's pavilion—which included a pipe organ tower by Oskar Strnad and a glass house by Peter Behrens were—not only had to compete in Paris with the powerful French style industry centered around contemporary designers Lalique, Ruhlmann, Brandt, and Mallet-Stevens, but also with the industry-enthralled avant-gardists described above. Among the most spectacular contributions was *Raumstadt*—a model of a city of the future floating in a room—by Friedrich Kiesler, whom Hoffmann had commissioned for this installation in the Grand Palais. In its functional purpose, it served to present innovative theater concepts and stage models from Austria. Adolf Loos summarized the Austrian applied arts contribution of the Wiener Werkstätte in devastating fashion in his lecture "Das Wiener Weh" [The Vienna Woe].[6]

In his *Pavillon de l'esprit nouveau*, Le Corbusier presented industrially produced living quarters of the future, which also featured Thonet furniture. Le Corbusier admired Loos, who treated him rather disdainfully according to several reports. The Russian avant-garde was represented by Konstantin Melnikow in a striking constructivist pavilion. Missing were the Bauhaus and the Dutch De Stijl movement. Because of the political situation and the dominance of the Establishment, the avant-garde could celebrate only partial successes. But even it could offer nothing with which to counter the rise of totalitarian social trends that were to follow. All ways of Modernism—that of Hoffmann, that of the French, and that of the young international avant-garde—ultimately converged in a cynical functionalization in the age of dictatorships: Beginning in 1933, the industrial competence of the avant-garde was combined with the classicizing forms of the earlier developmental stages of Modernism.

1   N. N., "Whose fault is the Austrian artistic bankruptcy in Paris? Professor Hoffmann wrote to the '*Stunde*' about his activities in Paris – Josef Hoffmann, Meine Gegner und ich [My opponents and I]", in: *Die Stunde* [The hour], Vienna, 10 January 1926, 6.

2   Cf. Christopher Long's contribution in this volume.

3   See footnote 1.

4   Posch, Wilfried, „Köln–Paris–Wien. "Der österreichische Werkbund und seine Ausstellungen" [The Austrian Werkbund and its exhibitions], in: *Werkbundsiedlung Wien 1932 – Ein Manifest des Neuen Wohnens* [Werkbund settlement Vienna 1932 – the declaration of a new lifestyle], Exhibition catalog, Wien Museum, Vienna 2012, 21–22.

5   Ibid.

6   Loos' lecture "Das Wiener Weh. (Die Wiener Werkstätte). Eine Erledigung [The Vienna Woe. (The Wiener Werkstätte). A termination]" was held on 20 April, 1927. Cf. Loos, Adolf, „Das Wiener Weh", in: *Adolf Loos. Gesammelte Schriften* [Collected works], ed. Adolf Opel, Vienna 2010, 665.

Man Ray
Porträtfoto Adolf Loos, 1926
Portrait photo of Adolf Loos, 1926
Privatbesitz Private collection

Adolf Loos
Skizze eines Ausstellungspavillons
für Paris in einem Brief vom 11. Juli 1924
Briefpapier, Tinte
Sketch of an exhibition pavilion
for Paris in a letter dated 11 July 1924
Ink on stationery
Albertina, Wien Vienna

Plakat für vier Vorträge von Adolf Loos,
Paris, Sorbonne, 1926
Poster for four lectures by Adolf Loos,
Paris, Sorbonne, 1926
Privatbesitz Private collection

A LA SORBONNE

Amphithéatre Michelet
46, rue Saint-Jacques à 8 h. 45

Quatre conférences
en langue Allemande

ADOLF LOOS

"Der Mensch mit den modernen Nerven"

**Vom Gehen, Stehen, Sitzen, Liegen,
Schlafen, Wohnen, Essen und
Sich-Kleiden**

1926

Mercredi, le 17 Février   Jeudi, le 25 Février
Lundi, le 22 Février   Lundi, le 8 Mars

ENTRÉE LIBRE

Schüler Anton Hanaks an der Kunstgewerbeschule
(Else Flesch, Karl Hagenauer, Wilhelm Lux,
Angela Stadtherr und Marianne Wagner)
Stele aus dem Kultraum im österreichischen Pavillon der
Internationalen Kunstgewerbeausstellung in Paris, 1925
Messingblech getrieben
**Students of Anton Hanak at the School of Arts and
Crafts (Else Flesch, Karl Hagenauer, Wilhelm Lux,
Angela Stadtherr, and Marianne Wagner)**
Stele from the cult in the Austrian Pavilion at the
International Arts and Crafts Exhibition in Paris, 1925
Sheet brass, wrought
MAK

Josef Hoffmann
Entwürfe für den Österreich-Pavillon auf der
*Exposition internationale des arts décoratifs et
industriels modernes*, Paris, 1925
Bleistift auf Papier
Designs for the Austria pavilion at the *Exposition
internationale des arts décoratifs et industriels
modernes*, Paris, 1925
Pencil on paper
National Gallery in Prague

Josef Hoffmann
Österreich-Pavillon auf der *Exposition internationale des arts décoratifs et industriels modernes*, Paris, Verbindungsgang, Saal des Kunstgewerbes und Außenansicht, 1925
Austria pavilion at the *Exposition internationale des arts décoratifs et industriels modernes*, Paris, connecting corridor, applied arts hall, and exterior view, 1925
MAK

Adolf Loos
Haus Tristan Tzara, Paris, 15, Avenue Junot,
Einreichplan, 1. Fassung, Planung 1925,
Bauausführung 1926
Transparentpapier, Bleistift
Tristan Tzara House, Paris, 15, Avenue Junot,
submitted floor plan, first version,
planning: 1925, execution: 1926
Pencil on tracing paper
Albertina, Wien Vienna

Adolf Loos
Herrenmodesalon Kniže, Paris, 146,
Avenue des Champs-Élysées, Verkaufsraum 1927–1928
Foto von Henri Manuel
Kniže men's clothier, Paris, 146,
Avenue des Champs-Élysées, sales room 1927–1928
Photo by Henri Manuel
Albertina, Wien Vienna

Adolf Loos
Haus Tristan Tzara, Paris, 15, Avenue Junot, Salon, 1925–1926
Foto von Martin Gerlach jun.
Tristan Tzara House, Paris, 15, Avenue Junot, Salon, 1925–1926
Photo by Martin Gerlach Jr.
Albertina, Wien Vienna

Adolf Loos
Haus Tristan Tzara, Paris, 15, Avenue Junot,
Straßen- und Gartenansicht, 1925–1926
Fotos von Marius Gravot und Martin Gerlach jun.
Tristan Tzara House, Paris, 15, Avenue Junot,
street and garden view, 1925–1926
Photos by Marius Gravot and Martin Gerlach Jr.
Albertina, Wien Vienna

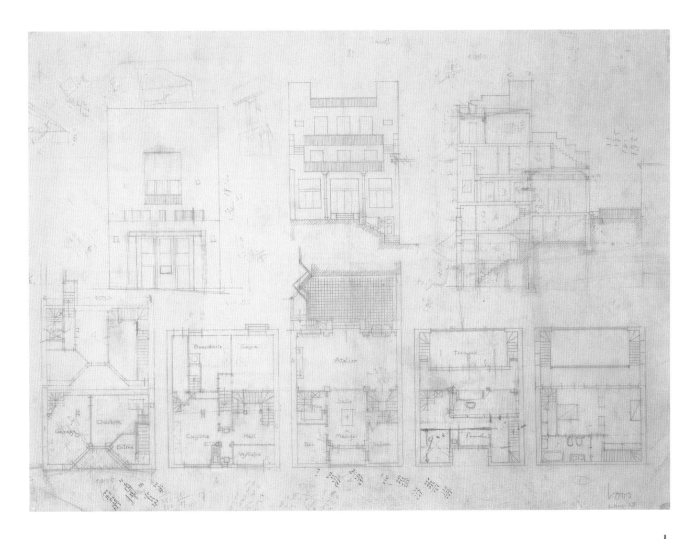

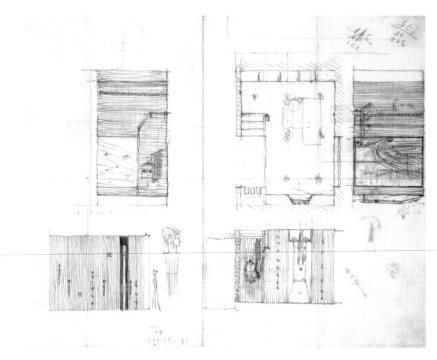

Josef Hoffmann
Entwurf für den Ausstellungsraum *Boudoir d'une grande vedette* für die Weltausstellung in Paris, 1937
Bleistift auf Papier
Design of the exhibition room *Boudoir d'une grande vedette* [Boudoir of a great star] for the Paris World Exhibition, 1937
Pencil on paper
museum moderner kunst stiftung ludwig wien

Josef Hoffmann
Boudoir d'une grande vedette, Weltausstellung, Paris, 1937
Boudoir d'une grande vedette [Boudoir of a great star] for the Paris World Exhibition, 1937
Die Pause, 1936/37, S. p. 48

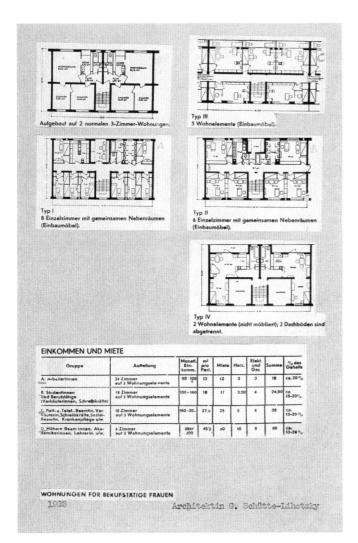

EINKOMMEN UND MIETE

Gruppe	Aufteilung	Monatl. Ein-komm.	m² pro Perf.	Miete	Heiz.	Elekt. und Gas	Summe	% des Gehalts
A. Arbeiterinnen	24 Zimmer auf 3 Wohnungselemente	80–100	13	12	3	3	18	ca. 20 %
B. Studentinnen und Berufstätige (Verkäuferinnen, Schreibkräfte)	18 Zimmer auf 3 Wohnungselemente	100–160	18	17	3.50	4	24,50	ca. 15–20 %
C. Post- u. Telef.-Beamtin, Ver-käuferin, Schreibkräfte, Sozial-beamtin, Krankenpflege usw.	10 Zimmer auf 3 Wohnungselemente	160–300	27,5	28	6	4	38	ca. 13–20 %
D. Höhere Beamt'innen, Aka-demikerinnen, Lehrerin, usw.	6 Zimmer auf 3 Wohnungselemente	über 300	45,5	50	10	6	66	ca. 13–20 %

WOHNUNGEN FÜR BERUFSTÄTIGE FRAUEN
1928
Architektin G. Schütte-Lihotzky

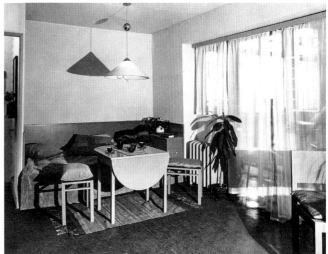

Margarete Schütte-Lihotzky
Wohnung der berufstätigen alleinstehenden Frau,
Typengrundrisse, 1927–1928
Drucke
Working single woman's apartment,
floor plans of types, 1927–1928
Prints
Universität für angewandte Kunst Wien, Kunstsammlung und Archiv
University of Applied Arts Vienna, Collection and Archive

Margarete Schütte-Lihotzky
Wohnung der berufstätigen alleinstehenden Frau, 1927–1928
Fotos
Working single woman's apartment, floor plans of types, 1927–1928
Photos
Universität für angewandte Kunst Wien, Kunstsammlung und Archiv
University of Applied Arts Vienna, Collection and Archive

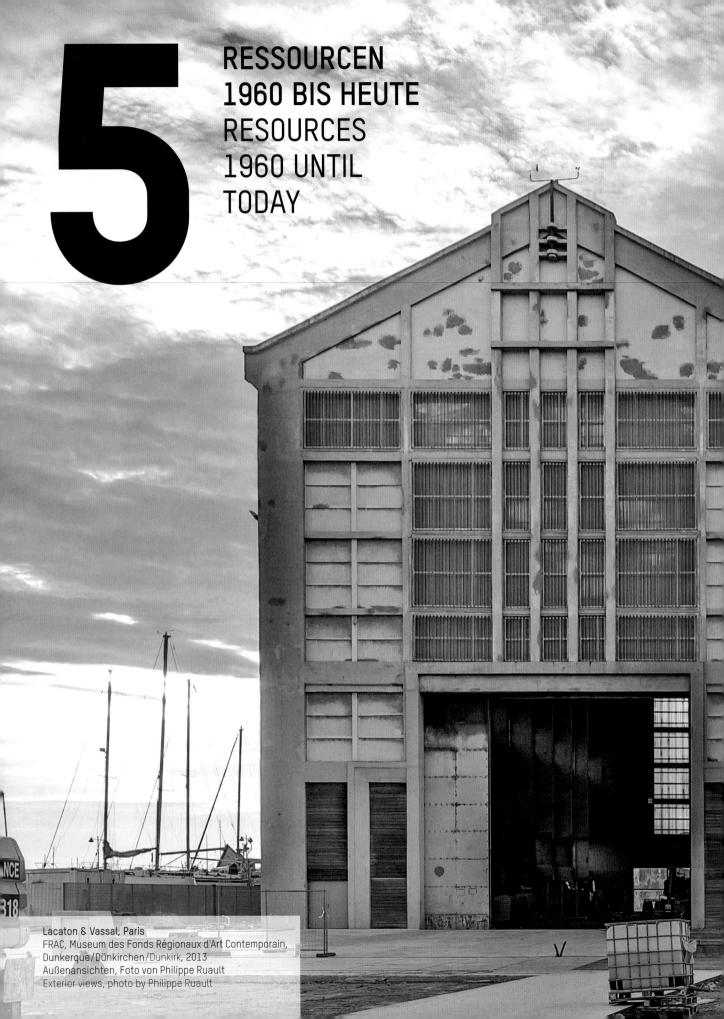

5 RESSOURCEN
1960 BIS HEUTE
RESOURCES
1960 UNTIL
TODAY

Lacaton & Vassal, Paris
FRAC, Museum des Fonds Régionaux d'Art Contemporain,
Dunkerque/Dünkirchen/Dunkirk, 2013
Außenansichten, Foto von Philippe Ruault
Exterior views, photo by Philippe Ruault

Friedrich Kurrent

Loos, Hoffmann
und meine Generation

Gedenktafel am Wohnhaus Josef Hoffmanns, Wien III., Salesianergasse 33
Commemorative plaque at Josef Hoffmann's residence, Vienna,
3rd district, Salesianergasse 33

Vor 44 Jahren, 1970, im Jahre der hundertsten Geburtstage von Adolf Loos und Josef Hoffmann, veranstaltete die Österreichische Gesellschaft für Architektur im Looshaus am Kreuzberg in Payerbach den Ersten Österreichischen Architekturkongress. Ich hielt das Einleitungsreferat, das am 12. und 13. Dezember im Feuilleton der Wiener Tageszeitung *Die Presse* unter dem Titel „Das Menschenwürdige und das Schöne" abgedruckt wurde (mein Originaltitel war schlicht „Loos – Hoffmann – 1970").

Ich konnte mir damals und kann mir auch heute keinen richtigeren Beginn vorstellen, als die Zitate aus dem Jahre 1930 von Josef Frank, Glückwunschadressen zu den 60. Geburtstagen von Adolf Loos und Josef Hoffmann. Frank war der einzige Gratulant, der in beiden Festschriften schrieb:

„Adolf Loos hat uns die kulturellen Grundlagen der modernen Architektur gegeben; diese sind aber nicht auf eine moderne Architektur unserer Zeit beschränkt, sondern sie sind soweit und umfassend, daß sie, wie sie für vergangene Zeiten gegolten haben, ihren Wert auch für die Zukunft behalten werden. Wir wollen uns aber nicht verhehlen, daß sehr viele, die heute anscheinend diese Regeln befolgen, lediglich versuchen, sie zeitlich-modisch zu verwerten und einzugrenzen. Und erst bis allgemein erkannt sein wird, daß diese Versuche mißlungen sind, wird Adolf Loos die Rückkehr zu einer modernen Gesinnung in der Architektur erkämpft haben."

„Was die moderne Architektur Hoffmann verdankt, ist nicht nur die Abkehr von historischen, nicht mehr lebendigen Formen, die bis dahin die neue Entwicklung durch ihr Gewicht behindert haben, sondern auch die gleichzeitige Gewinnung jener Leichtigkeit und Transparenz, die uns heute als deren wichtigste Kennzeichen erscheinen. Was Österreich Hoffmann verdankt, ist, daß er diese neue Entwicklung auf Grundlage der österreichischen Überlieferung im Sinne ihrer noch lebendigen Werke begründet und ihr neue Werte gegeben hat, die nun erst über die Grenzen seines Landes hinaus auf die ganze Welt ihren bestimmenden Einfluß ausgeübt hat."

Später, so meinte ich damals, würden die alten Gegensätze zwischen Loos und Hoffmann auch allgemein überwunden werden und es wäre an der Zeit, nach Gemeinsamkeiten zu suchen.

Ich hatte die beiden Kontrahenten sozusagen „verheiratet". Ernst A. Plischke, bei dem ich damals, 1970, Assistent an der Wiener Akademie der bildenden Künste war, nahm mir diese „Verheiratung" übel. Ärger noch: Gerne verhöhnte er Hoffmanns „Schlafzimmer für eine Dame"[1] in seinen Vorlesungen. Auch für Loos hatte er wenig übrig. Plischke war, nach Josef Frank, der wichtigste der damals jungen Wiener modernen Architekten.

Zurück zum Architekturkongress im Looshaus, der „Pension Alpenhof", die heute wieder unter Looshaus firmiert. Wolfgang Mistelbauer hatte zwei Hunde mitgebracht: Den schnittigen hell-blonden Windhund nannten wir LOOS. Den zottigen schwarzen ungarischen Hirtenhund nannten wir HOFFMANN.

Die Technische Hochschule in Graz gedachte ebenfalls der hundertsten Geburtstage. Mein Titel hieß „10mal Adolf Loos". Johannes Spalt sprach über Josef Hoffmann.

In der Ausstellung „Architektur in Wien um 1900", die Spalt und ich im Wiener Bauzentrum 1964 machten, waren Loos und Hoffmann wichtige Protagonisten. Um Hoffmann zu erforschen, waren wir vorher auf der „Hochreith" und auf der „Bergerhöhe", wo dieser für die Wittgensteins gearbeitet hatte.

Das Wittgensteinhaus aus den zwanziger Jahren im dritten Wiener Bezirk, das Ludwig Wittgenstein mit seinem Freund Paul Engelmann gebaut hatte, wurde damals wiederentdeckt und 1970/71 vor dem Abriss gerettet. Paul Engelmann hatte die „Bauschule" von Adolf Loos besucht und war Sekretär von Karl Kraus.

Adolf Loos' wichtigster Mitarbeiter Heinrich Kulka kam mit seiner Frau 1966 erstmals wieder aus seiner Emigration aus Neuseeland nach Wien. Wir erfuhren von ihm viel Authentisches. Loos hatte die Baustelle in Payerbach nur dreimal besucht und auch beim Bau der Loos'schen Werkbundsiedlungs-Doppelhäuser gab er aus Paris die telefonische Anweisung „Kulka, Sie wissen doch: Drei Stufen hinauf, drei Stufen hinunter". Beide Bauwerke sollen ohne den Namen Kulka nicht genannt werden.

Bei Prachner auf der Kärntner Straße in Wien erwarben wir schon 1950 Restposten von „Ins Leere gesprochen" und „Trotzdem" um je 11 Schillinge. Auch die Wiener-Werkstätte-Hefte waren uns bekannt.

Zu beider hundertster Gedenktage zeichnete ich Gedenktafeln für die Häuser ihrer Wohnstätten: Für Loos in der Bösendorferstraße 3, für Hoffmann in der Salesianergasse, Ecke Rennweg, mit Blick aufs Belvedere – nicht wissend, dass Haus und Wohnung arisiert waren. Hoffmann hatte gleich in der Nähe das später kriegszerstörte NS-Offiziershaus gebaut – mit den „schönsten" Hakenkreuztapeten – das Hakenkreuz passte gut in das über die Ecke gestellte Quadrat.

Hoffmann, aufgewachsen im mährischen Pirnitz (Brtnice) im Bürgermeisterhaus seiner Eltern, hatte dort frühe Kindheitseindrücke, die aufschlussreich für seine spätere Entwicklung

Loos, Hoffmann and My Generation

Friedrich Kurrent

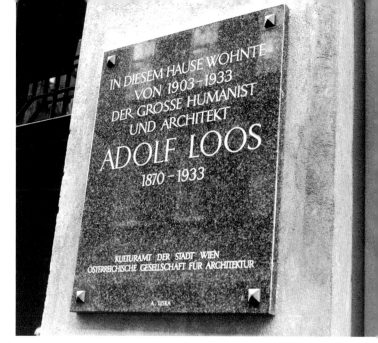

Friedrich Kurrent
Gedenktafel am Wohnhaus von Adolf Loos, Wien I., Bösendorferstraße 3
Commemorative plaque at Adolf Loos's residence, Vienna, 1st district,
Bösendorferstraße 3

44 years ago, in 1970, the year in which Adolf Loos und Josef Hoffmann would have celebrated their 100th birthdays, the Austrian Society for Architecture hosted the First Austrian Architecture Conference in the Looshaus on the Kreuzberg in the town of Payerbach. I gave the opening presentation, which was printed on 12 and 13 December in the feature section of the Vienna daily newspaper *Die Presse* with the new title "Das Menschenwürdige und das Schöne" [The humane and the beautiful] (my original title was simply "Loos – Hoffmann – 1970").

Back then, and similarly today, I could not imagine a better way to begin than with Josef Frank's quotes from 1930, his congratulatory remarks on the occasion of the 60th birthdays of Adolf Loos and Josef Hoffmann. Frank was the only well-wisher with entries in both commemorative publications:

"Adolf Loos gave us the cultural foundations of modern architecture; they are not limited to a modern architecture of our time, however, but are so broad and comprehensive that they will maintain their past value in the future. But let us not be blind to the fact that many of those who seemingly follow these rules are merely attempting to exploit and reduce them to fleeting trends. And only when it is commonly recognized that these attempts have failed will Adolf Loos have achieved a return to a modern attitude in architecture."

"What modern architecture owes to Hoffmann is not only the departure from historical, no-longer-living forms that, with their weight, hitherto prevented new development, but also the simultaneous achievement of that lightness and transparency that strike us today as its most important hallmarks. What Austria owes to Hoffmann is that it was on the basis of Austrian tradition (in the sense of its still living works) that he founded this new development, which has only now exerted its definitive influence across the borders of his country and on the entire world."

Back then I thought that the old dichotomies between Hoffmann and Loos would also be overcome generally and that the time would come to search for commonalities.

In a sense, I had joined the two rivals in "marriage". Ernst A. Plischke, whose assistant I was back then, in 1970, at the Viennese Academy of Fine Arts, held this "marriage" against me. Worse still: He liked to deride Hoffmann's "bedroom for a lady"[1] in his lectures. He also didn't think much of Loos. After Josef Frank, Plischke was the most important architect of that generation of young architects of Viennese Modernism.

Back to the architecture conference in the Looshaus, the "Pension Alpenhof", which today again operates under the name "Looshaus." Wolfgang Mistelbauer had brought two dogs: We called the racy, light-blond greyhound 'Loos'. We called the shaggy, black Hungarian sheepdog 'Hoffmann'.

The University of Technology in Graz also commemorated the hundredth birthdays. My title was "10 times Adolf Loos". Johannes Spalt spoke about Josef Hoffmann.

In the exhibition "Architecture in Vienna circa 1900", which Spalt and I organized in the Vienna Bauzentrum in 1964, Loos and Hoffmann were important protagonists. In order to research Hoffmann, we had visited the "Hochreith" and the "Bergerhöhe", where he had worked for the Wittgensteins.

The Wittgenstein House of the 1920s in Vienna's third district, which Ludwig Wittgenstein had built with his friend Paul Engelmann, was rediscovered back then and in 1970/71, saved from demolition. Paul Engelmann had been a student in Adolf Loos's "architecture school" and was Karl Kraus's secretary.

In 1966, Heinrich Kulka, Adolf Loos's most important employee, returned to Vienna with his wife for the first time since his emigration to New Zealand. He shared many authentic details with us. Loos had only visited the construction site in Payerbach three times and during the building of Loos's Werkbund settlement duplexes, he gave the following orders by telephone from Paris: "Kulka, you know how it is: three steps up, three steps down." In the future, neither project was to be referred to without mentioning the name Kulka.

Already in 1950 at Prachner on Kärntner Straße in Vienna, we had garnered remaindered copies of "Ins Leere gesprochen" [*Spoken into the Void*] and "Trotzdem" [In spite of] for 11 schillings each. The journals of the Wiener Werkstätte were known to us as well.

For both hundredth remembrance days, I designed commemorative plaques for the houses of their residences: For Loos at Bösendorferstraße 3, for Hoffmann at Salesianergasse, at the corner of Rennweg, with a view of the Belvedere—not knowing that house and apartment had been expropriated during the Nazi era. Nearby, Hoffmann had built the Nazi officers' house— later destroyed in the course of the war—with the "most beautiful" swastika wallpaper; the swastika fit well in the square placed corner side down.

Growing up in the mayoral residence of his parents in Moravian Brtnice, Hoffmann formed childhood impressions that informed his later development. Here, I'm displaying the wall paintings of the coachman—a heretofore never-shown photo, which I received from Karla Hoffmann.

waren. So zeige ich hier Wandmalereien des Kutschers – ein bisher nie gezeigtes Foto, das ich von Karla Hoffmann erhielt.

1970 machte ich mit Robert Dornhelm den Hoffmann-Film.

Zu einem politisch günstigen Zeitpunkt 1933, als der Österreicher Hitler in Deutschland an die Macht kam, ist Loos arm und elend im Sanatorium Kalksburg bei Wien an Gehirnerweichung/Paralyse als Folge einer verschleppten Syphilis gestorben. Ähnlich wie dies dem Maler Carl Schuch und dem Komponisten Hugo Wolf widerfuhr. Loos' Fotograf Gerlach hat ihn am Totenbett aufgenommen. Ich bekam das Bild von Gerlachs Sohn und habe bisher vermieden, es zu zeigen.

1961 wurde in der Galerie Würthle der von Ludwig Münz gerettete Loos-Nachlass gezeigt.

1962 machte ich mit Spalt die Loos-Ausstellung für Paris. Zwei Jahre später, 1964, zeigten wir sie wesentlich erweitert im neugegründeten Museum des 20. Jahrhunderts in Wien.

1973 begann meine Tätigkeit an der Architekturfakultät der Technischen Universität München. Mit den Wiener Themen im Kopf machte ich dort weiter – Loos und Hoffmann waren in München Neuland. Doch dazu kamen bayrische Größen: Theodor Fischer und Hans Döllgast.

An meinem Münchner Lehrstuhl haben wir Loos-Wohnhäuser in Raummodellen bearbeitet und 1982 in der Villa Stuck zusammen mit Original-Möbeln ausgestellt. In diesem Jahr erschienen im Residenz Verlag das große Loos-Buch von Burkhardt Rukschcio und Roland Schachel und das umfangreiche Josef Hoffmann-Buch von Eduard F. Sekler. Zum Jahreswechsel 1983/84 kam es in der Berliner Akademie der Künste unter der Leitung von Dietrich Worbs zur Loos-Ausstellung mit vielen unserer Modelle.

1989/90 wurde die bis dahin umfassendste Loos-Ausstellung (mit Katalog) unter Konrad Oberhuber in der Wiener Albertina gezeigt. Sieben Ausstellungsmacher waren die Kuratoren – in alphabetischer Reihenfolge: Hermann Czech, Friedrich Kurrent, Hans Puchhammer, Burkhardt Rukschcio, Roland Schachel, Anton Schweighofer, Johannes Spalt. Unter Mithilfe von Richard Bösel zeigte mein Lehrstuhl 33 bis damals entstandene Raummodelle nach Wohnhäusern von Loos (später wurden es 40).

Puchhammer hatte eins zu eins das Würfelhaus von Loos in den Albertinahof gestellt. Spalts Arbeit waren die Loos-Geschäfte und im Museum am Karlsplatz zeigte er die Rekonstruktion des Schlafzimmers zur dortigen Loos-Wohnung. Schweighofer bearbeitete die öffentlichen Bauten, Rukschcio den von Engelmann 1916 gezeigten Loos'schen Verschiebeplan von Wien. Außerdem zeigte Rukschcio in dem von ihm wiederhergerichteten Goldman-Salatsch-Haus am Michaelerplatz (eine große Leistung!) originale Beschläge, Lampen, Materialien etc. Czech rekonstruierte das Loos-Portal des Geschäftes „Spitz" eins zu eins (er hatte auch das Portalschild der Loos-Bar rekonstruiert). Roland Schachel kümmerte sich um die Loos-Literatur.

Josef Hoffmann kam jedes Jahr schön gekleidet, mit Zwicker und „Flohdackerl" (Gamaschen) in die Akademie am Wiener Schillerplatz, um sich die Diplomarbeiten anzusehen. Wir, als sechzig Jahre Jüngere, schätzten ihn sehr, obwohl er im Nachkriegswien als „Kunstgewerbler" abgetan und mit der Nazizeit in Verbindung gebracht wurde – war er doch Kunstbeauftragter unter Arthur Seyß-Inquart. Mit Clemens Holzmeister, dessen Meisterschüler wir waren, verband Hoffmann die Gründung des „Neuen Werkbundes" in der Zeit des Ständestaates. Der „Alte Werkbund" unter Josef Frank wurde als „bolschewistisch" bezeichnet; Frank emigrierte schon 1934 nach Schweden.

In der ersten Nachkriegszeit wurde von den fortschrittlichen Kräften der Architektur in Österreich die „CIAM Austria"

Friedrich Kurrent
Wandmalereien eines Kutschers im Geburtshaus
Josef Hoffmanns, Pirnitz/Brtnice
Wall paintings of a coachman in the house where
Josef Hoffmann was born, Pirnitz/Brtnice

in Verbindung mit den 1928 in La Sarraz gegründeten CIAM (Congrès international d'architecture moderne) wieder aufgenommen. Le Corbusier, Gropius und als Generalsekretär Giedion waren dort die Bestimmenden. Josef Frank und Hugo Häring waren auch Gründungsmitglieder, hielten aber Distanz zu jedem autoritären Gehabe.

Die Wiener Oswald Haerdtl (als Präsident), Fellerer, Wörle, Rainer, Schwanzer, Schütte, Lihotzky, die Grazer Zotter und Lorenz waren Mitglieder. Später verlagerten sich Architektur-Initiativen neben Wien und Graz auf alle österreichischen Bundesländer. Architekten und Architektinnen ab den Geburtsjahrgängen 1920 bis zu Anfang der 1930er Jahre wurden bestimmend. Loos und Hoffmann waren „Allgemeingut" geworden.

Ab 1953 war die Internationale Salzburger Sommerakademie für Bildende Kunst mit der „Schule des Sehens" vom Loos-Freund Oskar Kokoschka und die Architektur-Klasse wirksam. 1956 bis 1960 führte sie Konrad Wachsmann (geb. 1901), bei dem die damaligen jungen ArchitektInnen geschult wurden. Da ging es um anonymes Bauen. Die Betonung lag auf Bauen und bezog sich auf Industrialisierung. Das konstruktive Denken wurde durch Wachsmann befruchtet.

Dass in der Folge Rückschläge die Architektur als Postmoderne oder Dekonstruktivismus konterkarierten, sind geschichtliche Tatsachen.

Noch regiert die Stararchitektur. Jedoch: Einfaches strukturelles Bauen ist im Vormarsch.

Zurück zu Josef Hoffmann: Seine Gebrauchsgegenstände, Schmucksachen, Möbel, Zeichnungen für die Wiener Werkstätte sind heute Renner bei Auktionen.

Zurück zu Adolf Loos: Der fruchtbarste und allzeit gültige Gedanke ist sein Gedanke des Raumplans – das dreidimensionale Denken.

---

1 i.e. „Boudoir d'une grande vedette".

In 1970, I made the Hoffmann film with Robert Dornhelm.

At a politically opportune moment in 1933, as the Austrian, Hitler, came to power in Germany, Loos died poor and wretched from encephalomalacia/paralysis caused by protracted syphilis in the Sanatorium Kalksburg outside of Vienna. Similar to what befell the painter Carl Schuch and the composer Hugo Wolf.

Loos's photographer Martin Gerlach took a picture of Loos on his deathbed. Gerlach's son gave me this picture and I have avoided showing it up to now.

In 1961, the Würthle gallery exhibited objects from Loos's estate that had been salvaged by Ludwig Münz.

In 1962, together with Spalt, I mounted the Loos exhibition for Paris. Two years later, in 1964, we brought the exhibition in substantially expanded form to the newly founded Museum of the 20th Century in Vienna.

In 1973, I took up a post with the architectural faculty at the Technical University Munich. With the Viennese themes on my mind, I continued there—Loos and Hoffmann were practically unknown territory in Munich. These were joined by the Bavarian titans: Theodor Fischer and Hans Döllgast.

While I was a professor in Munich, we worked on Loos's residential buildings in scale models and exhibited them in 1982 in the Villa Stuck with original furniture. In the same year, the Residenz publishing house brought out the voluminous book on Loos by Burkhardt Rukschcio and Roland Schachel and the comprehensive book on Josef Hoffmann by Eduard F. Sekler. At the turn of the year 1983/84, the Berlin Academy of Arts under the direction of Dietrich Worbs held a Loos exhibition with many of our models.

In 1989/90, the most comprehensive Loos exhibition (with catalog) up to that time was on display in Vienna's Albertina Museum under the direction of Konrad Oberhuber. Seven exhibition organizers were the curators (in alphabetical order): Hermann Czech, Friedrich Kurrent, Hans Puchhammer, Burkhardt Rukschcio, Roland Schachel, Anton Schweighofer, Johannes Spalt. Assisted by Richard Bösel, my students and I exhibited the 33 scale models of Loos's residential buildings we had created up to that point (later it was to become 40).

Puchhammer had placed an exact replica of Loos's cube house in the Albertina courtyard. Spalt's contribution was the Loos stores, and in the Museum on Karlsplatz, he completed the Loos apartment exhibited there with the reconstruction of the bedroom. Schweighofer did the public buildings; Rukschcio Loos's relocation plan for the city of Vienna, which had been shown by Engelmann in 1916. Rukschcio had refurbished the Goldman-Salatsch House on Michaelerplatz (a huge achievement!); here he showed original metal fittings, lamps, materials, etc. Czech did a one-to-one reconstruction of Loos's portal for the "Spitz" storefront (he had also reconstructed the sign over the entry to the Loos Bar). Roland Schachel concerned himself with Loos literature.

Every year, Josef Hoffmann arrived beautifully dressed—with pince nez and "flea beaters" (gaiters)—at the Academy on Vienna's Schillerplatz in order to look at the diploma theses. We, 60 years younger, valued him a great deal, even though in post-war Vienna he had been dismissed as an "artisan" and linked to Nazi times—after all, he had been arts commissioner under Arthur Seyß-Inquart. Together with Clemens Holzmeister, whose master class students we were, Hoffmann wrapped up the "Neue Werkbund" [New Werkbund] in the time of the Austrian Corporative Statism. The "Alte Werkbund" [Old Werkbund] under Josef Frank was designated as Bolshevist; Frank emigrated to Sweden by 1934.

In the early years of the post-war era, the more advanced forces in Austrian architecture once again took up "CIAM Austria" in connection with CIAM (Congrès internationaux d'architecture moderne) founded in 1928 in La Sarraz. Le Corbusier, Gropius, and Giedion as Secretary General were the decision-makers there. Josef Frank und Hugo Häring were also founding members, but they kept their distance from any sort of authoritarian posturing.

Oswald Haerdtl (as president), Fellerer, Wörle, Rainer, Schwanzer, Schütte, and Lihotzky of Vienna, as well as Zotter and Lorenz of Graz were members. Later, architecture initiatives sprang up in all states in locations besides Vienna and Graz. Architects born between 1920 and the early 1930s became preeminent. Loos and Hoffmann had become "common property".

Beginning in 1953, the Salzburg International Summer Academy of Fine Arts was operative with the "School of Vision" by Loos's friend Oskar Kokoschka and the architecture class, which from 1956 to 1960 was led by Konrad Wachsmann (b. 1901), with whom young architects of that time received their schooling. Anonymous building was a central theme there. The focus was on building and referenced industrialization. Wachsmann fostered constructive thinking.

That, as a consequence, setbacks countervailed architecture as postmodernism or deconstructivism, are historical facts.

Star architecture still rules the scene. However: simple structural building is on the rise.

Back to Josef Hoffmann: His utilitarian objects, decorative objects, furniture, and drawings for the Wiener Werkstätte are hot items nowadays at auctions.

Back to Adolf Loos: His seminal and eternally valid idea is his concept of the Raumplan—three-dimensional thinking.

Martin Gerlach jun. Jr.
Totenbildnis Adolf Loos, 1933
Portrait of Adolf Loos on his deathbed, 1933

1 i.e. "Boudoir d'une grande vedette".

Georg August Schmid
Ausstellung *Josef Hoffmann 1870–1956*
der Zentralvereinigung der Architekten Österreichs
in der Galerie Würthle, Wien, 1960
Plakat
Exhibition *Josef Hoffmann 1870–1956* by the Austrian
Architects Association in the Galerie Würthle,
Vienna, 1960
Poster
MAK

Josef Hoffmann
Armlöffel-Stuhl, seit 1973
Von Johannes Spalt anhand eines nur als Foto erhaltenen
Modells von Josef Hoffmann erarbeitete Reproduktion
Ausführung: Wittmann Möbel Werkstätten GmbH
Esche, schwarz gebeizt; Sitzkissen lose; Fixbezug aus Leder
Armchair *Armlöffel,* since 1973
Reproduction following plans by Johannes Spalt using a model
by Josef Hoffmann that has only survived as a photograph
Execution: Wittmann Möbel Werkstätten GmbH
Ash, stained black; loose seat cushion; permanent leather covering
WITTMANN MOEBELWERKSTAETTEN GmbH

Bernard Rudofsky
Ausstellung *Architecture without Architects,* Installationsansichten
Installation views from the exhibition *Architecture Without Architects.* MoMA, NY, November 11, 1964 – February 7, 1965. New York, Museum of Modern Art (MoMA). Photo: Rolf Petersen (copyright The Museum of Modern Art, NY). Photographic Archive. The Museum of Modern Art Archives, New York, IN0752-3, IN0752-5 © 2014. Digital image, The Museum of Modern Art, New York/Scala, Florence

Hermann Czech, Wolfgang Mistelbauer, Reinald Nohàl
Restaurant Ballhaus, Wien Vienna, Amalienburg, 1962
Hermann Czech

Hermann Czech, Wolfgang Mistelbauer,
Reinald Nohàl
Reproduktion eines 1929 von Josef Hoffmann
für das Speisezimmer der Villa Dr. Lengyel in
Pressburg entworfenen Sesselmodells für das
Restaurant Ballhaus, 1962
Buchenholz, schwarz gebeizt; Webstoff
nach einem von der Firma J. Backhausen
adaptierten Original von Josef Hoffmann
(1907). Die ursprüngliche quadratische
Öffnung in der Sitzfläche wurde im
Nachhinein geschlossen.
Reproduction for the Ballhaus Restaurant
of a chair model designed by Josef Hoffmann
in 1929 for the dining room of the Villa
Dr. Lengyel in Bratislava, 1962
Beechwood, stained black; woven fabric
adapted by the J. Backhausen Company from a
Josef Hoffmann original (1907). The quadratic
opening in the original seat design was
subsequently closed.
MAK

Josef Hoffmann
Tapetenmuster *Leipzig*, um 1914
Wallpaper pattern *Leipzig*, ca. 1914
MAK

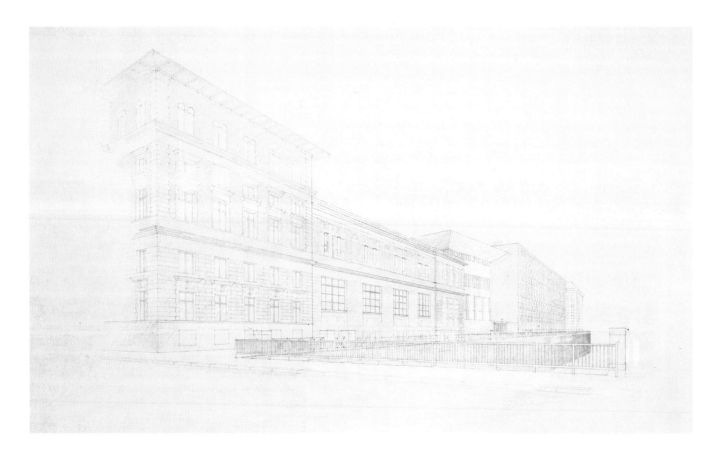

Hans Hollein
Projekt eines Jugendstilmuseums beim MAK, Wien
Perspektiven der Varianten A und D, 1981–1982
Lichtpausen, koloriert
Project for a Jugendstilmuseum near the MAK, Vienna
Perspectives of alternatives A and D, 1981–1982
Print, colorized
Archiv Archive Hans Hollein

Hans Hollein
Tisch *Schwarzenberg,* 1980
Ausführung: für Memphis
Anilingefärbtes Wurzelmaserfurnier,
schwarz gebeiztes und vergoldetes Holz
Table *Schwarzenberg,* 1980
Execution: for Memphis
Aniline-colored burl veneer; wood,
stained black and gilded
MAK

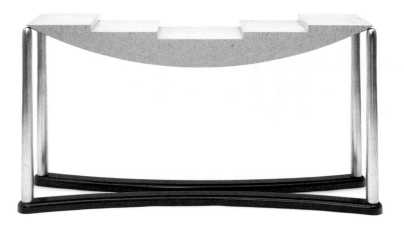

Hans Hollein
Sofa *Mitzi,* 1981
Ausführung: Poltronova, Italien
Birkenholz furniert auf Vogelahornstruktur verleimt, Filzpolsterung
Sofa *Mitzi,* 1981
Execution: Poltronova, Italy
Birch veneers laminated in order to simulate bird's eye maple, felt upholstery
MAK

Luka Skansi

Hoffmann und Loos in Italien zwischen 1930 und 1970

Die ersten strukturierten Reflexionen über das Werk von Hoffmann und Loos begannen in Italien mit Edoardo Persico. Der Intellektuelle aus Neapel kommentierte ihre Arbeiten in einer Reihe von Artikeln, die zwischen 1931 und 1935 veröffentlicht wurden, sowie in einigen seiner berühmten historisch-kritischen „Essays" (*Profezia dell'architettura* und *Punto ed a capo per l'architettura*)[1]. Sein Urteil ändert sich innerhalb dieser kurzen Zeitspanne, was zum Teil auf eine sukzessive bibliografische Vertiefung und einen Reifeprozess in seinen Reflexionen über das Werk der Architekten zurückzuführen ist. Vor allem jedoch ändern sich seine Ansichten parallel zur Entwicklung der Ereignisse in Italien, die unbestreitbar Persicos Blick auf die internationalen kulturellen Bezugspunkte beeinflussten.

Dabei widmet er Hoffmann eindeutig mehr Aufmerksamkeit. Nach den ersten enthusiastischen Bewertungen seiner Arbeit (1931)[2] wird das Urteil konkreter und zunehmend problematisch: In seinem Kommentar zur Schließung der Wiener Werkstätte (1932) gelangt Persico zu der Ansicht, Hoffmanns Arbeit sei „unzeitgemäß" und entspreche nicht den ökonomischen und sozialen Veränderungen nach 1918.[3] Er bezeichnet Hoffmann sogar als einen Architekten, dem es an „Genialität" fehle und der, obwohl er eine Symbolfigur der „protorationalistischen" Periode darstelle[4] und sein Werk von Le Corbusier gelobt würde (dies belegt er mit Zitaten), nicht zu den *Meistern* der Moderne zu zählen sei – im Gegensatz zu Wagner und Behrens.

Abgesehen von seinen mehr oder weniger drastischen und widersprüchlichen Aussagen, zeigt Persico Sympathie für das Werk des österreichischen Architekten, zu dem er 1935 in seinem berühmten Artikel „Trenta anni dopo il Palazzo Stoclet" [„30 Jahre nach dem Palais Stoclet"] zurückkehrt, um eine in gewisser Hinsicht endgültige Bilanz zu ziehen.[5] Für Persico ist es notwendig, die Reflexion über Hoffmann wiederaufzunehmen, nicht so sehr, um vermeintliche Aktualität in seinem Werk wiederzufinden oder darin Ursprünge für die Entwicklungen der Architektur der 1930er Jahre zu entdecken: Hoffmann ist für Persico vielmehr Musterbeispiel eines Architekten, der seiner Zeit entspricht und in der Lage ist, Eklektizismen und Neoklassizismen zurückzuweisen – als Interpret und gleichzeitig Erfinder eines für ihn zeitgenössischen Geschmacks, der die „mutigsten Ideale des europäischen Bürgertums" widerspiegelt.[6] Ein Urteil, in dem die jüngsten Entwicklungen des damaligen italienischen Architekturkontexts ans Licht treten. Hoffmann wird von Persico als „Waffe" gegen den Antimodernismus eingesetzt, der in Italien die Rückkehr zur monumentalen Tradition kennzeichnet: Anstatt den Geschmack einer Gesellschaft oder einer Zeit wiederzugeben, erscheint ihm die Architektur des Faschismus als Produkt einer Mythologie, eines künstlichen Konstrukts, das sich aus neoklassizistischen Floskeln oder neuen Formen des Eklektizismus nährt. Sie führt aus seiner Sicht deutlich die Unfähigkeit der italienischen Architekten vor Augen, sich mit der eigenen Modernität und ihren verschiedenen Ausdrucksformen auseinanderzusetzen.[7]

Auch Gio Ponti hält es für notwendig, die Werke des „großen" österreichischen Architekten zu zeigen, da „Italien unterrichtet werden muss".[8] In *Domus* erscheint ab 1931 eine Reihe von Beiträgen über Hoffmann (sie zeigen hauptsächlich Innenausstattungen und Einrichtungsgegenstände),[9] die seine Arbeit und seine Lehrmethoden – von „revolutionärer Frische" – loben und ihn als Hauptprotagonisten der Secession beschreiben, eines „Ereignisses, ohne das man die Geschichte der heutigen Kunst nicht verstehen kann".[10] Hoffmanns Werk spricht eindeutig das ästhetische Empfinden Pontis an, eines Architekten und Designers, der sich im Lauf seiner Karriere an allen Stufen des Entwurfs versuchte – vom Gebrauchsgegenstan über die Innenausstattung bis hin zur Architektur – und der wie Hoffmann ein großer Interpret des urbanen und industriellen bürgerlichen Geschmacks war.

Die bisher erwähnten Bewertungen wagen sich jedoch selten an das gebaute Werk. Abgesehen von einigen wenigen Betrachtungen zum Palais Stoclet wird die Architektur Hoffmanns nie im Detail analysiert (es fehlt praktisch jegliche Interpretation zum Sanatorium Westend in Purkersdorf). Stattdessen wird sie in Italien mitunter auf hervorragende Weise weiterverarbeitet. Insbesondere von Carlo Scarpa, der schon während seiner Ausbildung in Venedig eine starke Orientierung an Wien zeigt[11] und häufig auf Hoffmann zurückgreift, sowohl in der Innenraumgestaltung – sehr häufig sieht man die typischen schrägen Vorhänge – als auch in der Architektur von Ausstellungspavillons.[12] Viele Jahre später übt Hoffmann auf dem Gebiet des Designs einen ähnlichen Einfluss aus: In den 1980er Jahren, die durch das Aufkommen von Laminaten und Kunststoffbeschichtungen (von minderer Materialqualität und daher dekorationsbedürftig) geprägt sind, zeigt die Gruppe Memphis großes Interesse an Hoffmann, an der Wiener Werkstätte und am Art Déco im Allgemeinen. Sie schwimmt damit erfolgreich mit im Strom der postmodernen Architektur und ihrer Kritik an der funktionalistischen Ästhetik.[13]

Erneut durch Persico taucht auch der Protagonist Adolf Loos in der italienischen Kultur auf. Auch in diesem Fall erweisen sich Persicos Ansichten als widersprüchlich. Anlässlich seines Todes enthusiastisch gefeiert (von „großer Intelligenz" und „Courage" ist die Rede, von einem „Prediger in der Wüste" und einem unangefochtenen Meister der Moderne[14]), wird Loos später auf die Rolle eines simplen Raumausstatters deklassiert und wie Holzmeister als ein „Architekt ohne Genius" bezeichnet.[15] Das Verdienst der Aussagen von Persico ist, dass er damit verschiedene Reaktionen provozierte.[16] Bemerkenswert ist vor allem die verärgerte Antwort von

Luka Skansi

Hoffmann and Loos in Italy between 1930 and 1970

The first structured reflections on the œuvres of Hoffmann and Loos began in Italy with Edoardo Persico. This intellectual from Naples commented on their work in a series of articles published between 1931 and 1935, as well as in several of his famous historical-critical "essays" (*Profezia dell'architettura* and *Punto ed a capo per l'architettura*).[1] His judgment changed over the course of this short timeframe, which can be attributed to a gradual bibliographic immersion and to a process of maturation in his reflections on the work of these two architects. Most of all, however, Persico's opinions changed in parallel with the unfolding of events in Italy that undeniably influenced his view of the international, cultural points of reference.

He definitely dedicated more attention to Hoffmann. After the first enthusiastic evaluation of his work (1931),[2] his verdict becomes more detailed and problematic: In his commentary on the closure of the Wiener Werkstätte (1932), Persico came to define Hoffmann's work as "outmoded" and not up-to-date with the economic and social changes after 1918.[3] He even described Hoffmann as an architect lacking in "geniality" and, despite his being one of the most important figures of the "proto-rationalist" period,[4] whose work was praised by Le Corbusier (he uses quotes as testimony), not to be counted as one of the *masters* of modernism—in contrast to the more appreciated Wagner and Behrens.

Apart from his more or less drastic and contradictory statements, Persico views the work of the Austrian architect favorably and returns to it in 1935 in his famous article "Trenta anni dopo il Palazzo Stoclet" [30 years after Stoclet House] in order to arrive at a somewhat definitive bottom line.[5] For Persico, it was necessary to recall his reflections on Hoffmann, not so much to rediscover putative contemporary relevance in his architecture, or to recognize in it the origins of the development of architecture in the 1930s, but rather, because—in Persico's view—Hoffmann was an example of an architect who was in step with the times and, as both interpreter and inventor of a contemporary taste that reflected the "bravest ideals of European bourgeoisie,"[6] someone who was in a position to rebuff eclecticism and neoclassicism. A judgment that illuminates the latest developments in the Italian architectural context. Persico "enlisted" Hoffmann as a "weapon" against anti-modernism, marked in Italy by the return to the monumental tradition: the architecture of fascism, which, instead of reflecting the taste of a society or an era, seemed to him to be a product of a mythology, an artistic construct feeding off of neoclassical rhetoric and new forms of eclecticism, and clearly demonstrated the inability of Italian architects to engage in their own modernity and its various forms of expression.[7]

Gio Ponti, too, found it necessary to show the opus of the "great" Austrian architect, since "Italy had to be educated."[8] Beginning in 1931, a series of articles about Hoffmann (mainly showing his interiors and furnishings)[9] appeared in *Domus*,

which lauded his work and his teaching methods—of "revolutionary freshness"—and portrayed him as the main protagonist of the Secession, an "event, without which one cannot understand the history of today's art."[10] Hoffmann's oeuvre obviously appealed to Ponti's aesthetic sensibilities, an architect and designer, who in the course of his career was involved in projects of all dimensions—from object to interior to architecture—and who, like Hoffmann, was a great interpreter of the taste of the urban and industrial bourgeoisie.

The assessments mentioned up to now, however, rarely addressed built architecture. With the exception of a few perspectives about the Stoclet House, Hoffmann's architecture is never analyzed in detail (we cannot find any surveys of the Sanatorium Westend in Purkersdorf). Instead, Hoffmann's architecture would have rather rare, but excellent reinterpretations in Italy. Especially by Carlo Scarpa, who already revealed a strong affinity for Vienna during his education in Venice,[11] frequently drew on Hoffmann in his exhibition designs—in particular, his frequent use of slanting curtains—and also in his architecture for exhibition pavilions.[12] Many years later Hoffmann exerted a similar influence on Italian designers. In the 1980s, which were characterized by the advent of laminates and plastic coatings (of poor quality, thus in need of decoration), the Memphis Group showed great interest in Hoffmann, in the Wiener Werkstätte, and in Art Deco in general. Thus, it successfully joined the fray in the wake of criticism of postmodern architecture and its critique of functional aesthetics.[13]

Persico also was behind the discovery of Adolf Loos by the Italian architectural culture. Even in this case, Persico's views proved to be contradictory. Despite Loos being enthusiastically celebrated on the occasion of his death (mention was made of his "great intelligence" and "courage"; he was called an "evangelist in the desert" and an undisputed master of modernism[14]), he eventually was downgraded to the role of a simple interior decorator and, like Holzmeister, labeled as an "architect without geniality."[15] The benefit of Persico's declarations was that they provoked reactions.[16] Of particular note is the vexed retort of Giuseppe De Finetti, a student of Loos's, who countered Persico's superficial classification[17] of Loos with a personal portrayal of his master. Despite restricting himself to Loos's battle around the topic of ornament, De Finetti nonetheless reconstructs his context, his circles, his school, and the role of his writings from the 1910s and 1920s. De Finetti's goal was to point out the precociousness of several of Loos's theses and make clear the distance between the work of the master and that of other architects of his generation, whom he somewhat exaggeratedly called "wallpaper hangers" (Wright to Dudok) or "cerebrals" (Le Corbusier).[18]

Generally though, Italian architects of the 1930s conceded a grand and decisive vitality to the Austrian protagonists of the early 20th century. In a curious essay, a young Agnoldomenico

Giuseppe De Finetti, einem Loos-Schüler, der den oberflächlichen Klassifizierungen von Persico[17] ein persönliches Porträt seines Meisters entgegenhält. Auch wenn sich De Finetti dabei auf Loos' Kampf um das Thema Ornament beschränkt, rekonstruiert er immerhin seinen Kontext, sein Umfeld, seine Schule und die Rolle der Schriften aus den 1910er und 1920er Jahren. De Finettis Ziel ist es, sowohl die Frühreife einiger Thesen von Loos als auch den Abstand aufzuzeigen, der zwischen dem Werk des Meisters und jenem der anderen Architekten seiner Generation liegt, die er etwas überspitzt als „Tapezierer" (von Wright bis Dudok) oder „verkopft" (Le Corbusier) bezeichnet.[18]

Im Allgemeinen wird den österreichischen Protagonisten des beginnenden 20. Jahrhunderts jedoch aus Sicht der italienischen Architekten der 1930er Jahre eine große und entscheidende Vitalität zugestanden. In einem kuriosen Aufsatz des jungen Agnoldomenico Pica beschreibt dieser Olbrich, Loos und Hoffmann als Architekten, die sich gegen die modernistischen „Entwurfsregeln" stellen, und gleichzeitig als Propheten ohne Anhänger. In ihren „wenigen" realisierten Entwürfen – Pica betont, Österreich sei ein „Land von Architekten ohne Bauwerke" – sieht er einen Vorwand für seine Polemik gegen den funktionalistischen Purismus: „Die österreichische Architektur ist ein Widerruf der seltsamen und gescheiterten pseudomodernistischen Utopie des Impersonalismus, der Anonymität […], die scheinbar kurz davor stand, zur Norm und Bedingung für jedes moderne bauliche Wagnis zu werden."[19]

Es sind vor allem Persicos Ansichten, die die ersten historisch-kritischen Texte nach dem Zweiten Weltkrieg beeinflussen. So reiht Bruno Zevi in seinem bahnbrechenden Werk *Storia dell'architettura moderna* (1950) die beiden österreichischen Architekten in das „erste Zeitalter der modernen Architektur" ein,[20] da sie zweifellos eine „Revolution" vollbringen, jedoch „ohne eine Gestaltungslehre zu formulieren, die Anspruch auf Allgemeingültigkeit erhebt". Dies stehe, so Zevi, nur dem Kubismus zu.[21]

Doch es ist in erster Linie Aldo Rossi zu verdanken, dass Loos in Italien die gebührende Wertschätzung widerfährt. Er ist es, der im November 1959 – mit noch nicht einmal 30 Jahren – die berühmte Nummer 233 von *Casabella* herausgibt, die zur Gänze dem Wiener Meister gewidmet ist und ein vollständiges Bild der Komplexität von dessen Arbeit vermittelt. Die Ausgabe enthält ein umfassendes illustriertes Verzeichnis seiner Werke (aus dem Archiv Münz[22]), eine Bibliografie, historische Texte,[23] einige kurze Kommentare (Rogers und Neutra) und einen bemerkenswerten Aufsatz von Rossi. Darin gelingt es ihm, ein anschauliches Mosaik der großen Themen zusammenzufügen, die sich durch Loos' Biografie und dessen theoretisches wie architektonisches Werk ziehen – von den ersten Entwürfen bis hin zu den Studien zum Wohnbau in den 1920er Jahren. Über die Analyse der Arbeiten des Meisters gelangt Rossi zur Definition einiger Merkmale und Themen, die sein eigenes künftiges Schaffen kennzeichnen werden: die Beziehung zwischen Architektur und Realismus, der Dialog mit

dem historischen Charakter der Stadt, die Suche nach einer Permanenz klassischer und neoklassischer Motive im Entwurf, der Kampf gegen die Entfremdung der Sprache, das Verhältnis zwischen technischem Problem und Gestaltung. Loos' Architektur wird von Rossi vor allem als ethische Erfahrung erlebt, als Resultat einer klaren, niemals willkürlichen Deutung der urbanen und sozialen Realität, in der Sprache, Formen und Details nicht so sehr das Ergebnis einer Komposition oder Erfindung sind, als vielmehr das Produkt einer – mit den Worten Schönbergs – „unentrinnbaren Logik der Konstruktion".[24] Er beschreibt Loos als einen Architekten, der „der Architektur eine neue Würde verleiht", da er in einer Zeit des hemmungslosesten Historismus am Beginn des 20. Jahrhunderts einer der wenigen Architekten ist, die die wahre Rolle der Geschichte verstehen.[25]

Die Publikation muss gewiss in den Kontext der allgemeinen kritischen Auseinandersetzung mit der Moderne gestellt werden, die die Redaktion von *Casabella* unter der Leitung von Ernesto Nathan Rogers in den 1950er und 1960er Jahren verfolgt. Die verschiedenen Themen in Loos' Laufbahn sind für die Redaktion von einer absoluten Aktualität, die – wie Rogers in der Einleitung schreibt – darin besteht, dass „sie Probleme seiner Zeit behandeln, die in unserer Zeit fortbestehen".[26] Doch die Publikation stellt auch den Beginn einer bereichernden intellektuellen Verbindung zwischen Loos und Rossi dar, die eine glückliche Periode historischer und theoretischer Studien eröffnet. So realisiert Rossi 1960 gemeinsam mit Leonardo Ferrari sein am stärksten von Loos geprägtes Werk, die Villa ai Ronchi in der Toskana. Sie weist direkte Zitate aus den Loos'schen Wohnbauten auf, sowohl in der Gliederung des Raums und der Fassaden (die auf die „mediterrane" Villa Moissi verweisen) als auch in den leichten Niveauunterschieden im Inneren, die wie ein vages Echo des „Raumplans" wirken. Rossi schreibt erneut über Loos[27], würdigt ihn anlässlich der Triennale 1973 mit dem Dokumentarfilm *Ornamento e delitto*[28] und bekennt sich zu einer gewissen „Besessenheit" vom theoretischen Werk des österreichischen Architekten,[29] während seine Frau, Sonia Gessner, sich mit der italienischen Übersetzung von *Ins Leere gesprochen* und *Trotzdem* befasst.[30]

Seit den 1980er Jahren wurde in Italien eine Reihe wichtiger historischer Beiträge über Loos veröffentlicht. Neben der bahnbrechenden Studie von Benedetto Gravagnuolo[31] ist hier das Dipartimento di Storia dell'architettura (Institut für Architekturgeschichte) in Venedig zu nennen, das seinem Werk große Aufmerksamkeit widmet: Man denke an die Schriften von Massimo Cacciari und Francesco Amendolagine,[32] an die Ausführungen von Manfredo Tafuri und Francesco Dal Co[33] bis hin zur kürzlich erschienenen Monografie von Marco Pogacnik.[34] Loos stellt ein „logisches", natürliches Gegenüber für die venezianischen Historiker dar, die in der Wiener Krise der Jahrhundertwende schon immer einen kulturellen Kontext zur eigenen Konfrontation gesucht haben, und für die die Auseinandersetzung mit Architektur eine allgemeine Auseinandersetzung mit der Moderne bedeutet.

Pica depicted Olbrich, Loos, and Hoffmann as architects who stood in opposition to modernist "design rules," and simultaneously as prophets without acolytes. In their few "realized" designs—Pica stressed that Austria was a "country of architects without buildings"—he saw a pretext for his polemic against functionalist purism: "Austrian architecture is a repeal of the peculiar and diminished pseudo-modernist utopia of impersonalism, of anonymity [...], which seemingly was close to becoming the norm and condition for every modern architectural venture."[19]

It was chiefly Persico's views that influenced the first historical-critical texts after the Second World War. Thus, in his ground-breaking work *Storia dell'architettura moderna* [History of modern architecture] (1950), Bruno Zevi assigns the two Austrian to the "first era of modern architecture,[20] since they doubtless brought about a "revolution," however "without formulating a design theory that purports to be universal," something that—according to Zevi—applied only to cubism.[21]

But it is first and foremost thanks to Aldo Rossi that Loos was adequately presented and esteemed in Italy. It was Rossi, who in November 1959—before he was 30 years old—published the renowned Number 233 of *Casabella*, which was wholly dedicated to the Viennese master and included a sweeping overview of the complexity of his body of work. The edition included a comprehensive illustrated register of his works (from the Münz archive[22]), a bibliography, historical texts,[23] several short commentaries (Rogers and Neutra), and a noteworthy essay by Rossi, in which he manages to create a vivid mosaic of the significant themes running through Loos's biography and his theoretical and architectural oeuvre—from his first designs all the way to his studies for residential buildings in the 1920s. By way of the analysis of the master's works, Rossi arrives at a definition of the features and themes that would come to characterize his own work: the relationship between architecture and realism, the dialogue with the historical character of the city, the search for permanence of classical and neoclassical motifs in design, the battle against the alienation of language, the relationship between technical and structural issues and the design of form. Most of all, Rossi perceived Loos's architecture as an ethical experience, as the result of a clear, never arbitrary, construal of urban and social reality, in which language, form, and details are not so much the consequence of a composition or invention, but the product of—to paraphrase Schönberg—an "inexorable logic of construction."[24] He considered Loos to be an architect who would "endow architecture with a new dignity," since he was one of the few architects who, in a time of the unfettered revival of Historicism at the beginning of the 20th century, understood the true role of history.[25]

Certainly, this publication must be placed in the context of the general critical review of modernism conducted in the 1950s and 1960s by the editors of *Casabella* under the leadership of Ernesto Nathan Rogers. For the editorial team the various themes in Loos's professional career are absolutely current, their topicality being due to—as Rogers writes in the introduction—their "addressing the problems of [Loos's] time, that persist in our time."[26] But the publication also portrays the beginning of a rich intellectual rapport between Loos and Rossi that ushered in an auspicious phase of historical and theoretical studies. In 1960, Rossi, together with Leonardo Ferrari, realized his most distinctly Loosian work, the Villa ai Ronchi in Tuscany. This features direct references to Loos's residential architecture, in the room arrangement and in the façades (which evoke the "Mediterranean" Villa Moissi), and also in the slight differences in the interior levels, which vaguely echo the Raumplan. Later, Rossi would write again about Loos,[27] pay tribute to him on the occasion of the 1973 Triennale with the documentary film *Ornamento e delitto* [Ornament and crime],[28] and admit to a certain "obsession" with the theoretical work of the Austrian architect,[29] while his wife, Sonia Gessner, would work on the Italian translation of *Ins Leere gesprochen* [*Spoken into the Void*] and *Trotzdem* [In spite of].[30]

Since the 1980s, a series of important historical contributions about Loos have been published in Italy. In addition to Benedetto Gravagnuolo with his pioneering studies,[31] the Dipartimento di Storia dell'architettura (Institute of Architectural History) in Venice has dedicated a great deal of attention to Loos's oeuvre: from the writings of Massimo Cacciari und Francesco Amendolagine,[32] the explications of Manfredo Tafuri und Francesco Dal Co,[33] all the way to Marco Pogacnik's recent monographic study.[34] Loos represents a "logical," natural interlocutor for Venetian historians, who in the Viennese crisis of the turn of the century have sought a cultural context for their own confrontations, and for whom the examination of architecture signifies a more general examination of modernity.

1   "Punto ed a capo per l'architettura" [Full stop and a new paragraph for architecture] (1934) and "Profezia dell'architettura" [Prophecy of architecture] (1935), in: Veronesi, Giulia (ed.), *Edoardo Persico. Tutte le opere* [Complete works] *(1923–1935)*, Volume 2, Milan 1964. They came into being in the last years of Persico's brief career, which came to an abrupt end in January 1936.

2   In two contributions, which appeared between January and February 1931 in *La Casa Bella* [Beautiful home]: ("Oggetti d'argento, Il gusto dell'Austria" [Silver items, Austria's taste], in: ibid., 74, 94 f.), Hoffmann is represented as the main European protagonist of the era of bourgeois taste, one who was able to reconcile the traditional stature of decoration with the modern purposes of utilitarian objects and thus signaled "an epoch that could be named after him down to the hour. Hoffmann's taste [...] is a European fact." "Fine di un'azienda celebre" [End of a famous firm], *La Casa Bella*, October 1932. Ibid., 98.

3   Even though Persico continued to show interest in Hoffmann's work, he makes the historical contextualization of his oeuvre abundantly clear: "Hoffmann's objects are no less beautiful for all that: they are, today, superfluous." Ibid., 99.

4   D'Amato claimed that the term had been coined by Edoardo Persico in 1935 in *Casabella*. (D'Amato, Gabriella, *L'architettura del protorazionalismo* [The architecture of proto-rationalism], Rome 1987).

5   "Trenta anni dopo il Palazzo Stoclet" [30 years after Stoclet House], in: *Casabella*, July 1935, 4–5.

6   Veronesi, *Persico: Tutte le opera*, loc. cit., 215

7   "And thus it is that in the new architecture in Italy the same problem arises as in art in general. Artists today must apply themselves to the most difficult problem of Italian life: the capacity to believe in clearly defined ideologies and the will to lead the way in the fight against the claims of an 'anti-modern' majority.", "Punto ed a capo per l'architettura", in: ibid., 322. Cf. in the same volume "La V Triennale", "Italia letteraria" [Literary Italy], 2 July 1933; "Trenta anni dopo il Palazzo Stoclet", "Decadenza di Hoffmann" [Hoffmann's decline], "Eco del mondo" [The echo of the world], March 1935.

8   Ponti, Gio, „Il gusto di Hoffmann" [Hoffmann's taste], in: *Domus* 93 1935, 4.

9   C. H. (author unknown), "Josef Hoffmann", in: *Domus* 39 1931, 46–49; "Ambienti d'oggi in Italia e fuori" [Today's spaces in and around Italy], in: *Domus* 55/56 1932, 422; "Un nuovo ristorante a Vienna" [A new restaurant in Vienna], in: *Domus* 70 1933, 549.

10 These quotes are from Ponti, "Il gusto di Hoffmann" [Hoffmann's taste], loc. cit., 4.

11 De Michelis, M., "Ed anch'io son pittore..." [And I too am a painter...], in: Lanzarini, O., *Carlo Scarpa, l'architetto e le arti. Gli anni della Biennale di Venezia* [The years of the Biennale in Venice] *1948–1972*, Venice 2003, 14; Sonego, C., *Carlo Scarpa: anni di formazione* [Carlo Scarpa: formative years], Diploma thesis, IUAV, Venice 1996.

12 In the furnishings for the exhibitions *Antonello da Messina* (Messina, 1953) and *Arturo Martini* (Treviso, 1967), Orietta Lanzarini identifies influences of the 1930 Werkbund exhibition. She also precisely analyzes Scarpa's design for the Venezuelan pavilion in the Giardini of the Venice Biennale by identifying in them a reflection of Hoffmann's room sequence for the Austrian pavilion. (Lanzarini, *Carlo Scarpa*, loc. cit., 146). The author also cites excerpts from Scarpa's 1976 lecture in Vienna, wherein he describes

1 „Punto ed a capo per l'architettura" [„Punkt und Absatz für die Architektur"] (1934) und „Profezia dell'architettura" [„Prophezeiung der Architektur"] (1935), in: Veronesi, Giulia (Hg.), *Edoardo Persico. Tutte le opere* [Alle Werke] *(1923–1935)*, Band 2, Mailand 1964. Sie entstanden in den letzten Jahren von Persicos kurzer Laufbahn, die im Januar 1936 jäh endete.

2 In zwei Beiträgen, die zwischen Januar und Februar 1931 in *La Casa Bella* [Das schöne Heim] erschienen sind, („Oggetti d'argento, Il gusto dell'Austria" [„Silbergegenstände, der österreichische Geschmack"], in: ebd., 74, 94 f.) wird Hoffmann als europäischer Hauptprotagonist der Epoche des „bürgerlichen Geschmacks" dargestellt, der das traditionelle Statut der Dekoration mit der modernen Nutzungsbestimmung der Objekte in Einklang brachte und damit „eine Epoche [markierte], die man bis zur Stunde nach ihm benennen könnte. Der Geschmack von Hoffmann [...] ist eine europäische Tatsache.", „Fine di un'azienda celebre" [„Ende einer berühmten Firma"], *La Casa Bella*, Oktober 1932, in: ebd., 98.

3 Obwohl Persico weiterhin Interesse an den Arbeiten Hoffmanns zeigt, findet er deutliche Worte zur historischen Kontextualisierung seines Werks: „Die Objekte von Hoffmann sind deshalb nicht weniger schön: Sie sind heute überflüssig", in: ebd., 99.

4 D'Amato behauptet, der Begriff sei 1935 von Edoardo Persico in *Casabella* geprägt worden (D'Amato, Gabriella, *L'architettura del protorazionalismo* [Die Architektur des Protorationalismus], Rom 1987).

5 „Trenta anni dopo il Palazzo Stoclet" [„Dreißig Jahre nach dem Palais Stoclet"], in: *Casabella*, Juli 1935, 4–5.

6 Veronesi, *Persico: Tutte le opere*, a.a.O., 215.

7 „Und so zeigt sich in der neuen Architektur in Italien dasselbe Problem wie in der Kunst im Allgemeinen. Die Künstler müssen sich heute dem schwierigsten Problem des italienischen Lebens widmen: der Fähigkeit, an klar definierte Ideologien zu glauben, und dem Willen, den Kampf gegen die Zumutungen einer ‚antimodernen' Mehrheit bis zum Ende auszufechten", „Punto ed a capo per l'architettura", in: ebd., 322. Vgl. im selben Band „La V Triennale", „Italia letteraria" [„Das literarische Italien"], 2.7.1933; „Trenta anni dopo il Palazzo Stoclet", „Decadenza di Hoffmann" [„Der Niedergang Hoffmanns"], „Eco del mondo" [„Das Echo der Welt"], März 1935.

8 Ponti, Gio, „Il gusto di Hoffmann" [„Der Geschmack Hoffmanns"], in: *Domus* 93 1935, 4.

9 C. H. (Verfasser unbekannt), „Josef Hoffmann", in: *Domus* 39 1931, 46–49; „Ambienti d'oggi in Italia e fuori" [„Räume von heute in und außerhalb Italiens"], in: *Domus* 55/56 1932, 422; „Un nuovo ristorante a Vienna" [„Ein neues Restaurant in Wien"], in: *Domus* 70 1933, 549.

10 Die Zitate stammen aus Ponti, „Il gusto di Hoffmann", a.a.O., 4.

11 De Michelis, M., „Ed anch'io son pittore..." [„Und ich bin auch Maler..."], in: Lanzarini, O., *Carlo Scarpa, l'architetto e le arti. Gli anni della Biennale di Venezia* [Die Jahre der Biennale in Venedig] *1948–1972*, Venedig 2003, 14; Sonego, C., *Carlo Scarpa: anni di formazione* [Carlo Scarpa: Die Zeit der Ausbildung], Diplomarbeit, IUAV, Venedig 1996.

12 Orietta Lanzarini identifiziert in der Ausstattung für die Ausstellungen *Antonello da Messina* (Messina, 1953) und *Arturo Martini* (Treviso, 1967) Einflüsse der Ausstellung des Werkbundes von 1930. Zudem analysiert sie präzise Scarpas Entwurf für den venezolanischen Pavillon in den Giardini der Biennale von Venedig, in dem sie eine Reflexion über die Raumsequenz des österreichischen Pavillons von Hoffmann ausmacht (Lanzarini, *Carlo Scarpa*, a.a.O., 146). Die Autorin führt auch Auszüge aus Scarpas Vortrag von 1976 in Wien an. Darin bezeichnet er Hoffmann als „den Künstler, den ich am meisten bewundert habe und von dem ich am meisten gelernt habe", da er in ihm „einen ausdrucksstarken Sinn für Gestaltung" beobachtet („Può l'architettura essere poesia?" [„Kann Architektur Poesie sein?"], in: Dal Co, F./Mazzariol, G. (Hg.), *Carlo Scarpa 1906–1978*, Mailand 1984, 283).

13 Radice, Barbara, (Hg.), *Memphis: the new international style* [Memphis: der neue internationale Stil], Mailand 1981; Martegani, P./Mazzoli, R./Montenegro, R. (Hg), *Memphis: una questione di stile* [Memphis: eine Frage des Stils], Rom 1984; Radice, Barbara, *Memphis: ricerche, esperienze, risultati, fallimenti e successi del nuovo design* [Memphis: Forschung, Erfahrung, Ergebnisse, Misserfolge und Erfolge des neuen Designs], Mailand 1984.

14 Persico bezieht sich insbesondere auf die V. Triennale in Mailand, wo Werke von Loos in den Reihen der Meister gezeigt wurden. „Diesen Akt der Anerkennung – schreibt Persico – hatte Adolf Loos ohne Zweifel verdient" („In memoria di Loos", *Casabella*, Oktober 1933, in: Veronesi, *Persico: Tutte le opere*, a.a.O., 171.

15 „Adolf Loos ist eine der vielen Schwärmereien der Architekturkritiker: Sein größtes Talent bestand, wie bei vielen Künstlern des Jugendstils, in der Inneneinrichtung. Das Bekleidungsgeschäft Goldman oder das Haus Tzara sind durchwegs ‚à la manière de...'. In all seinen Bauwerken zeigen sich anstelle einer echten Inspiration vielmehr die Einflüsse anderer Architekten – von Wright bis Le Corbusier", in: Persico, Edoardo, „Punto a capo", a.a.O., 312–313.

16 Fiorelli, Francesca, „Persico y Giuseppe De Finetti: contradiccion y complementariedad del debate italiano en torno a Loos" [„Persico und Giuseppe De Finetti: Widersprüche und Ergänzungen der italienischen Diskussion über Loos"], in: *RA: revista de arquitectura* 15 2013, 59–66.

17 In „Profezia dell'architettura" sieht Persico in Wright den „Cezanne der Architektur" und Meister „nicht so sehr der amerikanischen Architekten, sondern der europäischen, von Berlage bis Dudok, von Loos bis Hoffman und über Tony Garnier sogar bis Le Corbusier" (Veronesi, *Persico: Tutte le opere*, a.a.O., 235).

18 „Wenn die Leistungen eines Dudok, eines Hoffmann und eines Berlage voll von ‚Einfällen' eines Wright sind und es historisch unbestreitbar ist, dass Wright, und nur er, bereits von ‚Maschinismus' sprach, als der große Philosoph Le Corbusier sich noch als Knabe am Genfer See die Zeit vertrieb, wieso wird dann Loos unter diese Tapezierer und verkopften Architekten gemischt?" (De Finetti, Giuseppe, „Adolf Loos, l'ultimo classico e il solo classico della nostra età" [„Adolf Loos, der letzte Klassiker und seine Klassik unseres Zeitalters"], in: Cislaghi, G./De Benedetti, M./Marabelli, P. (Hg.), *Giuseppe De Finetti: progetti* [Entwürfe] *1920–1951*, Mailand 1981, 20.

19 „Doch wir wissen, dies ist die glorreichste Zeit, die heroische Zeit, auch wenn ihr die erhabenen Zeugnisse fehlen, die fortdauernd und unmissverständlich von ihr künden" (Pica, A., „Architettura ultima e penultima in Austria" [„Neueste Architektur in Österreich"], in: *Emporium: rivista mensile illustrata d'arte, letteratura, scienze e varietà* [Emporium: Illustrierte Monatszeitschrift für Kunst, Literatur, Wissenschaft und Verschiedenes] 485 1935, 287–297).

20 Zevi, Bruno, *Storia dell'architettura moderna* [Die Geschichte der modernen Architektur], Turin 1950, 29.

21 In den 1950er und 1960er Jahren ist das Interesse an Hoffmann, verglichen mit dem Jahrzehnt vor dem Krieg, relativ gering. Neben Giulia Veronesis Buch, das von der Kritik kaum beachtet wird (Veronesi, Giulia, *Josef Hoffmann*, Mailand 1956), sind zu nennen: Girardi, V., „Josef Hoffmann maestro dimenticato" [„Der vergessene Meister Josef Hoffmann"], *Architettura: cronache e storia* [Architektur: Chroniken und Geschichte] 12 1956, 432–441; Zevi, Bruno, „Scompare Josef Hoffmann. Una Biennale senza il tocco viennese" [„Hoffmann ist verschwunden. Eine Biennale ohne Wiener Note"], in: *Cronache di architettura* [Die Chroniken der Architektur] 3 1978, 110. Erst Anfang der 1980er Jahre rückt Hoffmann wieder in den Vordergrund des historiografischen Interesses, zeitgleich mit der „postmodernen" Wiederentdeckung des österreichischen Architekten in der Welt des Designs: Baroni, Daniele/D'Auria, Antonio, *Josef Hoffmann e la Wiener Werkstätte*, Mailand 1981; Gresleri, Giuliano (Hg.), *Josef Hoffmann*, Bologna 1981; Borsi, Franco/Perizzi, Alessandra, *Josef Hoffmann: tempo e geometria* [Zeit und Geometrie], Rom 1982. Erwähnenswert sind auch neuere Publikationen wie Muntoni, Alessandra, *Il Palazzo Stoclet di Josef Hoffmann 1905–1911*, Rom 1989; Fanelli, Giovanni/Godoli, Ezio, *Josef Hoffmann*, Bari 2005.

22 Die Publikation stützt sich stark auf das Buch von Münz, das drei Jahre zuvor in italienischer Übersetzung erschienen ist: Münz, Ludwig, *Adolf Loos*, Mailand 1956.

23 Neben Texten aus *Zum 60. Geburtstag* kommen Kraus, Gropius, Le Corbusier und Persico zu Wort.

24 Oder, wie Rossi es ausdrückt: sie werden auf völlig „natürliche" Weise „erreicht" (Rossi, Aldo, „Adolf Loos 1870–1933", in: *Casabella* 233 1959, 5–11). Besonders interessant an dem Text sind Rossis Einschätzung zum Einfluss der amerikanischen Architektur auf Loos, der Vergleich mit Ledoux (über den Rossi kurz davor folgenden Aufsatz verfasste: „Emil Kaufmann e l'architettura dell'illuminismo" [„Emil Kaufmann und die Architektur der Aufklärung"], *Casabella* 222 1959) und die Analyse einiger architektonischer Werke, darunter der Entwurf für den Chicago Tribune Tower, das Haus auf dem Michaelerplatz oder das Haus Steiner, beide in Wien.

25 Rossi, „Adolf Loos 1870–1933", in: *Casabella* 233 1959, 10.

26 Rogers, E. N., „ L'attualità di Adolf Loos" [„Die Aktualität von Adolf Loos"], in: ebd., 3.

27 Rossi, Aldo, „Prefazione" [„Vorwort"], in: Gravagnuolo, Benedetto, *Adolf Loos: teoria e opere* [Theorie und Werke], Mailand 1981; „Introduzione" [„Einführung"], in: Loos, Adolf, *La civiltà occidentale: „Das Andere" e altri scritti* [und andere Schriften], Bologna 1981. Loos bleibt ein konstanter Bezugspunkt im wissenschaftlichen Werk Rossis: Allein beim Durchblättern von *Autobiografia scientifica* [*Wissenschaftliche Biographie*] (Mailand 2009) oder *Quaderni azzurri* [Blaue Hefte] *(1968–1991)* (Mailand 1999) wird deutlich, wie Rossi immer wieder seine Äußerungen kommentiert, und zwar ähnlich häufig, wie er Boullée oder Palladio erwähnt.

28 Skansi, Luka, „‚Ornamento e delitto': un film di Aldo Rossi, Gianni Braghieri, Franco Raggi" [„Ornament und Verbrechen; ein Film von Aldo Rossi, Gianni Braghieri, Franco Raggi"], in: Trentin, Annalisa (Hg.), *La lezione di Aldo Rossi* [Die Lehre von Aldo Rossi], Bologna 2008, 260–265.

29 „Loos ist in meinen Geist eingedrungen und hat nahezu von ihm Besitz ergriffen" (Rossi, *Autobiografia Scientifica*, a.a.O., 121).

30 Loos, Adolf, *Parole nel vuoto* [*Ins Leere gesprochen*], Mailand 1972. Gessner übersetzte zudem weitere relevante Texte aus dem kulturellem Kontext, dem Rossis Interesse galt, darunter *Un'idea di piano* [*Konzept des Entwurfs*] von Ludwig Hilberseimer (Padua 1967), *Il quinto stato* [*Der fünfte Zustand*] von Wolfgang Kraus (Bari 1968), *Osservazioni elementari sul costruire* [*Elementare Beobachtungen über das Bauen*] von Heinrich Tessenow (Mailand 1974) sowie eine Reihe von Artikeln aus *Das neue Frankfurt, 1926–1931* (Bari 1975).

31 Gravagnuolo, Benedetto, *Adolf Loos: teoria e opere*, Mailand 1981.

32 Amendolagine, Francesco/Cacciari, Massimo, *Oikos: da Loos a Wittgenstein*, Rom 1975; Cacciari, Massimo, *Adolf Loos e il suo Angelo. Das Andere e altri scritti*, Mailand 1981.

33 Völlig desinteressiert an Hoffmanns Arbeit und dem gesamten Phänomen der Secession und des Jugendstils, identifizieren Tafuri und Dal Co in *Architettura contemporanea* in Loos eine der wichtigsten Bezugsfiguren im historischen Aufbau ihres Bands (Tafuri, Manfredo/Dal Co, Francesco, *Architettura contemporanea* [Zeitgenössische Architektur], Mailand 1976.

34 Pogacnik Marco, *Adolf Loos und Wien*, Salzburg/Wien 2011; Pogacnik, Marco, *Adolf Loos e Vienna. La casa sulla Michaelerplatz* [Adolf Loos und Wien. Das Haus am Michaelerplatz], Macerata 2012. Vgl. auch Bösel, R./Zanchettin, V. (Hg.), *Adolf Loos 1870–1933: architettura utilità e decoro* [Funktionale und dekorative Architektur], Mailand 2006; Borgomainerio, Alessandro, *Adolf Loos. Architettura e civilizzazione* [Architektur und Zivilisation], Mailand 2008.

Hoffmann as "the artist, whom I most admired and from whom I have learned the most," since he observed in him "a profound expression of a sense of decoration." ("Può l'architettura essere poesia?" [Can architecture be poetry?], in: Dal Co, F./Mazzariol, G. (eds.), *Carlo Scarpa 1906–1978*, Milan 1984, 283).

13 Radice, Barbara, (ed.), *Memphis: the new international style*, Milan 1981; Martegani, P./Mazzoli, R./Montenegro, R. (ed) *Memphis: una questione di stile* [Memphis: a question of style], Rome 1984; Radice, Barbara, *Memphis: ricerche, esperienze, risultati, fallimenti e successi del nuovo design* [Memphis: research, experience, results, failures, and successes of the new design], Milan 1984.

14 Persico in particular refers to the V. Triennale in Milan, where works of Loos were displayed in the halls of the masters. Persico writes that "Loos, without a doubt, had earned this act of recognition." "In memoria di Loos", *Casabella*, October 1933, in: Veronesi, *Persico: Tutte le opere*, loc. cit., 171.

15 "Adolf Loos is one of the many infatuations of architectural critics: As with many Jugendstil artists, his greatest talent was interior furnishings. The apparel store Goldman or the Tzara House are thoroughly 'à la manière de…' Instead of true inspiration, all of his architecture much more shows the influences of other architects—from Wright to Le Corbusier,", in: Persico, "Punto a capo", loc. cit., 312–313.

16 Fiorelli, Francesca, "Persico y Giuseppe De Finetti: contradiccion y complementariedad del debate italiano en torno a Loos" ["Persico und Giuseppe De Finetti: contradictions and complementarity in the Italian discourse about Loos], in: *RA: revista de arquitectura* 15 2013, 59–66.

17 In "Profezia dell'architettura", Persico sees in Wright the "Cézanne of architecture" and master "not so much of American, but of European, architects, from Berlage to Dudok, from Loos to Hoffmann, and over Tony Garnier even to Le Corbusier" (Veronesi, *Persico: Tutte le opere*, loc. cit., 235).

18 "If the achievements of a Dudok, a Hoffmann, and a Berlage are full of Wright's 'ideas' and if it is historically incontrovertible that Wright and only he, already spoke of "machinism" while the great philosopher Le Corbusier spent his boyhood at Lake Geneva, why then is Loos mixed in with these architectural wallpaper hangers and these brains?" (De Finetti, Giuseppe, "Adolf Loos, l'ultimo classico e il solo classico della nostra età" [Adolf Loos, the last classicist and the only classicist of our time], in: Cislaghi, G ./ De Benedetti, M./Marabelli, P. (eds.), *Giuseppe De Finetti: progetti* [Designs] *1920–1951*, Milan 1981, 20.

19 "But we know that this is the most glorious time, the heroic time, even if it lacks the solemn attestations, the enduring and unequivocal documents." (Pica, A., "Architettura ultima e penultima in Austria" [Ultimate and penultimate architecture in Austria], in: *Emporium: rivista mensile illustrata d'arte, letteratura, scienze e varietà* [Emporium: Illustrated monthly for art, literature, science, and more] 485 1935, 287–297).

20 Zevi, Bruno, *Storia dell'architettura moderna* [The history of modern architecture], Turin 1950, 29.

21 In the 1950s and 1960s—compared to the decade before the war—there was relatively little interest in Hoffmann. In addition to Giulia Veronesi, whose book was scarcely noticed by critics (Veronesi, Giulia, *Josef Hoffmann*, Milan 1956), the following are noteworthy: Girardi, V., "Josef Hoffmann maestro dimenticato" [The forgotten master Josef Hoffmann], *Architettura: cronache e storia* [Architecture: chronicles and history] 12 1956, 432–441; Zevi, Bruno, "Scompare Josef Hoffmann. Una Biennale senza il tocco Viennese" [Hoffmann has disappeared. A Biennale without the Viennese touch], in: *Cronache di architettura* [Chronicles of architecture] 3 1978, 110. Only at the beginning of the 1980s did Hoffmann again move to the foreground of historiographical interest, parallel to the "postmodern" rediscovery of the Austrian architect in the world of design: Baroni, Daniele/D'Auria, Antonio, *Josef Hoffmann e la Wiener Werkstätte*, Milan 1981; Gresleri, Giuliano (ed.), *Josef Hoffmann*, Bologna 1981; Borsi, Franco/ Perizzi, Alessandra, *Josef Hoffmann: tempo e geometria* [Time and geometry], Rome 1982. Newer publications are also worthy of mention, such as Muntoni Alessandra, *Il Palazzo Stoclet di Josef Hoffmann 1905–1911*, Rome 1989; Fanelli, Giovanni/Godoli, Ezio, *Josef Hoffmann*, Bari 2005.

22 This publication owes much to the Münz book, which had appeared three years prior in Italian translation: Münz, Ludwig, *Adolf Loos*, Milan 1956.

23 Kraus, Gropius, Le Corbusier, and Persico were also included among testimonials published in *Zum 60. Geburtstag* [For his 60th birthday].

24 Or, as expressed by Rossi: they are "obtained" in a wholly "natural" manner (Rossi, Aldo, "Adolf Loos 1870–1933", in: *Casabella* 233 1959, 5–11. Of the many suggestions proposed in this text, of particular interest are Rossi's assessment of the influence of American architecture on Loos, the comparison with Ledoux (about which Rossi a short time before composed the following essay: "Emil Kaufmann e l'architettura dell'illuminismo" [Emil Kaufmann and the architecture of enlightenment], *Casabella* 222 1959), and the analysis of his own architectural works, including the design for the skyscraper in Chicago, the House on Michaelerplatz, or the Steiner House, both in Vienna.

25 Rossi, Aldo, "Adolf Loos 1870–1933", in: *Casabella* 233 1959, 10.

26 Rogers, E. N., "L'attualità di Adolf Loos" [The topicality of Adolf Loos], in: ibid., 3.

27 Rossi, Aldo, "Prefazione" [Introduction], in: Gravagnuolo, Benedetto, *Adolf Loos: teoria e opere* [Theory and Works], Milan 1981; "Introduzione" [Introduction], in: Loos, Adolf, *La civiltà occidentale: "Das Andere" e altri scritti* [and other writings], Bologna 1981. Loos remains a constant point of reference in Rossi's scientific work: Merely by paging through his *Autobiografia scientifica* [Scientific autobiography] (Milan 2009) or *Quaderni azzurri* [Blue notebooks] *(1968–1991)* (Milan 1999), it becomes clear that Rossi constantly annotates his pronouncements, indeed nearly as often as his notes on Boullée or Palladio.

28 Skansi, Luka, "'Ornamento e delitto': un film di [Ornament and crime; a film by] Aldo Rossi, Gianni Braghieri, Franco Raggi" in: Trentin, Annalisa (ed.), *La lezione di Aldo Rossi* [The teaching of Aldo Rossi], Bologna 2008, 260–265.

29 "Loos has entered my mind and nearly taken possession." (Rossi, *Autobiografia Scientifica*, loc. cit., 121.)

30 Loos, Adolf, *Parole nel vuoto* [*Spoken into the Void*], Milan 1972. Additionally, Gessner translated further relevant texts from the cultural context that interested Rossi, including *Un'idea di piano* [A concept of design] von Ludwig Hilberseimer (Padua 1967), *Il quinto stato* [The fifth state] by Wolfgang Kraus (Bari 1968), *Osservazioni elementari sul costruire* [Elementary observations about building] by Heinrich Tessenow (Milan 1974), as well as a series of article from *Das neue Frankfurt, 1926–1931* (Bari 1975).

31 Gravagnuolo, *Adolf Loos*, loc. cit.

32 Amendolagine, Francesco/Cacciari, Massimo, *Oikos: da Loos a Wittgenstein*, Rome 1975; Cacciari, Massimo, *Adolf Loos e il suo Angelo. Das Andere e altri scritti* [Adolf Loos and his angel. "Das Andere" and other writings], Milan 1981.

33 Completely disinterested in Hoffmann's work and the whole phenomenon of the Secession and the Jugendstil, Tafuri and Dal Co identify Loos as one of the most important reference figures in the historical construction of their volume. (Tafuri, Manfredo/Dal Co, Francesco, *Architettura contemporanea* [Contemporary architecture], Milan 1976).

34 Pogacnik Marco, *Adolf Loos und Wien*, Salzburg/Wien 2011; Pogacnik, Marco, *Adolf Loos e Vienna. La casa sulla Michaelerplatz* [Adolf Loos and Vienna. The House on Michaelerplatz], Macerata 2012. Cf. also Bösel, R./Zanchettin, V. (eds.), *Adolf Loos 1870–1933: architettura utilità e decoro* [functional and decorative architecture], Milan 2006; Borgomainerio, Alessandro, *Adolf Loos. Architettura e civilizzazione* [Architecture and civilization], Milan 2008.

Publikationen über Adolf Loos und Josef Hoffmann
in der Zeitschrift *Casabella*, 1935–1959
Publications about Adolf Loos and Josef Hoffmann
in the journal *Casabella*, 1935–1959
IUAV, Venedig Venice

ADOLF LOOS
1870 – 1933
JOSEF HOFFMANN
1870 - 1956

Adolf Loos 1870 — 1933

HERMANN CZECH

DER LOOS-GEDANKE

„Adolf Loos bleibt ein Rätsel." Mit dieser Feststellung beginnt und schließt Nikolaus Pevsner sein Vorwort zum letzten Buch über den Architekten[1]); und dies bezeichnet wohl den äußersten Punkt, zu dem das internationale Verständnis für Loos gelangt ist. Adolf Loos ist durch ein Mißverständnis in aller Munde gekommen; wegen des gleichen Mißverständnisses wird er nun unterschätzt.

Dieses Mißverständnis heißt Neue Sachlichkeit. Zwar schreibt Loos selbst 1930: „Aus dreißigjährigem kampfe bin ich als sieger hervorgegangen: ich habe die menschheit vom überflüssigen ornament befreit." Doch er identifiziert sich nicht mit einer Nachfolge; sie „verschweigt meinen kampf und verfälscht ihn zugleich?)[2]".

Vom Deutschen Werkbund schreibt er schon 1908:

Die ziele sind nicht gut. Aber gerade der deutsche werkbund wird sie nie erreichen . . . Die mitglieder dieses bundes sind menschen, die versuchen, an die stelle unsrer gegenwärtigen kultur eine andre zu setzen. Warum sie das tun, weiß ich nicht. Aber ich weiß, daß es ihnen nicht gelingen wird . . . die leute vom werkbund verwechseln ursache und wirkung. Wir sitzen nicht so, weil ein tischler einen sessel so oder so konstruiert hat, sondern der tischler macht den sessel so, weil wir so oder so sitzen wollen[3]).

Was unterscheidet nun Loos' Position von der des Deutschen Werkbunds? Ein klassischer Aphorismus von Karl Kraus lautet:

Adolf Loos und ich, er wörtlich, ich sprachlich, haben nichts weiter getan als gezeigt, daß zwischen einer Urne und einem Nachttopf ein Unterschied ist und daß in diesem Unterschied erst die Kultur Spielraum hat. Die andern aber, die Positiven, teilen sich in solche, die die Urne als Nachttopf, und die den Nachttopf als Urne gebrauchen[4]).

Kraus geht noch weiter:

Daß Absatzgebiete Schlachtfelder werden und aus diesen wieder jene, will nur der Mischmasch einer Kultur, die aus Stearinkerzen Tempel erbaut und die Kunst in den Dienst des Kaufmanns gestellt hat. Die Industrie hat aber weder

Künstler zu beschäftigen noch Krüppel zu liefern. Das falsche Lebensprinzip setzt sich in ein falsches Tötungsprinzip fort, wieder divergiert das Mittel vom Zweck[5]).

Für Loos bedeutet dieser Unterschied:

Das haus hat allen zu gefallen. Zum unterschiede vom kunstwerk, das niemandem zu gefallen hat. Das kunstwerk ist eine privatangelegenheit des künstlers. Das haus ist es nicht. Das kunstwerk wird in die welt gesetzt, ohne daß ein bedürfnis dafür vorhanden wäre. Das haus deckt ein bedürfnis. Das kunstwerk ist niemandem verantwortlich, das haus einem jeden. Das kunstwerk will die menschen aus ihrer bequemlichkeit reißen. Das haus hat der bequemlichkeit zu dienen. Das kunstwerk ist revolutionär, das haus konservativ . . . Nur ein ganz kleiner teil der architektur gehört der kunst an: das grabmal und das denkmal. Alles andere, alles, was einem zweck dient, ist aus dem reiche der kunst auszuschließen[6]).

Dieser Wiener Standpunkt wurde sogar explizit in der Diskussion mit dem Deutschen Werkbund ausgesprochen, und zwar durch Josef Frank (nunmehr ein Zitat im Zitat):

„Verträumtheit ist das Einzige, was wir einem Kunstwerk oder einem Künstler heute ernstlich verübeln dürfen . . . wenn du dösend über den Potsdamer Platz läufst, so gebe ich keine fünf Pfennige mehr für Dein Leben. Und ich sehe durchaus nicht ein, weshalb man der Kunst erlauben soll, uns zum Dösen zu erziehen. Wer heute Musik macht oder Bücher schreibt oder Bilder malt, braucht verdammt nötig einen klaren Kopf . . ." —

„Ein kleines Arbeitszimmer". Vor 1901

„Bureau- und Empfangsraum". Herrenmodensalon Goldman, 1898

2

Matthias Boeckl

Heterogenität als Prinzip
Aneignungsstrategien der Postmoderne und ihr Hintergrund

Zwischen Adolf Loos' Ableben im Jahr der „Machtergreifung" durch die Nationalsozialisten 1933 und Josef Hoffmanns Tod im Jahre 1956 liegen Jahrzehnte der Verdrängung ihrer Denkweisen aus der Kunst- und Architekturdebatte. In den autoritären Regimes, die ganz Kontinentaleuropa bis 1945 beherrschten, orientierte sich die Produktion von Bauten und Gebrauchsgegenständen an ganz anderen Kriterien als den Überlegungen zu Geschmack und Kultur, die um 1900 im Zentrum der Diskussion über mögliche moderne Lebensweisen gestanden waren. Ästhetizistische und emanzipatorische Ansätze, wie sie Hoffmann und Loos vertraten, waren für die Massenbewegungen der 1930er Jahre unbrauchbar. Ausgangspunkt war die soziale Frage, die unter dem Eindruck der Kriegskatastrophe ab 1918 zum Arbeitsschwerpunkt der Moderne avanciert war. Zu ihrer Lösung hatte die Avantgarde fast ausschließlich industrielle Strategien vorgeschlagen, denen die Pioniergeneration der Moderne noch reserviert gegenübergestanden war oder zumindest eine kritisch differenzierende Auseinandersetzung gefordert hatte. Oft lag der avantgardistisch-industriellen Denk- weise der gleiche Zweifel an der Relevanz des Individuums und der Legitimität seiner ungebremsten Selbstverwirklichung zugrunde, der in der Politik zum Aufstieg der kollektivistisch-autoritären Strömungen geführt hatte.

Damit war das Tor für die Funktionalisierung der Moderne in den Diktaturen geöffnet. Der Nationalsozialismus, der Stalinismus, aber auch der späte italienische Faschismus bedienten sich kalkuliert der neuen industriellen und sozialen Kompetenz junger ArchitektInnen und DesignerInnen. Aus Gründen einer breiten gesellschaftlichen Akzeptanz verordneten sie ihnen aber die Verwendung traditionalistischer Formensprachen. Abstrahierende Varianten von Klassizität sind schon um 1910 – etwa von Josef Hoffmann oder Heinrich Tessenow – realisiert worden, ab 1933 wurde insgesamt im klassizistischen Stil entworfen und gebaut. Die Allianz mit den Diktaturen versprach ambitionierten ArchitektInnen einen enormen Einfluss auf die Umweltgestaltung, der in demokratischen Systemen undenkbar ist. Beispielhaft zeigt dies die Laufbahn von Heinrich Tessenows ehemaligem Schüler und Assistenten Albert Speer. Jene KünstlerInnen und ArchitektInnen, die sich der Funktionalisierung entzogen oder die man ab 1933 aus politischen oder „rassischen" Gründen verfolgte, waren – wie etwa Josef Frank – zur Flucht und ins Exil gezwungen. Eine Reihe von Architekten – wie der Grazer Herbert Eichholzer, der mit Margarete Schütte-Lihotzky in einer kommunistischen Widerstandszelle tätig war – wurden ermordet. Einige wichtige deutsche Vertreter der Moderne wie die ehemaligen Bauhaus-Direktoren Walter Gropius und Ludwig Mies van der Rohe, die ihren internationalen Einfluss noch in demokratischen Systemen entfalten konnten, gingen erst mit Verzögerung ins Exil: Nach anfänglichem Bemühen war um 1937 endgültig klar geworden, dass sie vom NS-Regime keine Aufträge erhalten würden. Ihr Wirken im US-Exil

bildete jedoch eine vielschichtige Voraussetzung für die Entstehung der postmodernen Architektur ab den 1960er Jahren.

Im Europa der Nachkriegszeit entstand zwischen 1945 und den frühen 1960er Jahren in neuen demokratischen Systemen und mit groß angelegten Wiederaufbau-Hilfen wie dem Marshall-Plan der USA erstmals eine breite Konsumgesellschaft. Die neue globale Dominanz der USA manifestierte sich auch in zahlreichen Reisestipendien, die europäische StudentInnen – darunter Hans Hollein – mit der US-Kultur bekannt machten. Sie entfalteten eine ungleich stärkere Wirkung als die individuelle US-Erfahrung von Adolf Loos, die im Wien um 1900 beschränkt bleiben musste.

Neben der enormen gesellschaftlichen Dynamik bislang ungekannter Bildungs- und Konsummöglichkeiten blieb jedoch die Architektur- und Designdebatte in Mitteleuropa nach 1945 – im Gegensatz zu den fortschrittlicheren Strategien von Informel, Situationismus, Aktionismus und Pop-Art – zunächst noch älteren und zunehmend erstarrenden Modernitätskonzepten verhaftet. In Österreich etwa war der Architekturbetrieb der Nachkriegszeit von Persönlichkeiten geprägt, die noch bei Lehrern wie Josef Hoffmann und Heinrich Tessenow studiert hatten. An den Architekturschulen lehrte mit Clemens Holzmeister, Lois Welzenbacher, Erich Boltenstern, Oswald Haerdtl und Franz Schuster eine Generation, die den Niedergang ihrer eigenen Ideale im Zeitalter der Diktaturen erleben musste und so eher an deren vorsichtiger Rekonstruktion als an den waghalsig-spielerischen Möglichkeiten interessiert war, die Konsumgesellschaft und beginnende Globalisierung boten. Der kleinste gemeinsame Nenner der solcherart wiederbelebten Vorkriegskonzepte war ein rudimentärer Spätfunktionalismus, der kaum technische oder ästhetische Innovationen entwickelte und – aufgrund der vorangegangenen Traumatisierung durch Ideologien – der Architektur und dem Design keinerlei gesellschafts- oder identitätsbildende Rolle mehr zugestehen wollte. Diese strategische Vorsicht führte in der Lehrtätigkeit auch zum Schweigen über die frühen Helden der Moderne, mit denen diese Generation ja aufs engste verbunden gewesen war; dies, obwohl Josef Hoffmann selbst in den 1950er Jahren noch drei Wohnbauten der Gemeinde Wien mitplante.

Der jungen Nachkriegsgeneration bot sich so ein breites Aktionsfeld für die Entwicklung einer neuen Architektur, welche das neue Konsum- und Technologie-Potenzial ebenso einbezog wie geistig-kulturelle Dimensionen, die auch in Form von historischen Beispielen in allen Facetten zur Verfügung standen. Ihre Vermischung und Verarbeitung wurde nun von keinerlei gesellschaftlichen Konventionen und Tabus mehr behindert, der Zugang zur Geschichte als beliebig verwertbarem Materiallager nicht mehr durch technische Limits gebremst. Das war neu und keineswegs selbstverständlich, da in früheren Phasen der Moderne die Elemente der Kultur niemals austauschbar oder frei zugänglich waren. In starren Gesellschaftsordnungen waren sie

Heterogeneity as a Principle
Appropriation Strategies of Postmodernism and Their Background

Matthias Boeckl

The years between Adolf Loos's passing in 1933 when the National Socialists seized power and Josef Hoffmann's death in 1956 mark decades during which their philosophies were left out of the art and architectural discourse of the times. During the reign of the authoritarian regimes that controlled all of continental Europe until 1945, the production of buildings and utilitarian objects revolved around criteria wholly different from the deliberations around taste and culture that were central to the discussions about the possibilities for modern lifestyles circa 1900. Aesthetic and emancipatory approaches, such as represented by Hoffmann and Loos, were unserviceable for the mass movements of the 1930s. The starting point was the social question, which beginning in 1918 advanced to the central focus of modernism under the imprint of the war catastrophe. The avant-gardists offered as a solution almost exclusively industrial strategies, about which the pioneers of modernism had expressed reservations or at a minimum demanded a differentiating critical analysis. The avant-garde industrial philosophy frequently was underpinned by the same doubts about the relevance of the individual and the legitimacy of unfettered self-actualization that in the political realm had led to the rise of collectivist-authoritarian impulses.

This opened the door for the functionalization of modernism in the dictatorships. National Socialism, Stalinism, and also late Italian fascism calculatedly availed themselves of the new industrial and social competence of young architects and designers. To ensure broad social acceptance, they decreed that traditionalistic languages of form be used. Abstract variants of classicism had been realized as early as 1910—for example, by Josef Hoffmann or Heinrich Tessenow; by 1933, design and building in the classicist style had become de rigueur. An alliance with the dictatorships promised ambitious architects enormous influence over the design of their environment, to an extent that would be unthinkable in a democratic system. The career path of Heinrich Tessenow's former student and assistant Albert Speer provides a good example. Those artists and architects who withdrew from functionalization or who were persecuted for political or "racial" reasons—such as Josef Frank, for example—were exiled or forced to flee. A number of architects—among them Herbert Eichholzer of Graz, who, together with Margarete Schütte-Lihotzky, was active in a communist resistance group—were murdered. Several important German representatives of modernism, such as former Bauhaus directors Walter Gropius and Ludwig Mies van der Rohe, who were able to exert international influence from within democratic systems, delayed going into exile: After initial efforts, it became abundantly clear around 1937 that no contracts would be forthcoming from the Nazi regime. However, their influential work while exiled in the US became the multi-faceted basis for the emergence of postmodern architecture beginning in the 1960s.

Between 1945 and the early 1960s the newly democratic systems of post-war Europe, aided by large-scale reconstruction efforts such as the USA's Marshall Plan, for the first time gave rise to a widespread consumer society. The USA's new global dominance manifested in numerous travel scholarships, which served to acquaint European students—among them, Hans Hollein—with US culture. They had much more impact than Adolf Loos's independent US experience, which necessarily was of less consequence in turn-of-the century Vienna.

Alongside the enormous social dynamic of heretofore unknown educational opportunities and consumer options, architecture and design discourse in Central Europe after 1945 nonetheless remained anchored in older and increasingly ossified concepts of modernity—in contrast to the more progressive strategies of Art Informel, Viennese Actionism, Situationism, and Pop Art. In Austria, the architectural field of the post-war era was defined by personalities who had studied with teachers such as Josef Hoffmann and Heinrich Tessenow. At the architectural schools, a generation of teachers including Clemens Holzmeister, Lois Welzenbacher, Erich Boltenstern, Oswald Haerdtl, and Franz Schuster had witnessed the demise of its own ideals in the age of dictatorships; they were understandably more interested in the careful resurrection of those ideals than in the daringly playful possibilities offered by consumer society and incipient globalization. The lowest common denominator of these types of resurrected pre-war concepts was a rudimentary late form of functionalism, which hardly developed technical or aesthetic innovations and which, due to the earlier ideological traumas, did not want to ascribe any kind of social or identity-shaping role to architecture and design. This strategic caution caused even those in the teaching profession to be silent about the early heroes of modernism with whom this generation had been so closely allied; this despite Josef Hoffmann's personal involvement with the planning of three residential buildings for the municipality of Vienna in the 1950s.

Thus the young post-war generation enjoyed a broad scope of action for the development of a new architecture, which took into account the new consumer and technology potentialities just as much as the intellectual-cultural dimensions, which also were available in all their facets in the form of historical examples. These could now be mixed and assimilated without being encumbered by any social conventions or taboos; and the arbitrary exploitation of the past as a materials depot was no longer curbed by technological limitations. This was new and in no way to be taken for granted: In the early phases of modernism, cultural elements were never interchangeable or freely accessible. In a rigid social order, they were bound to systems of meaning that determined each person's social standing. The two world wars had destroyed these social systems.

**COMPLEXITY
AND
CONTRADICTION
IN ARCHITECTURE**

ROBERT VENTURI

The Museum of Modern Art Papers on Architecture

Published by The Museum of Modern Art, New York, in association with the Graham Foundation for Advanced Studies in the Fine Arts, Chicago

Robert Venturi
Complexity and Contradiction in Architecture [Komplexität
und Widerspruch in der Architektur], New York, 1966

stets an Bedeutungssysteme gebunden, die über die gesellschaftliche Position des Einzelnen mitentschieden. Die beiden Weltkriege hatten diese Gesellschaftssysteme zerstört.

Die Denkweisen von Loos und Hoffmann traten ab den späten 1950er Jahren – gleichwertig neben anderen historischen Strategien – über die Entdeckungslust der um 1930 geborenen Wiederaufbaugeneration erneut in das Bewusstsein der internationalen Architekturdebatte. Der unstillbare Materialdurst internationaler (vorwiegend italienischer) Architektur- und Designmagazine brachte historische Leistungen von Hoffmann und

Loos wieder ins Gespräch, ambitionierte junge ArchitektInnen begannen die Œuvres der Pioniere der Moderne zu rekonstruieren und zu dokumentieren. Eine zweite internationale Welle, die vom Clemens Holzmeister-Schüler Hans Hollein, vom Amerikaner Robert Venturi, dem deutschen Architekten Oswald M. Ungers, dem Luxemburger Brüderpaar Rob und Leon Krier, dem Italiener Aldo Rossi und anderen angeführt wurde, konnte bereits auf eine breite internationale Bildung zurückgreifen und entwickelte auch in der Theorie neue, funktionalismuskritische Konzepte. Architektur und Design wurden nun als kulturelle Strategien definiert: Hans Hollein prägte dafür in den 1960er Jahren den Slogan „Alles ist Architektur" und Robert Venturi integrierte – als Gegenthese zu klassischer Homogenität – „Komplexität und Widerspruch" in ihrem Begriff, statt etwa nur die Funktion als zentralen Parameter zuzulasssen. So konnten beispielsweise auch die konträren Form- und Denkmotive von Loos und Hoffmann, die sich zu ihrer Entstehungszeit gegenseitig noch systematisch ausgeschlossen hatten, in der postmodernen Gestaltungsstrategie als gleichwertige Elemente nebeneinander verarbeitet werden. Hermann Czech verwendete etwa in einem Restaurant-Interieur Tapeten von Josef Hoffmann (Ballhaus, Wien 1962) und in einem Einfamilienhaus das Raumplan-System von Adolf Loos (Haus M., Schwechat, 1977–1981).

Die erste Architekturbiennale in Venedig stand 1980 unter dem Motto „Die Gegenwart der Vergangenheit" und zog eine erste Bilanz über den neuen konsumatorischen Umgang mit Geschichte und Industrieprodukten, der auch zu ironischen Collagen mit Doppel- und Mehrfachkodierungen geführt hatte. Eine *Strada Novissima* zeigte ein Panorama zeitgenössischer Entwurfsstrategien, Hans Hollein stellte Adolf Loos' berühmtes Projekt für den Chicago Tribune Tower in den Kontext klassischer und antiklassischer Interpretationen antiker Säulenordnungen. Mit der Gestaltung der Wien-um-1900-Ausstellung *Traum und Wirklichkeit* 1985 im Wiener Künstlerhaus und einem Entwurf für ein Jugendstilmuseum im Innenhof des MAK setzte er die vorläufigen Schlusspunkte einer explizit künstlerischen Aneignungsstrategie der Denkweisen von Loos und Hoffmann.

Hans Hollein, 1963
Teil einer Stadt. Treffpunkt von Kommunikationen. Monumentalität der Funktion. Funktion der Form.

Diese Städte modulieren die Oberfläche der Erde, sie sind nicht mehr eine zweidimensionale Extension — durch Addition — eines zweidimensionalen Planes, sondern diese Stadt dehnt sich im Raume aus, sie hat viele, ineinander verflochtene Ebenen. Der Verkehr verläßt den Boden, es gibt nicht mehr nur horizontale und vertikale Kommunikationsmittel, wie Bahnen, Straßen und Lifts sondern die Dreidimensionalität in allen Richtungen bringt es mit sich, daß auch die Kommunikation in dynamischer Schräge diese Stadtkörper in fließenden Linien durchdringt, als Rolltreppe, als Fußgänger- und Transportband, als Pipeline (heute können wir praktisch alles mit Pipelines befördern), als Röhre, in der Bahnen fahren und als Straßenband. Diese Elemente treffen sich an Knotenpunkten, an Umsteigepunkten, an Punkten

tion. Ohne das Erkennen einer Form gibt es kein physisches Erkennen per se, gibt es keine Identität. In der ungeheuren, vom Menschen geschaffenen Umwelt kommt der Architektur — Form, Gestalt, Inhalt — eine besondere Rolle zu. Neue Elemente bestimmen das Gesicht der Stadt. Die alten, die Physiognomie einer Stadt prägenden „repräsentativen Gebäude" treten im Maßstab meist nicht mehr so hervorragend in Erscheinung. Ihnen wird, wenn sie noch Gültigkeit haben, ein anderer Maßstab gegeben werden, oder sie werden ihre Positionen an den Brennpunkten einnehmen, die von anderen Elementen der Stadt, von ihren Aktivitäten gebildet werden. Brennpunkte — markiert durch ein Bauwerk oder durch Leere oder auch durch das Gefühl, im Brennpunkt zu sein,

Walter Pichler, 1963. Kommunikationen einer Stadt

Caltex Bohrinsel. Autarke isolierte Umgebung

der Begegnung. Diese Stadt ist von allen Seiten begehbar, besteigbar und durchdringbar, sie hat Ober- und Unterseiten. Megastrukturen sind das Gerüst der Stadt und kontrollieren den Raum. Den Makroräumen wird im Höchstmaß an Planung gewidmet, in den Mikroräumen gibt es größtmögliche Anarchie und persönliche Entscheidungsfreiheit. Diese Makroräume sind der Stadt Identität gebende, ordnende und beherrschende Elemente. Hier hat die Form Funk-

Neue Symbole tauchen auf, denen automatisch eine Monumentalität innewohnt, wichtige Funktionen des städtischen Lebens darstellend. So wird zum Beispiel der Wasserturm und der Gemeinschaftsspeisesaal zum beherrschenden Element — räumlich und der Bedeutung nach — eines Kibbutz, einer agrarischen Stadt. (Kibbutzim gehören zu den wenigen neuen gesamtheitlichen städtebaulichen Konzeptionen unseres Jahrhunderts.) Ebenso wird der Damm, der

Hans Hollein, 1963. Theater für Washington University, St. Louis, Entwurf.
Festeigbares Bauwerk. Außen und Innen, Gebäude und Boden durchdringen sich

10

Hans Hollein, 1964. Teil einer Stadt

das Wasser für die Versorgung einer Stadt aufstaut, werden die Bauten zu seiner Verteilung ihre Monumentalbauten sein (siehe etwa schon die römischen Aquädukte) — oder auch der Gasometer. Die ungeheuren Bauten der Technik, die notwendig sind, diese Städte zum Funktionieren zu bringen, haben eine latente Monumentalität, und die Aufgabe des Architekten ist es, sie zu entdecken und hervorzubringen. Pylonen der Brücken werden so zu ungeheuren Stadttoren und vor allem die Start- und Landepunkte der Kommunikationen werden Ausdruck der neuen Stadt, wie es die Bahnhöfe schon sind, noch mehr für Flughäfen und Raketenabschußbasen.
Die Gestalt der Gebäude wird sich verändern.
Die technischen Errungenschaften unseres Jahrhunderts werden ihre Verwendung finden, in der Bautechnik die Kugel etwa und vor allem der Kragarm, ebenso wie das Erbe des 19. Jahrhunderts, das hohe Gebäude. Da wir hoch und weit auskragend bauen können, können wir nun endlich auch schief bauen, und unsere Gebäude stoßen schräg in den Himmel, Ausdruck einer neuen Dynamik, und gestatten so eine weitgehende Flexibilität der Grundrißdisposition an Stelle einer monotonen Addition von Elementen in der Ebene oder in die Höhe. Wir graben uns auch in die Erde. Alles was nicht an der Oberfläche sein muß, kann dort verschwinden, um so kostbares freies Land für die Menschen zu bewahren. So nähern wir

uns der Zeit der vollkommen geschlossenen Umgebungen (enclosed environments), oberirdisch, unterirdisch, ober Wasser und unter Wasser, wie sie heute schon in Polarstationen, künstlichen Inseln im Meere, Flugzeugträgern, NORAD Command Center u. dgl. vorausgeahnt sind, autarke Einheiten, die überleiten zur Station, zur Stadt im Weltraum. (Hier in dieser vollkommen vom Menschen geschaffenen Umwelt liegt die große Möglichkeit für die Architektur, zu zeigen, was sie tun kann und soll — wenn kein wechselnder Himmel, keine Sonne, keine sich ändernden Farben der Jahreszeiten ihre gnädigen Schatten auf unsere Fehler werfen.) Diese Einheiten werden auch mobil sein können, wir haben das mobile Haus, wir werden mobile Städte haben.
Bereits zu Beginn unseres Jahrhunderts haben einige Männer die Vision solcher Dinge gehabt, doch die meisten Architekten, Städtebauer und Politiker sind blind. Hätten sie Augen, sie hätten die ungeheuren Verheißungen gesehen, die der Eiffelturm in sich trug. Sie hätten auch gesehen, daß Städtebau und städtebauliche Vision und Idee schon beim Stuhl beginnt, daß in den Stühlen und Häusern einiger großer Architekten bereits Leitbilder einer neuen Stadt vorhanden sind, einer Stadt der Zukunft, die eigentlich die Stadt von heute sein sollte. Die Mittel zu ihrer Verwirklichung sind da, es fehlt der Wille und der Geist unseres Jahrhunderts.

Unowis, 1920   Gerrit Rietveld, 1919   F. L. Wright, 1913   Eiffelturm, 1887
Visionen einer Stadt von heute

11

Hans Hollein
„Zukunft der Architektur", Seiten aus *Bau* 1/1965
[Future of architecture], pages from *Bau* 1/1965

The spirit of discovery in the reconstruction generation born around 1930 led to the philosophies of Loos and Hoffmann once more being taken up—as the equals of other historical strategies—in the international architectural discourse starting in the late 1950s. The unquenchable thirst for content to fill the international (predominantly Italian) architecture and design magazines brought the historic achievements of Hoffmann and Loos back into the conversation, and ambitious young architects began to reconstruct and document the œuvres of these pioneers of modernism. A second wave led by Clemens Holzmeister's student Hans Hollein, Robert Venturi of America, German architect Oswald M. Ungers, brothers Rob und Leon Krier of Luxembourg, Aldo Rossi of Italy, and others could draw upon a broad-based international education; as far as theory, they developed new concepts critical of functionalism. Architecture and design were now defined as cultural strategies: In the 1960s, Hans Hollein coined the slogan "Everything is architecture" and, as the antithesis to classical homogeneity, Robert Venturi integrated "complexity and contradiction" in their definition, instead of allowing only function as the central parameter. In this way, even the contrary forms and philosophical

motifs of Loos and Hoffmann, which had been mutually exclusive around the time of their inception, could both be assimilated as equivalent elements in postmodern design strategy. Hermann Czech used wallpaper designed by Josef Hoffmann in a restaurant interior (Ballhaus, Vienna 1962) and the Loosian Raumplan in a single-family home (House M., Schwechat, 1977–1981).

The first Venice Biennale of Architecture was held in 1980 with the motto "The presence of the past"; it rendered the first assessment of the new consumer-oriented approach to history and industrial products, which had led also to ironic collages containing double and multiple meanings. A *Strada Novissima* showed a panorama of contemporary design strategies; Hans Hollein placed Adolf Loos's famous Chicago Tribune Tower project within a context of classical and anti-classical interpretations of antique pillar arrangements. With the design of the "Vienna 1900" exhibition entitled *Traum und Wirklichkeit* [Dream and reality] in 1985 and his draft of a Jugendstil museum for the inner courtyard of the MAK, he brought a temporary halt to an explicitly artistic appropriation strategy of Loos's and Hoffmann's philosophies.

Hans Hollein
Beitrag zur *Strada Novissima,* Installation auf
der 1. Architekturbiennale, Venedig, 1980
Tafel aus der Ausstellung, Fotos
Contribution for *Strada Novissima,* installation
at the 1st Architecture Biennale, Venice, 1980
Panel from the exhibition, photos
Archiv Archive Hans Hollein

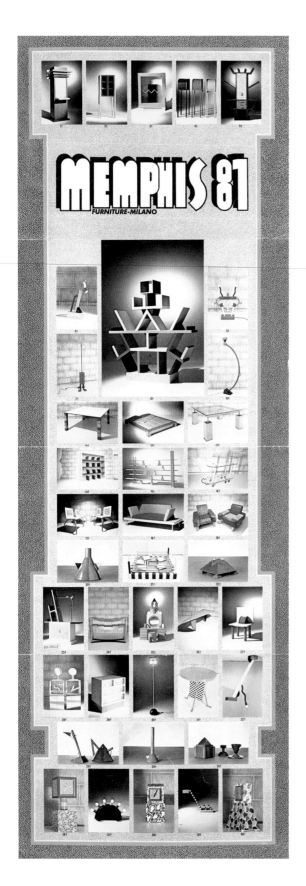
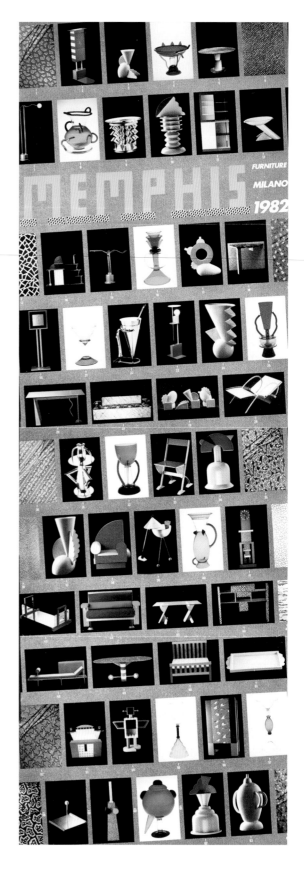

Faltprospekt *Memphis Furniture*, Milano, 1981, 1982
Buchdruck
Folded prospectus for *Memphis Furniture*, Milan, 1981, 1982
Letterpress print

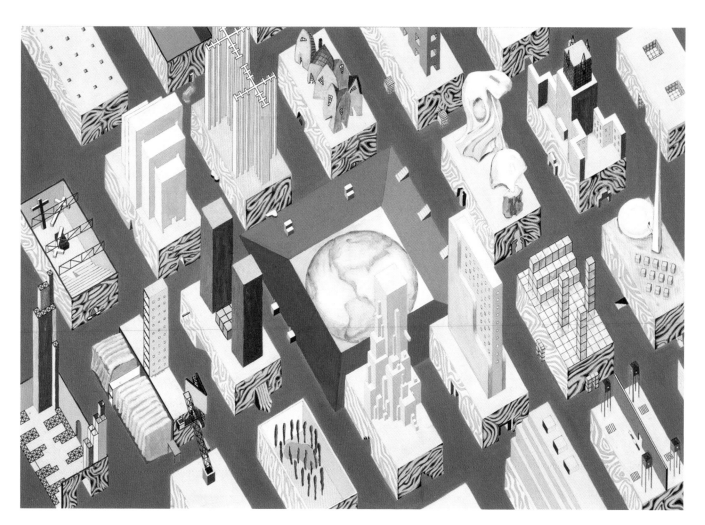

Arduino Cantafora
La città analoga [Die analoge Stadt], 1973
Radierung
La città analoga [The analogous city], 1973
Etching
Deutsches Architekturmuseum, Frankfurt am Main

Office for Metropolitan Architecture (OMA)/Zoe Zenghelis
Die Stadt des gefesselten Erdballs, 1976
Gouache über Lichtpause
The city of the captive globe, 1976
Watercolor on print
Deutsches Architekturmuseum, Frankfurt am Main

Hermann Czech
Haus M., Schwechat, 1977–1981
Ansicht, Wohnräume mit verschiedenen Raumhöhen
House M., Schwechat, 1977–1981
View, living areas with various ceiling heights
Hermann Czech

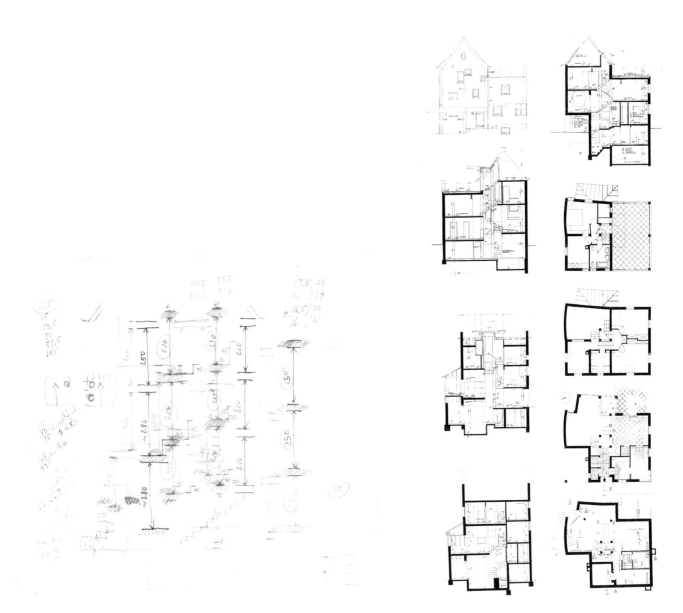

Hermann Czech
Haus M., Schwechat: Entwurfsskizze zu den Raumhöhen;
Grundrisse, Schnitte und Ansicht, 1977–1981
Filzstift, Bleistift auf Aquafix; Druck
House M. in Schwechat: preliminary sketch of ceiling heights;
plans, sections, and elevation, 1977–1981
Felt pen, pencil on aquafix paper; print
Architekturzentrum Wien; Hermann Czech

Bärbel Vischer

Das Angewandte als Konzept
Die Emanzipation des Kunstwerks von Funktion und Materie, um zu neuen Formen, Bildern und Erzählungen zu finden

Inspirierend für die Entwicklung bildender, angewandter Kunst und Architektur, schreibt sich Gottfried Semper mit *The Ideal Museum. Practical Art in Metals and Hard Materials* (1852), der das Manuskript 1867 dem k. k. Österreichischen Museum der Kunst und Industrie in Wien widmet, in die Geschichte ein. Semper skizziert eine ideelle Sammlung, die Materialien und Verarbeitungstechniken beleuchtet. Objekte und Studien fungieren als Modelle, losgelöst von hierarchischen Ordnungen oder funktionalen Zuschreibungen. Seine Sammlung „angewandter" Kunst, eine neue Form der Produktgestaltung, die als Programm im Zeichen der Massenproduktion von „Design" abgelöst wird, formuliert Ansätze für Kunst und Architektur, die den Bogen bis in die Gegenwart spannen.

Als künstlerisches Medium nimmt angewandte Kunst die Entwicklung konzeptueller Kunst vorweg. Angewandte Kunst folgt einer modernen wie ökonomischen künstlerischen Strategie. Die Ausführung des Kunstwerks muss nicht durch den Künstler oder die Künstlerin selbst erfolgen, grundlegend für die künstlerische Arbeit sind Idee und Konzept, die im Entwurf gegenwärtig sind. Objekte entfalten eigene ästhetische Qualitäten und können als Modelle in verschiedene Zusammenhänge gestellt werden, neue Blickwinkel kommen zum Vorschein. Das Kunstwerk wird entmaterialisiert und entsteht als Vorstellung oder in der Verknüpfung von Dingen. Angewandte Kunst verbindet Ästhetik und Funktion unter verschiedenen Vorzeichen, wie die Geschichte der Moderne skizziert. Objekte nehmen Rollen an und symbolisieren gesellschaftlichen, kulturellen und politischen Kontext.

Die Verwendung von angewandten Gegenständen als Objekte mit Symbolwert wird von den Dadaisten und Surrealisten zum Dogma erklärt. Marcel Duchamps Ensemble *Fahrrad-Rad* (1913), *Flaschentrockner* (1914) und *Fontäne* (1917), die das Konzept des Angewandten illustrieren, ersetzt das archaische Kultobjekt. Diese Ready-mades – alltägliche, industriell hergestellte Objekte und Möbel oder Displays – werden autonom als Skulptur präsentiert, während Reproduktionstechniken wie Printmedien, Fotografie und Film neue Möglichkeiten bieten. In der Architektur werden technische Innovation und soziale Anliegen, nicht zuletzt vor der Folie der französischen Revolutionsarchitektur des 18. Jahrhunderts, in ästhetische Formen übersetzt. Mechanistische und puristische Kunstformen im Gegensatz zu emotionsbetonten, fantasievollen Tendenzen balancieren die Kunstproduktion.

Die verschiedenen Strömungen der Wiener Moderne beleuchten das Ideal des Individuums. Der in Wien lebende Künstler Marcus Geiger setzt die Installation *Portraits und Wurst* (2006) nach einem bekannten Gruppenbild mit Gustav Klimt, Koloman Moser & Co. anlässlich der XIV. Ausstellung der Secession (1902) in Szene. Die einzelnen damaligen Porträtierten werden von Pendants aus der zeitgenössischen Kunstszene imitiert, deren Körperformen aus Filz nachgebildet sind. Die Secessionisten verschreiben sich der Autonomie der Kunst gegenüber funktionalen Parametern und der individuellen künstlerischen Geste, während in der Entwicklung einer demokratischen Ästhetik das Individuelle mit der Vorstellung des Gesamtkunstwerks verknüpft wird – ein Versuch, der ambivalente Tendenzen auslöst. Die Protagonisten Josef Hoffmann und Koloman Moser gründen die Wiener Werkstätte (1903–1932) nach dem Vorbild der Arts and Crafts-Bewegung, die angewandte und bildende Kunst als einheitliches Ganzes denkt. In der Auseinandersetzung mit angewandter Kunst als handwerkliches Können und in der Entwicklung neuer Formen aus dem Laboratorium des Alltags spricht sich Adolf Loos für die Trennung von Kunst und Funktion aus, wobei er technisches Geschick in den Bereich der Kreativität zurückholt. Die Idee des Gesamtkunstwerks als eigenständiges künstlerisches Konzeptwerk, wie von der Wiener Werkstätte umworben, empfindet Loos als enge Klammer.

Als kollektives Gedächtnis spiegelt die Literatur künstlerische Formen, Bilder und Erzählungen. In Distanz zum Kreis um „Jung-Wien" mit Arthur Schnitzler, Stefan Zweig, Hugo von Hofmannsthal oder Robert Musils Comédie humaine *Der Mann ohne Eigenschaften*, taucht Marcel Prousts Pariser Stimmungsbild *Auf der Suche nach der verlorenen Zeit* in die imaginäre und fließende Atmosphäre der europäischen Moderne ein. Ideelle Welten, die Josef Hoffmann und Dagobert Peche mit Liebe zu Nuancen und konzeptuellen Details entwerfen, skizziert Proust in visuellen Bildern, die sich aus Kunstgriffen ergeben. Seine Beschreibungen von Architektur, Raum, Einrichtung und angewandter Kunst verwebt er mit Projektionen der Wirklichkeit (wie der Natur, ihres Lichts und ihres Schattens), die Spielräume für die unendliche Dimension der Träume öffnen.

Der klassizistische Vordenker Immanuel Kant verkündet die Autonomie der Kunst, frei von Zweckmäßigkeit, während Friedrich Schiller beobachtet, dass das Werk eines Künstlers oder einer Künstlerin in allen Teilen einer Idee verschrieben ist, losgelöst von der Wirklichkeit. Proust, der das Wesen der Dinge und Räume ästhetischen Empfindens malt, setzt die L'art pour l'art-Idee des 19. Jahrhunderts, die Entfaltung der Kunst durch sich selbst, wie beispielsweise von Charles Baudelaire und Gustave Flaubert vorgezeichnet, mit der Psyche des Menschen und seiner Wahrnehmung des Alltags in Beziehung. In ähnlicher Manier changiert die Wiener Moderne mit „Kunst um der Kunst willen" zwischen zeitgenössischer Bestandsaufnahme und einem neuen Empfinden für die Welt der Dinge. Das Repertoire des Stilllebens der Kunst wird erweitert, Gegenstandsmodelle sind schlaglichtartig beleuchtet. Das Sehen wird Thema der Kunst und des Alltags. Die Dramaturgie der Moderne verdichtet sich zum Ideenkunstwerk, das die Gesellschaft aktiviert.

Dem Autonomiedogma folgend, wirken Dagobert Peches inspirative Objekte wie Versatzstücke aus fiktiven Erzählungen: Schränke öffnen sich zu Bühnenbildern, Kommoden und Vitrinen tänzeln durch die Salons, Textilien tauchen in einen bunten

Bärbel Vischer

The Applied as Concept
The Emancipation of Artwork from Function and Matter, in Search of New Forms, Images, and Narratives

An inspiration for the development of fine and applied arts and architecture, Gottfried Semper left his imprint on history with *The Ideal Museum. Practical Art in Metals and Hard Materials* (1852), a manuscript he dedicated to the Imperial Royal Austrian Museum of Art and Industry in 1867. In it, Semper sketched an ideal collection that illuminated materials and processing techniques. Objects and drawings functioned as models, uncoupled from hierarchical systems or functional ascriptions. His collection of "applied" art, a new form of product development, which, under the rubric of mass production, was detached from "design" as a program, formulated approaches for art and architecture whose reach extends into the present time.

As an artistic medium, applied art foreshadowed the development of conceptual art. Applied art follows a modern, as well as an economic, artistic strategy. The realization of a work of art does not need to occur by the artist's own hand; the fundamental elements of artistic effort are idea and concept, which are attendant during the design process. Objects unfold their own aesthetic qualities and can be placed into various associations as models; new perspectives emerge. A work of art is dematerialized and arises as an idea or from a linkage of things. Applied art merges aesthetics and function under various auguries, as evidenced by the history of modernism. Objects take on roles and symbolize social, cultural, and political context.

The Dadaists and the Surrealists declared the use of applied objects with symbolic value to be dogma. Marcel Duchamp's ensemble *Bicycle Wheel* (1913), *Bottle Rack* (1914), and *Fountain* (1917), which illustrated the concept of the applied, replaced the archaic cult object. These ready-mades—quotidian, industrially produced objects and furniture or displays—were presented autonomously as sculpture, whereas reproduction technologies like print media, photography, and film offered new opportunities. In the architectural realm, technological innovation and social concerns, especially in front of the backdrop of 18th century French Revolutionary architecture, were translated into aesthetic forms. Mechanistic and purist art forms in contrast to emotion-charged, imaginative tendencies balanced out artistic production.

The diverse currents of Viennese Modernism emphasized the ideal of the individual. Vienna-based artist Marcus Geiger modeled his installation *Portraits und Wurst* (2006) upon a well-known group photo with Gustav Klimt, Koloman Moser & Co. on the occasion of the XIV. Exhibition of the Secession in 1902. Individual members of the original portrait are imitated by stand-ins from the contemporary art scene; their bodily shapes are reproduced out of felt. The Secessionists pledged themselves to the autonomy of art with respect to functional parameters and individual artistic gestures; while in the development of a democratic aesthetic, the individual was concatenated with the idea of the Gesamtkunstwerk, the total work of art—an experiment that elicited ambivalent tendencies. The protagonists Josef Hoffmann and Koloman Moser founded the Wiener Werkstätte (1903–1932) after the example of the Arts and Crafts movement, wherein the applied and the fine arts were conceived as a unified whole. In grappling with applied art as craftsmanship and through the process of developing new forms out of the laboratory of the everyday, Adolf Loos came down on the side of a separation between art and function, although he staked a claim on technical skill as belonging to the realm of creativity. Loos perceived the idea of the Gesamtkunstwerk as a standalone artistic concept—as courted by the Wiener Werkstätte—to be too limiting.

Literature, in its role as a collective memory, reflected artistic forms, pictures, and narratives. At some distance from the circle around "Young Vienna" with Arthur Schnitzler, Stefan Zweig, Hugo von Hofmannsthal, and from Robert Musil's comédie humaine *The Man Without Qualities*; Marcel Proust's portrait of the Parisian mood, *In Search of Lost Time*, dipped into the imaginary and flowing atmosphere of European modernism. Proust sketched ideal worlds, such as conceptualized by Josef Hoffmann and Dagobert Peche with loving attention to nuances and conceptual details, in visual images arising from his use of literary devices. His descriptions of architecture, room, furnishings, and applied art were interwoven with projections of reality (such as nature, its light and shadow), which opened up spaces for the infinite dimension of dreams.

The classicist visionary Immanuel Kant professed the autonomy of art, free from expediency, whereas Friedrich Schiller regarded the work of an artist in all its details to be in service of an idea, detached from reality. Proust, who illustrated the essence of things and the spaces of aesthetic sensibility, related the 19th century idea of l'art pour l'art—the unfolding of art through art itself, as demonstrated by Charles Baudelaire and Gustave Flaubert—to the human psyche and to an individual's impression of everyday life. In a similar manner, with "art for art's sake", Viennese modernism switched between contemporary stock-taking and new ways of perceiving the world of things. The repertoire of the still-life of art was expanded; spatial models were accentuated. Seeing became the theme of art and everyday life. The dramaturgy of Modernism condensed itself to an artwork of ideas, with which to activate society.

Following the dogma of autonomy, Dagobert Peche's inspiring objects worked like props from fictitious stories: Closets opened to become stage sets, dressers and cabinets sashayed through parlors, textiles immersed into a lively pageant of colors. Peche didn't design furniture so much as functional sculptures; he coquetted with the dramaturgy of the images, the details, the space, inviting in the observer with a humorous gesture. Josef Hoffmann's geometric, architectonically shaped grid formations of white lacquered metal, such as *Blumentisch* [Flower table] (1905), defined the space and evoked transparence. Autonomous within itself, the applied object consisted of

Farbverlauf. Peche entwirft keine Möbel, sondern funktionale Skulpturen, er kokettiert mit der Dramaturgie der Bilder, der Details, des Raums, in humorvoller Geste den Betrachter einbeziehend. Josef Hoffmanns geometrische, architektonisch anmutende Gitterformationen aus weiß lackiertem Metall, wie der *Blumentisch* (1905), definieren den Raum und evozieren Transparenz. In sich autonom, besteht das angewandte Objekt aus abstrakten Linien und formalisierten Strukturen. In der Folge zeichnet Gerrit Rietveld, Mitglied der De Stijl-Bewegung, die Idee des Purismus. Einen als Prototyp entwickelten rot-blauen Stuhl (1918/1923), dessen Konstruktion sich in den Raum fortsetzt, lässt er als Modellskulptur agieren. Die Weltbürgerin Eileen Gray mischt Narration, Material und Form zu einem ideellen Raum: Verschiedene kulturelle Praktiken, Bezüge und Funktionen fließen ineinander. Teamwork ist Gray willkommen: in Synergie mit Jean Badovici plant sie die *Villa E 1027* (1929), den Wunsch des Einzelnen nach Autonomie im Blickfeld.

Als autonomes wie kollektives kultisches Zeichen entsteht das Ornament aus einer konzeptuellen Formüberlegung und entfaltet gleichsam als Logo seine Signalwirkung. Das Ornament der Wiener Moderne überzieht alle Oberflächen und Medien wie Papier, Textil, Schmuck, Möbel, Raum und Architektur. In leuchtenden Farben und plakativen, bewegten Mustern entwickelt Koloman Moser Studien für ornamentalen *Flächenschmuck* (1902), der als eigener Band in der Reihe *Die Quelle* erscheint. Ornament, Geometrie und Farbigkeit dieser Ära verweisen auf die pseudohalluzinogenen Formen der 1950er und 1960er Jahre. Verner Panton übersetzt die Pop Art in eine Architektur- und Designsprache aus organisch-geometrischen Formen und einer charakteristischen Farbpalette, die seine plastischen Interieurs und Möbel zum Schwingen bringt.

Im Wandel der Moderne zeigt sich die Vorstellung der Verbindung von Mensch und Maschine in der Relation von Technik, Architektur und Skulptur. Marcel Duchamp bezeichnet einen Teil seiner Arbeit *Das große Glas* (1915–1923), die an Maschinen des industriellen Zeitalters erinnert, als „Junggesellenmaschine": die Formen der „Junggesellen" sind „mechanische Formen". Auf der Suche nach der reinen Form wird auch das Ornament der Natur untersucht, die mit neuen Technologien

dargestellt werden kann, naturwissenschaftliche Forschung ist en vogue. Karl Blossfeldts Fotografien von Pflanzenteilen, entstanden als Vorbilder für den kunstgewerblichen Unterricht, werden durch die Publikation *Urformen der Kunst* (1928) weltbekannt und der Neuen Sachlichkeit zugeordnet. Blossfeldt verbindet Natur und Modell, während Bruno Taut, der in seinen Bauten für die *Gartenstadt Falkenberg* (1913–1916) die Auseinandersetzung mit avantgardistischer Farbigkeit aufrollt, die Architektur des Pavillons der Glasindustrie für die Kölner Werkbundausstellung (1914) als Kristallprisma entwirft.

Architektur kann als dreidimensionales Ornament gelesen werden. Adolf Loos, der die Erfindung neuer moderner Ornamente konzeptuell negiert, erklärt das Ornament als Baustein der Geschichte, der re-inszeniert werden kann. In seinem *Entwurf für den Wettbewerb des Chicago Tribune Tower* (1923) setzt er mit einer monumentalen dorischen Säule ein markantes Zeichen in der Stadt, das auf die Signalwirkung der Tageszeitung anspielt. Aus der Perspektive der Gegenwart untersucht Hans Hollein in seinem Beitrag für die erste Architektur-Biennale von Venedig (1980) eklektische Variationen der Säule, das Hochhaus von Loos im Repertoire. Hollein zeichnet die Postmoderne als Bande dessinée: Sein asymmetrischer *Flugzeugträger in der Landsch*aft (1964) versteht sich als Raumkapsel. In Jørn Utzons *Sydney Opera House* (1957) aus gefächerten Segelfassaden zeigt sich Architektur als Manifest, formuliert und materialisiert von Loos, weitergetragen von Hollein.

Die Pariser Weltausstellung 1900 beleuchtet eine technische Weltrevolution, den Triumph der Elektrizität. Das aktuelle Jahrtausend feiert neue Revolutionen, die Möglichkeiten der digitalen und virtuellen Welt. Google verspricht zukünftige Zeitreisen in unsere Gegenwart. Mikrokosmos und Makrokosmos verschieben sich. Doch ist es die Autonomie – des Angewandten, des Analogen, des Individuellen –, die unsere Welt verdichtet und zu vergrößern vermag, dem Konsens der globalen Masse und der Dynamik von Technologien diametral entgegengesetzt.

1 Noever, Peter (Hg.), MAK, *The Ideal Museum. Gottfried Semper's Practical Art in Metals*, Wien 2007.

Marcus Geiger
Ausstellungsansicht der Installation *Portraits und Wurst* im Kunstraum Innsbruck, 2006
Exhibition view of the installation *Portraits und Wurst* in the Kunstraum Innsbruck, 2006

abstract lines and formalized structures. As a consequence, Gerrit Rietveld, a member of the De Stijl movement, depicted the idea of purism. He let a red and blue chair (1918/1923) developed as a prototype, whose construction was echoed in the room, act as a model sculpture. Cosmopolite Eileen Gray mixed narration, material, and form to create an ideal space: Various cultural practices, references, and functions flowed into one another. Gray welcomed teamwork; in synergy with Jean Badovici, she designed the *Villa E 1027* (1929), the desire of the individual for autonomy in his field of vision.

As an autonomous and collective cultish sign, the ornament arose from conceptual deliberations about form and, so to speak, found its signature effect in the shape of logos. The ornament of Viennese Modernism was superimposed onto all surfaces and media, such as paper, textiles, jewelry, furniture, rooms, and architecture. Using vibrant colors and striking, dynamic patterns, Koloman Moser sketched studies for ornamental *Flächenschmuck* [Ornament for flat surfaces] (1902), which appeared as its own volume in the series *Die Quelle* [The source]. The ornamentation, geometry, and colorfulness of this era anticipated the pseudo-hallucinogenic forms of the 1950s and 1960s. Verner Panton translated Pop Art into an architectural and design language consisting of organic-geometric forms and a characteristic color palette that made his sculptural interiors and furniture come alive.

In the course of the Modernist transition, notions about the linkage of man and machine were revealed in the relationship between technology, architecture, and sculpture. Marcel Duchamp designated a part of his project *The Large Glass* (1915–1923), which was evocative of the machines of the Industrial Age, as "Bachelor Machines": the "bachelors" took on "mechanical" forms. In the search for pure form, ornament as it occurred in nature was also examined; nature could be portrayed using new technologies, research in the natural sciences was in vogue. Karl Blossfeldt's photographs of plant structures were created as exemplars for applied arts education; after they were published in *Urformen der Kunst* [Archetypes of art] (1928), they

became world-renowned and were associated with the New Objectivity movement. Blossfeldt combined nature and model; whereas Bruno Taut—who, in his buildings for the *Gartenstadt Falkenberg* [*Falkenberg Garden City*] (1913–1916), re-engaged the issue of avant-garde chromaticity—designed the architecture of the glass industry pavilion as a crystal prism for the Cologne Werkbund exhibition in 1914.

Architecture can be interpreted as a three-dimensional ornament. Adolf Loos, who at a conceptual level negated the invention of new modern ornaments, declared the ornament to be a building block of history that could be re-staged. With the monumental Doric column that was his entry for the *Chicago Tribune Tower* competition in 1923, he made an emphatic impression on the city with a design that played on the daily newspaper's role as a beacon. In his contribution for the 1st Architecture Biennale in Venice (1980), Hans Hollein explored eclectic variations of columns from a present-day perspective, with Loos's skyscraper as part of the repertoire. Hollein portrayed postmodernism as a bande dessinée: his asymmetrical *Flugzeugträger in der Landschaft* [Aircraft carrier in the landscape] (1964) is analagous to a space capsule. With its façade of soaring sails, Jørn Utzon's *Sydney Opera House* (1957) is architecture made manifest, formulated and materialized by Loos, propagated by Hollein.

The 1900 Paris World's Fair highlighted a global technological revolution, the triumph of electricity. The current millennium celebrates new revolutions, the possibilities of the digital and virtual realms. Google promises future time travel into our present. Microcosm and macrocosm have shifted. However it is the autonomy—of the applied, the analog, the individual—that compresses our world and can enlarge it, in diametric opposition to the consensus of the global masses and technological dynamics.

1 *The Ideal Museum. Gottfried Semper's Practical Art in Metals,* ed. Peter Noever, MAK, Vienna 2007.

Hans Hollein
Rolls Royce Grill auf Schloss Schrattenberg, 1966
Fotomontage
Rolls Royce grill on Schrattenberg castle, 1966
Photomontage
Sammlung Generali Foundation –
Dauerleihgabe am Museum der Moderne Salzburg

Hans Hollein
Rolls-Royce Grill on Wall Street, New York, 1966
Fotomontage Photomontage
Archiv Archive Hans Hollein

Hans Hollein
Superstructures, Projekt für eine Stadt, 1960
Collage
Superstructures, project for a city, 1960
Collage
Archiv Archive Hans Hollein

Hans Hollein
Superstructures, Stadtüberbauung Manhattan, 1960
Collage
Superstructures, urban superstructures above Manhattan, 1960
Collage
Archiv Archive Hans Hollein

Hans Hollein
Fünf Sinne, Beitrag zur Ausstellung
Superdesign, Galerie Nächst St. Stephan,
Wien, 1967
Collage
Five Senses, Contribution for the exhibition
Superdesign, Galerie Nächst St. Stephan,
Vienna, 1967
Collage
Archiv Archive Hans Hollein

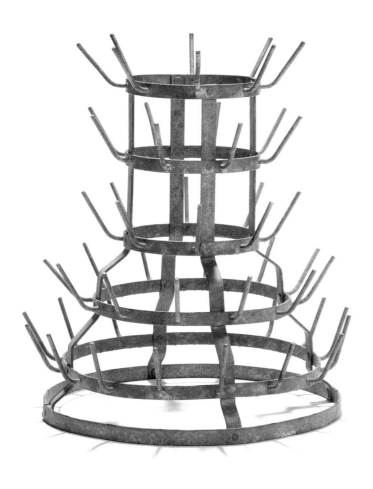

Anonym
Flaschentrockner, Frankreich
Anonymous
Bottle dryer, France
Privatbesitz Private collection

Adolf Loos
The Chicago Tribune Column, Chicago, Michigan Avenue,
Austin Avenue, St. Clair Street, Projekt, 1922
Baukörper- und Fassadenmodell, Maßstab 1:50
Rekonstruktion/Modellbau 1984/85: Hans Hollein,
Gerhard Jäger, Günther Ströjnik, Liedl & Schindler
The Chicago Tribune Column, Chicago, Michigan Avenue,
Austin Avenue, St. Clair Street, Project, 1922
Model of the building corpus and façade, scale 1:50
Reconstruction/scale model 1984/85 by Hans Hollein,
Gerhard Jäger, Günther Ströjnik, Liedl & Schindler
Wien Museum

Matthias Boeckl

System statt Genie
Wege der Moderne
in die Gegenwart

Der Spezialisierungs- und Ausdifferenzierungsprozess der Moderne führte von den ganzheitlichen Entwürfen neuer Lebensweisen um 1900 über die Konzentration auf die Behausungsfrage in der Zwischenkriegszeit zum „ausgedörrten" Spätfunktionalismus der Wiederaufbaujahre nach 1945. Die darauf folgende funktionalismuskritische Rebellion der Postmoderne von den 1960er bis zu den 1980er Jahren wollte die Kompetenz des Künstlerischen für die Formulierung einer zeitgenössischen Kultur zurückgewinnen. Mittel zum Zweck war dabei die systematische Grenzerweiterung der künstlerischen Praxis, die sich nicht mehr auf Bauplanung oder Produktgestaltung beschränken wollte, sondern sich nun auch auf Objektkunst, Mode, neue Medien und sogar nicht-künstlerische Gebiete wie Religion, Soziologie, Anthropologie und Publizistik erstreckte. Auch die spezifischen Arbeitsmethoden wurden zwischen den Sparten getauscht. Parallele Phänomene entstanden auch in anderen Künsten – die traditionellen Sparten der Musik, der Malerei und der Plastik entdeckten ebenfalls neue Medien und erweiterten ihren eigenen Begriff um Gestaltungsweisen anderer Disziplinen.

Dieser Anspruch der Postmoderne auf eine umfassendere Umweltgestaltung war die Gegenreaktion auf die kontinuierliche Rücknahme von Gestaltungsansprüchen in der Entwicklung der Moderne der vorangehenden Jahrzehnte. Von der Zuständigkeit der Künstlerinnen und Künstler für alle Lebenssituationen – die von kritischen Modernisten wie Adolf Loos schon um 1900 in Frage gestellt worden war – wurden im Zuge der fortschreitenden Industrialisierung immer mehr Elemente abgespalten. Die Hoffnung der Werkbund-Bewegungen, die technische Eigendynamik der Industrieproduktion durch künstlerische Veredelung „von oben her" kontrollieren zu können, war spätestens in der Massenproduktion für die Konsumgesellschaft der Nachkriegszeit endgültig verloren gegangen. Die Spaltung von Industrieproduktion und Handwerk war irreversibel vollendet, komplett handwerkliche Herstellungsmethoden in den entwickelten Nationen endgültig auf den Luxussektor beschränkt – inklusive der Wiederentdeckung alter Handwerkstechniken und Materialien.

Die Ambition der Postmoderne konnte an diesen materiellen Grundlagen der Zivilisation nichts mehr ändern. Sie bezog sich daher auf immaterielle Kategorien. Sie entwarf einen neuen Kulturbegriff auf Basis der gegebenen Verhältnisse und mit heterogenen Materialien aus Technologie, Wissens- und Konsumgesellschaft. Durch künstlerisch ambitionierte Kombinatorik verschiedenster, auch widersprüchlicher Elemente aus diesen Bereichen sollte nicht nur eine neue Ästhetik entstehen, sondern auch Kultur – genauer eine Kultur der Kulturen, zwischen denen KonsumentInnen nach Belieben hin- und herwechseln können. Das alte Ideal der Moderne – Selbstverwirklichungsrecht und Möglichkeiten für jedermann, eine individuelle Identität leben zu können – war so gleichsam übererfüllt, da diese kulturellen

Werte selbst zur Ware und die Geschichte zur Ressource geworden waren. Auch „Wien um 1900" zählte dazu und wurde e nach Spalt und Kurrents Ausstellung 1964 zwanzig Jahre später etwa 1984 von Paolo Portoghesi und 1985 von Hans Hollein in Ausstellungen präsentiert.

Aber die kulturelle und gesellschaftliche Identität, zu der Hoffmann und Loos ihrer Kundschaft mit gegensätzlichen Strategien verhelfen wollten, hatte zu ihrer Zeit noch jeweils ein feststehendes Wertesystem repräsentiert, das ein Leben lang beibehalten wurde. Die postmoderne Konsumgesellschaft ermöglichte hingegen wiederholte Kultur- und Identitätswechsel innerhalb einer einzigen Biografie. Die Ausrichtung der ästhetizistischen und emanzipatorischen Strategien von Hoffmann und Loos auf die Produktion von Kultur wurde damit zu jeweils *einer* austauschbaren Kulturproduktion unter vielen marginalisiert. Ihre konträre Fokussierung auf die Form bzw. deren Rahmenbedingungen war irrelevant geworden, da nun beide Kategorien frei wählbar waren. Die Postmoderne war mehr an temporären Rollenbildern und Verhaltensweisen interessiert als an einer profunden Lebensreform. Ihre künstlerische Ausrichtung war der Romantik vergleichbar, die Natur und Geschichte als emotionales Ventil nutzte, ohne am Industrialisierungs- und Akademisierungsprozess etwas ändern zu können, der diese Reaktionen ausgelöst hatte. Auch die Postmoderne konstruierte ein eskapistisches Künstlerbild, das sich – im Gegensatz zur Ambition der Moderne – mangels Erfolgsaussicht kaum mit den wahren technisch-ökonomischen Antriebskräften der Zivilisation beschäftigte.

Mit den beginnenden Ressourcenkrisen ab dem „Ölschock" 1973 und der Digitalisierung ab den 1980er Jahren änderten sich die Schwerpunkte der Architektur- und Designdebatte abermals radikal. Nicht mehr Lebensweisen wie in der frühen Moderne oder Einzelobjekte wie in der Postmoderne sind das Ziel der gestalterischen Ambition, sondern konkrete Arbeitsmethoden, deren Anwendung letztlich zwangsläufig die angestrebte Neugestaltung der Umwelt produziert. Zunehmend wurde nun klar, dass sich aus zivilisatorischer Verantwortung der Ausgleich zwischen individuellen und kollektiven Interessen, der den Demokratisierungsprozess seit Langem prägte, jetzt auch auf die bislang vorwiegend technisch bestimmte Industrie- und Produktkultur erstrecken muss. Diese soll zwar weiterhin individuelle Lebensweisen ermöglichen, nun aber auch kollektive Verantwortung zeigen, indem sie soziale und ökologische Standards einhält. Und diese Debatte wird nicht mehr regional oder national, sondern global geführt. Forschung und Produktion werden nun an gesellschaftlichen Vereinbarungen statt an scheinbar „unhinterfragbarer" industrieller Eigendynamik orientiert, die gerade mit der Digitalisierung – wie in der Frühzeit der Industrialisierung – wieder enorme, global wirksame Machtkonzentrationen geschaffen hat. Zwar hat sich schon früher gezeigt, dass die Industrieproduktion sich nicht von der Kunst

Matthias Boeckl

Systems Instead of Genius

Ways of Modernism into the Present

The specialization and differentiation process of modernism led from the wholesale devising of new lifestyles around 1900 to concentrating on the housing issue between the two world wars and then to the "desiccated" late functionalism of the reconstruction years after 1945. This was followed by postmodernism's rebellion from the 1960s to the 1980s, which was critical of functionalism and wanted to reclaim the competence of the artistic in order to forge a contemporary culture. The means to achieving this goal was the systematic expansion of the boundaries of artistic practice, so that it was not confined only to building planning or product design, but now also extended to sculpture, fashion, new media, and even to non-artistic areas like religion, sociology, anthropology, and communications. Specific working methods also were swapped between the different spheres. Parallel phenomena arose in other artistic fields as well—the traditional realms of music, painting, and sculpture likewise discovered new media and expanded their self-conceptions around the creative methods of other disciplines.

Postmodernism's claim on a more encompassing shaping of the environment was a backlash against the continuous erosion of design aspirations during the evolution of modernism in the preceding decades. Where artists had once had jurisdiction over all life situations—something that had been called into question by critical modernists such as Adolf Loos as early as 1900; as industrialization advanced, more and more elements were split off from their purview. Any hopes the members of the Werkbund movement once harbored of being able to exert "top-down" control over the technological momentum of industrial production through artistic refinement had been irretrievably lost as mass production for post-war consumer society gained traction. The schism between industrial production and hand-craftsmanship was now an irreversible fait accompli, with completely hand-made modes of production in developed nations conclusively relegated to the luxury market—and this included the rediscovery of traditional craftsmanship methods and materials.

The ambitions of postmodernists could not do anything to alter these basic facts of civilization. Thus, postmodernism referenced immaterial categories and occasioned a new cultural definition on the basis of the given conditions and with heterogeneous materials from technology, knowledge and consumer society. Artistically driven combinations of the most diverse, even contradictory, elements of these sectors were to precipitate not only a new aesthetic, but a new culture—or more precisely, a culture of cultures, between which consumers could switch back and forth at will. Modernism's former ideal—the right to self-actualization and the chance for everyone to live an individual identity—was quasi more than fulfilled, as these cultural values themselves had become wares, and history turned into a resource. Even "fin-de-siècle Vienna" numbered among these,

and was presented in exhibitions by Paolo Portoghesi around 1984 and by Hans Hollein in 1985 following the 1964 show by Johannes Spalt and Friedrich Kurrent.

But the cultural and social identities, which Hoffmann and Loos, using their contrasting strategies, wanted to enable their clientele to attain, in their time had each represented a fixed value system, which one kept for life. Postmodern consumer society, on the other hand, made it possible for a single biography to contain multiple cultural and identify shifts. The alignment of the aesthetic and emancipatory strategies of Hoffmann and Loos with the production of culture was thus marginalized to *one* interchangeable production of culture, respectively, among many. Their contrary focusing on form or its framework conditions had become irrelevant, since either category could now be freely chosen. Postmodernism was more invested in temporary role models and behaviors than in profound lifestyle reforms. Its artistic orientation was comparable to Romanticism, which used nature and history as an emotional release, without being able to effect a change in the process of industrialization and academization that had prompted these reactions. Postmodernism, too, constructed an escapist artistic vision, which, in contrast to the ambitions of modernism, and lacking prospects for success, hardly concerned itself with the real technological and economic drivers of civilization.

With nascent resource crises beginning with the oil embargo in 1973 and the dawn of the digital age starting in the 1980s, the focal points of the architecture and design discourse once again changed radically. Since then, design ambitions have not been targeted at lifestyles as in early Modernism or at discrete objects as in postmodernism, but at concrete working methods, whose application ultimately and inexorably would produce the desired redesign of the overall environment. It has become increasingly clear that for reasons of civic responsibility the balance between individual and collective interests, which long have been the hallmark of the democratization process, would need to be expanded to an industrial and product culture that is predominantly determined by technology. While this culture should continue to facilitate individual lifestyles, it also needs to demonstrate collective responsibility in that it complies with social and ecological standards. And this debate no longer takes place on a regional or national, but on a global, stage. Research and production are oriented toward social covenants instead of on seemingly "indisputable" industrial momentum, which, with digitalization (just as in the initial stages of industrialization), have led to an enormous concentration of power with global impact. Admittedly, it has already been proven that industrial production will not submit to "refinement" through art, but that it can be controlled only by socio-political means. But now architects and designers have learned that they—just like other social groups—can indeed use their special skills to shape public opinion with regard to social

„veredeln" lässt, sondern nur gesellschaftspolitisch gesteuert werden kann. Nun aber haben ArchitektInnen und DesignerInnen gelernt, dass sie – wie auch andere Gesellschaftsgruppen – mit ihren speziellen Fähigkeiten den Meinungsbildungsprozess zu gesellschaftlichen Zielen und damit die Rahmenbedingungen für Architektur und Produktgestaltung durchaus beeinflussen können. Künstlerische Formgebung findet nun über eine Meta-Ebene statt: Entworfen werden Regeln und Arbeitsweisen, nicht mehr konkrete Formen, die nur mehr die zwangsläufigen Folgen der Spielregeln sind. Formen sind zunehmend gesellschaftlichen Zielen untergeordnet, statt selbst Kultur zu produzieren.

Im Bereich der Architektur und des Produktdesigns verlief die Wende von der Postmoderne zu unserer Gegenwart seit den 1970er Jahren auf mehreren Ebenen. Eine Wurzel findet sich in den sozialen Traditionen der Moderne, an denen die Postmoderne kaum interessiert war. Diese Tradition stellte die Werkzeuge für gesellschaftskritische junge ArchitektInnen zur Verfügung, die an einer verantwortbaren Zukunft von Industrie und Konsumgesellschaft zweifelten. So entstanden Partizipationsmodelle und Baugruppen. Sie verfolgten alternative Methoden und Techniken, die von der wenig innovationsfreudigen Bauindustrie nicht angeboten wurden. Aus der sozialen Verantwortung und dem Unabhängigkeitsstreben dieser Bewegung entwickelte sich die Solararchitektur. Parallel entstand eine technoide Neomoderne, die über neue Industrieprodukte eine kühle Ästhetik schuf und einen sozial orientierten Funktionalismus der 1920er Jahre wiederbelebte. Eine dritte Fraktion begeisterte sich für die freie Form, deren scheinbar unbegrenzte Realisierbarkeit ebenfalls von technischen Innovationen ermöglicht wurde. Alle Gruppen sind mittlerweile den Zielen einer „nachhaltigen" Produktion verbunden.

Welche Aspekte aus welchen dieser Hauptfraktionen der heutigen Architekturproduktion mit den frühmodernen Denkweisen von Hoffmann und Loos in Verbindung gebracht werden können, kann nicht anhand formaler Phänomene entschieden werden. Form war lange Zeit Symbol und Hauptschauplatz der Debatte zwischen konträren Denkweisen der Moderne, steht aber heute nicht mehr im Mittelpunkt der Überlegungen. So könnten der Kontext, für den Form produziert wird, und die Arbeitsweisen der Produktion für einen Direktvergleich zwischen Denkweisen von damals und heute herangezogen werden. Die allgemeinen Ideale der Moderne – umfassende Individualisierung – sind aber in den westlichen Gesellschaften realisiert. Und die Gesellschaft, für die Loos und Hoffmann produzierten, existiert nicht mehr. Auch die meisten Arbeitsweisen der Helden der Moderne sind heute obsolet. Allen voran die Idee des Gesamtkunstwerks, da sich seit Duchamp sowohl der Kunstbegriff als auch die Rolle des Ästhetischen fundamental geändert haben. So können die zentralen Denkmotive von Josef Hoffmann kaum für aktuelle Fragestellungen von Architektur und Produktdesign herangezogen werden.

Aber es gibt mindestens drei Methoden der Architekturproduktion, drei Arbeitsweisen, die sowohl um 1900 relevant waren als auch heute noch verwendbar sind: Die Ready-made-Strategie (Nutzung und ästhetische Interpretation vorgefundener zivilisatorischer Elemente), der Raumplan-Gedanke (ökonomische Ausnutzung des Bauvolumens durch unterschiedliche Raumhöhen) und die Befähigung zum Selbstbau (autonome Sicherung der Lebensgrundlagen). Alle drei Konzepte wurden von Adolf Loos erfunden oder erprobt, alle drei basieren auf emanzipatorischen und evolutionären Idealen. Alle drei können dem Einzelnen auf nachhaltige, sozial und ökologisch verantwortliche Weise zur Selbstverwirklichung verhelfen, alle drei besitzen globale, von technisch-kulturellen Bedingungen relativ unabhängige Relevanz. Und alle drei Methoden werden von europäischen Architektinnen und Architekten an verschiedenen Orten der Welt systematisch angewendet – stellvertretend für andere repräsentiert etwa das Pariser Büro Lacaton & Vassal die Verwendung der Ready-made-Strategie, der Wiener Architekt Werner Neuwirth den Entwurf nach Raumplan-Prinzipien und die bayrische Architektin Anna Heringer die Befähigung der Nutzerinnen und Nutzer, nicht nur aus leicht erreichbaren lokalen Ressourcen ihre eigenen Häuser zu bauen, sondern auch Erwerbsfähigkeiten zu lernen.

goals, and thus influence the framework conditions for architecture and product design. Artistic design now takes place on a meta-plane: rules and working methods are the objects of design efforts, rather than concrete forms, which are nothing more than the inevitable results of following the rules. Increasingly, forms are subordinate to social goals, instead of shaping culture in their own right.

In the sphere of architecture and product design, the transition from postmodernism to the present proceeded on several fronts from the 1970s onward. One root can be traced to the social traditions of modernism, which were of little interest to postmodernism. This tradition provided the tools for socially critical young architects dubious about the future accountability of industry and consumer society; it gave rise to the formation of participatory models and building coalitions, whose members pursued alternative methods and technologies not offered by a building industry with little interest in innovation. Solar architecture emerged from this movement's sense of social responsibility and its strivings toward independence. A technoid neo-modernism arose in parallel, which created a cool aesthetic over new industrial products and revived the socially oriented functionalism of the 1920s. A third faction was enthusiastic about free forms, whose seemingly boundless feasibility was similarly enabled by technological innovations. Meanwhile, all groups had signed on to the goals of "sustainable" production.

Which aspects from which of these main factions of present-day architectural production could be linked to the early modernist philosophies of Hoffmann and Loos cannot be decided based on phenomena of form. Even though form had long been a symbol as well as the main showplace for the debate between the contradictory philosophies of modernism, nowadays it is no longer the focus of deliberations. However, the context for which form was produced and the modes of production can be used in a direct comparison of philosophies of the past and present. The general ideals of modernism—those of comprehensive individualization—have been realized in Western society. The society for which Loos and Hoffmann were producing does not exist anymore. Moreover, most of the working methods of the heroes of modernism are obsolete nowadays. Most of all, the idea of the Gesamtkunstwerk, the total work of art, has been lost, since the definition of art and the role of the aesthetic have fundamentally changed since Duchamp. Thus, Josef Hoffmann's central philosophical motives can hardly serve as the basis for addressing current issues of architecture and product design.

But there are at least three methods of architectural production, three working methods relevant around 1900 that are still applicable today: the ready-made strategy (the utilization and aesthetic interpretation of existing elements of civilization), the Raumplan idea of space planning (economic exploitation of the available building volume through different room heights), and the concept of empowerment through DIY construction (autonomous securing of basic necessities). All three concepts were invented or tested by Adolf Loos; all three are based on emancipatory and evolutionary ideals. All three can help an individual self-actualize in sustainable, socially and ecologically responsible ways; all three have global relevance independent of technological-cultural conditions. And all three methods are employed by European architects in different locations around the world—as a proxy for others, the Paris-based firm Lacaton & Vassal represents the use of the ready-made strategy; Viennese architect Werner Neuwirth designs according to Raumplan principles; and Bavarian architect Anna Heringer empowers people to build their own houses out of easily available local resources and, in the process, to learn marketable skills.

Lacaton & Vassal, Paris
FRAC, Museum des Fonds Régionaux d'Art Contemporain,
Dunkerque/Dünkirchen/Dunkirk, 2013
Innen- und Außenansichten, Fotos von Philippe Ruault
Interior and exterior views, photos by Philippe Ruault

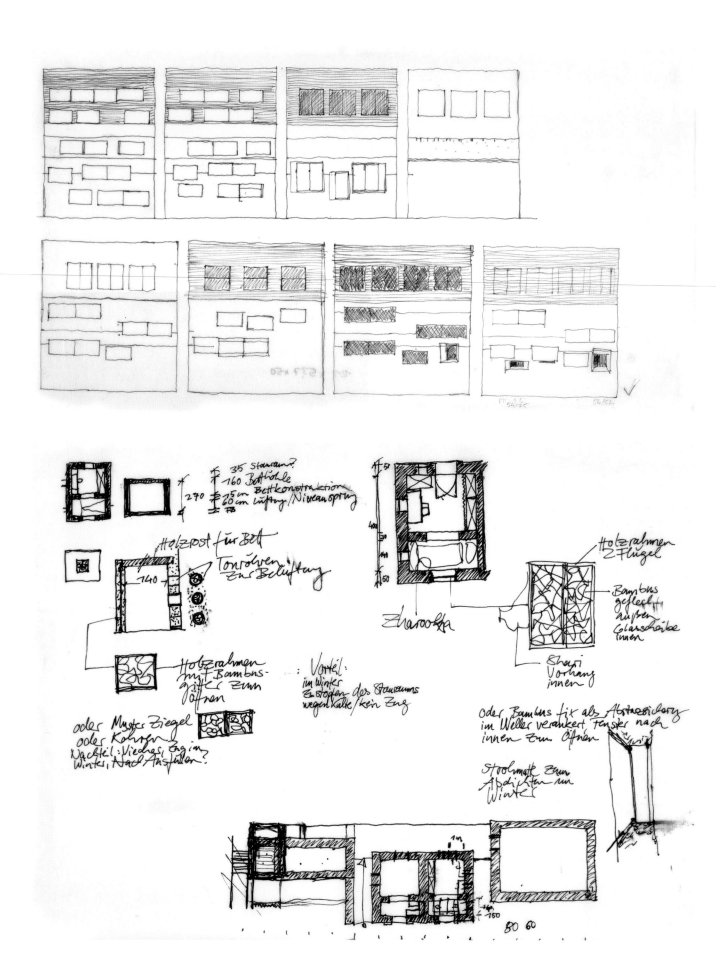

Anna Heringer
DESI Berufsschule (Trainingcenter),
Rudrapur, Bangladesch, 2008
In-Situ-Bauzeichnungen
DESI Vocational School (Training Center),
Rudrapur, Bangladesh, 2008
In situ construction drawings
Anna Heringer

Anna Heringer
DESI Berufsschule (Trainingcenter),
Rudrapur, Bangladesch, 2008
Ansichten, Lageplan, Montage der
Solarpaneele
DESI Vocational School (Training Center),
Rudrapur, Bangladesh, 2008
Views, site plan, assembly of the solar panels
Fotos von Photos by Kurt Hoerbst und and Anna Heringer

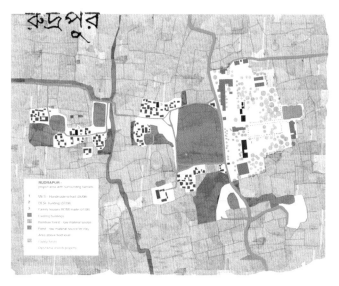

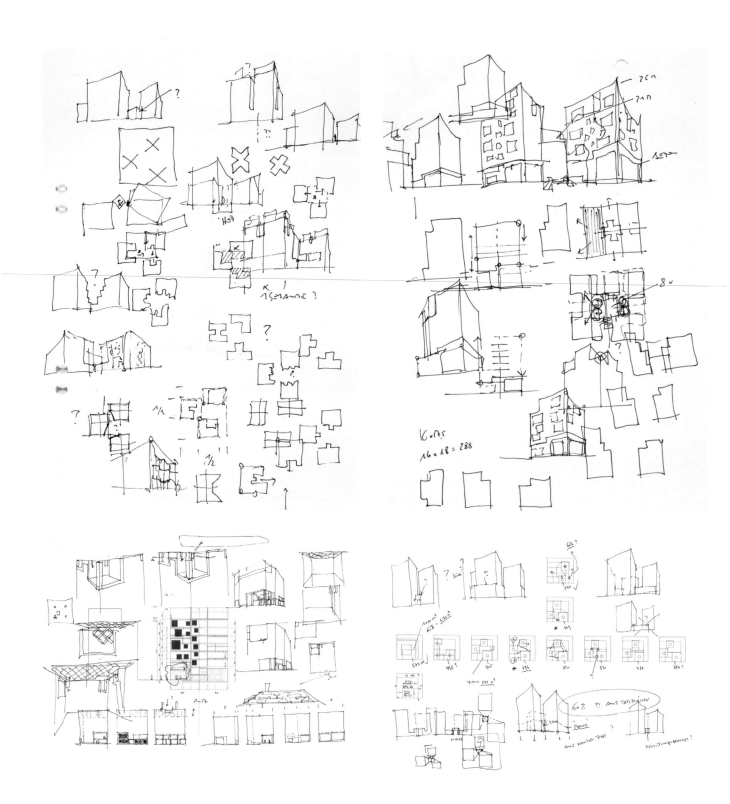

Werner Neuwirth
Wohnbau „Interkulturelles Wohnen",
Wien-Nordbahnhof, Handskizzen, 2013
Tinte auf Papier
Residential building "Intercultural Living,"
Nordbahnhof, Vienna, rough sketches, 2013
Ink on paper
Werner Neuwirth

Werner Neuwirth
Wohnbau „Interkulturelles Wohnen",
Wien-Nordbahnhof, 2013
Gesamtansichten (mit Bauteilen von Sergison Bates
und von Ballmoos/Krucker), Wohnraum mit Loggia
Residential building "Intercultural Living,"
Nordbahnhof,
Vienna, rough sketches, 2013
Comprehensive views (with buildings by Sergison Bates
and Ballmoos/Krucker), living area with loggia
Fotos von Photos by Stefan Müller

NEUE KONSUMWELTEN
NEW CONSUMER WORLDS

Der informierte Konsument
The Informed Consumer

William Hogarth
Zergliederung der Schönheit (1. Deutsche Übersetzung)
Christian Friedrich Voß, Berlin und Potsdam, 1754
The Analysis of Beauty (first German translation)
Christian Friedrich Voß, Berlin and Potsdam, 1754
MAK

Joseph Freiherr von Racknitz
Ameublement im egyptischen Geschmack
Ameublement im maurischen Geschmack
Ameublement im angenommenen antiken Geschmack neuer Zeit
Ameublement im altfranzösischen Geschmack
Ameublement im chinesischen Geschmack
Ameublement im hetrurischen Geschmack
Joseph Baron von Racknitz
Furnishings in the Egyptian style
Furnishings in the Moorish style
Furnishings in the adopted antique style
Furnishings in the old French style
Furnishings in the Chinese style
Furnishings in the Etruscan style

Aus: Darstellung und Geschichte des Geschmacks der vorzüglichsten Völker in Beziehung auf die innere Auszierung der Zimmer und auf die Baukunst
Leipzig, 1796–1799
Kupferstich, aquarelliert
26,5 x 32,5
From: Description and History of the Taste of the Most Excellent Peoples in Relation to Interior Decoration of Rooms and Architecture
Leipzig, 1796–1799
Engraving, watercolor
26.5 x 32.5
Privatbesitz Private collection

Magazin für die Freunde des guten Geschmacks
Magazine for Friends of Good Style
Friedrich August Leo, Leipzig, 1794–1796
MAK

Journal für Fabrik, Manufaktur und Handlung
Journal of Factories, Manufactories, and Trading
Voß und Leo, Leipzig, 1792
MAK

Journal des Luxus und der Moden
Journal of Luxury and Fashions
F. J. Bertuch, Weimar, 1787
MAK

Trennung von Entwurf und Ausführung
Separation of Design and Execution

Zeichnungen aus dem verpflichtenden Zeichenunterricht für Tischlermeister
Drawings from the obligatory drawing lessons for master cabinetmakers

Wilhelm Bergmann
Grundriss, Aufriss und Querschnitt eines Schreibsekretärs mit Rollverschluss
Wien, um 1796
Feder, Aquarell auf Papier
49,5 x 70
Ground plan, front view, and cross section of a secretaire with roll closure
Vienna, ca. 1796
Pen, watercolor on paper
49.5 x 70
Akademie der bildenden Künste Wien, Kupferstichkabinett Academy of Fine Arts Vienna, Graphic Collection, HZ 14781

Hieronimus Meyer (Meister 1799)
Perspektive, Grundriss und Querschnitt eines Schreibsekretärs
Wien, 16. Juli 1799
Feder, Aquarell auf Papier
51,1 x 42,5
Hieronimus Meyer (Master 1799)
Perspective view, ground plan, and cross section of a secretaire
Vienna, 16 July 1799
Pen, watercolor on paper
51.1 x 42.5
Akademie der bildenden Künste Wien, Kupferstichkabinett Academy of Fine Arts Vienna, Graphic Collection, HZ 15023

Friedrich Paulick d. Ä. (Meister 1820)
Grundrisse, Aufrisse und Querschnitte eines Schreibsekretärs, eines Arbeitstischchens, eines Globustischchens und eines Sessels
Wien, um 1815/20
Feder, Aquarell; laviert auf Papier
32 x 45
Friedrich Paulick the Elder (Master 1820)
Ground plans, front views, and cross sections of a secretaire, a small work table, a small globe table, and a chair
Vienna, ca. 1815/20
Pen, watercolor; wash on paper
32 x 45
MAK, K.I. 7710-149

Philipp Krummel (Meister 1838)
Meisterriss eines Schreibtisches
Wien, 20. November 1836
Feder, Aquarell, laviert auf Papier
Philipp Krummel (Master 1838)
Master sketch of a desk
Vienna, 20 November 1836
Pen, watercolor, wash on paper
MAK, KI 7710

Friedrich Paulick d. J. (Meister 1843)
Übung in freier Handzeichnung (Akanthusblatt)
Wien, 10. März 1840
31,5 x 48,6
Bleistift, Feder, laviert auf Papier
Friedrich Paulick the Younger (Master 1843)
Exercise in freehand drawing (acanthus leaf)
Vienna, 10 March 1840
31.5 x 48.6
Pencil, pen, wash on paper
MAK, K.I. 7710

Alle Maße in cm, sofern nicht anders angegeben: Höhe x Länge x Breite/Tiefe, ø = Durchmesser, SH = Sitzhöhe
All measurements given in cm, unless stated otherwise: height x length x width/depth, ø = diameter, SH = seat height

Friedrich Paulick d. J. (Meister 1843)
Übung in der Darstellung von Licht und Schatten
(Akanthusblätter)
Wien, März/April 1840
Bleistift, Feder, laviert auf Papier
35,4 x 48,2
Friedrich Paulick the Younger (Master 1843)
Exercise in the depiction of light and shade
(acanthus leaves)
Vienna, March/April 1840
Pencil, pen, wash on paper
35.4 x 48.2
MAK, K.I. 7710

Friedrich Paulick d. J. (Meister 1843)
Perspektivische Konstruktionsübungen
zu diverse Möbelstücken
Wien, 2. April 1843
Feder in schwarz und rot auf Papier
36 x 52,1
Friedrich Paulick the Younger (Master 1843)
Perspectival design exercises for various pieces
of furniture
Vienna, 2 April 1843
Pen in black and red on paper
36 x 52.1
MAK

Friedrich Paulick d. J. (Meister 1843)
Übung der architektonischen Ordnungen
(toskanisch und dorisch)
Wien, 24. April 1840
Bleistift, Feder, laviert und aquarelliert auf Papier
53,2 x 40,8
Friedrich Paulick the Younger (Master 1843)
Exercise in architectural orders
(Tuscan and Doric)
Vienna, 24 April 1840
Pencil, pen, wash and watercolor on paper
53.2 x 40.8
MAK, K.I. 7710

Friedrich Paulick d. J. (Meister 1843)
Übung der architektonischen Ordnungen
(Bogenstellung mit ionischer Ordnung)
Wien, 9. Mai 1840
Bleistift, Feder, laviert auf Papier
51,4 x 38,8
Friedrich Paulick the Younger (Master 1843)
Exercise in architectural orders
(arches with Ionic order)
Vienna, 9 May 1840
Pencil, pen, wash on paper
51.4 x 38.8
MAK, K.I. 7710

Friedrich Paulick d. J. (Meister 1843)
Übung der architektonischen Ordnungen
(dorisches Kapitell über Eck gestellt)
Wien, 31. Mai 1840
Bleistift, Feder, laviert auf Papier
52,4 x 40,2
Friedrich Paulick the Younger (Master 1843)
Exercise in architectural orders
(Doric capital over corner)
Vienna, 31 May 1840
Pencil, pen, wash on paper
52.4 x 40.2
MAK, K.I. 7710

Zeichnungen aus der Manufakturzeichenschule
der Akademie der bildenden Künste in Wien
Drawings from the Factory Drawing School of the
Academy of Fine Arts Vienna

Ignaz Löbl
Mustervorlagenentwurf für Tapetenbordüre (?)
Wien, 1825
Gouache auf hellblau grundiertem Papier
51,2 x 72,5
Pattern design for wallpaper border (?)
Vienna, 1825
Gouache on light blue grounded paper
51.2 x 72.5
Akademie der bildenden Künste Wien,
Kupferstichkabinett Academy of Fine Arts Vienna,
Graphic Collection, HZ 34611

Friedrich Vockenberger
Mustervorlagenentwurf für Tapetenbordüre (?)
Wien, 1832
Gouache auf hellblau grundiertem Papier
50,8 x 72,4
Pattern design for wallpaper borders (?)
Vienna, 1832
Gouache on light blue grounded paper
50.8 x 72.4
Akademie der bildenden Künste Wien, Kupfer-
stichkabinett Academy of Fine Arts Vienna,
Graphic Collection, HZ 34616

Joseph Rannabauer
Ornamentvorlage
Wien 1847
Bleistift, Gouache auf Papier
58,5 x 82
Ornament template
Vienna 1847
Pencil, gouache on paper
58.5 x 82
Akademie der bildenden Künste Wien, Kupfer-
stichkabinett Academy of Fine Arts Vienna,
Graphic Collection, HZ 34607

Friedrich Weiß
Mustervorlage für Seidenstickerei aus der
Manufakturzeichenschule der Akademie der
bildenden Künste in Wien, 1813
Gouache auf schwarz grundiertem Papier
46 x 45
Design for silk embroidery from the Factory
Drawing School of the Academy of Fine Arts
Vienna, 1813
Gouache on paper primed in black
46 x 45
Akademie der bildenden Künste Wien, Kupfer-
stichkabinett Academy of Fine Arts Vienna,
Graphic Collection, HZ 34557

Franz Inenheiter
Mustervorlage für Seidenstickerei aus der
Manufakturzeichenschule der Akademie der
bildenden Künste in Wien, 1808
Gouache auf schwarz grundiertem Papier
51 x 62
Design for silk embroidery from the Factory
Drawing School of the Academy of Fine Arts
Vienna, 1808
Gouache on paper primed in black
51 x 62
Akademie der bildenden Künste Wien, Kupfer-
stichkabinett Academy of Fine Arts Vienna,
Graphic Collection, HZ 34398

Vorlagenwerke
Template Works

August Graef
Der Möbeltischler für das bürgerliche Wohnhaus
in allen seinen Räumen, Bernhard Friedrich Voigt,
Weimar, 1884
The cabinetmaker for the bourgeois residence
in all its rooms, Bernhard Friedrich Voigt,
Weimar, 1884
Privatbesitz Private collection

Rodolphe Pfnor
Werkzeichnung für einen „table à patins"
Aus: Le mobilier de la couronne, Paris, 1876
100,5 x 76
Working drawing for a "table à patins"
From: Le mobilier de la couronne, Paris, 1876
100.5 x 76
MAK

Anonym
Tischler-Detail-Zeichnungen
(Schlafzimmer, Spiegel), um 1905
Anonymous
Carpenter's detailed drawings
(bedroom, mirror), ca. 1905
Privatbesitz Private collection

Johann Fabian
Weberei-Meisterstück
Wien, 1828
Taft, lanciert und broschiert
56 x 60
Weaver's masterpiece
Vienna, 1828
Taffeta, weft-patterned and brocaded
56 x 60
MAK, T 7720

Anonym
Herrenrock, Wien, Anfang 19. Jh.
Wolle, Stickerei aus Seidengarn, Metallfäden,
Pailletten, Folien und Bouillon
H 99
Anonymous
Men's coat, Vienna, beginning of 19th c.
Wool, embroidery using silk yarn, metal threads,
sequins, foils, and bouillon
H 99
MAK, T 10308

Danhauser'sche Möbelfabrik
Nach Modellnummern geordneter Sesselkatalog
Wien, um 1830
Feder in Grau, laviert, über Bleistiftvorzeichnung
Danhauser Furniture Factory
Chair catalog organized by model number
Vienna, ca. 1830
Pen in grey, wash, over pencil preparatory drawing
MAK

Industrialisierung – Ersatztechniken und Ersatzmaterialien
Industrialization: Alternative Technologies and Substitute Materials

Stephan Freiherr von Kees
Darstellung des Fabriks- und Gewerbswesens im
österreichischen Kaiserstaate. Vorzüglich in
technischer Beziehung
Mörschner Jasper, Wien, 1820–1823

Portrait of manufacturing and commerce in
Imperial Austria. Mainly in its technical aspects
Mörschner Jasper, Vienna, 1820–1823
MAK

Dr. Johann Gottfried Dingler
Polytechnisches Journal (seit 1820)
Bd. 16, J. G. Cotta'sche Buchhandlung, Stuttgart,
1825
Polytechnic journal (since 1820)
Vol. 16, J. G. Cotta'sche Bookstore, Stuttgart, 1825
MAK

Joseph Prechtl
Jahrbücher des kaiserlich königlichen
polytechnischen Institutes
Carl Gerold, Wien, 1820
Yearbooks of the Imperial Royal Polytechnic
Institute in Vienna
Carl Gerold, Vienna, 1820
MAK

Bericht über die Erste allgemeine österreichische
Gewerbs-Producten-Ausstellung im Jahre 1835
Carl Gerold, Wien, 1836
Report about the First General Austrian Products
Exhibition in 1835
Carl Gerold, Vienna, 1836
MAK

Bericht über die Zweite allgemeine österreichische
Gewerbs-Producten-Ausstellung im Jahre 1839
K .k.- Hof- und Staats-Aerarial-Druckerei,
Wien, 1840
Report about the Second General Austrian
Products Exhibition in 1839
Imperial Royal Court and State Aerial Printers,
Vienna, 1840
MAK

Grundriss des Ausstellungsgebäudes der Dritten
allgemeinen österreichischen Gewerbs-Producten-
Ausstellung 1845 und des anschließenden
Polytechnischen Instituts in Wien (Technische
Universität)
K. k.- Hof- und Staats-Aerarial-Druckerei,
Wien, 1846
Ground plan of the exhibition building of the Third
General Austrian Products Exhibition in 1845 and
the adjoining Polytechnic Institute in Vienna
(University of Technology)
K. k. Hof- und Staats-Aerarial-Druckerei,
Vienna, 1846
MAK

Johann Georg Danninger
Tisch, Wien, um 1805/10
Messing, z. T. vergoldet und patiniert; Marmor;
Holz; Schmiedeeisen
H 81; Ø 91
Table, Vienna, ca. 1805/10
Brass, partly gilded and patinated; marble;
wood; wrought iron
H 81; Ø 91
MAK

Danhauser'sche Möbelfabrik
Teetisch, Wien, um 1815
Mahagoni furniert; Pastendekor, z. T. vergoldet;
Verde antico-Anstrich
H 79,8; Ø 107
Danhauser Furniture Factory
Tea table, Vienna, ca. 1815
Mahogany veneered, paste decoration, partly
gilded and verde antique paint
H 79.8; Ø 107
MAK, SOB 265

Anonym
Tisch, Wien, um 1830
Nussbaumholz mit Ahornadern,
Ahornfurnier mit Umdruckdekor
87 x 88 x 62
Anonymous
Table, Vienna, ca. 1830
Walnut with maple stripe inlays,
maple veneer with transfer printing
87 x 88 x 62
MAK, SOB 133

Tapetenfabrik von Naake & Feller
Tapetenbahn aus einzelnen Papieren verleimt
sowie oben und unten mit verschiedenen
Bordüren abgeschlossen, Prag um 1820
168 x 60
Naake & Feller Wallpaper Factory
Strip of wallpaper made of individual papers,
glued, and completed at the top and bottom
with various borders, Prague, ca. 1820
168 x 60
Privatbesitz Private collection

Ludwig Ritter von Peschier
Endlos-Tapetenpapier, Franzensthal
(Ebergassing), 1823
B 60
Infinite wallpaper paper, Franzensthal
(Ebergassing), 1823
W 60
Leihgabe Loan from Technisches Museum Wien,
61773

Papiertapetenfabrik Spoerlin & Rahn
Tapetenmusterbuch, Wien, 1824
45,5 x 33,5
Spoerlin & Rahn Wallpaper Factory
Wallpaper sample book, Vienna, 1824
45.5 x 33.5
Leihgabe Loan from Technisches Museum Wien,
61153

Papiertapetenfabrik Spoerlin & Rahn
Tapetenmusterbuch, Wien, 1836
59,5 x 45
Spoerlin & Rahn Wallpaper Factory
Wallpaper sample book, Vienna, 1836
59.5 x 45
Leihgabe Loan from Technisches Museum Wien,
30177

Papiertapetenfabrik Spoerlin & Zimmermann
Tapetenmusterbuch, Wien, 1837
60 x 45
Wallpaper Factory Spoerlin & Zimmermann
Wallpaper sample book, Vienna, 1837
60 x 45
Leihgabe Loan from Technisches Museum Wien,
30178

Spoerlin & Rahn
Rosettenornament, Wien, 1826
In Form gepresstes Papier, vergoldet
Ø 13,6
Rosette ornament, Vienna, 1826
Paper pressed in a mold, gilded
Ø 13.6
Privatbesitz Private collection

Aimable De[s]fosse
Drei Rosettenornamente, Wien, 1826
Verzierungsmasse, patiniert
Ø 5,8/6,7/ 6
Three rosette ornaments, Vienna, 1826
Paste to produce ornaments, patinated
Ø 5.8/6.7/6
Privatbesitz Private collection

Ludwig Gottsleben (Bildhauer und Graveur)
Uhrgehäuse, Wien, 1839
Messingblech, gepresst
H 26,5 x B 26,5 x T 12
Ludwig Gottsleben (Sculptor and Engraver)
Watch case, Vienna, 1839
Sheet brass, pressed
H 26.5 x W 26.5 x D 12
Leihgabe Loan from Technisches Museum Wien,
8555/2

Anonym
Stutzuhr, Wien, um 1840
Bronze, vergoldet
H 40 x B 30
Anonymous
Bracket clock, Vienna, ca. 1840
Bronze, gilded
H 40 x W 30
MAK, BR 1547

Carl Demuth (Lampen- und Blechwarenfabrikant)
Serviertablett, Wien, 1820
Weissblech, moiriert
36 x 27
Carl Demuth (Producer of Lamps and Tin Wares)
Serving tray, Vienna, 1820
Tinplate, with moiré pattern
36 x 27
Leihgabe Loan from Technisches Museum Wien,
8542/6

Friedrich Arlt (Metallwarenfabrikant)
Serviertasse, Wien, 1837
Metall, silberplattiert, ziseliert
50 x 39,5
Friedrich Arlt (Producer of Metal Wares)
Serving cup, Vienna, 1837
Metal, silver-plated, repoussé
50 x 39.5
Leihgabe Loan from Technisches Museum Wien,
24411

Johann Dino
Zwei Tabakdosen, um 1825/30
Mit natürlichem organischem Material (Schildpatt
und Horn) gebundene Masse, gravierter und
guillochirter Dekor
H 2 und 2,5; Ø 8
Two snuffboxes, ca. 1825/1830
Material bound with natural, organic material
(tortoiseshell and horn), engraved and needle
etched decoration
H 2 and 2,5; Ø 8
Leihgabe Loan from Technisches Museum Wien,
59485 und and 7646

Stephan Mayerhofer (Hof-Plattierwarenfabrikant)
Musterkollektion von 15 verschiedenen
silberplattierten Gegenständen, Wien, 1837
H 19 x B 45,5 x T 19
Stephan Mayerhofer (Court Producer of Plated
Wares)
Sample collection of 15 different silver-plated
objects, Vienna, 1837
H 19 x W 45.5 x D 19
Leihgabe Loan from Technisches Museum Wien,
22856

Carl Kronig (Fabrikant von lackierten Blech-,
Holz und Papiermache Erzeugnissen)
Brotkorb, Wien, 1843
Papiermache, gepresstes Messingblech
H 14; Ø 24

Carl Kronig (Producer of Lacquered Tin, Wood, and Papier Mâché Commodities)
Bread basket, Vienna, 1843
Papier mâché, pressed sheet brass
H 14; Ø 24
Leihgabe Loan from Technisches Museum Wien, 61968

Spoerlin & Zimmermann (Tapeten-, Buntpapier-, Goldrahmen- und Puppenköpfe-Fabrikanten)
Puppenkopf, Wien, 1839
Papiermache, bemalt
H 14 x B 11 x T 7
Spoerlin & Zimmermann (Producers of Wallpaper, Colored Paper, Gilt Frames, and Dolls' Heads)
Doll's head, Vienna, 1839
Papier mâché, painted
H 14 x W 11 x D 7
Leihgabe Loan from Technisches Museum Wien, 22389

Anonym
Handtasche, Wien, um 1820
Leder, geprägt
Anonymous
Handbag, Vienna, ca. 1820
Leather, embossed
Privatbesitz Private collection

Josef Sauerwein (Händler)
Handtasche, Wien, 1839
Leder, geprägt, Chenillestickerei
H 11 x B 19 x T 9
Josef Sauerwein (Retailer)
Handbag, Vienna, 1839
Leather, embossed, chenille embroidery
H 11 x W 19 x D 9
Leihgabe Loan from Technisches Museum Wien, 61751

Georg Martini (Maler)
Kaffeeschale mit Untertasse, Wien, 1839
Porzellan mit Umdruckdekor
H 12; Ø 15,5
Georg Martini (Painter)
Coffee cup with saucer, Vienna, 1839
Porcelain with transfer decoration
H 12; Ø 15.5
Leihgabe Loan from Technisches Museum Wien, 11644

Wiener Porzellanmanufaktur (Georg Lamprecht, Maler)
Kaffeeschale mit Untertasse, Wien, 1823
Porzellan, bemalt und vergoldet
H 11; Ø 17,2
Vienna Porcelain Manufactory (Georg Lamprecht, Painter)
Coffee cup with saucer, Vienna, 1823
Porcelain, painted and gilded
H 11; Ø 17.2
MAK, KE 2689

Steingut- u. Wedgwood-Geschirrfabrik des Grafen Friedrich Mniszek
Teller, Frain, 1845
Steingut mit Umdruckdekor
H 2; Ø 21
Stoneware and Wedgwood China Factory of the Count Friedrich Mniszek
Plate, Vranov nad Dyjí, 1845
Stoneware with transfer decoration
H 2; Ø 21
Leihgabe Loan from Technisches Museum Wien, 11644

Anonym
Teller, Böhmen, um 1835
Siderolith (plastischer Ton mit Farb- oder Firnisüberzug)
H 2,6; Ø 21,3
Anonymous
Plate, Bohemia, ca. 1835
Siderolite (malleable clay with paint or varnish coating)
H 2.6; Ø 21.3
Privatbesitz Private collection

Hydrolith-Warenfabrik Schiller und Gerbing
Milchkännchen, Bodenbach bei Tetschen (Böhmen), um 1835
Siderolith (plastischer Ton mit Farb- oder Firnisüberzug)
7,3 x 14,3 x 11,8
Schiller and Gerbing Factory for Calcium Hydrolith Wares
Milk jug, Podmokly near Děčín (Bohemia), ca. 1835
Siderolite (malleable clay with paint or varnish coating)
7.3 x 14.3 x 11.8
Privatbesitz Private collection

Wiener Porzellanmanufaktur
Kaffeeschale mit Untertasse, Wien, 1807
Porzellan, weiß glasiert und bunt bemalt
H 6; Ø 13,6
Vienna Porcelain Manufactory
Coffee cup with saucer, Vienna, 1807
Porcelain, glazed white and polychrome painted
H 6; Ø 13.6
MAK, KE 6478

Steingutfabrik des Grafen Lobkowitz-Wrtby
Kaffeeschale mit Untertasse, Teinitz (Böhmen), um 1815/20
Steingut, weiß glasiert und bunt bemalt
Obertasse H 6,1; Ø 6,1; Untertasse H 2,6; Ø 13,7
Stoneware Factory of Count Lobkowitz-Wrtby
Coffee cup with saucer, Týnec (Bohemia), ca. 1815/1820
Stoneware, glazed white and polychrome painted
Cup H 6.1; Ø 6.1; Saucer H 2.6; Ø 13.7
Privatbesitz Private collection

Steingutfabrik des Grafen Lobkowitz-Wrtby
Teller, Teinitz (Böhmen), 1829
Steingut, weiß glasiert und bunt bemalt
H 5; Ø 34,5
Stoneware Factory of Count Lobkowitz-Wrtby
Plate, Týnec (Bohemia), 1829
Stoneware, glazed white and polychrome painted
H 5; Ø 34.5
Leihgabe Loan from Technisches Museum Wien, 70763

Wiener Porzellanmanufaktur
Teller, Wien, 1807
Porzellan, weiß glasiert und bunt bemalt
H 4,7; Ø 37,5
Vienna Porcelain Manufactory
Plate, Vienna, 1807
Porcelain, glazed white and polychrome painted
H 4.7; Ø 37.5
Privatbesitz Private collection

Wiener Porzellanmanufaktur
Kaffeeschale mit Untertasse, Wien, 1822
Porzellan, versilbert
H 10,5; Ø 16,5

Vienna Porcelain Manufactory
Coffee cup with saucer, Vienna 1822
Porcelain, silver-plated
H 10.5; Ø 1,.5
Leihgabe Loan from Technisches Museum Wien, 36618

Anonyme böhmische Steinzeugfabrik
Kaffeeschale mit Untertasse, um 1820
Steinzeug, versilbert
Obertasse H 15,5; Ø 5,5
Anonymous Bohemian Stoneware Factory
Coffee cup with saucer, ca. 1820
Stoneware, silver-plated
Cup H 15.5; Ø 5.5
Privatbesitz Private collection

Lorenz Rohlik
Arbeiten aus künstlichem Alabaster, Prag, 1826
5,5 x 33 x 25
Works made from artificial alabaster, Prague, 1826
5.5 x 33 x 25
Leihgabe Loan from Technisches Museum Wien, 70434

Steingutfabrik des Josiah Wedgwood
Zuckerdose, Staffordshire, 1817
Blaue Jasperware
H 13; Ø 10,3
Josiah Wedgwood Pottery Company
Sugar bowl, Staffordshire, 1817
Blue jasperware
H 13; Ø 10.3
Leihgabe Loan from Technisches Museum Wien, 2540

Steingutfabrik des Grafen Lobkowitz-Wrtby
Blumenübertopf mit Untertasse, Teinitz (Böhmen), 1818
Steingut in der Art Josiah Wedgwoods
H 16; Ø 15
Stoneware Factory of Count Lobkowitz-Wrtby
Cachepot with saucer, Týnec (Bohemia), 1818
Stoneware in the manner of Josiah Wedgwood
H 16; Ø 15
Leihgabe Loan from Technisches Museum Wien, 11658

Lorenz Bernhardt
Papier-Fuß-Parkett nach englischer Art, Baden bei Wien, 1819
58 x 58
Floor parquet made of paper in the English style, Baden near Vienna, 1819
58 x 58
Leihgabe Loan from Technisches Museum Wien, 61127

Johann Meyr (Glashütte)
Teller, Adolfshütte bei Winterberg (Böhmen), um 1835
Pressglas
Ø 18,7
Johann Meyr (Glassworks)
Plate, Adolfow near Vimperk (Bohemia), ca. 1835
Pressed glass
Ø 18.7
Leihgabe Loan from Technisches Museum Wien, 65743

Johann Meyr (Glashütte)
Teeservice, Adolfshütte bei Winterberg (Böhmen), 1837
Kristallglas, geschliffen
ca. 50 x 30

Johann Meyr (Glassworks)
Tea service, Adolfow near Vimperk (Bohemia), 1837
Crystal glass, cut
ca. 50 x 30
Leihgabe Loan from Technisches Museum Wien,
55714

Graf Harrach'sche Glasfabrik,
Dessertteller, Neuwald (Böhmen), 1837
Glas mit eingeglaster Verzierung aus Keramikpaste
H 3; Ø 19
Count Harrach's Glass Factory
Dessert plate, Neuwald (Bohemia), 1837
Glass with decoration in ceramic paste under
a glass seal
H 3; Ø 19
Leihgabe Loan from Technisches Museum Wien,
65645

Ferdinand Unger (Glascompositions-Fabrikant)
Mustertafel mit gefasstem Glasschmuck
(Ohrgehänge), Liebenau (Böhmen), 1839
Glas, gepresstes Messingblech
3 x 17,7 x 12,5
Ferdinand Unger (Producer of Glass Compositions)
Sample board with collected glass jewelry (drop
earrings), Hodkovice nad Mohelkou (Bohemia), 1839
Glass, pressed sheet brass
3 x 17.7 x 12.5
Leihgabe Loan from Technisches Museum Wien,
62278

Spoerlin und Zimmermann (Tapeten-, Buntpapier-,
Goldrahmen- und Puppenköpfe-Fabrikanten)
Gepresster Rahmen aus Goldpapier, Wien, 1839
19 x 24
Spoerlin and Zimmermann (Producers of Wallpaper,
Colored Paper, Gilt Frames and Dolls' Heads)
Frame molded out of gold foil, Vienna, 1839
19 x 24
Leihgabe Loan from Technisches Museum Wien,
61088

Danhauser'sche Möbelfabrik
Rahmen, Wien, um 1835
Masseverzierung, vergoldet
24 x 29
Danhauser Furniture Factory
Frame, Vienna, ca. 1835
Paste decoration, gilded
24 x 29
MAK, H 1735

Anonym
Bilderrahmen, Wien, um 1860/70
Ebonit (Ebenholzersatz)
12,5 x 8,1
Anonymous
Picture frame, Vienna ca. 1860/1870
Ebonite (ebony substitute)
12.5 x 8.1
Privatbesitz Private collection

Wiener Porzellanmanufaktur
Kaffeekanne mit gotischem Henkel, Wien, 1826
Porzellan, weiß glasiert und z. T. vergoldet
H 20, B 17,5
Vienna Porcelain Manufactory
Coffee pot with Gothic handle, Vienna, 1826
Porcelain, glazed white and partly gilded
H 20, W 17.5
Privatbesitz Private collection

Sigmund Wand (Bronzewaren-Fabrik)
Pokal, Wien, 1845
Rosafarbenes Glas, bemalt und z. T. vergoldet;
gepresste und vergoldete Bronze
H 35; Ø 17,5
Sigmund Wand (Factory for Bronze Wares)
Covered goblet, Vienna, 1845
Pink glass, painted and partly gilded;
pressed and gilded bronze
H 35; Ø 17.5
Leihgabe Loan from Technisches Museum Wien,
7593

Karl Schuh (Erzeuger galvanoplastischer Arbeiten)
Pokal, Wien, 1855
Galvanoplastik; Kupfer, z. T. versilbert und vergoldet
H 37; Ø 12
Karl Schuh (Producer of Electroplating)
Covered goblet, Vienna 1855
Electroplating; copper, partly silver-plated and gilded
H 37; Ø 12
Leihgabe Loan from Technisches Museum Wien,
62099

Hydrolith-Warenfabrik Schiller und Gerbing
Teekanne, Bodenbach bei Tetschen (Böhmen),
um 1835
Siderolith (plastischer Ton mit Farb- oder
Firnisüberzug)
H 14,8 x B 27; Ø 21
Schiller and Gerbing Factory for Calcium
Hydride Wares
Teapot, Podmokly near Děčín (Bohemia), ca. 1835
Siderolite (malleable clay with paint or varnish
coating)
H 14.8 x W 27; Ø 21
Privatbesitz Private collection

Hydrolith-Warenfabrik Schiller und Gerbing
Teekanne, Bodenbach bei Tetschen (Böhmen),
um 1835
Siderolith (plastischer Ton mit Farb- oder
Firnisüberzug)
11 x 22,5 x 16
Schiller and Gerbing Factory for Calcium Hydride
Wares
Teapot, Podmokly near Děčín (Bohemia), ca. 1835
Siderolite (malleable clay with paint or varnish
coating)
11 x 22.5 x 16
Privatbesitz Private collection

Hydrolith-Warenfabrik Schiller und Gerbing
Milchkännchen, Bodenbach bei Tetschen
(Böhmen), um 1835
Siderolith (plastischer Ton mit Farb- oder
Firnisüberzug)
6,9 x 14 x 11,5
Schiller and Gerbing Factory for Calcium
Hydride Wares
Milk jug, Podmokly near Děčín (Bohemia), ca. 1835
Siderolite (malleable clay with paint or varnish
coating)
6.9 x 14 x 11.5
Privatbesitz Private collection

Porzellanfabrik Haas & Lippert
Dessertteller, Schlaggenwald, 1837
Porzellan, bemalt, z. T. vergoldet
H 3; Ø 23
Haas & Lippert Porcelain Factory
Dessert plate, Schlaggenwald, 1837
Porcelain, painted, partly gilded
H 3; Ø 23
Leihgabe Loan from Technisches Museum Wien,
69715

Steingutfabrik Ludwig und Carl Hardtmuth
Teeservice, Wien, 1840
„Wiener Steingut", hellblau glasiert
Teekanne H 16 x B 23 x T 15
Milchkännchen H 13 x B 14 x T 10,5
Zuckerdose H 13,8 x B 16,3 x T 11
Teeschale mit Untertasse H 6,1; Ø 14,3
Ludwig and Carl Hardtmuth Stoneware Factory
Tea service, Vienna, 1840
"Viennese stoneware," glazed light blue
Teapot H 16 x W 23 x D 15
Milk jug H 13 x W 14 x D 10.5
Sugar bowl H 13.8 x W 16.3 x D 11
Teacup with saucer H 6.1; Ø 14.3
Leihgabe Loan from Technisches Museum Wien,
69715

Baumwoll-, Schafwoll- und Leinenwarenfabrik
Anton Münzberg
Mustertafel mit gedrucktem Samt, Georgenthal
im Leitmeritzer Kreise (Böhmen), 1845/46
43 x 33
Anton Münzberg's Factory for Cotton,
Sheep's Wool, and Linen Wares
Sample board with printed velvet, Jiretín in
Litoměřický kraj (Bohemia), 1845/46
43 x 33
MAK, TGM 21962

Anonym
Milchkännchen, Böhmen, um 1845/50
Steingut, Umdruckdekor, z. T. bemalt
H 12 x B 12 x T 10
Anonymous
Milk jug, Bohemia ca. 1845/1850
Stoneware, transfer print, partly painted
H 12 x W 12 x D 10
Privatbesitz Private collection

Porzellanfabrik Springer & Oppenheimer
Blütenkranz, Elbogen (Böhmen), um 1880
Biskuitporzellan
Ø 29
Springer & Oppenheimer Porcelain Factory
Garland, Loket (Bohemia), ca. 1880
Bisque porcelain
Ø 29
Privatbesitz Private collection

Porzellanfabrik Porges von Portheim
Henkelvase, Unter-Chodau (Böhmen), 1846
Porzellan mit Reliefdekor, bunt bemalt,
z. T. vergoldet
H 31 x B 20 x T 12
Porges von Portheim Porcelain Factory
Handled vase, Lower Chodov (Bohemia), 1846
Porcelain with relief decoration, polychrome
painted, partly gilded
H 31 x W 20 x D 12
Leihgabe Loan from Technisches Museum Wien,
18356

Johann Meyr (Glashütte)
Teller, Adolfshütte bei Winterberg (Böhmen), 1846
Gelbes Glas, bemalt und z. T. vergoldet und
versilbert
H 35 x B 24 x T 14
Johann Meyr (Glassworks)
Plate, Adolfow near Vimperk (Bohemia), 1846
Yellow glass, painted and partly gilded and
silver-plated
H 35 xW 24 x D 14
Leihgabe Loan from Technisches Museum Wien,
62230

Graf Thun'sche Porzellanfabrik
Aufsatz, Klösterle (Böhmen), 1856
Porzellan, bunt und irisierend bemalt
H 15,8 x B 19,4 x T 14
Count Thun's Porcelain Factory
Center piece, Klášterec (Bohemia), 1856
Porcelain, polychrome and iridescently painted
H 15.8 x W 19.4 x D 14
Privatbesitz Private collection

Anonym
Korb, Wien, 1846
Silberblech, gepresst
H 8,7 x L 33 x B 23,6
Anonymous
Basket, Vienna, 1846
Sheet silver, pressed
H 8.7 x L 33 x W 23.6
MAK, GO 2084

Steingutfabrik Johann Maresch
Tintenzeug, Aussig (Böhmen), um 1850
Siderolith (plastischer Ton mit Farb- oder
Firnisüberzug)
H 9 x B 20,5 x T 16
Johann Maresch's Stoneware Factory
Writing set, Ústí nad Labem (Bohemia), ca. 1850
Siderolite (malleable clay with paint or varnish
coating)
H 9 x W 20.5 x D 16
Privatbesitz Private collection

Mustertafeln aus dem Sammlungsbestand des
k. k. Nationalfabriksproduktenkabinetts
Sample boards from the collection of the Imperial
Royal National Cabinet of Factory Products

Jacob Flebus (Filz- und Seidenhutfabrikant)
Zwei Mustertafeln mit "Gedrucktem Luft- und
Wasserdichten Filz-Fußteppich", Wien, 1838
Filz, bedruckt
43,5 x 33
Jacob Flebus (Felt and Silk Hat Manufacturer)
Two sample boards with "Printed Air- and
Watertight Felt Floor Carpet," Vienna, 1838
Felt, printed
43.5 x 33
Leihgabe Loan from Technisches Museum Wien,
61503 und and 61509

K. k. Linzer Wollzeug und Teppichfabrik
Mustertafel mit nicht aufgeschnittenem
Webteppich, Linz, 1833
42,7 x 32,6
Imperial Royal Linz Woolens and Carpet Factory
Sample board with uncut woven carpet, Linz, 1833
42.7 x 32.6
MAK, TGM 29384

Metallwarenfabrik Franz Winkler
Mustertafel mit Vorarbeiten zu gepressten
Kastenbeschlägen, Ebersdorf, 1822
Silberplattiertes Kupferblech, glatt, gepresst,
ausgeschnitten, gebeizt, poliert und gefirnisst;
Tombakblech, glatt, gepresst, ausgeschnitten,
gebeizt, poliert und gefirnisst
43,5 x 33,5
Franz Winkler's Metalware Factory
Sample board with preparatory work for pressed
cupboard fittings, Ebersdorf, 1822
Silver-plated sheet copper, smooth, pressed, cut
out, stained, polished, and varnished; red brass,
smooth, pressed, cut out, stained, polished, and
varnished
43.5 x 33.5
Leihgabe Loan from Technisches Museum Wien,
7906

Metallwarenfabrik Franz Winkler
Mustertafel mit Möbelbeschlägen, Ebersdorf, 1822
Messing, gepresst
43,5 x 33,5
Franz Winkler's Metalware Factory
Sample board with furniture fittings,
Ebersdorf, 1822
Brass, pressed
43.5 x 33.5
MAK, ME 706

Metallwarenfabrik Franz Feil
Mustertafel mit Möbelbeschlägen, Wien, 1822
Messing, gepresst
43,5 x 33,5
Franz Feil's Metal Ware Factory
Sample board with furniture fittings, Vienna, 1822
Brass, pressed
43.5 x 33.5
MAK, ME 708

Josef Blaschke (Zinngießer)
Mustertafel mit Verzierungen, Wien, 1842
43,1 x 32,9
Zinn, gegossen
Josef Blaschke (Pewterer)
Sample board with decorations, Vienna, 1842
43.1 x 32.9
Pewter, cast
Leihgabe Loan from Technisches Museum Wien,
6187

Anonym
Mustertafel mit Weizenstroh aus Niederösterreich,
Steiermark, Böhmen und Mähren, um 1825/30
43,5 x 33,5
Anonymous
Sample board with wheat straw from Lower
Austria, Styria, Bohemia, and Moravia, ca. 1825/30
43.5 x 33.5
Leihgabe Loan from Technisches Museum Wien,
8249

Strohhutfabrikant J. D. Liedl
Mustertafel mit Strohgimpen und Bordüren
auf Hüten, Wien, 1827
43,5 x 33,5
J. D. Liedl Straw Hat Manufacturer
Sample board with straw gimps and borders
on hats, Vienna, 1827
43.5 x 33.5
Leihgabe Loan from Technisches Museum Wien,
7638

Gebrüder Mortassi
Mustertafel mit auf einer Maschine erzeugten
Leisten, Varese, 1848
Weißes Ahornholz
43 x 32,7
Mortassi Brothers
Sample board with moldings made on a machine,
Varese, 1848
White maple
43 x 32.7
Leihgabe Loan from Technisches Museum Wien,
34262

Anonym
Mustertafel mit Schnittmuster für einen
Glaceehandschuh, Wien, um 1835
Ziegenleder
43,5 x 33,5

Anonymous
Sample board with pattern for a glacé glove,
Vienna, ca. 1835
Kid leather
43.5 x 33.5
Leihgabe Loan from Technisches Museum Wien,
13076

Franz Heiß, bürgerl. Handschuhmacher
Mustertafel mit drei Paar Damenhandschuhen,
Graz, 1841
Ziegenleder
43,5 x 33,5
Franz Heiß, Glovemaker
Sample board with three pairs of women's gloves,
Graz, 1841
Kid leather
43.5 x 33.5
Leihgabe Loan from Technisches Museum Wien,
13081

Trentsenky'sche Steindruckerei
Mustertafel mit Wachsleinwand mit Steindruck,
Wien, 1834
43,5 x 33,5
Trentsenky Litographic Print Shop
Sample board with oilcloth with lithography,
Vienna, 1834
43.5 x 33.5
Leihgabe Loan from Technisches Museum Wien,
77203

Pfeiffer'sche Lederfabrik
Mustertafel mit bedrucktem Alaunleder,
Wien, 1837
Alaunleder, bedruckt
43,5 x 33,5
Pfeiffer's Leather Factory
Sample board with printed alum-tanned leather,
Vienna, 1837
Alum-tanned leather, printed
43.5 x 33.5
Leihgabe Loan from Technisches Museum Wien,
62046

Georg Griller'sche Fabrik
Mustertafel mit Federplüschen für Damenhüte,
Wien, 1820
43,5 x 33,5
Georg Griller's Factory
Sample board with plush feather imitation for
women's hats, Vienna, 1820
43.5 x 33.5
Leihgabe Loan from Technisches Museum Wien,
61495

Mestrozzi'sche Seidenzeugfabrik
Mustertafel mit Felpeln, Wien, 1822
Seide
43,5 x 33,5
Mestrozzi's Silk Ware Factory
Sample board with plush imitation fur,
Vienna, 1822
Silk
43.5 x 33.5
MAK, TGM 23120

Anonym
Mustertafel mit gefärbten Federn,
Wien, um 1825/30
43,5 x 34
Anonymous
Sample board with colored feathers,
Vienna, ca. 1825/30
43.5 x 34
Leihgabe Loan from Technisches Museum Wien,
61161

Georg Altmütter
Mustertafel mit moirierten Zinnfolien
Wien, um 1830/35
43 x 33
Georg Altmütter
Sample board with moiré tinfoil
Vienna, ca. 1830/35
43 x 33
Leihgabe Loan from Technisches Museum Wien,
3669

Spoerlin & Rahn'sche Tapetenfabrik
Mustertafel mit gepressten Verzierungen für
Rahmen und Ochsenaugen, Wien, 1826
Papier
43,3 x 33,3
Spoerlin & Rahn's Wallpaper Factory
Sample board with pressed ornaments,
including egg and dart, Vienna, 1826
Paper
43.3 x 33.3
Leihgabe Loan from Technisches Museum Wien,
59176

Johann Seidans Tapetenfabrik
Mustertafel mit gepressten Tapetenpapieren,
Wien, 1837
43,3 x 33,3
Johann Seidan's Wallpaper Factory
Sample board with pressed wallpapers,
Vienna, 1837
43.3 x 33.3
Leihgabe Loan from Technisches Museum Wien,
59179

Anonym
Mustertafel mit Papierbordüren, Wien, um 1835
43 x 33
Anonymous
Sample board with paper borders
Vienna, ca. 1835
43 x 33
Leihgabe Loan from Technisches Museum Wien,
36893

Anonym
Mustertafel mit Papierbordüren, Wien, um 1835
43 x 33
Anonymous
Sample board with paper borders, Vienna, ca. 1835
43 x 33
Leihgabe Loan from Technisches Museum Wien,
36892

Franz P. und Friedrich Leitenberger Zitz- und
Kattundruckerei
Mustertafel mit gedrucktem Möbel-Zitz (Chintz)
Josefsthal-Kosmanos, Böhmen, 1835
Baumwolle, bedruckt und appretiert
43,7 x 32,2
Franz P. and Friedrich Leitenberger Chintz and
Calico Print Factory
Sample board with printed furniture chintz
Josefsthal-Kosmanos, Bohemia, 1835
Cotton, printed and dressed
43.7 x 32.2
MAK, TGM 20930

Freiherr v. Puthon'sche k. k. priv. Zitz -
und Kattunmanufaktur
Mustertafel mit gedruckten Kammertüchern,
Sassin, Ungarn, 1835
Baumwolle, bedruckt
43,6 x 33,4

Baron von Puthon's Imperial Royal Private Chintz
and Calico Manufactory
Sample board with printed fabrics,
Sassin, Hungary, 1835
Cotton, printed
43.6 x 33.4
MAK, TGM 20775

Ludwig Rüdelmann'sche Mode-, Seidenzeug-
und Bandfabrik
Mustertafel mit Mode-Felpel, Wien, 1827
Langfloriger Seidenplüsch
43,3 x 33,4
Ludwig Rüdelmann's Clothing, Silk Goods, and
Ribbon Factory
Sample board with plush imitation fur,
Vienna, 1827
Long-pile silk plush
43.3 x 33.4
MAK, TGM 23218

Anonym
Mustertafel mit Borten aus Seide, Stroh,
Manilahanf und Rosshaar, Wien, 1843
Seide, Stroh, Manilahanf und Rosshaar
43,2 x 33
Anonymous
Sample board with braids of silk, straw,
Manila hemp, and horsehair, Vienna, 1843
Silk, straw, Manila hemp, and horsehair
43.2 x 33
MAK, TGM 31483

Jablonski
Mustertafel mit ausgerissenem Roggenstroh,
sieben Hutschirmen und Roggenstroh zum
Flechten hergerichtet, Wien, 1829
Roggenstroh
43,3 x 33,3
Sample board with bundles of rye straw, seven hat
tops and rye straw arranged for weaving,
Vienna, 1829
Rye straw
43.3 x 33.3
MAK, TGM 31469

Zitz-u. Kattundruckerei des Franz P. Leitenberger
Mustertafel mit gedruckten Möbel-Chintzen
Josefsthal-Kosmanos, Böhmen, 1835
Baumwolle, bedruckt, appretiert
43,3 x 32,1
Franz P. Leitenberger Chintz and Calico Printer
Sample board with printed furniture chintz
Josefsthal-Kosmanos, Bohemia, 1835
Cotton, printed, dressed
43.3 x 32.1
MAK, TGM 20936

Zitz- u. Kattunfabrik Du Bois, Du Pasquier et Comp.
Mustertafel mit bedruckten Kammertüchern,
Neunkirchen, 1825
Baumwolle, bedruckt und appretiert
43,3 x 33,4
Du Bois, Du Pasquier et Comp. Chintz and
Calico Factory
Sample board with printed fabrics,
Neunkirchen, 1825
Cotton, printed and dressed
43.3 x 33.4
MAK, TGM 20309

Zitz- u. Kattunfabrik Du Bois, Du Pasquier et Comp.
Mustertafel mit bedruckten Kammertüchern,
Neunkirchen, 1823
Baumwolle, bedruckt und appretiert
43,3 x 33,4

Du Bois, Du Pasquier et Comp. Chintz and Calico
Factory
Sample board with printed cambric,
Neunkirchen, 1823
Cotton, printed and dressed
43.3 x 33.4
MAK, TGM 20307

Seidenzeugfabrik des Christian G. Hornbostel
Mustertafel mit chinirter Levantine, Wien, 1827
Seide
43,3 x 33,4
Christian G. Hornbostel's Silk Factory
Sample board with chiné Levantine fabrics,
Vienna, 1827
Silk
43.3 x 33.4
MAK, TGM 23201

Philipp Haas'sche Baumwollwarenmanufaktur
Mustertafel mit broschierten Molls, Wien, 1839
Baumwolle
43,7 x 33,2
Philipp Haas's Cotton Goods Manufactory
Sample board with brocaded molleton,
Vienna, 1839
Cotton
43.7 x 33.2
MAK TGM 21539

Philipp Haas'sche Baumwollwarenmanufaktur
Mustertafel mit weiß gestickten Molls, Wien, 1839
Baumwolle
43,7 x 33,2
Philipp Haas's Cotton Goods Manufactory
Sample board with white embroidered molleton,
Vienna, 1839
Cotton
43.7 x 33.2
MAK TGM 21540

Philipp Haas'sche Baumwollwarenmanufaktur
Mustertafel mit Möbeldamasten, Wien, 1839
Baumwolle
43,4 x 33,1
Philipp Haas's Cotton Goods Manufactory
Sample board with furniture damasks,
Vienna, 1839
Cotton
43.4 x 33.1
MAK TGM 21549

Kattun- u. Tücheldruckerei der Gebrüder Porges
Mustertafel mit gedruckten Zitz-Bordüren,
Prag, 1836
Baumwolle, bedruckt und appretiert
43,9 x 33,7
Porges Brothers Calico and Cloth Print Shop
Sample board with printed chintz borders,
Prague, 1836
Cotton, printed and dressed
43.9 x 33.7
MAK TGM 21093

Kattun- u. Tücheldruckerei der Gebrüder Porges
Mustertafel mit gedruckten Zitz-Bordüren,
Prag, 1836
Baumwolle, bedruckt und appretiert
43,9 x 33,7
Porges Brothers Calico and Cloth Print Shop
Sample board with printed chintz borders,
Prague, 1836
Cotton, printed and dressed
43.9 x 33.7
MAK TGM 21094

Kattunfabrik Moyses Jerusalem & Aaron Pribram
Karolinenthal, Rosenthal und Smichow,
Böhmen, 1836
Mustertafel mit gedruckten Möbel-Zitzen
Baumwolle, bedruckt und appretiert
43,5 x 33,5
Moyses Jerusalem & Aaron Pribram's Calico Factory
Karolinenthal, Rosenthal and Smichow, Bohemia,
1836
Sample board with printed furniture chintzes
Cotton, printed and dressed
43.5 x 33.5
MAK TGM 20509

Kattunfabrik Moyses Jerusalem & Aaron Pribram
Karolinenthal, Rosenthal und Smichow,
Böhmen, 1836
Mustertafel mit gedruckten Möbel-Zitzen
Baumwolle, bedruckt und appretiert
43,8 x 33,6
Moyses Jerusalem & Aaron Pribram's Calico Factory
Karolinenthal, Rosenthal and Smichow, Bohemia,
1836
Sample board with printed furniture chintzes
Cotton, printed and dressed
43.8 x 33.6
MAK 21084

Mode-, Seidenzeug- u. Bandfabrik
des Ludwig Rüdelmann
Mustertafel mit façonierten Atlassen, Wien, 1836
Seide
43,4 x 33,5
Ludwig Rüdelmann's Clothing, Silk,
and Ribbon Factory
Sample board with trimmed satins, Vienna, 1836
Silk
43.4 x 33.5
MAK TGM 23813

Mode-, Seidenzeug- u. Bandfabrik
des Ludwig Rüdelmann
Mustertafel mit façonierten Atlassen, Wien, 1836
Seide
43,4 x 33,3
Ludwig Rüdelmann's Clothing, Silk, and Ribbon
Factory
Sample board with trimmed satins, Vienna, 1836
Silk
43.4 x 33.3
MAK TGM 23524

Geschichte als Konsumartikel
History as a Consumer Product

Anonym
Sessel, Wien, um 1845
Holz, geschnitzt, vergoldet;
erneuerte Damastbespannung
75 x 63 x 44
Anonymous
Chair, Vienna, ca. 1845
Wood, carved, gilded; replaced damask covering
75 x 63 x 44
Schenkung Donation from Elisabeth Sturm,
MAK, H 3044

Carl Leistler
Armlehnsessel für die Londoner Weltausstellung
1851
Eschenholz geschnitzt; erneuerte
Stoffbespannung
H 111 x B 58 x T 83

Armchair for the London World Exhibition 1851
Ash, carved; replaced fabric covering
H 111 x W 58 x D 83
MAK, H 2730

Anonym
Tisch, Wien, um 1835
Papel- und Erlenholz; Ahornholz geschnitzt
73 x 86 x 49,5
Anonymous
Table, Vienna, ca. 1835
Poplar and alder; maple carved
73 x 86 x 49.5
MAK, H2862

Georg Schwaigard & August Abermann
Tisch, Wien, 1854
Palisander, z. T. geschnitzt
75 x 63 x 44
Table, Vienna, 1854
Rosewood, partly carved
75 x 63 x 44
MAK, H 1517

Die Kunstgewerbereform
Reform of the Arts and Crafts

Heinrich von Ferstel
Präsentationsentwurf für die Fassade des
eröffneten k. k. Österreichischen Museums
für Kunst und Industrie, 1867
Feder, Bleistift und Aquarell auf Papier
63 x 166,5
Presentation design for the façade of the opened
Imperial Royal Austrian Museum of Art and
Industry, 1867
Pen, pencil, and watercolor on paper
63 x 166.5
MAK, K.I. 14918

Josef von Storck
Kabinettschrank, Wien, 1871
Ausführung: Franz Michel (Tischler), Johann
Schindler (Schnitzer), Ferdinand Laufberger
(Maler), Josef Panigl (Elfenbeinschnitt), F. W.
Bader (Graveur) und Johann Schwerdtner (Graveur)
Eben- u. Birnbaumholz, Elfenbein
168 x 95 x 67
Cabinet, Vienna, 1871
Execution: Franz Michel (cabinetmaker), Johann
Schindler (carver), Ferdinand Laufberger (painter),
Josef Panigl (ivory sculptor), F. W. Bader (engraver),
and Johann Schwerdtner (engraver)
Ebony and pear wood, ivory
168 x 95 x 67
MAK, H 709

Gustav Gugitz
Atelierschrank für sein Büro an der
Staatsgewerbeschule, Wien, um 1875/80
Nussbaum- u. Nusswurzelholz, Baumwolle,
Gipsreliefs von Franz Koch
Plan chest for his office at the State Vocational
School, Vienna, ca. 1875/80
Walnut and walnut burl, cotton, plaster reliefs of
Franz Koch
MAK

Anonym
Schreibtisch für den Obersthofmeister Fürst
Konstantin Hohenlohe, Wien, um 1870/75
Nussbaumholz, z. T. geschnitzt
113 x 181 x 108

Anonymous
Desk for the Lord Chamberlain Prince Konstantin
Hohenlohe, Vienna, ca. 1870/75
Walnut, partly carved
113 x 181 x 108
MAK, H 3038

Josef von Storck
Kassette, Wien, 1889
Ziegenleder, Handstempelvergoldung,
Silbermontierungen
H 27 x B 32,5 x T 22
Box, Vienna 1889
Kid leather, hand stamp gilding, silver mountings
H 27 x W 32.5 x D 22
MAK, LE 276

Der Zwang zum Entwurf
The Necessity of Design

Theophil von Hansen
Kredenzkasten aus dem Speisesaal in Schloss
Hernstein, Wien, um 1870
Ausführung: Heinrich Dübell
Verschiedene Nussbaumholzsorten,
z. T. geschnitzt
H 240 x B 275 x T 88
Credenza from the dining hall at
Schloss Hernstein, Vienna, ca. 1870
Execution: Heinrich Dübell
Various types of walnut, partly carved
H 240 x W 275 x D 88
Seminarhotel Schloss Hernstein der
Wirtschaftskammer Wien Seminar Hotel Schloss
Hernstein, Vienna Chamber of Commerce,
WKW0051/02

Theophil von Hansen
Zwei Kandelaber für den Kredenzkasten
des Speisesaals in Schloss Hernstein,
Wien, um 1870
Ausführung: Bronzewarenfabrik & Erzgiesserei
D. Hollenbach's Neffen
Bronze, vergoldet
H 163; Ø 30
Two candelabra for the credenza in the dining
hall of Schloss Hernstein, Vienna, ca. 1870
Execution: D. Hollenbach's Neffen Bronze Goods
Factory & Foundry
Bronze, gilded
H 163; Ø 30
Seminarhotel Schloss Hernstein der
Wirtschaftskammer Wien Seminar Hotel Schloss
Hernstein, Vienna Chamber of Commerce,
WKW0108/01 and 02

Theophil von Hansen
Schreibtisch aus dem Arbeitszimmer Erzherzog
Wilhelms in Schloss Hernstein, Wien, um 1870
Ausführung: Heinrich Dübell
Verschiedene Nussbaumholzsorten, Leder
80 x 155 x 83
Desk from Archduke Wilhelm's study at Schloss
Hernstein, Vienna, ca. 1870
Execution: Heinrich Dübell
Various types of walnut, leather
80 x 155 x 83
Seminarhotel Schloss Hernstein der
Wirtschaftskammer Wien Seminar Hotel Schloss
Hernstein, Vienna Chamber of Commerce,
WKW0140/00

Theophil von Hansen
Sessel aus dem Arbeitszimmer von Erzherzog
Leopold in Schloss Hernstein, Wien, um 1870
Ausführung: Heinrich Dübell
Verschiedene Nussbaumholzsorten, originale
Stoffbespannung
H 76 x B 70 x T 63; SH 49
Chair from Archduke Leopold's study at Schloss
Hernstein, Vienna, ca. 1870
Execution: Heinrich Dübell
Various types of walnut, original fabric covering
H 76 xW 70 x D 63; SH 49
Seminarhotel Schloss Hernstein der
Wirtschaftskammer Wien Seminar Hotel Schloss
Hernstein, Vienna Chamber of Commerce,
WKW0086/00

Theophil von Hansen
Kandelaber aus dem Empfangssaal von Schloss
Hernstein, Wien, um 1870
Ausführung: Bronzewarenfabrik & Erzgiesserei
D. Hollenbach's Neffen
Bronze vergoldet, Porto Venere-Marmor
H 275; Ø 68
Candelabrum from the reception room of Schloss
Hernstein, Vienna, ca. 1870
Execution: D. Hollenbach's Neffen Bronze Goods
Factory & Foundry
Bronze, gilded, Porto Venere marble
H 275; Ø 68
Seminarhotel Schloss Hernstein der
Wirtschaftskammer Wien Seminar Hotel Schloss
Hernstein, Vienna Chamber of Commerce,
WKW0038/00

Theophil von Hansen
Wanduhr aus dem Arbeitszimmer von Erzherzog
Leopold in Schloss Hernstein, Wien, um 1870
Ausführung: Anton Dübell (Tischler) und
David Hollenbach (Bronzearbeit)
Birkenholz, Bronze vergoldet
190 x 50 x 27
Wall clock from Archduke Leopold's study
at Schloss Hernstein, Vienna, ca. 1870
Execution: Anton Dübell (cabinetmaker)
and David Hollenbach (bronzes)
Birch and gilt bronze
190 x 50 x 27
Seminarhotel Schloss Hernstein der
Wirtschaftskammer Wien Seminar Hotel Schloss
Hernstein, Vienna Chamber of Commerce,
WKW0048/01

Theophil von Hansen
Wasserglas aus dem *Service Nr. 103*,
Wien, 1866
Ausführung: Böhmische Glashütte
für J. & L. Lobmeyr
Farbloses Glas mit Schliff
H 13; Ø 7,7
Water glass from the *Service no. 103*,
Vienna, 1866
Execution: Bohemian Glassworks
for J. & L. Lobmeyr
Clear glass, cut
H 13; Ø 7.7
J. & L. LOBMEYR

Theophil von Hansen
Weinkrug aus dem *Service Nr. 103*, Wien, 1866
Ausführung: Böhmische Glashütte für
J. & L. Lobmeyr
Farbloses Glas mit Schliff und Schnitt
H 34; Ø 13

Wine jug from the *Service no. 103*,
Vienna, 1866
Execution: Bohemian Glassworks
for J. & L. Lobmeyr
Clear glass, cut
H 34; Ø 13
J. & L. LOBMEYR

Theophil von Hansen
Likörflasche aus dem *Service Nr. 103*, Wien, 1866
Ausführung: Böhmische Glashütte
für J. & L. Lobmeyr
Farbloses Glas mit Schliff und Schnitt
H 23; Ø 9
Liqueur bottle from the *Service no. 103*,
Vienna, 1866
Execution: Bohemian Glassworks
for J. & L. Lobmeyr
Clear glass, cut
H 23; Ø 9
J. & L. LOBMEYR

Theophil von Hansen und August Eisenmenger
Aufsatz mit allegorischer Darstellung
der zwölf Monate, Wien, 1874
Ausführung: Böhmische Glashütte
für J. & L. Lobmeyr
Farbloses Glas mit Schliff und Schnitt;
vergoldete Silbermontierung
H 16,7; Ø 34,1
Theophil von Hansen and August Eisenmenger
Center piece with allegorical depiction
of the twelve months, Vienna, 1874
Execution: Bohemian Glassworks
for J. & L. Lobmeyr
Clear glass, cut; gilded silver mounting
H 16.7; Ø 34.1
MAK, GL 1238

Theophil von Hansen
Teile eines Teeservices, Wien, 1864
Ausführung: Wiener Porzellanmanufaktur
Porzellan, weiß glasiert; Golddekor
Teekanne H 13,3; Ø 24,3
Teeschale H 6,9; Ø 16,1
Oberskanne H 8,1; Ø 14,2
Zuckerdose H 10,4; Ø 20
Parts of a tea service, Vienna, 1864
Execution: Vienna Porcelain Manufactory
Porcelain, glazed white; gold decoration
Teapot H 13.3; Ø 24.3
Teacup H 6.9; Ø 16.1
Cream jug H 8.1; Ø 14.2
Sugar bowl H 10.4; Ø 20
MAK, KE 450

Theophil von Hansen
Schreibgarnitur aus dem Arbeitszimmer von Erz-
herzog Leopold in Schloss Hernstein, Wien, 1875
Ausführung: Bronzewarenfabrik & Erzgiesserei
D. Hollenbach's Neffen
Bronze vergoldet; Glas geschliffen;
Porto Venere-Marmor
H 37 x B 35 x T 21
Writing set from Archduke Leopold's study
at Schloss Hernstein, Vienna, 1875
Execution: D. Hollenbach's Neffen Bronze Goods
Factory & Foundry
Bronze, gilded; glass, cut; Porto Venere marble
H 37, W 35, D 21
Seminarhotel Schloss Hernstein der
Wirtschaftskammer Wien Seminar Hotel Schloss
Hernstein, Vienna Chamber of Commerce,
WKW0068/01

Theophil von Hansen
Tischlampe aus dem Arbeitszimmer von Erzherzog
Leopold in Schloss Hernstein, Wien, 1884
Ausführung: Bronzewarenfabrik & Erzgiesserei
D. Hollenbach's Neffen
Bronze, vergoldet; Email; Messingblech, bemalt
H 56 x B 38 x T 24
Table lamp from Archduke Leopold's study
at Schloss Hernstein, Vienna, 1884
Execution: D. Hollenbach's Neffen Bronze Goods
Factory & Foundry
Bronze, gilded; enamel; sheet brass, painted
H 56 x W 38 x D 24
Seminarhotel Schloss Hernstein der
Wirtschaftskammer Wien Seminar Hotel Schloss
Hernstein, Vienna Chamber of Commerce,
WKW0068/02a

Theophil von Hansen
Entwurf für die Schreibgarnitur aus dem
Schreibzimmer von Erzherzog Leopold in Schloss
Hernstein, Wien, um 1874
Bleistift auf Papier
58,6 x 39,9
Design for the writing set from Archduke Leopold's
study at Schloss Hernstein, Vienna, ca. 1874
Pencil on paper
58.6 x 39.9
Akademie der bildenden Künste Wien,
Kupferstichkabinett Academy of Fine Arts Vienna,
Graphic Collection, HZ20627

Theophil von Hansen
Entwurf für die Tischlampe aus dem Arbeitszimmer
von Erzherzog Leopold in Schloss Hernstein, Wien,
1883
Bleistift und Aquarell auf Papier
83,7 x 46,4
Design for the table lamp from Archduke Leopold's
study at Schloss Hernstein, Vienna, 1883
Pencil and watercolor on paper
83.7 x 46.4
Akademie der bildenden Künste Wien,
Kupferstichkabinett Academy of Fine Arts Vienna,
Graphic Collection, HZ 20585

Theophil von Hansen
Kaminböcke aus dem Empfangssaal in Schloss
Hernstein, Wien, um 1870
Ausführung: Bronzewarenfabrik & Erzgiesserei
D. Hollenbach's Neffen
Bronze, vergoldet
H 31 x B 22,5 x T 50
Andirons from the reception room at Schloss
Hernstein, Vienna ca. 1870
Execution: D. Hollenbach's Neffen Bronze Goods
Factory & Foundry
Bronze, gilded
H 31 x W 22.5 x D 50
Seminarhotel Schloss Hernstein der
Wirtschaftskammer Wien Seminar Hotel Schloss
Hernstein, Vienna Chamber of Commerce,
WKW0040/03

Theophil von Hansen
Entwurf zur Restaurierung des erzherzoglichen
Schlosses Hernstein (Aufriss in Richtung Süden),
Wien, 1857
Feder in schwarz, Bleistift auf Papier
55,3 x 77,2

Design for the restoration of the archduke's
Schloss Hernstein (elevation facing south),
Vienna, 1857
Pen in black, pencil on paper
55.3 x 77.2
Akademie der bildenden Künste Wien, Kupfer-
stichkabinett Academy of Fine Arts Vienna,
Graphic Collection, HZ 20479

Theophil von Hansen
Entwurf für eine Schlafzimmereinrichtung in
Schloss Hernstein, Wien, um 1870
Bleistift auf Papier
34,4 x 92,6
Design for bedroom furnishings at Schloss
Hernstein, Vienna, ca. 1870
Pencil on paper
34.4 x 92.6
Akademie der bildenden Künste Wien, Kupfer-
stichkabinett Academy of Fine Arts Vienna,
Graphic Collection, HZ 20546

Theophil von Hansen
Entwurf für das Rundsofa im Gartensalon
von Schloss Hernstein
Feder in schwarz, Aquarell, Bleistift auf Papier
58,1 x 46,4
Design for the round sofa in the garden salon
of Schloss Hernstein
Pen in black, watercolor, pencil on paper
58.1 x 46.4
Akademie der bildenden Künste Wien,
Kupferstichkabinett Academy of Fine Arts Vienna,
Graphic Collection, HZ 20523

Theophil von Hansen
Entwurf für die Gestaltung des Speisesaals
in Schloss Hernstein, um 1865
Feder in schwarz, rot und gelb; Aquarell;
Bleistift auf Papier
38,9 x 52,7
Design for the interior decoration of the dining
room at Schloss Hernstein, ca. 1865
Pen in black, red, and yellow; watercolor;
pencil on paper
38.9 x 52.7
Akademie der bildenden Künste Wien, Kupfer-
stichkabinett Academy of Fine Arts Vienna,
Graphic Collection, HZ 20515

Theophil von Hansen
Entwurf für die Gestaltung des Arbeitszimmers
in Schloss Hernstein, um 1865
Feder in schwarz, rot und gelb; Aquarell;
Bleistift auf Papier
38,8 x 52,7
Design for the interior decoration of the study
at Schloss Hernstein, ca. 1865
Pen in black, red, and yellow; watercolor;
pencil on paper
38.8 x 52.7
Akademie der bildenden Künste Wien, Kupfer-
stichkabinett Academy of Fine Arts Vienna,
Graphic Collection, HZ 20514

Franz Alt (1821–1914)
Ansicht des Speisesaales Erzherzog Leopolds
in Schloss Hernstein, 1877
Aquarell auf Papier
25,5 x 35,5

View of Archduke Leopold's dining room
at Schloss Hernstein, 1877
Watercolor on paper
25.5 x 35.5
Seminarhotel Schloss Hernstein der
Wirtschaftskammer Wien Seminar Hotel Schloss
Hernstein, Vienna Chamber of Commerce,
WKW0005/00

Franz Alt (1821–1914)
Ansicht des Arbeitszimmers Erzherzog Leopolds
in Schloss Hernstein, 1877
Aquarell auf Papier
25,5 x 35,5
View of Archduke Leopold's study at Schloss
Hernstein, 1877
Watercolor on paper
25.5 x 35.5
Seminarhotel Schloss Hernstein der Wirtschafts-
kammer Wien Seminar Hotel Schloss Hernstein,
Vienna Chamber of Commerce, WKW0004/00

Franz Alt (1821–1914)
Ansicht des Empfangssaals Erzherzog Leopolds in
Schloss Hernstein, 1877
Aquarell auf Papier
View of Archduke Leopold's reception room at
Schloss Hernstein, 1877
Watercolor on paper
Seminarhotel Schloss Hernstein der Wirtschafts-
kammer Wien Seminar Hotel Schloss Hernstein,
Vienna Chamber of Commerce, WKW0006/00

Theophil von Hansen
Entwurf für die Gestaltung des Empfangsaales
in Schloss Hernstein, um 1865
Feder in schwarz, Aquarell, Gold, Bleistift auf Papier
39,4 x 52,8
Design for the interior decoration of the reception
room at Schloss Hernstein, ca. 1865
Pen in black, watercolor, gold, pencil on paper
39.4 x 52.8
Akademie der bildenden Künste Wien, Kupfer-
stichkabinett Academy of Fine Arts Vienna,
Graphic Collection, HZ 20518

Theophil von Hansen
Wanduhr aus dem Arbeitszimmer von Erzherzog
Leopold in Schloss Hernstein, um 1870
Ausführung: Anton Dübell (Tischler) und David
Hollenbach (Bronzearbeit)
Birkenholz; Bronze, vergoldet
190 x 50 x 27
Wall clock from Archduke Leopold's study
at Schloss Hernstein, ca. 1870
Execution: Anton Dübell (cabinetmaker)
and David Hollenbach (bronzes)
Birch; bronze, gilded
190 x 50 x 27
Seminarhotel Schloss Hernstein der Wirtschafts-
kammer Wien Seminar Hotel Schloss Hernstein,
Vienna Chamber of Commerce, WKW0048/01

Anonymer Photograph
Produkte der Bronzewarenfabrik & Erzgiesserei
D. Hollenbach's Neffen Ed. & F. Richter,
k. k. Hoflieferanten in Wien, um 1870/80
39,5 x 57 bzw. 57 x 39
Anonymous Photographer
Products from the D. Hollenbach's Neffen
Ed. & F. Richter Bronze Goods Factory & Foundry,
Purveyors to the Imperial Royal Court in Vienna,
ca. 1870/80
39.5 x 57 and 57 x 39
MAK, K.I. 7930

Messkannen mit Tasse und Messglocke für
Erzherzog Wilhelm nach Entwürfen von Theophil
von Hansen, 1870
Communion jugs with tray and bell for Archduke
Wilhelm, designed by Theophil von Hansen, 1870

Barometer für Schloss Hernstein und Tintenzeug
nach Entwürfen von Theophil von Hansen, 1877
Barometer for Schloss Hernstein and inkwell,
designed by Theophil von Hansen, 1877

Doppelleuchter mit Lichtschirm und Handleuchter
für Schloss Hernstein nach Entwürfen von
Theophil von Hansen, 1876
Double candlestick holder with shade and portable
lamp for Schloss Hernstein, designed
by Theophil von Hansen, 1876

Tintenzeug und Tischchen für Schloss Hernstein
nach Entwürfen von Theophil von Hansen, 1875
Inkwell and small table for Schloss Hernstein,
designed by Theophil von Hansen, 1875

Bett für Schloss Hernstein nach Entwurf von
Theophil von Hansen, 1880, und Kamingarnitur
Bed for Schloss Hernstein, designed by Theophil
von Hansen, 1880, and fireplace tools

Glastürbeschläge für Schloss Hernstein nach
Entwürfen von Theophil von Hansen, 1865
Glass door fittings for Schloss Hernstein,
designed by Theophil von Hansen, 1865

Klavier für die Pariser Weltausstellung 1867
nach Entwurf von Theophil von Hansen
Piano for the Paris world exhibition 1867,
designed by Theophil von Hansen

Banner des Wiener Gesangsvereins nach
Entwurf von Theophil von Hansen, 1869
Banner of the Viennese Choir Society,
designed by Theophil von Hansen, 1869

Stiegengeländer nach Entwürfen von Josef
von Storck und Kaminvorlage nach Entwurf
von Theophil von Hansen, um 1870
Staircase railing designed by Josef von Storck
and fender designed by Theophil von Hansen,
ca. 1870

OTTO WAGNER

Gottlieb Theodor Kempf von Hartenkampf
Porträt Otto Wagners, 1896
Pastell auf Papier
144 x 97
Portrait of Otto Wagner, 1896
Pastel on paper
144 x 97
Wien Museum, HMW 168490

Anonym
Gasheizofen *Trabant,* Wien, um 1900
Gusseisen
57 x 45 x 39
Anonymous
Trabant gas heating stove, Vienna, ca. 1900
Cast iron
57 x 45 x 39
Leihgabe Loan from Technisches Museum Wien,
68519

Friedrich Siemens
Gasheizofen, Wien, um 1916
Eisenblech, weiß emailliert; vernickelter Rahmen
63 x 45 x 33
Gas heating stove, Vienna, ca. 1916
Sheet iron, enameled white; nickel-plated frame
63 x 45 x 33
Leihgabe Loan from Technisches Museum Wien,
2330

Anonym
Tischtelefon, 1887
Ausführung: Ericsson
14 x 14 x 48
Anonymous
Desk telephone, 1887
Execution: Ericsson
14 x 14 x 48
Leihgabe Loan from Technisches Museum Wien,
16079

Anonym
OB-Tischapparat, 1905
28,5 x 15,5 x 28,5
Anonymous
OB-telephone
28.5 x 15.5 x 28.5
Leihgabe Loan from Technisches Museum Wien,
54412

Otto Wagner
Moderne Architektur, 1. Auflage
Anton Schroll & Co., Wien, 1895
[Modern Architecture], 1st edition
Anton Schroll & Co., Vienna, 1895
Privatbesitz Private collection

Otto Wagner
Moderne Architektur, 2. Auflage
Anton Schroll & Co., Wien, 1898
[Modern Architecture], 2nd edition
Anton Schroll & Co., Vienna, 1898
Privatbesitz Private collection

Otto Wagner
Moderne Architektur, 3. Auflage
Anton Schroll & Co., Wien, 1902
[Modern Architecture], 3rd edition
Anton Schroll & Co., Vienna, 1902
MAK

Otto Wagner
Die Baukunst unserer Zeit, 4. Auflage von
Moderne Architektur
Anton Schroll & Co., Wien, 1914
[Architecture of Our Time], 4th edition of
[Modern Architecture]
Anton Schroll & Co., Vienna, 1914
MAK

Otto Wagner
Schrank für die Schubert-Autografen-Sammlung
Nikolaus Dumbas, um 1890
Nussbaumholz, Perlmutt, Emailtafeln
(China, 2. Hälfte 19. Jh.)
260 x 310 x 68
Cabinet for Nikolaus Dumba's collection
of Schubert autographs, ca. 1890
Walnut, mother of pearl, sheet enamel
(China, 2nd half of the 19th c.)
260 x 310 x 68
Wien Museum, HMW 96038

Otto Wagner
Silberschrank für das Speisezimmer
Otto Wagners in der Köstlergasse 3, 1899
Nussbaumholz, Perlmutt, geschliffene Gläser
237 x 150 x 61
Silver cabinet for Otto Wagner's dining room
in the Köstlergasse 3, 1899
Walnut, mother of pearl, bevelled glass
237 x 150 x 61
Schenkung Donation from Inge Asenbaum,
MAK, H 3002

Otto Wagner
Büroschrank für das Depeschenbüro „Die Zeit", 1902
Buchenholz, schwarz gebeizt; Aluminium
207 x 234 x 52
Office cabinet for the "Die Zeit" dispatch office,
1902
Beech, stained black; aluminum
207 x 234 x 52
Paris, musée d'Orsay, OAO 1291

Otto Wagner
Büroschrank für die k. k. Österreichische
Postsparkasse, 1912
Nusswurzelmaserholz, furniert;
vernickelte Messingbeschläge
194,5 x 169 x 53,5
Office cabinet for the Imperial Royal Austrian
Postal Savings Bank, 1912
Walnut burl, veneered; nickel-plated brass fixtures
194.5 x 169 x 53.5
Möbelsammlung Postsparkasse Postal Savings
Bank Furniture Collection, LHG 1485

Otto Wagner
Sessel für Otto Wagners Atelierhaus am Rennweg 3,
um 1890
Buchenholz, gebeizt; Messing, Stoffbespannung
82,5 x 44,5 x 45
Chair for Otto Wagner's studio building
on Rennweg 3, ca. 1890
Beech, stained; brass, fabric covering
82.5 x 44.5 x 45
Hofmobiliendepot • Möbel Museum Wien Garde de
meuble of the Vienna Court • Furniture Museum
Vienna, MD 073192/000

Otto Wagner
Armlehnsessel für den Atelierraum der Villa
Wagner I, 1899
Nussbaumholz, Messing; Polsterung nicht original
85 x 77,5 x 61,5
Armchair for the studio room in the villa Wagner I,
1899
Walnut, brass; upholstery not original
85 x 77.5 x 61.5
Hofmobiliendepot • Möbel Museum Wien Garde de
meuble of the Vienna Court • Furniture Museum
Vienna, MD 074750/000

Otto Wagner
Armlehnsessel für das Speisezimmer der Wohnung
Otto Wagners in der Köstlergasse 3, 1899
Nussbaumholz, Perlmutt; erneuerte
Lederbespannung
84 x 69 x 60
Armchair for the dining room in the Otto Wagner
residence in the Köstlergasse 3, 1899
Walnut, mother of pearls; replaced leather covering
84 x 69 x 60
Private collection. Courtesy Yves Macaux

Otto Wagner
Armlehnsessel für den Sitzungssaal der
k. k. Österreichischen Postsparkasse, 1906
Ausführung: J. & J. Kohn
Buchenholz, z. T. gebogen, schwarz gebeizt
(ehemals grau); Velourspolsterung, Aluminium
76 x 56 x 56; SH 47
Armchair for the meeting hall in the Imperial Royal
Austrian Postal Savings Bank, 1906
Execution: J. & J. Kohn
Beech, partly bent, stained black (previously gray);
velour upholstery, aluminum
76 x 56 x 56; SH 47
Möbelsammlung Postsparkasse Postal Savings
Bank Furniture Collection

Otto Wagner
Armlehnsessel für ein Kleinbüro der k. k.
Österreichischen Postsparkasse, 1906
Ausführung: J. & J. Kohn
Buchenholz, gebogen, braun gebeizt; Sperrholz
78 x 54 x 49; SH 48
Armchair for a small office in the Imperial Royal
Austrian Postal Savings Bank, 1906
Execution: J. & J. Kohn
Beech, bent, stained brown; plywood
78 x 54 x 49; SH 48
Möbelsammlung Postsparkasse Postal Savings
Bank Furniture Collection

Otto Wagner
Armlehnsessel für das Büro des Gouverneurs
der k. k. Österreichischen Postsparkasse, 1906
Ausführung: J. & J. Kohn
Buchenholz, z. T. gebogen, braun gebeizt
(ehemals Mahagoni); Velourspolsterung, Messing
78 x 56 x 51; SH 49

Armchair for the Governor's office in the Imperial
Royal Austrian Postal Savings Bank, 1906
Execution: J. & J. Kohn
Beech, partly bent, stained brown (previously
mahogany); velour upholstery, brass
78 x 56 x 51; SH 49
Möbelsammlung Postsparkasse Postal Savings
Bank Furniture Collection

Otto Wagner
Fauteuil für die k. k. Österreichische Postsparkasse,
1912/13
Ausführung: Bothe & Ehrmann (Tischlerei)
und J. Backhausen (Stoff)
Eiche, schwarz gebeizt; Metall, vernickelt;
originale Stoffbespannung
(Entwurf: Otto Wagner)
82 x 76 x 72
Fauteuil for the Imperial Royal Austrian Postal
Savings Bank, 1912/13
Execution: Bothe & Ehrmann (carbinetmaking)
and J. Backhausen (fabric)
Oak, stained black; nickel-plated metal;
original fabric covering (design: Otto Wagner)
82 x 76 x 72
Möbelsammlung Postsparkasse Postal Savings
Bank Furniture Collection

Otto Wagner
Hocker für den Kassensaal der k. k.
Österreichischen Postsparkasse, 1906
Ausführung: J. & J. Kohn
Buchenholz, z. T. gebogen, schwarz gebeizt
(ehemals grau); Sperrholz; Aluminium
47 x 42 x 42
Stool for the banking hall in the Imperial Royal
Austrian Postal Savings Bank, 1906
Execution: J. & J. Kohn
Beech, partly bent, stained black
(previously gray); plywood; aluminum
47 x 42 x 42
Möbelsammlung Postsparkasse Postal Savings
Bank Furniture Collection

Otto Wagner
Sessel für ein Großraumbüro der k. k.
Österreichischen Postsparkasse, 1906
Ausführung: J. & J. Kohn
Buchenholz, z.T. gebogen, schwarz gebeizt
(ehemals grau); Sperrholz
87 x 40 x 41
Chair for an open-plan office in the Imperial Royal
Austrian Postal Savings Bank, 1906
Execution: J. & J. Kohn
Beech, partly bent, stained black (previously gray);
plywood
87 x 40 x 41
Möbelsammlung Postsparkasse Postal Savings
Bank Furniture Collection

Otto Wagner
Sessel für die Wohnung Otto Wagners in der
Döblergasse 4, 1912
Buchenholz, grau lackiert; Rohrgeflecht;
Messing, vernickelt
95 x 44 x 52
Chair for Otto Wagner's residence in the
Döblergasse 4, 1912
Beech, lacquered gray; wickerwork;
nickel-plated brass
95 x 44 x 52
MAK

Otto Wagner
Tisch für den Wartesaal der Stadtbahnstation
Hütteldorf-Hacking, 1898
Ulme, braun gebeizt
77 x 145 x 109
Table for the waiting room at the Hütteldorf-
Hacking metropolitan railway station, 1898
Elm, stained brown
77 x 145 x 109
Private collection. Courtesy Yves Macaux

Otto Wagner
Tisch für den Ausstellungsraum des
Depeschenbüros „Die Zeit", 1902
Buche, dunkelbraun gebeizt; Messingrohre
vernickelt
75 x 180 x 89
Table for the exhibition hall of the
"Die Zeit" dispatch office, 1902
Beech, stained dark brown; brass tubing,
nickel-plated
75 x 180 x 89
MAK, H 3196

Otto Wagner
Tisch für die k. k. Österreichische Postsparkasse,
1912/13
Ausführung: Bothe & Ehrmann
Nusswurzelmaserholz; Messing, vernickelt
79 x 120 x 70
Table for the Imperial Royal Austrian Postal
Savings Bank, 1912/13
Execution: Bothe & Ehrmann
Walnut burl; brass, nickel-plated
79 x 120 x 70
Möbelsammlung Postsparkasse Postal Savings
Bank Furniture Collection

Otto Wagner
Etagere für die Kleinraumbüros der k. k. Österr.
Postsparkasse, 1906
Ausführung: J. & J. Kohn
Buchenholz, z.T. gebogen, schwarz gebeizt
(ehemals grau); Aluminium
137 x 102,5 x 37
Étagère for the small, closed offices in the
Imperial Royal Austrian Postal Savings Bank, 1906
Execution: J. & J. Kohn
Beech, partly bent, stained black (previously gray);
aluminum
137 x 102.5 x 37
Möbelsammlung Postsparkasse Postal Savings
Bank Furniture Collection

Otto Wagner
Deckenleuchte für den Ausstellungssaal des
Depeschenbüros „Die Zeit", 1902
Weißmetall, vernickelt
60,3 x 33,5
Ceiling light for the exhibition hall of the "Die Zeit"
dispatch office, 1902
White alloy, nickel-plated
60.3 x 33.5
Private collection. Courtesy Yves Macaux

Otto Wagner
Wand-Arm für die Postsparkasse, 1904/06
Aluminium
20,5 x 11,5 x 20,5
Wall bracket for the Postal Savings Bank, 1904/06
Aluminum
20.5 x 11.5 x 20.5
Möbelsammlung Postsparkasse Postal Savings
Bank Furniture Collection

Otto Wagner
Deckenleuchte für die k. k. Österreichische
Postsparkasse, 1912/13
Aluminium, Glas
H 145; Ø 34
Ceiling light for the Imperial Royal Austrian Postal
Savings Bank, 1912/13
Aluminum, glass
H 145; Ø 34
Möbelsammlung Postsparkasse Postal Savings
Bank Furniture Collection

Otto Wagner
Titelblatt zum ersten Band von Otto Wagners
Werk *Einige Skizzen, Projekte und ausgeführte
Arbeiten*, 1889
Feder auf Papier
60 x 46,5
Title page of the first volume of Otto Wagner's
work [Some sketches, projects, and executed
buildings], 1889
Pen on paper
60 x 46.5
Wien Museum, HMW 96021/15

Otto Wagner
Generalregulierungsplan für Wien, Übersichtsplan,
1892–1893
Tusche, Aquarell auf Kartenblatt auf Karton
71 x 114
General regulation plan for Vienna;
layout plan, 1892–1893
Indian ink, watercolor on map sheet on cardboard
71 x 114
Wiener Stadt- und Landesarchiv Municipal and
Provincial Archives, 11990/2

Otto Wagner
Generalregulierungsplan, Ansicht des
Elisabethplatzes, 1892–1893
Feder, laviert; Weißhöhungen
38 x 51
General regulation plan; view of Elisabethplatz,
1892–1893
Pen, washed; white heightening
38 x 51
Wien Museum, HMW 96016/1

Otto Wagner
Die Regulierung des Karlsplatzes und das Kaiser
Franz Joseph-Stadtmuseum, Vogelschau, 1909
Bleistift, Kreide, Feder auf Karton
38 x 51
The regulation of the Karlsplatz and the Emperor
Franz Joseph Municipal Museum, bird's eye view,
1909
Pencil, chalk, pen on cardboard
38 x 51
Wien Museum, HMW 96006/1

Otto Wagner
Die Großstadt; Vogelschau des Zentrums
des XXII. Bezirks, 1911
Feder, laviert auf Papier
59 x 80
[The City]; bird's eye view of the center of Vienna's
22nd district, 1911
Pen, wash on paper
59 x 80
Wien Museum, HMW 96022

Otto Wagner
Wiener Stadtbahn, Brücke über die Wienzeile;
Vorentwurf zur Huldigungsadresse der k. k.
Akademie der bildenden Künste, Wien, um 1898
Bleistift, Feder, laviert, aquarelliert auf Papier
61,5 x 45
Vienna metropolitan railway, bridge over the
Wienzeile; preliminary design for address of the
Imperial Royal Academy of Fine Arts Vienna in
tribute to the emperor, ca. 1898
Pencil, pen, washed, watercolor on paper
61.5 x 45
Wien Museum, HMW 96016/6

Otto Wagner
Regulierung des Stubenviertels, Vogelschau der
Kaianlagen, mit der Aspern- und Ferdinandsbrücke; Vorentwurf zur Huldigungsadresse der
k. k. Akademie der bildenden Künste, Wien,
um 1897
Bleistift, Feder, laviert, aquarelliert auf Papier
88,4 x 61,2
Regulation of the Stubenviertel, bird's eye view
of the wharf facilities, the Aspern and Ferdinand
bridges; preliminary design for address of the
Imperial Royal Academy of Fine Arts Vienna in
tribute to the emperor, ca. 1897
Pencil, pen, washed, watercolor on paper
88.4 x 61.2
Wien Museum, HMW 96288

Otto Wagner
Vogelschau eines Neubauprojekts für die
k. k. Akademie der bildenden Künste, Wien, 1898
Bleistift, Feder, aquarelliert auf Karton
40 x 45,7
Bird's eye view of a new construction project for
the Imperial Royal Academy of Fine Arts Vienna,
1898
Pencil, pen, watercolor on cardboard
40 x 45.7
Wien Museum, HMW 96015/19

Otto Wagner
Vogelschau eines Neubauprojekts für die
k. k. Akademie der bildenden Künste, Wien, 1910
Feder, laviert auf Papier
62 x 104,5
Bird's eye view of a new construction project for
the Imperial Royal Academy of Fine Arts Vienna,
1910
Pen, wash on paper
62 x 104.5
Wien Museum, HMW 96015/14

Otto Wagner
Kaiser Franz Joseph-Stadtmuseum, 2. Variante,
Perspektive, 1909
Feder auf Papier
48,5 x 67
Emperor Franz Joseph Municipal Museum,
2nd version, perspective view, 1909
Pen on paper
48.5 x 67
Wien Museum, HMW 96006/24

Otto Wagner
Kaiser Franz Joseph-Stadtmuseum auf der
Schmelz, Opus IV, Perspektive, 1912
Bleistift, Feder, laviert und weiß gehöht auf Papier
55 x 75,5
Emperor Franz Joseph Municipal Museum at the
Schmelz, Opus IV, perspective view, 1912
Pencil, pen, washed, and white heightening on
paper
55 x 75.5
Wien Museum, HMW 56937

Otto Wagner
Pfarrkirche in Währing, Schaubild *Die Moderne
im Kirchenbau*, 1898
Bleistift, Buntstift, Feder, aquarelliert;
Goldhöhungen auf Karton
49 x 34
Parish church in Währing, Vienna, schematic
[Modernism in Church Architecture], 1898
Pencil, colored pencil, pen, watercolor;
gold heightening on cardboard
49 x 34
Wien Museum, HMW 96020/4

Otto Wagner
Kirche am Steinhof (Kirche zum heiligen Leopold),
Wettbewerbsprojekt, Perspektive, 1902–1903
Aquarell über Bleistift auf Karton
56 x 47
Kirche am Steinhof (Church of St. Leopold),
competition project, perspective view, 1902–1903
Watercolor over pencil on cardboard
56 x 47
Wien Museum, HMW 96011/2

Otto Wagner
Kirche am Steinhof (Kirche zum heiligen Leopold),
Längsschnitt C–D, 1903–1904
Feder auf Karton
68 x 49
Kirche am Steinhof (Church of St. Leopold),
longitudinal section C–D, 1903–1904
Pen on cardboard
68 x 49
Wien Museum, HMW 96011/18

Otto Wagner
Kirche am Steinhof (Kirche zum heiligen Leopold),
Ansicht des Hochaltars mit Baldachin, 1903–1904
Bleistift, Feder, aquarelliert auf Karton
67,9 x 48,9
Kirche am Steinhof (Church of St. Leopold), view of
the high altar with baldacchino, 1903–1904
Pencil, pen, watercolor on cardboard
67.9 x 48.9
Wien Museum, HMW 96011/25

Otto Wagner
Ankerhaus; Wien I., Spiegelgasse 2, 1894
Bleistift, Feder, laviert auf Papier
32,8 x 23,4
Ankerhaus, Vienna, 1st district, Spiegelgasse 2,
1894
Pencil, pen, wash on paper
32.8 x 23.4
Wien Museum, HMW 77263

Otto Wagner
Mietshaus, Wien VII., Neustiftgasse 40,
Perspektive, 1909–1911
Lithografie mit Tondruck auf Karton
40,5 x 22,1
Apartment building; Vienna, 7th district,
Neustiftgasse 40, perspective view,
1909–1911
Lithograph with tonal print on cardboard
40.5 x 22.1
Wien Museum, HMW 96010/2

Otto Wagner
Villa Wagner II, Wien XIV., Hüttelbergstraße 28,
Perspektive, 1912
Bleistift, Buntstift, Feder, aquarelliert
auf Papier
56 x 46

Villa Wagner II, Vienna, 14th district,
Hüttelbergstraße 28, perspective view, 1912
Pencil, colored pencil, pen, watercolor on paper
56 x 46
Wien Museum, HMW 96003/1

Otto Wagner
Projekt für den Neubau einer modernen Galerie,
Hauptfassade, 1899
Bleistift, Buntstift, Feder, aquarelliert auf Papier
34,6 x 88,2
Project for the new construction of a modern
gallery, main façade, 1899
Pencil, colored pencil, pen, watercolor on paper
34.6 x 88.2
Wien Museum, HMW 146208

Otto Wagner
Projekt für ein Warenhaus am Karlsplatz,
Fassade gegen den Karlsplatz, 1904
Bleistift, Sepia auf Papier
27 x 54
Project for a department store on Karlsplatz,
façade onto the Karlsplatz, 1904
Pencil, sepia on paper
27 x 54
Wien Museum, HMW 96006/5

Otto Wagner
K. k. Österreichische Postsparkasse,
Wettbewerbsprojekt, Situation und Perspektive,
1903
Feder, laviert; Goldfarbe; Weißhöhungen
auf Karton
85,9 x 41,8
Imperial Royal Austrian Postal Savings Bank,
competition project, setting and perspective view,
1903
Pen, washed; gilt; white heightening on cardboard
85.9 x 41.8
Wien Museum, HMW 96017/34

Otto Wagner
Villa Wagner II, Wien XIV., Hüttelbergstraße 28, 1912
Modell, Maßstab 1:50
Rekonstruktion/Modellbau 1978–1994:
Finn Erschen, Marie-Paule Greisen/TU Wien
42,5 x 50 x 60,5
Villa Wagner II, Vienna, 14th district,
Hüttelbergstraße 28, 1912
Model, scale 1:50
Reconstruction/model making 1978–1994: Finn
Erschen, Marie-Paule Greisen/Vienna University of
Technology
42.5 x 50 x 60.5
Albertina, Wien Vienna, W001

Otto Wagner
Kirche am Steinhof (Kirche zum heiligen Leopold),
Wien XIV., Baumgartner Höhe 1, 1902–1904
Modell, Maßstab 1:50
Rekonstruktion/Modellbau um 1930
99 x 91 x 121
Kirche am Steinhof (Church of St. Leopold), Vienna,
14th district, Baumgartner Höhe 1, 1902–1904
Model, scale 1:50
Reconstruction/model building ca. 1930
99 x 91 x 121
Verein Association „Projekt Museum am Steinhof"

Otto Wagner
Depeschenbüro „Die Zeit", Wien I.,
Kärntner Straße 39, 1902
Modell des Portals, Maßstab 1:1
Rekonstruktion/Modellbau 1985:
Adolf Krischanitz, Otto Kapfinger
450 x 332

"Die Zeit" dispatch office, Vienna, 1st district,
Kärntner Straße 39, 1902
Model of the portal, scale 1:1
Reconstruction/model building 1985:
Adolf Krischanitz, Otto Kapfinger
450 x 332
Wien Museum, HMW 186417

Adolf Loos
Geschäftshaus der Firma Goldman & Salatsch,
Wien I., Michaelerplatz 3
Modell 1:50
Rekonstruktion/Modellbau 1984–1985: H. Kropf,
Graz; unter Mitwirkung von B. Rukschicio
und B. Maldoner
73 x 150 x 92
Business premises of Goldman & Salatsch, Vienna,
1st district, Michaelerplatz 3
Model 1:50
Reconstruction/model building 1984–1985:
H. Kropf, Graz; in collaboration with B. Rukschicio
and B. Maldoner
73 x 150 x 92
Wien Museum, HMW 186405

MODERNE LEBENSWEISEN
MODERN LIFESTYLES

Die Wiener Secession, Kunstgewerbeschule und Josef Hoffmann
The Vienna Secession, School of Arts and Crafts, and Josef Hoffmann

Koloman Moser
Selbstporträt, um 1895
Öl auf Leinwand
50 x 34
Self-portrait, ca. 1895
Oil on canvas
50 x 34
Universität für angewandte Kunst Wien,
Kunstsammlung und Archiv University of Applied
Arts Vienna, Collection and Archive, 2961/B

Emil Orlik
Porträt Josef Hoffmann, um 1910
Lithografie
Portrait of Josef Hoffmann, ca. 1910
Lithograph
26 x 35
Friedrich Kurrent

Gustav Klimt
Bildnis Gertrud Loew (verh. Eisler von Terramare,
verh. Felsöványi), 1902
Öl auf Leinwand
150 x 45,5
Portrait of Gertrud Loew (mar. Eisler von Terramare,
mar. Felsöványi), 1902
Oil on canvas
150 x 45.5
Klimt-Foundation, Wien Vienna, Inv.Nr. 2

Carl Moll
Anna Moll am Schreibtisch sitzend,
im Haus Moll, 1903
Öl auf Leinwand
Anna Moll sitting at the desk,
in the Moll House, 1903
Oil on canvas
Wien Museum, HMW 77880

Gustav Klimt
Freundinnen I (Die Schwestern), 1907
Öl auf Leinwand
Friends I (The Sisters), 1907
Oil on canvas
125 x 42
Klimt-Foundation, Wien Vienna, Inv.Nr. 3

Josef Hoffmann
Teile einer Schlafzimmereinrichtung
(Bett, Nachtkästchen, Truhe) für das Atelierhaus
von Ernst Stöhr, St. Johann am Wocheinersee
(SLO), 1899
Nadelholz, ehemals grün gebeizt
Bett 138 x 160,5 x 214
Truhe 39,5 x 124,5 x 48,5
Zwei Nachtkästchen 43,5 x 41 x 38,5
Pieces of bedroom furniture (bed, bedside table,
chest) for the studio building of Ernst Stöhr,
Sv. Janez, Bohinjsko jezero (SLO), 1899
Conifer wood, previously stained green
Bed 138 x 160.5 x 214
Chest 39.5 x 124.5 x 48.5
Two beside tables 43.5 x 41 x 38.5
MAK, H 2708, H 2709, H 2719a,b

Josef Hoffmann
Vitrine, 1902
Ausführung: Portois & Fix
Mahagoni, Messing, geschliffene Gläser,
irisierende Gläser
Vitrine, 1902
Execution: Portois & Fix
Mahogany, brass, bevelled glass,
iridescent glass
180 x 110 x 50
Wien Museum, HMW 198098

Josef Hoffmann
Tisch für das Wohnzimmer des Hauses Max Biach,
Wien IV., Mayerhofgasse 20, 1902
Eichenholz, schwarz gebeizt; Ahorn gedrechselt;
Weißmetall
Table for the living room of the Max Biach House,
Vienna, 4th district, Mayerhofgasse 20, 1902
Oak, stained black; maple, turned; white metal
110 x 110 x 75
Privatbesitz Private collection

Koloman Moser
Schiebetisch für das Toilettezimmer
der Wohnung Gertrud und Hans Eisler von
Terramare, Wien I., Schottengasse 10, 1902
Ausführung: Casper Hrazdil (?)
Ahornholz, natur und dunkel gebeizt; Weißmetall
Sliding table for the dressing room in the Gertrud
and Hans Eisler von Terramare residence, Vienna,
1st district, Schottengasse 10, 1902
Execution: Casper Hrazdil (?)
Maple, natural and stained dark; white metal
70 x 70 x 50
MAK, H 2630

Koloman Moser
Tisch für das Wohnzimmer der Wohnung
Gertrud und Hans Eisler von Terramare,
Wien I., Schottengasse 10, 1902
Ausführung: Casper Hrazdil (?)
Schwedische Birke, Ebenholz,
Korallenholz, Packfong
H 72; Ø 100
Table for the living room in the Gertrud and Hans
Eisler von Terramare residence, Vienna,
1st district, Schottengasse 10, 1902
Execution: Casper Hrazdil (?)
Swedish birch, ebony, coral wood, packfong
(German silver)
H 72; Ø 100
Ernst Ploil, Wien Vienna

Josef Hoffmann
Schlafzimmereinrichtung für Johanna und Dr.
Johannes Salzer, 1902
Ahornholz, natur und braun gebeizt; Marmor, Glas
Zwei Betten 100 x 207,5 x 103,5
Zwei Kästen 189,5 x 110 x 50
Zwei Nachtkästchen 101 x 39,5 x 45
Toilette- und Waschtisch 170 x 209 x 60,8
Nähkästchen 77,5 x 54 x 53,5
Handtuchhalter 90 x 59 x 23
Zwei Sessel 89,5 x 44,5 x 53
Zwei Wandlampen Metall, gehämmert,
30,5 x 8 x 21
Bedroom furniture for Johanna and Dr. Johannes
Salzer, 1902
Maple wood, natural and stained brown;
marble, glass
Two beds 100 x 207.5 x 103.5
Two cupboards 189.5 x 110 x 50
Two beside tables 101 x 39.5 x 45
Dressing table and washstand 170 x 209 x 60.8
Sewing box 77.5 x 54 x 53.5
Towel rack 90 x 59 x 23
Two chairs 89.5 x 44.5 x 53
Two wall lamps Metal, wrought; 30.5 x 8 x 21

Josef Hoffmann
Sessel für den Speisesaal des Sanatoriums
Westend, Purkersdorf, Wiener Straße 74, 1904
Ausführung: J. & J. Kohn
Buchenholz, z. T. gebogen, hellbraun gebeizt,
politiert; perforiertes Sperrholz; rote
Wachstuchpolsterung
Chair for the dining hall of the Sanatorium
Westend, Purkersdorf, Wiener Straße 74, 1904
Execution: J. & J. Kohn
Beech, partly bent, stained light brown, polished;
perforated plywood; red oilcloth upholstery
99 x 46 x 43
MAK, H 2183

Josef Hoffmann
Kaminfauteuil für das Wohnzimmer der Wohnung
Lyda und Dr. Hermann Wittgenstein, Wien III.,
Salesianergasse 7, 1905
Ausführung für die Wiener Werkstätte
Eichenholz, schwarz gebeizt, die Poren weiß
eingerieben
Fireside fauteuil for the living room in the Lyda
and Dr. Hermann Wittgenstein residence,
Vienna, 3rd district, Salesianergasse 7, 1905
Execution for the Wiener Werkstätte
Oak, stained black, with pores colored white
99 x 84 x 74,5
MAK, H 2086

Josef Hoffmann
Gaskamin für die Kaminnische im Wohnzimmer der
Wohnung Lyda und Dr. Hermann Wittgenstein,
Wien III., Salesianergasse 7, 1905
Ausführung für die Wiener Werkstätte
Messing, z. T. versilbert; Marmor
97 x 63,5 x 37
Gas fireplace for the fireplace alcove in the living
room of the Lyda and Dr. Hermann Wittgenstein
residence, Vienna, 3rd district, Salesianergasse 7,
1905
Execution for the Wiener Werkstätte
Brass, partly silver-plated; marble
97 x 63.5 x 37
MAK, ME 916

Josef Hoffmann
Nähtischen für die Wohnung Lyda und Dr. Hermann
Wittgenstein, Wien III., Salesianergasse 7, 1905
Ausführung für die Wiener Werkstätte
Eichenholz, schwarz gebeizt, die Poren weiß
eingerieben; Seide
70,5 x 42 x 42
Small sewing table for the Lyda and Dr. Hermann
Wittgenstein residence, Vienna, 3rd district,
Salesianergasse 7, 1905
Execution for the Wiener Werkstätte
Limed oak, stained black, with pores colored
white; silk
70.5 x 42 x 42
MAK, H 2080

Josef Hoffmann und and Carl Otto Czeschka
(1878–1960)
Sessel für Karl Wittgensteins Jagdhaus Hochreith
Wittgenstein, 1905
Ausführung für die Wiener Werkstätte
Eichenholz, schwarz gebeizt, die Poren weiß
eingerieben; originaler gestickter Bezug
97,5 x 48 x 56
Chair for Karl Wittgenstein's hunting lodge
Hochreith Wittgenstein, 1905
Execution: for the Wiener Werkstätte
Limed oak, stained black, with pores colored
white; original embroidered covering
97.5 x 48 x 56
Private collection. Courtesy Yves Macaux

Josef Hoffmann
Sessel, 1907
Ausführung für die Wiener Werkstätte
Buchenholz, schwarz gestrichen;
erneuerte Stoffbespannung
93 x 46,5 x 46
Chair, 1907
Execution for the Wiener Werkstätte
Beech, painted black; replaced fabric covering
93 x 46.5 x 46
MAK, H 2599

Josef Hoffmann
Sessel für das Cabaret Fledermaus, Wien I.,
Kärntner Straße 33/Ecke Johannesgasse 1, 1907
Ausführung: J. & J. Kohn
Buchenholz, schwarz und weiß gestrichen,
z. T. gebogen
74,5 x 54 x 44
Chair for the Cabaret Fledermaus, Vienna,
1st district, Kärntner Straße 33/corner of
Johannesgasse 1, 1907
Execution: J. & J. Kohn
Beech, painted black and white, partly bent
74.5 x 54 x 44
Hofmobiliendepot • Möbel Museum Wien Garde de
meuble of the Vienna Court • Furniture Museum
Vienna, MD 073271/000

Josef Hoffmann
Spieltisch für Karl Wittgenstein, 1907
Ausführung für die Wiener Werkstätte
Makassar-Ebenholz; Holz geschnitzt, vergoldet;
Marketerie aus verschiedenen Hölzern;
Elfenbein und Perlmutt
Games table for Karl Wittgenstein, 1907
Execution for the Wiener Werkstätte
Makassar ebony; wood, carved, gilded; marquetry
out of various types of wood; ivory and mother of
pearl
75 x 59 x 59
Privatbesitz Private collection

Josef Hoffmann
Sessel für das Verkaufslokal der k. k. Hof-
und Staatsdruckerei, 1907
Ausführung für die Wiener Werkstätte
Eichenholz, schwarz gebeizt
Chair for the salesroom of the Imperial Royal
Court and State Printers, 1907
Execution for the Wiener Werkstätte
Oak, stained black
94 x 45 x 45
Hofmobiliendepot • Möbel Museum Wien Garde de
meuble of the Vienna Court • Furniture Museum
Vienna, MD 033339/000

Josef Hoffmann
Bodenstanduhr für das Speisezimmer der
Wohnung Dr. Rappaport, 1909
Ausführung für die Wiener Werkstätte
Eichenholz, schwarz gebeizt, die Poren weiß
eingerieben; Bleiverglasung
Grandfather clock for the dining room of the
Dr. Rappaport residence, 1909
Execution for the Wiener Werkstätte
Limed oak, stained black, with pores colored
white; lead glazing
200 x 45 x 25
MAK

Josef Hoffmann
Etagere für die Wohnhalle im Wohnhaus Eduard
Ast, Wien XIX. Steinfeldgasse 2, um 1910
Ausführung: für die Wiener Werkstätte
Marketerie aus Makassar-Ebenholz und
Buchsbaumholz
101 x 34,6 x 39,1
Étagère for the living hall in the Eduard Ast
residence, Vienna, 19th district, Steinfeldgasse 2,
ca. 1910
Execution: for the Wiener Werkstätte
Marquetry out of Makassar ebony and boxwood
101 x 34.6 x 39.1
Privatbesitz Private collection

Joseph Maria Olbrich
Zündholzständer mit Aschenbecher, 1898
Glas, Messing
9,8 x 20,5 x 13,8
Match stand with ashtray, 1898
Glass, brass
9.8 x 20.5 x 13.8
Privatbesitz Private collection

Josef Hoffmann
Vase in Holzmontierung, 1899
Ausführung: Johann Lötz Witwe über
E. Bakalowits Söhne
Grünes Glas, irisiert; Holz
H 38
Vase in wooden mount, 1899
Execution: Johann Lötz Witwe via
E. Bakalowits Söhne
Green glass, made iridescent; wood
H 38
Ernst Ploil

Josef Hoffmann
Wandleuchte (Petroleumlampe), 1899
Kupfer, Messing
Wall light (Kerosene lamp), 1899
Copper, brass
55 x 34 x 36
Privatbesitz Private collection

Koloman Moser
Webstoff *Ver Sacrum Gräser*, 1899
Ausführung: Johann Backhausen & Söhne
Wolle, Seide
87,5 x 118
Woven fabric *Ver Sacrum Gräser*
[Ver Sacrum Grasses], 1899
Execution: Johann Backhausen & Söhne
Wool, silk
87.5 x 118
Backhausen GmbH

Gotfred Rode
Vase, 1899
Ausführung: Porzellan- und Steingutmanufaktur
Rörstrand, Schweden
Porzellan, glasiert, reliefiert, bemalt
22,3 x 7,9
Vase, 1899
Execution: Rörstrand Porcelain and Stoneware
Manufactory, Sweden
Porcelain, glazed, textured, painted
22.3 x 7.9
MAK

Emil Finck (Kunstgewerbeschule Wien)
Tintenfass, um 1901
Kupfer
13,5 x 13,5 x 13,5
Emil Finck (Vienna School of Arts and Crafts)
Inkwell, ca. 1901
Copper
13.5 x 13.5 x 13.5
MAK

Rudolf Hammel
Teller mit Dekor *Haselnuss*, um 1901/02
Ausführung: L. & C. Hardtmuth über Josef Böck,
Wien
Steingut, weiß glasiert, bunt bemalt
D 24,3
Plate with *Hazelnut* decoration, ca. 1901/02
Execution: L. & C. Hardtmuth via Josef Böck,
Vienna
Stoneware, glazed white, polychrome painted
Ø 24.3
MAK

Josef Hoffmann
Teekanne, um 1902
Steingut, unter der Glasur bemalt
H 9,5; Ø 17,5
Teapot, ca. 1902
Stoneware, painted under the glaze
H 9.5; Ø 17.5
Privatbesitz Private collection

Kunstgewerbeschule Wien
Vase, 1902
Steingut, blau-grau-weiße Rinnglasur
H 42,5; Ø 15
Vienna School of Arts and Crafts
Vase, 1902
Stoneware, blue-gray-white drip glaze
H 42.5; Ø 15
Ernst Ploil, Wien Vienna

Koloman Moser
Teile einer Toilettegarnitur, 1902
Handspiegel 24 x 14
Dose 5,5 x 23,5 x 7,5
Dose H 8,2; Ø 7,5
Ausführung: Alexander Sturm
Glas, Spiegel, Silber

Components of a toilet set, 1902
Handheld mirror 24 x 14
Box 5.5 x 23.5 x 7.5
Box H 8.2; Ø 7.5
Execution: Alexander Sturm
Glass, mirror, silver
Privatbesitz Private collection

Josef Hoffmann
Stiegenhausfenster für das Haus Max Biach, 1902
Unterschiedliche Reliefgläser, blaues Glas,
Bleiverglasung
145 x 47,5
Stairwell window for the Max Biach House, 1902
Variously textured glass, blue glass,
lead glazing
145 x 47.5
Privatbesitz Private collection

Josef Hoffmann
Webstoff *Ver Sacrum Hügl*, 1902
Baumwolle
87,5 x 118
Woven fabric *Ver Sacrum Hügl*
[Ver Sacrum Hill], 1902
Cotton
87.5 x 118
Backhausen GmbH

Josef Hoffmann
Mokkaservice, 1904
Ausführung: Wiener Werkstätte
Alpaka, versilbert; Ebenholz
Tablett 34 x 24,7
Mokkakanne H 7,5
Espresso service, 1904
Execution: Wiener Werkstätte
German silver, silver-plated; ebony
Tray 34 x 24.7
Espresso pot H 7.5
Asenbaum & Ploil Collection

Koloman Moser
Wandpaneele mit WW-Logos aus den
Geschäftsräumen der Wiener Werkstätte in Wien
VII., Neustiftgasse 32–34, 1904
Nadelholz, weiß gestrichen und schwarz bemalt
103 x 41,2
Wall panel with Wiener Werkstätte logos from
the business premises in Vienna, 7th district,
Neustiftgasse 32–34, 1904
Conifer wood, coated white and painted black
103 x 41.2
Privatsammlung Private collection

Josef Hoffmann
Aufsatz, 1905
Ausführung: Wiener Werkstätte
Silber, Achate
H 43; Ø 30
Center piece, 1905
Execution: Wiener Werkstätte
Silver, agates
H 43; Ø 30
MAK, GO 2011

Josef Hoffmann
Vorhangteil für die Wohnung Lyda und
Dr. Hermann Wittgenstein, Wien III.,
Salesianergasse 7, 1905
Ausführung: für die Wiener Werkstätte,
Webstoff *Notschrei* (1904)
Ausführung: Johann Backhausen & Söhne
Baumwolle, Wolle
330 x 120

Part of a curtain for the Lyda and Dr. Hermann
Wittgenstein residence, Vienna, 3rd district,
Salesianergasse 7, 1905
Execution: for the Wiener Werkstätte, woven fabric
Notschrei [Outcry] (1904)
Execution: Johann Backhausen & Söhne
Cotton, wool
330 x 120
MAK, T 10553

Koloman Moser
Vorhangteil für die Wohnung Lyda und
Dr. Hermann Wittgenstein, Wien III.,
Salesianergasse 7, 1905
Ausführung: für die Wiener Werkstätte
Leinen mit Schnurstickerei
318 x 160
Part of a curtain for the Lyda and
Dr. Hermann Wittgenstein residence, Vienna,
3rd district, Salesianergasse 7, 1905
Execution: for the Wiener Werkstätte
Linen with cord appliqué
318 x 160
MAK, T 10504

Josef Hoffmann
Vorhangteil, um 1905
Webstoff *Streber*, 1904
Ausführung: Johann Backhausen & Söhne
Seide, Baumwolle
270 x 110
Part of a curtain, ca. 1905
Woven fabric *Streber* [Ambition], 1904
Execution: Johann Backhausen & Söhne
Silk, cotton
270 x 110
MAK, I HG 1467

Josef Hoffmann
Vorhang für eine Wohnung der Familie
Hochstetter, Wien III., um 1905/06
Ausführung: für die Wiener Werkstätte
Leinen mit Schnurstickerei
294 x 149
Curtain for a residence of the Hochstetter Family,
Vienna, 3rd district, ca. 1905/06
Execution: for the Wiener Werkstätte
Linen with cord appliqué
294 x 149
Schenkung Donation from Ernst Ploil,
MAK, T 14212

Koloman Moser
Schmuckkassette, 1906
Ausführung: Wiener Werkstätte
Silber, Halbedelsteine, Email und Ebenholz
23,6 x 42,2 x 24,4
Jewelry box, 1906
Execution: Wiener Werkstätte
Silver, semi-precious stones, enamel,
and ebony
23.6 x 42.2 x 24.4
MAK, GO 1397

Josef Hoffmann
Entwurf für ein mährisches Landhaus, 1899
Bleistift und Buntstift auf kariertem Papier
10,2 x 10,2
Design for a Moravian country house, 1899
Pencil and colored pencil on squared paper
10.2 x 10.2
MAK, K.I. 10439/4

Josef Hoffmann
Entwurf für die Halle eines mährischen
Landhauses, 1899
Bleistift und Buntstift auf kariertem Papier
9,3 x 8
Design for the hall of a Moravian country house,
1899
Pencil and colored pencil on squared paper
9.3 x 8
MAK, 10439/6

Josef Hoffmann
Entwurf für einen Wandschrank, 1899
Bleistift, Tusche und Buntstift auf kariertem
Papier
12,6 x 10,7
Design for a wall cabinet, 1899
Pencil, Indian ink, and colored pencil on squared
paper
12.6 x 10.7
MAK, 10439/5

Koloman Moser
1. Bodenbelag Acricola
2. Tapete Goldene Schmetterlinge
3. Papierschablone Rosenlaube
4. Tapete Masken
5. Wandbehang Die Reifezeit
6. Möbelstoff Mondblume
Aus Flächenschmuck; Die Quelle, Bd. 3,
Wien 1901
25 x 29,5
1. Flooring Acricola
2. Wallpaper Goldene Schmetterlinge
[Golden Butterflies]
3. Paper stencil Rosenlaube [Rose Arbor]
4. Wallpaper Masken [Masks]
5. Wall hanging Die Reifezeit [The Ripening
Season]
6. Upholstery fabric Mondblume [Moonflower]
From Flächenschmuck; Die Quelle [Surface
Decoration; The Source], Vol. 3, Vienna 1901
25 x 29.5
MAK, B.I. 12898

Josef Hoffmann
Entwurf für einen Teppich in der Wohnung Eisler
von Terramare, Wien I., Schottengasse 10, 1902
Bleistift, Tusche und Aquarell auf kariertem Papier
29 x 46
Design for a carpet in the Eisler von Terramare
residence, Vienna, 1st district, Schottengasse 10,
1902
Pencil, Indian ink, and watercolor on squared
paper
29 x 46
Backhausen GmbH

VER SACRUM, 1903
Mittheilungen der Vereinigung bildender
Künstler Österreichs
Buchdruck
29,4 x 28,8
[Notices from the Austrian Association of Fine
Artists]
Letterpress
29.4 x 28.8
Ernst Ploil, Wien Vienna

Josef Hoffmann
Entwurf für die Wandabwicklung des Kassenraums
des Modesalons Flöge, Wien VI., Mariahilfer Straße
1c, 1904
Tusche, Bleistift auf kariertem Papier
20,7 x 34

Design for the interior elevation of the counter hall
in the Flöge fashion house, Vienna, 6th district,
Mariahilfer Straße 1c, 1904
Indian ink, pencil on squared paper
20.7 x 34
Privatsammlung Private collection

Josef Hoffmann
Sanatorium Westend, Purkersdorf,
Wiener Straße 74, 1904
Perspektive, 1904
Tusche auf Karton
11,2 x 23,8
Sanatorium Westend, Purkersdorf,
Wiener Straße 74, 1904
Perspective view, 1904
Indian ink on cardboard
11.2 x 23.8
Privatsammlung Private collection

Josef Hoffmann
Sanatorium Westend, Purkersdorf,
Wiener Straße 74, 1904
Grundriss Erdgeschoss, 1904
Tusche, Bleistift und Buntstift auf kariertem
Papier
20,4 x 34
Sanatorium Westend, Purkersdorf,
Wiener Straße 74, 1904
Ground plan of the ground floor, 1904
Indian ink, pencil, and colored pencil on squared
paper
20.4 x 34
Privatsammlung Private collection

Josef Hoffmann
Sanatorium Westend, Purkersdorf,
Wiener Straße 74, 1904
Grundriss Untergeschoss, 1904
Tusche, Bleistift und Buntstift auf kariertem
Papier
20,4 x 34
Sanatorium Westend, Purkersdorf,
Wiener Straße 74, 1904
Ground plan of the basement, 1904
Indian ink, pencil, and colored pencil on squared
paper
20.4 x 34
Privatsammlung Private collection

Josef Hoffmann
Entwurf für zwei Sessel und einen
Armlehnsessel, 1904
Bleistift, Tusche und Buntstift auf
kariertem Papier
20,6 x 33,9
Design for two chairs and an armchair, 1904
Pencil, Indian ink, and colored pencil
on squared paper
20.6 x 33.9
MAK, K.I. 8819/1

Josef Hoffmann
Möbelentwürfe für das Sanatorium Westend,
Purkersdorf, 1904
Bleistift, Tusche und Buntstift auf kariertem
Papier
20,9 x 32,9
Furniture designs for the Sanatorium Westend,
Purkersdorf, 1904
Pencil, Indian ink, and colored pencil
on squared paper
20.9 x 32.9
Universität für angewandte Kunst Wien,
Kunstsammlung und Archiv University of Applied
Arts Vienna, Collection and Archive, 47

Josef Hoffmann
Entwurf eines Druckstoffs für die Wiener
Werkstätte, Dessin Nr. 5054, 1904
Bleistift und Aquarell auf kariertem Papier
33 x 21 x 39
Design for printed fabric for the Wiener
Werkstätte, pattern no. 5054, 1904
Pencil and watercolor on squared paper
33 x 21 x 39
Backhausen GmbH

Josef Hoffmann
Entwurf für einen Druckstoff, Dessin Nr. 5055, 1904
Bleistift und Aquarell auf kariertem Papier
33.6 x 21
Design for a printed fabric, pattern no. 5055, 1904
Pencil and watercolor on squared paper
33.6 x 21
Backhausen GmbH

Josef Hoffmann
Perspektive des Wohnzimmers der Wohnung
Dr. Hermann Wittgenstein, Wien III.,
Salesianergasse 7, 1905
Bleistift, Feder, Buntstift auf Karton
13,5 x 20
Perspective view of the living room of the
Dr. Hermann Wittgenstein residence, Vienna,
3rd district, Salesianergasse 7, 1905
Pencil, pen, colored pencil on cardboard
13.5 x 20
Privatbesitz Private collection

Josef Hoffmann
Palais Stoclet, Avenue de Tervueren 281,
Brüssel, 1905–1911
Entwurfszeichnung für die Halle, 1905/06
Bleistift, Tusche, Buntstift auf Papier
33 x 20.5
Stoclet House, Avenue de Tervueren 281,
Brussels, 1905–1911
Design for the hall, 1905/06
Pencil, Indian ink, colored pencil on paper
33 x 20.5
museum moderner kunst stiftung ludwig wien,
G 144/49

Josef Hoffmann
Palais Stoclet, Avenue de Tervueren 281,
Brüssel, 1905–1911
Entwurfszeichnung für den Musik- und
Theatersaal, um 1905/06
Bleistift, Tusche, Farbstift, Wasserfarbe auf Papier
13,2 x 25,8
Stoclet House, Avenue de Tervueren 281,
Brussels, 1905–1911
Design for the music and theater hall, ca. 1905/06
Pencil, Indian ink, colored pencil, watercolor on paper
13.2 x 25.8
museum moderner kunst stiftung ludwig wien,
G 144/16

Josef Hoffmann
Palais Stoclet, Avenue de Tervueren 281,
Brüssel, 1905–1911
Perspektive einer frühen Fassung der Gartenseite,
1905/06
Tusche, Bleistift auf Karton
11,4 x 26,1
Stoclet House, Avenue de Tervueren 281,
Brussels, 1905–1911
Perspective view of an early version
of the garden side, 1905/06
Indian ink, pencil on cardboard
11.4 x 26.1
museum moderner kunst stiftung ludwig wien,
G 144/15

Josef Hoffmann
Palais Stoclet, Avenue de Tervueren 281,
Brüssel, 1905–1911
Grundriss des Erdgeschosses, um 1905
Tusche, Bleistift auf Papier
33,9 x 42
Stoclet House, Avenue de Tervueren 281,
Brussels, 1905–1911
Ground plan of the ground floor, ca. 1905
Indian ink, pencil on paper
33.9 x 42
museum moderner kunst stiftung ludwig wien,
G 144/13

Josef Hoffmann
Palais Stoclet, Avenue de Tervueren 281,
Brüssel, 1905–1911
Entwurf für die Garagenhoffassade, um 1905
Feder, koloriert, auf kariertem Papier
11,5 x 19,5
Stoclet House, Avenue de Tervueren 281,
Brussels, 1905–1911
Design for the garage façade, ca. 1905
Pen, colored, on squared paper
11.5 x 19.5
National Gallery in Prague, K17734

Josef Hoffmann
Palais Stoclet, Avenue de Tervueren 281,
Brüssel, 1905–1911
Entwurf für die Straßenfassade
Feder, koloriert, auf kariertem Papier
11,1 x 29,1
Stoclet House, Avenue de Tervueren 281,
Brussels, 1905–1911
Design for the street façade
Pen, colored, on squared paper
11.1 x 29.1
National Gallery in Prague, K17735

Josef Hoffmann
Palais Stoclet, Avenue de Tervueren 281,
Brüssel, 1905–1911
Grundriss des Erdgeschosses, um 1905
Feder, koloriert, auf kariertem Papier
Stoclet House, Avenue de Tervueren 281,
Brussels, 1905–1911
Ground plan of the ground floor, ca. 1905
Pen, colored, on squared paper
National Gallery in Prague, K17736

Josef Hoffmann
Palais Stoclet, Avenue de Tervueren 281,
Brüssel, 1905–1911
Vorentwurf für die Straßenfassade
Feder, koloriert, auf kariertem Papier
12 x 25,9
Stoclet House, Avenue de Tervueren 281,
Brussels, 1905–1911
Preliminary design for the street façade
Pen, colored, on squared paper
12 x 25.9
National Gallery in Prague, K17732

Josef Hoffmann
Palais Stoclet, Avenue de Tervueren 281,
Brüssel, 1905–1911
Entwurf für die Gartenfassade, um 1905
Feder, koloriert, auf kariertem Papier
11,8 x 28
Stoclet House, Avenue de Tervueren 281,
Brussels, 1905–1911
Design for the garden façade, ca. 1905
Pen, colored, on squared paper
11.8 x 28
National Gallery in Prague, K17731

Josef Hoffmann
Palais Stoclet, Avenue de Tervueren 281,
Brüssel, 1905–1911
Entwurf für die Ostfassade, um 1905
Feder, koloriert, auf kariertem Papier
12,6 x 23,2
Stoclet House, Avenue de Tervueren 281,
Brussels, 1905–1911
Design for the eastern façade, ca. 1905
Pen, colored, on squared paper
12.6 x 23.2
National Gallery in Prague, K17733

Josef Hoffmann
Entwurf für einen Druckstoff, *Skizze Nr. 1027,* 1909
Bleistift und Aquarell auf kariertem Papier
34 x 20,7
Design for a printed fabric; *Study no. 1027,* 1909
Pencil and watercolor on squared paper
34 x 20.7
Backhausen GmbH

Josef Hoffmann
Entwurf eines Läufers *Hygica,* 1910
Bleistift und Aquarell auf kariertem Papier
33,5 x 19,3
Design for a runner *Hygica,* 1910
Pencil and watercolor on squared paper
33.5 x 19.3
Backhausen GmbH

Josef Hoffmann
Entwurfszeichnungen für die Wiener Werkstätte
Design drawings for the Wiener Werkstätte

Entwurf für einen Aufsatz (Metall, versilbert), 1903
Bleistift auf kariertem Papier
20,5 x 29,5
Design for a center piece (metal, silver-plated),
1903
Pencil on squared paper
20.5 x 29.5
MAK, K.I. 11997-20

Entwurf für eine Lampe für elektrisches Licht
(Metall), 1903
Bleistift, Tusche und Buntstift auf kariertem
Papier
42 x 31
Design for a lamp for electric light (metal), 1903
Pencil, Indian ink, and colored pencil on squared
paper
42 x 31
MAK, K.I. 12116-30

Entwurf für eine Kerzenlampe (Metall), 1903
Bleistift und Buntstift auf kariertem Papier
42 x 34
Design drawing for a candle lamp (metal), 1903
Pencil and colored pencil on squared paper
42 x 34
MAK, K.I. 12123-36

Entwurf für eine Austerngabel, Fisch- und
Krebsbesteck (Silber), 1904
Bleistift und Tusche auf kariertem Papier
20 x 33,5
Design for an oyster fork, fish and crab flatware
(silver), 1904
Pencil and Indian ink on squared paper
20 x 33.5
MAK, K.I. 12086-10

Entwurf für einen Aufsatz (Silber), 1904
Bleistift auf kariertem Papier
19 x 31
Design for a center piece (silver), 1904
Pencil on squared paper
19 x 31
MAK, K.I. 11997-38

Entwurf für eine Kassette (Holz), 1904
Bleistift und Gouache auf kariertem Papier
33 x 21
Design for a box (wood), 1904
Pencil and gouache on squared paper
33 x 21
MAK, K.I. 12045-2

Entwurf für einen Henkelkorb-Blumenbehälter
(Metall), 1905
Bleistift auf kariertem Papier
20,5 x 33,5
Design for a basket with handle to hold flowers
(metal), 1905
Pencil on squared paper
20.5 x 33.5
MAK, K.I. 12032-15

Entwurf für eine Vase (Silber und Metall), 1905
Pause, Bleistift auf kariertem Papier
28 x 20
Design for a vase (silver and metal), 1905
Print, pencil on squared paper
28 x 20
MAK, K.I. 11979-11

Entwurf für ein Lorgnon (Gold, Silber, Diamanten),
1905
Bleistift auf kariertem Papier
20,5 x 14,9
Design for a lorgnette (gold, silver, diamonds),
1905
Pencil on squared paper
20.5 x 14.9
MAK, K.I. 12174-8

Entwurf für einen 13-flammigen Luster
(Metall, Glas), 1907
Bleistift, Buntstift und Tusche auf kariertem
Papier
19,2 x 20,5
Design for a 13-flame chandelier (metal, glass),
1907
Pencil, colored pencil, and Indian ink
on squared paper
19.2 x 20.5
MAK, WWE 5-10

Entwürfe für Broschen und Gürtelschließen
(Gold, Silber, Halbedelsteine), 1907
Bleistift und Gouache auf kariertem Papier
18 x 32,5
Designs for brooches and belt buckles (gold,
silver, semi-precious stones), 1907
Pencil and gouache on squared paper
18 x 32.5
MAK, K.I. 12144-79

Entwurf für einen Blumentisch (Holz, Metall), 1908
Bleistift, Tusche und Gouache auf kariertem Papier
33,2 x 20,3
Design for a flower stand (wood, metal), 1908
Pencil, Indian ink, and gouache on squared paper
33.2 x 20.3
MAK, WWE 31-2

Entwurf für eine Löschwiege (Silber), 1909
Bleistift und Tusche auf kariertem Papier
17 x 17,5
Design for a rocker blotter (silver), 1909
Pencil and Indian ink on squared paper
17 x 17.5
MAK, K.I. 12069-19

Entwurf für einen Polster im Schlafzimmer
der Dame, Villa Dr. Pickler, Budapest, 1909
Andruck (Gouache auf Papier)
42 x 42,2
Design for a cushion in the lady's bedroom,
villa Dr. Pickler, Budapest, 1909
Proof (gouache on paper)
42 x 42.2
MAK, WWE 178-1

Entwurf für einen Polster im Schlafzimmer
der Dame, Villa Dr. Pickler, Budapest, 1909
Andruck (Gouache auf Papier)
42,2 x 42
Design for a cushion in the lady's bedroom,
villa Dr. Pickler, Budapest, 1909
Proof (gouache on paper)
42.2 x 42.4
MAK, WWE 178-5

Entwurf für einen Polster der Halle,
Villa Dr. Pickler, Budapest, 1909
Andruck (Gouache auf Papier)
42,7 x 42,6
Design for a cushion for the hall,
villa Dr. Pickler, Budapest, 1909
Proof (gouache on paper)
42.7 x 42.6
MAK, WWE 178-3

Entwurf für einen Polster, 1909
Andruck (Gouache auf Papier)
43,8 x 43,9
Design for a cushion, 1909
Proof (gouache on paper)
43.8 x 43.9
MAK, WWE 178-4

Entwurf für eine Essig-Öl-Karaffe
(Silber, Malachit), 1909
Bleistift und Buntstift auf kariertem Papier
33 x 20
Design for a vinegar/oil carafe
(silver, malachite), 1909
Pencil and colored pencil on squared paper
33 x 20
MAK, K.I. 12027-7

Entwurf für einen Samowar, 1909
Bleistift und Buntstift auf kariertem Papier
34 x 42,5
Design for a samovar, 1909
Pencil and colored pencil on squared paper
34 x 42.5
MAK, K.I. 12018-1

Entwurf für einen fünfarmigen Kerzenleuchter
(Silber), 1910
Bleistift und Gouache auf kariertem Papier
41 x 33
Design for a five-armed candlestick (silver), 1910
Pencil and gouache on squared paper
41 x 33
MAK, K.I. 12107-1

Entwurf für eine sechseckige Jardiniere
(nicht ausgeführt), 1909
Bleistift und Gouache auf kariertem Papier
20 x 33
Design for a hexagonal jardinière (not realized), 1909
Pencil and gouache on squared paper
20 x 33
MAK, K.I. 11972-12

Entwurf für eine Jardiniere (Silber), 1910
Buntstift auf kariertem Papier
18,5 x 31,5
Design for a jardinière (silver), 1910
Colored pencil on squared paper
18.5 x 31.5
MAK, K.I. 12006-11-1

Josef Hoffmann
Sanatorium Westend, Purkersdorf, 1904
Modell, Maßstab 1:50
Rekonstruktion/Modellbau 1985: Univ.-Prof. Franz
Hnizdo, Mag. Elfriede Huber, Institut für Modellbau
41 x 112,7 x 190,6
Sanatorium Westend, Purkersdorf, 1904
Model, scale 1:50
Reconstruction/model building 1985: Univ.-Prof.
Franz Hnizdo, Mag. Elfriede Huber, Institute of
Model building
41 x 112.7 x 190.6
Universität für angewandte Kunst Wien,
Kunstsammlung und Archiv
University of Applied Arts Vienna, Collection and
Archive, 9105/0

Josef Hoffmann
Palais Stoclet, 281 Avenue Tervueren,
Brüssel, 1905–1911
Modell, Maßstab 1:50
Rekonstruktion/Modellbau 1984: Univ.-Prof. Franz
Hnizdo, Mag. Elfriede Huber, Institut für Modellbau
54 x 130 x 165
Stoclet House, 281 Avenue Tervueren,
Brussels, 1905–1911
Model, scale 1:50
Reconstruction/model building 1984: Univ.-Prof.
Franz Hnizdo, Mag. Elfriede Huber, Institute of
Model building
54 x 130 x 165
Universität für angewandte Kunst Wien,
Kunstsammlung und Archiv University of Applied
Arts Vienna, Collection and Archive, 9104/0

Josef Hoffmann
Cabaret Fledermaus, Wien I., Kärntner Straße 33/
Ecke Johannesgasse 1, 1907
Innenraummodell, Maßstab 1:25
Rekonstruktion/Modellbau 2003: Univ.-Prof. Franz
Hnizdo und Christoph Opperer, Institut für
Modellbau
29,5 x 119,4 x 112,4
Cabaret Fledermaus, Vienna, 1st district,
Kärntner Straße 33/corner of Johannesgasse 1,
1907
Model of the interior, scale 1:25
Reconstruction/model building 2003: Univ.-Prof.
Franz Hnizdo and Christoph Opperer, Institute of
Model building
29.5 x 119.4 x 112.4
Universität für angewandte Kunst Wien,
Kunstsammlung und Archiv
University of Applied Arts Vienna, Collection and
Archive, 13.966/0

Adolf Loos

Oskar Kokoschka
Porträt Adolf Loos, 1916
Lichtdruck der Silberstiftzeichnung
54,5 x 4,2
Portrait of Adolf Loos, 1916
Heliotype of the silverpoint drawing
54.5 x 4.2
Albertina, Wien Vienna, ALA 999

Oskar Kokoschka
Fred Goldman (Kind mit den Händen der Eltern), 1909
Öl auf Leinwand
72 x 52
[Fred Goldman (Child in the Hands of Its Parents)],
1909
Oil on canvas
72 x 52
Belvedere, Wien Vienna, Inv. Nr. 5548

Oskar Kokoschka
Alter Mann (Vater Hirsch), 1909
Öl auf Leinwand
70,5 x 62,5
[Old Man (Father Hirsch)], 1909
Oil on canvas
70.5 x 62.5
LENTOS Kunstmuseum Linz, Inv. Nr. 5

Adolf Loos
Wandstück mit Doppeltüre, Wandvertäfelung und
Kästen aus dem Kaminzimmer im Schneidersalon
Ebenstein, Wien I., Kohlmarkt 5, 1897
Von 1927 bis 2000 befand sich die Firma Erwin &
Georg Gruener in den Räumlichkeiten.
Ausführung: Friedrich Otto Schmidt
Eichenholz, Messing, geschliffene Gläser, Stuckfries
Zwei dreitürige Schränke 245 x 590
zweiflügelige Türe 270,5 x 171
Zwei Wandvertäfelungen 180 x 181
Wall section with double door, wall paneling,
and cupboards from the fireplace room in the
Ebenstein tailor shop, Vienna, 1st district,
Kohlmarkt 5, 1897
From 1927 until 2000 the company Erwin & Georg
Gruener was located on the premises.
Execution: Friedrich Otto Schmidt
Oak, brass, bevelled glass, stucco frieze
Two three-doored cupboards: 245 x 590
Double-leafed door 270.5 x 171
Two wall panels 180 x 181
Privatbesitz Private collection
Digitale Rekonstruktion und CNC-Formenbau
Digital reconstruction and CNC mold making:
Universität für angewandte Kunst Wien, Institut
für Architektur, Abteilung für digitales Design &
Produktion University of Applied Arts Vienna,
Institute of Architecture, Department for Digital
Design & Production
Univ.-Ass. DI Armin Hess, Univ.-Ass. Mag. arch.
Daniela Kröhnert, Stud.-Ass. Lisa Höck
3D-Scanning: VirtuMake GmbH, Bernhard
Mayrhofer

Anonym
Kaminsessel, ausgestellt in der Winterausstellung
1898 im k. k. Österreichischen Museum für Kunst
und Industrie. Vom österreichischen
Kunstgewerbeverein als minderwertig und nicht
museumswürdig bezeichnet und von Adolf Loos
als vorbildlich verteidigt.
Ausführung: für Liberty & Co., London
Kiefernholz, Strohgeflecht
105,5 x 60 x 56

Anonymous
Wing chair, exhibited in the winter exhibition 1898 in the Imperial Royal Austrian Museum of Art and Industry. Declared inferior and unworthy of a museum by the Austrian Arts and Crafts Society but defended as exemplary by Adolf Loos.
Execution for Liberty & Co., London
Pinewood, straw wickerwork
105.5 x 60 x 56
Privatbesitz Private collection

Adolf Loos
Buffet für das Speisezimmer der Wohnung Eugen Stössler, Wien I., Landesgerichtsstraße 18, 1899
Ausführung: J. Bohn
Nussbaumholz, Messing, Glas
196 x 165 x 70
Credenza for the dining room of the Eugen Stössler residence, Vienna, 1st district, Landesgerichtsstraße 18, 1899
Execution: J. Bohn
Walnut, brass, glass
196 x 165 x 70
Hofmobiliendepot • Möbel Museum Wien Garde de meuble of the Vienna Court • Furniture Museum Vienna, MD 051859/001 und and MD 051859/002

Adolf Loos
Schreibmöbel aus einem unbekannten Interieur, um 1898/99
Eichenholz, schwarz gebeizt, z.T. geschnitzt; Messing
125 x 106 x 44
Fall front desk from an unidentified interior, ca. 1898/99
Oak, stained black, partly carved; brass
125 x 106 x 44
Sammlung Hummel, Wien Hummel collection, Vienna

Anonym nach englischem Vorbild
Sesselmodell, von Adolf Loos im unbekannten Interieur 1898/99 verwendet
Buchenholz, z.T. gedrechselt, rot gebeizt; Rattangeflecht
76 x 56 x 59,5
Anonymous after an English example
Chair model used by Adolf Loos in the unknown interior 1898/99
Beech, partly turned, stained red; rattan wickerwork
76 x 56 x 59.5
Sammlung Hummel, Wien Hummel collection, Vienna

Anonym nach englischem Vorbild
Ägyptischer Hocker, von Adolf Loos in der Wohnung Dr. Hugo Haberfeld (1899) und in einer Variante in der Wohnung Dr. Otto Stoessl (1901) verwendet
Ausführung: Friedrich Otto Schmidt
42 x 63,5 x 64,5
Anonymous after an English example
Egyptian stool used by Adolf Loos in the Dr. Hugo Haberfeld residence (1899) and variants in the Dr. Otto Stoessl residence (1901)
Execution: Friedrich Otto Schmidt
42 x 63.5 x 64.5
Hofmobiliendepot • Möbel Museum Wien Garde de meuble of the Vienna Court • Furniture Museum Vienna, MD 066008/000

Adolf Loos
Tisch, von Adolf Loos u. a. für die Wohnung Dr. Hugo Haberfeld (1899) und in Varianten in den Wohnungen Alfred Sobotka (1904) und Valentin Rosenfeld (1912) verwendet
Ausführung: Friedrich Otto Schmidt
Mahagoni, Kupfer
H 72,5; Ø 87

Table used by Adolf Loos e. g. in the Dr. Hugo Haberfeld residence (1899) and variants in the Alfred Sobotka (1904) and Valentin Rosenfeld (1912) residences
Execution: Friedrich Otto Schmidt
Mahogany, copper
H 72.5; Ø 87
Sammlung Hummel, Wien Hummel collection, Vienna

Anonym nach englischem Vorbild
Sesselmodell, von Adolf Loos u. a. in der Wohnung Dr. Hugo Haberfeld (1899) und dem Wohnatelier Grethe Hentschel (1914) verwendet
Nussbaumholz, auf Palisander gebeizt; erneuerte Bespannung
94 x 57,5 x 60
Anonymous after an English example
Chair model used by Adolf Loos e. g. in the Dr. Hugo Haberfeld residence (1899) and Grethe Hentschel's residential studio (1914)
Walnut, stained as rosewood; replaced covering
94 x 57.5 x 60
Sammlung Hummel, Wien Hummel collection, Vienna

Adolf Loos
Speisezimmersessel für die Wohnung Eugen Stössler (1899)
Ausführung: J. Bohn
Nussbaumholz, Messing, Lederpolsterung
77 x 57 x 50
Dining room chair for the Eugen Stössler residence (1899)
Execution: J. Bohn
Walnut, brass, leather upholstery
77 x 57 x 50
Hofmobiliendepot • Möbel Museum Wien Garde de meuble of the Vienna Court • Furniture Museum Vienna, MD 051851/000

Adolf Loos
Sessel für das Café Museum, 1899
Ausführung: J. & J. Kohn
Buchenholz, z. T. gebogen, rot gebeizt; Rohrgeflecht
99,5 x 41 x 52
Chair for the Café Museum, 1899
Execution: J. & J. Kohn
Beech, partly bent, stained red, wickerwork
99.5 x 41 x 52
MAK, H 2805

Adolf Loos
Raumteiler für das Damenzimmer der Wohnung Gustav und Marie Turnowsky, um 1900
Ausführung: Friedrich Otto Schmidt
Ahornholz, geschliffene Gläser, Messing, Seide, Radierungen
170 x 234 x 103
Room divider for the boudoir in the Gustav and Marie Turnowsky residence, ca. 1900
Execution: Friedrich Otto Schmidt
Maple, bevelled glass, brass, silk, etchings
170 x 234 x 103
Paris, musée d'Orsay, OAO 882

Max Schmidt und Werkmeister Berka (Detaillierung)
Tisch, von Adolf Loos ab 1900 in verschiedenen Varianten immer wieder für die unterschiedlichsten Wohnungseinrichtungen verwendet
Ausführung: Friedrich Otto Schmidt
Eichenholz, Messing, Kacheln von Bigot Paris
H 67; Ø 76

Table repeatedly used by Adolf Loos from 1900 in different variants to furnish a wide variety of residences
Execution: Friedrich Otto Schmidt
Oak, brass, glazed tiles by Bigot Paris
H 67; Ø 76
Hofmobiliendepot • Möbel Museum Wien Garde de meuble of the Vienna Court • Furniture Museum Vienna, MD 033062/000

Adolf Loos
Schlafzimmer für die Wohnung Lina und Adolf Loos, Wien I., Bösendorferstraße 3, 1903
Rekonstruktion von Erich Hubmann und Andreas Vass, 2014
Bedroom for the Lina and Adolf Loos apartment, Vienna, 1st district, Bösendorferstraße 3, 1903
Reconstruction by Erich Hubmann and Andreas Vass, 2014

Anonym nach einem englischen oder amerikanischen Vorbild
Windsorsessel aus der Wohnung Lina und Adolf Loos, 1903
Buchenholz, z.T. gebogen
75 x 105 x 105
Anonymous after an English or American example
Windsor chair from the Lina and Adolf Loos residence, 1903
Beech, partly bent
75 x 105 x 105
Wien Museum, HMW 101162/6

Anonym nach englischem Vorbild
Sessel, u. a. für die Wohnungen Leopold Langer (1903) und Friedrich Boskowits (um 1910) verwendet
Ausführung: Friedrich Otto Schmidt
Mahagoni, originale Samtpolsterung
96 x 59 x 57
Anonymous after an English example
Chair used e.g. in the Leopold Langer (1903) and Friedrich Boskowits (ca. 1910) residences
Execution: Friedrich Otto Schmidt
Mahogany, original velvet upholstery
96 x 59 x 57
Wienbibliothek im Rathaus, Musiksammlung, Loos-Räume Vienna City Library, music department, Loos rooms

Anonym nach englischem Vorbild
Dreibeiniger ägyptischer Hocker, von Adolf Loos für die Möblierung des Hauses Hugo und Lilly Steiner (1910) und zwischen 1903 und 1927 für die unterschiedlichsten Wohnungseinrichtungen verwendet
Eichenholz, dunkelbraun gebeizt
H 37; Ø 40
Anonymous after an English example
Three-legged Egyptian stool used by Adolf Loos to furnish the house of Hugo and Lilly Steiner (1910) and between 1903 and 1927 for highly diverse residences
Oak, stained dark brown
H 37; Ø 40
Privatbesitz Private collection

Adolf Loos
Bodenstanduhr, um 1904
Mahagoni, furniert; Messing, Glas
222 x 67 x 57,5
Grandfather clock, ca. 1904
Mahogany, veneered; brass, glass
222 x 67 x 57.5
Hofmobiliendepot • Möbel Museum Wien Garde de meuble of the Vienna Court • Furniture Museum Vienna, MD 074248/001 und and MD 074248/002

John Sollie, London
Armlehnsesselmodell, von Adolf Loos in der
Wohnung Emanuel Aufricht (1904/05) verwendet
Ausführung: J. S. Henry, London
Mahagoni
101 x 63 x 53
Armchair model, used by Adolf Loos in the
Emanuel Aufricht residence (1904/05)
Execution: J. S. Henry, London
Mahogany
101 x 63 x 53
MAK, H 1455

Anonym nach englischem Vorbild
Knieschwimmer, von Adolf Loos ab 1906 in
verschiedenen Varianten immer wieder bis in die
1920er Jahre für die unterschiedlichsten
Wohnungseinrichtungen verwendet
Ausführung: Friedrich Otto Schmidt
Nussbaumholz, Samtbespannung
74,5 x 75 x 113
Anonymous after an English example
Easy chair repeatedly used by Adolf Loos from
1906 in different variants until the 1920s to
furnish highly diverse residences
Execution: Friedrich Otto Schmidt
Walnut, velvet covering
74,5 x 75 x 113
Hofmobiliendepot • Möbel Museum Wien Garde de
meuble of the Vienna Court • Furniture Museum
Vienna, MD 071567/000

Adolf Loos
Vitrine aus dem Speisezimmer der Wohnung
Arthur und Leonie Friedmann, Wien I.,
Bellariastraße 4, 1906/07
Ausführung: Friedrich Otto Schmidt (?)
Mahagoni, Messing, geschliffene Gläser
180 x 138,5 x 43,5
Vitrine from the dining room of the Arthur and
Leonie Friedmann residence, Vienna, 1st district,
Bellariastraße 4, 1906/07
Execution: Friedrich Otto Schmidt (?)
Mahogany, brass, bevelled glass
180 x 138.5 x 43.5
Leopold Museum, Wien, Inv 4153

John Sollie, London
Sesselmodell nach Chippendale, von Adolf Loos
in den Wohnungen Paul Khuner (1907), Wilhelm
Hirsch (1907/08), Paul Mayer (1913) und den
Häusern Hugo und Lilly Steiner (1910) und Anna
und Erich Mandl (1916) verwendet
Ausführung: J. S. Henry, London
Nussbaumholz, originale Damastbespannung
95 x 59 x 54
Chair model after Chippendale, used by Adolf Loos
in the residences of Paul Khuner (1907), Wilhelm
Hirsch (1907/08), Paul Mayer (1913), and in the
houses of Hugo and Lilly Steiner (1910) and Anna
and Erich Mandl (1916)
Execution: J. S. Henry, London
Walnut, original damask covering
95 x 59 x 54
MAK, H 1333

Anonym nach englischem Vorbild
Sesselmodell, von Adolf Loos u. a. für die
Wohnung Rudolf Kraus (1907) verwendet
Ausführung: Friedrich Otto Schmidt
Eichenholz, schwarz gebeizt, die Poren weiß
eingerieben; erneuerte Bespannung
103 x 57 x 58

Anonymous after an English example
Chair model used by Adolf Loos e. g. in the
Rudolf Kraus residence (1907)
Execution: Friedrich Otto Schmidt
Limed oak, stained black, with pores
colored white, replaced covering
103 x 57 x 58
Sammlung Hummel, Wien Hummel collection, Vienna

Anonym nach englischem Vorbild
Stuhlmodell *Morris*, von Adolf Loos für die
Wohnung Rudolf Kraus (1907) verwendet
Ausführung: Friedrich Otto Schmidt
Mahagoni, rötlich gebeizt; originale
Polsterauflagen
107,5 x 71 x 86,5
Anonymous after an English example
Morris chair model used by Adolf Loos
for the Rudolf Kraus residence (1907)
Execution: Friedrich Otto Schmidt
Mahogany, stained reddish; original cushions
107.5 x 71 x 86.5
Sammlung Hummel, Wien Hummel collection, Vienna

Anonym nach englischem Vorbild
Sesselmodell, von Adolf Loos u. a. für die
Wohnung Otto und Olga Beck (1908) und das
Wohnatelier Grethe Hentschel (1914) verwendet
Ahorn- und Buchenholz, braun gebeizt,
z. T. gedrechselt
71,5 x 36 x 49,5
Anonymous after an English example
Chair model used by Adolf Loos e. g. in the Otto
and Olga Beck residence (1908) and the Grethe
Hentschel residential studio (1914)
Maple and beech, stained brown, partly turned
71.5 x 36 x 49.5
Sammlung Hummel, Wien Hummel collection, Vienna

Adolf Loos
Hängelampe, von Loos u. a. in den Häusern Hugo
und Lilly Steiner (1910) und Dr. Gustav und Helene
Scheu (1912/13) sowie der Wohnung Leo und
Trude Brummel (1929) verwendet
Bambusgeflecht, Seide
H 30,5; Ø 47,5
Hanging lamp used by Loos e. g. in the Hugo
and Lilly Steiner (1910) and Dr. Gustav and Helene
Scheu (1912/13) Houses, as well as in the Leo
and Trude Brummel residence (1929)
Bamboo wickerwork, silk
H 30.5; Ø 47.5
Sammlung Hummel, Wien Hummel collection, Vienna

Adolf Loos
DAS ANDERE, 1903
Ein blatt zur einfuehrung abendlaendischer
kultur in Oesterreich
Kommissionsverlag der Österreichischen
Verlagsanstalt
Buchdruck
24,5 x 21
[THE OTHER], 1903
[A publication to introduce Occidental culture to
Austria]
Panel Publishers of the Austrian Publishing House
Letterpress
24.5 x 21
Privatbesitz Private collection

Adolf Loos
Tischlampe aus der Wohnung Turnowsky, um 1900
Messing, Seidenfransen
H 63; Ø 46

Table lamp from the Turnowsky residence, ca. 1900
Brass, silk fringe
H 63; Ø 46
Sammlung Hummel, Wien Hummel collection, Vienna

Anonym, Wien
Tintenfass, um 1910
Glas; Metall, versilbert
13,5 x 13,5 x 13,5
Anonymous, Vienna
Inkwell, ca. 1910
Glass; metal, silver-plated
13.5 x 13.5 x 13.5
Privatbesitz Private collection

Adolf Loos
Aufriss des Turms und perspektivisches Detail des
Turmhelms der Kaiserjubiläums-Gedächtniskirche
St. Elisabeth (Kirche bei der Reichsbrücke),
Wien II., Handelskai (Mexikoplatz), 1898
Bleistift auf Transparentpapier
53,6 x 29,7
Front view of the tower and perspectival detail of
the spire of the St. Elisabeth Emperor's Jubilee
Memorial Church (church near the Reichsbrücke
bridge), Vienna, 2nd district, Handelskai
(Mexikoplatz), 1898
Pencil on tracing paper
53.6 x 29.7
Albertina, Wien Vienna, ALA679

Adolf Loos
Entwurf für das Speisezimmer der Wohnung Hugo
Dr. Haberfeld, Wien IX., Alserstraße 53, um 1899
Buntstift auf Papier
15,9 x 19,5
Design for the dining room in the Dr. Hugo
Haberfeld apartment, Vienna, 9th district,
Alserstraße 53, ca. 1899
Colored pencil on paper
15.9 x 19.5
Albertina, Wien Vienna, ALA 108

Adolf Loos
Entwurf für eine Halle mit Kaminnische, um 1899
Buntstift und Tusche auf Papier
21,8 x 30
Design for a hall with fireplace alcove, ca. 1899
Colored pencil and Indian ink on paper
21.8 x 30
Albertina, Wien Vienna, ALA 129

Adolf Loos
Villa Karma, Clarens bei Montreux,
Fassadenentwurf und Perspektivskizze, 1903
Tusche auf Papier
41 x 67
Villa Karma, Clarens near Montreux, façade design
and perspective sketch, 1903
Indian ink on paper
41 x 67
Privatbesitz Private collection

Adolf Loos
Entwurf für ein Esszimmer der Wohnung
Alfred Sobotka (?), 1904
Bleistift und Tusche auf Papier
24,2 x 23,6
Design for a dining room for the Alfred Sobotka
residence (?), 1904
Pencil and Indian ink on paper
24.2 x 23.6
Albertina, Wien Vienna, ALA 680r

Adolf Loos
Fassadenentwurf für ein Wohn- und Geschäfts-
haus der k. k. Priv. Allgemeinen Verkehrsbank,
Wien VII., Mariahilfer Straße 122, um 1904
Tusche auf kariertem Papier
13,9 x 21,5
Façade design for an apartment building and
business premises for the k. k. priv. Allgemeine
Verkehrsbank, Vienna, 7th district, Mariahilfer
Straße 122, ca. 1904
Indian ink on squared paper
13.9 x 21.5
Albertina, Wien Vienna, ALA 687

Adolf Loos
Wettbewerb Hotel Friedrichstraße, Wien I.,
Friedrichstraße, um 1906
Grundriss, Erdgeschoss
Tusche auf Transparentpapier
51 x 73
Competition Hotel Friedrichstraße, Vienna,
1st district, Friedrichstraße, ca. 1906
Ground plan, ground floor
Indian ink on tracing paper
51 x 73
Albertina, Wien Vienna, ALA 289

Adolf Loos
Wettbewerb Hotel Friedrichstraße, Wien I.,
Friedrichstraße, um 1906
Querschnitt, um 1906
Tusche auf Transparentpapier
26,5 x 50,5
Competition Hotel Friedrichstraße, Vienna,
1st district, Friedrichstraße, ca. 1906
Cross section, ca. 1906
Indian ink on tracing paper
26.5 x 50.5
Albertina, Wien Vienna, ALA 290

Adolf Loos
Wettbewerb Hotel Friedrichstraße, Wien I.,
Friedrichstraße, um 1906
Grundriss, Mezzanin, um 1906
Tusche auf Transparentpapier
55 x 68
Competition Hotel Friedrichstraße, Vienna,
1st district, Friedrichstraße, ca. 1906
Ground plan, mezzanine, ca. 1906
Indian ink on tracing paper
55 x 68
Albertina, Wien Vienna, ALA 288

Adolf Loos
Entwurfsskizze für die Anrichtekammer der
Wohnung Hirsch, Pilsen, Pacheho 6, 1906/07
Bleistift auf Zeichenpapier
33,7 x 33,9
Design for the pantry in the Hirsch residence,
Pilsen, Pacheho 6, 1906/1907
Pencil on tracing paper
33.7 x 33.9
Albertina, Wien Vienna, ALA 721

Adolf Loos
Geschäftshaus Goldman & Salatsch, Looshaus,
Wien I., Michaelerplatz 3, 1909–1911
Grundriss, 2. Stock, 1909–1911
Tusche auf Transparentpapier
39,3 x 61,5
Business premises of Goldman & Salatsch,
Looshaus, Vienna, 1st district, Michaelerplatz 3,
1909–1911
Ground plan, 2nd floor, 1909–1911
Indian ink on tracing paper
39.3 x 61.5
Albertina, Wien Vienna, ALA 230

Adolf Loos
Geschäftshaus Goldman & Salatsch, Looshaus,
Wien I., Michaelerplatz 3, 1909–1911
Grundriss, Erdgeschoss, 1909–1911
Tusche auf Transparentpapier
59,8 x 87,9
Business premises of Goldman & Salatsch,
Looshaus, Vienna, 1st district, Michaelerplatz 3,
1909–1911
Ground plan, ground floor, 1909–1911
Indian ink on tracing paper
59.8 x 87.9
Albertina, Wien Vienna, ALA 231

Adolf Loos
Geschäftshaus Goldman & Salatsch, Looshaus,
Wien I., Michaelerplatz 3, 1909–1911
Grundriss, Mezzanin, Galerie, 1909–1911
Bleistift auf Transparentpapier
76,3 x 97,1
Business premises of Goldman & Salatsch,
Looshaus, Vienna, 1st district, Michaelerplatz 3,
1909–1911
Ground plan, mezzanine, gallery, 1909–1911
Pencil on tracing paper
76.3 x 97.1
Albertina, Wien Vienna, ALA 237

Adolf Loos
Geschäftshaus Goldman & Salatsch, Looshaus,
Wien I., Michaelerplatz 3, 1909–1911
Grundriss, Mezzanin, Ansicht
Bleistift auf Transparentpapier
19,1 x 27
Building on the Michaelerplatz (business premises
of Goldman & Salatsch, Looshaus), Vienna,
1st district, Michaelerplatz 3, 1909–11
Ground plan, mezzanine, view 1909–1911
Pencil on tracing paper
19.1 x 27
Albertina, Wien Vienna, ALA 519

Adolf Loos
Geschäftshaus Goldman & Salatsch, Looshaus,
Wien I., Michaelerplatz 3, 1909–1911
Fassadenabwicklung
Pause
39,9 x 82,5
Building on the Michaelerplatz (business premises
of Goldman & Salatsch, Looshaus), Vienna,
1st district, Michaelerplatz 3, 1909–1911
Façade elevation
Print
39.9 x 82.5
Albertina, Wien Vienna, ALA 356

Adolf Loos
Haus Hugo und Lilly Steiner, Wien XIII., St.-Veit-
Gasse 10, Grundriss I. Stock, Schnitt A–B, 1910
Tusche auf Transparentpapier
29,6 x 44,2
House of Hugo and Lilly Steiner, Vienna, 13th
district, St.-Veit-Gasse 10, ground plan of the 1st
floor, cross section A–B, 1910
Indian ink on tracing paper
29.6 x 44.2
Albertina, Wien Vienna, ALA 738

Adolf Loos
Kaiser-Jubiläumskirche, Wien II., Mexikoplatz,
Projekt, 1898
Modell, Maßstab 1:100
Rekonstruktion/Modellbau 1987–2001:
K. Gürtner/TU Wien
80 x 120 x 100

Emperor's Jubilee Church, Vienna, 2nd district,
Mexikoplatz, Project, 1898
Model, scale 1:100
Reconstruction/model building 1987–2001:
K. Gürtner/Vienna University of Technology
80 x 120 x 100
Albertina, Wien Vienna, LA 31

Adolf Loos
Wohn- und Geschäftshaus der k. k. priv.
Allgemeinen Verkehrsbank, Wien VII., Mariahilfer
Straße 122, Projekt, 1904
Baukörper- und Fassadenmodell, Maßstab 1:50
Rekonstruktion/Modellbau 2014: Armin Hess,
Matthias Boeckl, Ivo de Nooijer
49,5 x 45 x 55
Das Modell entstand in Kooperation mit der
Universität für angewandte Kunst Wien
Apartment building and business premises of
the k. k. priv. Allgemeine Verkehrsbank, Vienna,
7th district, Mariahilfer Straße 122, Project, 1904
Building and façade model, scale 1:50
Reconstruction/model building 2014: Armin Hess,
Matthias Boeckl, Ivo de Nooijer
49.5 x 45 x 55
The model was created in coopertion with the
University of Applied Arts Vienna

Adolf Loos
Wohn- und Geschäftshaus Goldmann & Salatsch,
Wien I., Michaelerplatz 3, 1909–1911
Baukörper- und Fassadenmodell, Maßstab 1:50
Rekonstruktion/Modellbau 1984/85: Burkhardt
Rukschscio, Bruno Maldoner, Hans Kropf
73 x 150 x 92
Apartment building and business premises
of Goldmann & Salatsch, Vienna, 1st district,
Michaelerplatz 3, 1909–1911
Building and façade model, scale 1:50
Reconstruction/model building 1984/85:
Burkhardt Rukschscio, Bruno Maldoner, Hans Kropf
73 x 150 x 92
Wien Museum, HMW 186405

Adolf Loos
Wohn- und Geschäftshaus Goldmann & Salatsch,
Wien I., Michaelerplatz 3, 1909–1911
Modell der Geschäftszone, Maßstab 1:33
Rekonstruktion/Modellbau: Winfried Glasmann,
Martin Hofmann, Johannes Itermann
91 x 140 x 36
Apartment building and business premises of
Goldmann & Salatsch, Vienna, 1st district,
Michaelerplatz 3, 1909–1911
Model of the retail area, scale 1:33
Reconstruction/model building: Winfried
Glasmann, Martin Hofmann, Johannes Itermann
91 x 140 x 36
Architekturmuseum der Technischen Universität
München, loo-1-2

Adolf Loos
Haus Steiner, Wien XIII., St.-Veit-Gasse 10, 1910
Modell, Maßstab 1:50
Rekonstruktion/Modellbau 1978–1994:
Johann Hommel, Martin Pampus/TU Wien
47,5 x 62 x 62
Steiner House, Vienna, 13th district,
St.-Veit-Gasse 10, 1910
Model, scale 1:50
Reconstruction/model building 1978–1994:
Johann Hommel, Martin Pampus/Vienna University
of Technology
47.5 x 62 x 62
Albertina, Wien Vienna, LA01

NEUE WIENER WEGE
NEW VIENNESE WAYS
1910–1938

Die neue Generation
The Next Generation

Oskar Strnad
Hl. Christophorus, um 1912
Holz, geschnitzt und farbig gefasst
130 x 55 x 30
St. Christopher, ca. 1912
Wood, carved and polychrome painted
MAK, Inv. Nr. H 3624

Dagobert Peche
Sessel für die Ausstellung der Österreichischen
Tapeten-, Linkrusta- und Linoleumindustrie im
k. k. Österreichischen Museum für Kunst und
Industrie, 1912
Ausführung: Franz Krejci
Holz, schwarz gebeizt; Holz geschnitzt und
z. T. vergoldet, weiß und blau gefasst; Stoff-
bespannung Gartenwinde (Entwurf Dagobert Peche)
89 x 47 x 47
Chair for the Austrian Wallpaper, Lincrusta and
Linoleum Industry exhibition at the Imperial Royal
Austrian Museum of Art and Industry, 1912
Execution: Franz Krejci
Wood, stained black; wood, carved and partially
gilded, painted blue and white; upholstery
Gartenwinde (Design Dagobert Peche)
Privatbesitz Private collection

Josef Frank
Halbhoher Schrank für die Wohnhalle eines
Landhauses, gezeigt auf der Frühjahrsausstellung
des k. k. Österreichischen Museums für Kunst und
Industrie, Wien, 1912
Ausführung: J. Müller
Kirschbaumholz, Messingbeschläge
88,5 x 157,5 x 54
Waist-height cabinet for the living hall of a
country house, shown at the spring exhibition of
the Imperial Royal Austrian Museum of Art and
Industry, 1912
Execution: J. Müller
Cherry wood, brass fittings
88.5 x 157.5 x 54
Privatbesitz Private collection

Josef Frank
Tischlampe, 1919
Messing, Seidenschirme
H 73,5 x B 51

Table lamp, 1919
Brass, silk lampshade
H 73.5 x W 51
MAK, Inv. Nr. Me 912

Josef Frank
Ladenbeschläge und Schlüssel, Wien,
um 1920/1930
Ausführung: J. T. Kalmar für Haus & Garten
Messing
Drawer fittings and keys, Vienna, ca. 1920/1930
Execution: J. T. Kalmar for Haus & Garten
Brass
MAK, Me 947

Oskar Strnad
Kanadier, um 1920
Mahagoni, aufgelegte Polster
108 x 71 x 100
Morris chair (Bentwood chair with adjustable
backrest), ca. 1920
Mahogany, loose pillows
MAK, Inv. Nr. H 2565

Oskar Strnad
Deckeldose, um 1911
Ausführung: Meyr's Neffe für J. & L. Lobmeyr
Kristallglas, geschliffen
H 12,7
Lidded jar, ca. 1911
Execution: Meyr's Neffe for J. & L. Lobmeyr
H 12.7
MAK, Inv. Nr. WI 1030

Oskar Strnad
Blumenglas, 1916
Ausführung: Böhmische Manufaktur für
J. & L. Lobmeyr
Farbloses Glas
H 27,3
Flower vase, 1916
Execution: Böhmische Manufaktur for J. & L. Lobmeyr
Clear glass
H 27.3
MAK, Inv. Nr. WI 1813

Josef Frank
Armlehnsessel aus der Wohnung Rosl Weiser,
um 1925
Ausführung für Haus & Garten
Mahagoni, spanisches Rohr, Leder, Ziernägel
71,5 x 55 x 42
Armchair from the Rosl Weiser residence, ca. 1925
Execution for Haus & Garten
Mahogany, Spanish cane, leather, decorative
upholstery tacks
71.5 x 55 x 42
MAK

Josef Frank
Tisch, um 1925
Ausführung: für Haus & Garten
Pyramidenmahagoni, Nussbaum- und
Buchsbaumholz
Table, ca. 1925
Execution: for Haus & Garten
Pyramid mahogany, walnut and boxwood
MAK

Josef Frank
Haus Dr. Emil und Agnes Scholl, Wien XIX.,
Wilbrandtgasse 3, 1914
Modell, Maßstab 1:50
Rekonstruktion/Modellbau 1978–1994: Barbara
Höbelt, Suncica Jelic, Christian Wolfert/TU Wien
46 x 47 x 52,5

House of Dr. Emil und Agnes Scholl, Vienna,
19th district, Wilbrandtgasse 3, 1914
Scale model 1:50
Reconstruction/scale model 1978–1994 by
Barbara Höbelt, Suncica Jelic, Christian Wolfert /
Vienna University of Technology
46 x 47 x 52.5
Albertina, Wien Vienna, FJ01

Oskar Strnad und and Victor Lurje
Haus Hock, Wien, Grundriss des Wohngeschosses
und Straßenansicht, 1910–1912
Blaupausen
24 x 30 und 32,5 x 23,5
Hock House, Vienna, floor plan of the living area
and street view, 1910–1912
Blueprints
24 x 30 and 32.5 x 23.5
MAK, KI 13901 und and 13902

Oskar Strnad
Haus Wassermann, Wien, Grundriss
Hauptgeschoss und Wandansichten der
Wohnhalle, 1912–1914
Lichtpause, Tusche auf Papier
94 x 43; 46,5 x 60; 47 x 60
Wassermann House, Vienna, floor plan of the main
floor and walls in the living hall, 1912–1914
Print, Indian ink on paper
94 x 43; 46.5 x 60; 47 x 60
MAK, KI 13915 und and 13862

Josef Frank
Stoffentwurf für die Wiener Werkstätte, um 1918
Bleistift, Tusche, Gouache auf Papier
60,5 x 69,5
Fabric design for the Wiener Werkstätte, ca. 1918
Pencil, Indian ink, gouache on paper
60.5 x 69.5
MAK, KI 11820

Josef Frank
Entwurf für einen silbernen Spiegel für die Wiener
Werkstätte, 1919
Bleistift und Tusche auf Papier
64,5 x 68
Design for a silver mirror for the Wiener
Werkstätte, ca. 1919
Pencil and Indian ink on paper
64.5 x 68
MAK, KI 11821

Adolf Loos, Plan für Wien
Adolf Loos, Plan for Vienna

Adolf Loos
Stadtregulierungsplan, Wien I., Plan von Wien mit
projektierter Regulierung, um 1912/1913
City development plan, Vienna, inner city, plan of
Vienna with projected regulation, ca. 1912/13
Druck Print, 58,8 x 67,5
Albertina, Wien Vienna, ALA 403

Adolf Loos
Stadtregulierungsplan, Wien I. (Plan von Wien),
Karlsplatz, Skizzen, Perspektiven, Details, 1912
Bleistift auf Transparentpapier, 26,7 x 44,7
City development plan, Vienna, city center (map of
Vienna), Karlsplatz, sketches, perspective views,
details, 1912
Pencil on tracing paper, 26.7 x 44.7
Albertina, Wien Vienna, ALA 408r

Die Werkbundidee
The Idea of the Werkbund

Adolf Loos
Wasserglas aus dem *Trinkservice No. 248*, 1931
Ausführung: Zahn & Göpfert, Blumenbach (CZ)
für J. & L. Lobmeyr, Wien
Farbloses Glas, z. T. geschliffen
H 9,3; Ø 7,8
Water glass from the *Drinking set no. 248*, 1931
Execution: Zahn & Göpfert, Blumenbach (CZ)
for J. & L. Lobmeyr, Vienna
Clear glass, partially cut
H 9.3; Ø 7.8
J. & L. LOBMEYR

Adolf Loos
Reproduktion des *Trinkservice No. 248* von Loos
nach der Entwurfszeichnung von Februar 1931
Basierend auf einer Studie von Erich Hubmann und
Andreas Vass, 2012/13
Ausführung: J. & L. Lobmeyr
Reproduction of the Loos *Drinking set no. 248*
from the design drawing of February 1931
Based on a study by Erich and Andreas Vass,
2012/13
Execution: J. & L. Lobmeyr
J. & L. LOBMEYR

Adolf Loos
Reproduktion der Entwurfszeichnung für das
Trinkservice No. 248, Februar 1931
(Zeichner: Kurt Unger)
Bleistift auf Transparentpapier
Reproduction of the design drawing for the
Drinking set no. 248, February 1931
(Drawing by Kurt Unger)
Pencil on tracing paper
Uměleckoprůmyslové museum, Prag
Museum of Decorative Arts, Prague

Josef Hoffmann
Teeservice, 1923
Ausführung: Wiener Werkstätte
Messing, getrieben; Ebenholz
Tablett: 20 x 42 x 37
Tea service, 1923
Execution: Wiener Werkstätte
Hammered brass; ebony
Tray: 20 x 42 x 37
MAK, Me 846

Michael Powolny
Relief *Flora*, um 1913
Ausführung: Vereinigte Wiener und
Gmundner Keramik
Steinzeug, bunt glasiert
112 x 61
Relief *Flora*, ca. 1913
Execution: Vereinigte Wiener und
Gmundner Keramik
Stoneware with polychrome glaze
MAK, WI 1445

Josef Hoffmann
Anrichtetisch für das Speisezimmer der Wohnung
Hodler, 1913
Ausführung für die Wiener Werkstätte
Eiche, schwarz gebeizt, die Poren weiß
eingerieben
92,5 x 152,5 x 43
Credenza for the dining room of the Hodler
residence, 1913
Execution for Wiener Werkstätte
Limed oak, stained black with the pores chalked
white
92.5 x 152.5 x 43
Privatbesitz Private collection

Josef Hoffmann
Vitrine, gezeigt auf der Ausstellung *Das befreite
Handwerk* im Österreichischen Museum für Kunst
und Industrie, 1934
Ausführung: Max Welz
Holz, polychrom gefasst, vergoldet; Glas
85 x 72 x 35
Display cabinet, shown at the exhibition
Das befreite Handwerk [Liberated Craftsmanship]
at the Austrian Museum of Art and Industry, 1934
Execution: Max Welz
Wood, polychrome painted, gilded; glass
MAK, Inv. Nr. H1703

Josef Hoffmann
Sessel, gezeigt auf der Ausstellung *Das befreite
Handwerk* im Österreichischen Museum für Kunst
und Industrie, 1934
Ausführung: Johann Soulek
Nussbaumholz, geschnitzt; originale
Lederbespannung
88 x 52 x 48
Chair, shown at the exhibition *Das befreite
Handwerk* [Liberated Craftsmanship] at the
Austrian Museum of Art and Industry, 1934
Execution: Johann Soulek
Carved walnut, original leather upholstery
MAK, Inv. Nr. H 1701

Anonym
Korbsessel, von Adolf Loos u. a. in der Pilsner
Wohnung Wilhelm und Martha Hirsch (1929/30)
verwendet
Ausführung: Prag-Rudniker Korbwarenfabrik
Peddigrohr
87 x 62,5 x 63,5
Wicker chair used by, among others, Adolf Loos in
the Plzeň residence of Wilhelm and Martha Hirsch
(1929/30)
Execution: Prag-Rudniker Korbwarenfabrik
Wicker
Sammlung Hummel, Wien Hummel collection, Vienna

Adolf Loos
Sessel für das Café Capua, Wien, 1913
Ausführung: Gebrüder Thonet
Buchenholz, gebogen; Eichenholz, braun gebeizt
88 x 43 x 48
Chair for the Café Capua, Vienna, 1913
Execution: Gebrüder Thonet
Beech wood, bent; oak, stained brown
Sammlung Hummel, Wien Hummel collection, Vienna

Adolf Loos
Tisch für das Speisezimmer des Hauses
Dr. Gustav und Helene Scheu, 1912/13
Eichenholz, Messing
H 78, D 111
Table for the dining room of Dr. Gustav
and Helene Scheu's House, 1912/13
Oak, brass
Privatbesitz Private collection

Josef Hoffmann für for J. & L. Lobmeyr
Becher, um 1910
Mattiertes Glas mit Bronzitdekor
H 10
Cup, ca. 1910
Frosted glass with Bronzit décor
MAK, Inv. Nr. W.I. 1162

Josef Hoffmann
Schale für die Kölner Werkbundausstellung 1914
Ausführung: Johann Lötz Witwe GmbH,
Klostermühle (Böhmen)
Farbloses Glas, hellblau unterfangen, braun-violett
überfangen, geätzt und raureifartig strukturiert
H 15,8; Ø 21,6

Bowl for the 1914 Cologne Werkbund exhibition
Execution: Johann Lötz Witwe GmbH, Klostermühle
(Bohemia)
Clear glass ,light blue and brown-violet casing,
etched and frosted
H 15.8; Ø 21.6
MAK, W.I.

Josef Hoffmann
Teeservice, 1928
Ausführung: Wiener Werkstätte
Silber, Ebenholz
Tablett: 40 x 20,5
Tea service, 1928
Execution: Wiener Werkstätte
Silver, ebony
Tray: 40 x 20.5
MAK, Inv. Nr. Go 1797

Josef Hoffmann
Teeservice, 1928
Ausführung: Wiener Werkstätte
Silber, Ebenholz
Tablett: D 35,5
Tea service, 1928
Execution: Wiener Werkstätte
Silver, ebony
Tray: Ø 35.5
MAK, Inv. Nr. Go 2008

Adolf Loos
Luster für die Halle des Hauses Dr. Gustav
und Helene Scheu, 1912/13
Schmiedeeisen
Ø 120
Chandelier for the hall of Dr. Gustav and
Helene Scheu's House, 1912/13
Wrought iron
Ø 120
Privatbesitz Private collection

**Nach einem Modell von Thomas Chippendale,
um 1750**
Based on a model by Thomas Chippendale, ca. 1750
Sesselmodell, von Adolf Loos u. a. in der Wohnung
Emil Löwenbach (1913) verwendet
Ausführung: Gillow & Co., London
Mahagoni, z. T. geschnitzt; originale
Lederbespannung
Chair model used by, among others, Adolf Loos,
in the Emil Löwenbach residence (1913)
Execution: Gillow & Co., London
Mahogany, partially carved; original leather
upholstery
MAK

Adolf Loos
Hängeleuchte für den Verkaufsraum des
Schneidersalons Kniže, Wien, 1913
Messing, geschliffene Gläser
Hanging lamp for the sales room of the
Viennese tailor salon Kniže, 1913
Brass, bevelled glass
Sammlung Hummel, Wien Hummel collection, Vienna

Josef Hoffmann
Villa Josefine Skywa und Robert Primavesi, Wien
XIII., Gloriettegasse 18, 1913–1915
Modell, Maßstab 1:50
Rekonstruktion/Modellbau 1983: Univ.-Prof. Franz
Hnizdo, Mag. Elfriede Huber, Institut für Modellbau
43 x 112,4 x 146,4

Villa of Josefine Skywa and Robert Primavesi, Vienna, 13th district, Gloriettegasse 18, 1913–1915, Scale model: 1:50
Reconstruction/scale model 1983 by Univ.-Prof. Franz Hnizdo, Mag. Elfriede Huber/Institut für Modellbau
43 x 112.4 x 146.4
Universität für angewandte Kunst Wien, Kunstsammlung und Archiv University of Applied Arts Vienna, Collection and Archive

Adolf Loos
Haus Josef und Marie Rufer, Wien XIII., Schließmanngasse 11, 1922
Modell, Maßstab 1:33
Rekonstruktion/Modellbau: Anton Putzhammer
45 x 49,3 x 49,5
House of Josef and Marie Rufer, Vienna, 13th district, Schließmanngasse 11, 1922, Scale model: 1:33
Reconstruction/scale model by Anton Putzhammer
45 x 49.3 x 49.5
Architekturmuseum der Technischen Universität München Architekturmuseum of the Technische Universität München

Adolf Loos
Haus Dr. Gustav und Helene Scheu, Wien XIII., Larochegasse 3, 1912/13
Modell, Maßstab 1:25
Rekonstruktion/Modellbau: R. Nohàl
42,5 x 52,5 x 40
House of Dr. Gustav und Helene Scheu, Vienna, 13th district, Larochegasse 3, 1912/13
Scale model: 1:25
Reconstruction/scale model by R. Nohàl
42.5 x 52.5 x 40
museum moderner kunst stiftung ludwig wien, M 4/0, erworben acquired in 1964

Josef Hoffmann
Landhaus Ast am Wörthersee, Fassadenentwurf, 1923/24
Bleistift und Buntstift auf kariertem Papier
20,1 x 32,5
Country house Ast at the Wörthersee, façade design, 1923/24
Pencil and colored pencil on squared paper
20.1 x 32.5
MAK, KI 8802-1

Josef Hoffmann
Landhaus Ast am Wörthersee, Grundrissentwurf, 1923/24
Bleistift und Buntstift auf kariertem Papier
20,1 x 32,5
Ast country house at the Wörthersee, floor plan design, 1923/24
Pencil and colored pencil on squared paper
20.1 x 32.5
MAK, KI 8802-2

Josef Hoffmann
Projektskizze eines Wohnhauses für Dr. Kuno Grohmann, Würbenthal, um 1920
Tusche auf Papier
15,2 x 15,2
Project sketches of a residence for Dr. Kuno Grohmann, Würbenthal, ca. 1920
Indian ink on paper
15.2 x 15.2
National Gallery in Prague, K 17779

Josef Hoffmann
Villa Knips, Wien, Fassadenentwurf, 1924
Tusche auf Pergamin
17,3 x 45,5

Villa Knips, Vienna, façade design, 1924
Indian ink on parchment
17.3 x 45.5
MAK, KI 8814

Josef Hoffmann
Villa Knips, Wien, Entwurf für eine Schlafzimmerwand, 1913
Tusche, Bleistift, Wasserfarbe auf kariertem Papier
33,7 x 41,1
Villa Knips, Vienna, design for a bedroom wall, 1913
Indian ink, pencil, watercolor on squared paper
33.7 x 41.1
museum moderner kunst stiftung ludwig wien, G 144/15, erworben acquired in 1966

Josef Hoffmann
Villa Skywa-Primavesi, Wien, Entwürfe für die Halle, 1913
Bleistift auf kariertem Papier
9,7 x 27,1
Villa Skywa-Primavesi, Vienna, designs for the hall, 1913
Pencil on squared paper, 9.7 x 27.1
National Gallery in Prague, K 17764

Josef Hoffmann
Villa Skywa-Primavesi, Wien, Vorentwürfe, 1913
Tusche auf Papier
15,6 x 8,7
Villa Skywa-Primavesi, Vienna, preliminary designs, 1913
Indian ink on paper
15.6 x 8.7
National Gallery in Prague, K 17798

Josef Hoffmann
Landhaus Primavesi, Winkelsdorf, Vorentwürfe, 1913
Bleistift auf kariertem Papier
25,5 x 17,8
Primavesi country house, Winkelsdorf, preliminary designs, 1913
Pencil on squared paper
25.5 x 17.8
National Gallery in Prague, K 17745

Josef Hoffmann
Landhaus Primavesi, Winkelsdorf, Vorentwürfe, 1913
Tusche, koloriert auf Papier, 7,8 x 25,6
Primavesi country house, Winkelsdorf, preliminary designs, 1913
Ink, colored on paper
7.8 x 25.6
National Gallery in Prague, K 17795

Josef Hoffmann
Werkbundausstellung, Köln, Österreich-Haus, Vorentwürfe, 1913
Bleistift auf kariertem Papier
28,5 x 18,4
Werkbund exhibition, Cologne, Austria House, preliminary designs, 1913
Pencil on squared paper
28.5 x 18.4
National Gallery in Prague, K 17760

Josef Hoffmann
Österreichische Central Boden Credit Bank, Wien I., Kohlmarkt 8–10/Wallnerstraße, Entwürfe für die Fassadenumgestaltung, 1924
Bleistift auf kariertem Papier
34 x 18,6

Austrian Central Boden Real Estate Credit Institute, Vienna, 1st district, Kohlmarkt 8–10/Wallnerstraße, Designs for the façade remodel, 1924
Pencil on squared paper
34 x 18.6
National Gallery in Prague, K 17748

Josef Hoffmann
Österreichische Central Boden Credit Bank, Wien I., Kohlmarkt 8–10/Wallnerstraße, Entwürfe für die Fassadenumgestaltung, 1924
Bleistift auf kariertem Papier, 28 x 15,5
Austrian Central Boden Real Estate Credit Institute, Vienna, 1st district, Kohlmarkt 8–10/Wallnerstraße, Designs for the façade remodel, 1924
Pencil on squared paper, 28 x 15.5
National Gallery in Prague, K 17749

Josef Hoffmann
Entwurf für eine Villa, um 1920
Bleistift auf kariertem Papier, 17,5 x 23,3
Design for a villa, ca. 1920
Pencil on squared paper, 17.5 x 23.3
National Gallery in Prague, K 17761

Josef Hoffmann
Entwurf für eine Villa, um 1920
Feder und Bleistift auf kariertem Papier, 21 x 18,2
Design for a villa, ca. 1920
Pen and pencil on squared paper, 21 x 18.2
National Gallery in Prague, K 17762

Josef Hoffmann
Zwei Entwürfe für Damenkleider, um 1910
Bleistift und Buntstift auf kariertem Papier
24,1 x 10,1
Two design for women's dresses, ca. 1910
Pencil and colored pencil on squared paper
24.1 x 10.1
National Gallery in Prague, K 17713

Adolf Loos
Haus Dr. Gustav und Helene Scheu, Wien XIII., Larochegasse 3, Grundrisse, Ansichten, Schnitt, Situation, 1912/1913
Druck, 65 x 100,7
House of Dr. Gustav and Helene Scheu, Vienna, 13th district, Larochegasse 3, floor plans, elevations, section, situation, 1912/1913
Print, 65 x 100.7
Albertina, Wien Vienna, ALA 140

Adolf Loos
Villa Josef und Marie Rufer, Wien XIII., Schließmanngasse 11, Fassaden mit Fensteraufteilung, 1922
Bleistift auf Transparentpapier, 60,5 x 67
Villa Josef and Marie Rufer, Vienna, 13th district, Schließmanngasse 11, façades with window arrangement, 1922
Pencil on tracing paper, 60.5 x 67
Albertina, Wien Vienna, ALA 611

Die soziale Frage
The Social Issue

Hugo Gorge
Sessel, gezeigt auf der Ausstellung *Einfacher Hausrat* im Österreichischen Museum für Kunst und Industrie, 1920
Ausführung: R. Lorenz
Kirschbaumholz
90,5 x 45 x 45

Chair, shown at the *Einfacher Hausrat* [Simple household goods] exhibition in the Austrian Museum of Art and Industry, 1920
Execution: R. Lorenz
Cherry wood
90.5 x 45 x 45
Privatbesitz Private collection

Adolf Loos
Haus mit einer Mauer, 1921
Modell, Maßstab 1:50
Rekonstruktion/Modellbau 1978–1994:
Klaus Hagenauer/TU Wien
36 x 42 x 32
House with one Wall, 1921
Scale model: 1:50
Reconstruction/scale model 1978–1994 by Klaus Hagenauer / Vienna University of Technology
Albertina, Wien Vienna, LA04

Adolf Loos
Heubergsiedlung, Wien XVII., Röntgengasse 138/ Plachygasse 1, 3, 5, 7, 9, 11 und 13, 1921–1924
Modell, Maßstab: 1:33
Rekonstruktion/Modellbau: Angelika Kern, Frank Schweser
25 x 69,9 x 70
Heuberg settlement, Vienna, 17th district, Röntgengasse 138/Plachygasse 1, 3, 5, 7, 9, 11, and 13, 1921–1924
Scale model: 1: 33
Reconstruction/scale model by Angelika Kern, Frank Schweser
25 x 69.9 x 70
Architekturmuseum der Technischen Universität München Architekturmuseum of the Technische Universität München, loo-15-2

Adolf Loos
Kleinwohnungshaus für die Gemeinde Wien, Wien X., Kennergasse/Bürgergasse/Staudiglgasse/ Favoritenstraße, Projekt, 1923
Modell, Maßstab 1:100
Rekonstruktion/Modellbau: R. Nohàl, W. Mistelbauer
23 x 111,5 x 75,5
Building with small apartments for the municipality of Vienna, Vienna, 10th district, Kennergasse/Bürgergasse/Staudiglgasse/ Favoritenstraße, Project, 1923
Scale model: 1: 100
Reconstruction/scale model by R. Nohàl, W. Mistelbauer
23 x 111.5 x 75.5
museum moderner kunst stiftung ludwig wien, M 3/0, erworben acquired in 1964

Adolf Loos
Heuberg-Siedlung, Wien XVII., Röntgengasse 138/ Plachygasse 1, 3, 5, 7, 9, 11 und 13, Ansicht, Schnitte und Grundrisse, 1921 (Planung) bis 1923/1924 (Ausführung)
Druck, 45,4 x 60
Heuberg settlement, Vienna, 17th district, Röntgengasse 138/Plachygasse 1, 3, 5, 7, 9, 11, and 13, elevation, sections, and floor plans, 1921 (planning) to 1923/1924 (construction)
Print, 45.4 x 60
Albertina, Wien Vienna, ALA 5

Adolf Loos
Haus mit einer Mauer, Konstruktionsschema, 1921
Tusche auf Transparentpapier, 33,3 x 20,8
House with one Wall, construction diagram, 1921
Indian ink on tracing paper, 33.3 x 20.8
Albertina, Wien Vienna, ALA 702

Adolf Loos
Haus mit einer Mauer, Patentschrift, 1921
Typoskript, 34,1 x 14,1
House with one Wall, patent specification, 1921
Typescript, 34.1 x 14.1
Albertina, Wien Vienna, ALA 703

Josef Hoffmann
Fassadenstudie für einen Gemeindebau, 1923
Bleistift, roter und blauer Buntstift auf kariertem Papier, 21,1 x 34
Façade study for a community housing project, 1923
Pencil, red and blue colored pencil on squared paper, 21.1 x 34
MAK, KI 8808/1

Adolf Loos
Kleinwohnungshaus für die Gemeinde Wien, Wien-Favoriten, Inzersdorfer Straße (heute: Kennergasse/Bürgergasse/Staudiglgasse/ Favoritenstraße), Grundriss 2. und 3. Stock, 1923
Tusche auf Transparentpapier, je 58,8 x 102,1
Building with small apartments for the municipality of Vienna, Favoriten district, Inzersdorfer Straße (now Kennergasse/ Bürgergasse/Staudiglgasse/Favoritenstraße), floor plan of 2nd and 3rd floors, 1923
Indian ink on tracing paper, 58.8 x 102.1 each
Albertina, Wien Vienna, ALA 466, 468

Adolf Loos
Kleinwohnungshaus für die Gemeinde Wien, Wien-Favoriten, Inzersdorfer Straße (heute: Kennergasse/Bürgergasse/Staudiglgasse/ Favoritenstraße), Querschnitte, kotiert, und Ansichten, 1923
Tusche und Sepia auf Transparentpapier
30,1 x 55,5 und 56,3 x 66,5
Building with small apartments for the municipality of Vienna-Favoriten, Inzersdorfer Straße (now Kennergasse/Bürgergasse/ Staudiglgasse/Favoritenstraße), sections with measurements and elevations, 1923
Indian ink and sepia on tracing paper, 30.1 x 55.5 and 56.3 x 66.5
Albertina, Wien Vienna, ALA 462, 460

Oskar Strnad
Arbeiterkolonie Ortmann, Niederösterreich, Ansicht des Platzes und Schnitt, um 1917
Tusche auf Transparentpapier
29 x 86
Ortmann worker colony, Lower Austria, view of the square and cross section, ca. 1917
Indian ink on tracing paper
29 x 86
MAK, KI 13911

Oskar Strnad
Arbeiterkolonie Ortmann, Niederösterreich, Haustypen A und C (Ecktype), um 1917
Tusche auf Transparentpapier
39 x 21,5 und 43,5 x 32
Ortmann worker colony, Lower Austria, view of the square and section, building types A and C (corner type), ca. 1917
Indian ink on tracing paper
39 x 21.5 and 43.5 x 32
MAK, KI 13911

Die internationale Moderne
International Modernism

Ernst Schwadron
Barschrank aus dem Barraum der Wohnung Dosza, 1933
Ausführung: Vinzenz Kabele
Indisches Rosenholz
140 x 92 x 44,5
Bar cabinet from the bar room of the Dosza residence, 1933
Execution: Vinzenz Kabele
Indian rosewood
MAK, H 3298

Franz Singer und and Friedl Dicker
Modell eines begehbaren Garderobenschranks mit herausdrehbaren Betten, Maßstab 1:5, um 1928
Erlensperrholz, natur, z. T. gefärbt; farbiges Papier, Messinggestelle, Drahtgeflecht
59,5 x 22 x 100,4
Model of a walk-in clothes closet with swivel-out beds, scale 1:5, ca. 1928
Natural alder plywood, partially colored; colored paper, brass frames, wire mesh
59.5 x 22 x 100.4
Sammlung Collection G. Schrom

Franz Singer und and Friedl Dicker
Stapelbarer Sessel *Type Heriot*, 1932
Stahlrohr, vernickelt; Ahornholz; Rohrgeflecht
56 x 59 x 75
Stackable chair *Type Heriot*, 1932
Nickel-plated steel tubing; maple; woven cane
Sammlung Collection G. Schrom

Ernst A. Plischke
Kanadier für die Wohnung Lucie Rie-Gomperz, 1928/29
Nussbaumholz, erneuerte Stoffbespannung
Armlehnsessel: 80 x 65 x 72
Sitzpolster: 22 x 64 x 66
Morris chair (Bentwood chair with adjustable backrest) for the Lucie Rie-Gomperz residence, 1928/29
Walnut, refurbished upholstery
Armchair: 80 x 65 x 72
Seat cushion: 22 x 64 x 66
Hofmobiliendepot • Möbel Museum Wien Imperial Furniture Collection Vienna, MD 052756/001 (Armsessel Armchair), MD 052756/002 (Sitzpolster Seat cushion) und and MD 052756/003 (Lehnpolster Back cushion)

Ernst A. Plischke
Sessel für das Speisezimmer der Wohnung Böhm, 1930
Nussbaumholz, Gurtbespannung
85 x 48 x 58,5
Chair for the dining room of the Böhm residence, 1930
Walnut, webbing
85 x 48 x 58.5
Hofmobiliendepot • Möbel Museum Wien Imperial Furniture Collection Vienna, MD 073954/000

Ernst A. Plischke
Klapptisch, gezeigt auf der Werkbundausstellung im Österreichischen Museum für Kunst und Industrie, 1930
Ausführung: J. A. Wendl (Schlosser) und Anton Kolbek (Tischler)
Eisenrohr, vernickelt; Okumé
61 x 134 x 75

Folding table, shown at the Werkbund exhibition in the the Austrian Museum of Art and Industry, 1930
Execution: J. A. Wendl (locksmith) und Anton Kolbek (cabinetmaker)
Nickel-plated iron tubing; okoumé
Nachlass Estate of Ernst A. Plischke

Josef Frank
Haus Julius und Grete Beer, Wien XIII., Wenzgasse 12, 1929/30
Modell, Maßstab 1:50
Rekonstruktion/Modellbau: Institut für Modellbau
31 x 62,5 x 84
House of Julius and Grete Beer, Vienna, 13th district, Wenzgasse 12, 1929/30
Scale model: 1:50
Reconstruction/scale model by Institut für Modellbau
31 x 62.5 x 84
Universität für angewandte Kunst Wien, Kunstsammlung und Archiv University of Applied Arts Vienna, Collection and Archive, 10.585/0

Josef Frank
Haus Axel und Signhild Claëson, Falsterbo, Schweden, 1924–1927
Modell, Maßstab 1:25
Rekonstruktion/Modellbau: Michael Weese, Institut für Modellbau
23,5 x 45,3 x 40,5
House of Axel and Signhild Claëson, Falsterbo, Sweden, 1924–1927
Scale model: 1:25
Reconstruction/scale model by Michael Weese, Institut für Modellbau
23.5 x 45.3 x 40.5
Universität für angewandte Kunst Wien, Kunstsammlung und Archiv University of Applied Arts Vienna, Collection and Archive, 11.595/0

Franz Singer und and Friedl Dicker
Villa Heriot, Rustenschacherallee, Wien II., axonometrische Ansicht der Ankleideräume, Bad und Mittelgang, 1932
Bleistift, Buntstift, Tempera, Applikationen auf Karton, 40 x 41
Villa Heriot, Rustenschacherallee, Vienna, 2nd district, axonometric view of the dressing rooms, bath, and central corridor, 1932
Pencil, colored pencil, tempera, and appliqués on cardstock, 40 x 41
Sammlung Collection G. Schrom

Franz Singer und and Friedl Dicker
Villa Heriot, Rustenschacherallee, Wien II., axonometrische Ansicht Nr. 1, Parterre-Wohnräume, Wohnzimmer, Bibliothek, Wintergarten und Halle, Verbindung zum Wohnraum im 1. Stock, zwei Blätter, 1933
Tusche, Bleistift, Buntstift, Tempera auf Karton, 71,5 x 50
Villa Heriot, Rustenschacherallee, Vienna, 2nd district, axonometric view no. 1, ground floor living areas, living room, library, winter garden and hall, connection to the living area on the upper floor, two pages, 1933
Indian ink, pencil, colored pencil, and tempera on cardstock, 71.5 x 50
Sammlung Collection G. Schrom, He1830

Ernst A. Plischke
Entwurf für das Speisezimmer der Wohnung Böhm, Wien, 1930
Bleistift, Aquarell auf Transparentpapier
32 x 45,2
Design for the dining room of the Böhm apartment, Vienna, 1930
Pencil, watercolor on tracing paper
32 x 45.2
Akademie der bildenden Künste, Wien, Kupferstichkabinett Academy of Fine Arts Vienna, Graphic Collection, HZ 30363

Ernst Schwadron
Wandabwicklungen und Grundrisse des Herren- und Damenschlafraums der Wohnung Dosza, Wien, 1933
Pause, Bleistift, Buntstift
36 x 48,5
Wall elevations and floor plans for the master bedroom of the Dosza residence, Vienna, 1933
Print, pencil, and colored pencil
36 x 48.5
MAK, KI 15.139/2

Bernard Rudofsky
Capri, 1931
Aquarell auf Papier
37,5 x 50,5
Capri, 1931
Watercolor on paper
37.5 x 50.5
MAK, KI 14490-5

Bernard Rudofsky
Haus Dr. Frontini, São Paulo, Perspektive des Innenhofes, 1940
Bleistift, Deckweiß und Aquarell auf Papier
49 x 65,6
Dr. Frontini House, São Paulo, perspective view of the courtyard, 1940
Pencil, opaque white, and watercolor on paper
49 x 65.6
MAK, KI 15024

Bernard Rudofsky
Haus Arnstein, São Paulo, Grundriss, 1940
Druck, 35,2 x 43,5
Arnstein House, São Paulo, floor plan, 1940
Print, 35.2 x 43.5
MAK, KI 17089

Paris 1925

Eduard Josef Wimmer-Wisgrill
Fauteuil für das Schlafzimmer von Serena Lederer, 1923/24
Holz, geschnitzt, weiß gestrichen; Stoffbespannung
92 x 124 x 97
Armchair for the bedroom of Serena Lederer, 1923/24
Carved wood, painted white; fabric upholstery
MAK H 2162

Fauteuil, von Adolf Loos u. a. im Pariser Herrenmodesalon Kniže (1927/28), in der Prager Villa František und Milada Müller (1928–1930) und in der Pilsner Wohnung Dr. Josef und Stephanie Vogl (1929) verwendet
Buchenholz, gedrechselt, braun gebeizt; erneuerte Seidensamtbespannung
84 x 90 x 118

Armchair by Adolf Loos used in the salon of Paris men's clothier Kniže (1927/28), in the Prague villa of František and Milada Müller (1928–1930), and in der Plzeň residence of Dr. Josef und Stephanie Vogl (1929)
Beech wood, lathed, stained brown; refurbished silk and velvet upholstery
84 x 90 x 118
Sammlung Hummel, Wien Hummel collection, Vienna

Schüler Anton Hanaks an der Kunstgewerbeschule (Else Flesch, Karl Hagenauer, Wilhelm Lux, Angela Stadtherr und Marianne Wagner)
Stele aus dem Kultraum im österreichischen Pavillon der Internationalen Kunstgewerbeausstellung in Paris, 1925
Messingblech, getrieben
140 x 35 x 25
Students from Anton Hanak's studio at the School of Applied Arts (Else Flesch, Karl Hagenauer, Wilhelm Lux, Angela Stadtherr, and Marianne Wagner)
Stela from the sanctuary in the Austrian pavilion at the International Exhibition of Modern Decorative and Industrial Arts in Paris, 1925
Hammered brass
MAK, Me 1625

Adolf Loos
Haus Tristan Tzara, Paris, 15 Avenue Junot, 1925/26
Modell, Maßstab 1:50
Rekonstruktion/Modellbau 1978–1994: Abteilung für plastisches Gestalten und Modellbau/TU Wien
57 x 46 x 47
Tristan Tzara House, Paris, 15, Avenue Junot, 1925/26
Scale model: 1:50
Reconstruction/scale model by 1978–1994 by the Department of sculpture and model construction / Vienna University of Technology
Albertina, Wien Vienna, LA03

Man Ray
Porträt Adolf Loos, 1926
Signierter Originalabzug
17,5 x 13
Privatbesitz
Portrait of Adolf Loos, 1926
Signed original print
17.5 x 13
Private collection

Plakat für vier Vorträge an der Sorbonne, Paris, 1926
32 x 23
Poster for four lectures at the Sorbonne, Paris, 1926
32 x 23
Privatbesitz Private collection

Adolf Loos
Ausstellungspavillon für Paris, 1924
Tinte auf Briefpapier
21,8 x 17,6
Exhibition pavilion for Paris, France, 1924
Indian ink on stationery
21.8 x 17.6
Albertina, Wien Vienna, ALA 701

Adolf Loos
Haus Tristan Tzara, Paris, 15 Avenue Junot, Einreichplan, 1. Fassung, 1925
Bleistift auf Transparentpapier
45,6 x 64

Tristan Tzara House, Paris, 15 Avenue Junot,
submitted floor plan, 1st draft, 1925,
Pencil on tracing paper
45.6 x 64
Albertina, Wien Vienna, ALA 591

Josef Hoffmann
Entwürfe für das Österreich-Haus der *Exposition
internationale des arts décoratifs et industriels
modernes* (Internationale
Kunstgewerbeausstellung), Paris, 1925
Zwei Blätter, Bleistift auf Papier
18,7 x 19,5 und 16,5 x 21,7
Designs for the Austria House at the *Exposition
internationale des arts décoratifs et industriels
modernes* (International Exhibition of Modern
Decorative and Industrial Arts), Paris, 1925
Two drawings, pencil on paper
18.7 x 19.5 and 16.5 x 21.7
National Gallery in Prague, K 17802, K 17803

Rekapitulation
Recapitulation

Margarete Schütte-Lihotzky
Wohnung der berufstätigen alleinstehenden Frau,
Typengrundrisse, 1927–1928
Drucke
30 x 21
Working single woman's apartment, floor plans,
1927–1928
Prints
30 x 21
Universität für angewandte Kunst Wien,
Kunstsammlung und Archiv University of Applied
Arts Vienna, Collection and Archive, 60/9/Txt

Margarete Schütte-Lihotzky
Wohnung der berufstätigen alleinstehenden Frau,
Ausstellung in Essen, Schreibtisch, Sitzecke,
Kochnische, 1927–1928
Drei Fotos
16 x 22,5/15,8 x 22,9/16,5 x 22,7
Working single woman's apartment, exhibition in
Essen, desk, seating area, kitchenette, 1927–1928
Three photos
16 x 22.5/15.8 x 22.9/16.5 x 22.7
Universität für angewandte Kunst Wien, Kunst-
sammlung und Archiv University of Applied Arts
Vienna, Collection and Archive, 60/19-21/FW

Josef Hoffmann
Boudoir d'une grande vedette [Damenzimmer
eines großen Stars], Pariser Weltausstellung,
Grundriss und Wandansichten, 1937
Bleistift auf kariertem Papier
29 x 41
Boudoir d'une grande vedette [Boudoir of a great
star], Paris World Exhibition, floor plan and wall
elevation, 1937
29 x 41
Pencil on squared paper
museum moderner kunst stiftung ludwig wien,
G 144/1, erworben acquired in 1966

Josef Hoffmann
Boudoir d'une grande vedette, Rekonstruktion des
auf der Pariser Weltausstellung 1937 gezeigten
Boudoirs für einen Star
Originale Möblierung bestehend aus:
Ruhebett 84 x 180 x 66
Fauteuil 81 x 65 x 70
Hocker 39 x 49 x 49

Tischchen 66 x 110 x 66
Ausführung: Max Welz (Schnitzerei und Fassung),
Hedwig Pöchlmüller (Stickerei)
Holz geschnitzt, versilbert; originale gestickte
Bezüge
Reconstruction of the *Boudoir for a great star*
shown at the Paris World Exhibition in 1937
Original furnishings consisting of:
Daybed 84 x 180 x 66
Armchair 81 x 65 x 70
Stool 39 x 49 x 49
Small table 66 x 110 x 66
Execution: Max Welz (Carving and silvering),
Hedwig Pöchlmüller (Embroidery)
Wood, carved, silvered; original embroidered
upholstery
MAK, H 2058-2061

Oswald Haerdtl
Luster, 1936
Bleikristall mit Strahlenschliff, Messingstange
und Kristallbehänge
H 128; Ø 50
Chandelier
Brilliant-cut lead crystal, brass rod,
crystal hanging elements
H 128; Ø 50
J. & L. LOBMEYR

Margarete Schütte-Lihotzky
Wohnung der berufstätigen alleinstehenden Frau,
Typ III, 1927–1928
Rekonstruktion durch die Forschungsgruppe
Schütte-Lihotzky, 1993
Architektinnen: Renate Allmayer-Beck, Susanne
Baumgartner, Marion Lindner, Christine Zwingl
Ausführung: Werkstätte Schwarzott
Margarete Schütte-Lihotzky
Working single woman's apartment, Type III,
1927–1928
Reconstruction through the Schütte-Lihotzky
research group, 1993
Architects: Renate Allmayer-Beck, Susanne
Baumgartner, Marion Lindner, Christine Zwingl
Execution: Schwarzott workshop
MAK, H 3182 1-3

RESSOURCEN
1960 BIS HEUTE
RESOURCES
1960 UNTIL TODAY

Josef Hoffmann
Stuhl *Armlöffel,* seit 1973
Von Johannes Spalt anhand eines nur als Foto
erhaltenen Modells von Josef Hoffmann
erarbeitete Reproduktion
Ausführung: Wittmann Möbel Werkstätten GmbH
Esche, schwarz gebeizt; Sitzkissen, lose;
Fixbezug aus Leder
96 x 66 x 51
Armchair *Armlöffel,* since 1973
Reproduction following plans by Johannes Spalt
using a model by Josef Hoffmann that has only
survived as a photograph
Execution: Wittmann Möbel Werkstätten GmbH
Ash, stained black; loose seat cushion;
leather upholstery
96 x 66 x 51
WITTMANN MOEBELWERKSTAETTEN GmbH

Donald Judd
Regal Nr. 14, 1984
Ausführung: Lehni AG, Schweiz
Aluminiumblech, blutorangenfarben
einbrennlackiert
100 x 100 x 50
No. 14 shelving, 1984
Execution: Lehni AG, Switzerland
Aluminum sheet metal with baked-on, blood-
orange-colored lacquer
MAK, H 3121

Hermann Czech, Wolfgang Mistelbauer,
Reinald Nohàl
Reproduktion eines 1929 von Josef Hoffmann
für das Speisezimmer der Villa Dr. Lengyel in
Pressburg entworfenen Sesselmodells für das
Restaurant Ballhaus, 1962
Buchenholz, schwarz gebeizt; Webstoff nach
einem von der Firma J. Backhausen adaptierten
Original von Josef Hoffmann (1907); die
ursprüngliche quadratische Öffnung in der
Sitzfläche wurde im Nachhinein geschlossen.
Buchenholz, schwarz gebeizt
90 x 41 x 41

Reproduction for the Ballhaus Restaurant of a chair model designed by Josef Hoffmann in 1929 for the dining room of the Villa Dr. Lengyel in Bratislava, 1962
Beech wood, stained black; woven fabric adapted by the J. Backhausen Company from a Josef Hoffmann original (1907); he square opening in the original seat design was subsequently closed
Beech wood, stained black
MAK, H 2597

Hans Hollein
Tisch *Schwarzenberg*, 1980
Ausführung: für Memphis
Anilin-gefärbes Wurzelmaserfurnier, schwarz gebeiztes und vergoldetes Holz
78 x 93 x 44
Table *Schwarzenberg*, 1980
Execution: for the Memphis Group
Anitine-dyed root burl veneer; wood, stained black and gilded
MAK, H 2828

Adolf Loos
The Chicago Tribune Column, Chicago, Michigan Avenue, Austin Avenue, St. Clair Street, Projekt, 1922
Baukörper- und Fassadenmodell, Maßstab 1:50
Rekonstruktion/Modellbau 1984/85: Hans Hollein, Gerhard Jäger, Günther Ströjnik, Liedl & Schindler
244 x 80 x 80
The Chicago Tribune Column, Chicago, Michigan Avenue, Austin Avenue, St. Clair Street, Project, 1922
Model of the building corpus and façade, scale 1:50
Reconstruction/scale model 1984/85 by Hans Hollein, Gerhard Jäger, Günther Ströjnik, Liedl & Schindler
Wien Museum, HMW 168595

Hermann Czech
Haus M., Schwechat, 1977–1981
Zerlegbares Arbeitsmodell, Maßstab 1:25
61 x 51 x 51
House M. in Schwechat, 1977–1981
Working model that can be disassembled, scale 1:25
Herman Czech

Werner Neuwirth
Wohnbau *Interkulturelles Wohnen*, Wien-Nordbahnhof, 2013
Zerlegbares Arbeitsmodell, Maßstab 1:100
32 x 23 x 23
Residential building *Intercultural Living*, Nordbahnhof, Vienna, 2013
Working model that can be disassembled, scale 1:100
Werner Neuwirth, Wien Vienna

Anonym
Flaschentrockner, Frankreich
Anonymous
Bottle rack, France
Privatbesitz Private collection

Georg August Schmid
Ausstellung *Josef Hoffmann 1870–1956* der Zentralvereinigung der Architekten Österreichs in der Galerie Würthle, Wien, 1960
Plakat
85 x 59
Exhibition *Josef Hoffmann 1870–1956* by the Austrian Architects Association in the Galerie Würthle, Vienna, 1960
Poster
85 x 59
MAK, PI 7905

Arduino Cantafora
La città analoga [Die analoge Stadt], 1973
Radierung
34,8 x 85,2
La città analoga [The analogous city], 1973
Etching
34.8 x 85.2
Deutsches Architekturmuseum, Frankfurt am Main, 042-003-001

Office for Metropolitan Architecture (OMA)/Zoe Zenghelis
Die Stadt des gefesselten Erdballs, 1976
Gouache über Lichtpause, 45,1 x 57
The city of the Captive Globe, 1976
Watercolor on print, 45.1 x 57
Deutsches Architekturmuseum, Frankfurt am Main, 186-006-001

Faltprospekt *Memphis Furniture,* Milano, 1981
Buchdruck
97,8 x 34
Folded prospectus *Memphis Furniture,* Milan, 1981
Letterpress print
97.8 x 34
Privatbesitz Private collection

Faltprospekt *Memphis Furniture,* Milano, 1982
Buchdruck
97,8 x 34
Folded prospectus *Memphis Furniture,* Milan, 1982
Letterpress print
97.8 x 34
Privatbesitz Private collection

Josef Hoffmann
Tapetenmuster *Leipzig,* um 1914
Ausführung: Max Schmidt für die Wiener Werkstätte
Papier, bedruckt
37,7 x 54,6
Wallpaper pattern *Leipzig,* ca. 1914
Execution: Max Schmidt for the Wiener Werkstätte
Paper, printed
37.7 x 54.6
MAK, TAMB 2

Hermann Czech
Haus M. in Schwechat, Entwurfsskizze zu den Raumhöhen, 1977–1981
Filzstift, Bleistift auf Aquafix
ca. 30 x 33
House M. in Schwechat, preliminary drawing of the ceiling heights, 1977–1981
Felt pen, paper on aquafix paper
ca. 30 x 33
Architekturzentrum Wien Vienna, S-054-002-P/1

Hermann Czech
Haus M. in Schwechat, 1977–1981
Ansicht, Schnitte, Grundrisse, Druck
72,5 x 37,5
House M. in Schwechat, 1977–1981
View, sections, floor plans, print
72.5 x 37.5
Hermann Czech

Hans Hollein
Projekt eines Jugendstilmuseums beim MAK, Wien, Perspektiven der Varianten A und D, 1981–1982
Lichtpausen, koloriert
125 x 61 und 132 x 90
Project for a Jugendstil museum near the MAK, Vienna, perspectives of alternatives A and D, 1981–1982
Prints, colorized, 125 x 61 and 132 x 90
Archiv Archive Hans Hollein

Hans Hollein
Strada Novissima, The Presence of the Past, Ausstellungsbeitrag zur 1. Architekturbiennale, Venedig, 1980
Originaltafel aus der Ausstellung
76,4 x 76,4
Strada Novissima, The Presence of the Past, contribution to the exhibition at the 1st Architecture Biennale, Venice 1980
Original panel from the exhibition
76.4 x 76.4
Archiv Archive Hans Hollein

Hans Hollein
Ausstellung *Traum und Wirklichkeit*, Künstlerhaus, Wien, Installationsansicht, 1984/85
Foto: Georg Riha
30 x 30,5
Exhibition *Traum und Wirklichkeit* [Dream and reality], Künstlerhaus, Vienna, installation view, 1984/85
Photo: Georg Riha
30 x 30.5
Archiv Archive Hans Hollein

Hans Hollein
Superstructures, Projekt für eine Stadt, 1960
Collage
14,5 x 25,5
Superstructures, project for a city, 1960
Collage
14.5 x 25.5
Archiv Archive Hans Hollein

Hans Hollein
Superstructures, Stadtüberbauung Manhattan, 1960
Collage
20,5 x 30
Superstructures, urban superstructures above Manhattan, 1960
Collage
20.5 x 30
Archiv Archive Hans Hollein

Hans Hollein
Rolls-Royce Grill on Wall Street, New York, 1966
Fotomontage
23,5 x 30
Photomontage
23.5 x 30
Archiv Archive Hans Hollein

Hans Hollein
Fünf Sinne, Beitrag zur Ausstellung *Superdesign*,
Galerie Nächst St. Stephan, Wien, 1967
Collage
66 x 66,5
Five Senses, contribution to the exhibition
Superdesign, Galerie Nächst St. Stephan,
Vienna, 1967
Collage
66 x 66.5
Archiv Archive Hans Hollein

Anna Heringer
DESI Berufsschule (Trainingcenter), Rudrapur,
Bangladesch, acht In-Situ-Bauzeichnungen, 2008
Tinte auf Transparentpapier
ca. 20,8 x 29,4
DESI Vocational School (Training Center), Rudrapur,
Bangladesh, eight in situ construction drawings,
2008
Indian ink on tracing paper
ca. 20.8 x 29.4
Anna Heringer

Werner Neuwirth
Wohnbau *Interkulturelles Wohnen*,
Wien-Nordbahnhof, 20 Handskizzen, 2013
Tinte auf Papier
ca. 14,8 x 21 und 21 x 29,8
Residential building *Intercultural Living*,
Nordbahnhof Vienna, 20 rough sketches, 2013
Indian ink on paper
ca. 14.8 x 21 und 21 x 29.8
Werner Neuwirth

Bildnachweis
Photo Credits

FÜR DIE GROSSZÜGIGE UNTERSTÜTZUNG DANKEN WIR
FOR THEIR GENEROUS SUPPORT WE WOULD LIKE TO THANK

Richard Grubman and Caroline Mortimer
Ephraim F. Gildor Foundation
Dr. Louise Kiesling
Dr. Ernst Ploil

DANK AN THANKS TO

Dr. Paul Asenbaum, Dr. Ilsebill Barta, Rektor Dr. Gerald Bast, Univ.-Prof. DI Dr. Klaus Bollinger, Arch. Mag. Hermann Czech, Ivo de Nooijer, Dr. Mechthild Dubbi, Nathalie Feitsch, Georg Gaugusch, Dr. Vera Grimmer, Helga Hartl, Arch. Mag. Anna Heringer, OR Silvia Herkt, Univ.-Ass. DI Armin Hess, Stud. Ass. Lisa Höck, Hubmann • Vass Architekten, Mag. Michael Huey, Dr. Gabriele Jurjevec-Koller, Otto Kapfinger, Georg Kargl, Dr. Louise Kiesling, Eberhard Kohlbacher, Mag. Petr Kovar, Dr. Markus Kristan, Univ.-Ass. Mag. arch. Daniela Kröhnert, Arch. Anne Lacaton, Mag. Rudolf Leeb, Robert Liska, Claus Lorenz, DI Isabella Marboe, Bernhard Mayrhofer, R. Craig Miller, Dr. Otmar Moritsch, Arch. Dr. Susanne Neuburger, Mag. Werner Neuwirth, Dr. Andreas Nierhaus, Mag. Eva-Maria Orosz, Mag. Marlene Ott, Mag. Erich Pedevilla, Dr. Ernst Ploil, Arch. Prof. Mag. Boris Podrecca, Cécile Poulot, Andreas Rath, Leonid Rath, Elisabeth Reger, Dr. Cornelia Reiter, Franz Rendl, Arch. Mag. Georg Schrom, Birgit Seiwald, Dott. arch. Luka Skansi, Michael Spalt, Janis Staggs, Dipl. Ing. Michael Stermann, Alice Thomine, Mag. Sandra Tretter, MAS, Dr. Alena Volrábová, Prof. Dr. Jindřich Vybíral, Ingrid Wala, Dr. Hans Peter Waltenberger, Elisabeth Weiner, Mag. Peter Weinhäupl, Dr. Hubert Weitensfelder, Univ.-Prof. Dr. Patrick Werkner, Alois Wienerroither, Ulrike Wittmann

sowie an alle LeihgeberInnen, AutorInnen und Personen, die das Projekt unterstützt haben.
and to all the lenders, authors, and everyone else who supported the project.

Backhausen

GALERIE
BEI DER
ALBERTINA
ZETTER

LOBMEYR   Friedrich Otto Schmidt   LISKA   FA. STILGERECHT

Backhausen

Canevas · Ver Sacrum Hügel · Kollektion Symbol

Prof. Josef Hoffmann ließ fast sämtliche seiner Teppiche und Möbelstoffentwürfe im Hause Backhausen produziert.

Unser Dessinarchiv und die Stoffdokumente aus der Wiener Werkstätten-Zeit sind erhalten geblieben und werden orginalgetreu nur von der Firma Backhausen GmbH. reproduziert. Dank der Zeitlosigkeit der Designs spannt Backhausen den Bogen von der Avantgarde vergangener Epochen zur Gegenwart.

Die Jugendstilkollektionen sind im gehobenen Fachhandel erhältlich. Bezugsquellennachweis für das In- und Ausland finden Sie auf unserer Internetseite **www.backhausen.com**

Backhausen GmbH
A - 3945 Hoheneich 136 • hoheneich@backhausen.com
T +43 2852 502 0 • F +43 2852 502 252 • www.backhausen.com